广东省地方志丛书

广东省志

（1979—2000）

30

侨务卷

外事与港澳事务卷

《广东省志》编纂委员会　编

方志出版社
Publishing House of Local Records

图书在版编目（CIP）数据

广东省志：1979—2000. 30，侨务卷、外事与港澳事务卷 /《广东省志》编纂委员会编. -- 北京：方志出版社，2014.8
ISBN 978-7-5144-1260-4

Ⅰ. ①广… Ⅱ. ①广… Ⅲ. ①广东省－地方志 ②侨民工作－概况－广东省－1979—2000 ③外事管理－概况－广东省－1979—2000 ④地方政府－行政管理－概况－香港－1979—2000 ⑤地方政府－行政管理－概况－澳门－1979—2000 Ⅳ. ①K296.5

中国版本图书馆 CIP 数据核字（2014）第 084966 号

广东省志（1979—2000） 30 侨务卷 外事与港澳事务卷

编　　者：	《广东省志》编纂委员会
责任编辑：	李　沛
出 版 人：	冀祥德
出 版 者：	方志出版社
	地址 北京市朝阳区潘家园东里 9 号（国家方志馆 4 层）
	邮编 100021
	网址 http://www.fzph.org
发　　行：	方志出版社发行中心
	电话 （010）67110500
经　　销：	各地新华书店
印　　刷：	深圳中华商务安全印务股份有限公司
开　　本：	889 × 1194　　1/16
印　　张：	35.5
字　　数：	867 千字
版　　次：	2014 年 8 月第 1 版　　2014 年 8 月第 1 次印刷
印　　数：	0001～2000册

ISBN 978-7-5144-1260-4/K · 1024　　定价：528.00元

ISBN 978-7-5144-1260-4

蒋乐仪	方健宏	刘树祥	吴茂芹	黄功绵	罗坚生	罗伟其
廖兆龙	罗木生	郑人豪	蓝佛安	何锦胜	许荣东	黄德发
陈承旗	彭　平	黄庆良	潘嘉念	黄永智	黄　飞	张　枫
田新德	欧卫东	文　斌	曾维炳	吕伟雄	林迪夫	黄庆勇
梁桂全	谭云龙	侯月祥	邵智宝	向晋成	倪治安	匡国建
刘良法						

（以上委员任职时间为2005.12—2010.5）

刘少荣	顾作义	朱穗生	陈文学	黄功绵	吴　锋	文传道
廖兆龙	温卫平	骆招群	戴运龙	李长峰	邢建江	杜　挺
刘　敏	谢悦新	黄永智	黄　飞	江效东	谢昌晶	朱遂文
屈家树	梅其洁	林　琳	王世彤	陈圣河	李新家	谭云龙
马建和	王克光	匡国建	张宗武	向晋成	唐金华	

（以上委员任职时间为2010.5—　）

《广东省志》主编、执行主编、副主编

主　　编： 钟启权（2002.4—2003.12）
谢强华（2003.12—2008.9）
肖志恒（2008.9—2013.1）
徐少华（2013.1—　）

执行主编： 陈　强

副 主 编： 侯月祥　谭云龙　马建和

凡 例

一、本志以马克思列宁主义、毛泽东思想、邓小平理论、“三个代表”重要思想和科学发展观为指导，坚持辩证唯物主义和历史唯物主义的原则，全面、客观、系统地记述1979—2000年间广东省自然、政治、经济、文化、社会等方面的情况。

二、本志记述的地域范围为2000年的广东省行政区域；时间上限为1979年，下限为2000年。个别重大事物视记述完整的需要，适当上溯或下延。

三、本志为多卷综合体，设43卷，各卷名称为《广东省志（1979—2000）·××卷》（简称《××卷》）。其中，《专记卷》含珠江三角洲经济、海洋经济、粤港澳台经济文化交往和精神文明建设4篇。方言、风俗等内容，首轮《广东省志》已作详细记述，本志只在《总述卷》中作简要概括，不单独设卷记述。

四、本志以“存真求实，确保质量”为编纂原则，记述符合宪法、法律、法规和政策要求。行文严谨、朴实、简洁、流畅，寓观点于记述中，一般不作评论。

五、本志采用述、记、志、传、图、表、录等体裁，以志为主。各卷因事制宜设专记。各卷一般设章、节、目3个层次，个别卷根据实际需要设篇。

六、本志除《人物卷》外各卷坚持以事系人、人随事出的原则，不设人物录或人物简介，所涉人物直书其名，不冠褒贬词语。有关副厅级以上负责人（含副厅级以上党组成员）任职在各卷列表记述。

七、本志采用具有代表性、权威性的资料，资料力求真实、准确、全面、系统，主要来源于档案。有歧义的重要资料，采用多说并存。本志采用统计数据以省统计部门公布的法定数据为准，省统计部门未统计的，采用业务主管部门的统计数据。重要地理信息数据，采用测绘部门公布的法定数据。

八、本志述及组织、机构、法律法规、文件、会议等专有名称使用全称。使用简称的，在适当地方括注于全称之后。不同时期的国家、团体、机构、职务、地名等名称，均用当时名称。今地名使用各级政府审定的标准地名。各类译名以新华通讯社译名为准。生物、矿物名称，使用学名，首次出现时，括注本地俗名。

九、本志语言文字、标点符号、计量单位等规范执行国家相关规定。

十、本志所用地图均以省测绘部门和有关部门绘制或审定的为准。

十一、各卷需要特别说明的事项，在其“出版说明”中列出。

册　序

第 1 册　《总述卷》
　　　　《大事记卷》

第 2 册　《资源·环境卷》

第 3 册　《人口卷》
　　　　《民族宗教卷》

第 4 册　《行政区划·地名卷》
　　　　《民政·残疾人事业卷》

第 5 册　《水利卷》
　　　　《城乡建设卷》
　　　　《人民生活卷》

第 6 册　《经济体制改革卷》
　　　　《经济特区与开发区卷》

第 7 册　《经济管理卷》

第 8 册　《财政税务卷》

第 9 册　《农业卷》

第10册　《工业卷》

第11册　《交通卷》

第12册　《信息产业卷》
　　　　《邮政·电信卷》

第13册　《银行·证券·保险卷》

第14册　《对外经济贸易卷》

第15册　《海关·检验检疫卷》

第16册　《国内贸易卷》
　　　　《专卖卷》

第17册　《旅游卷》

第18册　《教育卷》

第19册　《科学技术卷》

第20册　《社会科学卷》

第21册　《文化卷》

第22册　《新闻·传播卷》

第23册　《卫生·医药卷》

第24册　《体育卷》

第25册　《党派·群众团体卷》

第26册　《政权卷》

第27册　《纪检·监察卷》

第28册　《政法卷》

第29册　《军事卷》

第30册　《侨务卷》
　　　　《外事与港澳事务卷》

第31册　《劳动·社会保障卷》
　　　　《人事卷》

第32册　《人物卷》

第33册　《专记卷》

目　录

侨务卷

外事与港澳事务卷

侨务卷

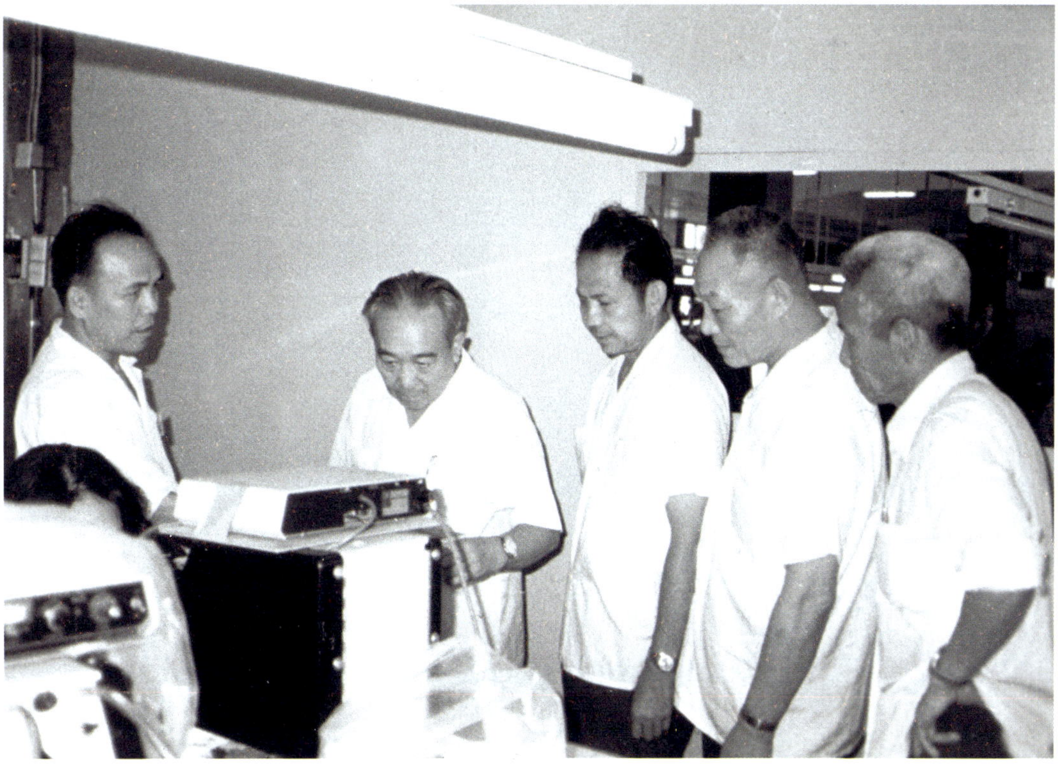

●1982年夏天，省长刘田夫（右四）、省人大常委会副主任罗天（右二）在广东光明华侨电子工业公司考察

●1988年，省委书记林若（右站者）出席在广州举行的全国侨联三届四次会议欢迎宴会并致辞

1988年9月3日，省政协副主席黄清渠（左四）宴请由美国侨胞陈守廉（左三）率领来访的美国“中国基金”董事团，并赠送纪念品

1989年5月，省长叶选平（右三）会见法国华裔议员留尼汪（法国海外省）顶磅市市长曾宪建（右四）

1989年9月29日，全国人大常委会委员、全国人大华侨委员会副主任委员梁灵光（前右二）出席省侨办举办的国庆酒会

●1990年11月，省人大常委会副主任、省侨联主席蚁美厚（右二）视察肇庆大旺华侨农场

●1993年12月14日，省委书记谢非（右）接见侨胞胡文虎的女儿胡仙（左）

●1996年9月，省人大常委会副主任、省海外交流协会会长凌伯棠(左三)率团访问加拿大，拜访华侨华人社团

1997年12月10日，副省长卢钟鹤（前排右五）率省政府代表团访问印尼

1998年，中共中央政治局委员、省委书记李长春（右）在广州会见印尼侨胞、金光集团董事长黄志源（左）

●20世纪70—90年代，省侨办、省侨联机关驻地广州海珠广场侨光路四号原址

●1999年5月，省侨办迁址广州二沙岛海山街8号

●1981年6月29日，广东华侨历史学会在广州举行成立大会

1987年12月15日，广东华侨研究会在广州成立

1992年7月8日，广东省海外交流协会在广州成立

●1993年10月8日，广东侨联大厦奠基典礼在广州天河举行

●1999年5月，广东华侨博物馆在广州二沙岛落成

梅县市人民政府

阶级成份通知书

梅府成字第 0091 号

松沅区 宝坑 乡 宝二 村

户主黄葆松，其家庭成份经查证在一九五五年[illegible]现改为华侨自由职业成份。现根据国务院（78）3号及省委（79）76号文件规定，特发给阶级成份通知书。

梅县市人民政府

一九八五年十月[illegible]日

一式四联

1985年10月，梅县市政府发出的改变阶级成分通知书

80年代中期，中山市侨务部门为侨胞办理退回侨房手续

20世纪80年代，湛江市遂溪县日籍华人王威博在祖屋大门贴对联感谢中国共产党落实侨房政策

1993年，河源市召开河源市归侨、侨眷知识分子座谈会

1994年1月，广州市委宣传部、市人大侨委、市侨办、市普法办、市政协联委、市致公党、市侨联在广州农讲所广场联合举行侨法咨询服务日活动

1995年，省政府召开广东省实施《中华人民共和国归侨侨眷权益保护法》五周年新闻发布会

1997年12月，广州市中山六路司家里13户侨房业主向广州市侨办赠送“护我侨权”锦旗

●1978年，广州市各界群众在黄埔港欢送中国派往越南的接侨船

●1990年11月18日，联合国难民署援助项目广州东南亚餐厅开张营业。图为嘉宾及相关人员合影

●1994年，省难民办培训中心第31期厨师培训班开课。图为归难侨学员认真操作练习

1997年3月，省难民办在广东英红华侨茶场举办“三高”农业技术培训班

1997年9月13日，省难民办召开资助归难侨大中专学生座谈会

1997年10月，省侨办负责人率队到惠州杨村华侨农场调研柑橘生产和销售情况

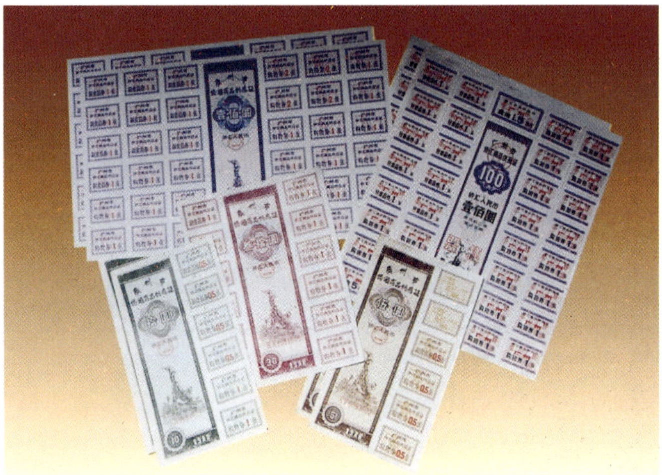

●1979年，广东恢复凭“侨汇商品供应证”（俗称“侨汇券”）购买商品

●80年代，为方便归侨侨眷生活特别设立的广州华侨商品供应中心

●80年代，广州华侨商店侨汇商品销售现场

1982年2月7日，广州华侨酒店举行开业典礼

80年代初期，国务院侨务办公室领导考察省侨办下属企业

1988年8月，与广东国际信托投资公司分立的广东省华侨投资公司首届董事会召开。图为公司董事合影

●1989年9月，广州市侨办在广东商品陈列馆举办大型侨界企业商品展销会

●1991年2月26日，由省侨办属下广东省中国旅行社与新加坡华人合作兴建的华厦大酒店对外营业

●1994年夏，省侨联举办广东省侨联'94荔枝节招商活动，全国侨联主席杨泰芳（右三）及省侨联负责人出席

●1999年10月，海外侨胞组团参加在深圳市举办的首届中国国际高新技术成果交易会，受到热烈欢迎

●2000年6月，广东侨商西部经济考察团参加重庆贸易洽谈会

●1980年7月，开平县侨办首办“美·加华侨华裔青年学生夏令营”，这是广东第一个华裔学生夏令营

●1985年，省侨办代表团访问美国，纽约侨团联合欢迎

●1986年夏，省侨办在广州地区组织华裔青年夏令营活动，图为欢送酒会现场

1986年8月，省侨办负责人在广州接待来访的美国侨胞

1988年1月，省侨办负责人率团访问法国，拜访法国潮州同乡会

1989年11月，省侨办组织广东华文教育考察团访问泰国，拜访泰国华文教师公会

●1990年1月，省侨办组织杂技贺岁团赴日本神户市参加庆祝新春联欢活动

●1992年1月，广州地区归侨侨眷迎春联欢会在广州举办现场

●1993年9月，马来西亚客家公会联合会应邀组团来粤进行工商考察

●1994年12月，世界客属第十二次恳亲大会在梅州举行

●1996年5月，广东粤剧院、五邑粤剧团赴美国演出，旧金山侨胞接机欢迎

●1997年6月，省侨联举办归侨侨眷“迎回归，盼统一”电视晚会

●1997年10月11日，美籍华人、美国华盛顿州州长骆家辉（右一）携夫人回台山寻根，在祖居门前合影

1998年11月12日，秘鲁国会议员、自由省省长、华人陈汉威（左二）伉俪回祖籍地广州番禺石碁镇旧水坑村寻根

1999年8月，澳门归侨总会到中山市参观访问，与中山市侨联共同举办归侨侨眷代表迎澳门回归祖国座谈会

2000年10月，第一届世界广东同乡联谊大会在新加坡召开。图为广东省侨办负责人向主办方赠送纪念品

●1978年，美籍华人许志俭指导创办，港商刘浩清、邓焜共同捐资42.8万美元在广州兴建全国第一家机械化养鸡场

●由香港信孚手袋有限公司董事长张子弥于1978年7月30日在东莞虎门镇创办的广东省第一家“三来一补”企业“东莞县太平手袋厂”，吸引不少客商前来参观采购

●1979年，港商刘耀柱与广州市交通部门合作创办白云小汽车公司，开创国内出租车扬手即停先河

●70年代末，不少港商在增城县新塘镇大敦村创办“三来一补”牛仔服加工厂，此后新塘镇成为全国著名的牛仔服装生产基地

●深圳市创办最早的合资企业康佳集团（前身“广东光明华侨电子工业公司”）20世纪80年代的工作现场

●1983年开业的白天鹅宾馆，是由港商霍英东投资的中国第一家合作经营的五星级宾馆

●1987年，港商翁祐回乡投资6000万港元与顺德北滘镇合作兴办蚬华电器制造厂

●1984年3月6日，五邑籍海外侨胞、港澳同胞捐资兴建的五邑大学举行奠基典礼

●1984年，梅州籍海外侨胞、港澳台同胞捐资兴建嘉应大学

●1988年5月，美国华裔教授王磊将珍藏的60卷536册《化学文摘》（1907—1968）捐赠给广东省中山图书馆

●1992年，旅泰侨胞谢慧如捐资2400万元兴建潮州市慧如公园

●1992年1月12日，广州市荣誉市民霍英东、陶开裕、谭焕容等参加广州市第一届教育基金百万行活动

●潮州宝山中学1993年由香港实业家陈伟南捐资建成

●1994年，港商何善衡捐资2860万元兴建的中山医科大学附属第一医院何善衡楼奠基仪式

●1996年，由香港恒生银行董事长利国伟、易海伦伉俪捐赠4500多万元兴建的体校被命名为广州市伟伦体育运动学校

●澳门商人何鸿燊、吴福捐资6000万港元兴建的珠海市体育中心于1998年建成投入使用

●港商李嘉诚参加汕头大学学生毕业典礼。至2000年李嘉诚为汕头大学捐资逾18亿元

●2000年3月，顺德籍港澳乡亲和海外侨胞为筹建顺德职业技术学院捐资1.9亿元，该学院成为顺德最大的侨捐项目

●中山籍海外侨胞、港澳同胞积极参与中山市每年举办的“慈善万人行”活动

1978年10月16日，暨南大学在广州市石牌举行复办后首届开学典礼

1980年1月11日，诺贝尔奖获得者美籍华人李政道（右）与暨南大学党委书记杨康华（左）交谈

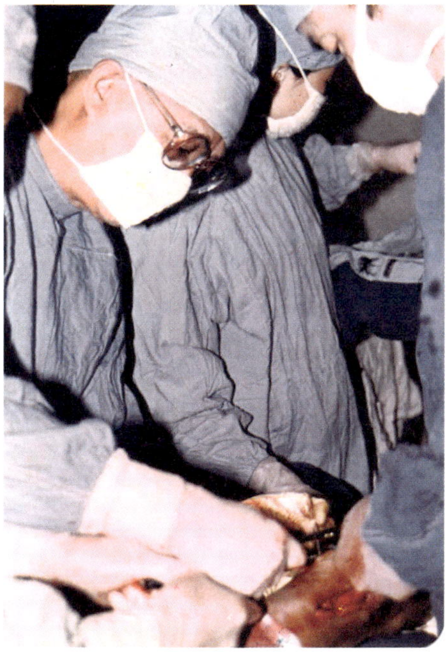

1986年3月，德国归侨邝公道（左一）教授在小儿麻痹后遗症外科治疗国际研究会上作手术示范

●1988年12月12—16日，广东华侨研究会在珠海市召开第二次理事会暨首次学术研讨会

●1989年12月，中山大学生物系教授、美国归侨蒲蛰龙（右）入选全国首届“新时期全国侨界十大新闻人物”

《广东省志·侨务卷》编纂委员会

《广东省志·侨务卷》编辑室

岑南生）；第四章（邱书怀、周洁萍）；第五章（岑南生、周洁萍）；第六章（岑南生、邱书怀、许华星）；第七章（司芳、余思伟、周洁萍、岑南生）；第八章（岑南生、张应龙、周洁萍）；附录（邱书怀、马碧雯整理）；图片（马碧雯整理）

《广东省志·侨务卷》审查验收人员

初审小组

组　　长：林　琳

成　　员：吴行赐　区德强　赵升才　肖锡权　李世康　苏展悦　王明惠　黄荣森　肖　彬

复审小组

组　　长：侯月祥

成　　员：陈泽泓　刘　珂　田　亮

广东省地方志书审查委员会

主　　任：杨绍森

副 主 任：黄　卓　陈　强

委　　员（以姓氏笔画为序）：

马建钊　马建和　卢　荻　许卓云　李关水　张　磊　张中华　陈春生　林有能　钟淑冰　彭新云　翟锦云

出版说明

一、本卷以侨务工作发展为主线，同时也记载华侨华人、归侨侨眷的发展、贡献和侨乡的变化。

二、本卷记载年限为1979—2000年，为交代历史情况，个别事件适当向前追溯。有些是对1996年出版的第一轮《广东省志·华侨志》未记内容的补述。如第三章 侨乡与归侨侨眷 “参政议政”目对人大代表及政协委员自中华人民共和国成立初记起，第二章 华侨华人“参政”节对美国华侨华人创办的政治团体，第一章 机构组织 “其他事业单位”目有关“广东省归国华侨接待站”的内容都作适当追溯。

三、因历史的连续性和现状的复杂性，对华侨、华人在表述上未作严格区分。

四、本卷个别地方记述超出广东范畴。如第二章华侨华人，粤籍华侨华人人数多、分布广，其情况难以严格从海外华侨华人的情况中分割出来，故采取详粤略全的办法记述。

五、1979年以后，国家规定除国籍问题外，各项侨务政策均适用于港澳同胞及其内地眷属。因历史原因，侨务工作包含了对港澳同胞的工作。侨资企业、华侨捐赠等统计数据均包含了港澳乡亲创办企业及对广东省的捐赠；对侨务各项工作的论述也包含对港澳同胞及其社团工作的论述。本卷有关对港澳同胞的记述只限侨务工作所涉及的内容。

六、本卷提及的年代，如“50年代”“60年代”“70年代”“80年代”“90年代”等，如未特别注明，均指20世纪。

七、本卷提及的币种，如未特别注明，均指人民币。

八、本卷部分资料来自国家、广东省档案馆和各级侨务部门提供的档案，以及省统计局等有关部门的统计数字等。本卷资料不再注明出处。

概　述

一

广东毗邻港澳，华侨华人、归侨侨眷、侨资企业和侨捐项目众多，华侨文化和侨乡文化积淀深厚，是中国最大的侨乡和侨务大省。据不完全统计，祖籍广东的华侨华人和归侨侨眷分别有2000多万人，约占华侨华人和归侨侨眷总数的三分之二；祖籍广东的港澳同胞占港澳地区总人口的80%，省内港澳同胞眷属有1000多万人。改革开放后，广东各级侨务部门认真落实党的政策，积极开展华侨华人、归侨侨眷和港澳同胞工作，取得显著成果。

1979—2000年，侨务工作成为中国对外开放总体战略的重要组成部分，是发挥广东毗邻港澳、华侨华人众多独有优势，促进广东改革开放与现代化建设的重要工作，在广东实行改革开放，加快现代化建设，连接世界和与外国交往等方面，发挥的桥梁和渠道作用日益显现。广东各级侨务部门坚持为侨服务的宗旨，全面贯彻落实党和国家的侨务方针政策，依法维护海外侨胞和归侨侨眷的正当合法权益，凝聚侨心，将侨力资源优势转化为广东发展优势，为促进广东对外开放、发展对外经济贸易和科技文化合作交流、促进祖国和平统一、发展中外友好关系等发挥了重要而独特的作用。侨务部门卓有成效的工作，激发了海外侨胞、港澳同胞的爱国爱乡热情，调动了归侨侨眷的积极性，海外侨胞、港澳同胞纷纷来华回乡投资设厂，捐资兴办公益事业，改善侨乡的文化、教育、医疗、卫生、交通和运输等条件，促进了广东经济社会发展和人民生活的提高。广东改革开放取得辉煌成就，离不开广大海外侨胞、港澳同胞的支持和参与，也离不开广大侨务工作者的辛勤工作。

1978年3月，根据中央指示，广东省革命委员会（简称广东省革委会）重新成立侨务办公室，各级人大、政协相继设立涉侨工作机构，致公党和侨联也相继恢复活动，越来越多的部门和单位根据自身业务工作的需要，积极开展与华侨华人和港澳同胞在经济、科技、文化等方面的合作交流，广东侨务工作进入新的发展时期。

广东各级党委、政府和侨务部门贯彻落实中央确定的侨务工作指导思想和方针政策，中共广东省委、省人民政府和省人大常委会结合广东侨乡实际，制定一系列地方性侨务法规和规章、政策，开拓新时期的侨务工作。各级政府侨务部门切实履行职责，督促检查各地和各部门贯彻执行侨务法规政策情况，对有关部门制定的涉侨政策和开展涉侨工作进行必要的统筹、协调、指导。调查研究国内外侨情和侨务工作情况，及时向省委、省政府提供侨情信息，制定广东侨务工作发展规划，开展对华侨华人及其社团的团结友好工作，促进广东与他们在经济、科技、文化、教育等方面的合作交流。开展归侨侨眷工作，依法保护归侨侨眷的正当合法权益。各级侨联履行人民团体的职责，按照“群众工作、参政议政、维护侨益、海外联谊”的原则开展工作，在协助党和政府宣传落实侨务政策，组织归侨侨眷联谊，并扩大与海外侨团交往，开展华侨历史研究，弘扬中华传统文化等组织侨界人大代表、政协委员参政议政，反映归侨侨眷呼声，方面取得显著成效。

二

拨乱反正，落实侨务政策。1978年3月，广东省革委会重新成立侨务办公室，投入主要精力进行拨乱反正，从思想上清除“左”的影响，认真贯彻落实中央制定的侨务工作指导思想和方针政策，着重从平反归侨侨眷冤假错案、落实侨改户政策、清理归侨侨眷人事档案、落实归侨知识分子政策、落实华侨房屋政策、落实上山下乡归侨知青政策和处理60年代被精简的归侨职工等7个方面落实侨务政策工作，取得显著成效。各级政府侨务部门、侨联还通过做好侨务、侨联信访工作，为海外侨胞、港澳同胞和归侨侨眷解决历史遗留问题、排忧解难；建立联系和沟通归侨侨眷知识分子工作机制，及时为他们解决出境探亲、住房、子女就业、入党、提干、晋升职称职务等突出问题。至80年代末，除华侨房屋政策外，落实各项侨务政策任务都已基本完成。广东全面落实侨务政策，逐渐愈合了过去因极“左”思潮给华侨华人和归侨侨眷带来的心灵创伤，对于调动广大海外侨胞和归侨侨眷的积极性，发扬海外侨胞、港澳同胞爱国爱乡的热情，增强对祖国和家乡的感情和凝聚力都产生了重要影响。

落实侨房政策，凝聚侨心。1981年，中共广东省委、省人民政府重申1950年政务院制定的《土地改革中对华侨土地财产的处理办法》，要求侨房问题遗留较多的地、市、县成立由各级领导挂帅，侨办、房管、司法等部门负责人参加的落实侨房政策领导小组，开展清退侨房工作。1984年，中央财政和省财政分别拨出专款，用于落实侨房政策。1978—2000年，中共广东省委、省人民政府根据中央的指示精神，结合广东侨乡实际，先后印发11个落实侨房政策文件，提出“先农村后城镇”“先集体后个人”“先易后难”“谁占谁退”“多做工作、少花钱、多退房”“多困难多补助、少困难少补助”“既要侨心，也要民心”“政府出一点、单位出一点、个人出一点”等政策原则，妥善解决在“土改”“大跃进”“公社化”和“私改”等政治运动中错没收、征收、拍卖、改造，以及“文化大革命”期间挤占、接管的侨房问题。全省用于落实侨房政策的专款达8亿多元，清退各类农村侨房1702万平方米，处理各类城镇侨房1213万平方米。1999年3月，广东省人民政府在广州召开全省落实侨房政策总结表彰大会，宣告全省落实侨房政策工作基本结束。

制定侨务政策，为侨服务。各级政府和侨务部门根据归侨侨眷特点和“适当照顾”的原则，采取帮扶措施，解决农村贫困归侨的生产、生活困难问题。省人民政府侨务办公室（省安置印支难民办公室）在联合国难民署的支持下，创办了广东省归难侨（归侨、难侨的合称）职业培训中心，对安置在华侨农场和农垦农场的归难侨及其子女进行职业技术培训，解决他们的就业出路。省财政拨出专款资助贫困归难侨大中专学生，帮助他们完成学业。省政府制定调整安置归难侨政策，大批华侨农场归难侨职工及其子女被调整安置到城镇落户工作。省人民政府侨务办公室（简称省侨办）、省归国华侨联合会（简称省侨联）分别创办广东省粤侨企业公司、广东省侨生公司等直属企业接收安置归侨知青和华侨农场归难侨及其子女，各地中旅社也接收安置大批归难侨职工及其子女。省华侨农场管理局创办华侨专业技术学校，招收华侨农场归侨职工子女就读。省招生办对“三侨生”（归侨青年、归侨子女、华侨在国内的子女）报考暨南大学、华侨大学、五邑大学、嘉应大学、汕头大学和中等专业学校给予适当加分录取照顾。政府有关部门简化归侨侨眷申请出国手续，为出境定居人员提供咨询和职业培训服务，妥善处理好出境定居人员的离退职待遇和住房、计划生育、责任田等切身利益问题。省侨联1985年组建广东华侨事务律师事务所，成为中国设立的第一个华侨事务法律专业性服务机构，为归侨侨眷、海外侨胞提供法律咨询服务。

改革管理体制，扶持华侨农场发展。1950—1966年，广东省创办了13个国营华侨农场，安置归难侨2.63万人。1978—1979年，接收安置10.7万印支归难侨，其中有8万人安置在29个国营华侨农（茶）场，2万多人安置在56个国营农垦农场，其余分散在城镇和农村就业或投亲靠友。改革开放后，实行计划经济的华侨农场，面临发展缓慢、职工生活水平下降的境况。为此，中共广东省委、省人民政府根据中共中央、国务院关于华侨农场改革的决定，结合广东实际，加快华侨农场管理体制和经济体制改革。1988年，省委、省政府决定将中央和省侨务部门主管华侨农场的领导体制改由地方人民政府领导，把华侨农场下放给所在地级市管理，设立管理区（开发区、街道办事处）或镇级建制，将华侨农场的教育、医疗、卫生、公安、电力、交通等社会事业纳入地方政府规划和管理，减除华侨农场的政策性亏损负担，实现政企分开，促进华侨农场的经济社会发展。华侨农场的经营管理，也从计划经济向市场经济转变，通过建立家庭农场，实行家庭联产承包责任制，改变了职工吃“大锅饭”的状况，充分调动归难侨职工的生产积极性。1997年，省人大常委会作出《关于扶持贫困华侨农场经济发展的决议》，省政府对17个贫困华侨农场实施扶助政策，解决发展难题。经过22年的改革发展，广东华侨农场逐步走上体制融入地方、管理融入社会、经济融入市场的发展轨道。

加强侨务法制建设，保护华侨和归侨侨眷合法权益。1987年以来，广东认真总结中华人民共和国成立以来侨务工作的经验教训，着手研究制定地方性侨务法规，以保护落实侨务政策的成果，防止发生侵害海外侨胞、港澳同胞正当合法权益的事件。广东省人民政府草拟《广东省国家建设征用土地拆除城镇华侨房屋的规定（草案）》，经省六届人大常委会第二十五次会议审议通过，于1987年3月20日施行，标志广东侨务工作开始走上法制化、规范化的轨道。1991年9月，《中华人民共和国归侨侨眷权益保护法》颁布实施后，省人大常委会审议通过《广东省归侨侨眷权益保护实施办法》《广东省城镇华侨房屋租赁规定》《广东省拆迁城镇华侨房屋规定》和《广东省华侨捐赠兴办公益事业管理条例》4部地方性侨务法规。自1978年以来，广东省人民政府先后颁布《广东省华侨、港澳同胞捐办公益事业支援家乡建设优待办法》《关于享受华侨投资优惠待遇认可的规定》《关于华侨农场领导体制改革的通知》《广东省华侨用侨汇在城镇购买住宅照顾亲属入户暂行规定》《广东省侨属企业管理规定》以及省政府批转省侨办的《关于做好我省出境定居人员工作的意见》等地方性侨务规章。省侨办和省直有关部门出台一系列规范性文件，各地级以上市人大、政府也相应制定了地方性侨务法规、规范性文件。这些地方性侨务法规和政策涉及华侨房屋、侨汇、华侨捐赠、侨属企业、侨资企业、华侨农场、“三侨生”升学、出境定居人员待遇、侨房及归侨侨眷身份确认、华侨祖坟、侨刊乡讯等方面，为全面做好侨务工作，维护侨胞和归侨侨眷的正当合法权益提供了法规和政策依据。省侨办、省司法局把

《中华人民共和国归侨侨眷权益保护法》（简称《侨法》）列入“二五”至“三五”普法计划，通过广播、电视、报刊、墙报及印发宣传材料、开展侨法纪念活动、举办侨务法律知识竞赛等形式，向全社会广泛宣传，并将侨法列入侨务部门的公务员培训考试内容。各级人大和政协通过组织执法检查和视察活动，推动侨务法规政策的落实。各级侨联配合相关部门制定侨务法规，开展相关问题的调研，提出相关的意见和建议，并广泛宣传侨务政策法规，为保护归侨侨眷合法权益发挥了重要作用。

三

以侨为桥，促经济发展。改革开放后，广东各级政府侨务部门围绕国家和广东对外开放部署和重大举措，加大为经济建设和为侨服务工作力度，开展与海外侨胞、港澳同胞多形式、多层次的交流合作，在引进侨资、侨智以及发挥侨力等方面发挥重要的桥梁和纽带作用。1979—2000年，全省各级侨办累计邀请海外侨胞5087批，约5万多人次来粤考察、交流、洽谈投资事宜；参与引进侨资项目6246宗，引进资金154.38亿美元，引进华侨华人专家学者209批、1380人次，到粤开展科技交流咨询活动，还与美国、加拿大、澳大利亚等国的华侨华人科技团体签订合作协议，开拓引进广东急需人才的渠道。全省各级侨务部门、侨联根据中央关于“有条件的地方，侨办和侨联可以自己创办企业”的指示精神，以为侨服务、为经济建设服务、解决归侨侨眷就业为出发点和落脚点创办侨办、侨联企业。至2000年，全省各级侨办共创办321家企业，注册资金19.84亿元，资产总额达91.2亿元。至1993年，全省各级侨联自办企业305家，年营业额8.4亿元，实现利税3149万元，固定资产4.2亿元。迅猛发展的侨办、侨联企业，在促进侨乡经济建设的同时，亦对改善归难侨的就业和生活以及侨乡经济建设起了积极的促进作用，为广东侨务工作提供了接待基地和部分工作经费。

以侨为桥，广泛开展海外联谊活动。各级侨务部门通过“走出去”和“请进来”，与近2000个海外华侨华人社团建立友好关系，深交一大批有实力、有影响的海外侨胞，大力拓展华裔新生代工作；以拜访、经贸考察、文化艺术交流、参加社团庆典活动等形式，多渠道、多层次组团出访。1988年，省侨办和梅州市政府联合组团首次参加在美国旧金山举行的世界客属总会第九次恳亲大会。此后，由省侨办及梅州、汕头、潮州、揭阳、汕尾、江门、广州、中山、佛山、惠州、东莞、深圳、珠海等市组织的侨务代表团，多次应邀出席海外粤籍侨团在海外或港澳地区举办的国际性恳亲联谊活动。世界客属联谊会、国际潮团联谊会等粤籍世界性海外侨团纷纷来粤举办联谊恳亲活动，成为各地侨乡开展联谊、经贸、文化、旅游交流合作的重要平台。90年代初，省侨联协助世界钟灵中学校友在广州举办第24届马来西亚世界钟灵嘉年华大会，海内外嘉宾2400多人参加。各地政府还利用举办“荔枝节”、“艺术节”、授予“荣誉市民”称号等重大庆典活动，邀请海外侨胞、港澳同胞回乡参加联谊和经贸活动，扩大了侨乡与海外的沟通联系，加深了亲情乡谊。80年代，省侨办和广州市侨办分别成立华侨研究会，省侨联和广州市侨联分别成立华侨历史学会，开辟与海外华侨文化社团交流的民间渠道，组织专家学者和侨务工作者开展华侨华人及侨务工作研究，为开展侨务工作提供理论依据。90年代省侨办以及广州、深圳、江门、珠海等地级以上市侨办相继成立海外交流协会，利用民间渠道开展对外联谊和协助组织省内企业到海外开展经贸活动。

1989年春夏之交北京发生政治风波，一些西方国家对中国实行制裁，海外许多华侨华人对中国政府采取的措施不理解，侨务工作出现困难。面对这种情势，广东各级侨务部门利用乡情亲谊，主动邀请华侨华人回粤考察，组团出访对华侨华人开展艰苦细致地解疑释惑工作，较快地恢复和增强了他们对中国的信心。海外侨胞通过加强与各国主流社会的沟通，促使住在国政府恢复与中国的正常关系，在外资纷纷撤出的情况下，海外侨胞继续对中国经济建设提供可贵的支持，对打破西方国家对中国经济的制裁起到重要作用，海外侨务工作形势逐渐好转。1997年亚洲金融风暴发生后，华侨华人经济受到重大打击，也给侨务工作带来很大冲击，各级侨务部门尽力帮助在粤投资侨商解决各种困难和问题，渡过难关，促使侨商恢复在广东投资的信心。

以侨传情，扩大对外宣传。各级侨务部门开展丰富多彩、形式多样的侨务对外宣传，组团出访，慰问海外侨胞，拜访社团，考察华文学校、华文媒体；通过举办海外华裔青少年夏（冬）令营，吸引华裔青少年来粤开展寻根活动；邀请海外华文媒体来粤采风，报道广东侨乡发展概况；组织文化体育团体出国慰侨演出，弘扬岭南文化艺术；运用侨刊乡讯、广播、电视、报刊等新闻媒体，向海外侨胞宣传介绍广东侨乡日新月异的经济社会建设发展情况。2000年，省侨联按照中国侨联关于“相约千年——龙岁故土行”活动的要求，以文化为载体，开展一系列文化活动。例如安排广东歌舞剧院到印尼演出一个月，邀请印尼“华韵文艺团”到广东演出等。各级侨办和华侨教育机构通过向海外华文学校派遣华文教师、为海外华校编写华文教材、培训华文师资等形式，扶助海外华侨华人社会（简称华社）发展华文教育。暨南大学华文学院编写的《中文》等海外华文教材，被东南亚及欧美多个国家的华文学校采用推广。风行海内外的“集体家书”侨刊乡讯，“文化大革命”期间被迫停刊。1978年台山《新宁杂志》率先复刊，至2000年全省侨刊乡讯已发展到150家，年发行100多万册，形成省、市、县、镇、村、氏族6个层次的宣传网络。各级侨务部门还通过编辑出版侨务宣传资料，拍摄侨乡影视专题片，举办图片、书画展览等形式，向海外侨胞和归侨侨眷宣传广东侨乡和侨务工作。这些侨务外宣产品具有鲜明的侨乡特色和浓郁的亲情乡谊，受到海外乡亲的欢迎，扩大了广东对外影响。

以侨促统，开展侨务对台和对港澳工作。由于历史原因，以广东侨胞为主的海外侨社传统社团与国民政府及后来的台湾当局有着千丝万缕的关系。港澳地区与广东山水相连，唇齿相依，人缘相亲，语言相通，同属岭南文化，港澳台同胞与海外华侨华人关系密切，为广东开展侨务对台和港澳工作提供了得天独厚的有利条件。各级侨务部门围绕争取传统亲台社团和人士转化，促进祖国统一大业，促进香港、澳门回归祖国和保持港澳繁荣稳定，大力开展侨务对台和港澳工作，主动落实海外和港澳亲台人士的政策，主动邀请亲台侨领来粤旅游、观光、考察；主动接触拜访传统亲台社团，促使他们逐步消除对中国共产党的怨气，改变对人民政府的看法，放弃反共立场，支持祖国和平统一大业。各级侨务部门还加强与港澳地区广东社团和归侨侨眷社团的联系，积极维护港澳同胞在内地的合法权益，充分发挥港澳地区联系海外侨胞的桥梁和纽带作用，促进“一国两制”的实施，促进粤港澳经贸、文化、教育、卫生等方面的交流与合作，为香港、澳门顺利回归祖国和保持港澳地区繁荣稳定做了大量的工作。

四

中国实行对外开放的基本国策是与海外侨胞、港澳同胞紧密相连的，海外侨胞、港澳同胞和归侨侨眷在中国实施对外开放战略中，发挥了重要的桥梁纽带作用。广东经济奇迹般的增长速度，与侨胞密切相关。1978年，中共中央根据广东、福建具有毗邻港澳、华侨众多的优势，具备开展对外经济活动的有利条件，作出对广东、福建实行“特殊政策、灵活措施”，在汕头、深圳、珠海、厦门设立经济特区的决策。海外侨胞、港澳同胞爱乡热情进一步高涨，他们以不同方式积极支持和参与家乡的现代化建设，推动经济贸易、文化教育、医疗卫生等事业的发展，为广东经济社会发展做出巨大贡献。

全省各级侨务部门多渠道、多领域邀请海外侨胞、港澳同胞来粤考察、交流、洽谈投资贸易事宜，参与引进侨资和引进华侨华人专家工作，大量侨资和侨智参与广东现代化建设，不仅带来先进的生产方式、先进技术和管理理念，也促进了侨乡人民思想观念的更新。据省侨办统计，2000年海外侨胞、港澳同胞在广东投资兴办的企业有56570家，投资总额634.12亿美元，占同期广东吸引外资的63%。

华侨华人、港澳同胞在粤投资具有以下特点：（1）时间早。1978年春，港澳同胞霍英东、马万祺、何鸿燊在中山创办全国第一家粤港澳合资企业——中山温泉宾馆；同年9月，香港同胞张子弥在东莞虎门镇创办全国第一家“三来一补”（来料加工、来样加工、来件装配和补偿贸易）企业——太平手袋厂；泰国正大集团1979年在深圳投资的现代化饲料厂，是取得深圳“三资企业”营业执照001号的外资企业。（2）港澳同胞投资及港澳台资企业成为在粤投资企业主体。据2000年统计，港澳同胞投资企业52423家，投资额573.87亿美元，占同期侨资及港澳台资企业投资总额的90.5%。（3）投资范围广。80年代，海外侨胞、港澳同胞投资以“短、平、快”项目为主，涉及酒店、餐饮服务、加工装配、维修、装修等行业。90年代以后，华侨华人、港澳同胞投资的中外合资、合作企业和外商独资企业逐渐增多，投资项目向能源、交通基础设施、机电、房地产、农业、旅游业转移，从珠江三角洲向东西两翼和山区发展，对改变广东的产业结构和山区落后面貌起到积极作用。（4）引进比较先进的技术设备，生产达到比较高的科学技术水平。新加坡华人陈德熏引进的全套瓦楞纸自动生产线和万宝电冰箱生产线，成为广州市技术先进的骨干企业之一。新会锦纶厂、合成纤维厂和涤纶厂，恩平广联泰棉纺厂、台山市智达（晶达）制衣有限公司等侨资企业引进的先进纺织技术和设备，使新会、恩平、台山侨乡一跃成为当年中国较先进的纺织生产基地。在各级侨务部门的大力扶持下，广东侨属企业迅猛发展，从简单的个体经营，发展到股份制合伙经营，从餐饮、旅业、来料加工、搬运等较为单一的行业，逐步扩展到成衣、五金、交电、家具、塑料、交通运输、农牧业等多种行业，成为90年代广东侨乡经济的重要组成部分。在对外开放、对内搞活的方针指导下，侨乡商品经济空前活跃，许多侨乡县城和乡镇，也由于侨资企业和侨属企业的兴起，迅速发展成为当地新的经济文化中心。广东侨乡发生了根本性变化，出现了前所未有的繁荣景象。

侨资企业为广东经济社会发展做出多方面的贡献：一是创造众多的就业岗位，扩大就业空间，增加人民收入，提高生活水平；二是带来了先进的管理经验和理念，为广东培养了一批达到国际水平的管理人员和专业人员；三是引进了先进的技术和设备，加快了广东科技进步和产业创新的速度，增强了广东的经济实力、市场竞争能力和参与国际竞争的能力；四是拓展了国际市场的营销网络，加速广货走向国际市场的进程，推动了广东与世界各国的贸易、合作和友好往来；五是参与公益事业，为广东各地精神文明建设做出积极的贡献。海外侨胞、港澳同胞在广东投资，除具有外商投资企业的基本特点外，更加关心祖（籍）国和家乡的文教卫生等公益事业，更加关心和支持中华民族的伟大复兴事业。海外侨胞通过投资和捐赠款物等形式全面参与广东的经济建设，侨乡政府和人民从中学习和获得兴办企业、改进管理、开拓海外市场等方面的经验和资源，开阔了视野，解放了思想。80年代，在广东侨乡流传“无农不稳，无工不富，无商不活，无侨不快”“不懂侨务的干部不是好干部”的顺口溜，充分说明侨力资源和侨务工作在现代化建设中的重要地位和作用。

侨汇也是海外侨胞对广东经济社会发展的重要贡献。“文化大革命”期间，侨汇政策遭受严重破坏，侨汇物质供应被迫一度停止，归侨侨眷的侨汇收入锐减，生活艰苦，大批归侨侨眷申请出国定居，甚至不惜冒险偷渡港澳地区。1978年，中央重申保护侨汇政策，广东随即成立华侨商品供应公司、华侨旅游侨汇服务公司、侨汇商店，恢复侨汇商品供应，为归侨侨眷和回国探亲的华侨华人供应紧缺的生活用品、免税商品，为侨眷提供建筑材料。省政府出台优惠政策鼓励海外侨胞用侨汇在城镇购买住房，解决侨眷住房困难。广东侨汇收入因此大幅增加，1979—2000年累计达27.16亿美元，成为改革开放时期国家和广东经济建设的重要外汇来源，促进了广东侨乡社会发展，改善、提高了归侨侨眷居住条件和生活水平。

海外侨胞、港澳同胞素有在家乡兴办公益事业的优良传统，改革开放后又掀起了新的高潮。1979—2000年，海外侨胞、港澳同胞捐赠广东发展公益事业和工农业生产的款物累计达310.8亿元，占同期全国海外侨胞、港澳同胞捐赠总额的70%。海外侨胞、港澳同胞捐赠呈现出新的特点：（1）涉及华侨华人捐赠的国家和地区广泛，遍及世界100多个国家和地区；（2）个人独资捐赠数额大，捐赠额累计500万元～1000万元的有241人，1000万元以上的有195人，占侨捐总数的30%；（3）发展教育科研事业成为捐赠重点，捐赠用于发展教育科研款物折合人民币124.61亿元，占捐赠总数的40.9%，设立的各类教育基金会有1346个；（4）捐赠涉及教育、卫生、文化、体育、交通等各项事业，包括生产资料和设备的捐赠，及学校、医院、桥梁、敬老院、侨联大厦、自来水工程、水利工程等的建设。海外侨胞、港澳同胞的善举，对侨乡“两个文明”建设起到举足轻重的作用。许多过去因地方财力困难办不到的社会公益事业，通过海外侨胞、港澳同胞的鼎力捐助得以实现。1988年，华侨捐赠兴办公益事业为改革开放现代化建设做出积极的贡献，被评为广东改革开放十周年十件大事之一。

改革开放以后，大批海外侨胞、港澳同胞怀着爱国爱乡的热情，来粤捐资兴办公益事业、投资兴办实业，推动广东发展与各国友好合作关系，为广东的社会经济发展做出了重大贡献，全省各地级以上市政府为表彰他们的义举，授予“荣誉市民”称号。广州市是全省第一个开展授予“荣誉市民”工作的城市。1979年7月，美籍华人许志俭因引进全国第一个机械化养鸡场，被广州市政府授予首个“荣誉市民”称号。至2000年，全省21个地级以上市都先后开展授予“荣誉市民”称号活动，共有1466人次被授予“荣誉市民”称号。各地还充分利用电视、广播、报刊、侨刊乡讯、地方志、画册，或撰写个人传记、拍摄专题片等形式，对“荣誉市民”的事迹进行广泛宣传报道，彰显他们的贡献。各地口岸为“荣誉市民”开设专门进出通道给予礼遇。

五

改革开放22年，广东各级侨务部门在中共广东省委、省人民政府的正确领导下，坚持“不唯书，不唯上，只唯实”，认真总结吸取改革开放前广东侨务工作的经验教训，从服务于国家大局、服务于广东改革开放出发，以维护海外侨胞、归侨侨眷的根本利益为侨务工作的落脚点，解放思想，敢为人先，勇于创新，大胆实践，务实进取，创造了许多全国侨务工作第一：1980年率先创办海外华裔青少年夏令营，1986年首度开展授予“荣誉市民”活动，1987年颁布全国第一部地方性侨务法规等，为广东的改革开放和经济社会建设做出重要贡献。广东侨务工作主要经验：一是必须充分认识海外侨胞、港澳同胞和归侨侨眷是中国和广东改革开放、现代化建设的重要力量和独特机遇，是中国和广东同世界各国发展合作交流关系的重要纽带，要把保护好、维护好、发展好他们的根本利益作为侨务工作的出发点、落脚点。二是必须加强侨务法规建设，根据海内外侨情变化、国情变化，研究制定或调整侨务法规政策，加大侨务法律法规的宣传和执法力度，依法维护海外侨胞、港澳同胞和归侨侨眷的正当和合法权益，在全社会形成知侨、爱侨、护侨的氛围。三是必须坚持为侨服务和为国家大局服务相结合，以国内侨务工作为基础，以国外侨务工作为主导，把侨务工作纳入到对外开放大局中去，把海外侨胞爱国爱乡的热情和侨力资源优势，转化为推动改革开放、参与社会主义现代化建设、促进祖国和平统一的强大力量。四是必须树立全心全意为侨服务的思想观念，既要做好保护国内归侨侨眷的合法权益工作，也要关心海外侨胞在当地的生存和发展，帮助他们发展华文教育事业和传承中华优秀文化。

22年间，广东侨务工作取得显著成绩的同时，也存在一些不足，如在重视落实侨务政策、处理涉侨历史遗留问题的同时，由于政策、监管缺位等原因，又陆续出现了在侨房、侨捐、侨坟等方面侵犯侨益的行为；由于经费等限制，侨务部门在国内做侨务工作的多，走出去开展侨务工作的比较少；一些地方在侨务工作实践中，存在重引进、轻服务，重侨捐审批、轻监督管理等倾向，致使一些侵犯海外侨商合法权益事件不能得到及时处理；保护华侨文化遗产未引起政府部门的足够重视，部分不可再生的华侨历史文化遗产在城市建设中遭受破坏。

侨务工作是党和政府的一项长期战略性的工作，保护和发扬海外侨胞爱国爱乡的优良传统，促进海外侨胞团结互助，与当地人民友好相处，融入主流社会，在居住国长期生存发展，为居住国和中国的繁荣做出贡献，促进所在国与中国的友好关系和交流合作，依然是新世纪中国侨务工作的主要任务。

大事记

1979年

1月2日　中共中央副主席、全国人大常委会委员长叶剑英在广州会见香港、澳门知名人士马万祺、何贤、柯正平、李菊生等。

1月　中共中央副主席、国务院副总理邓小平在一份关于外商要求回家乡广州办厂的来信摘报上批示："这种事，我看广东可以放手干。"

3月23—29日　广东省侨务工作会议和第三次全省归侨代表大会在广州召开。会议强调要正确认识华侨的地位和作用，肃清"左"的影响，全面落实各项侨务政策，努力开创侨务工作的新局面。会议选举产生省归国华侨联合会（简称省侨联）第三届委员会。

4月　香港知名人士霍英东、彭国珍与国家旅游局局长卢绪章在北京签订协议，投资5000万美元合作兴建中国第一家粤港合作经营的五星级宾馆广州白天鹅宾馆。宾馆于1983年2月6日开业。

6月1日　叶剑英在广州接见参加中共广东省委三级干部会议的地、市、县委书记并讲话，强调要进一步落实侨务政策，鼓励海外华侨和港澳同胞积极支持祖国社会主义现代化建设。

7月8日　广州市革命委员会授予为发展现代化养鸡事业做出贡献的美籍华裔专家许志俭为"广州市荣誉市民"。这也是广东省第一位"荣誉市民"。

8月25日　广东省华侨农场管理局在四会县五马岗创办广东省华侨专业技术学校。

8月　省政协决定设立广东省人民政治协商会议华侨工作组。

9月7日　中共广东省委批转省侨务办公室党组《关于抓紧落实侨务政策若干问题的意见》。

9月　在"文化大革命"期间停业的广东省华侨投资公司恢复业务。

10月　广东省革命委员会决定成立省接待安置印支难民领导小组。1978年至1979年，进入中国境内的印支难民达28万人，其中广东省安置了10.7万人。

10月　广东省革命委员会侨务办公室派员参加中国红十字工作小组，赴泰国接运印支难民。

11月2—3日　国务院侨务办公室副主任林修德到深圳市光明华侨畜牧场视察。

11月18日　中共中央副主席、全国人大常委会委员长叶剑英在广州会见港澳知名人士霍英东、马万祺等。

11月　港澳知名人士霍英东、马万祺、何鸿燊投资4000万港元与中山市合作兴建的广东省第一个粤港合资企业——中山温泉宾馆动工。宾馆于1980年12月28日开业。

12月10—22日　全国华侨农场、工厂工作会议在佛山召开。会议总结中共十一届三中全会后华侨农场、工厂的工作，讨论《华侨农场、工厂工作条例》，部署1980年工作。

1980年

1月5日　在“文化大革命”中停办的《广东侨报》复刊。中共中央副主席、全国人大常委会委员长叶剑英重新题写报名。

1月　广东省革命委员会侨务办公室改为广东省人民政府侨务办公室（简称省侨办）。

4月4—8日　省侨办在番禺召开全省侨务工作座谈会，传达贯彻1979年年底在福建省泉州市召开的全国侨乡、侨联工作座谈会精神，研究加速侨乡建设和善始善终抓好落实侨务政策等问题。

4月　香港新合成发展有限公司与广州市政府所属的羊城服务发展公司在广州签署合作经营合同，投资1.25亿美元共同兴建中国大酒店。酒店于1984年1月开业，是当时全省唯一一家由国际酒店管理公司管理的酒店。

7月27日　本省第一间合资经营的医院——广州珠江华侨港澳同胞医院开业。

7月　开平县侨办以开平县中国旅行社和香港学联旅游部的名义，举办全省第一个海外华裔学生夏令营——美·加华侨华裔青年学生夏令营。

1981年

3月16日　全省侨务工作座谈会在广州举行。会议强调：进一步消除“左”的影响，加强侨务政策宣传和侨务干部队伍的建设。副省长叶选平到会讲话。

3月26日至4月26日　省侨办主任徐绳周率广东省友好代表团访问美国旧金山、洛杉矶和加拿大满地可、多伦多等城市，并拜会当地侨团。

4月18日　中共中央副主席、全国人大常委会委员长叶剑英在广州会见日本东京华侨总会副会长黄文钦。

6月19日　中共广东省委转发国务院侨务办公室、中央组织部、公安部《关于善始善终复查纠正归侨、侨眷中冤假错案工作的通知》。至1987年年底，全省平反纠正归侨侨眷冤假错案工作基本完成，全省应复查的冤假错案共有14339人，已复查平反14271人，占应复查的99.53%。

6月29日　广东华侨历史学会在广州成立。

7月8日　《人民日报》刊登胡耀邦总书记在广东省归侨林青云来信上的重要批示，并发表评论员文章。

8月26日　经国务院批准，由香港长江实业(集团)有限公司董事局主席李嘉诚捐资创办的汕头大学成立。1990年2月8日举行汕头大学落成典礼，全国人大常委会副委员长荣毅仁、国家教委主任李铁映和李嘉诚出席典礼。

8月　广东省人民政府批复省侨办《关于妥善解决华侨农场归侨知青的请示报告》，指出要把妥善调整安置归侨知青作为落实侨务政策的政治任务来完成。至80年代中期，广东基本完成安置上山下乡归侨知青回城工作任务，广州、深圳、珠海、江门等城市和省直有关单位先后接收安置1203名归侨知青回城工作。

9月21日　中共广东省委批转省侨办党组《关于处理土地改革中华侨房屋遗留问题的请

示报告》，指出认真主动地处理好这一问题，是当前进一步落实侨务政策的一项重要工作。

11月4日　广东省人民政府发出《关于限期退还“文革”期间被挤占的华侨房屋的通知》，要求全省各地力争在1982年上半年退还“文化大革命”期间被挤占的华侨房屋。省政府决定今明两年拨出1000万元作为各地落实华侨房屋政策补助款。

11月19日　首届国际潮团联谊年会在香港举行。

12月　国务院侨务办公室在深圳市光明华侨畜牧场沙河分场原址组建深圳市沙河华侨农场。

1982年

2月20日　广东省侨联奖励基金会成立。该基金会对定居或工作在广东省，在社会主义建设中做出显著成绩、有重大贡献的归侨侨眷，给予表彰和鼓励。

2月　广东华侨历史学会举行美洲华侨史座谈会。美国著名华人历史研究学者麦礼谦应邀在会上介绍美洲现状和美洲华侨史研究情况。

3月11—19日　省侨办和省城建局在广州联合召开各地、市侨办及房管局负责人会议，总结交流落实侨房政策经验，研究存在的问题和解决措施。副省长梁威林到会讲话。

6月23日　中共广东省委、省人民政府联合印发廖承志、彭光涵在有关落实华侨私房政策会议上的讲话，要求各地党委和政府重视侨房政策的落实，采取有力措施，加快落实步伐。至年年底，全省有56个地、市县成立了落实侨房政策领导小组和办公室。

6月11日至8月5日　由省侨办组织、粤剧表演艺术家红线女率领的广东粤剧团赴加拿大温哥华、多伦多，美国纽约、旧金山等7个城市演出，受到当地粤籍华侨华人的热烈欢迎。

9月22日　省侨办首次在广州召开归侨侨眷、侨务工作先进个人和先进集体表彰大会。傅汉洵等420名先进个人和兴隆华侨农场青年突击队等60个先进集体受到表彰。

是年　国务院侨务办公室在广州创办中国语言文化学校。

1983年

1月　省侨联和省司法厅联合成立广东华侨事务法律顾问处。1985年改称广东华侨事务律师事务所。

2月7日　广州华侨酒店举行开业典礼，全国人大常委会副委员长、国务院侨办主任廖承志出席剪彩。

4月20日　省侨办成立广东省粤侨企业公司，安置归侨知青回城工作。

5月18日　省人大常委会设立华侨委员会。1988年3月，省人大常委会将华侨、民族和宗教工作合并，设立华侨民族宗教委员会。

6月2日　中共广东省委办公厅转发省侨办党组《关于处理土地改革中华侨房屋遗留问题的情况报告》。

7月　省政协将台胞、华侨和港澳同胞工作合并，设立“三胞”联络委员会，1988年1月，将“三胞”联络委员会改为华侨港澳台胞联络委员会。

8月　中共广东省委、省人民政府决定将省华侨农场管理局改为省华侨农工商企业总公司。

9月　江门市第一次侨代会根据港澳同胞叶汉等提议，向市政府及“五邑”“两阳”（阳江、阳春）海外乡亲倡议筹建江门华侨大学，后经省政府批准定名为五邑大学。1985年9月7日开学。

9月24—27日　广东省第四次归侨代表大会在广州举行，选举产生省侨联第四届委员会。

10月18日　汕头市华侨大厦举行落成典礼。

10月23日　香港知名人士霍英东捐赠100万美元，兴建广州华侨医院“英东保健楼”。

11月12日　由旅港知名人士郭得胜捐资1000万元在中山县中山公园修建的孙中山纪念堂落成开放。

是年　美国归侨、著名眼科专家陈耀真在中山医学院内创办中国第一间从事眼科研究、医疗、预防和为教育服务的综合机构——眼科中心。

1984年

1月6日　巴西华人医学家吴皖光到广州进行学术交流活动。

3月20—24日　中共广东省委、省人民政府在广州召开全省侨务工作会议。参加会议的有1000多人。会议强调：要用战略眼光看待本省侨务工作的特殊地位和作用；要全面落实党的侨务政策，搞好侨乡两个文明建设。省委书记林若、副书记谢非和省长梁灵光到会讲话。

4月27日　中共广东省委、省人民政府发出《关于进一步全面落实侨房政策的通知》，决定退还土地改革期间在农村和城镇被没收、征收、接管的华侨地主富农房屋。

5月17日　广东省人民政府发出《关于严禁拆毁、转卖、损坏华侨房屋的紧急通知》。

6月　省侨办主任曹兴宁与江门市、台山县、开平县、新会县侨办主任5人组成考察组，随副省长杨德元率领的广东省对外经济贸易代表团赴美国加利福尼亚州（简称加州），参加在奥克兰举办的“中国广东商品展销会”，并到美国、加拿大华侨较多的城市访问，拜访当地华侨、华人社团。

7月22日　广东省人民政府印发《关于解决归侨学生回城工作问题的会议纪要》的通知，要求省、市侨务部门于1987年前将“文化大革命”期间下乡务农的1803名归侨学生(含子女)分批安排回城工作。

7月　省侨办、劳动局、人事局、公安厅、粮食局联合下发《关于处理六十年代精减的归侨职工问题的补充通知》，对接受精减人员单位、劳动指标、农转非等问题作出规定。

10月1日　港澳知名人士霍英东、何添和何贤捐资修建的番禺至广州公路桥——大石大桥正式通车。

12月9日　广东省人民政府颁布《广东省华侨、港澳同胞捐办公益事业支援家乡建设优待办法》。

12月19日　广东省人民政府颁布《关于归侨、难侨职工及其子女安置问题的若干规定》。

1985年

1月8日　大埔县人民政府将清末印尼华侨企业家张振勋故居“光禄第”，退还其在家乡的亲属。

1月15—19日　省侨办在中山市召开全省侨务工作座谈会，研究进一步解决农村侨房遗留问题。

2月12—18日　应省侨办邀请，由雷奕祥率领的澳大利亚华侨华人观光团一行5人，参观广州、中山、珠海等市。雷奕祥在穗期间，与园林部门就在澳大利亚悉尼兴建“中国花园”有关事宜进行洽谈。悉尼“中国花园”由广东省园艺专家设计并给予建筑材料等支持，于1987年年初动工，1988年2月落成。

2月　广东省人民政府批准广东省华侨农工商联合企业总公司更名为广东省华侨实业总公司。

4月1—5日　中共广东省委在广州市召开全省落实知识分子经验交流会。会议指出，落实知识分子政策主要抓改善知识分子的工作条件和生活待遇，解决落实知识分子政策遗留问题和做好归侨、侨眷知识分子政策落实等5件事。

4月　广东省人民政府批准在梅州市成立嘉应大学。

5月10日至6月10日　应省侨办邀请，由会长陈富坤率领的美国南加州广东同乡会(印支华人社团)首次到广东省的深圳、东莞以及西安、上海、北京等地参观访问。

11月11日　经国务院批准，将广东省华侨农场管理局领导的深圳沙河华侨企业公司交给国务院侨办直接领导，取名“华侨城”。该企业移交华侨城4.8平方千米土地，总人口5748人，总投资1.4091亿元。

11月12日　中山市各界人士和旅外华侨、港澳同胞1000多人，在翠亨村孙中山故居举行孙中山诞辰119周年纪念大会。国家副主席王震，省领导刘田夫、凌伯棠等出席。

12月19日　中共中央、国务院作出《关于国营华侨农场经济体制改革的决定》，指出华侨农场原有体制已不能适应经济发展的需要，必须进行改革，在进行经济改革时，首先要将现行由中央和省侨务部门主管的领导体制改由地方人民政府领导。

1986年

1月　在全国政协主席邓颖超的过问下，经过国务院侨办、省侨办、广州军区和珠海市有关部门的共同努力，广州军区属下的珠江企业公司将占用珠海市前山区梅溪村夏威夷华侨企业家陈芳的房屋退还原业主亲属。

2月19日至3月5日　应澳大利亚华人社团的邀请，省侨办组织粤剧贺岁团一行17人，前往墨尔本、堪培拉、悉尼进行8场慰问演出。

2月26日　中共广东省委、省人民政府向中共中央、国务院报送《关于退还和落实侨房的报告》。

3月15日　广东省人民政府决定撤销省华侨实业总公司，恢复广东省华侨农场管理局。

4月7—10日　省人大华侨委员会在开平县召开部分市、县人大侨委会工作座谈会，听取广州、汕头、台山、佛山等市县落实侨房政策和落实归侨侨眷知识分子政策情况的介绍，交流引进华侨港澳同胞资金发展乡镇企业的经验。省人大常委会副主任蚁美厚出席会议。

4月17日　中共广东省委、省人民政府发出《关于退还私改侨房的通知》，要求凡在1958年城镇私房改造中已纳入改造的华侨私房，应全部退还给业主。

5月31日至6月15日　以梁华典为团长的美国南加州工商团，考察广州、珠海、深圳、北京、厦门、汕头等地经济特区建设环境，并与各地就投资合作问题进行洽谈。

6月2日　广东省人民政府办公厅印发《关于进一步加强捐赠进口物资管理工作的通知》，规定接受捐赠由各级政府及侨务部门负责审批，价值2万元以上物品报省政府审批。

6月24日　广东省副省长黄清渠会见由丘平远率领的泰国客属总会赴华工商考察团。

6月24—28日　全省落实侨房政策工作会议在广州召开。会议提出，1986年要完成清退农村侨房使用权500万平方米以上。

7月10日　广州市人民政府首次举行广州市集资、捐资办学表彰大会，何善衡、戴宗汉、戴贺廷等25位华侨、港澳同胞受到表彰。

7月11日　第8607号强台风在陆丰县登陆，广东省6地市31县区受灾。18日，省政府决定，接受海外华侨、港澳同胞和团体捐助救灾款物。

10月5—21日　应省侨办邀请，以黄明山为团长的法国潮州同乡会观光访华团，首次到广州、汕头、北京、桂林等地参观访问。

10月31日　开平县司徒美堂纪念馆落成。

10月　省侨办主任曹兴宁率团前往秘鲁参加中华通惠总局成立百年大庆活动。

11月16日　美国华人容兆珍、李心如夫妇将在美国用重金购买的120件中国历史珍贵文物捐赠给斗门县文物部门。

12月16日　广东华侨历史学会、广州博物馆和美国旧金山中华文化中心在广州联合举办美国华人历史图片展览（1875—1980）。

1987年

3月20日　省人大常委会颁布《广东省国家建设征用土地拆除城镇华侨房屋的规定》。

3月　中山大学、中山医科大学、华南工学院、暨南大学和全国9所高等院校联合开展招收华侨、港澳台学生工作。

4月20—30日　应省侨办、省特区办及深圳特区华侨城联合邀请，由李景河率领的泰中促进投资贸易商会访华团前来珠海、广州、海南等地，参观考察广东省的投资环境，洽商贸易业务和合资合作项目。

4月23日　广州仲恺农业技术学院隆重集会纪念廖仲恺诞辰110周年，中央领导人杨尚昆出席，廖仲恺亲属、陈香梅女士等海外华侨、港澳同胞2000多人参加纪念活动。

5月7日　省侨办与省侨联联合发出《关于大力扶持贫困归侨户的通知》，部署全省各级侨务部门开展归侨脱贫工作。

5月20日　香港知名人士霍英东向广东省体育奖励基金会捐赠1000万港元。

6月　省归侨作家联谊会组成以秦牧为团长的“华文考察团”到泰国曼谷访问，与泰华文艺界就华文创作问题进行交流。

8月18—21日　省人大华侨委员会在东莞市召开部分市、县人大侨委工作座谈会，交流运用华侨、港澳同胞资金开发农业生产经验。

8月29日至9月10日　应省侨办、省国际信托投资公司联合邀请，由李光隆率领的泰国潮州会馆企业家考察团一行20人，前往北京、南京、汕头等地参观访问，并与各地洽谈贸易和投资设厂等事宜。

10月12日　广东省人民政府颁布《关于享受华侨投资优惠待遇认可的规定》。

12月15日　广东华侨研究会成立。1993年更名广东华侨华人研究会。

12月23日　省侨办印发《关于认真做好捐赠审核把关工作的通知》，进一步加强捐赠物资管理工作。

是年　省侨办属下的华侨录像通讯服务公司摄制反映新会、开平举办美·加华裔青年夏令营活动情况《在祖辈的家乡》录像片，在全省对外影视宣传品评比中获得一等奖。

1988年

2月7日　广东省人民政府办公厅颁布《广东省华侨用侨汇在城镇购买住宅照顾亲属入户暂行规定》。该规定颁布后，全省各地先后成立62个“华侨房屋建设服务公司”开展建房售房业务。

3月28—29日　广州市侨办接待由泰国原财政部长云逢松率领的云氏大宗祠回乡祭祖团一行63人。

4月26—29日　全省侨务工作会议在东莞市召开，部署1988年侨务工作和研究中旅社组建企业集团公司问题。国务院侨办副主任林水龙、广东省副省长凌伯棠到会讲话。

6月1日　中国海关总署对城乡个体工商业者进口小型生产工具，扩大限额，并实施税收优惠。归侨、侨眷、港澳台胞眷属接受国外或港澳台亲友赠送，价值在人民币2万元（含2万元）以下的“小型生产工具”，由县、市侨办审批；价值人民币2万元以上10万元以下的小型生产工具，报省、市、自治区侨办审批，经海关核准，可免税进口。

6月11—12日　国务院侨办主任廖晖到广州经济开发区和番禺侨乡调研，16日与市侨办处以上干部及区县侨办主任等座谈，26日出席番禺洛溪大桥合龙仪式。

8月23日　广东省人民政府发出《关于华侨农场领导体制改革的通知》，将平沙等22个华侨农场下放所在市管理，撤销广东省华侨农场管理局，设立广东省华侨实业总公司。花县、沙河华侨农场留给总公司作基地。

8月25日　中共广东省委决定将省侨联与省侨办分立。省侨联直属省委领导，行使省一级人民团体的职能。

9月22—25日　广东省第五次归侨侨眷代表大会在广州举行，选举产生省侨联第五届委员会。

10月22—23日　省侨办和梅州市政府联合组团赴美国访问，参加在旧金山举行的世界客属总会第九次恳亲大会。这是国内人士首次参加国际性侨团活动。

10月26日至11月5日　应日本广东同乡会邀请，由副省长凌伯棠任顾问、省侨办主任司徒戎生为团长的广东省侨务经济友好访问团，赴日本东京、横滨、京都、神户、大阪考察访问。

12月8日　海内外人士投票45万多张，评选出广东改革开放十件大事，其中“侨胞热心捐办公益事业”入选。据统计，1978年至1987年，广东省经批准接受华侨、港澳同胞自愿捐赠用于兴办各种公益事业的款物，折合人民币28.8亿元。

12月11日　中山大学举行庆祝英东体育中心和酒店管理培训中心落成典礼。香港知名人士霍英东捐资3000万港元兴建的英东体育中心，是当时中国高校中仅有的一个功能齐全、设备达到国际先进水平的体育场馆。

12月13—16日　广东华侨华人研究会在珠海市举行首次学术讨论会，围绕北美、东南亚地区华侨、华人现状和广东省如何发挥华侨众多优势，加快四化建设问题进行研讨。泰国华人学者江白潮应邀到会作《泰国华侨华人现状的探讨》报告。

1989年

1月12日　广东省人民政府批准广东省中国旅行社组建广东中旅企业集团公司。

2月　由联合国难民署提供部分援助及国家财政拨款兴建的省难民职业培训中心落成。

5月6日　广东省人民政府发出《关于抓紧落实侨房政策工作的通知》，要求各级人民政府和有关部门，善始善终落实农村侨房政策，特别是清退工作进展缓慢的市县，要采取有力的措施，力争在年内完成这一工作。至1994年，全省完成落实农村侨房政策任务，累计退还农村侨房1702万平方米。

5月14—18日　应省侨办邀请，法籍华人、留尼汪（法国海外省）顶磅市市长曾宪建一行3人抵广州访问，与经贸部门和汽车制造行业就法国雷诺汽车在广州设厂进行洽谈，并回梅州寻根。

11月11—13日　世界中山各中学同学首届恳亲大会在中山市石岐镇举行。来自16个国家和地区以及国内的校友嘉宾共1300多人参加。省长叶选平出席大会并讲话。

11月17—19日　省人大常委会副主任、省侨联主席蚁美厚率领广东省潮汕庆贺团首次应邀参加在澳门举行的第五届国际潮团联谊年会。

11月21日　应省侨办和潮州市人民政府邀请，泰国华人、知名人士谢慧如率领泰国潮属各界组成的庆贺团一行23人前往潮州市参加韩文公祠建祠800周年纪念活动。

12月11—13日　梅州客家联谊会成立暨世界客属联谊大会在梅州市举行。来自世界各地27个代表团组的海外嘉宾和国内各界人士1200多人参加盛会。这是中华人民共和国成立以来在梅州市首次举行世界性的乡谊亲情联谊大会。

12月25日　全国首届“新时期全国侨界十大新闻人物”颁奖大会在北京举行。美国归侨、中山大学生物系教授、著名昆虫学家蒲蛰龙入选。

1990年

1月5日　广东归侨作家联谊会和《广东侨报》社联合举办“华侨题材小说征文”活动揭晓颁奖大会。白令海（泰国）的《望梨山》等6篇作品获奖。

1月至2000年5月　珠海、广州、梅州、肇庆、清远、汕尾、惠州、揭阳、江门、佛山等市对所属华侨农场的领导体制进行改革。其中，13个华侨农场改为管理区(赋予县一级经济管理职能)或经济开发区，9个华侨农场改为镇级建制，一个华侨农场改为街道办事处。改制后华侨农场同时保留原华侨农场的称谓。

2月19日　中共广东省委、省人民政府批准撤销省华侨实业总公司，再次恢复广东省华侨农场管理局。

3月20日　省侨办经省计划委员会（简称省计委）、公安厅、粮食局、外汇管理局同意，印发《广东省华侨用侨汇在城镇购买住宅照顾亲属入户管理办法》。

4月24日　省委组织部、省人事局印发《关于在职国家干部因私事获准在国外或港澳地区定居后有关问题的规定》。

8月4—6日　省政府在三水县召开全省华侨农场工作会议。会议决定，“八五”期间，广东省除按中央政策继续给予华侨农场财政补贴、补助外，对目前仍亏损的14个华侨农场继续给予3至5年的免税照顾。

8月11—28日　应省侨办邀请，美籍华人、美国联邦法院加利福尼亚州中区法院法官刘成威偕夫人、子女一行6人，前来广州、台山及上海、北京等地观光。刘成威在华期间，就台湾商人在大陆投资权益、中美司法制度的异同互补问题与有关司法部门进行交流。

9月　国家新闻出版署在北京举办全国首届期刊展览，省侨办选送83种侨刊参展，占广东参展期刊的三分之一。

12月4日　中共广东省委办公厅转发江门市人民政府《关于加强新移民工作的通知》，要求各地从战略的高度重视和加强新移民工作的领导。

是年　省侨办属下的华侨录像通讯服务公司拍摄制作的《来自西雅图的新农夫》，在全省对外影视宣传品评比中获得一等奖。

1991年

2月2日至3月12日　省侨办选派南方歌舞团9名演员随同中国海外交流协会组织的中国民族艺术团赴巴黎、伦敦、柏林、阿姆斯特丹、罗马等欧洲17个城市，为华侨华人和留学生进行春节慰问演出，共演出27场，观众3万多人。

6月11—14日　全省侨务工作会议在广州召开。会议提出今后10年特别是“八五”期间广东侨务工作的主要任务：加强侨务对外宣传工作；坚持侨务工作更好地为经济建设服务；有重点地开展国外侨务工作，进一步贯彻执行各项侨务政策，特别是侨房政策；继续办好华侨农场和积极扶持归难侨工作。国务院侨办主任廖晖、省领导谢非、朱森林、凌伯棠到会讲话。

6月21日至7月17日　应加拿大中国洪门民治党、美国旧金山中国学会邀请，省侨办派出广东侨务经济考察团赴加拿大多伦多、温哥华和美国西雅图、旧金山等地进行访问，向美加华侨华人社团介绍广东改革开放情况。

10月20日　省侨办和广州市侨办在广州草暖公园联合举行晚会，欢迎以张醒雄为团长的全欧崇正总会回国寻根念祖暨商业考察团访穗。该团有220名成员，来自欧洲7个国家和地区。

10月25—28日　省侨办在中山市召开全省落实城镇侨房政策工作座谈会，副省长凌伯棠到会讲话。省人民政府把落实城镇侨房政策工作作为“八五”期间落实政策的重点，决定分五年共拨出7500万元补助专款。

11月4日　广州市中旅社接待中、印（尼）复交后首班雅加达—棉兰—广州航班的第一批共210人的印尼华人探亲团。

11月12—18日　国务院侨办与广东省侨办联合在广州文化公园举办《当代中国侨乡摄影展》。

11月14—22日　应省侨办邀请，印尼华人企业家彭云鹏率领经济考察团前来广州、佛山、深圳等地考察投资环境。

11月20日至12月5日　应国务院侨办和省侨办邀请，以刘应同为领队的旧金山中华总会馆主席访华团来华，先后访问北京、南京及广州、中山等地。

1992年

4月25日至5月上旬，以姚美良太平局绅为顾问，新加坡前国会议员、前环境发展部高级政务次长曹煜英为领队的新加坡茶阳工商考察团，前来北京、大连、武汉、上海、广州等地访问并考察投资环境。在穗期间，该团与广东华侨投资公司进行商务洽谈。

5月7—21日，应省侨办邀请，法国石油研究院高级研究员冯忠杰(祖籍鹤山)前来广州、佛山、江门、茂名等地进行学术交流。

5月11日，广东省人民政府颁布《广东省侨属企业管理规定》，自7月1日起施行。

5月18—29日，应省侨办与广州市侨办、广州市委宣传部、中国新闻社广东分社联合邀请，美国纽约华语电台总经理郑心元、美国《侨报》采访部主任叶永康率领的美国纽约华文记者团一行7人，前来深圳、广州、北京等地进行文化交流和参观访问。

6月7日，省侨办与省民政厅联合发出《关于做好鳏寡孤独年老归侨生活困难照顾的通知》。

7月8日，广东省海外交流协会在广州成立，副省长凌伯棠任会长。

7月23—25日，国务院安置办主任许留根陪同联合国难民署高级专员绪方贞子视察广东难民安置工作。

7月，中共广东省委决定退还已故南洋华侨工商业家胡文虎在广州、汕头被接管的房产。8月，省侨办将胡文虎在汕头、广州的房产证书发给其合法继承人香港星岛报业集团主席胡仙女士。1995年5月31日，胡仙将其在广州的祖业“永安堂”捐赠给广州市政府，用于设立广州市儿童图书馆。

8月11日，广东省人民政府再度撤销广东省华侨农场管理局，将其职能移交省侨办。省侨办设立华侨农场处，负责全省华侨农场的协调、指导和服务工作。

8月16—22日，联合国难民署驻华任务代表埃尔·米歇尔·方田到广东省大旺、迳口、英红、消雪岭华侨农场视察联合国难民署援建项目。

9月26日，省第七届人大常委会第二十八次会议通过《广东省归侨侨眷权益保护实施办法》，于10月10日公布施行。

9月28日，美国华裔宇航员张福林与母亲和姑姑一起回中山市员峰村寻根。

10月8—10日，韶关市举行首届招商节，近2000名海内外嘉宾与会。省侨联组织与会港商，与有关部门就改造旧机场、旧城区和兴建百货大楼等投资项目进行洽谈并签订协议意向书。

10月9日，省侨办印发《关于执行〈广东省侨商企业管理规定〉有关问题的通知》。

10月12日，广东省人民政府决定从1992年至1995年每年再调整安置1000名归难侨(含配偶及子女)到城镇企事业单位工作。

10月23日，中共广东省委办公厅、省人民政府办公厅下发《关于“八五”期间加快落实城镇侨房政策工作的通知》。要求各级党委和政府加强领导，尽快落实专门机构和配套资金，多渠道解决腾退侨房房源。12月，省侨办将省财政1991—1992年度落实侨房政策补助款3000万元，分配下拨各市、县，并与各市政府签订包干落实侨房政策协议书。

11月，香港知名人士李嘉诚在香港会见广东教育基金会访问团，并以长江实业公司等3家公司名义向广东教育基金会捐赠1000万港元。

12月2—11日，应新加坡吴德南控股有限公司及马来西亚潮州公会联合会和古晋马中贸易进出口商会的邀请，省侨办主任卢法泉率广东省海外交流协会经济考察团赴新加坡、马来西亚访问，向当地华侨华人介绍广东改革开放情况，并就经济合作问题进行探讨。

12月18—21日，省侨办在珠海市召开“’92南方八省(区)侨办联系协作区经济洽谈会”。湖南、广西、云南、贵州、四川、福建、海南和广东近200名代表以及港澳商人与会。会议期间有23个项目签订合同或协议意向书，项目总投资额为7450万美元和2.13亿人民币。

12月，香港知名人士曾宪梓向广东省教育基金会认捐200万港元，设曾宪梓奖励基金；黄华认捐200万港元，设黄华奖励基金；刘宇新认捐100万港元，设刘宇新奖励基金。

1993年

2月2—6日，汕头举办第六届迎春联欢节和国际潮剧节，海外50多个侨团、潮剧文艺团体4000多人参加盛会。

2月，省侨办印发《关于确认归侨、侨眷身份有关问题的通知》。

4月23日至5月3日，以陈文钦为团长的马来西亚沙捞越古晋马中贸易进出口商会访华团，前来广州、顺德、中山、珠海、西安、北京等地访问，考察投资环境，洽谈经济贸易。

5月18—21日，应省侨办邀请，由胡万铎、沈慕羽率领的马来西亚华文学校董事联合总会和马来西亚教师联合总会组成的代表团抵粤访问。

5月19日晚，省侨办与广东电视岭南台联合举办侨务法律知识竞赛，向全省现场直播。肇庆市侨办代表队获第一名，梅州市、韶关市侨办代表队并列第二名，广州、江门、茂名市侨办代表队获得第三名。

5月，省侨办和省普及法律常识办公室联合发出《关于在全省公民中开展侨务法律、法规宣传教育的通知》，将《中华人民共和国归侨侨眷权益保护法》和《广东省归侨侨眷权益保护实施办法》纳入全省普法教育内容。

6月　国务院侨办报国家教委批准，决定将广州华侨学生补习学校与暨南大学对外汉语教育系和预科部合并，在广州华侨学生补习学校原址，组建暨南大学华文学院。

7月30日　广东省人民政府批转省侨办《关于做好我省出境定居人员工作的意见》，对维护出境定居人员的基本权益作出规定。

8月25—30日　以“联谊、发展、合作”为主题的首届华语电视周在广州举行。境内外57家电视台、影视公司携片在“节目展销会”参展。

9月6日　省侨办、人事局、劳动局、财政厅、社会保险事业局联合发出《关于给建国后参加工作的归侨退休职工照顾加发退休补助费的通知》。

10月5—7日　广东省第六次归侨侨眷代表大会在广州召开，选举产生省侨联第六届委员会。

10月10日　省侨办在广州市海珠广场举行《广东省归侨侨眷权益保护实施办法》施行1周年侨务法律咨询活动。

11月29日至12月4日　由全国人大、省人大侨委组成的视察组前往汕头、潮州两市调查城镇侨房落实情况。

12月25—30日　应省侨办邀请，澳大利亚新南威尔大学教授、著名保鲜专家阮武清博士抵穗，与省农业厅、中科院华南植物研究所等进行科技交流，阮武清还代表澳华学人协会与广东省海外交流协会签署合作协议书。

12月26—30日　应省侨办邀请，美国加州硅谷中国工程师协会到广州、深圳考察交流，与广东省海外交流协会签署合作协议书。

1994年

3月20日　省侨办发出《关于印发〈广东省华侨用侨汇在城镇购买住宅照顾亲属入户管理办法〉的通知》。

4月15—17日　省侨办、惠州市和汕尾市侨办派员出席在新加坡召开的首届世界惠州同乡恳亲大会。

5月　司徒戎生等29位省人大代表在省人大八届二次会议上提出《加快落实城镇侨房政策工作的议案》。

6月　本省北江、西江流域遭受历史罕见的特大洪水、龙卷风、台风、暴雨袭击。香港知名人士李嘉诚、胡应湘各捐资1000万港元赈灾，林伯欣捐款800万元人民币给广州、清远赈灾。

7月2日　香港知名人士李嘉诚捐资1100万港元在潮州贫困山区兴建50所基础小学。

7月19日至8月2日　省侨办、省海外交流协会首次在加拿大多伦多举办为期两周的中国文化夏令营，教授中国武术、舞蹈、书法、绘画，当地250多位华裔学生参加活动。

10月10—12日　广东省人民政府召开全省华侨农场工作会议，副省长卢钟鹤到会讲话。11月9日，省政府印发《关于进一步做好华侨农场工作的通知》，提出困难华侨农场脱贫致富政策措施。

10月22日　番禺市首届旅外乡亲恳亲大会在番禺市举行。来自8个国家和港澳地区的19个侨团700多名代表出席。香港知名人士霍英东、广州市人大常委会主任黄伟宁到会讲话。

11月17日　省第八届人大常委会第十一次会议通过《广东省城镇华侨房屋租赁规定》。1995年3月1日起施行。

11月17日　省第八届人大常委会第十一次会议作出《关于加强落实城镇侨房政策工作的决议》；1995年2月20日，省人民政府转发此决议。《关于加强落实城镇侨房政策工作的决议》要求全省在1995年基本完成退还土改没收、私改错改、代管侨房产权任务；对土改拍卖的侨房，原则要求在1996年年底基本处理完毕。

11月　港商曾德坚捐资60多万港元在梅州市兴建的曾晏泉方志馆竣工，次年3月开馆。这是全国第一座由港商捐建的方志馆。

12月6—8日　世界客属第十二次恳亲大会在梅州市举行。来自美国、泰国、新加坡等30多个国家和中国香港地区80多个代表团的嘉宾和国内各界人士1900多人出席了大会。李鹏总理为大会题词：发扬客属传统，振奋民族精神。中共中央政治局委员、省委书记谢非，全国人大常委会副委员长王光英、全国政协副主席叶选平、广东省省长朱森林等领导出席。这是世界客属恳亲大会首次在中国内地举办。

12月　中共梅州市委、市人民政府决定兴建梅州市华侨博物馆，得到海外侨胞、港澳同胞响应与支持，共筹款1945万元，其中各级政府拨款185万元，海外侨胞和港澳同胞捐款1760万元，于1995年10月正式动工兴建，1999年10月全面竣工，对外开馆。

是年　暨南大学华文学院编写的华文教材《中文》和《数学》，印数30万册，在柬埔寨50多所中文学校发行使用，填补了柬埔寨华文教材的空白。1997年该校为北美编写的华文教材《中文》，印数400万册，被欧美及亚洲地区中文学校采用。

1995年

3月　省侨办主任陈毓铮参加国务院侨办组织的慰问团赴日，追悼在神户大地震中遇难的48名华人（其中广东籍10人），并代表省侨办捐赠港币10万元。

4月20日　广东华侨博物馆在广州二沙岛举行奠基典礼。中共中央政治局委员、省委书记谢非，卢钟鹤、凌伯棠、李辰等省领导和泰国华人、知名人士谢慧如等1500多位海内外嘉宾出席。

4月23日　泰国华侨崇圣大学校长林绍荣博士率访问团抵穗，与暨南大学、中山大学的学者就泰国华文教育问题进行研讨与交流。

5月9日　省第八届人大常委会第十五次会议通过《广东省拆迁城镇华侨房屋的规定》，自公布之日起施行。

5月中旬　英籍著名华人作家韩素音访问梅州市。

6月6—15日　省侨办、省侨联、广州美术学院在广州美术馆联合举办《广州归侨书画家作品展》。

6月　全国侨联在西安召开全国侨刊工作研讨会，广东148名侨刊乡讯工作者获得全国侨联颁发的“优秀侨刊乡讯工作者证书”，广东省新闻出版局及广州市外宣办荣获“侨刊工作支持奖”。

6—12月　全国政协委员、香港汉荣书局董事长石景宜向全国125个公共图书馆捐赠图书50万册，价值3000万元。

7月　省侨办印发《关于做好华侨房屋确认工作的通知》。

7月27—29日　广东省侨办、省海外交流协会、省侨联、省青年联合会联合在广州举办广东省海外华裔青年联欢节，来自美国、加拿大、德国、法国、泰国、印尼等6个国家的300多名华裔青年学生以及广州地区上千名青年学生参加了这次活动。

8月6—9日　第一届国际华人物理学大会在汕头举行。著名华人物理学家杨振宁、李政道、李远哲、丁肇中以及来自世界14个国家和地区、国内各科研机构400多名华人物理学家与会。大会收到论文200多篇。

8月18—25日　中国华侨国际文化交流促进会、中央电视台文艺部和深圳市侨联等单位联合在深圳举办首届华夏艺术节，艺术节充分突出“侨”字特色，以大型演唱会、民族、民俗文化展示会为主导，配以戏曲、舞蹈、民族器乐、杂技表演和摄影大赛等，除国内众多文艺团体外，还邀请海外20多家华人社团参加。本届艺术节成立华夏艺术基金会，设立华夏艺术“金龙奖”。

8月17—29日　应马来西亚古晋狮子会的邀请，省海外交流协会组织广州市海珠区少年宫小海燕艺术团，赴马参加古晋节庆活动并进行“希望慈善之夜”的义演活动。艺术团在沙巴、美里、古晋等城市共演出9场，观众近万多人。

8月　珠海市遭受水灾，旅外乡亲捐赠救灾款物1661万元，帮助灾民恢复生产。

9月1—7日　省侨办配合国务院侨办在广东省中山图书馆举办《华侨与抗日战争图片展》。

9月11日　省公安厅二处发出《关于简化我省归侨侨眷因私出国申请有关手续的通知》。

9月30日至10月8日　副省长欧广源率领由省海外交流协会组织的广东农业经济考察团赴印尼考察，与印尼有关部门探讨农业、企业方面的合作。

10月8日　首届世界大埔同乡联谊会在梅州市大埔县举行，来自国内及20个国家和地区的世界大埔同乡社团侨领和嘉宾近千人参加。

11月4日　中共中央政治局委员、省委书记谢非在珠岛宾馆会见陈济棠之子、美籍华人陈树桓。

11月9日　省侨办发出《关于做好我省归侨、侨眷因私出国确认身份工作的通知》。

11月28日　广东省南雄珠玑巷后裔联谊会成立暨第一届恳亲大会在珠玑巷举行。16个国家和地区的1500名珠玑巷后裔参加大会。省长朱森林到会祝贺。

1996年

3月27—29日　省科学技术委员会和省海外交流协会联合在印尼雅加达举办“广东省新技术产品展示洽谈会”。

7月12日　副省长卢钟鹤会见由陆重庆率领的旅美优秀学者访华团全体成员。

7月24—30日　应美国南加州潮州会馆邀请，由汕头市侨办组织广东潮剧一团赴美国，在洛杉矶、圣荷西等地演出，受到当地潮汕籍乡亲的热烈欢迎。

9月14—15日　由马来西亚中山会馆联合会倡议和组织的首届国际中山同乡恳亲大会在吉隆坡举行。来自世界9个国家和地区的500位中山乡亲出席。

10月22—26日　第二届世界惠州同乡恳亲大会在惠州市举行。来自15个国家的60多个侨团代表，以及来自中国港澳台地区的同乡会代表与内地有关人士共890人出席大会。中共中央政治局委员、省委书记谢非看望与会海内外乡亲代表。

12月　省人民政府和省人大常委会联合派出工作组，分赴广州、江门、佛山、汕头、潮州、揭阳等市进行检查验收落实城镇侨房政策工作，尚有7%的任务未落实。

是年　省侨办信访室被中共中央办公厅、国务院办公厅评为全国信访优秀集体。

1997年

1月18日　省第八届人大常委会第二十六会议通过《广东省华侨捐赠兴办公益事业管理条例》，于2月4日公布施行。

2月　省人大常委会决定将省八届人大五次会议代表提出的《关于扶持贫困华侨农场经济发展的议案》，交省人民政府办理。省人民政府组织省侨办、计委、财政厅、社会保险管理局等23个省直单位进行专项调查，并向省人大提交《关于扶持华侨农场经济发展的议案的办理方案报告》，反映贫困华侨农场存在的问题，提出给予贫困华侨农场优惠政策，加大扶持力度，切实减轻华侨农场社会性、政策性负担和及时转变经营机制等7项扶持措施。

5月15—28日　省侨办与广州市侨办联合组织侨务信访团，到美国旧金山、洛杉矶、华盛顿、纽约访问，接待侨胞来访320人，带回信访材料232份，并于年内办结答复侨胞。

5—7月　清远、花都、大旺等华侨农场遭受严重自然灾害，直接经济损失8300万元。省侨办及时派员指导救灾，争取省财厅拨出水利建设资金30万元，借周转金50万元，商财政部拨出190万元用于救灾恢复生产。

6月5—19日　省侨办派出访问团赴美国、加拿大调研新移民情况。

6月14—21日　应广东华侨华人研究会邀请，台湾华侨协会总会理事长张希哲率团来粤交流，共同研讨华侨华人问题。

8月27日　汕头市第九届人大常委会审议通过《汕头经济特区华侨房地产权益保护法》。

9月22日　省第八届人大常委会第三十一次会议审议通过省政府《关于扶持贫困华侨农场经济发展的议案的办理方案报告》，并作出相应决议。要求落实各项扶持措施，如期在2000年实现贫困华侨农场脱贫目标。

9月26日　《广东省志·华侨志》首发式在穗举行。该志书在1997年全国地方志书评奖活动中获一等奖。

10月11日　美国华盛顿州州长、美籍华人骆家辉一家9人抵台山市水步墟吉龙村寻根祭祖。

10月18—20日　首届世界台山籍乡亲恳亲大会在台山市举行，26个国家和地区的代表及省内嘉宾共2000多人参加大会。副省长卢钟鹤等出席大会并致辞。

10月21—23日　首届江门五邑乡亲恳亲大会在江门市举行，来自世界40多个国家和中国港澳台地区以及国内各界嘉宾1500多人参加，国务院侨办主任郭东坡、副省长卢钟鹤等出席。

10月　东莞市历时3个月的侨情普查告一段落，全市成立53个普查办公室，设立578个工作小组，一支近万人的队伍进行侨情普查。

11月10日　由汕头市政府投资、香港知名实业家林百欣捐资2亿元兴建的汕头林百欣国际会议展览中心竣工落成。

11月19—20日　第九届国际潮团联谊年会在汕头市举行，全国政协主席李瑞环、国务院侨办主任郭东坡及省领导谢非、卢钟鹤等出席，世界23个国家和中国港澳台地区及国内20多个省、市（自治区）86个代表团、庆贺团约3000多名海内外乡亲参加大会。

12月8—15日　副省长卢钟鹤率省政府代表团访问印尼，拜访当地政府、华商、侨领等。

1998年

2月19日　世界顺德联谊总会首届恳亲大会在顺德仙泉酒店举行，世界五大洲300多位海内外乡亲出席大会。

5月20日　中国派往印尼雅加达接运在印尼排华骚乱中陷入困境的111名中国公民和华人的班机，于当晚6时抵穗。省侨办和广州市侨办前往接待并协助16名华人补办签证手续。

5月　省政协华侨港澳台胞联络委员会联合省侨办、致公党广东省委组成调查组，赴汕头、潮州、揭阳、梅州、汕尾等地，就东南亚金融危机对当地侨资企业影响情况进行调研。

6月2—3日　省人民政府召开全省贫困华侨农场工作会议。省委常委、副省长卢钟鹤到会讲话。9月，省财政厅、省侨办、省扶贫办联合发出通知，一次性安排补助款691万元，分拨贫困华侨农场的特困户发展生产。 12月，省财政厅、社会保险管理局、侨办联合发出通知，拨出4000万元补助款，帮助贫困华侨农场职工养老保险纳入地方统筹和管理。

6月3—30日　全国人大华侨委员会主任委员甘子玉率领全国人大执法检查组，到广州、梅州、揭阳、汕头、深圳等市检查《中华人民共和国归侨侨眷权益保护法》贯彻执行情况。

8月　长江流域发生洪涝灾害，香港长江实业（集团）有限公司董事局主席李嘉诚捐赠港币5000万元赈济灾区。

10月2日　中共中央政治局委员、省委书记李长春会见美籍华人李玉玲。

10月16日　应省侨办邀请，9个国家和地区的100多名华侨华人工商界人士来粤访问，并由省侨办组织前往湖南长沙出席’98中国中西部地区经济技术洽谈会。

10月18日至11月3日　省侨办主任陈毓铮率领广东侨务访问团访问墨西哥、委内瑞拉、巴西。

11月5—7日　广东省第七次归侨侨眷代表大会在广州举行，选举产生省侨联第七届委员会。

11月28日至12月12日　由省侨办、广州市、江门市、汕头市侨办干部组成的侨务信访团赴马来西亚、新加坡和菲律宾进行侨务信访工作，宣传侨务政策和解答侨胞提出的问题。

1999年

1月9日　由全国十大“扶贫状元”之一、香港嘉浩集团董事局主席许智明捐资2500万元兴建的清新县太平镇中国光彩扶贫移民新村首期工程竣工，白湾镇首批80户、458名移民喜迁新居。

2月10日　中共广东省委、省人民政府在广州召开港澳知名人士座谈会。

2月　省侨联蚁美厚慈善基金会拨出30万元对600多名归侨特困户实施救济。

3月30日　省人民政府召开全省落实侨房政策表彰大会，总结20年广东落实侨房政策工作，有50个先进集体、158位先进个人和97位特别贡献者受到表彰。1979—1999年，全省各地落实退还的各类城镇侨房共1213万平方米。

3月30—31日　省人民政府在广州召开全省侨务工作会议，传达贯彻全国侨务工作会议精神，全面总结改革开放20年广东侨务工作的成绩和经验，对跨世纪侨务工作提出要求。中共中央政治局委员、省委书记李长春给大会发来贺信，省长卢瑞华讲话，副省长卢钟鹤作全省侨务工作报告，国务院侨办副主任张伟超到会祝贺并讲话。

3月　省人大侨委、省侨办、省政协三胞委、省侨联和致公党广东省委在广州华厦大酒店召开第一次联席会议，制定“五侨会议联席制度”。规定每季召开一次五侨联席会议，由五个单位轮流召集。主要交流侨务信息和制订侨务法规等问题。

7月12日　在第六次全国归侨侨眷代表大会上，国务院侨办和全国侨联对全国侨界先进个人和先进集体进行表彰。广东省陈观玉等105位归侨、侨眷，省侨办信访室等12个集体，许丽华等12位侨务工作者受到表彰。

8月　省人民政府建立广东省为侨资企业服务联席会议制度。

10月14日　由南非中华工商联合会会长陈裔桥率领的南非华侨华人首次回国访问团一行15人抵广州访问。

10月　首届中国高新技术成果交易会在深圳举行，省侨办推荐90多位海外华人企业家、专家、学者和著名侨领参加交易会。

同月　省侨办组织中国艺术团赴加拿大华人社区进行慰侨演出。

10—12月　“金山梦——加拿大华人历史图片巡回展”在广州、番禺、顺德、佛山、东莞、深圳、台山等12个城市巡回展出。该图片展由加拿大驻广州总领馆主办，集中反映各个时期加拿大华人生活、工作场景，包括早期海外移民修建加拿大国家大铁路、加籍华人在两次世界大战中的贡献及现代加拿大华人的发展。

11月5—9日　首届全国侨务理论工作研讨会在青岛召开。省侨办撰写的《增创新优势与进一步发挥侨力》《解放思想、大胆探索、积极拓展侨务对台工作》两篇论文获优秀论文奖。

11月18日　广东省中旅社在广州华厦大酒店举行成立50周年系列庆祝活动。副省长卢钟鹤等领导及嘉宾400多人参加。

12月3—7日　第三届世界会宁乡亲联谊大会在四会市举行。200多名华侨华人、港澳同胞代表及四会市、广宁县有关领导、侨界人士参加联谊大会。

12月8—9日，世界兴宁乡亲恳亲大会在兴宁市举行。14个国家和地区及内地同乡1600多人参加大会。会议期间，举办经贸洽谈会，共有28个投资项目签约，总金额达5.06亿元。

2000年

1月1日　根据中央和广东省提出的“政报分开”“政刊分开”“政府退出具体出版事业”精神，经省新闻出版局批准，《广东侨报》即日起停办。

3月下旬　祖籍五华县的澳大利亚华人、新南威尔士州上议院副院长曾筱龙到梅州五华寻根访问。

3月31日　省人民政府机构改革，省侨办由省政府办事机构改为省政府直属机构。

3月　赴美留学归国人员马文丽博士在广州成功研制出中国第一块应用型基因芯片。

6月18日　省人民政府外事办公室和省侨办有关人员到白云机场迎接因军事政变从所罗门撤回的侨民，并会同有关部门及有关地区侨办妥善安置侨民，帮助解决住宿、子女读书等问题。

6—9月　省侨办与广州、深圳、佛山和东莞等市侨办联合组织侨商团参加“昆明出口商品交易会”“重庆投资贸易洽谈会”“乌鲁木齐洽谈会”，签订协议项目9个，协议金额达3.85亿美元。

8月16日　省侨办与省商贸资产经营公司签署省属移交国有企业交接协议书，广东中旅（集团）有限公司、广东拱北中旅集团、广东省华侨房产建设公司、广东省华侨实业总公司等37家国有企业正式与省侨办脱钩。广东省粤侨企业总公司仍由省侨办管理。

9月25—26日　省侨办在广州召开“广东海外华文教育座谈会”。来自12个国家的22名华文教育界人士和多名国内教育界专家与会交流各国华文教育的情况和经验。副省长汤炳权会见与会代表。

9月28日　香港台山商会向广东华侨博物馆捐赠港币280万元仪式在华侨华人文化中心二楼礼堂举行。

9月　省人民政府派出由省侨办及省直有关部门组成的检查组，分赴韶关、清远、梅州、湛江、揭阳等市所属华侨农场，检查《关于扶持贫困华侨农场经济发展的议案》办理执行情况，并由省侨办提交议案执行情况报告。

10月9日　省人大侨委和省侨办联合举办全省纪念《中华人民共和国归侨侨眷权益保护法》颁布10周年报告会。省人大常委会副主任佀志广到会讲话，副省长汤炳权作报告。

10月19—21日　由广州市原市长黎子流为团长的广东省代表团230多人，应邀赴新加坡参加第一届世界广东同乡联谊大会。来自11个国家和地区的129个代表团共1700多名代表出席大会。广东省成功获得2002年第二届世界广东同乡联谊大会的主办权。

10月27日至11月8日　省侨办派出广东省海外交流协会代表团赴美国旧金山参加萃胜工商总会成立135周年庆典活动，并赴休斯敦、纽约等地进行侨务访问。期间拜访了旧金山宁阳会馆，在当地华侨华人界引起较大反响，《星岛日报》（美西版）以《中国官方代表团首度访宁阳会馆》为题详尽报道，称此举具有特殊意义

11月7—9日　2000年美国台山宁阳总会馆年会在台山举行。这是该会馆首次在国内召开年会。13日，副省长许德立会见了雷鸿裕主席为团长的该会馆会董访问团一行16人。

12月28日　广东省华侨华人投诉咨询服务中心成立挂牌仪式在省侨办举行。

同日　“广东侨网”（网址：http://gocn.southcn.com)正式开通。该网站由广东省华侨华人投诉咨询服务中心主办，旨在通过互联网为海内外广大侨胞提供有效、快捷的服务，同时宣传广东和广东侨务。

第一章　机构组织

第一节　政府侨务机构

一、省侨务机构

1950年2月1日，广东省人民政府华侨事务委员会（简称省侨委）成立，1966年，受“文化大革命”冲击，省侨委机构基本瘫痪。1978年3月21日，省委决定成立广东省革命委员会侨务办公室（简称省革委侨办），各地区、市、县设相应机构。省革委侨办内设政治处、秘书处、侨政处、接待处、安置处、农场处6个处，同时恢复广东省归国华侨联合会（简称省侨联），行政编制87名。1978年5月，为接待安置大批被越南当局驱赶回国的难侨，广东省成立接待安置归国华侨领导小组。1979年1月，省革委侨办恢复侨汇物资管理处。1979年10月，成立广东省接待安置印支难民领导小组，下设办公室。

1980年1月，省革委侨办改为广东省人民政府侨务办公室（简称省侨办）。1983年10月，省侨办机构改革，设秘书处、侨政处、侨汇处、宣传处、安置处、人事处、接待处，保留广东省接待安置印支难民办公室，行政编制85名。1984年3月，省委常委会议同意各级侨办归同级人民政府领导，省侨办增设联络处。同年10月，侨汇物资管理处改为经济处。1986年2月，省侨办增设老干处。1987年6月，接待处改为国外处。1988年6月，省侨办增设调研处。1988年8月，省委决定将省侨联与省侨办分立，省侨联直属省委领导，行使省一级人民团体职能。1992年5月，省侨办增设法制处，与侨政处合署办公；为指导归难侨子女就业，帮助华侨农场发展经济，省侨办成立清远扶贫开发区办公室。1992年8月，省政府决定撤销省华侨农场管理局，将其行政管理职能移交省侨办，9月，省侨办成立华侨农场处。1995年2月，省级党政机构进行改革，省侨办按规定调整机构，内设秘书处、调研处、行政处、国外处、经济处、侨政处、华侨农场处、宣传教育处、人事处，直属机关党委办公室（与监察室、纪检组合署）共10个处室；撤销法制处、安置处和老干处，将法制处的职能划归调研处，将安置处的职能移交给侨政处，成立老干部管理办公室，业务归人事处管理，组建机关服务中心，由行政处管理，撤销清远扶贫开发区办公室，保留广东省接待安置印支难民办公室，行政编制121名。2000年3月，省级党政机构再次进行改革，省侨办机构作进一步调整，加强了综合协调的职能，内设秘书（人事）处、对外联络处、经济科技处、侨政处、文教宣传处、农场与难民工作处（对外称省接待安置印支难民办公室）、监察室（与纪检组、机关党委合署办公）7个处室，行政编制50名。8月，省侨办设立离退休人员管理处，行政编制8名。

省侨办机关驻地1978—1994年在广州市海珠广场侨光路4号，1995年因原址拆建，迁至东湖北30号省委组织部招待所，1999年5月迁至二沙岛海山街8号广东华侨华人文化交流中心。

1978—2000年广东省侨务机构负责人任职表

表1-1-1

机构名称	姓名	性别	籍贯	党派	职务	任职时间
广东省革命委员会侨务办公室（1978.3—1979.12）	徐绳周	男	河北定州	中共党员	主任	1978.3—1982.6
	陈景涛	女	辽宁沈阳	中共党员	副主任	1978.3—1980.11
	麦慕平	男	广东东莞	中共党员	副主任	1978.3—1983.2
	吴　风	男	广东澄海	中共党员	副主任	1978.3—1983.7
	叶刚明	男	广东东莞	中共党员	副主任	1978.5—1983.7
	谢文思	男	广东梅县	中共党员	副主任	1978.5—1983.7
	杨　山	男	广东梅县	中共党员	副主任	1978.5—1983.7
	莫　怀	男	广东廉江	中共党员	副主任	1978.7—1980.4
	关　山	男	广东开平	中共党员	副主任	1979.7—1981.11
广东省人民政府侨务办公室（1980.1—）	徐绳周	男	河北定州	中共党员	主任	1980.1—1982.6
	陈景涛	女	辽宁沈阳	中共党员	副主任	1980.1—1980.11
	麦慕平	男	广东东莞	中共党员	副主任	1980.1—1983.2
	吴　风	男	广东澄海	中共党员	副主任	1980.1—1983.7
	叶刚明	男	广东东莞	中共党员	副主任	1980.1—1983.7
	谢文思	男	广东梅县	中共党员	副主任	1980.1—1983.7
	杨　山	男	广东梅县	中共党员	副主任	1980.1—1983.7
	莫　怀	男	广东廉江	中共党员	副主任	1980.1—1980.4
	关　山	男	广东开平	中共党员	副主任	1980.1—1981.11
	曹兴宁	男	广东台山	中共党员	主任	1982.8—1986.9
	陈　贤	男	广东东莞	中共党员	副主任	1982.9—1986.9
	许丽华	女	广东澄海	中共党员	副主任	1981.10—
	卢法泉	男	广东普宁	中共党员	副主任	1983.7—1991.12
	李联平	男	广东潮安	中共党员	副主任	1984.8—1987.9
	司徒戎生	男	广东开平	中共党员	主任	1986.9—1991.12
	谢文霖	男	广东梅县	中共党员	副主任	1987.3—1994.1
	古华民	男	广东梅县	中共党员	副主任	1989.8—1993.11
	卢法泉	男	广东普宁	中共党员	主任	1991.12—1995.12
	陈毓铮	男	广东台山	中共党员	副主任	1992.5—1995.12
	符圣荣	男	海南海口	中共党员	副主任	1994.1—
	王荣宝	女	浙江温州	中共党员	副主任	1995.10—
	陈仰豪	男	广东潮州	中共党员	副主任	1995.10—
	陈毓铮	男	广东台山	中共党员	主任	1995.12—2000.3
	吕伟雄	男	广东鹤山	中共党员	主任	2000.3—

省侨办主管的机构组织：1985年12月，省侨办成立广东省侨刊乡讯研究会，指导侨刊乡讯工作。1986年12月，省侨办为扩大对外文化交流，成立广东华侨研究会。1989年5月，省侨办为加强侨务部门与新闻媒体的联系和合作，成立广东侨务记者联谊会。1992年7月，省侨办为开展海外交流，成立广东省海外交流协会。

省侨办下属事业单位：1980年1月，《广东侨报》复刊，2000年1月1日停刊。1989年11月，省政府办公厅批准广东民族歌舞团易名南方歌舞团，保留正处级编制，享受一级艺术表演团体待遇，行政、人事归省侨办领导，财政挂靠省中旅，业务由省文化厅主管。1992年8月，省华侨中专学校移交省侨办。2000年7月，省编办批准省侨办保留省华侨中专学校、省侨办机关服务中心；省归国华侨接待站更名为省华侨华人港澳同胞接待服务中心，加挂省华侨华人投诉咨询服务中心牌子，设立广东华侨博物馆，撤销广东侨报社。

省侨办下属企业：1979年4月，恢复广东省华侨投资公司。1980年12月，广东华侨投资公司与广东信托投资公司合署经营。1983年，广东信托投资公司更名为广东国际信托投资公司。至1987年6月，吸收侨汇投资50.2万美元，1.82亿港元。1988年3月，省政府决定将广东华侨投资公司与广东国际信托投资公司分立，广东华侨投资公司恢复原名，归口省侨办管理。1983年4月，省侨办成立广东省粤侨企业公司，安置上山下乡回城的归侨知青。同年8月，省委、省政府决定将省华侨农场管理局改为省华侨农工商联合企业总公司，归口省侨办领导。1984年3月，省中旅社划归省侨办领导。同年7月，省侨办成立广东省华侨录像通讯服务公司。1985年2月，省华侨农工商企业总公司改称省华侨实业总公司。1986年广东省委、省政府决定撤销省华侨实业总公司，恢复省华侨农场管理局，划归省农委领导。5月，省侨办直属企业广东省华侨实业发展公司成立。是年，省侨办直属企业广东华侨房产建设服务公司成立。1990年2月，省委、省政府决定将省华侨实业总公司改为省华侨农场管理局。1992年7月，省侨办直属企业广东省华侨福利公司成立 1993年6月，省侨办直属企业广东华侨海外服务公司成立。1996年6月，珠海市政府同意广东省侨办在珠海市成立广东省拱北中旅集团有限公司。11月，省政府同意省中旅社组建广东中旅（集团）有限公司。2000年8月16日，省侨办与广东省商贸资产经营公司签署省属移交国有企业交接协议书。广东中旅（集团）有限公司、广东拱北中旅集团、广东省华侨房产建设公司、广东省华侨实业总公司等37家国有企业正式与省侨办脱钩。省粤侨企业总公司仍由省侨办管理。

二、市（地区）、县侨务机构

1978年，根据中共广东省委指示，广东各地区、市、县革命委员会相继成立了侨务办公室。1979年3月至1981年年底，原地区革命委员会侨务办公室改为地区侨务办公室，各级革命委员会侨务办公室改为市、县人民政府侨务办公室。

1983年，广东开始试行市领导县体制。经国务院批准，撤销佛山、汕头、韶关、湛江4个地区行政公署，改为地级市；随后，广州、韶关、深圳、珠海、汕头、佛山、江门、湛江等9个市实行市领导县体制。1984年3月，省委常委会议同意各级侨办归同级人民政府领导。1988年，东莞、中山市升格为地级市；梅县地区行政公署改为梅州市（原梅州市改为梅江区），地级建制；设地级惠州市（原县级惠州市改为惠城区）；撤销肇庆地区行政公署与原肇庆市，成立新的肇庆市（原肇庆市改为端州区），地级建制；新设汕尾、河源、清远、阳江4个地级市。上述市除东莞、中山外均实行市管县体制。1991年，潮州市升格为地级市，新设地级揭阳市；1994年，云浮市升格为地级市，至此省内形成了2个副省级市（广州、深圳），19个地级市的格局。据统计，至2000年，2个副省级市和19个地级市政府均设有侨务机构。其中广州市、深圳市、中山市的侨务机构仍保留侨务办公室称谓，惠州、东莞、汕头、梅州等19个地级市侨务与外事合并，改称外事侨务局。

第二节　归国华侨联合会

一、省归国华侨联合会

广东省归国华侨联合会（简称省侨联）是由归侨侨眷组成的人民团体。1979—2000年，先后5次召开全省归侨侨眷代表大会并产生当届侨联正副主席和秘书长，每届任期5年，可连选连任。第三届、第四届、第五届侨联主席为蚁美厚（1979.3—1993.10），第六届侨联主席为蚁美厚（1993.10—1994.5）、古华民（1995.9—1998.11），第七届侨联主席为古华民（1998.11—　）。

省侨联机关由专职副主席和秘书长主持日常会务，配若干工作人员。1978年2月至1981年有行政编制15人，为处级建制。1982年2月，增加行政编制10名，省委委托主管侨务工作的梁威林分管，由省侨办党组代管。是年10月，省编委批准省侨联内设办公室、宣传部、联络部和生产福利部，均为科级建制。至1983年3月，省侨联共有行政编制26人。1986年3月，省侨联内设机构增加人事保卫科（后一度撤销，1992年11月恢复）。同年10月，省委办公厅发函，明确省侨联为厅局级单位。

1988年8月，省侨联与省侨办分立。此后，省侨联按全国侨联章程规定，行使一级人民团体职能，独立开展工作。1995年1月，根据省委、省政府关于省级党政机关改革方案精神，省编委发文批复，省侨联内设办公室、人事部（与直属机关党委办公室合署）、文化宣传部、联络部和经济部。事业编制33名，其中主席1名，专职副主席2名。

省侨联机关驻地1978—1995年在广州市海珠广场侨光路4号，1995年迁至东山区明月路，2002年迁到天河区体育东路140—148号23楼。

省侨联主管的机构组织及下属单位：1981年6月成立广东华侨历史学会，1982年2月成立省侨联奖励基金会，11月成立省侨联咨询顾问服务公司。1983年1月成立华侨事务法律顾问处，1985年1月成立华夏杂志社等。

1979—2000年广东省归国华侨联合会负责人任职表

表1-2-1

姓名	性别	籍贯	党派	职务	任职时间
蚁美厚	男	广东澄海	民盟盟员	主　席	1979.3—1994.5
谢文思	男	广东梅县	中共党员	副主席	1980.5—1983.7
许崇德	男	广东潮安	无党派	副主席	1984.9—1993.10
何　珠	男	广东深圳	中共党员	副主席	1985.5—1992.8
林文生	男	广　东	中共党员	党组书记	1985.11—1987.12
黄大同	男	广东揭阳	中共党员	副主席	1985.12—1993.5
伍觉天	男	广　东	致公党党员	副主席	1987.11—1988.9
吴　风	男	广东澄海	中共党员	副主席	1987.11—1988.9
廖　钺	男	广　东	中共党员	副主席	1987.11—1988.9

续表1-2-1

姓名	性别	籍贯	党派	职务	任职时间
倪宏毅	男	广　东	中共党员	副主席	1987.11—1988.9
司徒戎生	男	广东开平	中共党员	党组书记	1987.12—1988.8
王善荣	男	广东揭阳	中共党员	党组书记	1988.8—1993.10
				副主席	1988.8—1993.5
钟汉波	男	广东鹤山	中共党员	副主席	1988.11—
陈庆前	男	广东兴宁	中共党员	副主席	1993.10—
谢文霖	男	广东梅县	中共党员	党组书记	1995.9—
				副主席	1995.9—
古华民	男	广东梅县	致公党党员	主　席	1995.9—
郭泽宇	男	广东潮阳	中共党员	副主席	2000.9—

说明：1982年以前，省侨联与省侨办合署办公；1988年8月，省侨联单设党组

二、市（地区）、县及省直单位归国华侨联合会

市、县侨联组织。1978年始，全省各级侨联组织陆续恢复活动或新建侨联机构，逐步形成省、市、县（区）、镇、村五级侨联网络。至2000年，地级以上市及县（区、县级市）共有侨联会142个。其中副省级及地级市侨联21个，成立于50年代。1978年恢复活动的有广州、汕头、韶关、中山、江门、佛山、湛江、潮州等8市侨联。在1979年至80年代末成立的有珠海、东莞、茂名、肇庆、深圳、河源、梅州、惠州、阳江、清远等10市侨联，汕尾、揭阳与云浮升格或新设地级市后，亦于1991年、1992年和1995年成立市侨联。市、县侨联在80年代初多与侨办合署办公，后独立设置。其中地级市侨联有单独行政编制，人数一般为6人～10人，广州和汕头市编制最多，分别有31和17人。内设办公室、宣传联络部（科）、经济工作部（科）等。90年代中期，党政机关机构改革，部分市、县侨联与侨办（或外事侨务局）合署办公，如佛山市、江门市及其辖区。全省县（区、县级市）侨联共121个，其中“文化大革命”前设立的46个，1979年后新成立的75个。

省直单位侨联组织。改革开放后，部分省直单位成立侨联组织，至2000年共有35个省直侨联组织，其中80年代成立的28个，90年代成立的7个。属大专院校的18个，科研院所9个，企业集团及医院等8个。省直最早成立侨联会的3个单位分别是暨南大学、广东省人民医院和广东外语外贸大学，均在1981年。侨联委员多为大学教师和科研人员中的归侨侨眷，其活动以团结联络本单位归侨侨眷，协助落实侨务政策，与海外进行科技、文化和经济交流为主要内容。

三、归侨侨眷社团

八九十年代，在广州成立的各类归侨校友会、侨友会及归侨侨眷联谊会等团体共85个，其中校友会31个，来自东南亚6个国家及港澳地区29所华文学校。这些归侨组织的活动主要是联络海内外校友、侨友，举办年会或校庆等活动，为到粤探亲旅游或进行经贸文化

活动的海外侨胞提供接待和穿针引线，有的团体并通过捐款，设立奖学金和福利基金，扶助有困难的会员。其中有8个团体出版会刊以交流信息。各地级市侨联联系一批归侨侨眷社团，如新马侨友会、印尼侨友会及潮人海外联谊会、客属海外联谊会等。

（一）广东客属海外联谊会

1989年11月在广州成立，主管单位是省侨联，会址设在广州市体育东路148号南方证券大厦6楼。内设秘书处、经济工作委员会（企业家事业发展委员会）和文化艺术、联络交际、法律咨询、基金管理委员会以及《客家风情》杂志社、岭南客家文化交流中心、中山联络处等工作机构。宗旨是促进客属团结，宣传客家文化，弘扬客家精神。开展与海内外客属社团和客家人士的联谊活动，协助港澳台地区和海外客属人士来祖国大陆投资、贸易、兴办企业和公共福利事业，推动客属地区的经济发展和社会进步，促进祖国和平统一大业。

（二）广东潮人海外联谊会

原名为广州潮人海外联谊会，于1988年11月在广州成立，主管单位是省侨联，会址设在广州市体育东路148号南方证券大厦6楼。宗旨是密切与海外及港澳台潮籍人士和潮籍社团的联系，加强相互间的交流与合作，协助引进国外先进技术、设备和资金，为促进潮汕地区和祖国的社会经济建设，促进祖国和平统一服务。该会实行理事制，由居住广州地区的潮籍归侨、侨眷和各界知名人士自愿组成，同时聘请海内外潮人知名人士担任名誉会长或顾问。该会由省侨联主席蚁美厚倡议成立，并担任第一、二届会长；有理事700多人。内设秘书处、《广州潮讯》编辑部、经济贸易促进会，以及科技教育卫生、文化艺术交流、法律咨询、妇女、扶贫助学金管理等委员会和潮乐社等机构，分别开展各项联谊交流活动。该会成立后，先后派代表参加历届国际潮团联谊年会和国际潮青联谊年会，与40多个国家和地区的潮人、潮籍社团开展联谊、交流等活动。

（三）广东省归国华侨作家联谊会

1983年10月在广州成立，主管单位是省侨联。该会由居住在本省从事文学活动的归侨组成，宗旨是团结省内归侨作家与归侨文学工作者，加强联系，增进友谊，促进海内外华文作家、作品的交流，以繁荣华侨题材的文学创作。1986年出版会刊《回音壁》（前身为《归侨作家专辑》，至2000年共出版21期）。1991年起每季出版《会讯》。该会会员创作了大量华侨题材的文学作品，并举办华侨题材电影、电视剧本、短篇小说、散文诗歌征文评奖活动，举行华侨题材作品座谈及评介活动。已出版的会员文学作品集主要有《天涯芳草》（散文、小说35万字）、《情系春晖》（诗选）、“回音壁丛书”（第一辑共9本）。该会还联络海外华文作家及团体，先后接待新加坡、马来西亚、泰国、菲律宾、印度尼西亚、法国、美国等国的华文作家及团体来访，又与新加坡文艺协会、新加坡亚洲研究学会举办座谈或展览，组织华文文学考察团到泰国访问等。

（四）广东省归侨子女联谊会

1995年3月在广州成立，主管单位是省侨联。宗旨是加强归侨子女之间的团结与联系，增进与海外乡亲的情谊，密切与海外华裔、华侨子女以及港澳台地区青年之间的联系，促进经济、文化、科技的交流与合作。

（五）广东省侨联奖励基金会

1982年2月成立，其业务由省侨联直接领导和管理。该会对定居或工作在广东省，在社会主义建设中做出显著成绩、有重大贡献的归侨侨眷，给予表彰和鼓励。该会的资金来源，主要是接受归侨侨眷、华侨华人、港澳同胞或团体和其他各界人士的自愿捐助以及侨联自办企业的上缴。设立奖学金、奖教金、科研基金、文化基金等项目，并根据捐款者的意愿增设其他项目，如：陈振敬奖学基金、姚美良奖励基金、廖秋扬专项基金等。奖励基金每年颁发一次。1983—2000年共奖励优秀归侨子女大学生、研究生422名，归侨教师188名，归侨科技文化工作者70名，合共680名。

（六）广东省侨联蚁美厚慈善基金会

省侨联为了纪念省侨联主席蚁美厚，发扬其热爱祖国、热爱华侨事业、关心归侨侨眷疾苦的精神，于1995年7月在广州成立。宗旨是对处境困苦、无可依靠的老、弱、病、残归侨侨眷进行救济扶助。基金来源主要是接受归侨侨眷、华侨华人、港澳台同胞或团体和其他各界人士的自愿捐助。该会理事会负责基金的筹集和管理，慈善基金设立临时救济、固定补助、赈灾专款、机动款等项目。至2000年，共筹集资金人民币550万元拨款112.5万元，其中救助华侨农场特困归难侨80万元，用12.5万元资助250名贫困归侨子女就学，捐赠20万元给韶关市黄陂华侨农场兴建一希望小学。

（七）广州地区越柬老归侨联谊会

1989年12月在广州成立，由居住在广州地区的越南、柬埔寨、老挝归侨侨眷组成。主管单位是省侨联，会址设在广州市沙面南街34号省侨联招待所二楼，有会员500多人。该会主要开展广州地区越、柬、老归侨侨眷联谊互助活动，并与其海外亲友及越、柬、老华人社团建立联系，接待上述国家到粤探亲访友、投资贸易、参观旅游和文化学术交流的人士，并提供信息和法律咨询。内设秘书、资料、联络接待组和咨询服务部。与省内外越柬老归侨联谊会建立联系并相互交流情况，与原印支华侨、华人较多的北美、西欧、澳大利亚以及越南、柬埔寨等国家和香港、澳门地区有关社团和知名人士建立联系。该会组团出访印支三国，关心支持柬埔寨华文教育，先后推荐13名归侨教师到柬埔寨金边端华学校任职任教，向柬埔寨华文学校赠书1万册。

（八）广州新马侨友会

原名为广州新马侨友会华侨文史委员会，成立于1985年10月，主管部门是广州市侨联，是居住在广州地区的新加坡、马来西亚归侨侨眷的群众组织、市侨联的团体会员。宗旨为团结互助、联络感情、服务侨友。初建时会员有80多人，至1999年年底增至1300多人。成立后主要做了两项工作，一是协助会员落实政策，平反冤假错案；二是收集编撰华侨文史资料。会员多是中华人民共和国成立前后回国的归难侨和华侨青年学生，很多人在归国前就参加过当地的抗日和抗英殖民政府的斗争。该会通过调查，协助450多名会员落实海外革命工龄，使之获得离休政治待遇。广泛联系各地新马归侨，用7年时间，收集马来西亚抗日斗争史料130多篇，并编辑出版《马来西亚抗日军》和《马来西亚人民抗日斗争史料》，填补了马来西亚华侨抗日历史空白。下设有歌舞艺术团、福利委员会、青年部、组织部、办公室、广州侨友经贸服务公司，编辑出版《会友通讯》及《新马侨友之窗》。

第三节　海外交流协会

一、省海外交流协会

广东省海外交流协会（简称省海交会）是由广东省各界人士组成的民间团体，于1992年7月8日在广州成立。该会的宗旨是“增进友谊、促进交流、加强合作”，在中国海外交流协会和省侨办指导下开展工作。第一届理事会由副省长凌伯棠担任会长，有138名理事，其中海外理事46名。内设办公室、信息咨询服务中心，为海内外的交流提供咨询服务。1997年5月20日，选举产生第二届理事会，由副省长卢钟鹤担任会长。

开展海外联谊。1994—1997年，邀请了美国、加拿大、英国、法国、泰国等20多个国家和地区的华侨华人1200人来粤考察观光，进行经贸、科技、学术和文化交流活动。接待自费来访侨胞6000多人。

服务经济建设 。加强与华人大财团、企业家的联系，注重引导侨商投资国有大中型企业、基础设施建设和高新技术产业，并做好跟踪联络服务工作。1993—1996年，共引进670多个项目，协议投资33亿元，其中投资1000万元以上的项目有55个。参与国务院侨办 “兴国利侨——情牵西部”活动，组织51名侨商参加“昆明出口商品交易会”“重庆投资贸易洽谈会”和“乌鲁木齐洽谈会”，共签订协议项目9个，协议金额3.85亿美元。1993年，与美国、澳大利亚的华人科技社团签订3份合作协议书，由对方每年为协会推荐省内急需的人才。1996年，邀请和接待10多名华人科技专家来广东进行学术交流和洽谈。

组织文教交流。1994—2000年，组织多批教师到马达加斯加侨校任教，邀请泰国、马来西亚、加拿大等7个国家100多名华文教师、华校校长来广州培训，接待越南、澳大利亚、加拿大华校教师团来粤交流。1994年，首次派教师到加拿大多伦多举办中国文化艺术夏令营，有200多名华裔青少年参加活动，受到当地华人社团和学生家长的好评。1994—2000年，在海外理事的协助下，1000多名华裔青少年来粤参加省侨办举办的夏令营活动。

促进经贸合作。1994—2000年，组织32批200人次，走访30多个国家华侨华人社团，与华侨华人财团、企业家交流经贸合作等事宜。其中1995年欧广源副省长率领“广东省海外交流协会农业考察团”赴印尼考察。1996年3月，与广东省科学技术委员会联合在印尼雅加达举办“广东省高新技术产品展示洽谈会”，促进广东与印尼的经贸合作。

二、市海外交流协会

至2000年，有4个地级以上市侨务部门成立了海外交流协会。

（一）广州市海外交流协会

广州市海外交流协会（简称广州市海交会）成立于1992年3月，第一届理事会理事75人，其中常务理事33人。1996年，选举产生第二届理事会。2000年，召开第三届理事大会，聘请名誉会长27人，顾问31人，名誉理事124人；常务理事60人，理事108人；团体会员19个。名誉理事以海外侨领及华侨、华人知名人士为主，他们关心广州市的建设和发展，为广州市的招商引智搭桥牵线，为促进居住国和所在地与广州的交往与合作做出积极贡献。1996年设立科技和侨务发展基金，共筹得700万元，其中侨务基金用于扶持贫困归难侨发展生产。1997—2000年，组织经贸和文化考察团到美国、泰国、马来西亚等地9个国家访问。组织第十六届穗澳优异生旅行团、澳门大学教师团、香港少年警讯交流营、全港青年学艺大会交流团来穗参观活动。注重做好留学生、华侨华人专业人士的联谊工作，引导他们来穗创业发展。

（二）珠海市海外交流协会

珠海市海外交流协会（简称珠海市海交会）于1995年9月成立，内设对外交流部、社团联络部、经贸发展部、秘书部、侨务咨询服务部等机构。聘请海外知名人士担任该会顾问、理事。以“密切联系海外华侨华人、港澳台同胞及其社团，发展友好往来，加强交流合作”为宗旨。与美国旧金山阳和会馆、英国共和协会、法国广肇会馆、新加坡广东会馆等50多个海外侨团建立联系。发动侨商参与珠海市在海外举办的经贸活动，做好侨资企业的跟踪服务工作。与珠海市人事局留学生工作站合作，共同做好留学生工作，打造“留学生回国创业平台”。引导海外乡亲关心支持珠海市公益事业。据不完全统计，至2000年，该会海外顾问、理事捐赠款物折合人民币600万元。

（三）汕头市海外交流协会

汕头市海外交流协会（简称汕头市海交会）成立于1995年12月5日，聘请海外著名侨领为名誉会长，聘请海外知名人士为顾问。有团体会员50个，常务理事30名。该会致力于联系世界各地潮籍乡亲及其社团，敦睦乡谊，发展与海外的交流合作。1997年11月在汕头举办第九届国际潮团联谊年会。为汕头市发展经济招商引资，举办华裔青少年夏令营活动。2000年8月，被汕头市民政局评为“汕头市社会团体创业建功活动先进单位”。

（四）江门市海外交流协会

江门市海外交流协会成立于1997年10月。该会发挥朋友多、渠道广、信息灵的优势，致力于与华侨华人、港澳同胞社团联谊。如中国（江门）侨乡旅游节、世界台山宁阳会馆（同乡会）恳亲联谊会、司徒美堂诞辰135周年纪念活动等，均邀请海外社团和侨领参加。经常组织港澳知名人士到江门市考察，密切江门五邑与港澳关系。邀请海外有实力的工商界人士、技术管理人才实地考察投资环境，参加经贸洽谈和经贸活动。成功引进马来西亚侨商岑泽文在新会区投资2亿人民币，兴建"玉圭园"房地产项目。组织粤剧团到东南亚和美国华人社区演出，组团出访美国、加拿大、日本、韩国、新加坡、马来西亚、泰国、印尼等国家和欧盟地区，与美国夏威夷四邑会馆、泰国广肇会馆、芝加哥美国华人海外交流协会建立招商引资、合作交流工作网络。

第四节　侨务系统事业单位

一、新闻单位

（一）广东侨报

《广东侨报》是广东省侨办主管的一份反映广东侨务工作的专业报纸，创刊于1956年10月1日，"文化大革命"期间停刊，1979年11月试复刊，1980年1月5日复刊，初为半月刊。复刊后安排四个版面：侨务新闻、政策讲座、综合性副刊及国外侨情等。1981年4月，改为周报，1985年，改为对开四版大报。1987年全年出版52期，发稿2620篇。

《广东侨报》发行量从1987年每期2.75万份增加到1989年每期4万份，发行到70多个国家和地区。1989年10月1日，该报以"改革开放谱新篇"为主题，出版国庆专刊，印了10万份。1992年1月1日，由周报改为周二报，1995年1月1日，改为周三报。该报还参与多项社会活动，如：与广东归侨作家联谊会联合举办"华侨题材小说征文活动"、与广州市老人院联合举办"寿星重游五羊城"，以及参与广州市侨办等单位联合举办的"侨务咨询"活动等。90年代，《广东侨报》参加多项大型侨务活动的采访，如：第二次世界华商大会代表访问珠江三角洲等。1993年与《南方日报》联合举办侨务法规知识竞赛有奖测验活动。1999年10月，为迎接澳门回归，该报组织"宣传澳门回归"专版。1999年12月30日，省新闻出版局贯彻中央和广东省提出的"政报分开""政刊分开""政府退出具体出版事业"精神，决定从2000年1月1日起停办《广东侨报》等17种报刊。《广东侨报》从1980年1月5日复刊至1999年12月30日，累计共出版1209期。

（二）华夏杂志社

《华夏》杂志创办于1985年1月，由广东省侨联主管主办，国内外公开发行。创刊伊始，经费得到海内外侨胞和港澳同胞的支持，庄世平、霍英东、马万祺、蚁美厚等海内外知名人士担任名誉社长，创刊号出版3万册。初期为季刊，1987年改为双月刊，1998年改为月刊。该刊的办刊宗旨是，坚持为侨服务，坚持正确的舆论导向。2000年获广东省优秀期刊提名奖，被中国期刊协会推荐参加在新加坡举办的国际期刊展——“中国百家精品杂志”，并被选定参加“全国百家期刊阅览室”赠送活动。该刊在1998—2000年与暨南大学出版社合作出版“华夏书刊”，共出10本丛书。

二、教育机构

（一）暨南大学

暨南大学是中国政府创办的第一所华侨学校，素有“华侨最高学府”之称，前身是1906年清政府创办于南京的暨南学堂，1927年更名为国立暨南大学。学校先后在南京、上海、福建建阳和广州办学，1970年被迫停办。1978年复办，直属教育部，1983年改属国务院侨务办公室领导。学校设有董事会，实行校长负责制。1978年以来，廖承志（1978—1983）、荣毅仁（1985—1994）、钱伟长（1994—2000）先后担任董事长。杨康华（1978—1983）、梁灵光（1983—1991）、周耀明（1991—1995）、刘人怀（1995—2000）先后担任校长。

1978年复办后，学校贯彻“面向海外、面向港澳”的办学方针，突出侨校特色，深化教学改革，大力提升学校的综合实力和科研水平，复办当年开设了10个系12个本科专业，并在中国高校中第一个成立了医学院，当年全校共招收本科生705人。1979年，基础数学、英国语言文学、眼科学、内科学（血液病）、微电子学、宋史等6个学科专业招收了首届硕士研究生29名。1982年，学校成为全国首批具有博士、硕士、学士学位授予权高校之一，并于1984年开始在海外和港澳台地区招收研究生。1985年，中外关系史方面招收了暨南大学复办以来的首批博士生。1993年，政治经济学、文艺学等9个学科被列为国务院侨办重点学科。同年，在国务院侨务办公室的大力支持下，与中国中旅社、香港中旅社、广东中旅社、福建中旅社、深圳特区华侨城合作在深圳华侨城新建了暨南大学中旅学院；在原广州华侨补校基础上与暨南大学对外汉语系和预科部合并组建华文学院。至1995年年底，学校已拥有文学院、经济学院、理工学院、医学院、中旅学院、华文学院、教育学院7个学院，21个系，30个本科专业，50个硕士学位授权点，7个博士学位授权点，38个研究机构，47个实验室。学校共有各层次学生13012人，其中海外及港澳台学生2849人。其中研究生615人、本科生5377人、专科生2472人。1996年建校90周年之际，党和国家领导人江泽民、李鹏、乔石、李瑞环等题词祝贺。

2000年，学校四个校区占地面积和建设面积为151万平方米、73万平方米。设有文学院、经济学院、管理学院、理工学院、生命科学技术学院、医学院、华文学院、中旅学院、珠海学院、教育学院10个学院，28个系，36个本科专业，66个硕士学位授权点，14个博士学位授权点（生物医学工程为博士学位授权一级学科），47个研究机构，60个实验室。在校各层次学生21535人，研究生2007人、本科生9542人，海外及港澳台学生4323人。华侨华人学生来自31个国家，是全国高校中华侨华人、港澳台学生最集中、人数最多的高校。

（二）广州华侨学生补习学校

中华人民共和国成立后，为适应大批华侨学生回国升学的要求，广州华侨学生补习学校（原称广州归国华侨学生中等补习学校，简称广州华侨补校）于1954年3月8日开办。港澳学生补习学校也于1956年并入广州华侨补校。1965年下半年，校址从广州石牌迁往沙河瘦狗岭。“文化大革命”期间停办。1978年4月，国务院批准复办，改校名为广州华侨学生补习学校。1982年，增办广州中国语言文化学校，并附设广州华侨学生接待站。1983年始，广州华侨补校直属国务院侨办领导。1993年6月，广州华侨补校并入暨南大学，成立暨南大学华文学院。同年7月，暨南大学对外汉语教学中心、预科部并入华文学院。2000年9月，被授予“国务院侨办华文教育基地”。

广州华侨补校在“文化大革命”前设初中预备班、初中班、高中班、大学先修班及中技班，针对学生的不同程度进行教学，为高等院校及普通中学输送合格学生。1978年复办后，主要开办文史科和理工科的升大学预备班，学习期限一年，贯彻“缺啥补啥，重点补习”的教学原则。1978—1987年，800多名学生参加高考，录取500多人，平均升学率近70%。1982—1987年，广州中国语言文化学校共招收来自美国、加拿大、英国、比利时、日本、澳大利亚、新西兰、新加坡、毛里求斯等20多个国家和地区的华侨华人学生2700多人，其中汉语专业班毕业的200多人。之后又开设汉语基础班、汉语专修班等。并入暨南大学后成为面向海外开展汉语、中华文化及预科教学的专门学院。1995年，获得国家对外汉语教学领导小组“中国汉语水平考试（HSK）”考点资格；1997年5月增设HSK高级考点，成为继北京、上海之后国内第三个高级考点；1998年3月，成为全国十个“对外汉语教师资格证书考试点”之一；同年4月，对外汉语本科专业正式成立并开始招生；1999年9月，“汉语言”本科专业获准建立，招收内地和港澳台华侨学生；同年11月，“语言学及应用语言学”硕士授权点正式成立。至2000年，学院设有汉语系、汉语培训部、预科部、函授部、华文教育研究中心共五个系、部、所的教学单位。开设汉语初级班、中级班、高级班、汉语速成班、短期班及各种类型的夏（冬）令营班等，为海外学子提供多层次、多形式的汉语言文化学习和教育的途径：招收、培养对外汉语教学研究方向的硕士学位研究生；预科教育开设一年、半年先修班、一年预科班、成人预科班以及教师进修班等。1993—2000年，学院共培养来自美国、加拿大、日本、韩国、俄罗斯、法国、英国、澳大利亚、印尼、泰国、柬埔寨等60多个国家和中国香港、澳门、台湾地区约16900多名学生。

华文学院重视与世界各地华校、华文教育机构等的联系合作，积极开展海外华文教育，与印尼等地建立了长期的合作招生关系。此外，华文学院为来华留学生、预科生、海外函授学生以及海外华文学校开发和编写多种教材，深受海内外华文和汉语学习者的好评。1994年，华文学院为柬埔寨编写的华文教材《中文》和《数学》，在全柬50多所中文学校发行使用，填补了柬埔寨华文教材的空白；为北美编写的教材《中文》教材在北美、欧洲等世界各地的中文学校发行使用以来，受到高度评价。

（三）广东省华侨中等专业学校

广东省华侨农场管理局为培养华侨农场技术人才，于1979年8月25日在四会县五马岗创办广东省华侨专业技术学校（后改称广东省华侨中专学校）。1981年7月，学校迁至广州龙洞。至1987年，在校学生511人。学校贯彻为侨服务方针，把学校办成归难侨职工及其子女的教育和培训基地。至1987年，为国家培养中专毕业生753人。

1992年8月11日省政府撤销省华侨农场管理局，将该校划归省侨办领导。学校占地面积3.67公顷，校舍建筑面积2万平方米。拥有可容纳1600名学生生活的宿舍，教学所需的教室、实验室和体育活动场地等设施，图书馆藏书6万多册，报纸杂志200多种。1995年香港丽新集团董事局主席林百欣捐赠300万元兴建“林百欣教学楼”。1982年中南财经大学在该校设立函授站，该校建校后，开设农业会计、农业经济管理大专班，共培养大专毕业生252人。1982—1993年，为华侨企事业系统和其他系统举办财会、统计、电工等27个专业83个培训班，共培养各类专业技术人员6000人。2000年学校开设工业企业财会会计、工业企业电气化、会计电算化等专业，招生对象是华侨农场归侨侨眷和侨务系统干部职工子女以及社会青年学生等。至2000年已为国家培养中专毕业生2000名。

1997年始，开展华文教育工作，受省侨办委托，为毛里求斯华文报培训中文电脑排版专业人才，1998年承办柬埔寨华裔青少年夏令营。1999年9月，举办印尼华文教师培训班，同年12月，举办马来西亚槟城舞协教师培训班。2000年5月，经省教育厅批准，取得招收外籍华裔学生的办学资格，成为服务华侨社会和地方经济建设的中等专业技术学校。

三、研究机构

（一）广东华侨历史学会

广东省华侨历史学会于1981年6月在广州成立。该会由省侨联、省社科院、中山大学东南亚研究所、暨南大学东南亚研究所和华南师范大学等共同发起，是从事华侨历史和华侨问题研究的科研工作者、侨务工作者和其他人士共同组成的学术团体，旨在团结全省有关专家、学者，开展学术交流，促进对华侨历史和现状的研究。学会办有会刊，经常开展国内外学术交流，举办“广东沿海开放城市与华侨的关系”“东南亚华人文化经济与社会”“华侨华人与增创广东新优势”“中国加入WTO与华侨华人”“东南亚金融危机与华侨华人”等专题报告会和学术研讨会，探讨华侨文化、侨乡文化以及华侨、侨乡在广东现代化建设中的地位和作用。学会与海外侨史学界交往频密，曾接待美国著名侨史学者麦礼谦、中国台湾华侨协会总会会长张希哲，以及来自欧美、东南亚等10多个国家和地区的侨史学者。会员先后应邀前往荷兰、马来西亚、美国、澳大利亚等12个国家及中国港澳台等地讲学、参加学术会议和进行学术交流活动。1999年8月，与中国侨史学会在广州联合主办“华侨与抗日战争”学术研讨会，海峡两岸及来自香港特别行政区和新加坡的学者近70人参加。配合中国华侨历史学会做好史料收集工作，1994年中国华侨历史学会组织编撰《华侨华人百科全书》，该会承担“侨乡卷”广东侨乡部分的编写任务，于1999年完成。该会还与广州、汕头、江门、揭阳、潮州、中山、佛山及梅县华侨历史学会联动，开展有关华侨华人历史研究等工作。如与广州市侨史学会于1997年、1998年、1999年分别举办了“华侨华人文化”“华侨华人与香港”“邓小平侨务思想暨澳门回归与振兴中华”学术研讨会。

与汕头市侨史学会先后举办“华侨华人与汕头经济发展”和“陈黉利家族发展史”学术研讨会，还于1999年结集出版《汕头侨史论丛》第四辑。

（二）广东华侨华人研究会

广东华侨华人研究会在广东省侨办倡议和指导下，于1987年12月15日在广州成立（成立之初称广东华侨研究会），是广东省社会科学联合会的团体成员。是由热心研究华侨华人问题的专家、学者、理论和侨务工作者及社会有关人士组成的学术团体，业务主管单位是广东省侨办。宗旨是对海外华侨华人社会、广东侨乡的现状与发展趋势、侨务政策法规的实施等问题进行调查研究，向政府有关部门提供咨询。该会成立时，只有68名会员，至2000年发展到352人，遍布全省21个地级市以及省直单位，侨务干部、高等院校与科研机构专家学者各约占会员的三分之一。

该会成立后，分别在珠海、汕头、肇庆、东莞、茂名、江门、广州市举办过11次学术研讨会。此外，还与其他单位合办过3次小型研讨会。在这些研讨会上，与会者围绕华侨华人与“大中华经济圈”、海外华侨来华投资的动因、各国华人发展趋势、香港回归后侨务工作、广东侨房政策探讨、广东华侨农场发展趋势、广东侨属企业发展趋势、新移民问题、邓小平侨务理论等课题发表了一批论文，一些论文被国内报刊登载。通过请进来、走出去等方式，扩大对外文化交流以及广东省与台湾、香港的文化交流，先后邀请美国、加拿大、澳大利亚、新加坡、马来西亚、法国、新西兰等国以及中国台湾、香港地区研究华侨华人问题的专家、学者访粤，进行学术交流，合计30多批70人次。两度组团出访新加坡、马来西亚和美国、加拿大开展学术交流和侨情调研活动。多次派员出席有关华人问题国际学术研讨会。1989年3月，创刊出版《华侨与华人》会刊（半年刊），迄2000年已出版24期，合计约230万字。另外，还组织编辑出版了《泰国侨情手册》《美国侨情手册》《海外华人企业家》《香港台湾企业家》四本资料性手册；1993—1997年间，编印了小型资料性刊物《侨情文摘》。

（三）广州华侨研究会

广州华侨研究会成立于1983年12月，主管部门是广州市侨办，是广州市社会科学联合会的团体会员。出版会刊《广州华侨研究》。1989年1月始，组织“每月谈”活动，1990年改为“每季谈”，至1993年9月，已举行了25次。其内容主要是通报侨务工作情况，交流分析国内外侨情等。广州华侨研究会以抓应用研究为主。如关于侨属集资企业问题，由会员于1986年9月提出的扶持侨属集资企业的具体措施和建议，被市侨办采纳，并由侨办协助市政府草拟了《广州市侨属集资企业管理方法》，于1987年4月公布实施。所提《广州侨务发展战略设想》，于1990年在国务院侨务工作会议印发并在国务院侨办《侨务工作研究》刊登，同年获国务院侨办第一届全国侨务工作研究论文评选二等奖（一等奖空缺）。

广州华侨研究会还根据侨务工作需要，组织侨情调查，收集整理华侨史料。与暨南大学东南亚研究所合编的《战后东南亚国家的华侨、华人政策》论文集于1990年3月出版，与广州华侨志编委办、广州师院和广东省档案馆联合编写的《华侨与侨务史料选编》第1、2

集于1991年先后出版。至2000年，先后出版专著4部、论文集11辑；召开年会或专题研讨会18次，收到论文260篇；向领导机关及有关部门提交调研文章39篇；组织国内外交流56次；并举办培训班4期。参与侨务咨询活动4次，1991—2000年，每年都被广州市社会科学联合会评为先进学会。

（四）广东侨刊乡讯研究会

广东侨刊乡讯研究会于1985年12月8日在广州成立。该会是由侨刊乡讯工作者、侨务工作者和有关新闻工作者组成的群众性学术团体，是省社科联团体会员，接受省侨办领导。以“交流工作经验，开展学术活动，推动侨刊乡讯出版工作，促进侨刊乡讯的提高和发展”为宗旨。1994年，选举产生第二届理事会。

广东侨刊乡讯研究会成立后，确定《侨刊起因、发展和未来》课题作为理论研究重点；将全省104种侨刊分为江门、佛山、广州、汕头四个片，由各理事分工审读若干份侨刊，并对21种侨刊现状和国外读者的要求进行调查研究，充分发挥研究会的作用。创办《侨刊乡讯研究》《侨刊工作通讯》，指导全省侨刊乡讯工作。1986年、1987年和1993年分别在台山、中山和梅县、江门、汕头召开侨刊乡讯工作座谈会，进行具体业务指导。1987年和1994年组织两次总结评比活动。利用民间渠道，开展与海外联谊。1990年8月邀请海外侨刊读者和新闻工作者组成的“广东侨刊乡讯学术交流团”一行8人抵穗交流。1993年3—5月，省侨办宣传处和该会分别在新会、台山、开平、中山等市举办了四期侨刊乡讯编辑人员培训班，就侨务外宣工作形势和方针政策、国外侨情、新闻采写和编辑技巧、侨刊发展等课题进行培训，参加培训的侨刊乡讯编辑人员、通讯员以及侨办主管宣传工作干部共253人。

（五）暨南大学华侨华人研究所

暨南大学华侨华人研究所于1981年7月由教育部批准成立，是从事华侨华人问题研究的专业研究和教学机构。原名华侨研究所，1991年改称华侨华人研究所。1998年被列为“211工程”重点建设学科单位，2000年12月获准成为教育部百所人文社会科学重点基地之一。朱杰勤、徐善福、黄昆章、张应龙先后担任研究所负责人。设有华侨华人社会经济研究室、华侨华人文化教育研究室、华侨华人政策法规研究室、中国侨乡研究室、华侨华人历史研究室，另设行政办公室与资料室；与学校图书馆共建“华侨华人文献资料信息中心”。至2000年，该所有专业研究人员10人，其中研究员（教授）4人，副研究员3人，助理研究员3人，博士6人。聘请海内外一批知名学者为兼职研究人员。与相关系、所合办的博士点、硕士点已招收海内外博士研究生、硕士研究生100余人。

至2000年，取得的研究成果主要有：由朱杰勤主编的东南亚华侨史丛书，已出版《菲律宾华侨史》《印尼华侨史》《新加坡马来西亚华侨史》；世界华侨史丛书已出版《美国华侨史》《日本华侨史》《澳大利亚华侨华人史》；撰写、主编并出版《东南亚华侨史》《东南亚华文教育》《华侨华人大观》《世界华侨华人概况》《当代中国华侨教育》《海外华人社会科学家传记》《战后各国华侨华人政策》《海外华侨华人与潮汕侨乡的发展》《三宝垄历史》《华侨华人百科全书.教育科技卷》等专著和译著；出版《华侨史论文集》4

集、《华侨华人研究》4辑等。参撰辞书一批，发表中外文论文数百篇，一些论著获奖。还承担各级政府项目一批，为中央和地方有关部门撰写咨询报告数十篇。数次主办国际性与全国性的华侨华人问题研究学术会议；与海外一些大学、研究机构建立资料交换关系；一些研究人员到国外进行访问研究；邀请一些国内外知名学者到所讲学。

（六）暨南大学东南亚研究所

暨南大学东南亚研究所成立于1960年，是一个多学科的综合性学术机构。到“文化大革命”前夕，拥有40多人的科研队伍和3万余册多语种的专业图书资料。“文化大革命”期间被迫停办。1978年暨南大学复办，该所也随之恢复，吴楚、胡一声、翁锡辉、陈乔之、曹云华先后任所负责人。重点研究亚太地区（主要是东南亚地区）经济、政治与国际关系以及华侨华人问题。2000年，设有亚太经济与政治研究室、国际关系研究室、文化研究室、外交与侨务研究室和情报资料室等机构。1998年以来，承担省部级以上项目50多项，其中国家及国务院各部门项目9项，国家社科基金3项，在核心期刊发表论文300多篇；出版专著13部，教材8部，译著1部；获得省部级奖项7个，其中二等奖4个，优秀奖2个；有1人获得部级优秀教学成果奖；每年都有多篇研究报告送交各级政府部门，为相关部门决策提供咨询服务。由陈乔之主编的“华南地区国际关系丛书”和曹云华主编的“东盟研究丛书”较为出名。拓展对外学术交流，与国内外学术研究机构和政府部门建立密切的联系。每两年举办一次国际学术研讨会，每年派10多人次出国进行学术交流，与新加坡东南亚研究所、泰国朱拉隆功大学亚洲研究所等外国著名研究机构建立长期的合作关系。2000年有教职工26人，海内外兼职研究人员50多名。在职科研人员中有一半具有高级职称。复办时，创办《东南亚研究资料》杂志，1987年更名为《东南亚研究》（季刊），已出版150多期，每期15万字。

（七）暨南大学图书馆华侨华人文献信息中心

暨南大学图书馆华侨华人文献信息中心成立于1995年，是专职从事华侨华人文献信息工作的机构。主要职责和任务是：用现代化技术和手段对华侨华人文献信息进行全面系统地收集、整理、组织、加工，为教学科研服务、为侨务工作服务、为祖国的经济建设服务。至2000年，该中心有专职信息人员5人。该中心成立后，已研制出“1946—1997中国华侨侨务信息资源光盘数据库”“华侨华人人物数据库”“侨务政策和侨务法规数据库”及《客家人文》多媒体光盘等，建立“华侨华人文献信息专题数据库”。与国内外同行进行了广泛的交流与合作。1997—2000年，与香港大学图书馆合作成立了“联合中心”，在数据库建设方面建立了合作关系。还积极为华侨华人研究人员、各级侨务部门和广大读者提供华侨华人研究方面的原文查找、事实资料查询等服务。

（八）潮汕历史文化研究中心

潮汕历史文化研究中心于1991年8月成立，是经民政部门注册的民间学术团体。在谢慧如、陈伟南、林伯欣等海内外知名人士的支持下，在汕头建成一幢8层办公大楼。中心设有学术研究、资料征集、秘书行政等办公室。多渠道、多层次、多视角开展潮汕历史文化的研究与传播工作，曾参加、主办和协办三次国际研讨会。1993年12月，刘峰理事长率领专家学者17人赴香港中文大学参加首届潮学国际研讨会。1997年11月，与汕头大学、中共汕头市委宣传部在汕头市联合主办第二届潮学国际研讨会。1999年10月，协助韩山师范举办第三届潮学国际研讨会。分别举办“海上丝绸之路与潮汕文化”“龟山考古与潮汕文化”“潮汕华侨华人与侨乡经济”等中型地区性学术研讨活动或专题讲座。通过对潮汕历史文化资料的收集、发掘、抢救、整理，建立“潮”字号资料库。至2000年已征集文史资料、人物传记、族谱家乘、地方志书和潮人著作3万多册，侨批近万封（含影印件），为筹办侨批文物馆创造了条件。编辑出版《潮汕文库》，分别有《潮汕文献》《潮汕文化专著》《潮学研究》《潮汕历史资料丛编》《海外潮人》《潮汕民俗文化》《近现代潮汕文化艺术史研究》《潮汕侨批》等学术著作出版，至2000年，共计编辑出版书籍100本，约2000万字。属下的潮汕历史文化研究传播基金会于1993年设立“潮学奖”，分研究、传播和资料征集三个奖项，至2000年已评奖4次，获奖者93人，涵盖海内外。

（九）五邑大学五邑文化与华侨研究所

五邑大学五邑文化与华侨研究所（初为研究室）成立于1994年5月，归属社会科学与艺术部，由部（系）主任或副主任兼任所（室）长（主任）。有兼职研究人员8人，其中高级职称6人、中级职称2人、博士学位3人、硕士2人。设有资料室，有各类专业图书、杂志数千册，五邑侨刊乡讯80种。主要研究方向有两个：陈白沙与江门学派、五邑文化与民俗；五邑华侨华人历史与侨乡文化、碉楼与民居建筑。研究人员经常深入侨乡调查研究，搜集资料；加强同省内外及国内外有关教学及科研单位的合作与交流，至2000年，发表研究论文40多篇；开设《中国文化概论》《华侨历史概述》《五邑风俗》等3门选修课，出版了《五邑文化源流》《陈白沙心学价值审视》《陈白沙诗学论稿》《五邑华侨华人史》《台山端芬梅氏》等学术专著多部。2000年，张国雄、梅伟强被开平市人民政府聘为开平碉楼申报世界文化遗产高级顾问。

（十）嘉应学院客家研究所

嘉应学院客家研究所是以科研为主、教学为辅的系一级学术机构，前身是成立于1989年6月的嘉应大学客家文化研究室。1990年8月14日，为适应学校的发展和海内外客家研究形势以及开展地方传统文化研究的需要，在原来客家文化研究室的基础上成立客家研究所，学校领导刘筠谦、黄绿清和研究员房学嘉先后兼任研究所所长。至2000年该所有专职研究人员4人，其余研究人员是中文系、政法系等文科系室的老师。致力于客家历史、民俗、宗教、社会以及客家文献的收集整理工作，成为集科研、教学、资料收集、客家文物收藏为一体的多功能学术科研机构。设有研究室、陈列馆和文献资料中心。加强与海内外的学术交流。1992年9月、1994年10月、1998年10月，先后派陈百川、陈修、房学嘉赴香港出席第一届、第二届“客家学国际研讨会”、赴台北出席“第四届客家学国际研讨会”。国际著名汉学家、法国远东学院劳格文教授、美国哥伦比亚大学人类学家孔迈隆教授以及中国台湾“清华大学”人类学家庄英章教授等海内外一批著名专家学者先后到该所访问交流。在历史学、客家宗教、客家传统生计研究方面取得一定成果。完成“客家的过去、现在与未来”“粤东客家山区传统社会结构与原动力”“粤闽赣客家方言区传统文化”“客家民俗旅游资源开发与利用”等十项省、学院重点规划研究课题的研究。搜集及保存方志、谱牒、田野考察声像资料、图片以及有关客家文献资料也取得了一定成绩，收藏有关客家研究的书刊达数千种。1999年，该所研究人员编写出版《客家文化导论》等相关教材，开设客家文化与田野采风、岭南民俗旅游两门选修课，对在校学生开展传统文化教育和地方教育。2000年与武汉中南民族学院达成联合培养民族客家文化方向硕士研究生协议。主要的研究成果有：谢剑、房学嘉合著的《围不住的围龙屋》，房学嘉、肖文评、周建新和宋德剑编著的《客家文化导论》，李小燕主编的《客家文化面面观》、周建新等著《粤东梅县五大墟市考察研究》等专著论文30多篇。1992年创办了《客家研究辑刊》，每年出版2期，至2000年已出版18期。

（十一）台山市侨刊研究会

台山市侨刊研究会成立于1988年2月6日，是由该市从事侨刊编辑出版及侨刊研究的工作者组成的群众性学术团体。1989年1月，创办不定期《侨刊文摘》，初为4开4版小报，从1990年第6期起改为16开本杂志型。1996年，获省第三次侨刊乡讯评比表扬奖。《侨刊文摘》对推动台山侨刊乡讯的发展起过积极作用，后因人事变动及经费等方面原因停刊。配合市（县）委宣传部和市侨办、侨联，对全市的侨刊乡讯工作实施业务指导。于1988年2月、1994年1月、2000年5月召开侨刊乡讯工作会议，总结成绩，表彰先进侨刊乡讯及工作者。在台山市侨刊研究会的指导和鼓励下，台山市侨刊乡讯突出“侨”味“乡”味，立足本乡、本土、本族，报道家乡的山水草木、民俗乡情、亲眷团聚、婚丧喜庆、祭祖奠宗、敬老爱幼、邻里和睦、子弟升迁、市场信息、经济发展、社会文明、土特产品、历史掌故、姓氏变迁、侨务政策、为侨服务、海外侨情、港澳动态等内容，在侨与乡之间架起桥梁，被海外乡亲誉为“集体家书”。1987年、1993年、1996年，省侨办举行广东侨刊乡讯评奖活动，台山的侨刊屡获殊荣。1995年6月，全国侨联在西安市召开侨刊乡讯工作研讨会，《新宁杂志》社副总编辑关泽锋在会上作工作经验介绍，该市彭启金等40人被评选为全国侨刊乡讯优秀工作者。

四、其他事业单位

（一）广东华侨事务律师事务所

广东华侨事务律师事务所原名广东省侨联华侨事务法律顾问处，由广东省侨联和省司法厅于1981年10月始筹办。1982年9月起，开设法律咨询和代写法律文书，承办一般民事诉讼代理及非诉讼代理的业务。1983年1月正式成立，1985年2月改称广东华侨事务律师事务所。旨在为海外华侨、华人、港澳同胞、归侨、侨眷及其社会团体、企业、经济贸易组织提供法律帮助，依法维护当事人的合法权益。该所承办的业务，包括担任常年法律顾问，提供法律咨询服务，参与草拟、审查经济合同和法律事务文书，接受委托参与调解、仲裁、诉讼等。会同全国侨联的华联经济律师事务所及省内外的侨务律师事务所，协助各地侨务系统培训人员，参与广东省侨联的法律顾问委员会，为有关方面制定侨务政策、法规提供意见和建议等。被广东省直工委评为1998—1999年度“省直系统文明单位”。

（二）广东省归国华侨接待站

广东省归国华侨接待站（简称省接侨站）是广东省华侨事务委员会（简称省侨委）为接待单程回国华侨而设立的服务机构，筹建于1956年。是年，省侨委拨出60万元，将位于三元里的广东省归国华侨招待所改建成可同时接待1200人的场所，并将该所更名为广东省归国华侨接待站。该站建立后，于1957年接待中转了马来西亚难侨一批；1960年接待中转印尼难侨 5.4万人；1963年接待中转印度难侨5000多人；1964年接待中转缅甸难侨3000多人；1966年接待印尼难侨838人，成为广东省接待归难侨一个重要基地。“文化大革命”期间，一度被改建成病侨住区，划归广州华侨旅社管理。1975年5月，省革委会第二外事处决定将省接侨站与广州华侨旅社合并，口岸归侨接待安置任务由广州华侨旅社承担。1975—1980年，广州华侨旅社共接待单程归侨1138人；1978年，广州华侨旅社接待中转印支难民4.8万人。1985年，省侨办决定将省接侨站与广州华侨旅社分开，在三元里广州华侨旅社门前复挂“广东省归国华侨接待站”牌子，划出一号楼房归还接侨站管理使用，撤销广州市郊金峰岭省接侨站二站，原总站、二站业务合并，工作人员迁回三元里办公。

1985—2000年，省接侨站在原有职能的基础上，增添了一些新的职能，如接待单程回国定居的华侨华人，为华侨华人来粤治病、探亲、访友、暂时避难提供服务；为华侨、港澳同胞来粤投资经商提供政策咨询；并接受海外侨胞、港澳同胞的投诉等。2000年6月，省侨办进行机构改革，该站更名为广东省华侨华人港澳同胞接待服务中心，加挂广东省华侨华人投诉咨询服务中心牌子。

（三）广东华侨博物馆

80年代初期，一些海内外贤达和有识之士纷纷建议在广州市建设广东华侨博物馆。1985年，著名侨领、爱国民主人士蚁美厚等30名省人大代表向省人大提议，建议省人民政府筹建广东华侨博物馆，获省政府同意。1986年，成立由副省长黄清渠任主任、蚁美厚任副主任的广东华侨博物馆筹建委员会，下设筹建办公室，筹建办设在省侨办。1987年，省计划委员会（简称省计委）下达基建计划，后遇国家基建缓建的影响，于1988年停缓建。1992年，省侨办向省政府申请恢复广东华侨博物馆建设项目。1994年，省计委正式同意广东华侨博物馆立项并下达基建计划。省委、省政府及广州市对此十分重视，再次成立由副省长卢钟鹤为主任的广东华侨博物馆筹建委员会，并在广州市二沙岛划出建设用地兴建广东华侨博物馆。1995年4月20日，省侨办隆重举行广东华侨博物馆奠基典礼，中共中央政治局委员、广东省委书记谢非，省委常委、副省长、广东华侨博物馆筹委会主任卢钟鹤，以及于幼军、凌伯棠、李辰等省领导，泰国大慈善家谢慧如先生等1500多位海内外嘉宾出席奠基典礼。1997年9月，正式动工兴建，1999年基本建成。

该馆建筑面积6000平方米，总投资约4200万元。资金来源除省政府拨款900万元解决部分土地征地费外，其余以接受海外华侨华人自愿捐赠和省侨办自筹资金解决。其中：1995年3月，泰国大慈善家谢慧如捐赠500万元港币；2000年9月28日，香港台山商会捐资280万元港币；缅甸华侨王勇捐50万元人民币；其他海外华侨华人捐款14655元；省侨办机关及全省侨办系统捐款228230元。广东华侨博物馆自筹建以来，收到美籍华人李炳源捐赠一批明清瓷器文物，美籍华人黄光寰先生捐赠68幅野生动物摄影作品，其他海外侨胞捐赠的油画、书法作品一批。2000年，成立广东华侨博物馆机构（正处级），定编16人。此后，该馆进入文物征集、研究和收藏工作，为开馆展出作准备。

（四）梅州市华侨博物馆

1994年12月，中共梅州市委、市政府决定兴建梅州市华侨博物馆，得到海外侨胞、港澳同胞响应与支持，该馆于当月梅州市举办世界客属第十二次恳亲大会期间奠基，1995年10月正式动工兴建。1999年10月全面竣工，对外展出。

梅州市华侨博物馆位于梅州市区中心，外观呈客家民居土围楼造型，占地5000平方米，楼高6层，建筑面积11000平方米。共投资1945万元，其中各级政府拨款185万元，海外侨胞、港澳同胞捐款1760万元。开设有美国、加拿大、塞舌尔、泰国、新加坡、马来西亚、印度尼西亚、中国香港、曾宪梓事迹、曾沐彬事迹、田家炳事迹及客家名城风采等12个展厅。展出华侨历史文物627件（套），字画91幅，图片2000多幅，这些展品均由海外侨胞、港澳同胞和归侨侨眷提供。该馆展现了客家侨胞在海外艰苦奋斗的创业史、历代侨贤爱国爱乡、热心公益事业的突出事迹等，成为梅州爱国主义教育基地。

（五）南方歌舞团

南方歌舞团于1989年11月下旬成立，前身是广东民族歌舞团。正处级编制，享受一级艺术表演团体待遇。行政、人事归省侨办领导，财政挂靠省中国旅行社，业务由省文化厅主管。该团以侨胞、港澳同胞、归侨、侨眷和少数民族为主要宣传服务对象。1990年该团在庆祝国庆41周年的活动中，在广州演出《龙子情》，受到华侨华人和港澳同胞的称赞。1991年2月2日至3月12日，受国务院侨办委托，省侨办从该团选调9名演员随同中国海外交流协会组织的中国民族艺术团赴巴黎、柏林、阿姆斯特丹、罗马等欧洲17个城市，为华侨华人和留学生进行春节慰问演出，共演出27场，观众3万多人，传播了中华优秀文化，受到华侨、华人的欢迎和好评。1992年，该团应澳门文娱体育部的邀请，组织民族歌舞节目到澳门演出。1993年，该团共演出65场，观众达11.3万人次，其中为侨服务场数占三分之一强。该团创作的以华侨、侨乡为题材的三场歌舞《潮汕赋》受到国内外观众和专家的好评，在广东第五届艺术节中荣获优秀表演奖、创作奖、设计奖等八项大奖。该团创作的表演作品还分别荣获1993年羊城音乐花会作品一等、二等及创作三等奖，省港澳广东音乐大奖赛优等奖等。该团还为美国、马来西亚华人舞蹈团培养舞蹈人才。在广州地区举办3期15个班的青少年艺术培训班。1994年10月，应法国侨团邀请，省侨办派该团到法国巴黎为侨胞进行国庆45周年慰问演出。1999年2月，省侨办受国务院侨办委托，选派该团和广州杂技团组成中国艺术团赴加拿大为华侨华人进行春节慰问演出。

第二章　华侨华人

第一节　分布与发展变化

一、分布

广东籍华侨华人分布在世界各地，至2000年总数近2000万人，约占全世界华侨华人总数的55%～60%之间。广东籍华侨华人分布在亚洲约1580万人，其中东南亚1480万人，主要分布在泰国、马来西亚、印度尼西亚、新加坡、柬埔寨、菲律宾、越南等国；欧洲约50万人，主要分布在法国、德国、英国、荷兰等国；北美洲约200万人，主要分布在美国、加拿大；南美洲约50万人，主要分布在巴西以及中美洲的巴拿马、秘鲁、委内瑞拉等国；大洋洲约30万人，主要分布在澳大利亚、新西兰；非洲约4.5万人，主要分布在南非、马达加斯加、毛里求斯等国以及法国海外省留尼汪。

2000年广东各地市华侨华人统计表

表2-1-1　　　　单位：人

地区	人数	地区	人数	地区	人数
广州	1060818	惠州	327000	湛江	150000
深圳	350000	汕尾	657877	茂名	539558
珠海	66551	东莞	200000	肇庆	342671
汕头	2160000	中山	700000	潮州	2300000
韶关	71120	江门	2155890	揭阳	2972900
河源	810658	佛山	680000	云浮	142190
梅州	2174871	阳江	5000	清远	131355

说明：华侨华人统计数大部分为保守估计数，江门市是1999年的统计数字，茂名市是1996年的统计数字

广东籍华侨华人的分布主要特点：

一是人数多，分布广。以粤语话系的江门市为例，1999年江门市海外华侨华人总数是2155890人，分布在世界107个国家和地区。人数10万以上的国家有美国、加拿大、马来西亚，其中美国占江门市华侨华人总数的42.56%，加拿大占18.75%，马来西亚占8%，这3个国家合计占江门华侨华人总数的69.31%。此外，人数在1万人～10万人的国家有委内瑞拉、印尼、越南、英国、巴拿马、巴西、墨西哥、泰国、菲律宾、新西兰、新加坡、缅甸、多米尼加，人数在千人以上万人以下的国家有17个。少于100人的国家和地区有35个，其中非洲有11个，欧洲有6个，美洲有7个，亚洲有4个。

1999年江门市华侨华人分布统计表

表2-1-2　　单位：人

地区	人数	占江门市华侨华人总数比例（%）
美洲	1551426	71.96
亚洲	476363	22.10
欧洲	53980	2.50
非洲	1676	0.08
大洋洲	63833	2.96
其他地区	8612	0.40
总计	2155890	100.00

以客家话系的梅州市为例，2000年梅州籍华侨华人有2174871人，总数与江门相当，但分布的国家只有60个，人数10万以上的国家是印尼、泰国、马来西亚、新加坡，这4个国家的人数占梅州籍华侨华人总数的84.98%。1万人～10万人的国家有越南、美国、英国、缅甸、毛里求斯、南非、澳大利亚、加拿大、柬埔寨。少于100人的国家有10个，分布在欧洲、非洲和美洲。

2000年梅州市华侨华人分布统计表

表2-1-3　　单位：人

国家	人数	国家	人数	国家	人数	国家	人数
印尼	656446	菲律宾	7135	斯里兰卡	163	朝鲜	119
泰国	639652	文莱	988	巴基斯坦	2430	韩国	172
马来西亚	384305	缅甸	35093	印度	4595	日本	5910
新加坡	167851	老挝	2924	尼泊尔	275	科威特	170
越南	65495	柬埔寨	11229	孟加拉	1450	东帝汶	530
亚洲合计	1986932			所占比例	91.36%		
美国	43032	古巴	4312	秘鲁	806	智利	205
加拿大	11362	多米尼加	204	阿根廷	493	哥斯达黎加	35
巴拿马	150	巴西	280	玻利维亚	97	危地马拉	8
美洲合计	60984			所占比例	2.80%		
英国	39070	荷兰	419	意大利	1082	南斯拉夫	193
葡萄牙	60	德国	794	丹麦	235	捷克	80
法国	3617	奥地利	70	瑞典	479	冰岛	60
比利时	480	瑞士	656	苏联	287		
欧洲合计	47582			所占比例	2.19%		
南非	25995	尼日利亚	100	马达加斯加	80	赞比亚	30
加纳	80	法国海外省留尼汪	4621	塞舌尔	110	塞拉里昂	100
毛里求斯	29347						
非洲合计	60463			所占比例	2.78%		
澳大利亚	16053	新西兰	2287	斐济	120	新几内亚	450
大洋洲合计	18910			所占比例	0.87%		
全世界总计		2174871		所占比例	100%		

以潮汕话系的揭阳市为例，2000年揭阳籍华侨华人297.29万人，在泰国的有164.5万人，在马来西亚有43.79万人，在新加坡有27.92万人，这三个国家的人数占了总数的79.45%，除此之外，柬埔寨、美国、印尼、越南、法国、澳大利亚、加拿大、新西兰、英国都是人数在万人以上。

2000年揭阳市华侨华人分布统计表

表2-1-4　　单位：万人

国家	人数	比例（%）	国家	人数	比例（%）
泰国	164.50	55.33	法国	3.90	1.31
马来西亚	43.79	14.73	澳大利亚	3.47	1.17
新加坡	27.92	9.39	新西兰	2.50	0.84
印尼	4.50	1.51	英国	1.76	0.59
越南	4.28	1.44	柬埔寨	5.85	1.97
加拿大	3.24	1.09	其他国家	26.90	9.05
美国	4.68	1.58	合计	297.29	100.00

以粤西重点侨乡茂名市为例，1996年茂名市只有海外华侨华人539558人，但却分布在世界51个国家，其中有85.92%居住在马来西亚，5.00%居住在新加坡，3.86%居住在泰国，2.07%居住在美国，这4个人数过万的国家所占比例达96.85%。千人以上万人以下的国家有印尼、加拿大、英国、澳大利亚，而10个人以下的国家有13个。与海外居住相对集中的情况相对应，95.56%茂名籍华侨华人的祖籍地是茂名的信宜。

二是在华侨华人人口中所占比例大。在泰国、马来西亚、印尼、新加坡、柬埔寨、越南、老挝、印度、美国、加拿大、拉丁美洲、毛里求斯、马达加斯加、南非、澳大利亚、斐济、所罗门、英国、法国（包括法国海外省留尼汪）等，广东籍华侨华人占有多数比例。不但如此，在某个国家和地区出现某个地方的华侨华人占多数的局面，如在泰国，潮汕籍华侨华人占泰国华侨华人总数的70%左右，而马达加斯加98%的老侨是顺德人，毛里求斯90%老侨是梅县人，塔希提华人基本是深圳龙岗人，委内瑞拉以恩平人为主，所罗门以开平人为主。

三是以聚居东南亚、北美和大洋洲居多。80年代以来，随着新移民的增多，北美、大洋洲、欧洲的广东籍华侨华人不断增加，基本上广东籍新移民以流向北美、南美、大洋洲占多数，例如茂名籍的华侨华人尽管多数在马来西亚，但在1979年至2000年的839个新移民中，前往美国的397人，加拿大233人，澳大利亚129人。欧洲新增加的华侨华人主要是印支难民以及其他新移民。此外，美洲的委内瑞拉以及南太平洋岛国也吸引一些广东新移民。东南亚地区由于对移民采取比较严格的限制政策，广东人移民到东南亚的不是很多，主要是到泰国、柬埔寨这少数几个国家。总的来说，广东籍华侨华人在地域分布上还是保留原来的格局，不过，它与世界华侨华人的分布格局变化相似，东南亚在广东籍华侨华人中所占的权重有所下降。

四是居住模式依然以集中城镇为主，但地缘集聚关系已经淡化。在东南亚，华人沿袭过去的居住地点，只是随着新市镇的扩张，华侨华人的居住模式向郊区化发展。在马来西亚，吉隆坡依然是华人集聚的地区；在越南，约有50万华人居住在胡志明市；在新西兰，80%的华人住在奥克兰；在巴西，80%～90%华人居住在大圣保罗地区；在秘鲁，60%～70%的华侨华人集中在首都利马；阿根廷的华侨华人大多数住在首都布宜诺斯艾利斯及其近郊；南非的华侨华人有一半住在约翰内斯堡；英国华侨华人也是集中在伦敦、伯明翰、曼彻斯特、爱丁堡这几个城市。华侨华人通常因为居住集中而形成唐人街，但老的唐人街如在北美、日本等国的唐人街，原来居住的老侨多数搬离唐人街。经过几十年的变化，有的唐人街已经空洞化、商业化，如吉隆坡的茨厂街已经成为商业街，不是过去那种亦住亦商的形式；有的唐人街观光化，如日本横滨、神户、长崎三大中华街便是购物与观光相结合；有的唐人街成为新移民聚居地，如纽约唐人街等。在欧洲尤其在东欧，由于原来华人很少甚至没有，新移民到达以后还是集聚在一起，新唐人街和中国商城依次建立，如法国巴黎13区就是如此，出现典型唐人街居住模式的华人社区以及专门批发销售中国商品的商城。

二、发展变化

80年代以后，海外华侨华人在社会、经济、文化和移民活动等方面都发生新变化。

一是社会方面的发展变化。华侨华人积极参与当地事务，建立政治组织，参政议政，担任各种行政职务或当选为议员，加强与当地主流社会的交流，推动多元文化的发展。虽然有一些国家对华侨华人采取排斥的政策，甚至强行执行同化政策，但华侨华人依靠自己的不懈努力，加强与当地主流社会的沟通和合作，从而站稳脚跟，继续发展。华侨华人的社会地位得到提升，进入当地上层社会的人数越来越多，华人中产阶级不断扩大，第二三代华人的社会地位普遍有所提升。从80年代开始，新移民的规模迅速扩大，华侨华人社会的成员更加多元化，籍贯来源更加广泛，平均教育水平得到提高。90年代后，冷战的结束以及经济全球化的影响，世界各国都加强经济合作和文化交流，中国与世界各国尤其与东南亚各国的友好关系不断发展，为海外华侨华人社会创造了越来越好的生存环境，海外华侨华人与中国的往来越来越密切。

二是经济方面的发展变化。华侨华人适应时代的潮流，不断调整发展方向，淘汰过时的行业如洗衣、理发业等，发展新兴产业，形成一些大型企业集团。在亚洲金融危机爆发前，东南亚出现了一大批举足轻重的华人企业集团和银行集团，如印光集团、巴里多太平洋集团、力宝集团、金融银行、盐仓集团等；泰国的盘谷银行、京华银行、泰华农民银行、大城银行集团、卜蜂集团等；马来西亚的郭氏兄弟集团、丰隆集团、云顶集团、金狮集团、常青集团等；菲律宾的亚洲世界集团、首都银行集团以及陈永栽、杨应琳为首的企业集团等；新加坡的远东机构、华侨银行集团、华联银行集团、达利银行集团等。在美国、加拿大、日本等发达国家，不少华人进入高新技术的领域和高级专业技术领域，形成了专业技术社会阶层。如在美国硅谷的7000家企业中，由华人创办的企业有500家，拥有雅虎公司这样的著名企业。华侨华人的从业结构发生较大的变化，例如在英国，华侨华人的职业分类，中医、针灸、中药类的华人商号占23%，超市、餐馆用品及食品制造业的华人商号占22%，会计、律师、保险等专业服务类占15%，手工艺、书画及传媒类占12%，旅行社及货运类占7%，美容纺织类占3.5%，规划、装修、室内设计类占2.5%，其他行业占15%。

三是社团组织的发展变化。据不完全统计，到80年代中期，海外华侨华人社团已超过1万个，至2000年约有1.96万个。1979—2000年，新兴的华侨华人社团450多个，属广东地缘性的91个（美洲35个、亚洲21个、欧洲21个、澳大利亚9个、非洲5个）。随着所在国社会经济的发展、城镇居住模式的变化和社会保障制度的完善，传统华侨华人社团的社会、经济、文化服务功能受到削弱。面对这种形势，80年代后华侨华人社团采取了改革措施，转变原有的联谊模式。在此之中，有的社团获得发展，有的社团停滞不前，落后于时代。大多数华人社团能够采取开放门户方针，面向华社大众，吸引青年人参与，增加社团活力。调整服务功能，着力推动华文教育事业和中华传统文化的保存和发展。提倡联合，组建跨国性的联谊组织，举办地区性、世界性的联谊活动，应对全球化的挑战，如国际潮团联谊会、世界客属联谊大会、世界广东同乡联谊大会等。组建专业技术协会，适应华人社会阶层的新变化。扩大社团的活动地域范围，建立与中国的联谊关系，密切地缘性、血缘性社团与侨乡的来往关系，推进专业技术协会与中国各地的协作关系。

四是华文教育的发展变化。华文教育由华侨教育演变而来，马来西亚外、华文教育只是所在国教育的一种补充。华文教育对象的身份由过去的华侨变为华侨华人与华裔，教学目的突出受教育者的需要，重点放在语言学习和文化学习上，教育媒介语一般是采用双语教育，教育形式包括全日制、补习班、周末班等。华文教育的全日制教育制度主要是东南亚地区和日本等不多的国家采用，在北美、欧洲、大洋洲等地方，华人子女多数在课余之际到华校学习华文，华文教育以业余性质为主。世界各国对待华文教育的政策基本分为两大类：一类是将华文教育纳入当地国家教育制度，这类政策的国家主要是在东南亚。一类是对华文教育纳入多元文化的政策框架内，给予发展的空间，这类国家主要是欧美等发达国家。在东南亚，除了马来西亚华人通过奋斗，在华社通力合作下建立了从小学到中学、大专的完整华文教育体系之外，其他国家的华文教育道路曲折，一直到90年代后情况才得到改善。在亚洲，日本华文教育在“二战”后经历过一些反复，但基本上保持了从幼儿园、小学到中学的完整华文教育。在北美、大洋洲、欧洲、非洲等地方，华文教育变成一种外语的学习或者补习，除了一些原先的华文学校之外，新兴起许多华文补习班。尽管华文教育的整体实力远不如“二战”以前，但华人社会重视教育的传统没有改变，他们坚持让子女接受良好的教育，采取出国留学等方法，以提升新一代华人的文化素质，大学以上文化程度的人数越来越多，学成之后成为各个领域的精英。90年代后，随着中国国力逐步增强，与外国经济文化交往日趋密切，中文的商业价值凸显，世界兴起了华文热，海外华文教育出现发展的高潮。

五是华文报刊的发展变化。在80年代以前，随着华侨华人社会向落地生根的转变，面向华侨华人社会的华文媒体也转向了当地化。在一些国家和地区，当地政府对华文媒体采取比较严厉的措施，华文媒体的生存空间受到挤压，面对这样的环境，华文媒体主要通过力量整合和技术进步来增强自身的竞争力。进入90年代以后，由于新华侨华人和专业技术人才不断增加，为新移民、新华商和留学生服务的海外华文传媒得到蓬勃的发展，中国新闻、中国文化等中国元素在新创办的华文媒体中占有显著的地位。海外华文媒体的受众除了华侨华人之外，还有中国留学生和以各种形式居留在外国的中国人以及一些外国人。华文媒体的形式过去以报刊、电台广播的形式为主，80年代以来电视、电子媒体逐步发展起来，其中电子媒体更是异军突起，成为海外华文媒体的重要形式。繁荣、新技术、中国元素是80年代后海外华文媒体的突出特征。

六是广东海外移民的发展变化。在80年代和90年代，海外华侨华人社会一个重大变化就是新移民的产生和发展。80年代后，随着中国改革开放的不断深化和对外交流不断发展，中国重新建立对外移民的途径和制度，中国对外移民有了新发展。新移民的移民方式有家庭团聚、留学、务工、投资等方式。据有关研究，从70年代以来至2000年，新移民的总数大约在400万人～500万人。其中，中国内地的新移民170万人，主要流向美国（50万人），加拿大（20万人），澳大利亚（10万人～20万人），欧洲（70万人），日本（17万人），在中国内地的新移民中，由留学改为定居的人数大约45万人～50万人，加上配偶，人数达70万人，占中国内地新移民总数的40%～50%。此外，属于中国香港的新移民约75万人，其中到加拿大50万人，到澳大利亚16万人，到美国15万人，到英国2万人。属于中国台湾的新移民大约100万人，其中流向美国有60万人。最后，印度支那的再移民约70万人，其中到美国40万人，到欧洲15万人。

广东是移民大省，中华人民共和国成立后虽然向外移民的数量减少了许多，但从1949—1977年向外移民的总数仍约有19万人。改革开放后广东侨乡的向外移民越来越多，从1978—1996年广东新移民就有37.8万人，差不多等于前一时期的两倍。在80年代以来的向外移民活动中，主要以家庭团聚、继承遗产等移民形式为主，与其他省份相比，出国留学这个方式在广东不是十分突出，广东人出国留学以美国、加拿大、澳大利亚、新西兰为主，到日本留学的不多。在历史上，北美、大洋洲和英国等以粤语系的华侨华人为主，因此通过合法途径移民国外的广东新移民便以粤语系人民占多数。以重点侨乡江门市为例，自1979—2000年，江门地区出境定居及到港澳定居的人数共489889人，其中出国定居者378362人，到中国港澳定居者111527人。江门市新移民的特点是以家庭团聚为主，涉外婚姻移民次之，基本上是合法移民，但也有其他形式的移民。委内瑞拉原有华侨华人2万多人，改革开放后，以各种形式移民委内瑞拉的新移民显著增多，华侨华人总数增至16万人，其中，恩平人达13万人。在非重点侨乡韶关市，自1979—2000年，韶关市新移民共1327人，其中到美国、加拿大、墨西哥的901人，出国留学的人数只有290人。在清远市，1979—2000年的新移民共10964人，其中家庭团聚10824人，涉外婚姻21人，出国留学119人。

新时期广东新移民的主要特点：（1）新移民地域分布不平衡。在三大侨乡中，粤语系侨乡的新移民占了大多数，其中江门市与广州市又占了广东新移民的大多数。江门市从1979—2000年出国定居的新移民有378362人，广州市截止2000年年底出国定居的新移民有113367人，这两个市加起来已有491729人。而在其他地级市，新移民多的1万多人，少的几千人，甚至有几百人的，如河源市的新移民总数是11845人，阳江市在建市后的1988—2000年的新移民1969人，而在重点侨乡潮州市，自改革开放到1996年的新移民只有374人，分别移居到24个国家，其中移居美国116人。（2）新移民主要流向发达国家。改革开放后广东的新移民多数移往北美、澳大利亚等地区和国家。如1979—2000年茂名市的新移民有839

人，其中移居美国397人，移居加拿大233人，移居澳大利亚129人。肇庆市1994—2000年有新移民6337人，其中移民澳大利亚多达5160人。（3）移居的国家范围相当广。以韶关市为例，1979—2000年共有新移民1327人，另有出国留学人员290人，其中移居亚洲的日本、新加坡、印尼、泰国、阿联酋、马来西亚共237人；移居欧洲的英国、法国、挪威、瑞典、德国、丹麦、爱尔兰、芬兰、荷兰共64人；移居美洲的美国、加拿大、墨西哥共901人；移居南美及非洲的秘鲁、委内瑞拉、苏里南、毛里求斯、厄瓜多尔、巴西、哥伦比亚、玻利维亚共30人；移居澳大利亚和新西兰共95人。清远的新移民有移往塞舌尔、巴拿马、芬兰、瓦努阿图、玻利维亚、洪都拉斯、哥伦比亚、伯利兹等非热门国家。（4）新移民的类型以家庭团聚占多数。湛江市的新移民，家庭团聚的有1万多人，技术移民约200人，投资移民300多人，出国留学约2000人。清远市的新移民从1988年至2000年共10845人，其中家庭团聚10824人，涉外婚姻21人。揭西县的情况比较特殊，新移民共1682人，其中家庭团聚914人，涉外婚姻768人。但是，同属潮语系侨乡的惠来县新移民只有52人，其中家庭团聚39人，涉外婚姻13人。揭东县新移民484人，其中家庭团聚451人，涉外婚姻33人。（5）出国留学形式不是广东新移民的主流。改革开放后，中国许多地方涌现出国留学潮，其中有些留学生学成后转换身份成为华侨华人，相比之下，出国留学这一形式在广东的新移民当中没有显出特别的地位。如惠州市只有500多人，清远市119人，粤东的揭西县才4人，惠来县32人，揭东县9人。肇庆市稍微多些，自1994—2000年出国留学人员2143人。

广州市是广东省新移民较多的地方，截至1999年12月止，广州市新移民共有173744人，其中出国定居者113367人，占65.25%，定居港澳的60377人，占34.75%。广州市出国留学人数达14479人，在广东省各市之中是最多的。广州市新移民的主要特点，一是男女比例相当接近，其中男性占49.11%，女性占50.89%。二是移民类别以家庭团聚最多。在广州市新移民当中（包括出国和出境），家庭团聚的有131686人，占75.79%；出国留学有14479人，占8.33%；投资移民9897人，占5.69%；技术移民8876人，占5.1%；其他占5.09%。三是迁移目的地以亚洲以外发达国家为主，其中前往美国占20.27%，加拿大占11.47%，澳大利亚占6.10%，到这3个国家的新移民占广州市新移民总数的37.84%。四是新移民文化程度不是很高，初中以下和高中学历的新移民占了总数的74.32%。五是新移民以中老年人为主。在所有新移民中，年龄段在41岁以上的新移民占54.93%，而51岁以上者占30.05%，21岁～30岁的青年人只占11.71%，31岁～40岁的年龄段只占23.42%，11岁～20岁占6.17%。这种年龄结构与移民类别的构成有很大的关系，在移民类别中，以家庭团聚最多，而且这种家庭团聚类型的移民主要是成年人和青少年人投靠亲属为主。

1999年广州市新移民分布统计表

表2-1-5　　　　　　　　　　　　　　　　　　　　　　　　　　　　单位：人

国家	人数	百分比（%）	国家	人数	百分比（%）
美国	35223	20.27	秘鲁	3134	1.81
加拿大	19935	11.47	日本	1704	0.98
澳大利亚	10592	6.10	新加坡	999	0.58
新西兰	7660	4.41	南非	476	0.27
英国	3064	1.76	其他地区	22365	12.87
法国	830	0.48	中国香港	56063	32.27
巴拿马	6865	3.95	中国澳门	4314	2.48
巴西	520	0.30	总计	173744	100.00

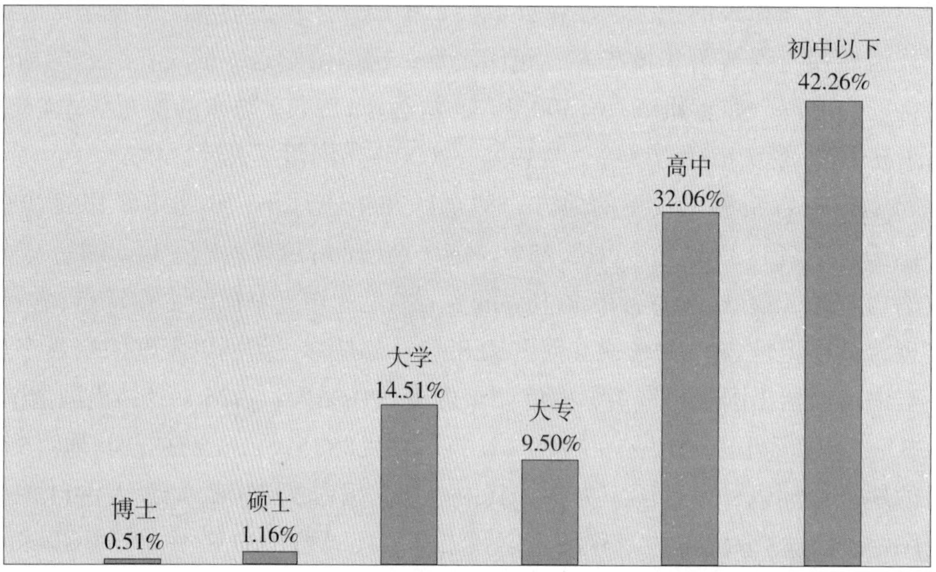

图2-1-1　1999年广州市新移民文化程度构成比例图

第二节　文化教育

一、华文教育

80年代后，东南亚一些国家逐步改变原来对待华文教育的政策，放宽限制，如越南在1986年实行革新开放政策之后，允许华人在夜校和补习学校学习华。到90年代以后，随着中国经济实力的不断增强和经济全球化的影响，中文作为一种有用的国际交流语言得到越来越多国家的承认，越来越多的外国人来中国学习中文，世界上掀起一股中文热，一些国家将中文列入升学的标准之一，成为选修中文的学分，有的国家在公立学校开设华文课程，这对促进华文教育起到很大的作用。在澳大利亚，1992年在中小学中学习中文的人数有19326人，另有23所大学开设了中文课程，学生2138名，13所TAFE（工艺与进修学院）开设中文课程，学生1030名。中国政府支持海外华文教育事业的发展，采取了一系列措施如编写教材、派遣教师、培养师资等，扶持海外华文教育的恢复和发展，这对那些刚恢复华文教育的国家如印尼、泰国、柬埔寨等有帮助，而对那些开展华文补习的学校作用也很大。新移民的大量增加，为华文教育提供了生源。由于新移民的籍贯构成更加多元化、居住分散化，因此华校的教学媒介语多数改用普通话。在1995年，美国华文学校的教学媒介语80%使用普通话。华校多数用普通话讲课是当代海外华文教育的一个新特点。新移民为了保证子女能接受华文教育，支持开展华文教育，有的自己动手创办华文学校或充当华校的骨干教师，例如菲律宾华校约有三分之一的教师是来自中国内地的新移民。因此，海外华文教育在90年代后得到较大的发展。

东南亚依然是海外华文教育的重心。东南亚拥有最多的全日制学校，拥有最多的华校学生，并在传统的基础上摸索出新的教学方法，明确了新型教育方针。马来西亚的华文教育体系是世界上最完善的华文教育体系，拥有华文小学、华文独立中学和华文大专学院。2000年马来西亚有华文小学1284所，学生622820人，华文独立中学60所，学生53258人，大专学院3所，即南方学院、新纪元学院和韩江学院。马来西亚90%的华人子女进入华文小学读书，华文小学的学生除了华人外，还有马来人和印度人，人数约6.5万人。对于华文中学，马来西亚设立了董教总〔马来西亚华校董事联合会总会（董总）和马来西亚华校教师会总会（教总）的联合总称〕教育中心，从课程、教材、教学、考试、升学等环节加以缜密的管理，使华文中学的毕业生达到较高的水准，华文中学的文凭得到包括中国、美国和英国在内的近400间大专院校的承认。因此，在海外华人社会中，马来西亚华人的华文教育水平是最高的。除了马来西亚之外，东南亚各国的华文教育在90年代以后都得到不同的发展。泰国在1992年对华文教育采取开放政策，将华文教育列为外语教育，享有与英、法、德、日等外语的同等地位。规定华校可以从幼儿园开始，小学华文授课可延续到6年级，可以增设华文中学，华文成为中学外文选修课之一，放宽华文教师资格管制，准许聘用不识泰文的外籍教师教授华文。泰国政府的开放政策使泰国华文教育逐步发展起来。缅甸华文教育80年代恢复发展，先是缅甸北部地区办起华文补习学校，腊戍地区就有大小华文补习学校8所，共7000多学生。至于缅甸南部地区，缅甸当局至1989年才允许闽侨开办补习班。柬埔寨的华文教育在90年代后出现转机，首先是磅湛省在1990年复办了启华学校，到1996年，柬埔寨全国有华文学校50多所，在校学生近5万人，其中潮州会馆创办的端华学校学生规模近1万人，另有夜校学生2000多人。90年代以后，菲律宾政府调整华文教育政策，菲律宾的华文教育得到发展，90年代末，全国有华文学校160多所，教师约3000名，在校学生10万人。印尼在1994年允许华文补习班，1998年后华文补习班如雨后春笋般出现，2000年，印尼政府放宽华文教育政策，印尼华文教育蓬勃发展。在东南亚国家中，文莱的华文教育一直平稳发展，有5所华文小学和3所华文中学，学生6000多人。

日本的华文教育在华社的支持下得到较好的保持，建立起从幼儿园、小学到中学的教育体系。日本华文学校是全日制学校，有横滨山手中华学校、横滨中华学院、神户中华同文学校、大阪中华学校和东京中华学校5所。日本华校坚持良好的校风和严谨的教学作风，注重实用性，采取三语教学，教学内容与日本普通学校接轨，升学率高，不少日本人将自己的子女送进华校读书。

美国是海外华文教育的另一个重心。美国的华文教育在70年代后因新移民增多开始发展，由于华人居住分散，周末班成为主要办学形式。除了一些较长历史的学校有自己的校舍外，周末学校一般都是租借教堂、社团会所或者中小学课室来上课。来自印支的难民，由社团出面创办学校，多以中山学校命名。1982年，越棉寮华裔协会、潮州同乡会、海南同乡会及福建同乡会联合创办南加州中山学校，分别在5个不同地点开课。同年，旧金山的北加州潮州同乡会成立中山中文学校，1988年开设有初高两个班，学生百余人。美国华校主要包括：老华侨华人（主要是广东籍华侨华人）创办的；印支华裔难民创办的；中国台湾移民创办的；中国内地新移民创办的。1999年，全美中文学校协会属下的大陆系华文学校有150多所，分布在美国33个州。由于美国华人社会祖籍地构成的变化，尤其是新移民中来自中国台湾、中国内地其他省份和印支三国华裔人数的增多，美国各类华文学校中用普通话教学的比例高达80%，但使用繁体字教学的也占了95%。1995年全美中文学校634所，6942个班，分布在47个州，学生人数82675人，教师5542人，加州的华文学校最多，有223所，集中在洛杉矶和旧金山，纽约有华文学校71所，此外，芝加哥、德克萨斯州、西雅图也是美国华文学校比较集中的地方。

加拿大的华文教育比较集中的地方是温哥华与多伦多，在2000年温哥华的私立华校约200所，学生2万人。加拿大维德中文学校成立于1981年9月，是安大略省最大的华文学校，有学生2000多人。蒙特利尔的佳华学校是魁北克省最大的华文学校，成立于1994年，有学生1000多人。渥太华的欣华中文学校成立于1996年，有教学班40个，学生1000多人。

欧洲华文教育的发展遇到更多的困难。欧洲以前的华侨学校很少，所以不能像其他地方那样在华文教育开始发展时借助原来华侨教育的基础。欧洲的华文教育普遍遇到经费、师资、场地等困难，许多学校没有自己的专门校舍，教室一般是租借的，办学条件比较艰苦。荷兰第一所华文学校是1979年由高要籍华人梁鸿基倡办的。1988年时，该校已有学生400多人，并增设了中学部。荷兰北部第一所中文学校格罗宁根中文学校，是5位学生家长创办起来的，他们既是家长也是老师。办学初期只有两个粤语班，26名学生，到1995年，才增开普通话班。之后学校发展到11个班，120多名学生。1986年5月由华人集资创办的比利时华文学校，学校设在安特卫普（Antwerp）市的旅比华侨联合会内。学校招收5岁以上华侨华人子弟，设2个识字班，有30多个学生，用粤语教学，每周末授课4小时，分两次上课，学生免交学费，采用香港教材，学校仅有的2名教师均属义务教学。瑞典最早的中文学校瑞京华人中文学校成立于1975年，是瑞典最大的中文学校。校舍由瑞典政府提供，教材由国务院侨办提供。最初只有3个粤语班，至2000年已经有18个班级，其中3个为粤语班，全校共有380余名师生。瑞典哥德堡瑞华中文学校成立于1996年，创办者黄莓毕业于华南师范大学。办学初期条件艰苦，最初租用一居民小区地下室作课室，经过师生们和学生家长的共同努力，至2000年已开设有8个中文班，学生近百名。为增加学习的吸引力，还办起了书画、舞蹈、刺绣、剪纸等兴趣班，组织学生开展灯谜、小话剧、歌咏比赛等活动。祖籍开平的英国华人陈雪，1981年创办周末学校，1983年独自创办格林威治中文学校，开始时只有11个学生，自己充当义务教师。1990年获得英国政府资助购买了永久校舍。1997年学生人数近500名，教师40多名。

澳大利亚奉行多元文化政策，对华人的文化和语言教育都比较重视。2000年，新南威尔士州有48所周末中文学校，约1万名华人子女就读；维多利亚州有30余所周末中文学校，有超过8千名华人学生；其他各州也都有类似的周末中文学校。

非洲的华文教育，主要是在马达加斯加、毛里求斯和南非等国。马达加斯加的华文学校在1972年中马建交时有8所，80年代中期有5所，1995年只剩2所，师资和经费都缺乏，每周只上几节课华文。毛里求斯原来有两所全日制学校，六七十年代停办，仅剩一个补习班。1986年后，学生人数逐年增加，一些中文补习班办了起来。1992年从中国聘请专家到毛里求斯帮助编写教材，1996年聘请中国教师教授华文、音乐和舞蹈。到2000年，毛里求斯有业余中文补习班9个，在校生约600人，教师33人。

80年代以来的海外华文教育，虽然发展迅速，但存在不少问题。师资缺乏，经费短缺，教材不规范，办学场所不能保障等，这都是制约华文教育发展的因素。

二、华文媒体

（一）概况

华文媒体是海外华人社会三大支柱之一。据不完全统计，1995年，海外华文报刊有487种，其中日报78种，分布在五大洲40个国家。

世界华文传媒形成多元格局。80年代以前，华文传媒以东南亚和美国为中心，其他地方的华文传媒力量较弱。80年代以后，随着华人新移民的增加和大量专业技术人才留学或移民海外，华文传媒的受众基础大大拓宽，华文传媒的技术人才状况得到显著的改善。同时，由于新移民多数前往发达国家，欧洲、大洋洲、北美以及日本等地方的华文媒体有了较大的发展，成为新的华文媒体传播重心，一些过去没有华文报刊的国家如意大利、西班牙、瑞士、丹麦、奥地利、匈牙利、罗马尼亚等都创办了华文报刊。

各种华文媒体形式全面发展。传统的华文报刊为增强竞争力，一方面不断引进新技术，改进版式，一方面走集团化和国际化的道路，成立报业集团，出版报纸、杂志等，将业务扩张到外国去。马来西亚的《星洲日报》不但在柬埔寨设立分社，还收购香港的传媒。香港的《星岛日报》是较早实施国际化策略并取得成功的报业集团，在北美、欧洲、大洋洲等地都拓展了新业务范围。除了传统的平面媒体之外，电台、电视、电子媒体成为重要的传播媒体。随着计算机的广泛运用和电子网络技术不断进步，网络媒体以其低成本、高效率的优势迅速得到发展。尤其在留学生较多的国家和地区，如日本以及北美和欧洲，华文网络媒体的成为新移民和留学生比较喜欢的媒体形式。越来越多的华文报刊改用横排版、简体字，即使是一些老报刊也为顺应时代潮流和读者的需要而改用横排和简体字。

新移民成为华文媒体重要推动力量。过去的海外华文媒体主要是当地华侨华人创办和运营，70年代末后，为了适应港台新移民的需要，一些港台报刊将触觉伸往海外，在港台新移民较多的国家创办华文报刊，如香港的《星岛日报》以及台湾的联合报系、中时报系就在美国、加拿大、法国、大洋洲等地创办新的华文报刊。新移民不但直接增加对华文传媒的需求，刺激华文传媒的发展，而且还直接主办或参与经营华文传媒，对华文报刊的繁荣起到十分重要的作用。例如，中国大陆新移民创办的华文传媒就占了美国华文传媒的三分之一以上，占70%的加拿大华文传媒，80%的日本华文传媒以及绝大多数澳大利亚华文传媒为中国内地新移民所创办。

华文媒体商业色彩较浓。为适合新移民与留学生的需求，许多华文媒体用较多的篇幅刊登当地的有关法律法规政策以及各种生活资讯和工作信息，如租房、上学、打工、交通信息等，以帮助新移民与留学生尽快适应当地的生活。这类华文媒体主要依靠广告来维持，通常是免费赠送，放在超市等门口，任人索取。作为报刊核心部分的新闻、评论，篇幅较少，而且多是转载其他媒体。由于免费以及能提供有用的生活资讯，因此受到欢迎，而商家也乐于赞助。

华文媒体与中国建立比较密切的互动关系。中国改革开放所取得的成就在国际上产生极大的影响，了解中国改革开放的进程和成就成为不同阶层人民的要求，海外华文媒体为了满足需求，开辟专版，增加对有关中国经济与社会成就的报道，直接从中国内地的媒体转载有关信息。与五六十年代海外华文媒体着力于当地化、多采取去中国化的立场不同，八九十年代的海外华文媒体增加许多有关中国现状与中华文化的报道和评论，有的还与中国内地媒体进行紧密的合作，代理中国内地报纸在海外的发行等，与中国建立越来越密切的关系。如泰国《京华中原联合日报》与汕头经济特区报社每天合编出版多达七八个版面的“中国新闻版”和“潮汕乡情版”。其他泰国报刊都辟有专版刊登中国的新闻。又如美国的《国际日报》，1997年就与中国西部研究发展促进会合作创办 “中国西部专版”。

（二）亚洲华文传媒

亚洲华文传媒的重心在东南亚和日本。

东南亚曾经是海外华文媒体发达的地区，但在东南亚国家获得独立后，由于东南亚国家政策的调整，华文传媒出现了新的变化，有的被当地政府控股，如新加坡《南洋商报》《星洲日报》等，有的受到严厉打击和限制，如印尼、缅甸、柬埔寨、老挝、越南等。90年代后，在国际政治经济格局发生重大变化、中国与东南亚经贸关系不断发展的背景下，缅甸、柬埔寨、老挝、越南、印尼等国放松或者改变原来的华文媒体政策，东南亚的华文媒体出现了复苏。新加坡和马来西亚的华文媒体出现集团化与国际化的趋势，新加坡报业控股华文报集团控制着《联合早报》《联合晚报》，马来西亚的《星洲日报》发行量在马来西亚名列前茅，还向东南亚、世界各国扩展，在柬埔寨发行《星洲日报·柬埔寨版》，在香港收购《明报》集团的股份，并打入加拿大、美国市场。不过，由于缺乏大量的华文读者，加上东南亚华文传媒的生存空间基本上已经被划分，很难有新的华文报刊的空间。东南亚华文报刊最多的国家是马来西亚，拥有《星洲日报》《南洋商报》《中国报》《光明日报》《光华日报》《华侨日报》《亚洲时报》《沙巴日报》《晨报》《沙捞越晚报》《诗华日报》《国际时报》《美里日报》《中华日报》等；新加坡有《联合早报》《联合晚报》《新明日报》《星期五周刊》；泰国有《星暹日报》《世界日报》《中华日报》

《新中原报》《京华中原联合日报》《亚洲日报》；柬埔寨有《华商日报》《柬华日报》《高棉独立日报》《金边时报》等；菲律宾有《世界日报》《联合日报》《商报》与《菲华日报》；越南有《解放日报》《越南经济新闻》；印尼有《印度尼西亚日报》《和平日报》《龙阳日报》《千岛日报》《群岛月刊》《拓荒月刊》；缅甸有《缅甸华报》。

与东南亚相比，日本华文传媒的发展速度快得多。80年代后以留学生为代表的留日中国人人数的大量增加，不但对华文媒体产生更大的需求，而且留学生本身还成为创办华文媒体的主力。在八九十年代的20年间，先后创办过各类报刊近200家，其中比较重要的华文媒体有《留学生新闻》（1988年12月创刊）、《中文导报》（1992年创办）、《中日新报》（1992年创办）、《东方时报》（1995年5月创刊）、《日本侨报》（1996年8月创刊）、《联合周报》、《华风新闻》等。华文电子媒体迅速发展起来，《日本侨报电子周刊》自1998年11月创刊。日本的华文广播电视业主要有中文产业株式会社、株式会社大富、株式会社爱华，中文产业株式会社经营管理着1997年9月8日开播的乐乐中国电视台和香港凤凰台在日本的播送业务，株式会社大富经营CCTV和TVB大富两个频道，还办有自己的报纸《大富》报。

在印度，加尔各答的《印度商报》是全印度迄今唯一仍出版的华文报纸。

（三）非洲华文传媒

在南非，《侨声报》是南非第一份华文报纸，由南非、毛里求斯、马达加斯加华侨于1931年筹资创办的。在毛里求斯，广东客家人创办了《华侨时报》（1953年由《华侨商报》与《中国时报》合并而成） 和《镜报》周刊。《华侨时报》长期由吴隆祥担任社长兼总编辑，每日出对开纸1张4版，星期日休刊，版面包括要闻、各地新闻、毛里求斯新闻和副刊，至90年代初发行量有1000余份，有少量行销法国海外省留尼汪与马达加斯加。《镜报》创办于1975年，坚持以报道中国新闻为主，每期出4开纸1张4版，版面有要闻、中国内地、台湾和香港的消息通讯和专文，当地华人社区新闻以及读者来信及《生活》副刊等。该报的中国新闻多数来源于中国新闻社、新华社和香港中国通讯社的电讯。除在当地销售外，也销往法国海外省留尼汪和马达加斯加，每期销数1000份以上。

1991年后，随着中国大陆新移民增多，专门为中国大陆新移民服务的非洲大陆第一份民营华文报纸《华侨新闻报》于1994年8月9日创刊，每周二、四、六出版，刊登海峡两岸与港澳的信息，深受南非华侨华人的欢迎。到1996年，《华侨新闻报》成为非洲大陆发行及广告量最大的华文报纸。除此之外，一份由10名中国内地新移民合股创办的华文报纸《南非华人报》于1998年创刊，1999年正式出版发行。南非唯一的华语广播电台是侨声广播电台，1996年5月20日正式开播，播出时间从上午7点至晚间9点，它涵盖的范围是约翰内斯堡和比陀利亚。初期以新闻节目为主，后逐步开设健康信息、金融、体育、妇女天地、儿童世界等报道。

（四）欧洲华文传媒

80年代欧洲华文传媒的发展首先从巴黎开始。1981年8月，华文周报《龙报》在巴黎出版。紧接着，在巴黎出版的华文媒体有台湾联合报系的华文日报《欧洲日报》（1982年12月16日）、法国华侨华人创办的华文日报《欧洲时报》（1983年1月1日），而香港《星岛日报》则在伦敦出版《星岛日报》欧洲版。《欧洲时报》《欧洲日报》和《星岛日报》欧洲版三足鼎立，各有侧重点，《欧洲时报》多报道中国的社会、经济和文化，《星岛日报》多报道中国香港以及英国的消息。《欧洲时报》《欧洲日报》和《星岛日报》欧洲版成为欧洲最重要的三大华文日报。

除日报外，还有不少周报、月报。如奥地利的《欧华侨报》（1990年创刊，周报）、《多瑙时报》（1995年创刊，双周报）、《同乡报》（1999年创刊，周报）。法国的《东西报》（1990年创刊，月刊）、《欧中经贸》（1994年创刊，双月刊）、《欧华侨志》（1995年创刊，不定期）、《华报》（1996年创刊，双周刊）。西班牙的《华新报》（1994年创刊，周报）、《欧洲晚报》（2000年创刊，周报）。比利时的《华人通讯》（1994年创刊，月刊）、《创业报》（2000年创刊，周报）。意大利的《欧华时报》（1996年创刊，周二刊）、《新华时报》（1998年创刊，周报）。德国的《欧华侨报》（1997年创刊，月刊）、《新天地》（1998年创刊，周报）、《柏林通讯》（1948年，后改名《新新华人》，月刊）、《 莱茵通讯》（1987年，月刊）、《德国导报》（1993年，月报）、《华人报》（1999年，月报）、《华商报》（1997年，双周报）、《德国》（1996年，双月刊）、《经贸杂志》（1998年，双月刊）、《环欧信息》（2000年，月刊）。葡萄牙的《葡华报》（1999年创刊，周报）。此外，还有欧洲华人学会创办的《欧华学报》（1983年5月），意大利米兰华侨华人工商会创办的《华侨通讯》（1992年），西班牙西华总会在马德里创办的《西华之声》（1994年7月），匈牙利华联会在布达佩斯创办的《欧洲之声》（1994年9月）等。

90年代后，大量中国人到东欧开拓市场，从事中国商品的批发零售以及相关的业务，他们的主要职业模式与其他地区的华人有较大的差别，加上东欧地区原来的华人很少，这些东欧的新华人急需能够满足工作和生活需要的华文媒体，于是各种华文媒体迅速在东欧发展起来。但是，东欧华文媒体的发展面临着市场小的瓶颈。例如，匈牙利的华人不到2万，最多时竟有10家华文报纸、2家华文杂志。俄罗斯最早出现的中文报纸是1992年由老华侨创办的《中俄信息报》，后因资金问题，维持到1998年停刊。1995年，由几名留学生创办的《路迅》，从最初的十几版，增加到60多版，这是俄罗斯第一家能够自负盈亏的华人报纸。1996年创办的《唐人街》，32开，名曰周刊，实际上一两个月出一期，现已停刊。此后，又陆续有了《莫斯科晚报》（1997年创刊）、《莫斯科华人报》（1998年创刊）、《俄华时报》（1999年创刊）、《龙报》、《世纪日报》（2000年年初创刊）等。匈牙利有《布达佩斯周报》（周报）、《新导报》（周报）、《市场报》（周报）、《中华时报》（周报）等。罗马尼亚有《旅罗华人》（周报）、《欧洲华报》（周报）、《欧洲商报》（周报）。斯洛伐克有《中欧华报》（双周刊），捷克有《捷华通讯》（不定期）。

90年代后，网络媒体在欧洲发展很快，较有影响力的华文网站有柏林的《华德通讯电子月刊》（1994年10月），奥地利的《奥中资讯网》（1995年5月），丹麦的《美人鱼》（1995年1月），法国的《欧中网》（1999年2月）等。中国留学生也创办了不少网站。

为加强欧洲华文媒体之间的合作和交流，1997年10月成立了欧洲华文传媒协会，会员

40余家，分布于法国、荷兰、德国、比利时、奥地利、瑞典、意大利、西班牙、英国、匈牙利、罗马尼亚和俄罗斯等12个国家。

（五）美洲华文传媒

美国是海外华文媒体的中心之一。《世界日报》《星岛日报》《明报》和《侨报》是在东西两岸出版、发行、销售的四家大报。其中，《世界日报》是台湾联合报系于1976年2月12日在纽约创办的，发行量和广告占有量居各华文日报之首。《星岛日报》是香港星岛报系于1968年在纽约开办，《明报》属于香港明报系，1997年4月8日在纽约创办。《侨报》由美国华人于1990年1月5日在纽约创办。初始为周刊，同年8月改为日报，在美国东西岸纽约、洛杉矶、旧金山、波士顿、华盛顿等大中城市同步发行。这四种报纸一个共同点，就是以纽约为创刊地和中心。在西岸，有创刊于1924年的旧金山《金山时报》和1981年由美国华人陈韬夫妇在洛杉矶创办的《国际日报》，《金山时报》是美国现存发行历史最悠久的华文日报。

自从80年代大量大陆新移民进入美国之后，美国涌现了大量免费的华文社区报刊，其特点是“免费赠送，广告维持”，多为周刊、三日刊。为了共享资源，休斯敦的美南报业传播机构联合了《美南新闻》《达拉斯时报》《华盛顿新闻》《芝加哥时报》《波士顿新闻》《亚特兰大新闻》《西雅图新闻》《北加州湾新闻》《圣路易新闻》和《波特兰周报》建成策略联盟，互相支援。华文媒体在地域分布上更加广泛，如亚利桑那州过去没有华文报刊，1990年4月创办了《亚省时报》。此外，也有老侨创办的报刊，如祖籍广东的翁绍裘于1983年创办《源流》双月刊，台山籍华人陈煜均创办华文报纸《迈阿密邮报》。

美国华语广播主要面向有车一族，洛杉矶的华语广播比较发达，开设有“洛城双语广播电台”“洛杉矶中文广播电台”和“洛城之音”等电台。纽约的华语广播因为客观环境的影响，自1976年5月第一家华语广播电台（粤语广播）开播以来，只有“中国广播网”使用调幅广播，其他两家主要的华语广播电台“华语广播电台”和“侨声广播电台”都是用调频副波来广播。至于华语电视台，主要集中在洛杉矶、旧金山和纽约，它们租用无线或有线频道播放节目，除本地新闻之外，主要播放大陆制作的连续剧和台湾制作的娱乐综艺节目。

加拿大的情况与美国相似。占主要地位的平面媒体是来自港台的《世界日报》《星岛日报》《明报》等，大陆新移民创办的《环球华报》（周二刊）已迅速崛起为大报。加拿大有各类华文报刊50多家、电台10多家、电视台六七家、互联网站60多家。比较出名的华文报刊有温哥华的《神州时报》《中华时报》《大华商报》，多伦多的《加华新闻》《大中报》《加中时报》《星星生活周刊》，蒙特利尔的《华侨时报》《路比华讯》《满城华报》《蒙城华人报》，卡尔加利的《亚省东方报》等。《满城华报》是开平籍华人谭振樵创办的。加拿大的新时代传媒集团拥有3个电视台、5个广播频道、3个网站，是加拿大最大的华文电子传媒集团。

拉丁美洲的华文媒体以传统的平面媒体为主，没有华语电视台，华语电台和网络也刚刚出现。在巴西，主要华文报刊有《南美侨报》和《美洲华报》。《南美侨报》前身为

《巴西侨报》，创办于1960年3月29日，1999年10月1日更名为《南美侨报》，发行网络遍布巴西各地和阿根廷、乌拉圭、巴拉圭、智利、玻利维亚、秘鲁等大部分南美国家。《美洲华报》1983年10月4日创刊，1993年改为日刊，发行范围包括巴西、巴拉圭、阿根廷、智利、乌拉圭以及中国台湾、香港等地。阿根廷首家华侨民办报纸创刊于1984年，此后先后有10余家华文报刊问世，至2000年仍在继续发行的周刊有《新大陆周刊》《世界新闻》《新阿根廷通讯》《台湾周报》《台阿新闻》。秘鲁华文媒体主要有秘鲁中华通惠总局创办的《秘华商报》（2000年11月8日），2000年，已经成为秘鲁销量最大、影响最广的华文报纸。此外还有《公言报》《侨报》和《东方月报》。《公言报》创办于1911年，1979年停刊，1983年复刊，每天出对开纸1大张4个版。其版面内容包括：要闻、当地新闻、通惠总局通告、国际新闻、中国新闻综合副刊和小说等，1996年改版后每周出3期，每期出4开纸2张8版，同年6月3日起增为每周4期，星期六为周末版。巴拿马主要有《拉美快报》（1992年7月1日创刊）、《拉美侨声报》《新报》、巴华网（www.panachina.com）和巴拿马中文广播电台。委内瑞拉第一份中文杂志《侨鸣》是惠阳籍华人黄丽宝于1987年创办的，双月刊，16开本，宗旨是提倡中华文化，介绍国际讯息、文化、艺术，报道华侨动态，寻求新的学术和常识。另一中文周报《委华报》创办于2000年6月1日。巴拉圭只有《传薪日报》（1991年9月3日创刊）和《城市新闻》（1993年7月3日创办）。古巴有一份老报纸《华光报》，1928年创办，原名《工农呼声》。

（六）大洋洲华文传媒

大洋洲的华文传媒主要集中在澳大利亚和新西兰。澳大利亚华人在19世纪就已经创办华文报刊，但在20世纪70年代时，澳大利亚的华文中国报刊已趋于式微。80年代后，港台报刊的进入重新促进了澳大利亚华文传媒的发展，来自香港的《星岛日报》和《新报》分别在澳大利亚出版，一直到1992年才出现第一份由新移民创办的周报《华联时报》。至2000年，澳大利亚悉尼主要华文日报有《澳洲新报》（1987年3月9日创刊）、《星岛日报》（1982年3月1日创刊）、《澳洲日报》（1986年5月2日创刊）、《自立快报》（1994年5月20日创刊），主要华文周报有《新时代报》（2000年10月）和《澳华时报》（1996年12月）。《澳洲新报》是悉尼发行量最大，最受读者欢迎的华文日报，而《自立快报》是澳大利亚首家全国发行，电脑排版彩色印刷的报纸。《澳华时报》是中英文双语周刊，在1997年率先与《北京日报》合作开辟“北京新闻”专版。墨尔本的主要华文日报有《墨尔本日报》，华文周报有《大洋时报》（1993年创刊）和《华夏周报》（1994年8月创刊）。堪培拉、布里斯班、珀斯等地也有不收费的周报。在此之中，由华人新移民创办的报刊有《大洋时报》和《新时代报》。澳大利亚中文广播电台90年代末仍为3家，它们是2AC澳洲华人电台（1995年7月开播）、2CR澳洲中文广播电台、墨尔本中文广播电台。

在新西兰，华文媒体的发展有赖于新移民群体，华文报刊多为中国内地、中国香港和马来西亚华人主持，电视节目则以中国台湾新移民为主。《星岛日报》和《自立快报》是新西兰最具专业水准的报纸，也都是收费报刊，其余华文报刊都是免费的。《星岛日报》创刊于1989年3月16日，开始是中英文版并用，1992年11月改为全部用中文版。90年代开始，新西兰的华文媒体发展较快，1991年9月马来西亚华人创办了《华页》报，1992年中国香港移民创办了《中文一族》，1995年有中文《新报》，1997年有中文《先驱报》和《自立快报》（1997年7月），2000年有《华侨时报》（8月创刊）。至2000年，报业方面在奥克兰出版的主要有：《先驱报》（周三刊）、《华页》（周六刊）、《中文一族》（周一刊）、《亚洲之声》（周一刊）、《东方日报》（周一刊）、《新华商报》（周二刊）、《新报》（周二刊）、《留学生报》（双周刊）。基督城出版的有：《信报》（周一刊）、《镜报》（双周刊）。杂志方面，至2000年，在奥克兰出版的主要有：《一本通》（季刊）、《中视》（月刊）、《贝斯特月刊》。基督城出版的主要有《新西兰双语杂志》（双月刊）。电视方面有：中华电视网、贝斯特电视网。电台方面有：中华电视网旗下的AM936普通话台、FM95.8粤语台。此外，还有《新西兰中文网》。

三、文艺体育

（一）华文文学

海外华文作家基本分为四大群体：一是早期出国的文化人，二是海外本土成长起来的作家，三是中国港台移民作家，四是中国大陆移民作家。80年代以后，从中国移民的写作人很多，他们在海外进行了新一轮的文学创作，其作品思想内涵比较复杂，主要反映了新的移民文化，而不仅仅停留在留学生文化上。新移民文学的出现，进一步丰富了海外华文文学的宝库。

海外华文报纸杂志和网络是华文文学的交流平台，由于纯文学杂志难以生存，海外华文文学的作品以及产生影响力主要还是通过华文报刊。在马来西亚，《星洲日报》和《南洋商报》的副刊是最重要的文学副刊，不少名家在上面发表作品，许多文学青年通过副刊的扶植成为文学新人。网络作为一个新兴的创作和交流平台，得到许多写作人尤其是新移民的喜爱，网络文学成为一种新的写作类型。总起来说，海外华文文学的文学体裁形式主要是小说、诗歌和散文。

海外华文文学的重点地区，一在东南亚，主要是新加坡、马来西亚、泰国；二在北美；三在欧洲和澳大利亚。新加坡、马来西亚的作家群沿袭以前的创作传统，但在新的历史环境下，一批在本土受华文教育成长起来的年轻一代，在创作上更加注重本土性。由于不像早期作家有过在中国的生活经历，他们作品的中华文化底蕴略显不足。马来西亚的华文文学具有较深厚的传统，1978年成立马来西亚写作人协会，拥有会员近300人，人数之多在海外各国华文文学创作队伍中并不多见。祖籍广东潮安的方修是著名文学史研究专家，出版有《马华新文学史稿》《战后马华文学史初稿》《马华新文学大系》《马华新文学大系·战后》等。广东惠来人方北方，出版作品30多部，包括小说、散文、报告文学、文艺评论等，其长篇小说《风云三部曲》被马来西亚电视台改编为电视剧，《娘惹与峇峇》1989年被翻译成日文。祖籍广东澄海的诗人吴岸，曾任马来西亚华文作家协会会长，出版诗集《盾上的诗篇》《达邦树礼赞》《我何曾睡着》《旅者》《榴莲赋》等。新加坡出了不少学院派写作人：王润华，祖籍广东从化，学者兼评论家，曾任新加坡南洋理工大学中华文化研究中心主任，文学创作以诗和散文见长，出版有诗集《患病的太阳》与散文集《夜夜在幕影下》《南洋乡土集》等。尤今，祖籍广东台山，作品包括小说、散文、游记和小品文，其特点是著述多，国际影响大，其作品在中国内地多次出版。田流，祖籍广东丰顺，集演员、作家、评论家等于一身，出版小说《沧海桑田》《金兰姐妹》等。李廷辉，祖籍广东丰顺，擅长新诗写作，主编过《新马华文文学大系》。泰国的华侨华人社会以潮州人为主体，泰国文学界的代表多是潮汕人。成立于1986年4月的泰华写作人协会（1990年改名泰华作家协会），其主席就是潮汕人方思若。泰国名作家巴尔是广东普宁人，出版有小说《沸腾大地》《陋巷》《绘制钞票的人》。司马攻，广东潮阳人，发表小说、散文多部，曾任泰华写作人协会会长。史青，广东潮州人，出版有诗集《洪泛的河》、小说《波折》《灰色的楼房》《沉沉的钟声》等。许静华，祖籍广东澄海，主要作品有《湄南河的儿女》《花街》等。李少儒，广东揭西人，诗人，代表作有《未到冰冻的冷流》。

加拿大的华文文学在80年代以后开始有了新发展，来自中国香港的新移民对加拿大华文文学的兴起起到很大的推动作用。在中国香港新移民集中的温哥华，出现了三个华文文学团体：枫叶文艺社（1984年）、白云诗社和加拿大华裔写作人协会（1987年）。在多伦多，1994年成立的多伦多华人作家协会也是以中国香港移民为主。加拿大华裔写作人协会是全国性文化团体，其会长是来自中国香港的卢因，协会提出三项任务：（1）促进加拿大和海峡两岸及世界各地华人文学的交流活动；（2）加强加拿大和海峡两岸、世界各地华人作家之间的友谊和互相了解；（3）提高加拿大华人对写作和文学欣赏的兴趣。1997年11月，协会派人参加在北京举行的第九届世界华文文学国际研讨会。加拿大华人作家的作品以诗歌、散文为主，卢因、梁丽芳、袁军等写了不少诗歌，小说创作不是很多，主要有李群英的《残月楼》（1990年）。卢因，祖籍广东番禺，出版有《一指禅》《温哥华写真》等。

美国华文文学在60年代出现留学生文学，70年代转向对母体文化与客体文化差异的探索，80年代后，美国华文文学得到飞速的发展，与中国内地的文学交流大大增加，白先勇、陈若曦、於梨华、聂华苓、许达然、杜国清、非马、唐德刚等作家多次来中国内地交流，1988年成立的海外华人女作家联谊会是美国最有影响力的华文文学团体之一。美国的华文写作人主要来自中国港台和中国内地，中国港台的写作人比中国内地的写作人要早一些达到美国，他们在50年代后就陆续到了美国，如郑愁予、杨牧、非马、秦松、张错、杜国清、纪弦、叶维廉等。在芝加哥的非马，原名马为义，祖籍广东潮阳，出版诗集《在风城》《非马诗选》《白马集》等，其诗作得到广泛的好评。祖籍台山的美国华人女作家谭恩美，1989年出版小说《喜福会》（The Joy Luck Club），连续40周登上《纽约时报》畅销书排行榜，销量达到500万册，获得“全美图书奖”等一系列文学大奖，还被好莱坞拍成了电影。谭恩美常以在美国出生的华裔女性为主角，擅长描写母女之间的感情纠葛，此后陆续出版了《灶君娘娘》《通灵女孩》等著作。叶维廉，广东中山人，诗人和评论家，出版有诗集《赋格》《愁渡》《野花的故事》与散文集《万里风云》，文艺评论《现象·经验·表现》等。80年代后，中国内地的写作人开始在美国文坛露面，在旧金山的刘荒田，广东台山人，1980年移民美国，1988年以诗集《北美洲的天空》获中国首届处女诗集出版大奖赛第一名，1992年以《异国的粽子》获台湾新诗类佳作奖，1992年起转写散文和随笔，其诗作和散文以现实主义的写法，再现了华人移民的心路历程，现任旧金山美国华人文化界协会副会长。严歌苓，原是军旅作家，90年代移居美国后，创作长篇小说《扶桑》《人寰》等，产生较大的影响。此外，较早移民美国的黄运基，广东斗门人，1948年到美国，自学成才，在多家华文报社担任编辑，是散文作家，还出版有《奔流》等小说，1995年创办华文文学双月刊《美华文化人报》，任社长，充当华文文学这个百花园的园丁。

澳大利亚的华文文学的骨干是中国内地及港台和东南亚的新移民作家，不同的背景和生活经历，其作品也体现了多种风格。有的人在移民之前就是小有名气的作家，如刘真、陈耀南、黄雍廉等，移民后继续他们的创作。祖籍广东大埔的张奥列，在出国前已是广东颇有名气的作家，1991年移居澳大利亚以后，在业余继续创作，1994年获首届澳洲杰出青年作家奖，出版有《悉尼写真》（1995年）和《澳洲风流》（1996年）。由于澳大利亚的写作人多数是在业余时间进行创作，因此其作品基本以短篇为主，而且体裁以散文为主，作品总数大约四五十部。

（二）曲艺艺术

随着广东籍华侨华人走遍世界各地，广东的地方性曲艺也传到海外，成为广东籍华侨华人喜闻乐见的文娱活动，粤剧、潮剧、汉剧是广东三大方言群海外乡亲比较爱看爱听的艺术形式。广东籍华侨华人开始从国内邀请剧团到海外演出，到后来直接从国内引进人才，在海外组建剧团。50年代后，由于国际环境的变化，海外华社艺术团体与中国内地的交往大大减少，加上年轻一代比较喜欢节奏明快的现代音乐和舞蹈，导致传统曲艺市场逐步萎缩。70年代后，在中国港台流行文化的冲击下，电影、电视、流行歌曲占领大部分的文化市场。不过，一些传统剧团依然坚守阵地，如新加坡的潮州戏班新荣和兴便是一个具有170多年历史的剧团。在加拿大温哥华，成立于1934年的振声艺术研究社，一直坚持粤剧的研究和演出工作，1994年，在成立60周年之际，在温哥华中华文化中心表演粤剧和广东音乐。新加坡华族戏曲研究会与华人会馆一道研究创作新的传统剧目。有的将传统与现代相结合，创造新的表现形式。新加坡八音轩是一间以粤剧为主体的餐厅，创建于2000年，开始以卡拉OK唱粤剧招徕顾客，后来改为请乐队驻馆演奏粤曲，每晚7点半开始，有五六位乐师现场演奏二胡、高胡、扬琴、琵琶、中阮等乐器，演奏客人喜欢的曲目，并提供粤曲演唱培训。每隔两三个月，还在远东广场戏台举办公演，由票友粉墨登场。八音轩成为粤剧爱好者之家。在保存和推广地方戏剧方面，华侨华人会馆起到重要的作用。许多华人会馆都设有文化部、康乐部，专门组织文艺活动。不但提供场地，而且还提供资金，对民间曲艺活动起到组织推广作用。在美国，1980年从台山移民美国的民间演唱家伍尚炽，经常在纽约唐人街演唱木鱼歌，他的自传性作品《伍伯来到金山》深受侨胞好评。他曾接受《纽约时报》的采访，应邀到大学演唱，1992年更荣获“美国国家传统艺术奖”，被邀到国会山庄演唱木鱼歌。他收集10多本木鱼歌，录制20多套录音带，弘扬中华传统文化艺术。

华侨华人社团对保留传统文化高度重视。马来西亚华人社团从1984年举办全国性的文化节，开始叫全国华团文化节，1993年改为全国华人文化节，到2000年已举办了17届，成为马来西亚华人社会的文化盛事。文化节演出的节目相当丰富，包括歌唱、演奏、舞蹈、戏剧、书画、舞狮、武术、象棋、灯谜、文史展览等，每一届的内容都在拓展。1989年在马六甲举行的第六届文化节，首次在三宝山举行升旗仪式和传灯仪式，举办的29个项目中有21个是过去没有举行过的，增加了展览和文化讲座。新加坡华族文化节始于1991年，起初每年举办一次，1996年后改为两年一届，2000年2月20日到3月19日举办第八届华族文化节，由新加坡报业控股华文报集团等22个传媒单位、官方文化机构、民间工商、宗乡及文艺团体联合举办，主题是“继承传统文化，发扬现代精神”，新加坡总统纳丹亲自主持开幕礼，受邀参与演出的单位来自海内外，节目多达151项，包括挥春大赛、邮票与古币展、传统美食展、手工艺展、武术表演、设计展、华语文章朗读比赛、庙宇文化之旅、乐龄华语讲故事比赛、盆栽讲座、中学生创意营、华乐专题讲座、象棋赛、舞狮舞龙、传统服装表演、文学与音乐晚会等。新加坡书法家协会、新加坡美术总会、新加坡茶艺联谊会及戏曲学院的专家、老师，现场向观众介绍书法、中国书画、茶艺、戏曲古装服饰、面谱和道具等。华侨中学和德明政府中学的学生分别表演24节令鼓和华乐，新加坡聚舞坊表演华族舞蹈，星洲龙狮体育会则舞狮与舞龙，“海燕等人”剧团演出舞台剧《黑青白蛇传》。新加坡华族文化节成为新加坡一个盛大的文化节日。

在绘画艺术方面，马来西亚的钟正山是一位颇有造诣的画家，他祖籍广东梅县，出生于马来西亚马六甲，早年毕业于新加坡南洋美术专科学院，后赴美国留学，1967年创办马来西亚艺术学院，曾在台湾中国文化大学任教。其作品多次在欧美、澳大利亚、东南亚以及中国港台、中国内地展览过，被不少著名艺术机构收藏。出生于广州的加拿大华人黄光寰是著名摄影家，擅长拍摄野生动物和自然风光，其作品《母爱》《狼的眼睛》《北极之光》等在世界各地举办的摄影大赛中获得多个奖项。

（三）体育武术

华侨华人一向重视体育健身运动，将此当作陶冶性情、强身健魄的活动。在推动华人社会体育运动方面，华侨华人社团起到重要的作用，一般大的宗乡会馆都设有康乐或体育部（组），马来西亚广东会馆联合会下属的青年团每年举办全国男女乒乓球锦标赛。在不少国家，华侨华人社会还成立了各种专业性体育组织，如法国就有海青体育会、岭南文娱体育会、法华体育协会等；美国有纽约华人网球协会、罗省华侨体育联谊会、美国华人桥牌协会等；加拿大有北美洲龙形体育会、温哥华陈颍川体育会、爱城中国象棋会等；菲律宾有菲华华人体育总会、菲律宾中国气功学会等；马来西亚有马来西亚精武体育总会、马来西亚华人武术总会、马来西亚狮团总会、马来西亚龙狮总会等。

海外华人在一些体育项目上有不俗的表现，例如印尼、马来西亚的国家羽毛球队里有不少华裔运动员，他们多次登上世界冠军的宝座。此外，著名华裔运动员还有美国滑冰冠军陈婷婷（祖籍江门）、关颖珊，桥牌皇后杨小燕，网球名将张德培（祖籍广东），日本围棋棋圣吴清源，棒球高手王贞治等。美国华人马思明（祖籍台山），1970年出生于广州，1984年移民美国，1985年6月在全美体操冠军赛上夺得女子个人全能、单项高低杠和自由体操3面金牌，跳马和平衡木2项银牌，成为美国最杰出、最年轻的女子体操选手。1987

年，她又在泛美运动会上勇夺全能金牌、高低杠银牌、平衡木铜牌。与华人社会结合最密切的是中国武术。自从顺德人李小龙将中国功夫搬上银幕后，中国武术在西方社会得到广泛传播，凡是海外华人聚居的地方，就有武术训练馆。巴西华人武术教练李荣基，60年代从中国香港移民到巴西，是中国鹰爪功夫的传人，他在巴西开馆教授中国功夫，开设的鹰爪功夫武馆分馆多达80多家，遍及巴西各州及南美部分国家，教授过的弟子达上万人。他除了经营自己的武馆，还长年被圣保罗军警大学聘为武术教官，培养了数百名格斗擒拿的军警，多次受到警方的嘉奖，在当地有巴西的李师傅（李小龙）之称，深受爱好中国功夫的民众敬仰和爱戴。他每年还举行巴西本国和国际性的中国功夫比赛，巴西功夫公开擂台锦标赛自1980年起就定期举行。出生于台山的陈国伟，移民巴西之后先在中华会馆担任武术团团长，1973年创办中巴武术学院，先后授业的学生多达6万人，分布在巴西、西班牙、意大利、法国、美国等国。

第三节　经济科技

东南亚是海外华人主要居住区，也是新兴经济发展地区。东南亚国家在60年代后实行经济发展模式的转型，具有经济基础的华侨华人，抓住机遇，在东南亚各国经济起飞和发展过程中起到重要的作用。在泰国，很多祖籍广东的华人对泰国的经济发展贡献涉及许多经济行业，并有突出的表现。钢铁业方面，祖籍饶平的吴玉音、吴光伟姐弟50年代创办的伟成发集团是泰国最大的私营钢铁集团，该集团下属43家公司，大多数为独资企业，分属于钢铁、金融、房地产、资讯和国际贸易等部门，1994年营业总额约16亿美元。纺织业方面，祖籍潮阳的廖景辉创办的鸿益成集团以纺织业为主业，1989年拥有下属企业30多家，经营范围包括纺织、保险、金融、饲料、服装、塑料、贸易、家禽饲养和制药等，销售总额52.53亿铢，资产总值约58.77亿铢。塑胶制造业方面，祖籍揭阳的陈卓豪70年代创办的华泰塑胶集团拥有全球最大的仿瓷工厂，产品行销世界30多个国家和地区，集团辖下的塑胶制品工厂，也是亚洲最大塑胶制品工厂之一，每年总销售额达20余亿铢。食品业方面，祖籍潮阳的陈汉士1977年创办的泰万发集团是世界第二大金枪鱼罐头生产厂家，员工有1.2万人，1997年出口总额150亿铢。在印度尼西亚，祖籍为汕尾陆河的彭云鹏1977年创办巴里多太平洋集团（Barito Pacific Group），以木材加工为主业，经过10多年发展，1990年自身拥有林地289万公顷，参与或租用的林地217万公顷，属下有29家木材及三合板厂，68条生产线，年产及出口三合板达120万立方米～150万立方米，是印尼首屈一指的林业集团。彭云鹏从经营林木、胶合板业起家，他创办的巴里多太平洋集团逐步发展成多元化企业集团。至90年代初，经营的主要行业有林木胶合板业、石油化学企业、银行金融业、农业及农产品加工企业、纸浆纸品工业、房地产及旅游酒店业、矿产业、运输业，形成以林木胶合板业、石化公企业为核心的多元化企业集团，所属子公司共有135家，职工总数达5万人左右。在马来西亚，金狮集团（Lion Group）1978年后在钟廷森（祖籍潮阳）的运营下，迅速发展成综合性的大集团企业。1996年，金狮集团雇工超过2万人，拥有资产、营业额双超100亿马元（约40亿美元）。拥有上百家公司，其中挂牌上市公司15家，分布在马来西亚（9家）、新加坡（2家）、印尼（2家）、中国香港和台湾地区（各1家）。集团的业务包括投资控股、钢铁业、车辆及轮胎业、电脑业、造纸业、食品及饮料业、房地产及建筑业、零售业和金融保险业等，其中以制造业和服务业为重点。1994年，制造业占该集团营业额的56%、资产总值的41%和雇工总数的64%。在制造业中，钢铁工业及钢铁制品业是集团的传统主体行业，而金狮集团也是马来西亚最大的钢铁生产厂商。90年代后大力发展汽车、摩托车、轮胎、电脑、电讯设备等的生产与销售。金狮集团的生产活动影响到马来西亚多个经济行业。除上述三国外，在其他国家，华人对所在国经济发展也发挥了作用。

在1997年亚洲金融危机之前，东南亚华人金融业具有举足轻重的地位。最突出例子是泰国陈弼臣家族（祖籍潮阳）的盘谷银行。盘谷银行80年代初在世界各地拥有40多家分行，在泰国国内有267家分支机构。1985年，资产总值约98亿美元，雇用职工1.6万人，是东南亚最大的银行，也是世界最大的华资银行。1996年，盘谷银行市值94.7亿美元，资产总值411.1亿美元。此外，泰国华人金融业还有泰华农业银行、京华银行、大城银行、丘细见金融证券有限公司等，华资银行对泰国经济社会的影响力遍及众多领域。在马来西亚，大众银行是祖籍潮州的郑鸿标通过与当地民族合作于1966年获得马来西亚政府颁发的最后一张银行执照创立的。大众银行聘请马来西亚国会前议长丹斯里·尼克·A. 卡米尔（Tan Sri Nik A，Kamil）任董事长，郑鸿标自任董事经理。1990年后，大众银行通过一系列的收购、联营行动，将业务扩大至新西兰、越南、柬埔寨、中国香港。1996年，大众银行下设分支机构多达153家，其中2家在海外，市值达24.8773亿美元，营业额为9.59亿美元，资产总值达130.55亿美元，位列马来西亚国内银行第3位，马来西亚华资银行第1位。在印度尼西亚，祖籍广东梅县的饶耀武，抓住经济发展的需求，于1976年收购印尼统一银行（Bank Persatuan Indonesia），并改名金融银行（Bank Danamon）。此后，业务稳定增长。1981年又收购亚非银行（Bank Asia Afrika）。1989年后，金融银行在印尼的27个省会及一批县市包括东帝汶等地建立分支行。从1994年后，成为印尼第三大银行及第二大华人银行。1996年年底资产总值达合约93.76亿美元，股票市值达11.7439亿美元。饶耀武还创建国际金融银行有限公司（PT Bank Danamon International）作为金融银行集团的控股公司，并创建了一批企业。1995年，该集团公司共有子公司10家，资产总值为146290亿盾，营业总额19140亿盾，职员总数22000人。在1997年亚洲金融危机中该集团受到重创。上述华人金融业在1997年金融危机前，在其所在国的经济发展中均起到非常重要的作用。

北美地区是高新技术产业比较发达的地区。美国硅谷中有许多华人创办的企业。硅谷华人所创办的公司主要集中在硬件制造、软件和信息服务及计算机零件批发三大行业。美国硅谷中约四分之一的高级技术工程师及管理人员为华人，其中广东籍的华人约占华人总数的三分之一。广东籍华人梁佩玲1991年出任硅谷电脑公司总裁，1995年该公司全年营业额4700万美元，成为硅谷中成长最快的公司之一。祖籍台山的曹小帆，是高密度波长多任务器发明人、光通讯科学家，同时也是企业家，先后成功创立和领导了多家国际知名公司。祖籍花县的林杰屏，1983年创建了林克科技公司（Link Technologies Inc），生产电脑终端机，1986年营业额达1500万美元，在本行业中排名第四。张海明（祖籍梅县）1988年在纽约创办的美国AEM有限公司（AEM_lnc）是全球唯一的卫星用电子熔断器供应商。它起初是一家咨询公司，1993年才拥有自己的工程中心，独立从事产品研究、开发、中试、售后服务和整厂承建业务。公司拥有4家工厂，分别生产电子材料、工艺设备、卫星及军用电子熔断器和陶瓷多层电感器及磁珠等，产品畅销世界各地。在加拿大，祖籍新会的何国源，所创办的加拿大ATI技术有限公司是全球知名的生产电脑图像晶片的供应商。随着华人教育水平的提高、科技人才的增多和人才流动的加快，许多国家高新技术行业里都有华人的身影。在新加坡，祖籍潮安的严名炽兄弟1985年创办了艾塞克斯电气有限公司（Essex Electric Co Ltd），代客户生产个人电脑。1991年改名为IPC有限公司，产品包括笔记本电脑和收银机及多媒体卡等。1995年IPC集团在美国及亚太地区和欧洲拥有27家分公司及子公司，1996年IPC集团营业额10.90亿美元，资产总值7.90亿美元。

商业是海外华人主要从事的行业，也是华人经济的强项。广东籍华人在美国华人的中餐业、超市、金融、小商品批发等行业占重要地位。中餐业一直是美国华人产业的第一支柱，广东籍华人经营的中餐馆在1980年年初占据美国中餐业90%的市场份额，2000年约占70%的市场份额。此外，制衣业也是美国唐人街主要行业。他们根据市场的导向，不断做大做强，甚至走向多元化的经营。美国纽约台山籍华人林建中1988年创立丝绸总汇服装公司，到1997年拥有14家成衣工厂、两家成衣公司、4处时装展览厅以及数座商业大厦。美国华人李学海（祖籍南海）1981年在纽约创办C.G实业有限公司，经过多年的奋斗，自创多个服装品牌，在纽约设有时装设计室和展销中心，在波士顿、芝加哥、亚特兰大、迈阿密等地设立了展销场地。所创立的C.G等10多个品牌时装成了美国名牌，全部由美国各大百货公司销售，长期客户达2万多个，远销加拿大、中美洲和欧洲。90年代初，李学海开始转向仓储业和房地产，在新泽西购入大量仓库仓储设施，货仓总面积超过100万平方米，为全美上百家大百货公司提供收发、储运、转运服务，成为“仓储大王”。出生于东莞的英国华人叶焕荣，1970年在伯明翰创办荣业行，专营远东食品杂货，此后将分店开到曼彻斯特和伦敦。同时发展地产业，兴建商业中心，将物流仓储、餐馆、银行、超市、商店集中在一起，使荣业行成为英国最大的东方食品杂货集散中心。祖籍梅县的法国海外省留尼汪华人企业家侯兴长，主要经营旅馆业及餐饮业，1992年其营业额在法国海外省留尼汪占第30位。有的华人坚守传统品牌，把企业做精做大。祖籍佛山的麦叶才，是风行东南亚的广南泰饼家第三代传人，1979年在巴黎重新打出广南泰饼家招牌，主要生产月饼及各种糕点，畅销法国、英国、德国、奥地利、荷兰、比利时等国。超级市场是现代零售业的主营模式。陈氏兄弟公司是法国著名的华商企业。祖籍潮阳的陈克威、陈克光兄弟70年从老挝移居法国，他俩1981年创建的陈氏百货商场是巴黎第一家专营亚洲产品的超级市场，营业面积达2000余平方米。最初主要经营泰国食品，逐步扩充到了中国、日本、印尼、马来西亚、韩国等国的食品，1987年陈氏兄弟公司营业额超过2.7亿法郎，在法国最大商业企业中排名第152位。到1990年共设立5家商场，并创办巴黎美食城和花母大酒楼，营业额达6亿法郎。1998年陈氏兄弟公司的营业额超过11亿法郎，形成了从进口批发到零售加工的一整套营运模式，成为海外华人规模较大的商业企业之一。海外华人顺应时代潮流，进军商业中心修建大厦。在新加坡，位于中央商业区乌节路的诗家董大厦就是饶平人董俊竞1958年所建，主要经营中国工艺品、古董和家具。1979年董俊竞在诗家董大厦旁兴建五星级的董宫酒店和新的诗家董百货公司。1992年诗家董集团的营业收入约1.5亿新加坡元。

80年代后，海外华商主动加入经济全球化的进程。他们以所在国为基础，通过国际合作，包括与其他国家的华商合作，将业务扩展到海外去，东南亚华人企业集团在这一方面表现突出。由祖籍澄海的谢国民执掌的泰国正大集团60年代起向跨国企业发展，80年代后，经营范围遍及农业工业、水产养殖、种子及化学肥料、对外贸易、房地产开发、服务业、石油化工、工业及机动车制造、电话及卫星通讯服务。正大集团的业务以曼谷和中国香港为基地，1979年起进军中国大陆市场。到1995年，正大集团拥有200多家公司，分布在13个国家和地区，雇佣职工超过1.5万人。除了向外发展之外，海外华商也积极引进外资或者开展对外合作，提高所在国外向型经济的水平。在菲律宾，祖籍广东中山的林孙美玉从事鲜虾养殖及出口，到1993年，拥有6家加工厂、12个收购站、2艘远航货轮，资产总值为3.33亿比索。此外，还创立索立得公司（Solid Corp），独家代理日本索尼公司和韩国三星公司的产品、创立哥伦比亚汽车公司（Columbian Motors），成为韩国起亚、日本大发和马自达汽车代理商。1995年创立基塔（Kita）电器有限公司，生产爱华（Aiwa）牌彩色电视机。到1996年5月，出口约56万台电视机。在毛里求斯，祖籍梅县的阙兆忠创办的快乐园有限公司（Happy World Ltd）是毛里求斯最大的冷藏食品经销商。他于1973年创建毛里求斯农业有限公司，设有养鸡场、饲料厂及12家分厂，每周生产6.5万只肉鸡，占毛里求斯市场销售量的40%，拥有可储存1600吨金枪鱼的冷冻库。与此同时，也向其他行业发展，1972年起与中国香港企业家合办制衣厂，1985年从美国康柏电脑公司引进个人电脑技术，1987年引进索尼彩色电视机生产线在毛里求斯组装，其产品占全国市场的40%。

第四节　参政

华侨华人参政活动早在第二次世界大战前就已经开始，第二次世界大战后，随着世界和中国形势发生重大变化，海外华侨大多数人选择加入当地国籍，落地生根，在新的法律身份之下开展参政活动。

海外华人的参政途径主要有三类：第一类是组建政党和社会政治组织参与政治活动，这一类以马来西亚为典型。第二类是通过加入其他民族的政党或政治组织参与政治活动，第三类是通过被委任担任官职参与政治，海外华人参政活动大多属于后两种。在马来西亚，华人成立不少政治组织，其中包括加入执政阵营的执政党如马华公会等，也包括处于在野的反对党如民主行动党等。这些华人政党以华人社会为政治基础，其党纲反映华人社会的诉求。在历次议会选举中，不少人当选国会或者州议会议员，有的则作为政党代表出任政府内阁部长或地方政府官员等职位。马来西亚华人的政党政治在世界华人社会中是最突出的。印尼华人在1998年后随着印尼政治形势的变化也组织政党，参加印尼的议会选举。祖籍梅县的吴能彬1998年6月1日组建印度尼西亚大同党就是其中的一个。在澳大利亚，祖籍肇庆的黄肇强1997年组建了团结党，提出团结澳大利亚少数族裔，为移民争取权益的政治主张，1998年他作为团结党的候选人当选新南威尔士州上议员。但是，由华人社会自己组织带有族群性质的政党毕竟是少数。

在海外华人社会中，除了东南亚之外，美国是华人参政活动比较活跃的国家。60年代后，受美国少数民族民权运动的影响，华人知识分子和青年精英分子为反对种族歧视，争取华人平等权益，推动华人融入主流社会，促进中美友好交往，先后创建了纽约华埠策划协会（1965年）、旧金山华人权益促进会（1972年）、美华协会（1973年）、纽约华人进步会（1977年）、全美华人协会（1977年）等组织。80年代后，美国华人参政意识不断增强，积极参加当地的竞选活动，涌现不少新的政治团体，如华裔政治委员会（1987年）、百人会（1990年）等。原籍广东罗定的陈本昌1978年提出了“落地生根，就地参政”的主张，并身体力行。他在1980年联合亚裔支持里根竞选总统，1981年成立共和党亚裔总党部，在全美设立分部。先后担任共和党亚裔总部主席，共和党族裔党部共同主席，共和党全国委员会国策顾问。多年来致力于促进华人参政的活动，争取主流社会对华人合法权益的保障，与美国领导人建立亲密的关系。1995年，陈本昌荣获由美国共和党前三任总统福特、里根、布什联合签发的社会活动者最高荣誉“艾森豪威尔委员会永久委员”证书。

海外华人表达自己政治意愿的方式一是投票，二是协商或施压。由于80年代华人在选举中的投票率不是很高，加上华人在许多国家总人口中的比例较低，因此协商或施压是华人社会一种主要参政方式。90年代后期以后，海外华人参政活动有所变化，一是竞选和当选议员、市长等公职的华人人数大大增加；二是普通华人参政意识明显增强，投票率不断提高；三是在个别国家，有华人新移民通过参政成功当选议员或者担任政府公职。

在八九十年代，华人参政的主体是第二三代华人。绝大多数国家的华人参政模式是通过参加住在国的政党参政，或者受委担任政府官职。他们当中有总统、总督、政府总理、内阁部长、政府高级官员、大法官、省长、州长、市长及国会议长、参众议员、驻外大使等。在非洲、中南美洲、大洋洲一些广东移民较多的小国家，有的广东籍华人担任了国家领导人，如祖籍台山的陈仲民，1980年和1994年两次出任巴布亚新几内亚政府总理。祖籍顺德的陈文咸1976年出任独立后塞舌尔首任总统，1993年和1998年又两度竞选总统。许会，曾任秘鲁政府部长，1992年当选秘鲁国会议员，19%年7月出任国会主席，1999年1月出任秘鲁部长会议主席（即总理）。在欧美等国家，广东籍华人出任政府部长或者当选为市长等行政职务的为数不少。例如祖籍台山的伍冰枝，1999年9月被英国女王伊丽莎白二世任命为加拿大第26任总督。祖籍揭阳的林思齐，1988年被加拿大马尔罗尼总理任命为不列颠哥伦比亚省总督。加拿大的陈卓愉（祖籍恩平），1993年当选国会议员，其后被委任为外交部国务秘书，专门负责加拿大对亚洲太平洋地区的事务。陈福庆，从1980年起连续13年担任福斯特市议员，并自1981年至1992年间五次当选福斯特市市长。麦鼎鸿（祖籍台山），1991—1993年任加拿大马尼托巴省多芬市市议员，1994—1996年任多芬市市长，1997年当选联邦国会议员。在美国，祖籍台山的骆家辉于1981年踏进政坛，曾先后担任了11年的州众议员，1993年当选华盛顿州景县县长，并获委任为州副检察长，1996年当选为华盛顿州州长，成为全美首位华人州长。黄锦波，祖籍台山，1983年成功竞选犹他州喜瑞都市市长，成为美国历史上第一位华人市长。1987年甄少豪获选内华达州恩泉市市长，1992年邓伟和当选梅萨市市长，1990年祖籍新会的赵美心当选蒙特利尔公园市市长，1997年黄思宁当选南加州西柯汶纳市市长。在澳大利亚，邝鸿铨1984年当选达尔文市市长，祖籍五华的曾筱龙1991年担任悉尼市副市长。

有不少华人受委出任各级官员。在非洲，祖籍台山的朱惠琼（Fay Chung）1988年出任津巴布韦初等和中等教育部部长，1992年改任就业创造及合作部部长，是津巴布韦著名的华人女政治活动家。在美国，祖籍恩平的余显利1985年被里根任命为国家成人教育顾问。1991年被布什任命为美国信用标准委员会永久委员。邝朝贤，祖籍台山，1990年获布什委任为总统人事助理，次年出任白宫消费者事务办公室副主任。李亮畴，1997年被克林顿任命为司法部助理部长，主管民权事务。

当选为各级议员的华人也为数甚多。陈潮开（Eugenio Chang Cruz），1980年当选秘鲁众议员，1985年当选参议员。沈慧霞，祖籍惠阳，1982年加入澳大利亚自由党，1988年当选为新南威尔士州上议院议员。祖籍中山的刘威廉（Willim George O’CHEE）1989年4月在昆士兰省当选为联邦参议员，成为澳大利亚有史以来第一位华裔参议员。余宏荣，1982—1986年连任两届温哥华市参议员，成为温哥华市历史上第一位有色人种参议员，同时也是全加首位华人市参议员。生于台山的麦鼎鸿，1997年击败在任的执政党议员，成为加拿大国会首位靠反对党势力当选的议员。利德蕙，1998年成为加拿大首位华裔女参议员。余江月桂，祖籍花县，1974—1993年间连任加利福尼亚州5届州务卿，成为当时美国政坛职位最高的民选华裔官员。此后，吴琼珍1983年获选艾奥瓦州议员，吴绍基1985年成为洛杉矶市首位亚裔议员，黄土均1993年获选亚利桑那州众议员，余胤良1996年获选旧金山市议员。此外，邝和胜1982年被美国总统里根提名为夏威夷州联邦法官，后升为首席法官，是美国历史上第一位获得这一职位的华裔法官。刘成威曾任加州高等法院法官，1987年被里根总统提名为联邦法院法官。陈翠芳1987年当选美国纽约市民事法官，成为纽约州首位华裔女法官。陈惠明1996年又被任命为加利福尼亚州最高法院法官。在加拿大，黄星翘1981年被任命为联邦高等法院大法官，成为加拿大首位华裔大法官。

第五节　社团

一、概况

八九十年代，不少华侨华人社团通过调整组织及社会功能，使会务得到发展。各类社团趋向联合，新兴的专业性、经济性、综合性和国际性侨团增加。据不完全统计，到80年代中期，海外华侨华人社团已超过1万个，至2000年约有1.96万个。1979—2000年，新兴的华侨华人社团450多个，属广东地缘性的91个（美洲35个、亚洲21个、欧洲21个、澳大利亚9个、非洲5个）。省侨办及各地侨办都联络了一批华侨华人社团，其中省侨办842个、江门722个、广州144个、梅州117个、佛山67个、汕头56个、云浮17个，合计1965个。

老侨团自我调适，自我完善。1979年后，一批传统侨团因人员老化，会务日渐式微，不少侨团因此进行改革或重组，进一步健全组织，联谊手段更加多样化，如增设青年组织，吸收华裔青年、新移民及专业人士入会，通过电脑网络联络会员等。活动内容适应当地社区需求，并参与侨居地政府的经济文化、社会福利等工作，以及与中国内地的经济贸易及文化交流。成立于1889年的美国洛杉矶中华会馆，以四邑（新会、台山、开平、恩平）人居多，至90年代仍为当地主要华侨华人社团之一。会员3万余人，属下有28个社团，包括宗亲、地缘和专业性组织。开办有千名学生的中文学校及新移民职业培训、入籍等讲座，并经常派理事参与政府关于华人福利、华埠建设、社区交通及安全等问题的研讨。在粤籍社团较集中的马来西亚，华人社团于80年代纷纷成立青年组织，其开展的活动有参与社区服务（如鼓励华裔献血、进行慈善义卖），举办经济讲座和技能培训班等。成立于1981年的国际潮团联谊年会亦内设青年联谊会。

侨团人员的“地域”结构发生变化。从70年代末始，传统社团如潮籍、客属及广府各市县的地缘或宗亲组织，倾向于加入或组建统一社团。如各国的广东同乡会，除马来西亚、新加坡、日本、菲律宾等国外，80年代后又新成立一批，有美国的休斯敦、南加州、美京广东同乡会以及澳大利亚、瑞士、巴西、哥斯达黎加和阿根廷广东同乡会等。在地域联合的基础上继而团结、联合其他侨团，亦是各国侨团发展的新趋向。其中新加坡广东会馆、潮州八邑会馆等9大会馆于1986年1月正式成立新加坡宗乡会馆联合总会，至1990年总会有团体会员183个，包括全国所有较活跃的华人宗乡会馆。70年代前，在美国、马来西亚、泰国、秘鲁、英国、新西兰等国已有全国性的华侨华人社团，至90年代仍开展会务。1979年后新成立的、其属会又有较多粤籍会馆的综合性社团有：澳大利亚华人社团联合会（1979年）、全荷华人社团联合总会（1987年）、毛里求斯华人社团联合会（1988年）等。1992年在温哥华成立的全加华人联合会，有团体会员280多个，为全国性的华人联络协调机构，以推动华人参与主流事务，争取社会对华人文化和事务的认同和支持为宗旨，每年举办年会，加拿大三级政府都派员参加并资助部分经费。

侨团类型及功能呈多样化。80年代后，由于经济文化交往及新移民的大幅增加，一些国家的华侨华人陆续成立专业社团，有各类商贸、科技、艺术及留学生、校友会及权益性、福利性团体等，特别是经济科技商贸性团体已逐步占主导地位。其中美国3000个侨团中，约有二分之一属上述几类。不少国家的华商会，已成为华人的经贸合作组织。如加拿大温哥华、多伦多市都设有全国性及地域性华商会，会员多由中青年华侨华人商人及会计师、律师等组成。其中温哥华华商会于1981年成立，联络有500多家商号，以餐馆杂货店为主，曾参与1997年世界华商大会的主办工作。委内瑞拉有10多万华侨华人，其中三分之二经营杂货、百货业。华人中以广府人居多，华侨华人社团18个，其中祖籍江门五邑（新会、台山、开平、恩平、鹤山）的社团13个。1982年，委内瑞拉成立首家华人商会——加省华人杂货同业商会，联络当地67家华人杂货店，负责与进货商洽谈并统一订货，以提高华商在该国商界的竞争力。此后委内瑞拉各地共成立12个华商会。商会负责人同时又在侨团任职，如加省华恋社中华会馆的主席及委员，80%是华人杂货同业会的成员。各国华侨华人在1979年后成立的专业社团有华文作家协会、中文报业协会、体育总会、文艺工作者协会及中医、中餐同业会等。1994年4月，在巴黎成立的欧洲粤剧研究会，由法国广东粤剧社、荷兰粤剧社、比利时粤剧社、英国侨声音乐社和瑞士粤剧社组成，并于1995年举办第一届欧洲粤曲大赛。1996年12月，欧洲粤剧会会长彭溢威率粤剧社成员（荷兰、比利时、法国）访问广州。海外校友会活跃。不少历史悠久的学校，如岭南大学（后并为中山大学）、广州大学、暨南大学、广州华侨补校，以及广州培英、培正、培道、真光、执信、协和、侨光、五中、六中等中学和广东侨中，其海外校友会至80年代依然活跃，并恢复与中国内地母校的联系，其中广州培正中学至90年代已联络在美国、加拿大、澳大利亚的校友会26个。此外，黄埔军校在美国和加拿大亦有校友会，1989年65周年校庆时，有500多名海外校友到穗参加，美国花县总会馆主席江钜源曾任美国黄埔军校校友会会长。改革开放后，众多出国留学的青年学生又在国外成立一批校友会，仅美国东部就有30多个，如中山大学美东校友会、广州二中美东校友会等。1995年11月，在纽约华埠成立的广州中山医科大学美东校友会，名誉会长彭文伟是中山医科大学前校长、著名传染病学家。此外，开平中学、开侨中学、恩平中学、台山中学及花都（花县）中学在北美都有校友会，其中开侨中学校友会在五大洲都有设立。

推进华文教育及多元文化。传统侨团原办的中文学校（中文培训班）继续坚持，曾停办的亦恢复并有发展。如马来西亚潮州公会联合会，成立于1934年，历年设贷学基金，扶助清贫会员的子女完成大学学业，并于1994年始向广东汕头大学保送学生。至2000年，汕头市侨办所联系的56个海外侨团中，有20个办有中文学校或设奖学金。马来西亚潮州公会联合会取得马内阁政府批准，从1995年1月起在马广播电台第五台增设潮语新闻。在柬埔寨，兴办华文教育是各地柬华理事会的主要任务。全柬于90年代先后恢复华文学校82所，在读学生5.6万名，其中金边潮州会馆所办公立端华学校就有学生1.3万名。不少侨团在传承中华文化的同时亦逐步融入多元文化之中，以中文、戏剧、武术、书画乃至佛堂等中国元素，与住在国民众交流，并逐渐为当地社会所接受。1980—2000年，北美新建一批规模较大且设备先进的中华文化中心。如占地6万平方米的加拿大多伦多中华文化中心，集教育、交流、服务、康乐于一体，其发展宗旨是“荟萃中西、承前启后”。成立后曾联合加拿大皇家博物馆、美术馆、芭蕾舞团等，举办各种文化活动演出英语粤剧，参加者除华侨华人还有当地族裔。加拿大多伦多中华文化中心因办成分享多元文化的综合团体，得到当地政府经费上支持。在法国，从1989年始，由潮州会馆和华裔互助会等社团发起主办春节嘉年华活动，把舞龙舞狮、潮剧粤剧和特色花车等搬上街头，把春节变为巴黎市民的共同节日。当地政府派员参与活动，有巴黎十三区区长杜蓬等。华人社团还参加法国社会举办的各种文化节活动，如表演龙狮大会演、潮州大锣鼓等。此外，一些侨团领导人通过民间或政府渠道促进住在国与中国的友好往来。如洛杉矶中华商会、全美华人协会南加州分会会长胡顺（祖籍广东中山），80年代中期曾努力促成广州与洛杉矶结为友好城市，被推举为洛杉矶——广州友好协会副主席。加拿大温哥华中华会馆理事长、全加华人协进会副主席余宏荣（祖籍广东台山），是温哥华市历史上首位华人市政议员（1982—1986年），又是温哥华—广州友好城市促进会的发起人之一。

国际性侨团增多且日趋活跃。华侨华人为适应社会与时代的变化，扩大团结合作，共谋生存和进一步发展，从一国发展至洲际、国际联合。60年代，开始出现国际性的华侨华人社团组织，较早的是成立于1960年的世界龙岗亲义总会、世界华商贸易会议，其后有1971年成立的世界客属总会，1976年成立的广州大学全球校友恳亲大会等。80年代始发展加快，至2000年约有130个，其中国际性91个，洲际性39个。在国际性侨团中，属1980年后成立的66个，占73%，其中粤籍有16个，其所属团体会员分布于世界五大洲。世界性侨团一般每2年～3年举行一次年会，在各国华埠及中国香港、澳门、台湾轮流举行。从1989年始在中国侨乡召开，至2000年年末，在粤召开的国际侨团年会共21次。在洲际性社团中，包括亚洲7个、美洲6个、欧洲22个、大洋洲2个、非洲2个。主要有旅欧华侨团体联合会

（1975年）、亚洲华人联谊会（1976年）、大洋洲华侨团体联合会（1977年）、非洲华人联谊会（1978年）、全美洲侨团联合会（1980年）、欧洲华侨华人社团联合会（1992年）和非洲潮籍联谊会（2000年）等。

二、亚洲侨团

亚洲华侨华人社团约14080个，占世界侨团总数的70%。祖籍广东的侨团主要集中在马来西亚、泰国、新加坡、印度尼西亚和印支三国等。

（一）马来西亚

1981年该国政府通过社团法令后，各类华人社团得到不同程度的发展，从80年代的4000多个增至1999年年末的8700多个，其中会务活跃的约有2000个。全国共有7大地缘性华人联合会，其中粤籍3个，即马来西亚广东会馆联合会（简称马广联会），下属团体会员38个，在籍人数214.5万人（1991年统计），为7大团体在籍人数之首。客家公会联合会（简称马客联会），下属团体会员63个，在籍人数96.2万人。潮州公会联合会（简称马潮联会），下属团体会员51个，在籍人数49.6万人。其余4个分别为福建、广西、海南和三江联合会。在7大华人乡团中，规模最大的是马广联会。该会成立于1947年，原主要会务是联谊、救济、助学，其于1961年设立的大学奖学金，共资助630名会员子女完成大学学业，其中1998—2000年有300名。90年代后，该会扩宽活动领域，与中国内地及海外侨团联合筹办活动，增加与本国友族的文化交流；协助当地政府开展公益福利活动，参与环保与社区工作；促进商情资讯的交换与沟通，组织会员赴华进行经贸考察等。其中谢玉麟先后任马潮联会和马广联会主席，于90年代曾3次访问汕头大学，3度率工商考察团访问中国。1998年与新加坡广东会馆会长张荣联名发函，向各国粤籍侨团倡议筹组“世界广东同乡会”，并于1999年7月在吉隆坡召开世界各地广东同乡交流会。此外，在马来西亚的主要粤籍社团还有广肇联合总会、高州总会、东安会馆、台山会馆联合会、顺德联合总会、中山会馆联合会、古冈州六邑联合会、番禺会馆联合会、南海联合总会、河婆（揭西）同乡会联合会、槟城广东暨汀州会馆等。

（二）泰国

泰国华人社团有2000个以上，粤籍社团占一半以上。主要有中华总商会及九属会馆（即潮州会馆、客属总会、海南会馆、广肇会馆、福建会馆、江浙会馆、台湾会馆、云南会馆和广西会馆）。由于潮籍华人有390万人，占全泰华人的49%，故潮州会馆为九属会馆之首，是泰国潮人最高地缘组织，成立于1938年。所辖各县同乡会有潮安、潮阳、揭阳、普宁、澄海、大埔、丰顺、饶平、惠来等。基层潮人同乡组织遍及泰国76府。90年代潮州会馆的会务主要有：振兴文化教育，促进社会公益，联络各地社团，与中国进行经贸文化的交流与合作。1995年创办以华文师资教育为主的泰华国际文化学院，聘请中国教师对全泰华校（主要是小学）教师进行培训；筹集泰币9500万铢，兴建潮州中学；联合泰华九属会馆，捐赠600万铢，为泰国建造边防平民学校2所，连续10年颁发全泰民校教师奖励金。2000年8月，举办潮州会馆庆祝泰中建交25周年活动，颁发全国学生助学金，全泰受惠学生6520名，总金额652万铢。该会馆是泰华社会中首个荣获泰国教育部颁发对教育有重大贡献荣誉奖状的民间社团组织。泰国中华总商会主要由潮籍人士组成，会员多为泰华社会殷商及知名人士，是泰国华人社会中最具实力的社团。由潮籍人组成的宗亲会所有欧阳氏宗亲总会、六桂堂宗亲总会和龙岗亲义总会等，共56个。泰国客属总会，其影响仅次于潮州会馆。除传统侨团外，2000年7月，泰国成立首个新移民团体——华人青年商会，有会员五六百人，潮籍占80%。

（三）新加坡

新加坡华侨华人社团约有500个，粤籍全国性社团有广东会馆、南洋客属总会、潮州会馆等。其中南洋客属总会于1989年主办世界客属联谊大会，1996年主办第13届世界客属恳亲大会，恳亲大会议程包括举办客家文化源流展和学术研讨会，客家美食品尝及恳亲联欢等，各国客属人士共2800人出席。1998年，该会与香港永芳艺术基金会联合举办“孙中山与华侨国际美术展览”。至2000年有团体会员26个，个人会员4000多名。新加坡广东会馆是世界广东同乡联谊大会主要发起团体之一，2000年10月主办第一届世界广东同乡联谊大会。此外，在新加坡的主要粤籍侨团还有番禺会馆、花县会馆、增龙会馆、中山会馆、三水会馆和会宁会馆等。

（四）菲律宾

菲律宾华侨华人社团有2000多个，粤籍社团主要有广东侨团总会、广东会馆、广东同乡会、粤侨联合会、潮汕谊联会等。其中1951年成立的菲律宾广东侨团总会是该国粤籍桥团中团体会员最多的社团，1986年在马尼拉建有新会所，至2000年属下有团体会员40个。其活动宗旨是：对内互相扶持，共荣共存；对外融入主流社会，开展与祖籍国的友好往来。该会每年都组织经贸考察团赴中国访问。1998年，有53名广东劳工流落菲国南岛山区，理事长陈武虎及总会各领导人前往探访并资助他们分批回国。1997年成立的菲律宾粤侨联会，属下有团体会员16个，会务以文化教育活动为主，1998—1999年曾4次举办文艺演出，如组织百人合唱团和中菲文艺汇演等。2000年5月应广东海外联谊会邀请首次组团赴粤，先后到广州、番禺、台山、深圳等地作经贸考察。

（五）日本

日本华侨华人社团有300个，粤籍侨团不多。90年代仍保留的粤籍侨团有东京广东同乡会、横滨广东同乡会和兵库县广东同乡会及旅日要明鹤同乡会等。其中横滨广东同乡会举办有粤剧学习班、广东音乐欣赏会，参加者除粤籍人士外还有日本朋友。90年代成立的华侨社团，较有影响的有旅日华侨联合总会、日本中华总商会和日本崇正总会等。

（六）印支三国（越南、老挝、柬埔寨）

越南、老挝、柬埔寨于1975年有华侨华人社团280个，之后因政治原因全部停止活动。至90年代社团开始恢复。越南华侨华人有100多万人，以广东（广肇、潮州）及福建籍居多，粤籍占90%。已恢复的粤籍社团有崇正会馆、胡志明市潮州义安会馆和穗城会馆。柬埔寨有华侨华人约70万人（粤籍占80%），1990年12月成立柬华理事总会（简称华总会），为全柬华侨华人最高领导机构。该会以原五大会馆（即潮州、客家、广肇、海南、福建同乡会，其会长均为总会副会长）为基础，属下有100多个单位，柬政府对涉及华侨华人政策、权益等问题及其社团间的纠纷，都通过柬华总会办理，出版有《柬华日报》。老挝华侨华人主要为粤籍潮州人，全国性侨团有万象中华理事会，各地也成立了中华理事会。万象中华理事会办有寮都公学，1999年在校学生1000多人。

（七）其他国家

印度尼西亚在1965年后取缔华侨华人社团，至90年代末逐步恢复。粤籍社团有广肇总会、大埔乡亲联谊会、潮州乡亲公会、客属总公会、万隆客属联谊会和棉兰汕尾同乡会、惠州会馆等，其中广肇总会在全印尼有17个分会。缅甸至2000年有华侨华人社团253个，其中粤籍社团有缅甸广东公司，为缅甸粤籍华侨华人社团的最高领导机构，成立于1831年，至90年代有各会馆代表67名。其所设观音庙为粤籍乡亲祭典及联欢聚会之地。韩国华侨社团超过120个，主要侨团有韩国华侨协会总会，为韩国华侨协会的中央领导机构，成立于1962年，1979年统辖韩国各地52个华侨团体，粤籍社团有广东同乡会。

三、美洲侨团

美洲华侨华人社团有4300多个，其中北美约4000个。粤籍侨团的祖籍地主要集中在江门五邑和梅州、潮汕地区等。至90年代末，与五邑地区保持联系的侨团共427个（美国276个、加拿大151个）。祖籍中山的北美侨团65个，其中美国54个。与广州市联系密切的45个，其中美国38个。中南美洲约有侨团300个，在巴拿马、秘鲁、委内瑞拉等国，侨团的祖籍地以中山、恩平以及广州花都、白云区居多。

（一）美国

至2000年，美国华侨华人社团超过3000个，仅旧金山就有1000个，粤籍华侨华人占该市华侨华人总数（约80万人）的80%。地缘性侨团有旅美三邑总会馆、旧金山五邑同乡会、阳和总会馆、宁阳总会馆、旧金山花县总会馆、纽约宁阳会馆、鹤山公所、夏威夷中山同乡会、南加州广东同乡会、洛杉矶梅州同乡会、美国潮州总会、美国广州协会、美国兴宁同乡会、美国茂名同乡会等。而旧金山中华总会馆是美国西部最大的广东籍华侨华人社团，下属阳和、合和、人和、冈州、宁阳、三邑、肇庆7个大会馆共38个会所，地域包括广东22个市县。以粤籍人居多的社团有美国洪门致公堂、美国安良工商会、美国华商总会、美洲同源总会、美国纽约华侨衣馆联合会及纽约华人社团联合总会、旧金山华商总会等。

1982年成立的圣何塞加州华侨互助会，主要由印支华人中的广东潮州及广西籍人士组成，1987年购置永久会所，1998年将会所改造为社区活动中心，设有中文学校和各类培训班，不定期举办专题讲座（如有关华人参选等）。聘有专人管理，会所除会员外向社区开放，逢周末有数百至近千人参加活动，是旧金山南湾最大的非牟利社团组织。由祖籍花都人士刘炬燎、黄侣文等发起，于1982年在加州中部成立中华文化中心，每年开办多种中华传统文化学习班，1990年2月，该中心所建中国宫殿式会馆落成，时任加州州务卿余江月桂（祖籍花都）专程前往揭幕。1996年与广州市侨办合作，在会所举办首期华裔青少年夏令营，由广州派师资前往授课，学员除华侨华人外还有当地原住民。1995年在休斯敦成立的中国人活动中心，其运作经费来自社区捐助，中国人活动中心设有红棉粤剧社等，承办各类专业讲座及产品展销会、新闻发布会，平均每年约30场，是当地华人社区的信息资源中心。中国人活动中心图书馆的藏书超过3.5万册，有期刊30多种，音像制品近1万盘（盒），是当地规模较大的中文图书馆。

（二）加拿大

至2000年，加拿大华侨华人社团有1000个，粤籍社团有加拿大恩平总会馆、冈州总会馆、开平总会馆、惠东安会馆、温哥华禺山总公所、潮州同乡会、三邑同乡会、多伦多番禺同乡会、安省潮州会馆、域多利中华会馆、维多利亚台山总会馆及湛江茂名同乡总会等。以粤籍人居多的有洪门民治党。其中温哥华潮州同乡会成立于1987年，有会员及其眷属5000余人，积极参与当地社区服务及公益事业，曾获加拿大红十字会奖状。域多利中华会馆于1884年成立，属下27个社团，粤籍有台山宁阳会馆、中山福善堂、冈州会馆、龙岗亲义总公所、恩平同乡会、三邑同乡会、人和会馆和禺山公所等。为争取在侨居国的共同利益，从70年代末起，旅加侨团趋向团结与联合。如1979年成立的全加华人协进会，1985年成立的多伦多华人社团联合总会等。其中多伦多联合会属下有团体会员24个，个人会员6000余人。加拿大有3个较大影响力的华人文化中心，会员以中国香港移民为多。其中大温哥华中华文化中心所办中文学校有学生4000余人，教师150人，设置幼儿园到高中的教育教程，是北美规模较大的中文学校之一。该中心开设粤语班和普通话班，博物馆、图书馆面向社区开放。卡尔加里中华文化中心的主体建筑名为“霍英东大楼”，参照北京天坛祈年殿兴建，所设图书馆有中文藏书4万多册，年客流量为25万人次。

（三）巴拿马

至2000年，巴拿马华侨华人有16万人，95%为广东籍（其中祖籍花都又占70%）。华侨华人社团有50个，全国性社团为中华总会。传统社团有花县同乡会、古冈州会馆、中山同乡会、鹤山公所、三邑会馆、清远从化同乡会等。其中花县同乡会成立于1921年，1986年在巴京郊外建成占地面积3公顷的“花县公园”，为会员开展体育、娱乐及联络服务场所；2000年年初又在巴拿马市商业中心购置新会所。组建有“花县醒狮团”，逢巴国国庆或嘉年华活动等，当地政府及工商企业都邀请醒狮团助庆。至90年代，巴国又成立一批新侨团，如四邑华侨联谊会、委省华人工商联谊会、奇里基华人工商联谊会及华侨青年联合会等。其中1999年成立的巴拿马华人工商总会，联合全侨主办中国国庆活动，邀请中国文艺团体到巴演出，并从中国聘请中文教师赴巴任教，出版有《商业指南》双月刊，是华人活动的协调机构。

（四）秘鲁

至2000年，秘鲁华侨华人社团有40多个，粤籍社团较多。主要社团有中华通惠总局、番禺会馆、花邑会馆、中山会馆、中山隆镇隆善社、古冈州会馆、鹤山会馆和利马客籍会馆等。中华通惠总局成立于1886年，为全国性华侨总机构，1986年9月举行成立100周年庆典活动，其时在全秘鲁有属会30个。总局设总理事会，其中中山、番禺、古冈州、花邑、鹤山、龙岗等会馆为当然理事，历届领导亦由粤籍广府人担任。该会还致力于华侨及当地慈善公益事业，80年代曾5次以全秘鲁华人名义公开筹款捐给政府，用于赈灾及兴建儿童医院和康复中心。其中1982年秘鲁北部大水灾，总会在短时间内就筹得赈灾款2800万索尔，受到政府和舆论界的好评。开设有免费诊所为贫困侨胞免费送药治病，并举办太极拳和西班牙文培训班等。

（五）墨西哥和厄瓜多尔

至2000年，墨西哥华侨华人有6万人，以粤籍居多。华侨华人社团40个，主要社团有蒂华纳华侨协会、三邑会馆（南、番、顺）、下加省中山总会、海晏公所、龙岗公所、中华会馆等。当地有40万华裔（粤籍后裔为主），主要社团有墨华协会、中墨联谊会。至2000年，厄瓜多尔有华人及华裔17万人，粤籍居多。社团20个，主要社团有华侨华人总会、厄中商会等。墨西哥、厄瓜多尔两国华裔社团成员普遍受过良好教育，在当地政府、科技及教育、医疗等部门工作，融入主流社会，对中华民族有认同感。

（六）其他国家

至2000年，阿根廷华侨华人有6万人，以江浙及福建人为多。华侨华人团体50个，属80年代成立的5个，其中广东同乡会于1999年5月成立。哥斯达黎加在90年代成立的粤籍侨团有3个，分别是广东同乡联谊会、中山同学会和中山同乡会。至2000年巴西有华侨华人社团100个，主要社团有中华会馆、华人协会，粤籍社团有巴西广东同乡总会、崇正总会、里约热内卢中华会馆、台山晏侨互助会等。至2000年牙买加有华侨华人3万人，多为广东东莞、惠阳、宝安人，华侨华人社团5个，主要社团有致公堂、中华会馆等。至2000年苏里南有华侨华人4万人，华侨华人社团4个，主要社团有广义堂、中华会馆等。特立尼达和多巴哥有中山同乡会。

四、欧洲侨团

欧洲华侨华人社团约有570个，粤籍（潮州、广肇、客属）社团较多。其中洲际性社团22个，占世界洲际侨团总数的57.8%。粤籍洲际社团有欧洲崇正总会联合会、欧洲粤剧研究会等。1992年5月，欧洲华侨华人社团联合会成立，会员有15个国家54个团体。

（一）法国

至2000年，法国华侨华人约有30万人，其中潮籍15万人，多属70年代末由印支三国进入的移民。华侨华人社团约40个，其中最具影响的是1986年5月成立的法国潮州会馆，有会员2000余人，并在马赛、里昂设有分会，是法国最大的越柬老华人团体。在巴黎13区置有1000平方米会址，内设综合活动场所及佛堂。曾主办1991年在巴黎举行的第六届国际潮团联谊年会。1994年该会与中国佛教协会、中国海外文化交流协会及《欧洲时报》联合主办"中国佛教文化展"，出版有《潮州会馆会刊》和《法国潮讯》，建有"法国潮州会馆"网站，开办有中文、电脑培训和潮剧、潮州锣鼓队及夏令营等活动，吸引众多华裔青少年参加。以潮人为主的社团还有法国华裔互助会（1982年5月成立，是越棉寮难民到法国后最早成立的社团）、百华联谊会和华裔融入法国促进会等。在80年代后成立，以广府人为主的社团则有旅法广肇同乡会、番禺富善社等。

（二）英国

至2000年，英国有华侨华人30万人，以深圳宝安及中国香港移民为多。华侨华人社团120个，主要社团有英国华人社团联合总会、英国侨团联合总会、伦敦共和协会、伦敦华侨互助工团、伦敦华埠街坊会、曼城华人社团联合会、苏格兰华人社团联合会、英国崇正总会、英国华商总会等。1960年成立的华人社团联合总会为全英侨团组织，1993年有40多个社团加入，其领导成员多为香港人，与广东往来密切。该会是欧洲华侨华人社团联合会的发起组织和团体成员之一。1968年成立的英国华商总会，宗旨是联络各行业侨胞，争取合法权益，开展公益福利事业。设有文化、劳工、商业发展等委员会，与伦敦教育部门联合举办英文班，并办有华文学校，1995年在校学生达1600人。1978年成立的华埠街坊会，设有华人社区中心（1980年始），免费为华侨华人提供咨询传译、医疗保健及文体康乐服务。每年获英西敏寺议会拨款3万英镑～4万英镑，街坊会又资助1万英镑，作社区中心经费。80年代后新成立的粤籍社团有英国惠东宝同乡会、英国崇正总会、深圳市海外华侨同乡会、旅英五邑联谊会、顺德联谊会等。至90年代，到英国的新移民增多，先后成立10多个华侨华人专业社团，如英国中医药学会、旅英工程师协会、旅英华人高新科技商业协会等。

（三）荷兰

至2000年，荷兰有华侨华人12万人，华侨华人社团60个。 1987年成立的全荷华人社团联合会（简称荷华联会），为荷兰全国性侨团组织，至2000年有团体会员50个。华联会应荷兰政府要求而成立，受政府资助（每年50万盾），其职能是加强华人与政府之间的沟通和联系，增进各华侨华人社团的交流与合作。经常举办有关中文教育、华人失业等问题研讨会，提交建议给当地政府。开设中餐厨师等职业培训班。每年出版4期《联合期刊》，介绍政府新政策法令及华人动态。荷华联会又是欧洲华侨华人社团联合会的发起组织和创始者，并担任欧华联会首届主席。1997—1998年，荷华联会受荷兰国家民康福利部委托，完成《全欧华人社会调查报告》，华联会主席毕传有（粤籍客家人） 于1999年5月呈交给欧盟副主席玻克斯坦。以粤籍及中国香港人士为多的社团有荷兰华侨协会、荷兰华人联谊会等。其中华人联谊会成立于1976年，1979年在阿姆斯特丹创办华文学校，有15个班，500多名学生，是当时最大的中文学校。

（四）其他地区

在90年代，欧洲其他国家亦新成立一批粤籍侨团，如比利时潮州同乡会、南顺同乡会，瑞士潮州同乡会，丹麦潮州同乡会等。德国有华侨华人约15万人（其中10万人是1990年后的新移民），广东和浙江籍各约占40%。侨团约80个，全国性社团有德国华商联合总会，该会有会员1500人，99.5%具有大学学历。各州、市也有华商分会。90年代成立的粤籍社团有潮州同乡会、顺德同乡会。

五、大洋洲侨团

至2000年，华侨华人社团约420个。由于80年代后到澳大利亚定居的新移民大幅增加，当地侨团的构成及其发展也发生较大变化。

（一）澳大利亚

澳大利亚华侨华人社团有300个，主要集中在悉尼和墨尔本。80年代后成立的粤籍同乡会或联谊会，有广州、深圳、中山、潮州、东莞、番禺、增城、南海、顺德、湛江以及四邑、客属等社团。以广府人为主的老侨团有澳洲侨青社、西澳中华会馆和新南威尔士州的澳华公会等。综合社团有澳大利亚华人社团联合会、华人联合会和中国公民公会。全澳华侨华人约有60万人，其中新移民53.4万人，占华侨华人总数的89%，逐渐形成8大移民团体，并因此产生一批新社团。其中粤籍人士较多的群体有：中国大陆新移民，人数约16.8万人，占华侨华人总数的28%，以受过高等教育的留学生居多，代表性侨团有潮汕青年联谊会、华人团体联合会。越柬老移民，人数约8万人，大部分为潮州籍，代表性侨团有澳洲潮州同乡会、澳洲华裔相济会等。其中潮州同乡会有会员约1000人，由律师、医生、企业主、进出口商等组成。马来西亚华人移民，人数约7万人（其中留学生6万人），祖籍多是广府和客家，代表性侨团是在墨尔本的中华协会和南澳华联会，这些社团除吸引马来西亚华人外，并与当地的广东移民及越南移民联合活动。广东要明地区移民，人数约4.6万人，主要来自高要、高明农村，到澳后从事蔬菜种植，当地有“悉尼菜农半高要”的说法，其唯一社团是在悉尼的要明同乡会。该会合股开办了泰来、和兴两家公司，在澳大利亚拥有7幢铺业商场，1幢商用大厦，除开展投资经营外，并以公司盈利资助同乡会活动。帝汶华人移民，人数约4.3万人，祖籍梅州占90%，主要社团有墨尔本的维省帝汶华人联谊会，悉尼的纽省帝汶华人联谊会等。澳大利亚侨团注重中华文化的传承。西澳中华会馆与《澳大利亚时报》数度合办体育比赛和文化活动，如中华时报杯乒乓球锦标赛、华人偶像中文歌曲大奖赛等，还请州长为获胜者颁奖。拥有可容纳数千人的活动中心，设有华语新闻广播，及3所华文学校，开设龙舟、舞狮、中国舞蹈组，吸引新移民入会，其宗旨是为华人而存在，为所有华人服务。澳洲侨青社则成立有演艺学院并每年举办中国城嘉年华会。社团活动获当地政府支持，一些华裔政界人士并兼任社团领导，如帝汶华人联谊会会长赖利贤（雅拉市议员）、西澳中华会馆会长陈和水（曾任联邦政府产业局西澳分局局长）。

（二）新西兰

新西兰华侨华人社团有100个，集中在奥克兰和惠灵顿，粤籍社团主要有番花会馆、四邑会馆、冈州会馆、东增会馆、广州郊区侨联会、中山同乡会、客家同乡会和潮州联谊会等。以粤籍广府人为主的社团有华人圣公会、华侨联合会、华侨农业总会、屋仑华侨会所和惠灵顿华侨体育文化中心。新西兰华侨联合会为全国性华人社团，成立于1937年，1989年有会员1.4万人，在各地有18个分会、支会。总会主席由10名执委轮流担任。70年代始设有奖学金，奖励品学兼优的华人子女。90年代开始，大批移民进入新西兰，至2000年华侨华人人数从1991年的3.8万人增至10万人，且其中不少为留学生或专业人士。原有传统侨团的一些活动或管理形式不能适应新移民要求，各类新社团如新西兰华人科学家协会、华商协会、华人学者联谊会等先后成立。一些新侨团的会员由多界别人员或团体组成，如新西兰中国团体联合会（1999年成立），共有19个团体会员，包括奥克兰中区华人协会、华人教育协会、现代中文学校、新西兰华商协会、中国留学生团体联合会、职业华人协会，都市之声电台等。

（三）其他国家

法属波利尼西亚有华侨华人社团6个，其中粤籍社团有番禺同乡会、南海同乡会（南海籍华人1000多人，自然成为会员）及中山同乡会。斐济有华侨华人社团10个，主要有华人教育委员会、中华俱乐部及东莞同乡会。大溪地的社团有中华会馆和中山会所。

六、非洲侨团

至2000年，非洲华侨华人有18万人，华侨华人社团260个，集中在南非、毛里求斯和马达加斯加等国，以顺德、南海及梅州籍居多。

（一）南非

南非华侨华人约有10万人，华侨华人社团有100个，祖籍顺德的华人占70%。1998年元旦中国与南非建立正式外交关系后，该国社团与中国内地公开往来。南非中华总公会是全国性的华人社团组织，有9个省成立中华会馆。南非中华工商联合会是由中国内地新移民组成的业缘性社团，成立于1996年9月，其宗旨是认同一个中国，促进会员对中国与南非间的经贸往来与文化交流，首任会长陈裔桥，1997年有会员600多人。90年代后成立的社团还有粤港澳总商会和顺德联谊会（1997年成立，绝大部分为顺德乐从人）等。

（二）毛里求斯

毛里求斯有华侨华人约4万人，社团约100个，梅州籍占80%，老侨团有仁和会馆、南顺会馆、客属会馆、华联会、中华总商会等，其中成立于1874年的仁和会馆是毛岛华人社会中最有影响的客籍社团，以支持发展华人文化教育和扶危济困为宗旨，至1993年仍每月给200多户老贫侨各发30卢比的补助金。南顺会馆是毛岛历史悠久（1884年成立）的社团，由南海、顺德人组成，至80年代依然活跃。该馆属下有培英礼堂、培英武术醒狮训练中心，并聘请佛山市武术师前往任教。南顺会馆为当地华人社团中产业最多一个，其所建的协天宫、关帝庙和天后庙，每天向游人开放，成为当地旅游景点之一。毛里求斯华人社团联合会（简称毛华联会）成立于1988年10月，为毛岛华人社团代表性机构，属下有20个社团，成立时毛国总理贾格纳特致辞祝贺。毛华联会于1992年参与筹备召开第一届世界华人研讨会，还组织龙舟比赛和有万人参加的嘉年华大游行。在1997年7月1日香港回归时举行千人酒会并参与举办中国商品展销会。1998年筹组成立印度洋华人社团联合会。八九十年代，新成立的社团还有毛里求斯华人妇女联合会、新中国学会、中国文化中心和毛华协会等。

（三）其他国家

马达加斯加有华侨华人1.2万人，祖籍为南海和顺德。华侨华人社团30个，主要有塔马塔夫省华侨总会（原名南顺会馆）、京城华侨公社、马达加斯加华人体育协会、华商总会等。法国海外省留尼汪有侨团25个，华侨华人约2.5万人，祖籍多为梅州、南海、顺德。主要社团有中华总商会、关帝中华文协会、华联会、中华文化促进会和南顺联谊会。其中中华总商会为该岛最高侨团，会员以每一华人商店为单位。关帝中华文协会已有80多年历史，1980年重组，有会员2000多人，以客籍人为主。主要活动有举办中文补习班，开展太极拳等体育活动，每年聚祭关帝诞辰，接待中国内地和中国台湾访问团等。塞舌尔群岛有华侨联合会，旅塞侨胞均可入会，90年代初有会员600多人。此外，2000年10月并成立非洲首个潮籍团体——非洲潮人联谊会。

七、港澳地区

港澳地区以粤籍人士为多，至2000年各类社团约1.4万个。由于其所处的独特地理位置和实行自由港政策，故长期扮演着移民中转站的角色。60年代前后，有大批东南亚华侨华人因侨居国排华而移居港澳；八九十年代，众多港澳居民移居外国，仅1985—1990年就有21.4万，不少人在取得居留权后又返回香港、澳门，故港澳地区华侨华人众多。主要侨团有香港华侨华人总会、香港侨友社和澳门归侨总会、缅华互助会等。港澳侨团与世界性华侨华人社团有着广泛联络，与广东省内各市县侨务和有关部门密切往来。不少国际性侨团的年会在港澳召开，如首届世界伍氏宗亲恳亲大会（1980年，香港）、首届国际潮团联谊年会（1981年，香港）、第五届国际潮团联谊年会（1989年，澳门）、首届国际客家学会年会（1992年，香港）等。而广东各地不少涉及华侨华人、港澳同胞参加的活动，亦选择在香港、澳门举行，如春茗、经贸洽谈、拜会荣誉市民等。

（一）香港

至2000年，香港有归侨8万人～10万人，侨界社团60个。全体性侨团有香港侨友会和华侨归侨侨眷华人总会（简称华侨总会），区域性侨团有缅华互助会、缅甸归国华侨联谊会、新马华人联谊会、邦加侨友会和新界华侨联合会。这些侨团多在80年代后成立。此外，还有众多的校友会，如中山大学、暨南大学和广州华侨补校香港校友会等。其中香港华侨总会成立于1993年12月，由238名香港侨界知名人士及10多个侨团负责人倡议组织，其宗旨是爱国、爱乡、爱港，为侨界说话、为侨界服务、为侨界谋福利、为侨界争权益。设理事会和基金会，有会员1000多人。1996年1月与香港中华总商会等社团共同筹办“庆祝特区筹委会成立文艺晚会”。同年9月又会同侨界38个社团，成立香港侨界迎接香港回归祖国筹备委员会并开展系列活动，其执行主席由总会首任理事长古宣辉担任。香港侨友社于1981年12月组成第一届理事长，1982年成立“侨友社有限公司”，其后又陆续办有侨友企业公司、印刷厂、医疗中心、中医治疗院及业余艺术团。其主要工作有宣传中国改革开放政策，关心社会事务及侨友权益，介绍侨友就业，开展文体活动等。出版《侨友通讯》，至1996年共出版73期。

（二）澳门

至2000年，澳门有归侨4万人。主要侨团有澳门归侨总会、缅华互助会、柬埔寨华侨联谊会、非洲华侨俱乐部等。其中澳门归侨总会成立于1968年，首届和第10届主席为梁雪予（即梁披云），至90年代末有会员3000多人，来自缅甸、印尼、柬埔寨等40多个国家，其宗旨是，发扬热爱祖国传统，维护归侨正当权益，促进归侨团结互助，开展归侨福利文教活动。该会成立后就简化华侨进出澳门手续和到澳门定居事宜，多次派代表向当局交涉，并于1985—1986年获得解决。开办有医疗诊所及各类培训班，为归侨及街坊服务。1996年起发行季刊《澳门侨讯》。澳门缅华互助会，成立于1971年，至90年代末有会员1000多人。在澳门先后举办9届泼水节，2000年1月主办庆祝澳门回归祖国和首届世界缅华同侨联谊大会，与广东各地往来密切。出版《缅华会讯》。设奖学金（已颁11届），鼓励缅华子弟读书。

八、跨国、跨地区的国际性侨团

粤籍国际性侨团共19个，80年代之前成立的有3个：世界龙岗亲义总会（1960年）、世界客属总会（1971年9月）、广州大学全球校友恳亲大会（1976年），80年代后成立的有16个：国际潮团联谊年会（1981年10月）、世界越棉寮华人团体联合会（1983年12月）、世界中山各中学恳亲大会（1989年11月）、世界广东同乡总会（1990年10月）、世界丰顺同乡联谊会（1992年12月）、世界东安（东莞、宝安）恳亲大会（1992年）、世界惠州同乡恳亲大会（1994年4月）、世界番禺乡亲联谊会（1994年10月）、世界大埔同乡会（1995年10月）、世界顺德联谊总会（1995年10月）、世界中山同乡恳亲大会（1996年9月）、世界台山籍乡亲恳亲大会（1997年10月）、世界江门五邑乡亲恳亲大会（1997年10月）、世界兴宁乡亲恳亲大会（1997年12月）、世界会宁乡亲联谊大会（1999年12月）、世界广东同乡联谊会（2000年10月）等。

宗旨与性质。其宗旨为：促进宗亲或同业的亲善友谊，增进团结合作；发扬中华文化优良传统，增进工商贸易交流，共谋经济福利事业的发展。社团的性质呈多元化，除传统的地缘、血缘性社团外，还有业缘性及其他类型的社团出现，如世界华商大会（1991年）、国际客家学会（1992年）和世界华人作家协会（1992年）。而世界中山各中学恳亲大会和越棉寮华人团体联合会等社团，既有地缘性质，又含特定群体，已区别于传统的地缘性社团。

活动方式。与原有一国或地区的老侨团比较，新成立的国际性华侨华人团体，社团基础更雄厚，其活动制度健全，年会规模也越来越大。如世界客属总会，每两年在海外华埠轮流举行大会，1971—1996年已在各国和地区举行13届。国际潮团联谊年会于1981年召开时，仅有10个代表团662名代表到会，到1989年举行第五届年会时，已有26个国家的1400多名潮籍人士出席。由于社团会员分布世界各洲，因此，会更多利用网络资讯及会刊联谊会员、宣传会务，通过大会传媒及参与大型经贸、文化活动，扩大社团的国际影响。其中世界广东同乡联谊会秘书处所公布的联络方式包括：出版会讯，通报乡情；建立网络，提供商机；组团互访，促进经贸文化的交流与合作等。组团到中国内地考察，成为一些国际侨团年会的重要内容。如1993年11月由香港中华总商会主办的第二届世界华商大会，有22个国家近1000名华商参加，应大会主办人霍英东先生邀请，到会代表分为4个考察团，分别到珠江三角洲各市参观考察。1994年7月第二届世界东安恳亲大会在香港举行，大会期间亦组织600名与会代表，参观东莞市各镇投资环境及科技文化工程。

中国侨乡代表参与国际性侨团活动，始于80年代末。随着中国对外交往的扩大，涉及海峡两岸关系等政治因素逐步淡化，一些从未有大陆人士参加活动的国际社团，开始邀请祖籍地政府或侨务部门派代表与会。1988年10月，世界客属总会第九次恳亲大会在美国旧金山举行，省侨办组织梅州市山歌团前往，这是中国内地侨界人士首次组团参加国际性侨团活动。1989年在澳门举行的国际潮团联谊会第五届大会，邀请粤、桂、京3省市潮籍代表团共123人参加。至2000年，由省侨务部门及梅州、汕头、汕尾、广州、中山、惠州市等组织的代表团，先后16次出席由粤籍国际侨团在海外华埠举办的活动，其中90年代有13次。通过参与活动，宣传广东及各地侨乡的改革开放面貌及投资环境，增进海外侨胞对中国内地特别是广东的了解，从而为在粤举行国际侨团会议打下基础。汕头市自1989年始分别组团出席国际潮团联谊会第五届至八届大会，取得第九届年会在汕头召开的主办权。2000年10月由广州市原市长黎子流为总团长的广东省代表团，应邀赴新加坡参加首届世界广东同乡联谊大会，并取得第二届广东同乡联谊大会在广州召开的主办权。

九、在粤举行的国际性侨团活动

改革开放后，不少世界性侨团希望与祖籍地建立联系。各地政府则希望通过主办活动，增进乡谊，宣传本地投资环境，促进对外经贸文化的交流与合作。从80年代末至2000年，共有世界客属联谊会、江门五邑乡亲恳亲大会及国际潮团联谊会等17个社团，在粤举办21次大会。

省政府和侨务部门对华侨华人社团在粤举办活动予以支持并规范管理，1996年12月经省政府同意，省侨办、省人民政府外事办公室联合下发文件，规定主办（承办）世界性、区域性华侨华人活动，归口省侨办管理。各市、县及省直单位主办（承办）此项活动，要提前一年提出申请。1997年后在广东各地主办的活动，已按上述规定办理。

最早主办国际侨团活动的有中山市和梅州市。1989年11月，世界中山各中学恳亲大会在中山石歧镇举行，大会由美国旧金山、夏威夷两地中山全县中学同学会联合倡议，以“尊师爱校，共叙情谊，携手前进，振我家邦”为宗旨，来自美洲、大洋洲和亚洲16个国家和地区，以及国内的中山校友1300人参加。这是首次在粤举行的世界性社团活动。同年12月，世界客属联谊大会在梅州市召开，全国政协副主席钱伟长、广东省长叶选平等出席。

90年代在粤举行的国际性侨团活动共19次。包括第二十四届世界钟灵校友嘉年华会（1992年11月，广州市）、第七届世界梅氏宗亲大会（1994年9月，广州市）、世界番禺首届旅外乡亲恳亲大会（1994年10月）、第六届世界梅氏宗亲大会（1994年10月，广州市）、世界客属第十二届恳亲大会（1994年12月，梅州市）、世界丰顺同乡联谊会第二届大会（1994年12月）、首届世界大埔同乡联谊会（1995年10月）、第二届世界惠州同乡恳亲大会（1996年10月）、世界台山籍首届恳亲大会（1997年10月）、第二届世界大埔同乡联谊会（1997年10月）、首届江门五邑乡亲恳亲大会（1997年10月）、第九届国际潮团联谊年会（1997年11月，汕头市）、世界兴宁同乡第一次恳亲大会（1997年12月）、世界顺德联谊会首届恳亲大会（1998年）、世界番禺第二届旅外乡亲恳亲大会（1998年10月）、海外李氏宗亲总会第七届恳亲大会（1999年，台山市）、第三届世界大埔同乡联谊会（1999年11月）、第三届会宁乡亲联谊大会（1999年12月，四会市）、世界兴宁同乡第二次恳亲大会（1999年12月）等。将首届活动安排在广东本土的，有番禺、大埔、台山、江门、兴宁、顺德等县市的国际性侨团。

出席国际性侨团活动的代表，来自世界各国及中国内地有关部门，会议内容多与经济文化交流结合。其中1994年在梅州召开的世界客属恳亲大会，来自美洲、欧洲和东南亚30多个国家和地区共80多个代表团的嘉宾和国内各界人士1900多人参加大会，李鹏总理为大会题词：发扬客属传统，振奋民族精神。中共中央政治局委员、省委书记谢非，全国人大常委会副委员长王光英、全国政协副主席叶选平、广东省省长朱森林等领导出席。大会期间举行梅州市10项重点工程落成剪彩或奠基典礼，梅州市经济建设展暨经贸洽谈会以及世界客属书画家作品展等。海外客属乡亲为家乡公益事业捐资6000多万元，签订投资意向或合同60亿元。1997年在汕头召开的国际潮团联谊年会，有25个国家和地区及国内各省市的86个代表团共3255人到会，其中马来西亚潮州公会联合会的代表团就有370人。中共中央政治局常委、全国政协主席李瑞环，中共中央政治局委员、省委书记谢非，国务院侨办主任郭东坡等出席，法国总统希拉克、加拿大总理克雷蒂安及美国众议院议长金里奇发来贺电（函），国内外50多家新闻媒体予以报道，中央电视台和广东电视台进行现场直播。

番禺市两度主办世界番禺旅外乡亲恳亲大会，恳亲大会期间均举行授荣仪式及工程项目剪彩庆典，其中1998年10月召开的第二届大会，有38个海外社团共2500人出席。兴宁市于1999年召开的第二次恳亲大会，增加经贸洽谈活动，共有28个项目签约，总金额为5.06亿元。

第三章　侨乡与归侨侨眷

第一节　侨乡

一、概况

广东侨乡的分布格局从地域文化的角度分为粤语系侨乡、潮语系侨乡和客家语系侨乡，这三大侨乡既是广东的重点侨乡，也是中国的重点侨乡。粤语又称广府话、广州方言、白话，所流行的地区分为广府片、高廉片、罗广片、四邑片，90年代末全省使用粤语的人口近4000万人。潮语即是潮汕方言，使用的范围有汕头市、潮州市、揭阳市，汕尾市、丰顺县部分辖区，90年代末全省使用潮汕方言的人数大约有1200万人。客家语也称客家方言，以梅州话为代表，流行的区域主要包括梅州市、惠州市、河源市以及东莞、深圳、韶关、清远、汕尾的部分地方，90年代末全省使用客家方言的人口约1400万人以上。

广东三大侨乡从历史、文化、语言、习俗、移民及其海外分布等方面都存在差别。粤语系侨乡的海外移民分布范围较广，并在北美占有较大比例，例如江门籍华侨华人分布的国家和地区多达107个。潮语系侨乡和客家语系侨乡的移民主要集中在东南亚地区，70年代印支难民潮后，欧洲、北美和澳大利亚等成为潮汕籍华人新居住地，尤其法国巴黎十三区更是潮汕籍印支难民集聚的地方。改革开放后，三大侨乡民众之间的流动显著增加，尤其是潮语系侨乡与客家语系侨乡的人民较多的流向粤语系侨乡，但这些交流没有改变三大板块的基本格局，三大侨乡依然保持着鲜明的特征和区别。

广东侨乡从类型来说分为乡村侨乡和都市侨乡两大类别，其中，都市侨乡是区域侨乡的中心。广州是粤语系区域侨乡的中心，汕头是潮语系区域侨乡的中心，梅州是客家语系侨乡的中心。改革开放后，随着广东行政区域的重新划分、各地对外交往渠道的拓展和社会经济的不平衡发展，广东侨乡出现区域侨乡细化划分的现象，在每一个大的方言侨乡下又形成较小的区域侨乡，并随着城市化的迅猛发展出现更多的都市侨乡。在广东的都市侨乡中，深圳和珠海成为经济特区后，迅速崛起成为一个大中型城市，并吸引大批外来人才，尤其是许多海外华人专业人才纷纷落户深圳和珠海，许多在深圳、珠海的外来人才到国外留学或移民国外，使深圳和珠海侨情发生新的变化，深圳和珠海成为改革开放后广东重要的新兴都市侨乡。

广东侨乡有重点侨乡与一般侨乡之分。重点侨乡之下包括有一般侨乡，如重点侨乡梅县，下辖26个镇和1个办事处，其重点侨乡镇只是南口镇、白宫镇、松口镇、西阳镇、丙村镇、隆文镇、松南镇等。一般侨乡包括有重点侨乡，如肇庆市属下的高要市回龙镇，总人口2.5万人，但在澳大利亚的乡亲就有3.5万人。云浮市云城区云城街，总人口11万多人，其中归侨侨眷7万多人。茂名市属下的信宜市水口镇，总人口6.7万人，其中归侨侨眷港澳眷属约2.2万人，海外华侨华人2万多人。改革开放后，广东向外移民源源不断，但这些移民本身来自侨乡，主要是依靠原有的侨属关系而移民境外，广东很少出现其他省市那种由于有大量新移民而使原来的非侨乡蜕变成侨乡的现象，广东侨乡历史上形成的重点侨乡与一般侨乡的分布格局基本没有变化。

1979—2000年，广东侨乡以90年代为界分为两个阶段：90年代前是第一阶段，90年代后是第二阶段。第一阶段，广东侨乡通过大力落实侨务政策，争取侨心，引进海外资金、技术、人才，推进侨乡的现代化建设，并取得巨大的成就，侨乡成为外资进入中国的着陆点和向中国内地辐射的桥头堡。侨乡经济社会建设不但走在全省的前面，也走在全国的前面。侨乡的对外关系取得重大的进展，开创了对外开放的全新局面，探亲寻根潮、捐赠潮、投资潮推动海外华侨华人与侨乡关系的全面发展。第二阶段，由于从80年代末到90年代初，广东陆续进行行政区域的调整，原来侨乡边界发生变化，如潮语系侨乡由于分成汕头、潮州和揭阳三个平级行政区，使原来侨乡的完整性受到影响，区域侨乡出现细化的趋势。这类情况在三大侨乡都存在。随着经济社会的发展，原来针对华侨、归侨侨眷的优惠政策如短缺物资供应、出国便利等失去以往的实用意义。侨乡经济的发展，吸引了大量外来人口，侨乡成员与侨乡文化更加趋于多元化，广东侨乡中非原籍的华人以及非原籍归侨侨眷人数有所增加，尤其在广州、深圳、珠海等都市侨乡比较明显。由于广东的新移民较多是以家庭团聚的形式出国，在一些重点侨乡如江门台山市出现因为新移民家庭整个外迁而造成村庄“空巢化”现象。在这一阶段，由于华侨农场属地化改革结果，华侨农场开始侨乡化。广东的华侨农场多达23个，分布在比较偏僻的地方，属于从外面移植过来的侨乡，其归侨不是本地的原住民。随着华侨农场融入地方步伐的加快，华侨农场变成当地一个新侨乡。

侨属、涉外及涉港澳婚姻、侨汇、侨房是侨乡几大基本内容，这几大内容在新时期都发生了较大的变化。

侨属（包括港澳同胞眷属）。侨属在改革开放后出现两个方面的变化：第一是侨属群体社会影响力有所下降。侨属在侨乡中是一个引人注目的群体，他们拥有一般人没有的侨汇、洋货以及海外关系，有的在海外亲友帮助下建起侨房。侨属还是海外文化的传播者，海外文化以及流行元素通过侨属这个群体在侨乡传播开来。但是，随着侨乡经济的发展，全球化和现代化传播媒体的影响，侨乡与世界潮流同步前进，侨属很难像过去那样起到引进和引领社会新潮流的作用。第二是侨属在政策引导下兴起大办侨属企业的浪潮。改革开放后，在国家有关政策支持和鼓励下，广东各地侨乡的侨属掀起利用侨资和境外亲友赠送设备兴办企业的热潮，促进了侨乡经济的发展。侨属企业的兴起是新时期侨乡一个重要的发展，为侨乡侨属与海外亲属的关系注入新的活力。

涉外及涉港澳婚姻。改革开放重启侨乡对外交往的大门，强化海外与侨乡之间的交往。侨乡一些适婚青年通过各种途径与华侨华人及港澳同胞结成夫妻，涉外及涉港澳婚姻成为新时期侨乡一个重要现象。在广州，1979年登记的涉外及涉港澳婚姻是1952对，其中港澳1928对，华侨华人24对，到1982年，涉外及涉港澳婚姻上升到3068对，其中华侨223对，华人235对，港澳2376对。涉外及涉港澳婚姻一个突出特点是内地以女青年占绝大多数，境外及港澳地区以男性居多，男女年龄相差10岁～20岁者较多。1978—1986年，广东全省共办理涉外及涉港澳婚姻登记97376对，其中华侨1866对，港澳同胞10267对，其余为外国人、外籍华人。他们主要来自美国、英国、加拿大、南非等国。广东涉外及涉港澳婚姻较多发生在五邑侨乡。在台山，1979—2000年登记的涉外及涉港澳婚姻共18765对。起初，台山侨乡的涉外及涉港澳婚姻对象主要是港澳同胞，跟广州市的情况相同，如1979年港澳同胞回乡登记结婚的人数是385人，华侨华人只有13人。1985年后，华侨华人回乡登记结婚明显增多，其中以美国华侨华人为主体。此后，华侨华人回乡登记结婚的人数均超过港澳回乡登记结婚的人数。2000年，港澳同胞占227对，华侨华人占552对。

侨汇。侨汇是侨乡社会的主要经济支柱和华侨与侨属联系的纽带，它改善了侨属的日常生活，促进了侨乡的商业经济，推动了侨乡的社会建设。例如，重点侨乡兴宁市从1978—1999年经过银行汇入的侨汇有2835.5万美元，同期梅州市梅江区经银行汇入的侨汇也有9800万美元之多。在改革开放初期，广东侨汇有了较大的发展，国家专门制定相关政策，以开设侨汇商店、提供紧缺商品等方法鼓励侨汇流入和使用，因此在80年代末以前，广东各地接受的侨汇数额都比较大。从1979—1987年，梅县的侨汇收入4617万美元，其中1982年的侨汇达1259万美元。80年代末以后，随着对外联系方式的多样化和便捷化，通过国家银行汇入侨乡的侨汇逐渐减少，尤其随着中国金融业对外开放程度的不断扩大和中国社会经济的不断发展，侨汇不再像过去一样成为侨乡社会的主要经济支柱，国家也不再像过去一样专门制定政策，鼓励和奖励侨汇的流入。虽然侨汇继续存在，但侨汇作为传统的侨乡优势已经不再明显。改革开放后侨汇的变化，首先是通过银行等机构汇入的侨汇数量变化，其趋势是先升后降。例如台山在1980年侨汇收入3600万美元，至1988年只有577万美元。惠州市的惠城区，1979年的侨汇收入有180.04万美元，1981年起开始下降，到1988年只有3.41万美元。侨汇通过银行等机构汇入的减少，原因是多方面的，如在汇款形式上以钞代汇、以物代汇等，在实际情况上是侨属生活水平的提高，对外的依赖减少，在宏观背景上是国家逐步放开外汇的买卖等。其次是侨汇用途多样化。历史上一向以赡家为主的侨汇，80年代中期以后已明显让位于以建筑侨汇为主，侨眷多把侨汇投放在开发性生产，变成侨乡建设的生产性资金。第三是地位的变化。改革开放后，侨汇在侨乡社会经济生活中的重要性被港澳台和华侨华人资本所取代，港澳台同胞和华侨华人在侨乡的投资促进了侨乡经济的发展，改变了侨乡的经济社会面貌。

1979—1989年汕头市侨汇收入统计表

表3-1-1　　　　单位：万美元

年份	金额	年份	金额	年份	金额	年份	金额
1979	6203	1982	3211	1985	912	1988	374
1980	4664	1983	2787	1986	855	1989	304
1981	3225	1984	1924	1987	545	—	—

侨房。侨房是华侨华人在家乡的文化之根，也是侨乡社会的主要特征，尤其是中华人民共和国成立前建造的侨房已经成为侨乡的人文景观。在改革开放初期，落实侨房政策以

及以促进侨汇为目的而鼓励建造侨房的政策带动了侨房的建设。在城镇，国有房地产公司成为侨房建设开发的主力，国家为了吸引侨汇，实行侨汇购房入户等优惠政策，广州、深圳、汕头、珠海、佛山、中山、江门、梅州等侨乡成立华侨房地产开发公司，开发面向海（境）外的华侨新村和住宅区。广州市华侨房屋开发公司在1979—1995年先后与外资及其他公司合作开发的侨房有流花华侨新村、侨爱花园新村、侨翠苑、侨苑、侨福苑、侨宏大厦、侨辉大厦、侨兴苑、番禺大石侨苑等，建筑面积60.18万平方米。在农村侨乡，侨属利用侨汇建房的人数更加多。

二、经济发展

新时期广东侨乡的社会经济面貌发生巨大变化。广东是中国实行改革开放政策后首先对外开放的地区，拥有深圳、珠海、汕头三个经济特区，广东侨乡的经济发展速度和对外开放水平都在全国名列前茅。广东人均国内生产总值从1979年的409元增加到2000年的12885元。2000年，广东国内生产总值9662亿元，占全国的10.8%，外贸出口总额919亿美元，占全国的36.9%，实际利用外资146亿美元，占全国24.6%。

改革开放前，广东侨乡经济基本上以农业为主体，工业化程度很低，改革开放后通过大力引进外资，推进工业化建设，发展服务业，使三大产业结构发生重大的改变。1979年，广东三大产业结构比例是31.8%：43.8%：24.4%，到2000年第一产业占10.3%，第二产业占50.4%，第三产业占39.3%。

在三大侨乡当中，粤语系侨乡的珠江三角洲地区经济最为发达，广东经济发展“四小虎”南海、顺德、东莞、中山均位于粤语系侨乡之内。2000年，广州、深圳、佛山、中山、江门、东莞和珠海的国内生产总值占全省的61.3%，汕头、潮州、揭阳的潮汕语系侨乡占9.73%，而梅州、河源和惠州的客家语系侨乡占6.96%。

三大侨乡在经济发展中形成不同的特色。粤语系侨乡尤其是珠江三角洲地区的粤语侨乡形成了以高新技术产业为支撑，以汽车制造、电子产品、家用电器、机械制造、信息电子电讯、建材家具、涂料、有色金属加工、纺织服装等为特色的现代化工业体系，成为中国和世界闻名的加工制造业基地。东莞市的经济实力居全国地级市的前列，2000年全市国内生产总值约492.71亿元，出口总值171.59亿美元，实际利用外资16.47亿美元，三大产业结构比例为6.31%：54.62%：39.07%，基本实现了农村工业化、城乡一体化。佛山市2000年国内生产总值957.2亿元，人均国内生产总值28932元，三大产业结构比例是6.9%：52.8%：40.3%。至2000年年底累计全市实际利用外资金额96.9亿美元，批准成立“三资”企业5305家。属下的顺德与南海均名列全国百强县（市、区）的前茅。中山市2000年国内生产总值312.82亿元，人均国内生产总值达23300元，三大产业结构比例是7.8%：54.5%：37.7%，出口总额36.77亿美元，实际利用外资64980万美元，形成以高新技术产业为龙头，家电、纺织、机械、电子、化工、包装印刷、食品、制药等20多个骨干行业为支柱，以区域特色工业为补充的轻工业体系。江门市2000年外贸出口总额298547万美元，实际利用外资78784万美元，形成化纤、化工、机械、医药、电子、建材等主要工业行业。

客家语系侨乡在三大侨乡中其经济社会发展水平相对稍微落后，2000年梅州市国内生产总值175.92亿元，外资出口总额29714万美元，实际利用外资9663万美元，支柱行业是卷烟、纺织、轻工、矿冶、化工、建材、电子等。河源市2000年国内生产总值91.34亿元，1979—2000年实际利用外资27.4601亿元，建立以矿冶、建材、医药、纺织、化纤、食品加工、电力、电子为支柱的工业体系。客家语系侨乡以惠州市的经济发展最快，惠州市2000年国内生产总值440.35亿元，实际利用外资10.50亿美元。初步形成以电子通讯、纺织服装、电器机械为主，食品、化工、建材、医药、电力等行业为辅的工业体系，并成为中国名列前茅的电子信息工业生产基地，是世界最大的VCD、DVD光盘生产基地，世界最大的电话机制造基地，全国最大的电工产品制造基地。

潮语系侨乡的经济发展水平处于三大侨乡的中间。汕头市2000年国内生产总值476.98亿元，人均国内生产总值10509元，外贸出口总额259612万美元。汕头市发展外向型经济、民营经济、港口经济三大特色经济，形成超声电子、纺织服装、化工、机械、食品、医药六大骨干行业。自1979—2000年，汕头市累计批准“三资”企业5000多家，实际利用外资总额76.93亿美元，其中华侨华人、港澳同胞投资的“三资”企业4400多家，实际利用外资总额67.6亿美元。揭阳市侨乡经济主要以乡镇企业为主导，以个体私营经济为特色，个体私营经济的工业产值占揭阳全市工业总产值的66%。潮州市2000年国内生产总值198.1205亿元，人均国内生产总值8102元，海关出口总额6.94亿美元。1979—2000年实际利用外资14.6576亿美元。通过实施工业立市战略，形成食品、陶瓷、服装、电子四大支柱产业，非公有制企业成为潮州侨乡经济的主体。

“无农不稳，无工不富，无商不活，无侨不快”是侨乡人民在实践中总结出来的经验。广东侨乡发挥华侨华人众多的人缘优势和毗邻港澳的地缘优势，引进海外华资（包括港澳台资本），不断深化粤港澳三地的经济合作，促进了社会经济持续快速发展。

港澳同胞在广东侨乡经济建设中起到巨大的作用，广东各地侨乡的第一家合资企业与独资企业差不多都是港澳同胞投资创办的。例如，东莞市1978年9月正式开工的第一家“三来一补”企业太平手袋厂是香港信孚手袋制品有限公司和东莞市二轻局合办的，佛山第一家“三来一补”企业顺德大进制衣厂是香港杨钊1978年创办的，中山市第一家来料加工企业莲盈毛织厂是香港乡亲毛楚坚1980年创办的，惠州市第一家“三来一补”企业惠州市塑料一厂是香港韩江针织厂1979年5月创办的，深圳市第一家合作企业竹园宾馆是香港商人刘天就1980年创办的，广州市第一家“三来一补”企业花县电子厂是香港梁国梓1979年创办的，潮州市第一家“三来一补”企业饶平新兴发品厂是香港郑金松1980年8月创办的，珠海市第一家“三来一补”企业是澳门纺织品有限公司与珠海香洲毛纺厂合办的，茂名市第一家港资企业是香港肖旺强1981年与化州县侨办合股创办的果苗场。广东侨乡正是从“三来一补”企业起步，进而发展“三资”企业，逐步建立一个面向国际市场的出口导向型工业贸易格局。

改革开放使广东侨乡走上工业化、现代化的道路。侨乡的产业结构得到重大的调整，工业产值大幅度上升，在中山、东莞、佛山、广州、汕头、潮州、揭阳等侨乡涌现了许多以产业集聚为特征的专业镇，如灯饰城中山古镇、家具城顺德乐从、锁具城中山小榄、皮具城花都狮岭、牛仔服装城增城新塘、休闲服装城中山沙溪、内衣城南海盐步等，提升了侨乡经济竞争力。在区域城市经济中心的带动下，以乡镇企业为基础，以外向型经济为特点，以商贸中心、物流中心为节点，以轻工、纺织、电子、家用电器为龙头，广东侨乡经济在新时期实行了转型，改变了侨乡经济社会面貌，侨乡人民生活水平得到前所未有的提高。

新时期广东侨乡经济建设一个重要的新活力就是侨属企业。侨属企业的兴起和发展促进了侨乡的工业化进程。广州增城新塘镇大墩村有侨属4200人（全村总人口 6500人），1985年兴办制衣、洗漂、绣花等企业79间，引进生产设备价值159万港元，安排1500多人就业，成为有名的牛仔裤系列生产村。潮阳谷饶镇总人口70%是侨属，1985—1990年共接受海外乡亲捐赠设备7200多台，创办企业300多家，家庭作坊500多个，其中侨属企业占80%，安排就业3万多人，1993年全镇工业总产值1.66亿元，所生产的文胸、牛仔服装畅销全国，出口东南亚、中东、西欧、美洲等地区，每年出口额超过2000万美元，谷饶从一个落后的农村变为经济富裕的新侨乡。侨属企业促进了侨乡的农业商品化进程。侨属利用侨汇开发荒山、滩涂，发展种植业、养殖业，进行开发性商品生产。梅县的侨属创办了不少“绿色企业”——小庄园，1990年梅县有5412个侨属小庄园，共利用侨汇910多万人民币，种植果树0.15万公顷，梅县白宫镇侨属至1994年利用侨汇1070万人民币，创办小庄园854个。侨属企业的发展改变了侨属的生活方式。台山端芬镇侨属邱福观每年有几千元侨汇，生活有保障，但他在1984年承包荒山，用侨汇投资创办果场，至1987年，除全部收回投资外，尚有2万元盈余，平均每年收入1万元，超过他的侨汇收入。侨属企业大大加强了海外华人与侨乡亲属的联系。创办企业后，侨属为了搞好生产，通过海外亲属收集有关信息，或通过海外亲属引进设备，从而使双方联系更加频繁。有的华人用自己的管理经验来帮助家乡的亲属，如梅县丙村镇侨属叶传华1983年在瑞典、毛里求斯、泰国等国亲属支持下承包东湖贸易公司，其叔父还专程从瑞典回乡传授经营经验。

三、社会发展

改革开放后，广东侨乡社会的现代化建设取得巨大的进步。

在城镇化方面。侨乡城乡人口比例发生较大的变化。2000年，广东城镇人口占总人口比例达55%，其中粤语系侨乡城镇人口比例比潮语系侨乡、客家语侨乡高一些。侨乡的城镇化、都市化取得重大的进展。1978年广州市的城乡人口比例为城镇占45.56%，农村占54.44%，到2000年，城乡人口的比例为城镇占83.79%，农村占16.21%。江门市1949年仅是个2.8万人口、建成区面积1.4平方公里的小城镇，至2000年，江门市区建成区面积已扩展到35平方公里，江门属下五邑也先后撤县设市，形成珠江三角洲西部的城市群。佛山市建成区面积在2000年年底已达37平方公里，是改革开放初期的4倍。潮州市1978年的城区面积只有4.94平方公里，2000年扩大到37平方公里。惠州市城区建成面积在2000年是30平方公里，是1978年的3.75倍。广东行政管理体制的改革促进广东侨乡城镇化的进程。梅州市建市前只有人口12万人，建成区面积8.1平方公里，到2000年城区建成面积达45平方公里，总人口33.43万人。侨乡的城镇化、都市化不但改变了侨乡的面貌，而且改变侨乡人民的思想观念。便捷的交通、与世界同步的通讯网络，大大改变原来侨乡人民的视野和行为习惯。

在社会基础建设方面。改革开放后，广东侨乡提出路通财通的观念，筑桥修路，改善和发展水电供应。广州市加强基础设施建设，实现“一年一小变”“三年一中变”。2000年，全市城镇居民人均公共绿地面积7.87平方米，环境综合指数75.7分，气化率93.55%。海外乡亲对侨乡交通事业十分重视，重点侨乡番禺仅在1978—1991年间，海外乡亲捐资用于建桥修路的款项占同期总捐资额的49.6%。佛山市通过“以路养路”“以桥养桥”“以电养电”的有偿运作方式，把交通、通讯和能源基础设施建设纳入市场轨道，实现了基础设施在建设、使用、回收、投入上的良性循环，使基础设施得到适度超前发展，建成一大批公路、桥梁、港口和码头，初步形成水、陆、空的现代化立体交通网络。广东各个侨乡的道路、桥梁、港口、通讯、能源、供水、公用事业等都取得长足的进步，广梅汕铁路的建成开通，结束了粤东侨乡没有铁路的历史。三大侨乡每百平方公里公路密度均超过省内其他非侨乡地区，主干公路完全消灭了渡口。能源建设方面，先后建成大亚湾核电站、黄埔电厂、沙角A、沙角B、沙角C、珠江电厂、湛江电厂、华能汕头电厂等一批大型电厂，有效地解决了广东原来缺电的被动局面，为侨乡经济的持续发展提供了保证。在城市建设方面，中山的城市规划按照“高起点规划、高标准建设、高效能管理”的要求，严格按规划进行城乡建设，城乡一体化建设和镇村建设成就显著，环境保护达到较高水平，1995年被命名为“国家卫生城市”，1997年获联合国颁发的“人居奖”。

在教育事业方面。2000年，广州市有各类社会力量办学机构1120所，全市初中毕业生升学率90.66%，普通高中毕业生升学率82.17%。在重点侨乡番禺，1978—1991年海外乡亲捐资办学的资金达4815.2万港元。佛山市1988年在全省率先普及九年制义务教育，东莞1995年在全省率先普及高中教育，江门市1991年实现普及九年制义务教育，潮州市是全国四个中小学德育工作先进市之一，总体上侨乡的教育水平走在全省的前列。汕头大学、五邑大学、嘉应大学、深圳大学、惠州大学等学校的创办，结束了侨乡没有高等学校的历史。广东侨乡基本形成学前教育、基础教育、职业教育、成人教育、高等教育和特殊教育等较为完备、具有侨乡特色的教育体系。侨乡教育事业的大发展离不开海外乡亲的鼎力支持，在广东各地侨乡均可以见到海外乡亲捐资兴办的学校，均有海外乡亲捐资设立的教育基金会，学校成为侨乡最漂亮的建筑。日本华侨吴桂显，为支持中山市的教育事业，不惜变卖家产，从1979—1990年先后捐资2300多万港元，修建中山华侨中学、郊区中学、员峰中学、中山师范学校、中山市中专学校、中山学院等，其中捐资创办中山学院的资金达1300多万港元。揭阳市1979—2000年接受海外乡亲捐赠总额360883.18万元，其中用于教育288634.7万元，约占80%，新建扩建学校171所，建筑面积695807平方米。潮州市由海外乡亲捐资新建的学校有322所，建筑面积832862平方米，扩建学校70所，建筑面积25246平方米，新建托儿所71所，建筑面积52678平方米。在汕头市，海外乡亲捐资兴建汕头大学，新建扩建中小学校600多所，总面积236.4万平方米，设立各种教育基金会178个，另捐资1700万多元为235所学校添置教育设备。

在文化和公益事业方面。2000年，广州市的出版、广播电视、体育等各项事业稳步发展，全市拥有特级文化馆（站）40个，一级文化馆（站）52个，二级文化站30个，国家级民族民间艺术之乡3个，省级民族民间艺术之乡18个。全市城市化水平达72.6%，信息化综合指数达57.5%。有各类卫生机构1703个，平均每千人拥有医师3.37人。群众性体育活动进一步普及，举办县区级以上运动会235次，参加的运动员66.9万人次，有85.3万青少年达到《国家体育锻炼标准》。在中山市，市级图书馆、博物馆、群众艺术馆、《中山日报》社、电台、电视台、有线电视台等文化机构和设施颇具规模，各镇区也建立了文化站、有线广播电视台（站）；民间文化艺术得到弘扬发展。体育事业成绩显著，建起了市体育场和体育馆，承办首届世界女子足球比赛、广东省第十届运动会闭幕式以及国内一些大型体育竞赛。设立了一批体育运动学校，全民健身运动蓬勃发展。江门市的卫生、体育、文化等各项社会事业取得显著进步，建成市、县、镇、村四级卫生医疗机构。出版报纸杂志10多种，广播电视覆盖率在98%以上，五邑图书馆率先实现现代化、网络化、国际化管理。佛山通过引进和培育高层次人才、密切与国内外科研院所联系、扶持企业科技进步等措施，初步建成了以企业工程技术中心（2000年，全市有2家国家级企业技术中心、19省级企业工程技术研究开发中心）和企业博士后工作站、留学生创业园为骨干，16万专业技术人员为主力，包括各层次科研机构在内的具有较强技术转化能力的科研开发体系，1998年，佛山被评为“全国科教兴市先进城市”。东莞市建立了养老、工伤、失业和医疗、生育保险，实施了市民最低生活保障线制度，新建文化娱乐场所50多万平方米，活跃人民群众的精神文化生活。侨乡的文化设施和体育设施都呈现现代化、大型化的特点，由香港霍英东捐资27.1万美元和520万人民币兴建的体育馆、体育场、游泳馆成为广州番禺的现代化体育设施。由香港顺德联谊总会捐资2071.8万港元助建的顺德体育中心占地面积7万平方米，由体育馆、体育场、射击场、网球场、训练场、体校组成，1993年，在这里举办过第11届亚洲杯乒乓球比赛。潮州市1992年建成的潮州市体育馆，是一座现代化、多功能的大型综合馆。侨乡文化公益事业一样得到海外乡亲的帮助。如泰国华人谢慧如个人先后捐资6000多万人民币，在潮州市兴建了开元寺泰佛殿、慧如公园、谢慧如图书馆、慧如艺乐宫，在汕头市兴建了谢慧如潮剧艺术中心。

四、对外交往

改革开放使侨乡对外交往发生了巨大的变化。

对外交往格局发生巨大变化。侨乡的对外交往呈现全方位的交流格局，既与海外华社发生交流又与内地各地发生交流。位于改革开放前沿的广东侨乡，其经济发展处于全国的前列，内地人才和劳工大量涌到广东侨乡，在频繁的人口移动中，侨乡文化、侨乡经验通过外来人口扩散到中国内地其他省区，同时，其他省区的地域文化又流入广东侨乡。侨乡从过去与海外发生关系为主变成同时与国外和国内发生关系，广东侨乡既接受海外文化的影响，也接受国内其他地区文化的影响，海外文化影响通过广东侨乡平台又辐射到中国内地去。新时期侨乡的对外关系从过去有限度的开放转变为全方位的开放，多个侨乡开通了直接对外口岸，侨乡民众出国探亲、旅游、留学、工作的现象越来越多和平常化。

对外交往主体发生巨大变化。改革开放前，民间私人交往是侨乡对外交往的主体，改革开放后官方公共关系也成为对外交往的主体，并起到引导的作用。民间私人交往在改革开放后，由于国家政策的照顾，归侨侨属在出国探亲、旅游、留学等方面享有便利，而华侨华人也回国回乡旅游、探亲、访问等。在80年代，侨乡与海外华社的互动，对促进广东的改革开放事业、打开对外交往的大门起到重要的作用。90年代后，随着冷战的结束，东南亚国家与中国的关系有了显著的改善，东南亚华侨华人与广东侨乡的关系随之改观。到90年代末，随着国家对外开放范围的进一步扩大以及现代通讯手段的普及，侨乡民众与海外亲友的关系更加便捷化。广东侨乡的侨属群体分为两个部分，一部分人的亲属是在中华人民共和国成立前或者改革开放前出国的，一部分人的亲属是改革开放后才出国的，前一部分的侨属与国外亲属的关系属于间接关系性质，以偶尔联系为特征，后一部分的侨属与国外亲属属于直接关系的性质，以经常性联系为特征。这是改革开放后侨乡变化内容之一。在公共关系方面，侨乡政府以及相关机构与海外华社的关系密切，其程度超过以往任何历史时期。改革开放后，“请进来，走出去”成为侨乡地方政府开展对外交往的方针，各级政府机构和社会团体组织了各种来访和出访，以联谊会、同乡大会、招商会、经贸洽谈会、产品展销会、祭祖、庆典、夏（冬）令营、传统节庆等形式有效地开展对外联络工作。1983—1996年，广州市侨办系统组团出访150批，857人次，江门地区各级侨联组织从1979—2000年就接待来访华侨华人和港澳同胞768097人次，出访148个国家和地区，共3532人次。各地侨乡由于其侨情不同，在开展对外交往方面有所不同，主要联系的国家和地区也有所不同，如江门市出访美洲地区较多，潮汕地区出访泰国、新加坡、马来西亚较多，茂名、肇庆、惠州等出访马来西亚较多，中山出访澳大利亚较多。一般而言，出访的地方要比来访的地方要多，例如惠州市侨联1979—2000年共接待来访530次，来访国家和地区有马来西亚、新加坡、泰国、印尼、美国、英国，同期出访有 250次，出访的国家有马来西亚、新加坡、泰国、美国、英国、加拿大、法国、比利时、澳大利亚、日本、韩国。官方对外交往的构建和发展，对侨乡对外交往的发展起到重要的推动作用，对促进海外华社本身的发展也起到重要的作用。例如肇庆市的四会县在1993年组织主办了第一届世界会宁联谊大会，1997年和1999年又接着主办第二届、第三届联谊大会，这对整合海外四会、广宁籍华侨华人的力量起到重要的主导作用。

对外交往联系形式发生巨大变化。改革开放前，侨乡与海外的交往主要是家庭成员之间以书信，探亲和侨汇为主要形式的来往，而娶亲、建房、修坟成为华侨华人在侨乡所做的几件大事。改革开放后，这种传统的联系形式被突破，寻根问祖、观光旅游、投资贸易、联谊活动、文化交流等成为侨乡主要联系方式。侨乡各级政府部门一方面通过侨务访问、商业洽谈、贸易展览、技术考察、文化交流、庆贺节日等形式，派出有关人员，深入海外华社，拜访社团侨领和各界人士，进行广泛接触，密切乡谊。另一方面，侨乡各级政府和团体利用各种庆典活动、纪念活动、荣誉市民活动、传统节日活动和校友会、宗亲会、同乡会等活动，把海外和港澳乡亲请回来，共叙乡情，进而沟通五大洲乡亲与家乡的联系。揭阳市自1992—2000年，仅各级侨联组织接待的来访人数达117946人，社团1353个，举办的重要活动，庆典120次，招商会12次，恳亲会115次，校友会3次。侨乡在开展对外交往活动中，突破原来的地域范围，以大侨务的理念扩大对外联系面，使侨乡与海外华人的关系上了一个新台阶。

新时期侨乡对外交往的主要特点是：通过“请进来、走出去”开创对外交往新格局；建立以政府为主导，全社会共同参与的对外交往新模式，推动侨务工作的社会化；搭建以经济建设为纽带的对外联系的新平台。这是新时期侨乡对外联系内涵的重大变化。

五、侨乡文化

侨乡文化是本土文化与外来文化的结合体。广东侨乡文化在不同的历史时期基本构成也不尽相同，过去是本土文化与华侨文化的结合，在新的历史发展时期是本土文化和港台文化的结合。

改革开放初期，远在海外的华侨华人对中国内地情况不太熟悉，有的还存在疑虑，回乡的人数也不是很多。而港澳同胞拥有地缘和亲缘上的优势，率先回家乡探亲，足迹遍及侨乡各个角落。港台文化对广东侨乡的影响主要通过人员、商品、技术和娱乐这四大载体进行。改革开放后，大批港人回到侨乡探亲，大批港商到侨乡投资，大宗侨捐社会公益项目出现在各地侨乡，极大地改变了侨乡的物质文明面貌，与此同时，外来文化也涌入广东侨乡，毗邻广东的香港成为向中国内地传播外来文化的桥头堡。90年代后，随着台湾与大陆关系日益密切，台湾流行文化的影响力也逐步加强。港台文化合成一股，对广东侨乡乃至大陆产生很强的文化影响力。

当代港台文化包括管理理念、行为方式和流行文化。广东侨乡的现代化建设在很大程度上是以香港为参照坐标。从广东侨乡的经济开放历程来看，港商是投资内地的先驱和主力，基本上，广东各地侨乡的第一家“三来一补”企业和“三资企业”都是香港人兴办的。随着投资设厂而来的是管理理念和服务标准的传播，港台企业家所输入的现代管理制度被内地企业所接受和仿效。佛山第一家“三来一补”企业顺德大进制衣厂率先推行上班打卡管理制度，大大提高了劳动生产率。深圳第一家合作酒店竹园宾馆率先推行劳动用工制度改革，打破铁饭碗，不合格就“炒鱿鱼”。港台资本大量投资于服务行业，“顾客是上帝”的理念开始深入人心。广州白天鹅宾馆开业时敞开大门任由民众参观的做法，开启中国高级宾馆的先河。香港乡亲刘耀柱首先引进的扬手即停“打的”（即叫出租车）模式，陆续从广东传往全国。港商彭磷基1991年在广州番禺钟村兴建祈福新村，提倡“在城市工作，在城郊居住”的生活方式，引领了中国大型化、郊区化居住区的建设潮流。港式烹调对广东甚至对中国烹调业更是产生全面的影响。在侨乡以及在内地，香港商品意味着一个档次，港式设计意味着时髦，香港流行意味着潮流。

新时期广东侨乡文化的主要特点是流行性、多元性。在全球化时代，由于有了各种方便快捷的传播手段和途径，流行文化的影响从深度到广度和速度都是过去所不能比拟的，中国港台文化对侨乡的影响力也是过去华侨文化所无法比拟的。港台流行文化是一种经过港台地区糅合中西文化而成的大众文化，其特点是流行性和娱乐性。港台流行文化是港台电视剧、电影、流行歌曲、通俗小说等文艺形式的合称。娱乐是港台文化影响侨乡最大最明显的方式。在改革开放初期，港台的流行歌曲、武侠小说、电影和电视剧随着人员交流进入内地。内地长途汽车以放映港台录像带招徕乘客，名称“录像大巴”。港台电视节目成为内地电视台模仿的对象，香港报刊对于明星的炒作成为大陆报刊娱乐版的模式，追星一族逐步形成，娱乐界的包装、炒作理念逐步为内地人们所熟悉和运用。毗邻港澳的广东是首先承接港式文化的地区，也是运用港式文化最为普遍的地区，尤其在粤语系地区更是如此。广东侨乡不但自己接受了中国港台文化，而且还向内地输出港台文化。

港台文化对侨乡社会的影响反映到日常语言的使用当中。1996年版《现代汉语词典》收录的港台词汇有：误区、法人、转口、认同、飞弹、廉政、社区、周边、资深、架构、公关、飞碟、影碟、信用卡、氛围、传媒、酒店、宠物、融资、回扣、瓶颈、反思、机遇、新潮、歌星、珍品、电脑、水准、举措、疲软、共识、运作、评估、心态、策划、代沟、举报、保龄球、分流、探讨、负面、知名度、自助餐、投入、看好、空姐、精品。以上这些词汇涵盖了许多领域，涉及社会生活的方方面面。例如度假村、超级市场、连锁店、自助餐、公关、信用卡等，既是名词也是一种生活形式。港台文化的影响一波接着一波，引领着侨乡文化的新潮流。

多元化成为新时期广东侨乡文化的又一主要特征，侨乡的本土文化除了岭南文化的底色外已掺杂了许多外地文化。在新时期，广东经济的发展吸引了大量外地人口，如1988年在广东的外省流动劳动力有63万人，到2000年便达500万人。常住的外来人口，1982年只有28.09万人，到2000年便增至1127.13万人。在经济发达的地方，外来人口还大大超过本地人口，如东莞凤岗镇2000年本地人口只有18736人，而外来人口则高达284136人，外来人口约等于本地人口的15倍。广东侨乡的外来人口来自中国多个省份，因而也带来了各种地域性文化，各地饮食川菜、湘菜、东北菜、赣菜、鲁菜、沙县小吃、兰州拉面、云南米线、桂林米粉等到处可见。

第二节　归侨侨眷

据90年代中期广东省人民政府侨务办公室（简称省侨办）统计，全省有归侨侨眷1626.6万人，占同期全国归侨侨眷总数3001.6万的54%，居各省、自治区、直辖市之首，其中归侨35.55万人，侨眷1591.05万人，分别占全国总数的31%和55%。

一、分布

在粤归侨以回国较集中的年代区分，可分三个阶段。在20—40年代末，回国参加革命或失业回国者较多。在50—70年代末，归国华侨以回国参加建设、投资置业、升学及遭当地排华归国者为主。1979—2000年，华侨归国有新的变化。在此期间回国定居者主要是年老体弱回国定居投亲的老年归侨；新移民出国定居后因工作、生活不适应又返回国内者；出国留学学成后回国创业的“海归”人员。与上述前两阶段对比，新归侨人数已大为减少。其中1979—2000年到广东定居的华侨华人有11050人，来自55个国家。

广东归侨侨眷按方言可分为粤语系、潮汕语系和客家语系。其中粤语系在三大语系中分布最广，人数最多。据1996年省侨办汇总，共有归侨侨眷617万人。1997—2000年，部分地级市再度进行侨情调查，人数较集中的地级及以上市分别是江门市235万人，广州市158.6万人，佛山市104万人，肇庆市40万人，湛江市35万人，茂名市27万人。其海外亲属主要居住在马来西亚、印尼、新加坡、美国、加拿大、巴拿马、秘鲁、澳大利亚、新西兰和南非等国家和地区。至2000年，潮汕语系共有归侨侨眷580万人，其中汕头市198.2万人，揭阳市

180万人，潮州市110万人。其海外亲属以泰国为最多，其次是马来西亚、印尼、柬埔寨、法国等。在东南亚地区，在美国、澳大利亚、比利时、瑞士、丹麦等国及非洲，都有全国或洲际性的潮州同乡会组织。至2000年，客家语系共有归侨侨眷429万人，其中梅州市200万人，惠州市182万人。其海外亲属集中在印度尼西亚、马来西亚、英国、美国、加拿大及毛里求斯等。另外，在港澳地区有归侨侨眷约360万人，粤籍占80%以上，地域以广州、深圳、江门、汕头、惠州、佛山等市为多。

二、贡献

改革开放后，归侨侨眷同全省人民一道，参加工农业生产和各项事业，成为四化建设的重要力量。1982年9月召开的全省归侨侨眷、侨务工作者先进个人和先进集体表彰大会，有451人受到表彰奖励。同年，有158名归侨侨眷代表出席全国侨界表彰大会。至1986年，全省有28名归侨侨眷被评为全国劳动模范、“三八”红旗手和新长征突击手。1999年7月国务院侨办和中国侨联对全国侨界893名先进个人及先进集体再度进行表彰，广东有105人受表彰，其中有被称为“中英街上活雷锋”的深圳沙头角退休工人陈观玉；有动员海外亲属回乡投资办厂引进资金2亿元的紫金县立国公司精细化工厂副总经理邓广棠；有从事归难侨安置工作20年的省侨办副主任许丽华（曾当选为中共十三大代表和四届、五届、六届全国人大代表）等。

在华侨农场及乡镇的归侨侨眷。在全省归侨中，安置在华侨农场及农垦农场的就有15万人，还有不少散居在乡镇。这些归侨及其眷属已逐步融入当地生产、生活环境，有的并取得突出成绩。其中奋勇华侨农场的越南归侨割胶女工姚水姑成为广东省“五一”劳动奖章获得者。宝安县越南归侨文水权，先后投资兴建养鸡场、果园、宾馆等，90年代初其创办的鸡场年出口活鸡6万只，果场种植荔枝、柑橘年产值70多万元，1988年当选为七届全国人大代表。印尼归侨温惠珍，先后任蕉岭华侨农场茶业队队长、茶叶科研所副所长及农场侨务干部等，多次被评为先进工作者，并当选为七届全国人大代表。1999年广东被国务院侨办、全国侨联表彰的归侨侨眷中，来自华侨农场及乡镇的有29人，占受表彰人数的27.6%。

归侨侨眷中的专家。八九十年代在广东工作的知名专家有：蒲蛰龙，美国归侨，先后任中山大学昆虫研究所所长、广东省科协主席，1980年当选为中国科学院学部委员，1989年当选为“新时期全国侨界十大新闻人物”之一。赵善欢，美国归侨，昆虫学家，曾在中山大学、华南农业大学任教，1980年当选为中国科学院学部委员。佘畯南，越南归侨，广州设计院副院长兼总工程师，中国工程院院士，其于80年代初设计的广州白天鹅宾馆被载入《世界建筑史》。卓炯，泰国归侨，经济学家，曾任广东省社会科学院副院长，被称为“社会主义商品经济理论的开拓者”，1985年广东省人民政府授予其特等劳动模范称号，1987年当选为中共十三大代表。高兆兰，美国归侨，光谱物理科学家，她参与创立的中山大学激光与光谱学研究室，成为中国首批博士点和博士后流动站、全国重点科学点和国家重点实验室。杨光宗，马来西亚归侨，水稻专家，先后获“全国归侨侨眷优秀知识分子”“发展我国科学研究事业做出突出贡献奖”“广东省突出贡献专家”等奖励和称号。何悦强，马来西亚归侨，海洋污染专家，他首次提出的“海洋环境质量超标评价方法”突破了传统评价方法，在全国得到推广。此外，还有越南归侨冯永新，高级农艺师，是国家级有突出贡献专家。为表彰归侨侨眷中的科技工作者，省侨联设有奖励基金，1993年对34项优秀成果予以奖励，1995年又评出归侨科技成果奖27项。

教育、文化系统的归侨侨眷。改革开放后，在全省各地有不少为教育事业做出贡献的归侨侨眷。其中有在潮州市从事教学40年的全国劳动模范、特级教师、广东省特等劳动模范、侨眷丁有宽，兴宁县归侨教师、全国五一劳动奖章获得者黄丁仁，河源县侨眷、全国教育系统劳动模范郑湘，东莞市马来西亚归侨、全国优秀教育工作者叶金培，南海市越南归侨、全国优秀教师陈慧娴，深圳市印尼归侨、“南粤教书育人优秀教师特别奖”获得者、全国优秀教师杨烈锋等。据广州市教育部门统计，1986—1990年，该市受各种表彰的归侨教师共1772人次。归侨艺术界人士创作兴旺。其中知名作家有原广东省文联副主席、省作家协会副主席、菲律宾归侨杜埃，1979年作为中国人民友好代表团成员访问菲律宾，80年代写成长篇小说《风雨太平洋》，其中第一部、第二部面世后，在菲律宾华文报《世界日报》和《商报》全文连载，并被节选入《世界反法西斯文学书系・中国卷》之中。原广东省文联执行主席、新加坡归侨秦牧， 1978—1980年被借调到北京，负责《鲁迅全集》的注释审定工作，曾担任新加坡、泰国、菲律宾等国华文报纸文学征文的国际评委，其作品以散文为主，华侨题材占总数的四分之一。在粤全国知名的归侨作家还有陈残云、黄谷柳等。知名画家有印尼归侨胡一川、美国归侨冯钢百、加拿大归侨余本等。余本曾任广东省文联副主席、省美协副主席，1959年应邀为北京人民大会堂广东厅创作巨幅油画《南海之滨》和《七星岩》，1979年再度为广东厅创作油画《林区》。粤剧界知名人士罗品超、郎筠玉、陈笑风等，都是曾在国外生活并演出的归侨。

体育、卫生系统的归侨侨眷。体育界知名人士有原广东省体委主任、泰国归侨陈远高，曾参与第一届至第六届全运会广东体育代表团的领导工作，“六运会”在广州召开期间，其负责的体育服务总公司共筹集资金5000万元，1978—1983年四度获国家体委颁发的“体育贡献奖”。羽毛球名将梁小牧、侯加昌、方凯祥、傅汉洵等都是印尼归侨。其中梁小牧在退出赛场后从事羽毛球运动的研究及教练工作，1986年获国际羽毛球协会授予“贡献奖”。傅汉洵于1971年始任广州羽毛球队教练，与其夫人曾秀英（马来西亚归侨）培养出世界冠军关渭贞等大批羽毛球人才，曾两次被国家体委授予体育荣誉奖章，是广东省劳动模范。印度归侨容志行，先后入选广东足球队和中国足球队，成为主力和得分手，被称为“球场上的输血管”，其球风形成“志行风格”，被十大新闻单位评为1980年度“全国十佳运动员”之一。医学界知名人士有德国归侨邝公道，先后任教中山大学医学院、暨南大学医学院，1964年进行了全国首例断腿再植手术获得成功，以精湛的医术、高尚的医德赢得了“华南第一刀”美誉。美国归侨陈耀真，中国现代眼科学奠基人之一，1983年在广州创办全国首家眼科研究、治疗和教育综合机构——中山眼科中心，其业绩载入美国出版的《世界医学专家录》。美国侨眷钟南山，呼吸病专家，原广州医学院院长，曾于1979年赴英学习，两年后归国，其主持和参与完成的科研成果有12项获国家级奖项，在国际杂志和会议上发表学术论文26篇。1996年当选为中国工程院院士，被评为广东省和全国劳动模范。

回国创业的新归侨。90年代中期，一部分在改革开放后出国留学并已定居当地的人员陆续归国，有的选择在粤创业和定居，成为新归侨，并在不同领域取得新业绩。2000年8月在国务院侨办举行的“首届海外华侨华人专业人士来华创业成果汇报会”中，全国共70名代表，其中广东10名（由广州、深圳侨办分别推荐6名和4名），计有薛国明、龚学锋、袁首仁、王文明、王进贤、王雄及沈浩、李立农、高永建、王涛等。如王文明，1989—1993年赴英留学并取得电气和信息工程博士学位，1995年年初回国，同年9月在广州创办荷力胜蜂窝制品有限公司，此后又在深圳、中山等地设立工厂。从100万美元起家，发展至有资产6000万元的集团企业，是海尔、美的等大型企业的包装材料供应商，成为同期国内设备最先进、产量最大的蜂窝材料产业集团，王文明被选为广东省十大杰出“留学青年回国创业之星”和省人大代表。王涛，原深圳孙逸仙心血管医院医生，1989—1993年赴美留学并取得博士后学位，后应聘在底特律医学中心工作，1996年4月回国，在深圳创办益心达医学新技术有限公司，至2000年共开发出心血管外科用导管四个系列25个品种，被列为国家级重点新产品，年销售额为1200万元。马文丽，1994年在中山大学生命科学学院取得博士后学位后，与丈夫郑文岭博士（广州军区总医院分子肿瘤研究所所长）赴美作分子生物学的合作研究，1998年回国，任第一军医大学生物研究所所长，博士生导师，在全国率先组建生物芯片研究室，并于2000年3月成功研制出中国第一片应用型基因芯片，为居国际前沿研究领域的创新性成果，被评为全军优秀留学归国人员和广东省“三八”红旗手，是省政协委员。中山医科大学校长黄洁夫、副校长颜光美都是留学归国人员，至1999年，该校共接纳30位回国工作的“海归”者。据统计，自1995年始，中国留学人员回国服务每年以13%的比例递增，而到粤工作的人数，则高于这一比率。

三、参政议政

中华人民共和国成立后，大批海外华侨纷纷回国，参加国家的各项政治和社会事务活动。五六十年代，广东省及地市、县各级归国华侨联合会相继成立。由侨联会选举产生同级人民代表大会归侨代表或政治协商会议归侨委员，集中反映归侨侨眷和海外侨胞的意见和要求。1978年“文化大革命”结束后，广大归侨侨眷继续参政议政，当家做主，发挥民主监督的作用。据统计，1979—1988年，全省有9564名优秀归侨知识分子加入中国共产党，1649人担任县处级以上党政领导职务。有1340人担任各级政治协商会议委员，其中175人为历届省或全国政协委员。有274人当选为历届省或全国人民代表大会代表。归侨叶剑英、蚁美厚、曾生、梁灵光、黄洁、郭棣活、庄田、黄清渠、罗天、曾定石、邬梦兆、王珣章等还先后担任过副省级以上领导职务。16人在省人大侨委会任职。

（一）全国和省人民代表大会归侨代表

全国人民代表大会归侨代表。1954年9月，第一届全国人民代表大会在北京市召开。出席的华侨归侨代表共32人，其中祖籍广东的代表18人，占代表数的56%。广东省代表团有46名代表，其中何香凝、司徒美堂、蚁美厚9人作为广东省归侨代表出席会议，占代表团人数的19.6%。出席第二届、三届全国人民代表大会的广东省归侨代表有方方等13人。第四届全国人民代表大会（1975年1月—1978年2月），人民代表大会的权力由同级革命委员会替代。经各级革命委员会协商，出席第四届全国人民代表大会的广东省代表有129人，其中方君壮、庄世平、许丽华、蚁美厚、周铮、张和畅、吴桓兴7人作为广东省归侨代表出席会议，占5.4%。其他各届全国人民代表大会均有选出归侨代表，有的还连任多届代表、常务委员或副委员长等职务。如何香凝为第一届至第三届全国人民代表大会代表，第二届、三届全国人民代表大会副委员长；蚁美厚为第一届至第八届全国人民代表大会代表，第六届、第七届、第八届全国人大常务委员；廖承志为第一届至第六届全国人民代表大会代表，第四届、第五届全国人民代表大会副委员长。出席第一届至第八届全国人民代表大会的华侨归侨代表共有290人，其中祖籍广东的代表150人，由广东省选出的侨界代表76人，分别占全国侨界代表的51.7%和26.2%，体现广东省的全国侨务大省地位。历届全国人民代表大会常务委员会均设华侨事务委员会作为其办事机构，并由归侨代表主持。

第一届至第八届全国人民代表大会广东归侨代表名册表

表3-2-1

届别	广东归侨代表
第一届全国人民代表大会（1954.9—1959.4）	方君壮　伍　禅　何香凝　周　铮　黄长水　廖承志　洪丝丝　蚁美厚　司徒美堂
第二届全国人民代表大会（1959.4—1965.1）	方　方　方君壮　庄世平　苏　惠　吴桓兴　何香凝　周　铮　蚁美厚　连　贯　黄长水　杨汤城　廖承志　伍　禅
第三届全国人民代表大会（1965.1—1975.1）	方　方　方君壮　庄世平　伍　禅　杨汤城　何香凝　周　铮　蚁美厚　苏　惠　黄长水　廖承志
第四届全国人民代表大会（1975.1—1978.3）	方君壮　庄世平　许丽华　周　铮　蚁美厚　张和畅　吴桓兴
第五届全国人民代表大会（1978.3—1983.6）	方君壮　庄世平　张和畅　许丽华　伍　禅　周　铮　蚁美厚　廖承志
第六届全国人民代表大会（1983.6—1988.4）	伍　禅　许丽华　司徒慧敏　蚁美厚　张和畅　周　铮　吴桓兴　廖承志　许广汉
第七届全国人民代表大会（1988.4—1993.3）	何　英　文水权　司徒戎生　伍　禅　伍雪琼　林国强　周　铮　蚁美厚　温惠珍　叶佩英　廖　晖
第八届全国人民代表大会（1993.3—1998.3）	古华民　蚁美厚　黄文东　黄忠勇　陈妙珍　黄光汉　陈有庆　徐起超

广东省人民代表大会归侨代表。1950年8月，广东省根据《中国人民政治协商会议共同纲领》的规定，成立首届各界人民代表会议筹备委员会。归侨叶剑英、戴子良、方方、冯白驹、伍治之等为筹备委员会委员。同年10月和1951年9月，先后在广州市召开第一届、第二届广东省各界人民代表会议。1953年5月，广东省开始进入全面选举工作，乡、县、市逐级召开人民代表大会。1954年8月，广东省第一届人民代表大会在广州市召开，有代表558人，其中归侨代表20人。会议产生广东省出席第一届全国人民代表大会的代表46人，其中方君壮、伍禅、廖承志等9人为广东省归侨代表。第四届省人民代表大会处于“文化大革命”期间，没有选举省人大代表，以后各届省人民代表大会均有归侨代表名额。第一届至第八届省人民代表大会有归侨代表209人。从第六届（1983.4—1988.1）起，省人民代表大

会常务委员会设立华侨工作委员会作为其工作机构，先后有16位侨委委员参与侨委工作。1987—1998年，省人大华侨工作委员会协调相关部门，完成《广东省归侨侨眷权益保护实施办法》《广东省拆迁城镇华侨房屋规定》《广东省城镇华侨房屋租赁规定》《广东省华侨捐赠兴办公益企业管理条例》等4部地方性侨务法规起草送审，提交省人大常委会审议通过，其中，《广东省归侨侨眷权益保护实施办法》规定各级人大代表中要有适当的归侨侨眷代表名额，各级侨联组织可以依法推荐归侨侨眷代表候选人。明确侨联会在选举人民代表大会侨界代表工作中的作用，保障归侨侨眷参政议政的法律地位。

第六至八届广东省人民代表大会华侨工作委员会委员名册表

表3-2-2

届别	委员
第六届（1983.4—1988.1）	蚁美厚　郭　凌　李雪光　陈子彬　李旭光
第七届（1988.1—1993.1）	罗克明　曹兴宁　许士鉴　徐丹华　黄大同
第八届（1993.1—1998.1）	司徒戎生　唐　辉　邓星枢　黄大同　丘德纲　黄　群　卢法泉

（二）全国和省人民政治协商会议归侨委员

广东省全国政治协商会议归侨委员。1949年9月，第一届全国政治协商会议在北京市召开，有华侨、归侨委员出席，与党和国家领导人共商国是。其中广东省归侨司徒美堂、蚁美厚等还担任常务委员。以后历届全国政治协商会议都有华侨、归侨委员。第一届至第八届全国政治协商会议有华侨归侨委员158人，其中广东省华侨、归侨委员63人，占39.9%。历届全国政治协商会议常务委员会均设华侨工作委员会，由华侨、归侨委员组成。1997年5月，全国政协台港澳侨联络委员会及部分侨界政协委员在广东省江门市召开全国政协华侨工作研讨会，开展对中国新移民等问题的专题研究，并到汕头市、梅州市视察，深入基层调研，广泛收集归侨侨眷的意见和建议。

广东省政治协商会议归侨委员。1950年10月，广东省第一届各界人民代表会议在广州市召开，有各界代表837人，选举产生广东省第一届各界人民代表协商委员会。归侨蚁美厚、伍治之、苏惠、戴子良、方方、叶剑英、冯白驹等人当选委员，叶剑英当选为主席，方方为副主席，戴子良、冯白驹为常务委员。1951年9月，第二届广东省各界人民代表会议在广州市召开，有各界代表744人，选举产生广东省第二届各界人民代表协商委员会。叶剑英继任主席，方方为代理主席，冯白驹为副主席，戴子良、蚁美厚、黄洁等为常务委员。1955年1月，第一届广东省人民政治协商会议在广州市召开，出席会议的委员163人，归侨委员有9人，归侨罗理实、薛两清、刘家祺、蚁美厚、黄洁等当选为常务委员，蚁美厚、黄洁任副主席。以后历届省政治协商会议均有归侨委员名额。从第七届开始，省政协设立了“侨联界别”，有归侨委员29名，省侨联成为归侨委员的牵头单位。第一届至第八届广东省政治协商会议共有华侨归侨委员137人。省政治协商会议常务委员会设有华侨工作专门委员会，由归侨侨眷委员组成，广泛收集反映海外侨胞、归侨侨眷的意见和建议，向大会提出提案或建议，列席同级人民代表大会，对侨务工作和侨务法规、规章的制定和实施情况进行调研、视察。先后组织委员参与《中华人民共和国归侨侨眷权益保护法》《广东省拆迁城市华侨房屋规定》以及《广东省城镇华侨房屋租赁规定》等侨务法规的立法调研工作。1981年辛亥革命70周年，1986年孙中山诞辰120周年，省政协华侨工作专门委员会还会同有关单位举行纪念活动，邀请港澳台同胞和海外侨胞回来参加。

广东省第一至八届政治协商会议侨界委员名册表

表 3-2-3

届别	出席省政协会议侨界委员
第一届委员会（1955.1—1959.2）	王贯一 王 辉 范子英 符凤山 黄复康 薛两清 邝修屏 罗理实 李汉章
第二届委员会（1959.2—1963.12）	王 辉 方君健 关崇简 李祝朝 陈君冷 范子英 薛两清 蚁美厚 吴 风
第三届委员会（1963.12—1977.12）	蚁美厚 黄作湛 薛两清 方君健 范子英 谢易初 曹乾运 谢祝南 林希明 许敦勋 唐大姐 王 辉 田 心
第四届委员会（1977.12—1983.4）	蚁美厚 符凤山 薛两清 方君健 许敦勋 林载华 陈廷清 杨汤城 司徒赞 刘国忠 郑志浓 何柏龄 邓茂超 周全根 郭建成 伍少庭 吴 风 沈福水
第五届委员会（1983.4—1988.1）	王先柏 邓茂超 许崇德 李英源 李芳沂 何柏龄 陈尔真 林 敏 郑志浓 庞启民 赵定芳 高炳光 郭 敏 郭建成 唐珍炎 薛两清
第六届委员会（1988.1—1993.1）	卢法泉 庄 伦 许崇德 纪汉阳 吴宗泽 陈坚城 陈莉芬 罗镇国 郑志浓 赵定芳 钟士谦 姚俊刚 翁锡辉 唐珍琰 黄元焕 曾玉生 廖锦泽 薛两清 王善荣
第七届委员会（1993.1—1998.1）	邓柏禧 王善荣 田清重 刘福安 刘新粦 许崇德 庄 伦 陈坚城 陈铭俊 陈少琼 陈英才 陈毓铮 谢文霖 李俊权 李瑞芳 沈其杰 吴炳锡 吴宗泽 余瑶光 张 超 林敦祥 姚俊刚 莫一鸣 黄仁生 黄元焕 梁成华 梁一华 谢昭思 曾玉生 霍瑞云
第八届委员会（1998.1— ）	邓护英 邓柏禧 丘泰球 邝家驹 伍乐园 苏惠英 吴炳锡 张桂溪 陈欣壮 陈周钦 陈毓铮 谢文霖 林敦祥 林新梅 钟汉波 徐建平 涂辉龙 黄世展 黄光苗 梅竞苏 龚华基 谢英光 谢恒星 赖炳辉 蔡明招 薛声荣

（三）议案提案

广东省历届归侨人大代表和归侨政协委员向大会提交的议案、提案或视察建议有203件，其中第一届广东省各界人民代表大会期间审议的华侨归侨代表议案提案就有49件。改革开放后，省人大归侨代表、政协归侨委员提交的议案、提案以及建议都集中反映归侨侨眷的心声和诉求。其中涉及参政议政的13件，要求落实归侨侨眷政策的56件，落实华侨房屋政策以及解决房产纠纷的54件，要求解决归侨侨眷医疗、教育、升学、就业的13件，有关归侨侨眷出入境问题的25件，有关华侨农场问题16件，有关侨属企业经济纠纷的15件，其他问题11件。他们所提的议案、提案以及建议均由省人大常委会或省政协办公厅交由省政府相关部门办理并答复代表委员。1979—2000年，广东省侨办负责商有关部门共同办理的归侨代表、归侨委员议案、提案及建议159件，占侨界人大代表政协委员会提案、议案建议总数的78.3%。其中关于加快落实侨房政策，扶持贫困华侨农场发展等议案，被省人大列为重点办理议案，交由省政府办理。为制定有关归侨侨眷权益保护、华侨房屋租赁、华侨房屋拆迁、侨属企业管理、出境定居等涉侨法规、规章提供了立法依据。

1954—2000年出席全国及省人民代表大会、政治协商会议归侨代表委员人数统计表

表3-2-4

届别	人民代表大会				政治协商会议			
	全国人大			省人大侨界代表（人）	全国政协			省政协侨界委员（人）
	全国侨界代表（人）	省侨界代表（人）	比例（%）		全国侨界委员（人）	省侨界委员（人）	比例（%）	
一	32	9	28	20	—	8	—	9
二	30	13	43	26	16	8	50	9
三	30	11	37	22	17	7	41	13
四	30	7	23	未选定	17	6	35	18
五	35	8	23	26	21	8	38	16
六	40	8	20	33	31	9	29	18
七	50	9	18	33	31	9	29	29
八	—	8	—	49	25	8	32	25
合计	247	73	26	209	158	63	40	137

第四章　落实侨务政策与为侨服务

第一节　处理历史遗留问题

一、落实归侨政策

（一）平反冤假错案

1966—1976年“文化大革命”期间，广东先后开展批“三洋”（即“向洋、慕洋、靠洋”）、“割断海外关系”、“反勾连策反”等“左”的做法。1970年，广东省革命委员会出台《处理有港澳海外关系干部的六条意见》，把城乡有“海外关系”的干部作为清理、打击对象，在归侨、侨眷（包括港澳同胞家属）中造成大批冤假错案。

1978年年初，中共中央转发外交部党组《关于全国侨务会议预备会议的情况报告》，要求对涉及“海外关系”问题的案件进行复查平反。广东各级侨务部门根据中央和省委的指示，会同组织、公安、法院等部门，认真进行调查研究，着手平反纠正归侨、侨眷中的冤假错案。1978年年初，广东省革命委员会侨务办公室和佛山地区侨办分别撰写《海外关系黑六条的反动实质》《彻底清算所谓批“三洋”的罪行》等文章，在《南方日报》上发表，批判多年来在对待华侨问题上的错误观念。同时，许多市县召开大会，结合揭批林彪、江青反革命集团残酷迫害归侨侨眷的罪行，公开平反典型冤假错案。1979年3月，省政府召开全省侨务工作会议，指出当前重点是要抓好侨务政策的落实，而首先要抓紧对“文化大革命”期间因“海外关系”问题受审所造成的冤假错案进行平反。同年9月，中共广东省委（简称省委）批转省侨务办公室党组《关于抓紧落实侨务政策若干问题的意见》，提出凡因所谓“海外关系”问题而造成的一切冤假错案，包括本人已经出国或死亡的，均应彻底纠正。

1978年年初至1981年上半年，全省共为9101名归侨侨眷复查平反冤假错案。在复查平反工作中，省和一些重点侨乡市的侨务部门直接参与一些国内外影响较大案件如信宜县和五华县“办班抓特务”案的复查及善后工作。一些地方对“文化大革命”中因所谓“特务”“特嫌”被扣留出入境证件的华侨、港澳同胞也进行平反落实，除给予经济补偿外，还重新发证，让他们优先出境。各地还根据中央有关政策，对“文化大革命”前归侨侨眷中的遗留老案和涉刑案件进行复查，该平反的坚决平反，落实“侨改户”政策，对原提前改变华侨地富成分的予以确认。

1981年6月19日，省委转发国务院侨务办公室（简称国务院侨办）、中共中央组织部、公安部《关于善始善终地复查纠正归侨、侨眷中冤假错案工作的通知》，要求广东各级侨务部门及有关部门对“文化大革命”中受审查、处理的涉侨案件，再作一次全面大核查，凡是漏复查的，该平反未平反和不该留尾巴的案件，都要及早复查、纠正；对蒙受冤假错案的归侨侨眷，要切实落实政策，做好善后工作。至1987年年底，全省平反纠正归侨侨眷冤假错案工作基本完成。据统计，全省应复查的冤假错案共有14339人，已复查平反14271人，占应复查的99.53%。其中“文化大革命”冤假错案11512人，已复查平反11498人，占应复查的99.88%；历史老案2827人，已复查平反2773人，占应复查的98.09%；涉刑案件1765宗，1829人，已基本复查结案。此外，全省纠正重戴华侨地富帽子的4910人，补改1956年中央决定提前改变华侨地富成分时应改而未改的华侨港澳地富户10667户，以市县人民政府名义发给全部“侨改户”确认提前改变华侨地富成分证明书47752份。同时，各地还根据中央和广东省的有关政策规定，对有关人员的工作和生活做出妥善安排。

（二）清理人事档案

1978—1980年，全省各级侨办按照中央的指示，主动配合组织、人事等部门，着重从两个方面对有“海外关系”干部职工的档案进行清理：一是清理针对“海外关系”整理的档案材料，主要包括《审查材料登记表》《港澳台与敌性国家关系登记表》《反革命社会基础登记表》等10多种类型的表格材料，以及组织上掌握和整理的有关海外、港澳台关系材料，接受外汇物资个人检查交代材料，向往海外、羡慕资本主义生活方式思想批判检查材料等。二是清理按人事档案制度不应归档的材料。凡与案件、政历无关的“私人信件”“函信卡片”“政治时事测验试卷”“文化大革命”时的批判文章等材料都分别作出处理，有的退回本人，有的当场销毁；对个别有组织批示或批注不便退回本人的材料，向本人说明情况，由组织负责销毁；被查抄或本人交出的日记、照片、信件等，除个别与结论有关需要留作证据的以外，均退还本人或家属，遗失了的向本人或家属讲清楚，取得其谅解。

由于全省清理“海外关系”档案材料的工作进度不一，加上涉及“内控”“内挂”“限制使用”案件比较复杂，很多案子长期没有结论，无法销案；未经查实滥加怀疑又不敢轻易否定的材料在当时的清档工作中普遍存在，不少归侨侨眷干部职工的档案中装有“特务”“反革命”嫌疑材料和不实之词，尚未得到处理。1981年5月，国务院侨办、中共中央组织部、公安部印发《关于善始善终地复查纠正归侨、侨眷中冤假错案工作的通知》，1984年9月印发《关于抓紧清理归侨、侨眷档案工作的补充通知》。这两个文件下发后，全省各地清理归侨侨眷人事档案工作有较大进展。至1986年年底，全省各地各单位对归侨侨眷干部职工档案的清理工作基本完成。全省共清理归侨侨眷干部职工档案材料82011份，对其中有问题的12263份，均按有关规定处理完毕。

（三）处理精简归侨职工问题

60年代初期，全国精简机构，各行业的大批干部、职工被裁减回乡。1962年6月中共中央批准中国华侨事务委员会党组《关于妥善处理侨眷、归国华侨的就业和精简问题的请示报告》，但各地没有贯彻落实好该文件精神，致使不少安置在国家机关、学校和厂矿企业的归侨干部和工人被精减回原籍农村。

1983年9月，国务院侨办和劳动人事部联合下发《关于处理六十年代初期精减的归侨职工问题的意见》。1984年7月，省人民政府侨务办公室（简称省侨办）、劳动局、人事局、公安厅、粮食局联合发出《关于处理六十年代初期精减的归侨职工问题的补充通知》，对收回精简归侨职工涉及的接收单位、劳动指标、农转非等主要问题作出具体规定。全省各地认真贯彻执行，对精减人员未达到退休年龄尚能工作的，由原单位负责收回；精减人员符合退休年龄，或年老体弱、不能参加工作的，由原单位办理退休或退职；原来随同被精减归侨职工的家属（包括精减后在农村出生的子女），随迁到归侨职工工作所在地，或就地转为城镇居民户口。

1985年4月，国务院侨办和劳动人事部印发《关于处理六十年代初期精减的归侨职工问题的补充规定》，对精减人员的连续工龄计算及其直系亲属的工作安排等问题作出明确规定。翌年11月，省侨办、劳动局、人事局根据中央的精神和广东实际，联合发出《关于收回六十年代初期被精减的归侨职工、华侨和归侨直系亲属职工的补充规定》，对收回精减人员的时间界限、范围、家属迁移的户粮关系、提前办理退休退职、审批权限等政策放宽限制，进一步加大对精减人员的照顾。全省各地侨务、劳动、人事部门和有关收回单位及其主管部门，认真贯彻执行。收回任务较重的汕头地区、梅县地区和省地质局、省煤炭厅都指定专人负责，经办人员深入到区、乡，核实申请收回人员身份，取得证据，严格把关，使应收回的精减人员和符合政策规定随迁的家属，得到适当照顾和妥善安置。至1990年年底，全省共收回60年代初精减的归侨干部职工及华侨归侨直系亲属5300人，其中属于归侨身份的1934人，直系侨属身份的3366人；属于干部身份的1137人，工人身份的4163人；收回安排工作的2573人，办理退休、退职的2727人。

（四）落实归侨知青政策

六七十年代，全省有3100多名归侨知青响应党的号召，上山下乡接受贫下中农再教育，其中安排到农垦系统属下各国营农、林场的有1700多人，安排在国营华侨农场系统的有1400多人。

1979年，广州市知识青年上山下乡办公室（简称广州市知青办）开始接收安置1968年年底从广州到海南国营农场落户的200多名华侨学生。此举引起其他地区归侨知青的关注，纷纷致信省侨办，要求享受同一政策照顾调动回城。对此，省侨办多次向国务院侨办、省政府和省知识青年上山下乡办公室（简称省知青办）提交书面报告，请示处理意见。1980年12月，国务院侨办下发《关于妥善解决华侨农场归侨知青问题的意见》；1981年8月，省政府批复省侨办《关于妥善解决华侨农场归侨知青问题的请示报告》，指示省侨办等有关部门要把妥善调整安置上山下乡归侨知青作为落实侨务政策的政治任务来完成。省财政先后拨出400多万元，国务院侨办拨款50万元，支持广东解决归侨知青回城后的住房困难。在省委、省政府的统一领导下，省侨办、华侨农场管理局、公安厅、人事局、劳动局、知青办等部门，采取由农场内部调整安排，侨务系统内调整安排，侨务系统外调整安排，对有亲属在国外或港澳地区的优先安排出境投亲靠友，愿意退职的办理困退、病退等一系列安置措施，落实归侨知青政策。

至80年代中期，广东基本完成安置上山下乡归侨知青回城工作任务。广州、深圳、珠海、江门等城市和省直有关单位先后接收安置1203名归侨知青回城工作，其中广州市安排200多人，省中国旅行社、汕头市中国旅行社、江门市中国旅行社、深圳华侨城和省华侨农工商联合企业总公司等涉侨单位接收安排200多人。为解决回城归侨知青的就业问题，1983年省侨办和省归国华侨联合会（简称省侨联）分别成立广东省粤侨企业公司和广东省侨生公司，两家公司共安排归侨知青就业200多人。

二、落实华侨房屋政策

中华人民共和国成立后至“文化大革命”期间，由于“左”的错误影响，在土地改革和私房改造等政治运动中，广东不少地方违背中央和省的政策规定，错没收、征收、拍卖、改造、拆毁了大批侨房。“文化大革命”期间，一些机关、单位和个人又趁机以各种借口接管、挤占侨房，遗留了大量侨房问题。中共十一届三中全会后，中央和广东省委省政府下发一系列文件，拨乱反正，重申党的侨务政策。省委、省政府作出“统筹安排，分期分批，包干负责，限期完成”的工作部署，要求各地全面贯彻落实侨房政策。全省各地制定落实措施，建立工作机构，解决资金困难，广开房源，大力推进落实侨房政策工作。

（一）清退农村侨房

落实农村侨房政策，包括清退土改时期错没收、征收的农村侨房，以及处理“大跃进”“公社化”时期被拆毁的农村侨房。

1979年，部分市依照中央和省土地改革时的有关政策，结合落实侨改户政策，处理一批土改遗留的农村侨房问题。1981年，省委批转省侨办党组《关于处理土地改革中华侨房屋遗留问题的请示报告》，重申土改时的侨房政策，把解决土改遗留的侨房问题摆上重要日程。肇庆、潮阳、潮安、花县等市县率先组织力量摸查农村侨房情况，研究制定落实农村侨房政策工作方案。1983年3月，省侨办召开各地、市和重点侨乡县侨办主任参加的落实华侨房屋政策工作会议，要求各地根据农村侨房分散、情况复杂的特点分别处理，先抓紧退还不直接涉及农民分得户利益现为集体占用的农村侨房，再清退没收、征收后分配给农民的农村侨房。5月，省侨办向省委提交《关于处理土地改革中华侨房屋遗留问题的情况报告》，6月省委转发省侨办的报告，要求各地结合实际认真执行。1984年3月，省政府召开全省侨务工作会议，要求各级领导和侨务干部高度重视落实侨房政策工作，向有关部门和广大干部、群众广为宣传党的侨房政策。会后，各地、市、县通过会议、报刊、广播、电视等形式，大张旗鼓地宣传侨房政策，对广大干部群众进行侨务政策和法纪观念教育，消除基层干部、农民分得户的各种疑虑和抵触情绪，同时通过召开侨房业主及其亲属会议及个别教育，要求他们不与农民分得户发生冲突，既要侨心，又要民心，做到侨户、农民分得户和政府三满意。

1984年4月27日，省委、省政府下发《关于进一步全面落实侨房政策的通知》，规定城乡侨房尤其是农村侨房的清退原则；明确落实农村侨房政策的实施界限；要求各地在调查摸清情况的基础上，拟出计划，在5年内分期分批逐步解决。1984年5月17日，省政府针对个别地方发生农民分得户拆毁、转卖、损坏华侨房屋的行为，发出《关于严禁拆毁、转卖、损坏华侨房屋的紧急通知》。随后，各地普遍建立由市、县主要领导挂帅的落实侨房政策领导小组和办公室，重点侨乡的市、县还建立区乡两级的落实政策侨房机构，成立以区乡干部为主的落实小组。各市县抽调大批干部组成落实侨房政策的专业队伍，组织大批干部深入基层调查摸底，逐户丈量登记，建立落实农村侨房政策档案。梅县、顺德等重点侨乡分别组织1000多人对农村侨房进行全面普查。广州市委、市政府发出《关于切实做好落实侨房政策工作的通知》，对落实农村侨房政策工作提出具体要求，限期清退。花县结合当地情况，制定《有关清退侨房政策的通知》，按照侨房业主、分得户、国家三者兼顾的原则，分别不同情况清退侨房。江门、肇庆、中山、深圳、梅州、茂名等地市根据本地的实际情况，分别制定有关处理办法。台山县委、县政府带头清退侨房，拨出25万元搬迁费给占用单位，将台城镇雷、方、邝三姓海外侨团所有的溯源中学、黄姓侨团所有的居正中学、谭姓侨团所有的育英中学，共8800多平方米的校舍，退还给华侨社团。农村干部也带头退出一批侨房，全县清退侨房工作迅速展开。1984年9月，省侨办在台山县召开全省地、市侨办和重点县侨办主任座谈会，总结推广台山落实侨房政策经验。1985年，财政部首次拨给广东落实农村侨房政策专项资金5000万元，省政府拨出1000万元配套资金，推动清退农村侨房工作。

1985年1月，省委办公厅、省政府办公厅转发中共中央办公厅、国务院办公厅转发国务院侨办《关于加快落实华侨私房政策的意见》，明确规定在土地改革中，农村和城镇没收、征收的华侨私房，应一律退还华侨业主。省侨办根据中央规定的政策范围，再次组织各地全面调查，逐户核实，准确掌握应处理的侨房底数，提出全面规划，在几年内分期分批清退农村侨房的工作要求。并多次召开工作会议，推动落实农村侨房政策工作。1985年1月和3月，省侨办分别在中山市和东莞县召开地、市及重点县侨办主任座谈会，总结交流各地工作经验，部署工作，要求各市、县要先抓好落实侨房政策试点，取得经验后再全面铺开。同年8月，省侨办专门召开落实侨房政策统计工作会议，统一部署规范落实侨房政策统计工作。省侨办还经常派人参加各地召开的汇报会、座谈会，加强指导，编发《侨务情况反映》《落实侨房政策工作简报》，及时向省委、省政府反映落实侨房政策新情况、新问题，推广各地行之有效的工作经验。

广东应落实清退的农村侨房面积大、任务重，各级政府想方设法筹措解决农民分得户腾退侨房需要的宅基地、建房资金和建筑材料。省政府一方面向中央要求增拨专项资金，一方面再三强调，地、市、县、区、乡要根据地方财力，坚持各级出一点的原则，多方筹措资金，按照“多做工作，少花钱，多退房”的原则，对农民分得户实施“多困难，多补助；少困难，少补助”的原则，妥善解决侨房腾退问题。据不完全统计，从1979—1994年，全省共处理清退农村侨房1702万平方米，用于落实农村侨房政策的专款5.088亿元，其中，中央财政拨款2.52亿元，省财政拨款8200万元，各地市、县、区、乡、镇拨款1.748亿元。对中央和省的落实侨房政策补助款，广东按各地统计上报应落实的面积，采取适当照顾困难地区的原则进行分配，对经济困难地区的拨款比富裕地区多10%，由各市、县包干负责。各市县区对农民分得户的补助标准，由各地确定，由区、乡包干负责完成清退任务。为了解决农民分得户的建房困难，1984—1986年，省计划委员会（简称省计委）安排2800

吨钢材、8000吨水泥指标分配给市、县，帮助农民分得户建房。部分市县自筹调拨了钢材1267吨、水泥6720吨、木材829立方米建筑材料，补助农民分得户建房；有些区乡则对农民分得户建房用的砖、瓦、砂、石，以及工程建筑和运输等给予优惠，或组织亲邻给农民分得户帮工，或把集体空房（包括原生产队办公室、仓库等）低价卖给农民分得户居住等，弥补退房资金不足，解决农民分得户的实际困难。1988年以后，深圳、中山、罗湖等市、县（区）采取由政府统一建房的做法，解决农民分得户住房的建房问题。各级侨办还根据中央和省的有关文件精神，积极争取驻粤部队对落实侨房政策工作的重视和支持，按规定的期限退出占（使）用的侨房。1986年1月，广州军区属下珠江公司将占用的珠海市前山区梅溪村清末夏威夷华侨企业家陈芳的房屋退还给其亲属。

至1990年年底，全省累计退还农村土改没收、征收、“大跃进”挤占、拆毁侨房使用权1612万平方米，基本完成落实农村侨房政策工作任务，其中广州、深圳、珠海、梅州、惠州、韶关、清远、茂名、阳江、中山、东莞、佛山、湛江市完成98%的清退任务，肇庆、河源市完成95%以上，江门、潮州市完成90%，汕头、汕尾市完成88%。1991年以后，一些国家的华侨华人陆续回来申诉要求落实农村侨房政策，各地侨务部门在深入调查也新发现一批按政策应清退的农村侨房，这些侨房主要集中在汕头、江门、汕尾、梅州、潮州、揭阳、茂名、惠州等市。至1994年，全省再清退农村侨房90万平方米，共1702万平方米，基本完成落实农村侨房政策的扫尾任务。

（二）清退城镇侨房

广东清退处理的城镇侨房主要有“文化大革命”挤占、接管侨房，私改错改侨房，非建制镇（指不设镇建制的农村集镇）私改侨房，以及私改、代管、土改没收、土改农会拍卖侨房等八大类，80年代主要落实清退“文化大革命”挤占、“文化大革命”接管、私改错改、非建制镇私改侨房，90年代主要落实处理私改、代管、土改没收、土改农会拍卖侨房。

1. 发还清退“文化大革命”挤占、接管、私改错改、非建制镇私改侨房

“文化大革命”期间，广东各地机关企事业单位和个人，以各种形式和借口占住华侨在城镇的私有自住房屋；房管部门以“代收租、代修缮”为由，接管华侨在城镇的私有出租房屋。中共十一届三中全会后，全省全面开展清退“文化大革命”期间挤占、接管的城镇侨房工作，1981年11月4日，省政府发出《关于限期退还“文革”期间被挤占的华侨房屋的通知》，提出全省在两年内全部完成退还“文化大革命”期间被挤占侨房的任务，并决定拨款1000万元，作为城镇退还侨房搬迁住户的补助款。各地相继制定措施，部署退房工作，汕头、广州、佛山、梅州、惠阳、中山等市、县的工作进展较快。至1984年年底，全省共退还“文化大革命”期间挤占侨房34万平方米，“文化大革命”期间接管侨房176万平方米，基本完成清退任务。

1981年，省政府批转省城市建设局（简称省城建局）《关于进一步落实国家的房产政策，处理好私房改造中的遗留问题的报告》，指出在1958年城镇出租私房社会主义改造中，凡在起改点（广东省规定华侨出租房屋的起改点为：大城市180平方米、中等城市120平方米，小城镇96平方米）以下的华侨出租房屋；经机关、团体动员安排出租的侨房；所

收租金用于公益福利事业的侨房；中华人民共和国成立后用侨汇购建的侨房；以及没有出租的空房，按当时政策规定不应纳入改造的侨房。凡过去已经改造的属于“私改错改”侨房，应一律撤销改造，把出租侨房的产权退回给业主自行管业。1982年4月，广州市政府召开常务扩大会议，确定按照“承认错误，改对的不动；纠正错误，错改的发还；漏改、缓改的不再补改”的原则处理私改房遗留问题。会后，市、区房管部门对全市私改房进行全面摸查，核实错改的户数和面积。1983年，广州市房地产管理局先后编写3辑《问题解答》，提出具体处理原则，指导各区做好清退侨房工作。根据中共中央办公厅、国务院办公厅1984年12月转发《关于加快落实华侨私房政策的意见》的要求，广东进一步抓紧撤销城镇私改错改侨房和非建制镇私改侨房改造。至1985年年底，全省累计清退私改错改侨房78万平方米、非建制镇私改侨房48万平方米。其中，深圳市全面完成清退私改错改侨房任务，茂名市清退99%，梅县市清退97%，江门市清退94%，肇庆市清退92%；茂名、江门市全面完成清退非建制镇私改侨房任务，汕头、深圳、肇庆市分别完成清退非建制镇私改侨房任务的98%、97%、86%。

1985年后，全省落实侨房政策工作的重点转移到清退农村侨房，各地都把主要精力集中在抓好清退农村侨房工作上，此后，省财政未再拨出落实城镇侨房政策专款，各地面临房源和资金紧缺困难，清退城镇侨房的工作进展缓慢。

2. 落实处理私改、代管、土改没收、土改农会拍卖侨房

1986年4月，省委、省政府印发《关于退还私改侨房的通知》，决定对在私房改造中被改造的城镇华侨私房，给予照顾，退还给华侨业主。江门、深圳、湛江、中山、佛山、梅州、惠州、肇庆等地区、市落实退还一批私改、代管侨房。至1990年，全省尚未落实处理城镇土改没收、土改农会拍卖、私改、代管侨房（简称“四类侨房”），私改错改、非建制镇私改的侨房仍有450万平方米。1991年6月，省政府召开全省侨务工作会议，提出“八五”期间要集中力量抓好落实城镇侨房政策工作的要求，决定拨出7500万元，作为清退城镇侨房的补助款。同年10月，省侨办在中山市召开全省落实城镇侨房政策工作座谈会，总结交流各地的工作经验。1992年10月，省委、省政府下发《关于“八五”期间加快落实城镇侨房政策工作的通知》，提出加快清退城镇侨房工作的具体要求。落实侨房政策任务重的市县（区）根据中央与省的有关规定，结合当地侨房情况的实际，陆续制定相应的政策措施：广州市政府颁发《关于进一步落实私改和代管侨房工作的通知》，对这两类侨房的清退工作提出具体要求。东莞市对“四类侨房”采取一步到位退还产权与使用权的做法。各地积极想方设法多渠道筹措资金，至1994年，全省有15个地级市将落实侨房政策资金纳入了地方财政预算，一些市县还努力开辟房源，将住用侨房户列入无房困难户，无偿或廉价提供解困建房用地。广州、汕头、深圳、江门、潮州等市相应划出兴建腾退房用地。佛山、东莞、潮阳等市县根据当地的实际，采取灵活的办法贯彻“谁用谁退，谁拆谁赔”的原则清退侨房，广州、汕头市优先退还重点户侨房，1992年将胡文虎在广州、汕头的房产发还给其合法继承人香港星岛报业集团主席胡仙。1995年5月，胡仙将发还的广州“永安堂”捐赠给广州市政府，用作广州市儿童图书馆馆址。

1994年5月，省侨办在广州召开全省落实城镇侨房政策工作会议。同年，省侨办主任司徒戎生等26名省人大代表在省八届人大二次会议上联名，提出《关于加快落实城镇侨房政

策工作的议案》。同年11月，省八届人大常委会第十一次会议做出《关于加强落实城镇侨房政策工作的决议》，通过省政府提交的办理方案报告，要求全省在1995年基本完成退还土改没收、私改错改、代管侨房产权任务，对土改拍卖的侨房，原则要求在1996年基本处理完毕。省人大常委会办公厅与省政府办公厅指定省侨办为议案的主办单位，省财政厅、建设委员会、国土厅、税务局等8个单位为协办单位。赋予各地计划部门将兴建腾退房纳入计划范围，税务部门对兴建腾退房的用地给予免征土地使用税两年，建设银行对建腾退房要提供部分临时周转贷款等优惠政策。省财政增拨1500万元用于清退城镇侨房。各地根据全省落实城镇侨房政策工作会议精神和省人大决议的要求，结合本地实际，加大工作力度。广州市政府从1996—1998年每年拨款1000万元，划拨20公顷土地，与外资企业合作兴建“汇侨新城”，由开发商提供房源安排给腾退侨房的住房居住。汕头市用政府拨给的46.67公顷土地，2200万元财政拨款，建设“华新住宅区”，安排侨房居住户居住。江门、潮州、梅州、东莞等市也都根据当地的实际采取不同措施，推动落实城镇侨房政策工作。

在土改运动中，广东不少地方的农会为满足贫下中农追余粮、分果实的要求，强迫华侨地主、富农和一些华侨、侨眷将其在城镇中的房屋，通过城乡联络处低价甚至贱价拍卖给单位或个人，卖房的钱则由农会没收作为“胜利果实”分给农民。时隔40多年，拍卖侨房有不少已被扩、加、改、拆建，房子变得面目全非，有的甚至拆除重建，原房已不存在，其中还有不少侨房属于异地拍卖，处理这些拍卖侨房难度很大。1996年5月，省侨办在番禺市召开全省处理土改农会拍卖侨房工作会议，确定按照“多讲好话，原房不退，适当补偿”的原则处理土改农会拍卖侨房。各地处理在外地和本地的拍卖侨房，依具体情况，确定不同的补偿标准。外地农会在广州市拍卖侨房的处理工作，以广州市为主，有关市、县协助，具体的补偿标准和经费分担的比例，由广州市和各地根据各自的实际情况协商解决。

1996年年底，省政府和省人大联合派出工作组分赴广州、江门、佛山、汕头、潮州、揭阳等市，对落实城镇侨房政策工作进行检查验收。验收结果显示，全省列入省人大议案范围的“四类侨房”共778万平方米。截至1996年年底，除广州市尚有75万平方米私改、代管侨房，以及尚无业主申诉的代管侨房20万平方米未落实外，要各地落实处理的“四类侨房”共有683万平方米，已经落实632万平方米，占应落实数的93%，其中私改、代管、土改没收侨房共退还产权487万平方米，土改没收侨房退还使用权163万平方米，私改、代管侨房退还使用权135万平方米，立案处理土改农会拍卖侨房145万平方米。1997年1月2日，省政府在给省人大常委会《关于加快落实城镇侨房政策工作议案的办理结果报告》中，提出1997年继续安排1000万元补助款，用于处理土改拍卖侨房和补助经济困难的市县做好各类侨房的清退工作。1月18日，省八届人大常委会二十六次会议批准省政府的报告。此后，各地一方面紧抓土改拍卖侨房的立案工作，积极筹措配套资金，根据本地实际情况，确定补偿标准，落实安排好退房经费；另一方面继续做好清退其他各类侨房的扫尾工作，包括退还90年代中、后期华侨业主新投诉要求落实政策的侨房。至1999年，全省完成土改农会拍卖侨房的立案工作，经济补偿工作有序进行，基本完成各类侨房的扫尾工作。

据不完全统计，1979—1999年，省财政共拨出1.1亿元落实处理城镇侨房补助款，有关市、县（区）财政拨出1.982亿元，划拨土地124.5公顷，兴建腾退房6655套、36万平方米，安排原侨房居住户入住，减免各种税费9692万元。此外，各地贯彻“谁用谁退，谁拆谁赔”的原则，由住户所在单位安排住房腾退和征拆单位退赔3768套、27万平方米。全省各地落实退还的各类城镇侨房共1213万平方米，其中“文化大革命”挤占侨房34万平方米、“文化大革命”接管侨房180万平方米、私改错改侨房165万平方米、非建制镇私改侨房56万平方米、私改侨房295万平方米、中华人民共和国成立初期代管侨房158万平方米、土改没收城镇侨房175万平方米、土改农会拍卖侨房150万平方米。

1979—1999年广东省各市落实城镇侨房政策情况统计表

表4-1-1　　　　单位：平方米

侨房类别 / 市别	“文化大革命”接管侨房	私改错改侨房	非建制镇私改侨房	私改侨房	中华人民共和国成立初期代管侨房	土改没收城镇侨房	土改农会拍卖侨房
广州	1253950	683998	32760	980000	870000	78206	626453
深圳	497	9167	50566	10523	17047	14492	28900
珠海	—	—	—	—	750	—	—
汕头	38611	91709	—	382029	218753	63650	141210
佛山	171510	50669	47670	195336	56123	4709	87834
江门	170312	290234	343851	723700	67667	392024	300223
梅州	19757	117859	59166	131251	16478	165067	29131
韶关	—	2026	—	21721	9910	67141	6836
东莞	4946	91675	—	63226	16192	2000	65551
中山	49655	46442	—	98252	24818	78692	4443
河源	3909	7942	4861	1998	5525	35597	2814
惠州	9934	20107	—	47114	4694	126817	10821
汕尾	4125	34517	1734	29712	23438	154401	12854
揭阳	14931	23002	9769	47469	9523	98148	1083
潮州	14148	98782	—	95923	15011	80250	15200
清远	14124	10404	—	17490	20333	160544	5448
湛江	9354	15516	—	24563	192434	18992	59761
茂名	7616	3473	251	5332	2127	—	46975
阳江	591	2744	—	5448	522	44161	47000
肇庆	12976	54072	13861	51198	5078	93725	5855
云浮	—	—	—	21599	4715	72580	6146
合计	1800946	1654338	564489	2953884	1581138	1751196	1504538

说明：表中数字未含“文化大革命”挤占侨房34万平方米。数据由各地市侨务部门报送

1999年3月，省政府在广州召开全省落实侨房政策工作表彰大会，对在清退侨房工作中做出突出贡献的50个先进集体、158位先进个人和97位获特别贡献奖的离退休人员予以表彰和奖励，至此全省落实侨房政策工作基本结束。

1999年省政府表彰落实侨房政策先进集体名单

广州市：
广州市落实侨房政策领导小组办公室
广州市国土房管局
广州市人民政府侨务办公室
广州市东山区国土房管局
番禺市落实侨房政策领导小组办公室
深圳市：
深圳市人民政府侨务办公室
龙岗区人民政府侨务办公室
珠海市：
珠海市人民政府侨务办公室
汕头市：
汕头市人民政府侨务办公室
汕头市国土房管局
汕头市华新城建设指挥部办公室
澄海市人民政府侨务办公室
韶关市：
韶关市落实城镇侨房政策办公室
南雄市人民政府侨务办公室
河源市：
龙川县人民政府侨务办公室
梅州市：
梅州市人民政府侨务办公室
梅县人民政府落实侨房政策办公室
大埔县人民政府落实侨房政策办公室
兴宁县人民政府落实侨房政策办公室
惠州市：
惠东县人民政府侨务办公室
龙门县人民政府侨务办公室
汕尾市：
汕尾市人民政府侨务办公室
陆河县人民政府侨务办公室
东莞市：
东莞市人民政府侨务办公室
中山市：
沙溪镇人民政府
江门市：
台山市落实侨房政策办公室
新会市人民政府侨务办公室
江门市落实侨房政策领导小组办公室
鹤山市人民政府侨务办公室
佛山市：
佛山市落实侨房政策办公室
南海市人民政府侨务办公室
顺德市落实房产政策办公室
阳江市：
阳东县人民政府侨务办公室
湛江市：
廉江市人民政府侨务办公室
湛江市坡头区人民政府侨务办公室
茂名市：
茂名市人民政府侨务办公室
高州市人民政府侨务办公室
肇庆市：
肇庆市人民政府侨务办公室
四会市人民政府侨务办公室
清远市：
清远市落实侨房政策办公室
阳山县落实侨房政策办公室
潮州市：
潮州市人民政府侨务办公室
潮安县人民政府落实侨房政策办公室
揭阳市：
榕城区落实城镇侨房政策领导小组办公室
普宁市落实侨房政策办公室
云浮市：
云浮市云城区落实侨房政策办公室
省直单位：
广东省人大华侨民族宗教委员会
广东省人民政府办公厅建议提案处
广东省人民政府侨务办公室

第二节　为侨服务

一、侨务信访

1978年3月，省侨办重新设立后，即在秘书处附设信访室（1988年划归侨政处），配备8名信访干部，负责处理海外侨胞、归侨侨眷和港澳同胞的来信来访工作。

改革开放初期，广东各级侨办协同有关部门、单位根据中央和省委、省政府的指示精神，全面落实侨务政策，海外侨胞、归侨侨眷和港澳同胞要求平反冤假错案和解决历史遗留问题的来信来访数量剧增。各地侨办把信访工作看作是推动落实侨务政策的重要渠道，除一般的案件进行转办、催办处理外，对重大、突发或久拖不决的老大难案件，采取发函或派人联系的办法，和有关单位共同查处，协助做好善后工作。1979—1980年，省侨办处理有关冤假错案申诉信近7000件、接待来访近4000人次，广州市侨办1980年处理的来信793件，全部是申诉“文化大革命”、“四清”以及反右派斗争和“反右倾”运动期间的历史遗留问题。

80年代中期，海外侨胞、归侨侨眷和港澳同胞来信来访要求落实侨房政策的数量持续增加。省侨办收到的来信增加到每年8000多件，接待来访增加至每年5000多人次，要求解决的主要问题是落实侨房政策。1983—1987年，广州市侨办接待来访要求落实侨房政策的人数占来访总人数的比例分别是：1983年66.4%，1984年81%，1985年77%，1986年78.8%，1987年82%。1984年，省侨办根据信访工作出现的新情况，在信访室组成一个4人小组，专门负责处理全省有关侨房问题的来信，并具体负责督促检查省直机关的清退侨房工作。各级侨务部门在日常的信访工作中，注意收集反映海外侨胞、归侨侨眷和港澳同胞的意见和要求，及时提供给上级领导和有关部门参考，作为制定侨务政策的依据。在涉外公证问题上，有些海外侨胞、港澳同胞提出要求协助办理国内房产确权、登记、转移和继承；在涉外婚姻问题上，有些反映在国内找到结婚对象，而对方常住户口不在广东，希望能协助在广东办理结婚登记；有的要求协助处理离婚后夫妻财产分割，生活费负担、子女抚养方面的问题；有些要求退回中华人民共和国成立后用侨汇购建作为商用的房屋及以侨汇集资入股的股金，在私改中被清产核资纳入私改的房屋和股金。省侨办及时将上述情况反映给省委、省政府和有关部门，对省委、省政府和有关职能部门制定相关侨务政策起到积极作用。在处理群众来信来访过程中，省侨办特别注意重点，抓疑难案件，对驻外使领馆、中央机关、省领导交办的重点案件，以及来信来访中反映的突出问题，及时立案处理。

1984—985年省侨办接受信访情况统计表

表4-2-1

年份	类别	侨房问题	涉外公证、婚姻等问题	出境问题	冤假错案问题	要求调动工作	要求协助寻亲	要求安置工作	要求解决户口	归侨知青问题	总数
1984	数量（件）	3294	2149	757	570	399	266	219	205	182	8041
	占总数百分比（%）	41.0	27.0	9.4	7.0	4.9	3.3	2.7	2.5	2.2	100.0
1985	数量（件）	4547	1953	512	519	235	186	211	90	69	8322
	占总数百分比（%）	55.0	23.5	6.2	6.2	2.8	2.2	2.3	1.0	0.8	100.0

80年代末至90年代初期，海外侨胞、归侨侨眷和港澳同胞来信来访的内容发生明显的变化，反映、申诉解决历史遗留问题的来信来访大幅减少，要求协助解决申请出境定居、自费出国留学、子女升学就业、华侨去世后回国安葬等问题的来信来访大幅度增加；要求解决城镇侨房遗留问题的增多，反映经济方面问题的增多，对如何管好、用好侨捐公益项目不断提出批评建议，反映其合法权益遭受侵犯的增多，城镇征拆华侨在国内直系亲属的房子不被作为侨房处理，部分征拆单位撕毁协议，不按规定补偿等，成为海外侨胞、归侨侨眷来信来访的新内容。

1988年11月，针对不少市、县（区）侨办信访工作制度不健全的情况，省侨办向各市、县（区）侨办发出《关于进一步加强我省侨务信访工作的通知》。1989年12月，省侨办在广州举办首届全省侨务信访干部培训班，对全省19个市以及部分县（区）侨办60名专职或兼职信访干部进行为期11天的集中培训。不少市、县（区）侨办也根据实际，采取多种形式，对本地侨务信访干部进行培训。116个县（区）侨办配备专职或兼职信访干部。广州、深圳市侨办设立信访室，韶关、始兴、澄海等市、县侨办成立侨务信访工作领导小组，初步形成省、市、县（区）三级侨务信访工作网络。至1992年，大多数市、县（区）侨办都建立侨务信访工作制度和信访干部的岗位责任制。广州、深圳、中山、清远、湛江、江门、韶关、肇庆等市侨办建立办领导参加接访制度。南海市侨办还建立办领导下访工作制度，广州市白云区侨办规定凡立案的信访案件务必在15天内查复上报。

1990年，省侨办编印《侨务信访工作手册》和创办《广东侨务信访》，以指导基层侨务部门开展侨务信访工作。同年，省侨办建立每周有1个半天由办领导参加接待群众来访的制度， 1991年年底扩展到逢周二、周四上午由正处长轮流接访。1990年冬和1991年春，省侨办分别在佛山市和东莞市分片召开全省侨务信访工作座谈会，总结交流和部署侨务信访工作。1991年4月，省侨办向全省各市、县（区）下发《广东省市、县（区）侨务信访目标管理的规定》（试行，1992年7月正式颁布，以下称《目标管理》），要求各地侨办对信访工作要切实做到领导重视，专人负责；为侨办实事；积极主动沟通网络；多抓信息，促使广东各级侨务信访工作形成规范化、制度化。同年，省侨办还组织两个信访工作组深入全省19个市和37个县（区）对《目标管理》的落实情况进行检查。各级侨务部门收集和整理信访中反映出来的一些新情况、新问题，及时向领导机关和职能部门反映。较突出的是有不少来信提出华侨在国外去世后，允许其遗体运回家乡安葬的要求，省侨办及时将这一情况向省政府和省民政厅反映，省民政厅下发文件，从1993年7月1日起，允许华侨、港澳台同胞的遗体、骸骨运回广东安葬。

1992年以后，省侨办侨务信访工作来信来访量呈下降趋势，电话咨询量大为增加，省侨办每年收到群众来访电话约有一两千次，其中1994年收到电话最多，为5200次。1992年10月《广东省归侨侨眷权益保护实施办法》颁布后，海外侨胞和归侨侨眷来信来访要求维护其合法权益的明显增多，主要是要求解决有关城镇侨房的退还或拆迁及出境定居、侨资侨属企业、华侨农场、华侨祖坟等问题。

1993—1999年省侨办接处信访量统计表

表4-2-2

类别 数量 年份	来信（件）	来访（人次）
1993	1884	3298
1994	1482	2472
1995	1273	1678
1996	1388	1564
1997	1550	1027
1998	1237	1216
1999	949	1709

1993年11月和1996年7月，省侨办分别在广州和肇庆市召开全省侨务信访工作会议暨侨务信访干部培训班，接受培训的学员分别为50人和80多人。省侨办还经常派人到基层侨办举办的侨务信访干部培训班和信访工作会议宣讲侨务政策，检查《目标管理》的贯彻情况。湛江市侨务部门处理了信宜县“梁月新房产纠纷案” “荔枝小学案”等重大信访案件，东莞市清溪镇侨办及惠东、丰顺等县侨办还先后常年聘请法律顾问协助处理有关侨务信访案件。侨务信访工作逐步走上法制轨道。

1997年5月，由省侨办和广州市侨办组成的广东侨务信访团到美国旧金山、洛杉矶、华盛顿、纽约开展侨务信访工作。在美国11天，共接待侨胞来访320人次，为100人现场解决问题，带回信访材料232份。回国后，信访团将这些材料分类，交由专人办理，还派人到佛山、江门等市进行督办，以保证侨胞反映的问题得到解决，并答复来信人。至1997年年底，共处理好228宗个案，占总数的98.3%。中共中央办公厅、国务院办公厅信访局对广东侨办派人到国外开展侨务信访工作一事给予充分肯定，在其工作简报中称“此举影响好、意义大，可谓改进信访工作的一个有益尝试。”1998年11月底，省侨办再次组织广东侨务信访团前往新加坡、马来西亚、菲律宾3国开展侨务信访工作。

省侨办先后在1992年7月、1995年3月和1998年5月召开全省侨务信访工作表彰大会，表彰一批侨务信访先进集体和个人。至2000年，省侨办信访室共收到感谢信138件、锦旗15面，1996年被中共中央办公厅、国务院办公厅评为全国信访优秀集体，1999年7月被国务院侨办、全国侨联评为全国信访先进集体。

二、归侨侨眷知识分子工作

80年代末统计，全省有归侨侨眷知识分子3万多人，其中具有高级技术职称的3000多人，具有中级技术职称的1万多人，对国家有突出贡献的近2000人。他们大部分50年代至60年代在国内大学毕业，是科教、卫生、文化和工程技术等部门的骨干。

在历次政治运动中，归侨侨眷知识分子因“海外关系”受到歧视，许多人在政治上和生活上受到不公平的待遇，遗留下不少急待解决的问题。中共十一届三中全会后，全省各级侨务部门根据中央和省委有关落实归侨侨眷知识分子政策的指示精神，积极配合组织人事部门，对归侨侨眷知识分子的冤假错案进行平反，并对他们的档案进行清理。但在一些地方和单位，没有彻底清除“左”的影响，对归侨侨眷知识分子的歧视和偏见仍然存在，主要表现在：入党难；在使用上不信任；对其培养提拔另眼相待等。

1983年6月，国务院侨办下发《关于全国归侨侨眷知识分子工作座谈会纪要》和廖承志在座谈会上的讲话，要求充分信任和正确使用归侨侨眷知识分子，给予他们更多的尊重，优先解决归侨侨眷知识分子的实际困难，给予他们更多的照顾。省侨办派1位副主任参加省委落实知识分子政策领导小组，抽调1人在省委落实知识分子政策办公室工作，兼管落实归侨侨眷知识分子政策。各级侨办经常派人到归侨侨眷知识分子比较集中的学校、医院、工厂召开座谈会，了解情况，倾听呼声，协助这些单位做好归侨侨眷知识分子工作，从政治上、工作上和生活上关心他们。至1986年，全省有1647名归侨侨眷知识分子被提拔到县科局级以上领导岗位，1795人被吸收入党，4795人获得各类专业职称，解决了3396人专业不对口的调整安排问题，解决住房困难和夫妻两地分居的6997人，解决了1489名归侨侨眷知识分子的子女就业问题。副省长黄清渠、广州市副市长陈绮绮、省侨办主任司徒戎生、广州师范学院院长蔡贵、省水电设计院院长李舜、省人民医院院长罗征祥等人，都是1979年以后提拔的归侨侨眷知识分子。

随着形势的发展和归侨侨眷知识分子在政治上、工作上和生活上的待遇日益改善，省侨办根据当时加快改革开放和经济建设的要求和归侨侨眷知识分子的特点，主动配合有关部门和单位，充分发挥归侨侨眷知识分子工作的作用，为加快广东改革开放和现代化建设服务。1986年，省侨办聘请20多位省直有关单位归侨侨眷知识分子联络员，作为开展归侨侨眷知识分子工作的助手和参谋，建立工作网络。省侨办对他们提出具体任务和要求，如协助调查本系统本单位归侨侨眷知识分子的基本情况和存在问题，协助开展引资引智工作，协助宣传侨务政策法规等。省侨办先后组织归侨侨眷知识分子到广州、珠海、新兴、清远、花县、肇庆等地考察，互通信息，学习侨务法律法规和政策，开展联谊活动。广州、深圳、汕头、江门、河源等市侨办也相继建立归侨侨眷知识分子联络员制度。广州市侨办于1985年10月聘请的归侨侨眷知识分子联络员只有32名， 90年代发展到近200名，并成立归侨侨眷知识分子联谊会。1991年9月，该会组织省人民医院、广州市医学院、市红十字会医院等单位的会员前往珠江华侨农场为200多名归侨义诊，还发动越秀区教育局、广州能源规划研究所等单位捐赠2500多本图书给农场学校。

省侨办在1987年3月和1993年3月发动各级侨办会同有关部门，对所在地区各部门、单位（包括中央部属和省属单位）归侨侨眷知识分子的基本情况进行全面调查登记。不少市县侨办对当地有真才实学、有广泛海外关系、有活动能力、热心为经济建设服务的归侨侨眷知识分子建立人才档案，尤其是对一些在科技上有成就或有突出贡献的专家、学者建立人才卡片。在此基础上，各地侨办向急需人才的部门、单位推荐合适的归侨侨眷知识分子人选。由汕头市达濠区侨办推荐而受重用的长益科技公司侨眷知识分子谢继荣，选准档次高、技术新的二氧化氯协同消毒剂出发器作为开发项目，组织技术力量攻关，产品投放市场后收到良好的社会效益和经济效益，被列为1994年国家科学技术委员会高新技术产品重点推广计划项目、省星火计划和新产品试制计划项目、汕头市科技计划项目，并荣获达濠区科技进步奖。

各级侨办积极协助有关部门和单位，充分发挥归侨侨眷知识分子的作用，为广东省的“三引进”（即引进资金、技术、人才）工作及各项工作做出了贡献。80年代，中山大学归侨教授汤明樾，通过在法国巴黎大学任教授的弟弟联系，促成中山大学与巴黎第七大学结成姐妹学校，开展分子生物学等方面的合作研究和互派教师到对方学校短期工作；归侨教授何肇发，通过在美国匹兹堡大学任教的好友杨庆堃教授的争取，获得美国“岭南大学基金会”的赞助，捐赠120万美元给中山大学复办社会学系和新办工商学院；归侨教授潘海瑶多次动员其侄孙潘毓刚（全美华人协会总会主席、美国波士顿学院教授）回国讲学，进行学术交流，潘毓刚还在中国内地推荐了上千人到美国进修或留学。此外，不少地区和部门也组织和动员归侨侨眷知识分子为“三引进”工作贡献，如台山市归侨黄裁华、台山广海中学校长黄伟韬、鹤山市中学教师谢坚持等人，积极动员在海外的至亲好友为家乡建设捐款捐物，数额都达几百万元人民币。

三、扶助归侨和难民

（一）调整安置

1978—1979年，中国政府本着人道主义精神，在经济困难的情况下，接待安置印支难民28万人，其中广东省23个华侨农场接收安置难侨、难民6.5万多人。

1984年12月19日，省政府印发《关于归侨、难民职工及其子女安置问题的若干规定》，明确“华侨、农垦农场的归侨、难民干部、职工，原安排工种不对口的，原则上要按专业对口重新安排。要求调往市镇工作的，如有接收单位，经农场和调入单位办理商调手续后，报经有关市、县人事、劳动部门批准，公安、粮食部门凭市、县以上人事、劳动部门的调动证明，办理户口、粮食迁移手续”。恩平市大槐华侨农场有500多名难民原来在越南是渔民，从来没有农耕经历，被安排在农场耕田农作，不适应生产生活环境，后经广东、广西两省有关部门协调疏通，这批难民终于被集体调整安置到广西北海，从事适合自己的渔业生产，成为这一政策的首批受惠者。

1985年12月19日，中共中央、国务院作出《关于国营华侨农场经济体制改革的决定》，提出要“对部分归侨、难侨（含其子女）重新调整安置。”1992年9月26日，省七届人大常委会第二十八次会议通过的《广东省归侨侨眷权益保护实施办法》规定：“安置在国营农、林场的归侨（含配偶、子女）职工，经有关部门批准调往城镇工作的，给予办理户口、居民关系迁移手续；要求到城镇自谋职业的，有关部门及所在单位应给予支持和帮助。”将华侨农场归难侨调整安置工作用法规形式固定下来。

广东省各有关部门根据中央的《关于国营华侨农场经济体制改革的决定》和省有关法规的精神，积极做好华侨农场归侨、难民重新调整安置工作。1985—1990年，全省调整安置6500多名归难侨到城镇企事业单位工作，超额完成中央下达的任务指标。1992年省政府批转省侨办和劳动局《关于1992年至1995年归侨难侨重新调整安置工作的意见》，提出“1992年至1995年，每年调整安置（含招工、调动）难民和归侨1000人，4年共4000人，优先照顾农场贫困家庭和家庭成员中未有安置到城镇就业的家庭。并给予免缴城市增容费的优惠照顾。”从1985—2000年，全省共调整安置农场归侨、难民及其子女9070人（其中难民及其子女有5000多人）到城镇工作并办理入户手续。

（二）扶助救济

50—70年代末期，国家安置归侨的方针是“按籍安置，面向农村，面向农场”，广东的归侨除集中安置在国营华侨农场和农垦农场外，回原籍安置的多数在粤东、粤西的贫困地区以及粤北的部分山区。据不完全统计，1986年以前，全省散居在城乡（不含华侨农场和农垦农场）的归侨有7.84万多户、1.62万多人，其中农村贫困归侨约有6800多户、1.4万多人。广东省各级侨务部门按照国务院侨办《关于开展侨务扶贫工作的通知》的要求，积极开展扶持贫困归侨工作。

1985年至1991年12月是广东侨务扶贫工作摸索起步阶段。财政部每年都通过国务院侨办拨款给广东省，作为贫困归侨的救济费，以弥补民政部门救济的不足。省侨办也从华侨事业费中调剂一部分资金作为扶贫款下拨各地。各级政府按照侨务扶贫工作的要求，除对老弱病残、无人抚养的归侨实行社会救济外，还从救济费中安排部分资金，重点扶持年人均收入在200元以下（当时的贫困线）尚未解决温饱的贫困归侨发展生产，改变过去单纯救济的“输血”做法，采取“扶志”“治本”的办法，把一部分救济费以无息贷款的方式，扶持他们开辟生产门路，培育“造血”功能。1987年5月，省侨办、省侨联联合发出《关于大力扶持贫困归侨户的通知》，部署全省各级侨务部门开展扶持归侨脱贫的工作。1988年11月，省侨办在揭阳县召开第一次“全省扶持贫困归侨脱贫致富经验交流会”，引导各地继续扩大扶贫成果。1991年12月，省侨办召开全省扶持归侨脱贫工作座谈会后，广州市侨办党组决定成立扶贫小组，制定扶贫计划，并筹集资金19万多元，重点扶持从化、增城、花县41户归侨贫困户，发动他们种植荔枝、龙眼、三华李等果树，同时鼓励他们发展养禽业，劳动致富。至 1991年年底，全省各级侨务部门共扶持归侨3300户（其中直接扶持到户的有1500户，通过乡镇等企业安排贫困归侨及其子女就业1800多人），占贫困归侨户数的49%。已脱贫1800户，另外通过社会力量扶持和归侨自力更生脱贫700多户。累计归侨脱贫达到2500多户。

1991年12月至2000年是巩固提高阶段。1991年12月，省侨办在茂名市召开全省扶持贫困归侨脱贫工作座谈会，对市县侨办开展扶贫工作实行分类指导，并在一些市县建立扶贫工作联系点。1994年国家开始实施《国家八七扶贫攻坚计划》后，全省各级侨务部门把解决贫困归侨侨眷温饱问题作为首要任务。1997年9月，省侨办召开全省16个特困县侨办主任座谈会，对特困县的侨务工作和侨务扶贫工作进行部署。

各地侨务部门根据中央和省的统一部署，普遍加大侨务扶贫工作力度。茂名、广州、汕头等市侨办把扶持贫困归侨脱贫的工作列为全年工作重点，在1996年“国际消除贫困年”活动中，结合进行侨情普查，对本地贫困归侨的基本情况再次进行调查摸底，对归侨贫困户登记造册，建立档案，分类指导。不少侨务部门通过人大代表、政协委员向各级政府反映归侨贫困的状况，要求重视解决贫困归侨的脱贫问题。其中茂名市侨办争取市领导的重视，市、县财政分别拨出专款扶持贫困归侨脱贫；雷州市侨办主动上门做民政、财政、金融等部门的工作，争取到一批扶贫款项和生产资料；信宜市侨办在贫困归侨比较集中的乡镇举办短期培训班，邀请农业技术人员讲授种养技术和科学知识，对贫困归侨发展种养业进行技术指导。茂名、揭阳、揭东等市、县相继成立“扶助贫困归侨基金会”，接受海外侨胞、港澳同胞、国内侨界及社会各方面热心人士的捐款，为解决贫困归侨的生活困难和发展生产筹集更多的资金。

各市、县侨办因人因地制宜，采取扶持到户，以个体或联户自主经营，发展种养业为主，配套服务、指导的办法，保证归侨贫困户当年乃至长期稳定脱贫。陆河县侨办根据该县地处山区，土壤、气候适宜种植茶叶的实际，将有限的资金扶持30户贫困户种植优质茶。梅州市在归侨贫困户比较集中的乡镇创办“小庄园”，以种植沙田柚为主，大搞“三高”（高产、高质、高经济效益）农业和“立体农业”，取得较好的效果。省侨办则采取“点面结合，扶（贫）救（济）结合”的方法，适当安排部分扶贫周转金支持归侨扶贫点，一方面使面上的孤老病残、丧失劳动力以及受严重自然灾害影响的贫困归侨及时得到救济；一方面将扶贫资金相对集中，重点扶持有一定经济效益、属贫困归侨经营的生产项目，该项资金实行有偿使用，定期回收，循环安排，由五华、饶平、阳山、揭西等10多个县侨办负责的归侨扶贫点都采用这一办法。各级侨办在扶贫救济款的管理、使用上，逐步形成申请、审批、发放、使用、检查、回收等比较严格的程序和有效的规则，保证专款专用和发挥效益。

1985—2000年，国务院侨办和省侨办下拨给有关市、县用于归侨的扶贫、救济、救灾款共1242.1万元，共扶持贫困归侨14460户、40488人；脱贫11027户、32486人。

（三）扶贫助学

1994年，广东省接待安置印支难民办公室（简称省难民办）派人到英红华侨茶场了解灾情并慰问受灾难民时，得知该场有39名考上大中专学校的归侨、难民学生，由于家庭遭受水灾而面临辍学的困境，立即决定挤出部分资金资助这批学生，使他们能继续求学。此后，根据国家教育制度的改革，大中专学生必须自交学费，而农场的归侨、难民学生经过十几年努力考上大中专学校后，不少人由于家庭贫困而面临辍学。对此，省难民办决定每年拿出部分经费来资助这些特困学生，让归侨、难民学生不因贫困而失去接受高等教育的机会。一般是在归侨、难民学生取得录取通知书后或者已到学校报到后才拨款给予资助，后来考虑学生和家长的后顾之忧，每年3月初即发函要求各农场先做摸底调查，将毕业班中归侨、难民学生的基本情况报给省难民办，并对其中成绩较好、家庭贫困的学生进行跟踪。六七月份，省难民办再派员到各农场对准备列为资助对象的学生逐户家访，进一步核实学生在校表现及家庭经济状况，同时对因担心经济问题而对是否参加升学考试犹豫不决的学生明确表示，只要能考上，将给予一定的资助，使这些学生增强信心。经过调查摸底，确定相应拟资助的对象及资助的金额后，省侨办要求各农场在学生取得录取通知书后马上把钱送到学生手上，保证他们准时到学校报到。对往年资助过的大中专生，只要家庭困难，仍然继续给予资助。在省财政厅的支持下，省难民办在5年～6年时间内共拨出70多万元资助300名考上大中专学校的归难侨学生。

此外，省难民办加强与受资助学生、家长、农场和学校的沟通、联系。每学期开学时都发信给学生，鼓励他们克服困难、刻苦学习，并和他们保持经常的联系，每学期召开一、两次在穗就读大中专生座谈会、组织他们到外地参观学习，及时了解他们的学习和生活情况，勉励他们努力学习，以优异的成绩报答社会对他们的关怀。

（四）职业培训

为提高员工素质和就业率，满足归难侨子女求知识、求技能、求职业的愿望，1988年，省难民办在广州创办一所职业培训中心，为安置在农场的归侨难民提供职业培训。1988年，联合国难民署无偿援助30万美元，财政部拨100万元人民币支持兴建培训大楼和购置部分设备。1989年4月，培训中心大楼在广州三元里松岗落成，第一期培训班同时开学，16位来自大南山华侨农场的学员接受缝纫裁剪培训。1993年7月，培训中心迁至广州大道中347号润侨大厦。

培训中心根据社会用工需求，实行培训与推荐就业相结合等做法，有计划、有针对性地为归侨、难民及子弟进行多种形式、多种类型的实用性较强、就业面较广的职业培训。1989年4月至1993年上半年，共举办32期短训班，培训科目有酒店服务、电脑、财会、厨师、点心师、美容美发、裁缝、家电维修等。1990年，培训中心和省劳动服务公司合办两期家电维修培训班，学员经过3个月7门课程的学习和4门实习课的系统学习，取得正式家电维修技术证书。1991年以后，采用高中低教育相结合的模式，培训中心委托广州外语学院、省华侨中专学校等分别开办学制两年、两年半和一年半的印尼语、越南语和财会专业班，接受培训的学员共有86人。学员毕业后，培训中心做好学员就业推荐工作，使学员全部落实工作单位。1992年，培训中心为深圳华侨城属下的“三资企业”招收的480名归难侨新员工进行上岗前的培训；1992—1993年，为粤侨制衣厂、珠江农场服装厂和广州华侨宾馆补充新工人培训一批对口学员。1995年，根据英红、英华、黄陂等农场缺乏卫生护理员，农场归侨、难民就医比较困难的实际情况，培训中心和农场商定，在英红农场开办一个初级卫生护理班，向3个农场招收40名归侨、难民子女，经过3个月的理论学习和实践操作，学员掌握基本卫生护理知识和技能，结业后全部充实到各华侨农场医院及分场、生产队的医疗室去，解决农场护理员短缺问题。1997年，培训中心在英红等4个农场举办4期“三高”农业技术培训班，传授沙田柚、甘蔗等农作物的种植技术，共有1000多名归侨、难民接受培训，有的归侨、难民起早摸黑赶10多里、20多里路来听课，解决生产中遇到的实际问题，掌握科学种养技术，经济效益明显提高。

至2000年年底，培训中心共举办103期培训班，培训学员6700多人，其中难民5500多人，平均就业率约90%。

（五）联合国难民署援助项目

1979—2000年，联合国难民署对中国的印支难民安置工作给予大力支持和帮助，援助广东省126个项目共2154.5万美元，项目涉及工商业、农业、种养业、教育、培训、医疗卫生、生活设施、救灾等方面。省难民办按协议要求完成项目建设，使90%以上的难民从中受益，改善难民的医疗、教育、生活和就业等条件，促进了广东华侨农场工农业生产的发展。1983年接受20万美元援助的收获农场菠萝罐头厂已发展成为年出口菠萝罐头10000多吨、菠萝浓缩汁2500多吨，出口创汇500万美元的大企业，产品连续3年获省、部优称号和国优产品银质奖，并获得免检进入美国、加拿大市场的资格，98%的产品打入美国、德国、加拿大、英国等40多个国家和地区的市场。1982年援助光明华侨畜牧场50万美元修建水库，解决了1.5万多人（其中难民5000多人）的生产和生活用水问题。1990年援助大旺农场25万美元建设自来水厂，解决了全场2.5万多人（包括难民5000多人）的饮水问题。1994年援助10万美元建成花都农场中心小学，解决了近200名难民子女的入学问题，使全场适龄难民子女入学率达到100%。

联合国难民署从1994年起在中国实施循环基金信贷计划（又称周转金项目），把以往的无偿援助改变为有偿援助。1995年广东省开始实施周转金项目，联合国难民署为英德华侨茶场提供40万美元周转金，用于购置水电站发电机组。这是广东执行周转金计划的首个项目，也是当时难民署援助中国有关省（区）最大的周转金项目。省难民办加强对该项目建设的检查、监督和指导，英德华侨茶场努力克服暴雨袭击和资金紧缺等重重困难，于1996年7月完成首期工程并开始发电。1999年，联合国难民署再次为英德华侨茶场提供19万美元的周转金，用于购置水电站7扇金属闸门。电站建成后，农场的投资环境得到改善，促进农场经济发展，解决了该场以及附近几个农场部分难民的就业问题。

1995—2000年，联合国难民署为广东省提供的周转金232万美元，共兴办14个项目。有的项目周转金不能按时偿还，省难民办经过向有关单位、部门做好宣传、沟通工作，各级政府和有关部门给予大力配合和支持，受援单位克服困难，优先偿还联合国难民署周转金，从而保证广东按计划完成收回周转金任务。1999年1月，在广州召开的在华印支难民工作会议和9月在西安召开的联合国难民署中期项目评估会上，在有关实施周转金项目的省（区）中，仅有广东省按计划百分之百收回周转金，受到国务院难民办和联合国难民署驻北京代表处的肯定。

四、为侨办实事

（一）照顾“三侨生”升读大专院校

省侨办、招生办公室（简称省招生办）为认真贯彻落实对“三侨生”（即归侨青年、归侨子女、华侨在国内的子女）的升学照顾政策，决定从1983年开始，在录取新生的有关政策中，明确报考暨南大学、华侨大学等侨校的“三侨生”，凡达到学校所在招生批次录取分数线和资格线，且第一志愿报考这些学校的，可一次性投档给第一志愿学校；高考分数在上述高校各批次录取最低控制分数线降低10分内（1992年后改为降低20分内），且第一志愿报考有关院校的“三侨生”，可一次性投档给第一志愿学校；报考成人高等、中专学校的“三侨生”，可以照顾30分（专科起点升本科为20分）录取。后来，此照顾“三侨生”的政策扩大到汕头大学、五邑大学、嘉应大学。

省侨办每年都在招生录取工作开始前认真核实“三侨生”身份，并派人参与省高等院校的招生录取工作。暨南大学、华侨大学、汕头大学等大专院校在录取工作中，对上了录取线的“三侨生”，只要是填报本校的都尽量录取。一些委托高校培养专业人才的单位，在挑选考生时，对“三侨生”也给予照顾，使一些上了线的“三侨生”在正取落榜后，以委托代培的方式进入大学。1983—2000年，全省“三侨生”达到省本科最低控制线（含低20分内）共有8974人，其中被重点院校录取3405人，其余5569人均被有关高等院校录取。

1983—2000年广东省“三侨考生”升读大学本科人数统计表

表4-2-3　　单位：人

年份	1983	1984	1985	1986	1987	1988	1989	1990	1991	1992	1993	1994	1995	1996	1997	1998	1999	2000
重点院校	82	124	114	149	146	135	172	97	328	242	169	250	234	192	387	206	167	211
一般院校	148	337	429	390	422	226	181	197	192	268	223	360	258	132	507	333	587	379
合计	230	461	543	539	568	361	353	294	520	510	392	610	492	324	894	539	754	590

（二）华侨回国定居审批办理

改革开放之初，华侨、华人要求回国定居的日益增多。广东省根据中央的有关精神，及时调整政策，规定华侨、华人要求回广东定居的，可由本人或经由国内亲属向拟定居地的市、县侨办提出申请，由其商同级公安机关提出意见后，上报省侨办会同省公安厅审批。凡经批准定居的，当地公安部门应准予落户，但安置原则应面向农村，面向小城镇。当时符合申请条件的，主要是在外无依靠的孤寡老人、科技人才、知名人士和统战对象。

由于当时条件有限，有的人回来后不久，因工作条件不具备或生活不适应，又要求出国。1985年下半年，国务院侨办发文要求各地对华侨回国定居要从严掌握后，华侨、华人回来定居人数有所减少。其后经公安部同意，国务院侨办适当放宽华侨回国定居的审批条件。1987年3月，广东省侨办和省公安厅下发《关于外籍华人申请来我省定居问题的通知》，对外籍华人申请到广东定居的手续和审批办法等具体做法作出统一规定。

自80年代中期以后，华侨短期回国探亲、旅游、贸易的逐年增多，回国定居的逐年减少。经批准回到广东定居的华侨、华人，主要是：在国外无依无靠的老年人，在广东有亲人能解决住房、赡养等生活问题的；在国外的老人用外汇已在广东购买住房，又有外汇积蓄或退休金，养老金可转到广东领取，在广东省有亲属协助料理生活等问题的；夫妻一方在国外，生活确有困难，在广东一方能自行解决对方回来定居后的工作或住房等问题的。国内公民出国定居后在短期内又要求回国定居，因其原所在单位同意复工复职或由原系统安排工作及解决住房的；有单位聘请，有固定工作，并能自行解决住房的；个别老人因水土不服，语言不通，生活不习惯等原因，坚决要求返回原居住地，在广东的亲属能解决住房、赡养等问题的，也获准回国定居。1979—2000年，回到广东定居的华侨华人共有11050人，其中华侨5703人，华人5347人。

（三）为出境定居人员服务

中共十一届三中全会后，国务院和省政府有关部门逐步放宽对公民申请出境政策，美国、加拿大、澳大利亚等西方经济发达国家修改移民条例，放宽对中国移民入境定居的限制，广东省获准出境定居人员数逐年增多。1980—1996年，全省累计获准出境定居人员44万多人，其中江门市18.3万人，广州市11.3万人。还有4万人出国留学，部分学成后取得当地居留权，成为新华侨。

1979—1998年，省难民办协助为5000多名在广东华侨农场的印支难民办理出境手续，移民往第三国与亲人团聚。

随着出境定居人员（包括亲属移民、技术移民、投资移民等）逐年增多，出现一些新情况和新问题，主要是有关部门对新移民出境前咨询服务的组织工作没有跟上，出境前后涉及个人的合法权益问题，全省没有统一政策规定，政出多门，各行其是。有的单位对获准出境定居但尚未得到入境签证的职工，令其退还租住的公房，甚至退还已按房改价购买的公房；有的单位巧立名目，对获准出境定居人员办理公证、体检多收费、乱收费；一些企业扣发或减发获准出境定居的退休职工的退休金或生活补贴；有的随意收取获准出境定居人员的“培养费”或“培训费”；有些农村管理区不给出境定居人员办理退耕手续，出境定居后仍要完成公购粮任务；有的单位在其职工尚未获得前往国家（地区）入境签证前，就令其停职、停薪、免职、退职、停学、退学，给予退耕或腾退住房；有的部门对处理境外人员回来择偶结婚及计划生育问题未能根据特点适当照顾等。江门市政府于1990年11月9日下发《关于加强新移民工作的通知》。在省委主要领导的亲自过问下，省委办公厅于同年12月将该通知转发给有关市委、市政府参照执行。1992年10月，广东省颁布《广东省归侨侨眷权益保护实施办法》，列入维护出境定居人员合法权益的条款。1993年7月，省政府批转省侨办《关于做好我省出境定居人员工作的意见》，强调要做好出境定居人员的咨询服务工作，处理好出境定居人员的权益问题。

省政府文件下发后，各级侨务部门和有关部门十分重视，协调配合，依法护侨，依法行政，妥善解决出境定居人员在原住房、农村责任田退耕、离退休、退职人员出境后的生活待遇、计划生育、涉外婚姻等方面的问题。广州、江门、台山、开平、新会等市侨务部门，先后开办咨询服务机构，为申请出国人员提供出境事务咨询、代翻译证件、代填申请表、代领护照、代办公证、代购车船机票、接送出境等“一条龙”服务。根据新移民在海外谋生需要，侨务部门还会同有关部门举办烹饪、制衣、英语、汽车驾驶与修理等培训班，组织介绍侨居地现状的报告会。台山市举办145期烹饪班，培训人员达1万多人；举办英语班超过100期，学员2万多人；举办制衣班40多期，学员3000多人。另外，省侨办还为归侨侨眷子女出国自费留学出具确认身份证明。

第三节　侨务法制建设

1979年至80年代末，广东维护华侨华人、归侨侨眷合法权益，以制定和执行侨务政策为主，由省委、省政府及有关部门制定的侨务政策共26份、侨务法规1份。1987年，省人大常委会颁布《广东省国家建设征用土地拆除城镇华侨房屋的规定》，成为全国首项关于征拆侨房的地方性侨务法规。至90年代，侨务立法增多。1990年9月7日全国人大常委会颁布《中华人民共和国归侨侨眷权益保护法》后，广东根据此法相关条款，先后制定侨务法规

4件、侨务政策13件。其中有《广东省归侨侨眷权益保护实施办法》《广东省城镇华侨房屋租赁规定》《广东省拆迁城镇华侨房屋规定》和《广东省华侨捐赠兴办公益事业管理条例》。广州、深圳、珠海、汕头、梅州、东莞、江门、佛山等市亦制定侨务法规规章及政策共95件（含经济特区侨务法规3件）。广州市于80年代至90年代共制定侨务政策及规章28件。1997年汕头市人大常委会颁布的《汕头经济特区华侨房地产权益保护办法》，成为全国第一个保护华侨房地产权益的地方性法规。

省侨办从1983年10月始内设侨政处，1992年5月增设法制处（与侨政处合署办公），承担研究、草拟侨务政策法规，指导维护侨益的工作。全省各地级以上市侨办设有侨政科（处），负责侨务政策法规在本地的宣传贯彻。省侨办于1979年始培训各地级以上市侨务干部，其中1991—2000年举办培训班8期，共623人次参加。广州市侨办从1981开始，每年都举办侨务干部培训班，历年参加者共1800人次。1998年省侨办成立执法宣传责任领导小组，由省侨办主任任组长。

一、制定政策法规

（一）侨务政策

80年代前期，针对有大量侵犯侨益问题需拨乱反正，由省制定侨务政策，以清退华侨房屋、处理“文化大革命”及历史遗留问题为主，其中平反冤假错案等5件，安置归难侨2件，落实侨房政策8件。至80年代中期，基本完成落实归侨侨眷政策的工作。1985年1月召开的全国侨务工作会议，明确侨务工作的重点转移到为经济建设服务上。此后，省侨办在继续制定和落实侨房政策（至1989年再发文3件）的同时，协助草拟并实施新的涉侨政策，以经济方面较集中，其中华侨农场体制改革3件，华侨捐赠及投资优惠3件，侨汇购房入户1件；另有外籍华人回国定居1件。侨务部门为经济服务职能，在新制定的政策中得到体现，规定侨汇购房入户和华侨投资企业的确认手续由侨务办公室办理。80年代，由省委、省政府公布的侨务政策主要有《关于抓紧落实侨务政策若干问题的意见》《关于进一步全面落实侨房政策的通知》《华侨港澳同胞捐办公益事业支持家乡建设优待办法》《关于享受华侨投资优惠待遇认可的规定》《关于国营华侨农场经济体制改革的决定》《广东省华侨用侨汇在城镇购买住宅照顾亲属入户暂行规定》等。1991年后制定的侨务政策，多为各项侨务法规配套，如关于侨属企业管理、出境定居人员权益、归侨职工照顾加发退休补助、清退城镇华侨房屋、确认侨房、归侨侨眷身份以及扶持贫困华侨农场等方面。

保护出境定居人员权益。根据出境定居人数众多的情况，广东省及江门市、广州市都先后制定相关政策。1990年11月，江门市政府印发《关于加强新移民工作的通知》，对本地出境定居人员的权益作出规定。同年12月，省委办公厅将此文电传至广州、汕头、梅州、中山、江门、佛山、肇庆等13个侨乡城市。1993年1月，广州市政府办公厅批转市侨办《关于认真做好广州市新移民工作的请示》。同年7月，省政府批转省侨办《关于做好我省出境定居人员工作的意见》，基本内容是：获准出境定居人员在出境前已向单位购买住房的，其所有权不变；全家或家庭主要劳动力获准出境定居的农民，允许其退耕原承包的责任田；对已领取护照等待定居国或地区入境签证、已生育两个子女的育龄妇女，可不作结扎手术；任何单位不得随意收取出境定居人员的“培养费”“培训费”等。1999年3月，广州市政府发布《广州市出境定居人员权益保障规定》（简称《规定》），规定出境定居的企业离职人员，离职费以不低于本人离开工作前12个月的月均工资总额（基本工资+各项补贴+奖金）的60%计发；男年满55周岁，女年满50周岁的农民，可保留其已持有的农村股份分红；对出国留学改定居人员，其父母可享受公假出境探望子女。该《规定》实施当年，广州市侨办信访室受理出境定居人员及其亲属来信来访或电话咨询2252宗，是1998年855宗的2.63倍。2000年受理同类信访下降至581宗。

确认归侨侨眷身份及华侨房屋。1993年2月，省侨办印发《关于确认归侨、侨眷身份有关问题的通知》，对归侨侨眷为维护其某项合法权益或落实侨务政策，需要确认身份的适用范围、需提供的证明材料、办理确认证明的行政机关、司法程序及证明书格式等作出规定。其中适用范围包括归侨回国定居、归侨侨眷参政议政、依法组织社团、政府对华侨农场的扶持、保护私有房屋所有权、“三侨”子女升学或自费出国留学，以及因私出境权益等。经县（区）以上侨务办公室审核认证，统一使用《广东省归侨侨眷身份证明》。1995年7月省侨办印发《关于做好华侨房屋确认工作的通知》，规定本省域内城镇华侨私有房屋，因继承、租赁、拆迁等需要确认的，由业主或继承人、代理人提供有效文件，经房屋所在地的市（县）侨办审核确认，发给广东省华侨房屋确认证。据统计，1995—2000年，广州市侨办共出具归侨侨眷身份证明3680份，华侨房屋证明335份。1990—2000年，惠州市侨办共出具有关归侨侨眷出国探亲、定居、处理遗产和自费留学等证明超过6000份。

给归侨退休职工加发补助费。省《广东省归侨侨眷权益保护实施办法》规定：“中华人民共和国成立后在国家机关、国营和集体企事业单位工作的归侨职工，退休时退休金不足本人工资的百分之一百的，照顾加发退休补助费。”1993年6月，由省侨办负责草拟配套政策，省法制局与有关部门会商。是年9月，省侨办、人事局、劳动局、财政厅和社会保险局联合发出《关于给建国后参加工作的归侨退休职工照顾加发退休补助费的通知》，规定对符合范围的归侨职工，以本人退休时的标准（档案）工资为基数，照顾加发5%的补助费；已按工资100%领取退休金的，不再加发补助费；照顾加发补助费所需费用，按原退休金开支渠道解决。

简化归侨侨眷出国手续。1995年上半年，佛山市公安局率先简化归侨侨眷申请出国手续。省侨办及广州新马侨友会向省公安厅反映：东南亚部分国家已简化中国公民因私入境签证手续，基本不用提交该国移民或内政部的同意入境证件，而本省公安机关仍要申请人提供海外经济担保和来信。为此，省公安厅根据《中华人民共和国公民出境入境管理法》和《中华人民共和国归侨侨眷权益保护法》，经商省侨办，于1995年9月发出《关于简化我省归侨侨眷因私出国申请有关手续的通知》，规定“各地受理我省归侨侨眷出国探亲申请时，凡提交了常住户口所在地县级侨务部门（含县级以上人民政府侨务办公室）核发的‘归侨、侨眷身份证明’的，免交境外的有关证明材料。”对“归侨、侨眷遇特殊情况急需出境的，各地可凭其境外有关资料或县级以上侨务部门出具的证明优先为其办理出国手续。”同年11月，省侨办发出《关于做好我省归侨、侨眷因私出国确认身份工作的通知》，要求各市、县侨办要严格按照省《广东省归侨侨眷权益保护实施办法》办理确认归侨、侨眷身份。

（二）侨务法规

《广东省归侨侨眷权益保护实施办法》（简称《实施办法》）。在《中华人民共和国归侨侨眷权益保护法》公布施行后，省侨办于1991年下半年开始调研并草拟《实施办法》草稿，1992年6月经省政府审议后，于同年9月26日省七届人大常委会第二十八次会议通过，10月10日公布施行。《实施办法》内容共21条。立法原则是，对《中华人民共和国归侨侨眷权益保护法》已具体规定的权益不再重复；对经过实践证明符合广东实际的侨务政策，相应定为有关条款；对现行政策法规尚未明确，或虽有规定但不完善或不符合《中华人民共和国归侨侨眷权益保护法》的，提出具体规定。其中，根据本省于1988年已把大部分华侨农场下放市、县管理情况，规定对华侨农场所需的华侨事业费、基建投资等列入省和所在地政府的计划，华侨农场设置的学校和医院，纳入所在市、县的计划和管理；“任何单位或个人租用归侨、侨眷的私有房屋，必须征得业权人同意，并按国家和地方私房租赁管理规定办理租赁手续。租赁期满，归侨、侨眷业权人有权收回自住或再出租”；出境定居的离休、退休、退职的归侨、侨眷职工，其离休金、退休金、退职金和各项补贴与国内同类职工同等待遇；中华人民共和国成立后在国家机关、国营和集体企事业单位工作的归侨职工，退休时退休金不足本人工资的百分之一百的，照顾加发退休补助费。属全国侨务立法首创。

《广东省城镇华侨房屋租赁规定》（简称《租赁规定》）。从70年代末起，本省各类城镇侨房陆续落实政策发还给业主。由于政府长期对房屋实行福利型的低租金制，使侨房业主在收回产权后不能以租养房（1983年广州市私房住宅每平方米使用面积平均月租0.38元，1992年为0.65元）。租赁期满只要承租户不愿搬出，业主就不能依约收回房屋。据广东省高级人民法院统计，1992年至1993年9月，全省受理侨房纠纷案2018宗，其中租赁纠纷1642宗，占81%。为规范侨房租赁行为，根据《实施办法》第十条规定，省侨办草拟《广东省城镇华侨房屋租赁规定》，1994年6月经省政府审议，同年11月17日经省八届人大常委会第十一次会议通过，于1995年3月1日起施行。内容共14条，其中第七条“华侨房屋的租金，由租赁双方根据公平、合理的原则协商议定”，一改过去按政府有关主管部门确定的价格确定租金的做法。第九条规定：“租赁期限届满，承租人应依照租赁合同将房屋交还出租人。承租人确无居处可搬迁的，可以延长为期不超过一年的租赁期限，延长期间的租金可比原租金增加至100%。”为解决侨房的租金及租赁期限等历史遗留问题提供了法律依据。

《广东省拆迁城镇华侨房屋规定》（简称《拆迁规定》）。1987年3月7日，省六届人大常委会第二十五次会议通过、并于3月20日起施行的《广东省国家建设征用土地拆除华侨房屋的规定》（简称《规定》），内容共10条，其征拆补偿办法是：业主要回产权的，补给业主相当于原有房屋建筑面积和质量的新建房屋；业主要求付给补偿费的，核定相当于复建新房的费用和搬迁费，由建设用地单位给付。并规定“征地拆除华侨出租房屋，原承租户的住房由建设用地单位解决，或由建设用地单位与承租户所在单位协商解决”。该法规的实施，解决此前侨房被拆时业主需按残值补差价及拆迁后无法收回出租房的问题。90年代初期，城市房地产开发和旧城改造加快，涉及华侨非住宅房屋和附属设施的补偿，以及侨房的永迁安置等，而上述《规定》未有具体条款。省人大常委会因此将修订此法规列入1994年立法计划，并由省侨办提出修改意见。1995年5月9日经省八届人大常委会第二十五次会议通过《拆迁规定》，自公布之日起施行，原公布的《规定》同时废止。内容共18条，其适用范围除华侨外，增加归侨及依法继承华侨、归侨的合法私有房屋，使之与落实侨房政策范围一致。并对补偿办法作补充规定：拆迁华侨非住宅房屋，按照原房屋建筑面积在新建非住宅房屋中调换相同建筑面积的，不作差价结算；拆迁华侨房屋附属设施包括天井、庭院、花园等不作产权调换，但应予补偿，其中天井面积按照同期同一地段住宅房屋商品价格1：0.5结算；拆迁侨房需要异地永迁的，应当适当增加安置面积，其比例不能低于1：1.2。

《广东省华侨捐赠兴办公益事业管理条例》（简称《管理条例》）。1979—1995年，全省共批准接受华侨捐赠17.14万宗，总值人民币279.55亿元，约占全国接受捐赠总额的70%。1986年6月，省政府发出《关于进一步加强捐赠进口物资管理工作的通知》，规定接受捐赠由各级政府及侨务部门负责审核，价值2万元以上物品报省政府审批。1990—1995年，全省共查处劝募、倒卖捐赠批文等违法案件22宗，涉及11个县市，期间亦存在捐赠项目管理不善等情况。为此，捐赠人和受赠单位都要求依法保障其合法权益。1996年省人大常委会把制定《管理条例》列入立法计划，由省侨办负责拟稿。1997年1月18日，经省八届人大常委会第二十六次会议审议通过《管理条例》，于2月4日起施行。内容共18条，将原来行之有效的政策转为法规，如由县以上政府侨务部门负责对华侨捐赠事务实施管理和监督，以及捐赠必须遵循自愿原则等。并增加新的内容，规定："捐赠人有权了解捐赠款物的使用情况，有权对捐赠公益项目的设计、施工、使用提出意见"；受理单位接受捐赠后，必须实行专项管理；对违反捐赠条例者给予行政处分及构成犯罪者追究刑事责任。《管理条例》公布后，全省各市、县对改革开放以来华侨、港澳同胞捐办的公益项目，进行全面清理、登记，至1999年12月，已对1.5万个捐赠项目发出确认证书。

经济特区侨务法规。1995—1997年，深圳、汕头特区共颁布侨务法规3件。其中《深圳经济特区实施〈中华人民共和国归侨侨眷权益保护法〉规定》，于1995年3月30日经深圳市一届人大常委会第二十九次会议通过并施行，内容共22条。其中具地方特点的条款是："归侨职工退休后，退休金不足深圳市上年度职工年平均货币工资的，加发上年度职工平均货币工资百分之五的补助费"；"归侨、侨眷将子女送养给其同辈三代以内旁系血亲的华侨，经查双方当事人自愿、被收养人同意，确为接受境外华侨产业和照顾生活的，公证机关应当为其出具收养公证"。《汕头经济特区华侨房地产权益保护办法》，于1997年8月27日经汕头市九届人大常委会第三十六次会议通过，并于10月1日起施行，内容共46条。文内对华侨房地产的退还及使用人的安置、侨房租赁、拆迁补偿及法律责任都作出规定。其中条款有："已发还产权的侨房，使用人应当腾退；使用人具备腾退条件或空置侨房、转移侨房使用权的，应自业主提出收回之日起60日内退还侨房"；"使用人确无安置房的，可按有关规定申请购买补贴出售房，其所在工作单位应当支付补贴款，单位确无支付能力的，可从其房改出售公房回收的资金中支付"；"拆迁住宅侨房为平房的，以相当于原建筑面积120%的新建住宅房屋补偿业主。拆迁非住宅侨房，对底层的商业用房，以相当于原建筑面积60%的新建底层商业用房和相当于原建筑面积40%的新建住宅房屋补偿业主。"

二、宣传侨务法规

（一）普法教育

《中华人民共和国归侨侨眷权益保护法》公布之后，广东有计划地宣传侨务法规。1991年1月，省侨办发出通知，要求每个侨务干部都做到学法、懂法、守法、讲法（宣传法规），并通过报刊、广播、电视、墙报及印发资料等向社会宣传。1993年5月，省侨办、省普及法律常识办公室联合发出《关于在全省公民中开展侨务法律法规宣传教育的通知》，将《中华人民共和国归侨侨眷权益保护法》及《广东省归侨侨眷权益保护实施办法》列入全省普法计划。普法教育的重点对象是各级侨务干部、部门相关的领导和执法人员。省侨办派干部到广州、梅州、江门、韶关等9市及省直单位讲课。涉侨法规列入本省侨务系统公务员培训专业课，市县侨办干部共3000人参加考核。是年全省各级侨办编印学习资料7.5万册，至2000年共印发侨务政策法规资料约103万册。各地分别组织普及侨务法规活动。1991年8月，广州市将《中华人民共和国归侨侨眷权益保护法》列入全市普法教育“二五”计划，成立领导机构和工作小组，组织9人讲师团到各单位讲课，市长、市人大常委会主任分别在报刊、电视发表文章或讲话。1991—2000年，该市共举办座谈会、报告会1135场，参加人数约54.5万人次，其中讲师团授课82次，培训骨干1.2万人。印发教材及宣传资料22万份。1992年11月，该市侨办与普法办联合组织全市性考试，参加人数为24838人，其中处以上干部3090人。1993—1995年，汕头市印发《中华人民共和国归侨侨眷权益保护法》学习资料及教材67553份，举办骨干培训班25期，上辅导课75场，参加学习6161人次，全市有15340名干部参加《中华人民共和国归侨侨眷权益保护法》考试。

（二）新闻媒介宣传

1991年始，省侨办在《广东侨报》、《羊城晚报》新闻周刊及《今日广东》专版开辟“法律广场”等专栏，由省侨办相关处室就海内外侨胞关注的侨务政策法规问题进行解答，至1994年共发表短文380篇。1993年1月，省侨办与《南方日报》《广东侨报》联合举办侨务法律知识有奖测验活动，1月5日在两报分别刊登题目，至18日止共收答卷26886件，其中答案全部正确的4098件。读者来自本省及北京、上海、黑龙江、山东、浙江、陕西、新疆等22个省、自治区、直辖市，有干部、职工、学校师生和现役军人等。同年5月，省侨办与广东电视台联合主办侨务法律知识竞赛，于当月19日19时55分至21时在广东电视岭南台现场直播。此次活动共有6个市侨办组队参加，其中肇庆市侨办代表队获第一名，梅州、韶关市侨办代表队并列第二名，广州、江门、茂名市侨办代表队为第三名，各市、县电视台均作转播，全省约有1000万人收看。以电视直播形式宣传侨务法律法规，在广东尚属首次。7月，珠江经济广播电台与美国、加拿大华语网联合举办“飞越太平洋”华语节目，把《中华人民共和国归侨侨眷权益保护法》及相关政策分为16个专题，由省侨办干部现场接听、解答华侨、华人电话咨询。每周1次，逢星期六北京时间23时至23时30分播出，每次可解答咨询电话6个～7个，共进行16周。海外听众关注的热点问题是华侨房屋政策（占

30%）、房屋继承、出境定居离退休人员福利待遇、归侨侨眷身份解释及涉外婚姻等。此外，全省有147种侨刊乡讯，开辟为侨服务栏目分期刊登侨务法律法规，发往100多个国家和地区的华侨华人社团或个人。

（三）侨务法规纪念活动

1993年10月10日，省侨办在广州海珠广场举行《广东省归侨侨眷权益保护实施办法》施行1周年侨务法规咨询活动，省人大侨委主任司徒戎生、省侨办主任卢法泉等在现场为群众解答问题，内容涉及归侨侨眷出国定居、离退休生活待遇、华侨房屋、子女升学就业等方面。10月12日广东侨报以《依法护侨势在必行》为题，对全省贯彻侨务法规情况作综合报道。1995年9月《中华人民共和国归侨侨眷权益保护法》颁布5周年，省侨办在广州再度举行侨务法规咨询活动并召开新闻发布会。各地侨办分别组织相关活动，其中深圳、珠海及台山等市都制定宣传贯彻《中华人民共和国归侨侨眷权益保护法》的具体规定。台山市运用市委机关报和本地30多种侨刊乡讯宣传《中华人民共和国归侨侨眷权益保护法》，并根据该市每年有6000多人获准移居国外的情况，为出境定居人员举办各类职业培训班，协助办理有关出境手续等。2000年是《中华人民共和国归侨侨眷权益保护法》颁布10周年，是年9月至10月间，全省各地侨办会同人大侨委、政协“三胞”委、侨联和致公党等，开展系列纪念活动，通过报告会、座谈会、电视专访及报刊、宣传栏、有奖知识问答等，宣传《中华人民共和国归侨侨眷权益保护法》及配套政策。广州、汕头、梅州、湛江、阳江等市组织有公安、法院、房管、人事、劳动等部门参加的大型侨务法规咨询活动。其中广州市侨办印制宣传张贴画和明信片各1万套（张）。茂名市电视台播放有关《中华人民共和国归侨侨眷权益保护法》内容13次，拍摄《侨心暖、侨事兴》专题片，出版《护侨特辑》。汕头市把纪念《中华人民共和国归侨侨眷权益保护法》10周年与《汕头经济特区华侨房地产权益保护办法》颁布3周年活动一并进行。湛江市侨办和普法办联合举办侨务知识竞赛，在《湛江日报》登载竞赛问卷，有100名读者获奖。省直机关纪念活动的主题是“保护侨益，争取侨心，发挥侨力，建设家乡”。副省长汤炳权和省侨办主任吕伟雄分别接受广东电视台及南方日报采访，并于10月上旬播放、登载。10月1—7日，广东电视台连续播放依法护侨公益广告。9日省人大侨委和省侨办在省委珠岛宾馆联合召开全省纪念《中华人民共和国归侨侨眷权益保护法》颁布10周年报告会，省直机关单位、全省各市、县侨办主任和侨界代表共400多人参加，省人大常委会副主任佀志广和副省长汤炳权作专题报告。

三、依法维护华侨华人、归侨侨眷权益

（一）处理涉侨案件

根据侨务政策法规的相关条款，各级侨办负责检查督促涉侨案件的办理，对其中影响较大的侵侨案件作立案查处。办案时与房管、法院、人事、劳动等部门会商，与案发地侨办及有关部门联合调查。据统计，1990年全省19个地级以上市侨办，共立案6657宗，结案5148宗，结案率为77.3%。办案最多的是广州1283宗、江门1092宗。1990—2000年，由省侨

办立案办结的案件平均每年约330宗。

1993年和1995年，省侨办共派出37人次，到广州、江门、东莞、汕头、梅州等17个地级市，协调处理涉侨重案难案。1996年下半年，海外侨胞就广东省及广州市一些单位专挑有花园、庭院的单家独院侨房征拆事，直接向省、市有关部门或国务院侨办及外国驻中国使领馆投诉，其中广州市侨办和国土房管局共受理11宗，范围涉及该市属具传统风格和地方建筑特色保护区内的侨房，华侨业主及其后人强烈要求保留祖屋。1997年6月，省侨办会同广州侨办联合调查并专项报告广州市政府，提出“在审批征拆项目中应处理好维护侨房业主合法权益与国家经济建设的关系”，该市国土房管局的处理意见是“在审批拆除华侨单家独院开发建设时，应从严掌握，一般不予批准”。7月广州市政府批复同意上述意见并发出相关文件，该市规划局对原已批准征拆的4个项目重新审议并予以撤销。此后，同类案件得到遏止。

在侨办处理的案件中，以归侨侨眷权益及华侨房屋问题较集中。如广州市侨办1991—2000年每年平均受理的侨房信访为3766宗，约占该办信访总量的60%，立案处理则以城镇侨房问题为多。对此，广州、汕头、江门等市，均通过制定地方性政策规章，以分期分批解决同类案件。其中1991—2000年，广州、汕头市制定有关华侨房屋政策的文件各7件，江门、东莞市各5件。1997年汕头市侨办参与制定《汕头经济特区华侨房地产权益保护办法》，之后，依据此法关于“市人民政府侨务部门是特区侨房腾退的行政主管部门”以及腾退侨房使用权的条款，行使督促退还侨房使用权的职能，处理相关案件。该市先后投资3亿元，用于兴建腾退侨房住宅区（华新城），首期工程建成住宅2200套（建筑面积22万平方米），其中1880套作腾退侨房使用权的补贴房，由市侨办下达分配给各落实侨房责任单位。至2000年，该市退还城镇侨房使用权累计共60.5万平方米，占应退总任务的80.2%。

（二）办理议案、提案

办理省人大代表议案、政协委员提案及建议，解决执行侨务法规中的疑难问题，维护华侨、归侨侨眷正当合法权益，是各级侨务部门的主要工作之一。1985—1990年，省侨办共办理议案、提案60件，其中要求落实侨务政策的有37件，占61%。1986年7月，省人大常委会副主任蚁美厚等在省人大六届五次会议上提出《关于要求制定维护华侨合法权益，妥善处理城镇征拆侨房法规的议案》。会议期间，省政协副主席祁峰、常委曹兴宁又在联合报告中提出《妥善处理城镇拆迁侨房，维护华侨合法权益》的建议。省侨办据此草拟《广东省国家建设征用土地拆除城镇华侨房屋的规定》，经省人大常委会审议通过施行，从而以地方立法形式，解决城镇征拆侨房中长期存在的问题。

1991—2000年，由省侨办主办的议案、提案及建议共99件，集中在落实侨房政策和扶持华侨农场方面，占受理总数的66%。通过办理，相继草拟并印发一系列地方政策与法规。90年代初，人大代表、政协委员提得较多的是关于保护归侨侨眷权益的问题。为此，省侨办于1993年始研究制定与《广东省归侨侨眷权益保护实施办法》相配套的政策，是年共印发3项，包括确认归侨侨眷身份，对中华人民共和国成立前参加工作的归侨职工照顾加发退休补助费及保护出境定居人员权益等。至1994年，全省城镇侨房问题尚有427万平方米未清退，占应退数778万平方米的55%。省人大代表因此提出议案，要求采取措施加快侨房清退进度。省侨办提出办理方案送省政府。是年11月，省八届人大常委会第十一次会议同意省政府《关于省八届人大二次会议第14、128号议案的办理方案报告》，并作出《关于加强落实城镇侨房政策工作的决议》：对土改没收、私改、代管侨房，全省要在1995年年底基本完成退还产权任务；对土改拍卖的侨房，原则要求在1996年年底基本处理完毕。省政府决定将“八五”期间财政核定每年下拨的落实侨房政策补助款1500万元（“八五”已拨7500万元），再延长至1996年。各市、县政府筹措的经费，分年度纳入当地财政预算，并保证资金按时到位。为做好方案的实施，省侨办及广州、汕头等市侨办都配合全国和省人大执法检查组的检查，1995至1996年，省侨办正副主任分别带队到粤东、粤西和珠江三角洲各侨乡检查督促。在此期间广州、汕头、东莞等下发关于落实城镇侨房政策的相关文件，江门、台山、恩平、鹤山市政府拨出土地，用于兴建落实侨房政策专用房。至1996年止，全省累计退还私改错改、代管、土改没收、农会拍卖等四类城镇侨房产权632万平方米，占应退面积的93%，基本完成议案规定的任务，省人大常委会审议批准省政府《关于加快落实城镇侨房政策工作议案的办理结果报告》。

省人大、省政协每年都组织代表和委员对执行侨务法规情况进行检查，并据此提出议案或提案，其中1993—2000年由省侨办主办涉及华侨农场的有37件。1996年九十月间，省人大代表就《中华人民共和国归侨侨眷权益保护法》和《广东省归侨侨眷权益保护实施办法》中有关保护华侨农场归侨合法权益的情况进行视察，并提出4点建议：坚定不移地推进华侨农场体制改革；采取切实可行的措施，把华侨农场的学校、医院纳入地方管理；建立完善的华侨农场国土管理机构；把归难侨的脱贫纳入当地扶贫计划。1997年年初，由省八届人大代表林若等24人、叶晶昌等13人、骆雁秋等14人，分别提出关于扶持贫困华侨农场经济发展的三个议案。是年9月，省人大常委会通过省政府《关于扶持贫困华侨农场发展的方案》。该方案提出的措施包括：推进农场领导体制改革；减轻社会性、政策性负担；加大扶持力度；实行优惠政策；加强土地管理；深化内部改革；加快转换经营机制等要求，并于1998—2000年由省政府按计划落实。2000年9月，省政府派出由省侨办及省直有关部门组成的检查组，分赴韶关、清远、梅州、湛江、揭阳等市及所属华侨农场，检查对上述议案的执行情况，并由省侨办提交情况报告。是年，华侨农场的体制改革全部完成，职工社会养老得到基本保障，贫困华侨农场的经济发展有较大改观。

第五章 侨务经济与华侨农场

第一节 侨务经济

一、便利侨汇

改革开放前，侨汇是国家外汇收入的重要来源。“文化大革命”期间，侨汇政策遭受破坏，侨汇物资供应被迫一度停止。改革开放后，国家有关部门及广东省政府相继制定保护侨汇的政策，对粮、油、副食品及紧俏工业生活用品实行凭侨汇证供应。

1979年，广东省华侨商品供应公司（简称省华侨公司）统一印制“侨汇商品供应证”（俗称侨汇券），由银行按侨汇额发放，使用期1年。粮油供应票证由粮食局回笼，其他商品票证由华侨公司回笼。1979年，广东侨汇收入5.18亿美元，至2000年，累计侨汇收入27.16亿美元，平均每年1.23亿美元。1988年以后，由于国家逐步调整外汇政策，以钞代汇逐渐增多，侨汇收入下降。为增加侨汇收入，1988年2月，广东省人民政府办公厅（简称省政府办公厅）印发《广东省华侨用侨汇在城镇购买住宅照顾亲属入户暂行规定》，鼓励华侨用侨汇购房，改善归侨侨眷居住环境。90年代中期以后，侨汇作为一般外汇由国家外汇管理局掌管。1990年9月颁布的《中华人民共和国归侨侨眷权益保护法》规定：“国家保护归侨、侨眷的侨汇收入”。1987—2000年，广东侨汇收入5.54亿美元，其中侨汇购房达3亿美元。

（一）保证侨汇物资供应

1979年7月，国务院颁发《关于提高侨汇留成和改变侨汇物资供应体制的通知》。同年，广东省革命委员会（简称省革委会）侨务办公室设侨汇物资管理处，负责侨汇政策的贯彻实施、协调指导和受理侨胞捐赠审批工作。同时，成立省华侨商品供应公司，中国华侨旅游侨汇服务总公司（简称中侨公司）在广东设立分公司，恢复侨汇物资供应，并在广州开设首家外汇免税商场，经营海关允许免税进口的生活物品，为未购买免税商品回国（内地）探亲的华侨、华人和台湾同胞服务。广东除恢复凭侨汇证供应传统选购的粮、油、糖副食品及日常生活必需的工业品外，逐步增加中成药、高档香烟、名酒、国产手表、自行车、家用电器、缝纫机等商品。1980年广东侨汇物资供应部门商广州海关，组织当时国内尚短缺的五金、交电、文具、建筑装饰材料、药品等耐用消费品及生活用品供应，满足侨汇户需要。

1980年2月，国务院转发国家建设总局、国务院侨务办公室（简称国务院侨办）《关于用侨汇购买和建设住宅的暂行办法》，要求广东、福建两省迅速行动，把侨汇建房工作抓紧抓好。1981年，广东恢复侨汇建筑材料供应，按每百元人民币的侨汇供应25元侨汇建筑材料，并给予在城镇的侨汇建房以免征5年房地产税优惠。1985年，国务院批准广东再次提高侨汇地方留成比例，建筑侨汇留成由40%调高到60%。省政府随即规定，留成的建筑侨汇必须用于保证侨汇户的建筑用材和房屋装饰配套物资供应，不准挪作他用。并规定谁承担华侨住宅建设和建筑侨汇物资供应，谁优先使用留成侨汇；回收建筑侨汇供应和建房的票证，统一由各级侨办负责，外汇管理部门凭侨办拨汇通知予以拨汇；原定每百元人民币侨汇供应25元建筑侨汇用材，改按市价优惠补贴40元；华侨、港澳同胞眷属较多的市、县，可根据实际成立华侨住宅建设公司，承担华侨住宅的建设和物资供应。广州、江门、佛山、汕头、开平、梅县等市县相继成立华侨建筑服务公司，各地侨汇户建房热情高涨。1979—1995年，广州市共竣工华侨住宅5259套，建筑面积60.3万平方米，创汇1.33亿美元。开平县仅1985年就新建楼房1600多套，建筑侨汇325万美元。

1980年10月，财政部规定对华侨从海外汇入的赡家侨汇，继承国外遗产调入的外汇和取回在美国解冻资金调入的外汇，均免征个人所得税。1985年11月，中国银行允许广东、福建先行开办境内居民外币活期存款业务，侨户在收取侨汇时只能收到人民币，若办理外币存款，需用人民币以买卖价重新折回美元，蒙受套汇损失。侨务部门将此情况反映给中国银行，1986年10月，中国银行规定汇款人可用美元、港币、英镑、日元、联邦德国马克五种货币直接汇款，收汇人可自愿办理外币存款。1987年2月，中国银行规定将外币定期起存点由150元，调低为50元人民币等值外币，同时增加法国法郎的存款。外汇管理局还规定，归侨侨眷收到境外汇款时，可将汇款通过银行卖给外汇调剂中心，也可以转成外币存款。80年代末以后，随着中国金融业对外开放程度的不断扩大和中国社会经济的不断发展，通过国家银行汇入侨乡的侨汇逐渐减少，国家也不再像过去一样专门制定政策，鼓励和奖励侨汇的流入。

（二）侨汇购房

80年代后期，归侨侨眷由用侨汇购买生活用品转向在城镇购置房产，改善居住条件。1988年2月，省政府办公厅颁布《广东省华侨用侨汇在城镇购买住宅照顾亲属入户暂行规定》。广东省人民政府侨务办公室（简称省侨办）商广东省计划委员会（简称省计委）、公安厅、粮食局、外汇管理局同意，于1990年3月印发《广东省华侨用侨汇在城镇购买住宅照顾亲属入户管理办法》，规范归侨侨眷用侨汇购房入户管理工作，规定侨汇购房对象限于华侨、外籍华人，还包括香港、澳门、台湾同胞及其国内亲属；购房资金包括侨汇和在境内银行的外币存款，凭海关“入境旅客行李申报单”证明携带入境的外币；购房建筑面积在50平方米～70平方米的，可照顾其直系或旁系亲属一人入城镇户口；购房建筑面积在80平方米以上的，可照顾其直系或旁系亲属两人入城镇户口；入户指标每年由省计委下达，省侨办具体分配办理。1990年，经省侨办审核报省政府批准，全省有62个市县（区）侨办开展此项业务。当年在建房屋8470个单元，建筑面积67.8万平方米，售出3845个单元，33.16万平方米，有6416名侨胞眷属入户城镇。创汇2991.2万美元，上缴税款690.9万美元，交纳市政公共事业费1039.9万美元，侨汇购房人均创汇4662美元。1988—2000年，全省侨汇收入50127.76万美元，其中侨汇购房收入30460万美元，占同期侨汇收入的60.76%，照顾侨胞眷属购房入户46678人。广东首创的侨汇购房入户政策，得到国务院侨办肯定，为一些兄弟省（市）效仿施行。

1979—2000年广东省侨汇收入统计表

表5-1-1　　单位：万美元

年份	侨汇数		侨汇购房入户（人）	年份	侨汇数		侨汇购房入户（人）
	总收入	其中侨汇购房			总收入	其中侨汇购房	
1979	51884.30	—	—	1990	4908.80	2991.20	6416
1980	46603.70	—	—	1991	1969.15	1089.00	2450
1981	29689.00	—	—	1992	9534.00	5323.56	6405
1982	33374.00	—	—	1993	9874.00	4630.70	4798
1983	24147.00	—	—	1994	8714.23	4364.00	5390
1984	15161.00	—	—	1995	3173.40	2024.00	3820
1985	7451.40	—	—	1996	2335.60	2026.24	3180
1986	7955.20	—	—	1997	1705.00	1460.00	2285
1987	5294.00	—	—	1998	2792.00	2199.00	3975
1988	1554.00	1348.60	2452	1999	546.58	518.00	1134
1989	2381.00	1910.70	3123	2000	640.00	575.00	1250
合计					271687.36	30460.00	46678

二、受理华侨与港澳同胞捐赠

中共十一届三中全会后，华侨、港澳同胞自愿捐办公益事业，支持家乡建设日益增多，受理海外侨胞和港澳同胞捐赠成为当时各级侨办一项重要工作。据统计，1979—2000年，经省侨办审核批准接受侨胞港澳同胞捐赠共173692宗、310.81亿元，平均每年7895宗。其中审批宗数最多的年份是1984年和1985年，分别有27530宗和20608宗，分别占捐赠总宗数的15.85%和11.87%。1996年后，国家实行税费改革，取消对捐赠进口物资减免关税的优惠措施，加上侨乡经济发展，人民生活水平不断提高，侨胞投资或资助眷属兴办企业日渐增多，海外侨胞、港澳同胞捐赠物资呈下降趋势，大部分捐赠由捐赠物资改为捐赠资金。1996—2000年经省侨办审批的捐赠共2297宗。

（一）受理

1978年12月，省革委会颁布《关于受理华侨港澳同胞捐赠物资和捐办公益事业试行规定》，恢复受理华侨、港澳同胞捐赠。1979—2000年，国务院、国务院侨办、国家海关总署、省政府及相关部门先后发出有关侨胞港澳同胞捐赠兴办公益事业的规范性文件、法规、规章有15件，对捐赠原则、受赠范围、物资使用、审批程序、表彰授荣等作出明确规定。严格控制捐赠高档消费品进口，任何单位及个人不得以任何名义向海外侨胞、港澳同胞进行劝募，伸手要钱要物，不许强迫捐献；严禁借捐献之名营私舞弊、变相受贿、托购套汇、偷逃关税为个人或小团体谋私利。对自愿捐赠的物资，必须用于发展生产，兴办文教卫生、科技、旅游、集体公益事业等。随着受理捐赠数量增加，1983年10月，省侨办撤销侨汇物资管理处改设经济处，2000年3月机构改革时，改称经济科技处。各市县（区）侨办相应设经济科（股），负责捐赠政策的贯彻和受理工作。各级侨办贯彻中央关于“欢迎捐赠、坚持捐赠自愿、受赠自用”的原则，并对捐赠的违规、违纪、违法案件进行查处。1986年6月，省政府办公厅印发《关于进一步加强捐赠进口物资管理工作的通知》，规定对海外侨胞、港澳同胞捐赠的各类物资，由市（县）侨办审查其真实性；由受赠单位的市（县）主管部门审查是否属于自用。经市（县）侨办审核，价值在2万元以下的一般物品，报省侨办审批；价值在2万元以上的一般物品及国家限制进口的机电产品，须经主管侨务工作的副市（县）长签署意见，加盖政府公章，报省侨办审核转报省政府审批。捐赠给地方政府的，须有分配方案；如属有偿分配，还须开具所得款项用途说明。对捐赠项目需进口钢材、木材、建筑材料、装修材料、生产原料、燃料、农药、化肥等都作出具体审批规定。1987年12月，省侨办印发《关于认真做好捐赠审批把关工作的通知》，规定捐赠审批文件要通过邮寄（或文件交换站）送省侨办经济处，不得将批件交受赠单位径自来办理。强调捐赠信函要由境外邮寄，须有捐赠人真实姓名、境外联系地址、电话和捐赠物品名称、型号、规格及数量。对捐赠人回国（境）内，自书或委托他人书写捐赠信函，也作出具体要求。

（二）引导保护

1992年春，省侨办提出全省侨务工作要为扩大改革开放和为经济建设服务的思路，要保护好侨胞港澳同胞的捐赠热情，正确引导捐赠方向，贯彻国家对捐赠政策的调整。海关总署规定，从1992年7月16日起，对属捐赠给县级以上侨联自用的国家限制进口机电产品，且数量合理，可酌情予以免税或减税；侨乡必需或急需的生产资料，直接用于工农业生产、文教卫生、科技以及其他公益事业的捐赠，海关也将按国家有关规定予以减或免税。省侨办针对海外侨胞和港澳同胞对广东的捐赠不平衡的实际，派员到侨胞捐赠较少的市县，按国家有关政策、法规，引导捐赠人根据各地工农业发展不同情况及具体需求，鼓励捐赠生产资料、生产设备以及农用小机具等。省侨办受理海外侨胞和港澳同胞捐赠由1991年6371宗折合人民币20.4亿元增至1992年12019宗折合人民币59.5亿元，相当于1979—1991年13年捐赠总额102.03亿元人民币的58.32%。

1997年1月18日，广东省第八届人民代表大会常务委员会第二十六次会议通过并公布《广东省华侨捐赠兴办公益事业管理条例》，赋予“县级以上人民政府侨务工作行政管理部门负责对华侨捐赠事务实施管理和监督”职权，确定各级侨办在华侨捐赠工作中的法律地位。在受理审批侨胞捐赠中，省侨办坚持对违反国家捐赠政策法规的募捐、劝捐、倒卖华侨捐赠批文等行为进行批评教育，对借受赠名义内外串通，进行套汇、逃税、倒卖批文及物资等违法活动，作出查处。1979—2000年，省侨办报请省政府先后对涉及11个市（县）22起违反捐赠政策的案件，分别给予没收非法所得上缴国库、全省通报或局部停办一年捐赠报批等处分。

1979—2000年广东省华侨港澳同胞捐赠统计表

表5-1-2

年份	捐赠宗数	占总宗数百分比	捐款物折人民币（万元）	占总捐赠数百分比
1979	12783	7.36	12897.80	0.42
1980	17160	9.88	19519.50	0.63
1981	11385	6.56	17267.20	0.55
1982	6039	3.48	10550.70	0.34
1983	9693	5.58	20829.60	0.67
1984	27530	15.85	74607.00	2.40
1985	20608	11.87	89591.50	2.88
1986	3758	2.16	33026.50	1.06
1987	8696	5.00	133620.30	4.30
1988	11352	6.54	230054.00	7.40
1989	3834	2.20	76452.10	2.60
1990	4366	2.51	97688.00	3.14
1991	6371	3.67	204233.70	6.57
1992	12019	6.92	595068.81	19.15
1993	3650	2.10	166053.00	5.34
1994	5587	3.22	493369.00	15.75
1995	6564	3.78	520607.00	16.75
1996	1064	0.61	202329.00	6.50
1997	398	0.23	41951.00	1.35
1998	352	0.20	50381.00	1.62
1999	307	0.18	13643.00	0.44
2000	176	0.10	4460.00	0.14
合计	173692	100	3108199.71	100

三、引进资金技术人才

（一）引进资金

1985年4月，国务院颁布《关于华侨投资优惠的暂行规定》（适用于港澳台湾同胞，以下简称《优惠规定》），对华侨投资企业实行“三免四减”优惠，即投资企业从获利的年度起，三年免征所得税，四年减半征收。1987年10月，省政府颁发《关于享受华侨投资优惠待遇企业认可问题的通知》，规定华侨、港澳同胞及华侨社团成员在广东省内投资兴办企业，经原项目审批机关的同级侨务工作行政机关审查确认；由国务院有关部门直接审批在广东省内兴办的企业，由省侨办办理，并发给《享受华侨投资优惠企业认可书》，企业凭《享受华侨投资优惠企业认可书》向当地税务机关办理减免税费手续，除享受国家《优惠规定》外，还可享受省的相关优惠政策。同年省税务局、侨办联合下发《关于执行华侨投资企业享受优惠待遇的认可和有关税收问题的通知》。规定经认可的“华侨投资企业”，从1987年起享受《优惠规定》所列的待遇。对于此前经批准开办经营期在十年以上的“华侨投资企业”，凡未开始获利的，可从获利的年度起，享受“三免四减”优惠。若已有获利的，从获利年度起未满三年的，尚欠年份均可免征所得税，并给予四年减半征税。获利超过三年未满七年的，尚欠年份，给予减半征税，获利已满七年的，不再享受免税和减半征税优惠，但其所得税率可按税法税率减征20%。1988年，全省各地级以上市侨办开始受理当地华侨港澳投资企业的认可工作，至1991年结束。其中广州市侨办共办理认可侨资企业796家，江门市侨办办理认可238家，汕头市侨办办理认可222家。1990年6月，省政府颁布《广东省关于引导外商投资的若干规定》，进一步简化报批手续，规定除大中型项目需报国务院有关部门立案审批外，其余由各地、各部门按利用外资审批权限审批、报省政府备案；投资企业除享受国家规定的免减税外，再给予一定期限免或减征地方所得税。广州、佛山、江门、深圳、珠海、汕头等市，根据实际，制定优惠政策，对在当地投资，或在引进生产设备、先进管理技术做出突出贡献的侨胞港澳同胞予以表彰或授荣。

1985年3月，全国人大侨委、国务院侨办、全国侨联在东莞市召开全国侨务工作座谈会。要求各级侨务部门积极开展引进华侨华人资金、技术、人才工作。同年9月，省政府在广州市召开全省侨务经济工作座谈会，要求全省侨务干部学经济、熟政策、精业务，以乡情、亲情为契机，通过民族民间节日、庆典邀请海外侨胞和港澳乡亲来粤参观考察，开展商务活动，向海外侨胞介绍来粤投资政策、投资环境，提供信息及咨询服务；邀请他们介绍境外先进管理经验，提供科技信息，收集意见、建议，向相关部门反映，为引进资金、技术、人才“穿针引线”。做好投资项目后期跟踪服务，维护投资者合法权益。1979—2000年，全省各级侨务部门单独或参与引进项目6246个、资金154.38亿美元（其中从1991—2000年引进项目1,827个，总投资101.9亿美元，投资1000万美元以上项目74个，项目和资金分别占总数的29.3%和66%）。如鹤山县毛纺织总厂粗纺车间，以补偿贸易引进生产线，其美雅牌“拉舍尔”毛毯，连年获中纺部和全省创新奖、优质产品奖、科学技术奖，产品畅销港澳和国外市场，选送亚太地区博览会和国际发明博览会展出。新会县通过引进外资和先进设备兴办的锦纶厂和合成纤维厂，年产值均超过1亿元，涤纶厂年产达2.9亿元，全县纺织企业有110多家，总产值8.7亿元，占全县工业总产值近一半。茂名市侨办促成香港同胞江可伯投资1亿美元建设童子湾工程。香港和记集团在80年代初与江门金羚电器有限公司合资，建立生产洗衣机专业公司，生产出中国第一台全自动型洗衣机，1995再投资2300万美元发展生产。2000年省侨办与广州、深圳、佛山和东莞市侨办联合组织侨商商贸团参加“昆明出口商品交易会”“重庆投资贸易洽谈会”“乌鲁木齐洽谈会”，促成侨商签订协议项目9个，金额达3.85亿美元。

（二）引进技术人才

1979—2000年，全省各级侨务部门邀请209批、1380人次的专家、学者、教授来粤讲学、交流，开展科技咨询活动，其中省侨办接待83批365人次；全省有3000多位专家、学者来粤工作。1983年9月，中共中央、国务院发布《关于引进国外智力以利四化建设的决定》，各级侨务部门开始邀请、接待和推荐华侨、华人专家学者来华进行讲学交流。1985

年，省侨办先后邀请海外科技界34人来穗、京、沪等地进行90次学术交流，参加交流活动的国内同行有3090人次，并与国内科技界建立联系。美国经济金融专家陈应廉应邀到粤就如何筹集资金培训高级管理人才，开拓国际市场等问题作专题演讲，被珠海市政府、南油服务总公司聘为经济顾问。1987年泰国养殖业专家张经苑等一行8人，应邀到深圳、广州、汕头等地进行学术交流，就发展淡（咸）水养殖业与同行交流。1992年5月，省政府颁布《关于鼓励留学人员来广东工作的若干规定》。广州、深圳、佛山等市先后创建“留学人员创业园”“高新科技园”，为来粤工作的海外归来人员提供一个宽松创业环境。1992年，省侨办邀请15名海外应用科学专家来粤，与省内相关部门开展对口专业交流。加拿大生化专家许文智到访珠海生化制药厂，提出该厂产品打入国际市场需改进及采取的措施。同年5月，法国石油研究院高级研究员冯忠杰应省侨办之邀，到广州、佛山、江门、茂名等地进行科技交流。1996年，颜光美、顾单、凌文化等12名海外高层次学者相约到中山医科大学工作，成为当时令人瞩目的留学人员回国服务群体。回国留学人员中，有的还在科研单位、高等院校、企业担任主要领导职务或学科带头人。1998年，省侨办邀请14位欧美华人科技专家来粤，与近20个相关单位进行科技交流合作，涉及城市固体废弃物及污水综合处理、眼科遗传学、超高层建筑挡风及抗震结构设计、金属钠块堆发电研究、药品制造转销美国标准、共生菌综合制剂应用及开发研究、空气中有毒有害物质的监测、密码学发展研讨、利用转基因鸡蛋大量生产活性蛋白等课题。同年，省侨办还邀请马来西亚种植能手朱平章来粤，引进红肉木瓜、杨桃、白果、番石榴等热带优质水果，在省农垦农场试种成功并推广。1998年经东莞市侨联“引线”，东莞宏远集团与加拿大医学博士叶庆炜创办YES（Yes biotech labralories LTD）公司，合资3000万美元建立东南亚第一个生物单克隆抗体应用基地，生产20种生物单克隆抗体产品投放国际市场，年产值5亿美元。同年12月，广州市侨办协助市政府成功举办首届中国（广州）留学人员科技交流会，来自世界27个国家和地区的300多位具有高水平的中国留学人员参加大会，交流项目240个，其中有近40个项目落户广东，19个项目在广州开发区上马。在广州市侨办参与和推动下，1999年5月“广东留学博士创业促进会”成立，有来自美国、英国、法国、德国、加拿大、新西兰、澳大利亚和日本的35名留学博士回穗创业。1999年省侨办通过加中科技协会，成功引进加拿大DILLON和ASL两家污水处理公司，为广东“小东江污染综合整治项目”免费进行前期咨询和可行性研究报告。当年12月17日，加拿大联邦政府国际开发署批准这两家公司的经费申请，使工作进入实质性运作，并邀请广东相关人员赴加考察。同年10月，省、市侨办向首届中国高科技成果交易会筹备机构推荐90位海外华侨华人企业家、专家、学者与会，深圳市侨办共接待参加盛会的209位华侨华人企业家、专家、学者和28位侨领。2000年3月，服务于南方医科大学的留美学者马文丽研制出中国第一片应用型基因芯片，对生物芯片高新技术发展做出重要贡献。2000年省侨办邀请一批学有所成的留学人员代表来粤，参加第二届中国留学人员（广州）科技交流会，收集他们对来粤创业的意见向相关部门反馈，建立健全海外华侨华人人才信息库。

四、为侨资企业服务

中共十一届三中全会后，越来越多华侨华人和港澳同胞来粤投资办企业（简称为侨资企业，因历史原因，侨资企业包含港澳乡亲创办企业）。1985年4月，国务院颁布《关于华侨投资优惠的暂行规定》，省政府相应作出有关享受华侨投资优惠待遇以及侨资企业认可和税收问题的规定。1990年8月，国务院又发出《关于鼓励华侨和港澳同胞投资的规定》，广东再次掀起一轮外商投资热。至2000年，广东有侨资企业5.65余万家，分布在全省21个地级市。

全省各级侨务部门主动向相关部门宣传侨务政策法规，协调解决矛盾，维护侨商合法权益。1989年3月，省侨办在广州市召开部分侨商座谈会，听取对广东投资环境的意见，客商主要提出一些地方法制观念不强、不能信守合同、外向型企业出口配额不足、审批项目配套不合理、税收制度不健全、电力紧缺等影响投资的问题。省侨办及时向省政府及相关部门反映后，在相关部门的支持下，问题逐步得到解决。1990年4月，广州市侨办成立广州市华侨投资企业联谊会，1999年6月，将广州投资企业联谊会与广州市侨属企业协会合并成立广州市侨商会。1999年2月，省侨办发出《关于开展侨资企业情况调查的通知》，要求地级市侨办选择5家～8家，县、区（县级市）侨办选择3家～5家有代表性的侨资企业作为工作联系点；建立专门渠道，做到侨商投诉有门、解决问题有人、处理结果有期；对侵害侨商合法权益的典型案件，及时与相关部门共同调查，妥善处理。广州、茂名、河源等市还通过当地媒体宣传涉侨经济政策法规，扩大宣传面。佛山市侨办指定专人联系30个侨资企业，及时协助解决问题。2000年3月，深圳市成立“深圳市侨商国际联合会”，把海外荣誉市民所办的企业作联系点。东莞市侨办结合当地港澳投资企业较多（1.09万家），华侨华人投资企业相对较少（50家）的实际，把联系重点放在华侨华人投资企业。1999年8月，省政府建立“广东省为侨资企业服务联席会议制度”，由副省长卢钟鹤任主任，省政府副秘书长和省侨办负责人任副主任，成员由省直相关部门负责人组成，日常工作由省侨办经济处负责。广州、珠海、河源、茂名、潮州等市相继成立由主管侨务副市长牵头的“为侨资企业服务工作领导小组”，部分县（区）成立“领导小组”或“专责小组”，形成省、市、县（区）三级服务网络。2000年全省各级侨办共确定291家侨资企业为工作联系点，提供服务，及时将侨资企业普遍反映的产品出口退税难、一些职能部门与侨资企业沟通不够畅顺、优惠政策未能很好落实、行政收费不一致、产品出口配额管理不够完善等意见，综合向省侨资企业服务联席会议报告，得到相关部门支持，使问题逐步解决。

1998—2000年，广东各级侨办根据国务院侨办《关于在侨办系统开展“兴国利侨”活动的通知》和《关于在侨务系统开展“为侨资企业服务行动年”活动的通知》精神，积极推进“兴国利侨”和“为侨资企业服务年”活动，为侨资企业排忧解难。1999年3月，美籍华人陈毅雄向广州市侨办求助，请求协助取回因经济纠纷被东莞某部门封存的电脑部件加工模具，以解决生产燃眉之急。省侨办与广州、东莞市侨办深入调查，核实情况，与当事各方协商，达成共识，反映问题得到妥善处理。各地侨办还集中力量解决一批涉及损害侨资企业合法权益的经济纠纷事件。深圳市侨办相继协助处理加拿大侨商梁伟洪的税务问题、美籍华商曹国强投资遇到困难事、澳大利亚侨商汪涛经济纠纷事、美籍华人温捷贸易纠纷事，协调美国纽约华人总商会投资项目用地等多宗侨商的投诉事项。台山市侨办协助港商陈群英解决经济纠纷，及时制止有关人员的侵权行为，使陈的投资企业及时恢复正常经营。至2000年，各级侨办协同相关职能部门共受理侵犯侨资企业合法权益的投诉126宗，办结88宗。

五、扶持侨属企业

1979年12月，全国侨乡、侨联工作座谈会召开后，广东各级侨务部门传达会议精神，以多种形式向广大归侨侨眷宣传鼓励创办侨属企业，指导扶持企业发展。侨属企业从简单的餐饮、旅业、来料加工、搬运行业逐步发展到成衣、五金交电、家具、塑料制品、交通运输、农牧业等多种行业。70年代末至80年代中期，广东侨属企业多为个体经营，以解决就业、改善生活为主。80年代末期以后，国家加大对侨属企业扶持力度，给予税费优惠，侨属企业由个体经营迅猛向联营及股份制经营发展。据统计，至2000年，全省侨属企业有5.02万家，从业人员70.71万人，企业总资产283.40亿元，营业额411.41亿元，利润97.36亿元，上缴税费21.65亿元，出口创汇31.94亿美元，成为侨乡城镇经济的重要组成部分。

由于受“左”的影响，改革开放初期归侨侨眷对办侨属企业心有余悸。各级侨务部门通过多种形式对归侨侨眷进行宣传教育，具体帮助组织。开平县的侨属企业发展较快，1980年年底有29家，资金127.82万元。1981年6月，广州市越秀区张霭文等3位侨眷与香港同胞眷属集资8万元，开办六榕餐厅；同年11月，侨眷周敬居集资开办流花阁餐馆，成为广州市首批侨属企业。随后，江门、佛山、汕头、梅州等市归侨侨眷也相继兴办起侨属企业。至1981年年底，全省有侨属企业115家，主要从事餐饮、服装加工、旅业、农副产品初加工等小型短线企业。1986年2月，国务院侨办发出《关于对五十年代初期归侨用侨汇集资办的企业的资金退还问题的意见》，妥善处理历史遗留的侨属企业问题，消除归侨侨眷对办企业的顾虑。至同年年底，全省侨属企业发展到1.23万多家。

1988年5月，国务院侨办下发《关于加强归侨、侨眷接受国外亲友赠送进口小型生产工具管理工作的通知》，规定归侨、侨眷接受海外亲友赠送价值在人民币2万元（含2万元）以下的“小型生产工具”，由县、市侨办审批；价值在人民币2万至10万元的，由县、市侨办签署意见后，报省侨办审批。各级侨务部门根据国家的优惠政策，积极引导，帮助侨属企业发展、拓展业务。省政府办公厅、省侨办、省对外经济贸易委员会、省工商行政管理局等部门，帮助侨属企业争取进出口经营权、民间劳务输出以及增加经营范围等业务。台山县政府颁布《关于归侨侨属开发农村商品经济的规定》，从土地承包、管理费、贷款、税收等方面均给予优惠。深井镇侨眷陈荣邦通过其父从美国引进400对美国皇家种鸽，办起养鸽场，两年多发展到800对，出售鸽苗6000对，收入25万元。斗门区侨眷陈绮云，在广海烽火角承包333.33公顷咸围，放养鱼、虾、蟹，兼种果树，年纯收入3万多元。增城县侨办针对该县侨属企业主要是生产牛仔服的特点，帮助引进电脑绣花机，成立“侨属企业牛仔系列服装（集团）公司”，提高服装档次，扩大产品销路。该县新塘镇至1995年共办侨属企业350家，成行业生产牛仔服装，产品远销全国20多个省市及中国周边国家。广州市侨办于1989年成立广州市侨属企业协会，密切侨属企业与政府相关部门的联系，1990年广州春季商品出口交易会期间，帮助组织侨属企业产品首次参展，拓展外销渠道。

1992年5月，省政府颁发《广东省侨属企业管理规定》，明确侨属企业应由企业所在县（含县）以上人民政府侨务办公室确认，并颁发“侨属企业确认书”。税务机关凭侨属企业“确认书”审批，从企业投产之月份起，免征1年～2年所得税，免税期满后如有困难，可以再给予延长免或减征所得税期限。同年10月，省侨办下发《关于执行〈侨属企业管理规定〉有关问题的通知》，规定侨属企业的投资者中，归侨侨眷（含雇员）人数必须占企业人数的50%以上；侨资必须占企业注册资金（含固定资产和流动资金）的25%以上；侨资来源必须经银行或外汇管理等部门证明，属于赡家侨汇积累、境内外币存款、投资所得外汇利润或收回本息、外汇调剂资金、接受境外亲友赠送的款物等。经确认的侨属企业，除享受减免企业所得税优惠外，还可以享受按海关规定，接受境外亲友赠送直接用于工农业生产、加工、维修的工具及零配件、设备、仪表等进口物资减免税优惠。此后，广东侨属企业蓬勃发展，至2000年，全省侨属企业有50219家，职工707143人，企业总资金283.39亿元。侨属成为推动经济发展的一支重要力量，走上富裕道路。

2000年广东省侨属企业情况一览表

表5-1-3

项目 / 市别	企业总数（家）	企业职工（人）	企业总资金（万元）	营业额（万元）	利润（万元）	上缴税费（万元）	创汇总额（万美元）
广州	3079	47726	201930.00	319651.00	15656.00	9812.00	4961.00
深圳	2000	—	—	—	—	—	—
珠海	98	8111	149364.00	5082.40	8513.00	1204.00	3622.00
汕头	10957	247734	757418.00	2001050.00	51659.00	42457.50	61393.00
韶关	60	1899	845.00	48.80	26.70	13.20	1.40
河源	1398	13515	12870.00	43200.00	2832.00	1075.00	1200.00
梅州	17057	58241	317414.60	—	608736.00	18351.30	—
惠州	382	9941	26862.80	58167.30	9754.10	2254.50	5572.00
汕尾	182	2460	4220.00	3300.00	1313.00	253.50	1500.00
东莞	418	—	—	—	—	—	—
中山	578	44165	34797.00	37198.00	—	1091.00	1523.00
江门	3245	53607	253622.60	367652.00	32105.60	11894.90	155538.00
佛山	417	28761	66010.00	43000.00	4028.00	1073.00	812.00
阳江	35	5907	19041.00	3969.00	44733.00	2380.00	1320.00
湛江	116	3123	7606.50	12014.00	3056.20	1811.70	894.00
茂名	4304	132878	296774.60	479229.00	73691.40	6253.80	21651.00
肇庆	214	13632	33809.00	88409.00	15159.30	3216.80	3131.50
清远	418	4631	6345.00	660.10	3688.00	774.70	—
潮州	4200	14850	590695.00	594147.00	91382.00	111568.00	46886.00
揭阳	654	8999	22312.00	9352.00	2704.00	545.50	7645.00
云浮	407	6963	32036.00	47998.60	4515.90	486.70	1800.00
合计	50219	707143	2833973.10	4114128.10	973553.20	216517.10	319449.90

六、创办侨办系统企业

1979年12月，全国人大侨委、国务院侨办、全国侨联在福建省泉州市召开全国侨乡、侨联工作座谈会，会议提出“有条件的地方，侨办和侨联可以自己创办企业”。会后，省侨办和17个地级市侨办先后兴办一批旨在为侨服务、为经济建设服务、安置归侨侨眷就业的企业。至1999年4月，全省各级侨办共有企业321家，注册资金19.84亿元，营业额47.19亿元，上缴税费3.15亿元，创汇6.36亿美元，从业人员16871人。全省87家中国旅行社是各级侨务部门接待华侨、华人、香港、澳门同胞（简称“四种人”）的重要基地。1988年省侨办及62个市（县）侨办创办68家华侨房产建设公司，开展侨汇购房业务，共创汇3.05亿美元，照顾4.66万多名侨汇购房者眷属入城镇户口。1992年，各级侨办按照政企分开的原则，对所办的企业进行清理，侨办企业实行自主经营、自负盈亏、自我积累、自我制约、自我发展。2000年，省侨办直属企业有82家，其中一级企业10家、二级企业45家、三级企业27家。在册员工6276人，注册资金9.62亿元，营业额21.69亿元，上缴税费1.48亿元，创汇3.18亿美元。按照省委办公厅、省政府办公厅《关于党政机关与所办经济实体和管理的直属企业脱钩的通知》要求， 2000年8月16日，省侨办与省商贸资产经营公司签署广东省省属移交国有企业交接协议书，除广东省粤侨企业总公司、侨安招待所、侨谊公司、华侨影视公司外，其余省侨办直属企业全部移交省商贸资产经营公司管理。各市县侨办的直属企业，亦按规定与侨办脱钩，先后全部移交当地有关部门管理。

广东省中国旅行社。前身是1956年成立的广东省华侨旅行社，是为回来探亲、旅游的华侨和港澳台同胞及外国友人提供接待服务的机构。1974年改称广东省中国旅行社，同时挂华侨旅行社牌子，1984年3月划归省侨办管理。至1987年全省各地中旅社发展到97家，拥有宾馆110间，客房床位2.1万多张，各种旅游汽车1110辆，员工1.5万人。1997年改制为广东中旅（集团）有限公司。除核心企业外，有控股企业15家，参股企业6家。业务归中国旅行总社指导，主要接待“四种人”。1979—2000年共接待 “四种人”513.42万人次。1984年，开办归侨侨眷赴港澳探亲旅游业务，至1988年，累计组织归侨侨眷22006人次赴港澳地区探亲旅游。1987年与新加坡中华总商会副会长梁庆经为董事会主席的华侨大厦企业（香港）有限公司合作，投资3800万美元，对建于1957年的广州华侨大厦进行扩建改造，双方合作经营18年，期满全部资产不作价归中方所有，改造扩建后的华侨大厦更名为华厦大酒店，于1990年开张营业。1987年，台湾当局开放岛内居民赴大陆探亲， 1988年，广东中旅社专设台胞接待科，全年接待台胞13.5万人次；组织台胞到省内外游238批，5284人，运送团队行李23万多件，零散客行李10万多件无差错，连续3年被评为全国中旅系统优质先进单位。至2000年，广东中旅有87家企业，遍及全省各市、县，主要下属企业有华侨酒店、华厦大酒店、中侨广东分公司等，广东中旅社国内游接团量占全省六成，港澳游占35%。

广东省粤侨企业总公司。1983年4月成立，是省侨办为安置归侨知青而创办的综合性经济实体。至1987年，粤侨公司及其下属企业安置上山下乡归侨知识青年和华侨农场归难侨子女1050人。至2000年，公司下属10个企业，有广东省粤侨旅游公司、广东省华侨旅社、粤丰汽车修理装配厂、粤丰家私厂、粤侨缝制品加工厂、粤侨印刷厂、粤侨东南亚风味餐厅，以及珠海经济特区华侨企业发展总公司和珠海华侨宾馆等。公司设有华侨服务部，代办捐赠物资（含汽车、生产资料等）的订购和发运业务；侨资企业部，引进外资、兴办企业；广东华侨房产建设公司，经营建筑装饰材料、兴建住宅，方便华侨、归侨、侨眷及港澳和台湾同胞提出代管、买卖、维修和新建房屋托办业务服务。

广东省中国旅行拱北口岸社。1955年成立，位于珠海市拱北口岸。主要负责接待和指导“四种人”经拱北口岸出入境办理手续以及有关旅游、行李托运业务；代办中转全国各地车船票，代售拱北至广州和新会的车票，代订珠海至广州的单双程直升机票、广州至全国各地往返机票；开办“湾仔游海”业务，组织旅客观赏澳门风光；办理“四种人”春节联运。1983年兴建一座5层楼的华侨大厦，设理发、小卖部、汽车出租等业务，有客房60间及容纳300人就餐的餐厅。1985年年底竣工的拱北大厦，拥有200个床位兼设商场设施。

广东华侨实业总公司。前身是1978年成立的广东省华侨农场管理局，1983年改称为广东省华侨农工商联合企业总公司，1985年2月改为现名，隶属省侨办领导。1986年3月恢复原广东华侨农场管理局行政机构设置，省政府委托省农业委员会管理，主要负责管理全省华侨农（茶）场的工作。辖下有29个华侨农（茶）场，6个直属专业公司，2家直属工厂，及华侨中等专业学校、农业科学研究所、新侨酒店。1986年工农业总产值4.89亿元（不含沙河工业区）。1988年8月，省政府再次撤销广东省华侨农场管理局建制，恢复广东华侨实业总公司，决定除花县、沙河华侨农场留归总公司作生产基地，华侨中等专业学校划归省侨办管理，其余华侨农（茶）场及单位下放给所在地级市管理。总公司运用国家对华侨、港澳台湾同胞的优惠政策，以合资合作等形式，在海内外拓展实业，实行生产、贸易、服务综合经营。

广东省华侨房产建设公司。于1985年10月经省政府办公厅批准成立，实行独立核算，自负盈亏。前期隶属广东省粤侨企业总公司，1988年3月与省粤侨企业总公司分离，成为省侨办一级直属企业，在汕头、阳江、湛江、江门等市县设有分公司。主要业务是为华侨华人、归侨侨眷和港澳台湾同胞及其在国内眷属和社会人士提供商品住宅，并接受上述人士委托在国内新建、维修、代管侨房。1990年与香港侨光置业有限公司合作成立广东光华（粤港）房产有限公司，共建高层塔式商住楼“光华大厦”。1988—2000年公司累计开发20多个华侨商品房项目，建筑面积32万多平方米。

广东省华侨影视公司。前身是1985年7月成立的广东华侨录像通讯服务公司，1994年改称现名。主要业务以拍摄制作反映侨乡新貌、海内外亲人团聚、旅游观光活动的录像、电视片，及时向海外侨胞和港澳、台湾同胞宣传报道中国改革开放新成就、侨乡发展变化，沟通侨乡信息，加强海内外乡亲联系，为华侨、华人和港澳同胞提供影视服务。其拍摄的纪录片、录像系列多次在全省外宣影视评选中获奖。先后向110个国家和地区的华侨、华人和港澳同胞及中国驻外机构提供电视节目片73部，录像带15170多盒（套），受到海外乡亲的欢迎。

此外，省侨办直属企业还有1992年成立的省华侨福利公司、省为侨服务公司（集体所有制）。

2000年广东各地侨办直属企业情况统计表

表5-1-4

项目/数量/单位	企业（家）	企业职工（人）	注册资金（万元）	营业收入（万元）	利润总额（万元）	上缴税费（万元）	创汇（万美元）
广州	30	1557	52653.00	30149.00	2825.00	3637.00	18529.00
深圳	3	—	—	—	—	—	—
珠海	1	3	30.00	10.00	4.50	8.00	—
韶关	19	677	2308.00	2030.70	195.60	127.12	—
河源	8	335	2940.00	5644.00	246.00	426.50	249.10
梅州	20	863	—	8060.80	159.86	220.89	—
惠州	15	372	997.00	16327.50	7511.00	832.00	1105.00
汕尾	15	553	10707.00	3641.00	111.03	165.20	170.50
江门	16	1714	7297.20	39373.80	1560.94	1483.21	4734.00
佛山	41	1672	6372.00	27167.00	1377.00	1209.00	2800.00
阳江	2	303	1038.00	6000.00	—	300.00	—
湛江	3	14	185.00	850.00	137.00	98.00	30.00
茂名	19	957	7055.00	59094.00	6212.00	4996.00	2414.00
肇庆	11	454	2335.00	18324.00	1427.30	1445.30	1800.00
清远	17	461	4126.00	251.80	27.98	4.50	0.82
揭阳	2	129	359.00	242.00	0.60	10.80	—
云浮	17	531	3843.40	37834.00	3214.00	1774.25	—
省侨办	82	6276	96200.00	216923.00	19040.00	14800.00	31800.00
合计	321	16871	198445.60	471922.60	44049.81	31537.77	63632.42

说明：汕头、东莞、中山、潮州市侨办无直属企业

第二节　华侨农场

一、概况

1978年年初，27万多名印支难侨难民（简称印支难侨）被越南当局驱赶到中国境内，广东接待安置印支难侨10.7万人，其中安置到各华侨农场（简称侨场）8万多人。为此，省政府成立广东省华侨农场管理局（简称侨管局），至1982年，由省侨管局直接管辖的华侨农（茶）场共29个，作为安置归侨、难侨和难民的基地。1988年4月，有5个侨场划归海南省。至2000年，全省共有华侨农场23个，占全国侨场总数（84个）的27%，分布在14个地级以上市，土地总面积11.44万公顷，总人口28.9万人，其中归侨、难侨8.97万人（难侨6.5万人），分别占全国侨场人数和归侨、难侨的49%和40%。归侨、难侨主要来自印度尼西亚、缅甸、越南、印度、泰国、柬埔寨和老挝等24个国家和地区。

华侨农场创办后，国家对归侨、难侨的生活、生产和华侨农场的基本建设，给予妥

善安置和支持，其中1978—1986年用于印支难侨、难民的安置费为2.24亿元。侨场的基础建设投资纳入国家计委安排，国民经济和社会发展“七五”计划期间每年为1800万元，“八五”计划至“九五”计划期间每年为1280万元。此外，1995—2000年，省政府每年由省计委安排500万元，用于兴建侨场的公路、电力、供水设施和归难侨住房，以及发展“造血型”项目等。同时，在税收政策方面扶持侨场的发展，“七五”计划期间国家对华侨农场给予免税优惠，至1989年，全省24个华侨农场共提取免税资金1.72亿元，其中用于发展生产1.44亿元，占83.7%，建职工及归难侨宿舍0.28亿元，占16.3%。“八五”计划期间，全省14个贫困侨场继续享受免税优惠。1985—1994年，全省华侨农场免税金额共2.3亿元。1979—2000年，联合国难民署援助有安置印支难民任务农场的专款为2145.5万美元，涉及工业、农业、教育、医疗及就业培训等项目126个。

1979年始，广东省积极进行华侨农场领导体制和经营体制改革，总体经济不断发展。1987年省侨管局属下24个华侨农（茶）场有固定资产4.7亿元，是年工农业总产值5.1亿元，职工劳均收入1381元。至2000年，华侨农场的社会总产值达76.6亿元，比1995年63.7亿元增长20%；其中工农业总产值69.8亿元，比1995年55.6亿元增长25.5%，职工劳均收入7677元，人均收入2806元（同期全国华侨农场人均收入为2095元）；其中归侨、难侨劳均收入6370元，人均收入2151元。是年，全省华侨农场有固定资产净值15.33亿元；中小学160所，在校学生57238人；医疗单位43个，病床1422张。侨场职工参加社会养老保险，有11个场纳入地方统筹，8个场通过不完善统筹及自统自支方式解决。糖、茶、果、奶仍为侨场四大主要产品，2000年生产糖蔗66.69万吨，茶1990吨，果3.74万吨，奶2.54万吨。随着改革开放的深入，华侨农场的电力、水利、交通、通讯等基础设施都有相应发展。至“九五”期末，发电量为4436.3万千瓦时，全年供水量为1846.5万吨，有水泥公路2336千米，程控电话45225门。侨场的投资环境得到明显改善，各场开展招商引资工作取得一定成效。至2000年，全省侨场共有三资企业130家，累计投入资金25.46亿元，当年总产值29.23亿元，创汇1.78亿美元，盈利总额3.4亿元，缴纳税额2.01亿元。

二、体制改革

（一）领导体制改革

改革开放后，华侨农场领导体制变化较大。1978年7月，省委、省政府决定将全省华侨农场统归省侨管局领导，并规定省侨管局接受国侨办和省双重领导，以省为主。农场的基本建设投资和物资设备计划，经报国侨办，由国家计委批准下达。

1985年12月，中共中央和国务院下达《关于国营华侨农场经济体制改革的决定》，把由中央和省侨务部门主管的领导体制，改由地方人民政府领导。1988年8月，省政府决定将属省侨管局管辖的24个华侨农场中的平沙、红旗、珠江、大旺、迳口、光明、杨村、潼湖、英红、英华、黄陂、消雪岭、清远、大槐、合成、海宴、岗美、奋勇、陆丰、普宁、大南山、蕉岭等22个华侨农场下放给所在地级市管理；撤销省华侨农场管理局，设立省华侨实业总公司。花县（后更名花都）、沙河华侨农场留给该总公司作基地（沙河场1992年5月下放给深圳市管理，1993年2月深圳市政府撤销其侨场建制，成立深圳市沙河实业股份有关公司；花都场于1999年3月下放广州市管理）。

华侨农场下放后，地方政府加强领导，并探索改革的路子。1990年，珠海市政府率先对所属的平沙、红旗华侨农场进行体制改革，分别成立平沙管理区和红旗管理区，赋予相当于县级经济、行政管理的职能。管理区建立财政、工商、外经、城建、公安等机构，直接与该市各职能部门对口衔接。1992—1994年，广州、肇庆、梅州、清远、汕尾等市，在所属华侨农场相继设立管理区或经济开发区，深圳市则把光明华侨畜牧场改设街道办事处。此期间，华侨农场的行政主管机构曾数度变动。1990年2月，省委、省政府决定撤销省华侨实业总公司，恢复省华侨农场管理局机构设置。1992年8月再度撤销省侨管局，其职能移交省侨办，在省侨办设立华侨农场工作处，负责全省华侨农场的协调、指导和服务等工作。

1993年，全省23个华侨农场有学校211所、医院23间，年开支共6485.4万元，均由各华侨农场负担；1995年华侨农场职工离退休金达8114.7万元，社会养老保险未有纳入地方统筹，成为华侨农场发展的沉重包袱。为加快华侨农场领导体制改革，1994年11月，省政府发出《关于进一步做好华侨农场工作的通知》，明确华侨农场下放给市管理的体制原则不变，要求有关市政府帮助侨场理顺与地方的关系。华侨农场可设管理区建制，但仍保留华侨农场牌子（两个招牌，一套人马），赋予一定的政府行政和经济管理职能。1995年5月，江门市委、市政府提出对所属华侨农场改设镇级建制的方案，开创全省乃至全国华侨农场领导体制改革的先河。同年7月，经省政府批准，江门市所属恩平市大槐华侨农场改为恩侨镇，鹤山市合成华侨农场改为合成镇，台山市海宴华侨农场改为海侨镇。1996年年初，这3个镇分别设立党委、人大和政府，并设立党政、财经、企业、计划生育、农林水、乡村建设和统战侨务等管理部门。2000年1月，珠海市对平沙、红旗华侨农场的领导体制再次进行改革，由管理区改挂镇牌子。同年5月，省政府批准清远华侨农场改设清侨镇，英德华侨农场改设英华镇，将黄陂华侨茶场划归英德市黄陂镇管辖。至此，全省23个华侨农（茶）场的体制改革已全部完成，其中9个华侨农场改为镇级建制，13个华侨农场改为管理区或经济开发区，1个华侨农场改为街道办事处。

新的领导体制理顺侨场的财税关系，增加收入，减轻华侨农场的社会负担。平沙农场设区后，1991—1994年，每年财政收入4000万元，1998年达6400万元，除上缴1860万元外，其余全部留给本场。建区头4年，每年用于教育方面的投资达1000万元，比建区前翻了一番多。新建7200平方米的邮电大楼，开通电话6万门；新建职工住宅2万平方米，校舍4000平方米，门诊大楼2700平方米，以及供水厂、变电站等，全场职工平均收入每年递增20%以上。湛江、梅州、清远市对所属的奋勇、蕉岭、英红华侨农场，每年由地方财政拨行政、事业经费200万元～235万元。各侨场所在地政府还对侨场增加基础设施建设及经济发展的投入，其中鹤山市政府先后给合成镇投资2000万元，用于兴建侨场主干公路及改造供电设备，又扶持该镇开发种植优质龙眼、荔枝226.67公顷。2000年，合成镇实现国内生产总值6920万元，比建镇前的1995年增长156%；人均收入3944元，比1995年增长86%。

（二）经营体制改革

1979—1985年，华侨农场的生产及经营管理在计划经济体制下进行，即华侨农场及其所属企业的生产设备和物资供应列入国家计划，产品由省统购统销，对职工发固定工资，生活困难者给予补助。这种体制，适应当时安置归难侨的需要，对创建华侨农场起到稳定作用。但在国家实行改革开放后，华侨农场原有的管理模式日渐暴露出许多弊端，不利于发挥干部职工的生产积极性，农场产业结构单一，经济增长缓慢，与地方发展的差距越来越大。1985年12月，中共中央、国务院下发《关于国营华侨农场经济体制改革的决定》，明确提出，华侨农场要走中国农村改革的道路，彻底改革现行经济体制，逐步调整产业结构，切实扩大经营者的自主权。根据文件精神，广东各华侨农场先后进行多项经济体制改革。

建立家庭农场，实行双层经营机制。1986年3月4日，省委、省政府召开华侨农场经济改革工作会议，之后在全省华侨农场中推行家庭联产承包责任制，实行大农场套小农场，即以户为单位承包华侨农场的生产项目和任务，独立核算，自主经营，自负盈亏。而家庭小农场又必须接受华侨农场（大农场）的统一领导和计划安排。小农场在完成承包上缴任务外，所有经营收入归己。1987年全省华侨农场办起家庭农场37565个，参加职工占侨场职工总数的83.6%。通过推行双层经营机制，改变职工吃农场“大锅饭”的情况，生产得到持续、稳定的发展。1990年全省华侨农场工农业总产值8.09亿元（1980年不变价），全员劳动生产率6943元。1990年省政府再次召开华侨农场工作会议，决定适度扩大家庭农场的规模，大农场则为其提供优良品种、技术信息、信贷及机耕、农产品加工、销售等服务，经济效益明显提高。是年清远市黄陂华侨农场第九队全队54人，平均每个岗位收获柑橙6.5吨，农业职工人均年纯收入3500元。珠海市平沙华侨农场出现一批农工承包大户，每户承包耕地2公顷～16.67公顷不等，占农户数的15%。1995年该场农业职工人均纯收入8100元，达到农场企业职工人均收入水平。该场在蔗农中推广“甘蔗高产高糖高效益综合技术应用”，获1992年度广东省农业技术推广二等奖。湛江奋勇华侨农场胡椒种植原先年年亏损，1997年该场将全场66.67公顷胡椒折价转让给职工，改农场经营为职工自主经营，共收回资金200万元，每年还可收土地租金8万元，减少开支160万元。而职工因经营与效益直接挂钩，生产积极性高，难侨莫斯权用1.7万元购买0.27公顷约400株胡椒，当年收获鲜果3吨多，收入2.4万元。

“七五”计划期间，各华侨农场在企业中全面推行承包经营责任制，实行“包死基数，确保上缴，超收多留，欠收不补”的原则。各企业又采取不同的承包形式，如盈利企业利润总额包干，亏损企业则减亏承包等。进入“八五”计划期间，企业的经营机制进一步改进，有的场实行金额抵押经营承包，有的吸收内部资产，由职工持股，实行产权多元化。1994年始，各企业实行全员劳动合同制，建立企业与职工双向选择的用工制度。经过改革，侨场企业的生产能力大幅提高，至1995年，全省侨场企业共350家，工业总产值27.26亿元（1990年不变价），分别是1985年的4.8倍和25倍。2000年工业总产值为53.51亿元，比1995年增长96%。

三、产业结构调整

合理调整农业布局。一是淘汰品种老化茶园。1991年，全省华侨农场有茶园面积0.33公顷，以茶叶生产为主的侨场12个；1995年改为0.26万公顷，2000年减至0.16万公顷，与1991年对比种植面积减少50%多，且在茶叶品种中增加高香型茶的比重，提高茶叶的市场竞争力。其中陆丰华侨农场原有茶园324.67公顷，至1998年减至53.33公顷，对比减少84%；种茶面积最大的英红华侨农场，1995年为986.8公顷，至2000年减至594.33公顷，对比减少40%。二是削减甘蔗种植面积。80年代蔗糖生产综合效益较好，各侨场因此增加种植，1990年达1.25万公顷，总产124万吨，分别比1979年增长59.1%和197%。后因糖价大幅下降、糖厂关闭而逐年减少。其中1992年蔗糖平均吨售价1780元，比上年下降22.6%，是年全省7个种植甘蔗的侨场就减收7000万元。至2000年甘蔗种植面积为0.67万公顷，总产66.69万吨，分别比1990年下降43%和86%。三是发展“三高”农业。扩大种植适销水果和蔬菜。2000年，全省侨场水果种植面积为0.61万公顷，其中荔枝0.29万公顷，比1995年增加33%；龙眼0.14万公顷，是1995年的3.9倍。迳口华侨农场按“引进—小试—多点试验—推广”的方针，引进新品种，至2000年已推广的有台湾甜豆“奇珍76”荷兰豆“台中308”及台湾小型西瓜“红铃”等。全场水果面积160公顷，其中台湾青枣、番石榴、火龙果等新品种17.33公顷；优质蔬菜140公顷。该场还投入50万元，开通网上工程，利用互联网等科技手段，为农户推销香蕉等农产品。2000年该场农业总产值为5951万元，比1995年增长62%。引进名优畜牧水产，主要有良种奶牛、瘦肉型猪、乳鸽、鳗鱼、优质家鱼等。1990年，全省华侨农场畜牧业占农业总产值的比例，从1980年的8.4%上升到21.1%，渔业占农业总产值的比例从1%上升到2.88%，改变了原有“纯蔗”“纯农”的生产布局。进入90年代后，这种调整更为明显。1995年全省侨场淡水养殖面积为0.33万公顷，比1990年的0.17万公顷增长1倍；产量1.19万吨，是1990年4324吨的2.76倍。2000年全省侨场生猪出栏数为29.4万头，比1995年的19.67万头增长66%。兴办产业化生产基地。光明华侨畜牧场于1982年引进美国落地皇鸽，后采用遗传技术，培育出大宝乳鸽系列，并建立起亚洲最大规模的乳鸽场和育种中心，至1995年拥有种鸽10万对，年产乳鸽130多万只，自80年代始一直占香港活鸽市场的40%，被中国农学会确定为农业产业化示范基地。该场从单一的种植业起步，发展为以畜牧、林果、食品、加工和生物制品为主导的现代农业企业集团。至2000年，该场总资产达8.09亿元，净资产为2.75亿元。大南山华侨农场于1995—1998年共投入资金1500万元，创办“三高”农业基地10个，开发面积200公顷，集种、养、加工于一体。1985—1994年，全省华侨农场共有55项科研成果获省级及中央有关部门颁发的科技进步和应用推广奖，其中英红场的红碎茶获国家银质奖，有关柑橘黄龙病的防治、大型集约化养猪技术及乌龙茶机械采摘的应用等，都走在全省同行前列。

发展加工工业。华侨农场原有场办工业规模小，产品单一，技术含量低，经济效益差。1980年，全省侨场有企业73间，主要为糖、茶、油和大米的粗加工，是年总产值1.09亿元，70%的企业亏损。1985年起，各侨场调整场办工业方针，增加工业投入，按市场需求发展新项目。“七五”计划期间，全省24个侨场共投入基本建设投资3.69亿元，比“六五”计划期间增长53%；其中工业生产投入1.44亿元，占39%，比“六五”计划期间增长160%。全省侨场继续以制糖、制茶及食品、饮料加工为主，同时生产农药、塑料、制衣、饲料以及机械、集装箱等项目，至1990年场办企业已发展至289家。产业结构得到改善，经济效益明显好转。1990年，全系统7间糖厂的日总榨量，从1980年的5130吨提高到11.97万吨。平沙华侨农场所属的华丰华侨食品工业（集团）公司，成立于1984年6月，前身是为安置归难侨而创办的生产腐竹、汽水和方便面的小厂。“七五”前期该公司先后对18条伊面生产线设备进行技术革新，使产品合格率从90%提高到99%以上。其生产的华丰牌三鲜伊面于1988年、1990年分获首届全国食品博览会和全国轻工业博览会金奖。又采用外引内联方式，在国内办起3个跨省分公司和9个工厂，共24条生产线。1990年，该公司方便面产值达4.8亿元，产量占全国总量的三分之一，是全国最大的伊面生产基地。是年销售收入1.8亿元，税利2100多万元，“食华丰、路路通”的广告词广为人知。

四、招商引资

华侨农场招商引资始于改革开放初期。当时，部分华侨农场利用土地、劳力及资源优势，以“三来一补”（来料加工、来样加工、来件装配、补偿贸易）及合资、合作方式，引进资金和技术，因地制宜发展外向型农业和加工业，至1987年共引进外资3369万美元，兴办“三资”企业23个，主要项目有畜牧养殖、“三高”农业以及电子、制衣、食品、皮革、玩具、钟表等。1995年，全省华侨农场“三资”（中外合资、中外合作、外商独资）企业共111个，累计投入资金7.92亿元，创汇967万美元和6.38亿港元。至2000年，“三资”企业发展至130个，累计投入资金25.45亿元，其中70%为1996年后投资；创汇1.78亿美元；年总产值29.23亿元，比1995年的24.89亿元增长17.4%；盈利总额3.4亿元，是1995年0.79亿元的4.3倍。所办“三资”企业集中在光明、红旗、平沙、珠江、潼湖、蕉岭、花都、大旺、迳口、大南山和陆丰等11个华侨农场，其中年总产值在2亿元以上的有光明、红旗、平沙、潼湖、珠江等5个华侨农场。

较早开展招商引资工作的有光明华侨畜牧场和英德华侨茶场等。1980年省侨管局从光明华侨畜牧场位于深圳经济特区的沙河分场划出4平方公里，兴办沙河工业区，当年办起光明华侨电子厂（今康佳电子集团公司）和汽车修配厂，引进全国第一条彩电生产线。光明华侨畜牧场利用外资发展国有农业，1980年以补偿贸易方式，引进新西兰、丹麦良种奶牛2150头及挤奶、制奶先进设备，至1985年已年产鲜奶1万吨，2000年奶牛存栏7300多头，鲜奶产量2.1万吨，成为全国最大的鲜奶出口基地。该场所生产的“维他”和“晨光”纯奶，历年占香港鲜奶销售市场的5成以上。1980年该场与菲律宾侨商合资，兴办起全国第一家大型工厂化养猪场，引进美国全封闭猪舍设施和比利时优良品种，年产瘦肉型猪8万头，全部销往香港。又兴办肉食品加工厂，品种达60个，其中三文治火腿获中国首届食品博览会金奖。是全省首批10家享受特优待遇的外经企业之一。至2000年，光明场共有“三资”企业22个，年产值8.97亿元，占该场工农业总产值的42.8%；年创汇1.09亿美元，占全省侨场“三资”企业创汇总额的61%。清远市英德华侨茶场，于1982年办起粤北地区较早的“三来一补”企业——英华佳利录音带装配厂，所生产的TTK录音带是当时全国同类产品中技术最先进的。1995年厂房面积由原来的540平方米增至6500平方米，产品由单一的录音带发展到装配C—O组合，常规、铝轮录音带、“迷你”微型录音、录像带及复印机、炭粉盒等11个品种，远销欧美、日本等地。

90年代中后期，各华侨农场逐步完善体制改革，一部分侨场设立经济开发区或管理区，地方政府加大对基础设施的投入，引进外资因此大幅增加，并注重发展“三高”农业。其中毗邻澳门的珠海红旗华侨农场，1985年前利用外资还处于空白，之后投资900万元改建公路和兴建水厂，新建1座11万伏的变电站，使投资环境得到改善。至1995年，共办起制衣、胶花、皮袋、塑料、油漆等“三资”企业20家，年总产值1.76亿元，创汇3818万港元。2000年，该场“三资”企业总产值为6.01亿元，是1995年的3.4倍。肇庆市大旺华侨农场于1992年改为综合经济开发区，至“九五”计划期末，用于基础设施投入共5亿元，其中道路建设2亿元，机电排涝系统改造工程1.17亿元，通讯设备8000万元。2000年，该场实际利用外资2015万美元，外贸出口663万美元。已投产的外资企业24家，是年缴纳税款占该场税收总额的35%。全区实现国内生产总值3.66亿元，“九五”期间年均递增20.9%；职工年工资总额7485元，年均递增21%。此外，1996—1997年，花都华侨农场引进由美籍华人生物学家牛满江研究指导的大豆蛋白质基因移植玉米技术，普宁华侨农场引进的2批共4个品种泰国龙眼芽条，均已培植成功。

五、扶持贫困华侨农场

由于经济基础、地理位置等差异，华侨农场发展很不平衡。至90年代中期，全省华侨农场中有15个仍处于贫困状态，包括清远市的黄陂、英华、清远、英红华侨农（茶）场，韶关市的消雪岭华侨农场，揭阳市的大南山、普宁华侨农场，汕尾市的陆丰华侨农场，梅州市的蕉岭华侨农场，江门市的大槐、海晏、合成华侨农场，阳江市的岗美华侨农场，广州市的花都华侨农场，湛江市的奋勇华侨农场等。共有土地面积4.53万公顷，总人口11.6万人，占华侨农场总人口的42%；其中归难侨48977人，占侨场归难侨总数的59%。1995年，全省农村人均收入2699元，而贫困侨场人均收入仅为1567元，对比少40%。1996年，15个贫困侨场要支出教育、医疗及职工离退休金等经费共4742万元，生产经营亏损额为3925万元，挂账欠款1.84亿元。

为改善贫困侨场状况，根据1994年11月省政府《关于进一步做好华侨农场工作的通知》精神，1995—2000年，在省计委每年安排500万元基建投资的基础上，省财政厅每年再安排600万元生产补助资金，用于贫困侨场发展“造血型”项目。6年共拨3600万元，兴办生产项目90个，如新建扩建奶牛、种猪场，改造残次茶园，引种名优水果、花卉，开发水产养殖和“三高”农业综合基地等。其中1998年拨款补助的生产项目有18个，包括改造残次茶园80公顷，兴建种植基地青榄92.33公顷、韭菜花46.67公顷和板栗、石硖龙眼、沙田柚各33.33公顷，养殖2000头的奶牛场，开发立体农庄20公顷以及名优种苗基地，扩建改造电力设施和仓库、厂房等。

1997年年初，省八届人大五次会议将《关于扶持贫困华侨农场经济发展的议案》交省政府办理，省政府因此组织省侨办、省财政厅等23个省直单位进行专项调查并提出办理方案。同年9月，省人大常委会审议通过《关于扶持贫困华侨农场经济发展的议案的办理方案报告》并作出决议，10月省政府转发该决议并按方案落实，拨给奋勇、英红、蕉岭、合成、大南山等农场用于行政、教育、卫生及电力、道路建设的资金有1.17亿元。1998年4—5月，省侨办会有关部门联合发文，对贫困侨场各项事业予以扶持，其中省教育厅拨528万元，作普及九年义务教育及改造薄弱学校专款；省卫生厅拨300万元，地方政府和卫生部门拨160万元，侨场自筹资金420多万元，用于解决侨场医院“一无三配套”（无危房，人员、房屋、设备配套）建设。省交通厅安排资金399.3万元，扶持大南山等7个侨场兴建连接国道的公路24.8千米。省财政一次性安排4000万元，由省社会保险局按职工人数分配到有关市，作侨场职工养老保险纳入地方统筹的启动资金，使全省15个贫困侨场中，有14个场的职工社保纳入地方统筹。1999—2000年，省财政和水利部门每年拨500万元，用于贫困侨场的小型农田水利建设。此外，对贫困侨场中年人均收入低于1000元的6910户绝对贫困户，省财政厅按全省特困县的补助标准，于1998年9月一次性下拨专款691万元（每户补助1000元）。各华侨农场均成立扶贫工作机构，落实相关发展项目。

至2000年，15个贫困侨场的社会总产值为13.1亿元（1990年不变价），比1996年的5.2亿元增长152%，年平均增长27%；人均收入2151元，比1996年的1587元增长35%，但与2000年全省农村人均收入3654元相比，仍少41%。

1995年广东省华侨农场情况一览表

表5-2-1

侨场名称	总人口	归难侨总人口	年末职工人数	土地面积（公顷）	主要作物	工农业总产值（万元）	其中		三资企业		
							工业	农业	总产值（万元）	本年创汇（万元）	
										美元	港元
合计	273527	84533	89586	11487.80	—	556395	430427	125968	248882.3	967	63800
珠江	17386	4683	7674	4630.20	蔗、粮、果	34479	20497	13982	455.8	—	2791
平沙	38986	4709	20432	25728.47	蔗、粮、果	204050	183329	20721	144237.0	87	1383
红旗	17358	2671	8659	6800.00	蔗、果	34345	26505	7840	17626.0	—	3818
光明	15473	5140	4914	5454.47	荔枝、龙眼	130592	105803	24789	69397.0	713	55114
大旺	19761	5431	7211	9670.00	蔗、柑橘、荔枝	56977	41643	15334	1700.0	130	—
迳口	9186	1884	3049	5333.33	蔗、柑橘	5755	2084	3671	—	—	—
杨村	30557	7296	6858	8678.93	柑橘、粮、花生	17131	8685	8446	—	—	—
潼湖	9315	4064	1651	2500.00	粮、荔枝	16407	10773	5634	9826.5	—	—
英红	15526	10979	4848	6681.33	茶、粮	12257	10154	2103	—	—	—
英华	6987	3928	2970	2190.00	茶、粮	1659	1109	550	—	—	—
黄陂	2633	1391	732	650.00	茶、柑橘	504	245	359	—	—	—
清远	4928	2200	583	1933.33	粮、花生、果	2750	2080	670	—	—	—
消雪岭	1307	1014	513	572.27	茶、果	442	420	22	—	—	—
花县	4618	2782	2436	1286.67	果、粮	3887	2636	1251	1453.0	37	612
大南山	14833	3049	1737	4567.07	粮、茶	1936	921	2537	120.0	—	82
普宁	9016	1846	1220	1472.27	粮、茶	5902	3922	1980	—	—	—
陆丰	14798	5358	2753	3168.20	粮、茶、花生	4206	1846	2360	—	—	—
蕉岭	7983	2159	1389	2502.00	粮、茶	3154	725	2429	—	—	—
合成	9854	2730	1612	6670.00	粮、茶	6822	2018	4804	—	—	—
大槐	5514	2556	2720	2098.13	橡胶、粮	1701	404	1297	—	—	—
海宴	6865	2236	1038	2764.87	蔗、粮	3764	2360	1404	—	—	—
岗美	4753	3341	1917	4443.20	橡胶	2267	341	1926	—	—	—
奋勇	5890	3086	2670	4693.07	橡胶、胡椒	3786	1927	1859	—	—	—

2000年广东省华侨农场情况一览表

表5-2-2

侨场名称	总人口	归难侨总人口	年末职工人数	土地面积（公顷）	主要作物	工农业总产值（万元）	其中		三资企业		改设管理区或镇、街时间（年、月）
							工业	农业	总产值（万元）	本年创汇（万美元）	
合计	289346	89669	65057	114421.47	粮、蔗、果、茶	698381	535113	163268	292294	17772.18	
珠江	18002	4564	3185	4636.20	粮、蔗、香蕉	24632	6585	18047	28162	62.18	1992年3月设广州市珠江管理区
平沙	42504	4838	14620	25728.53	蔗、粮、香蕉	167654	147229	20425	49246	1523.00	1990年1月设珠海市平沙管理区，2000年1月改为镇
红旗	19139	2762	8722	6800.00	蔗	76094	67143	8951	60133	—	1990年1月设珠海市红旗管理区，2000年1月改为镇
光明	16260	5325	4174	5450.00	菜、荔枝	209241	183392	25849	89738	10866.00	1993年11月设宝安区光明街道办事处
大旺	20820	5480	4727	9670.00	蔗、菜、香蕉	45555	20330	25225	6782	663.00	1993年2月设肇庆市大旺综合经济开发区
迳口	8874	2432	1956	5371.40	粮、龙眼	7361	1410	5951	2800	—	1998年12月设佛山市迳口华侨经济区
杨村	31688	7156	4871	8900.00	粮、蔗、柑橘	12627	5539	7088	—	—	1995年4月设惠州市杨村经济管理区
潼湖	10021	4037	1501	2499.87	粮、荔枝	38495	32803	5692	29556	3493.00	1995年4月设惠州市潼湖经济管理区
英红	15083	13202	2199	6666.67	茶、粮、柑橘	6690	5217	1473	—	—	1994年3月设英德市英红综合管理区
英华	8320	4511	1972	2100.00	茶	1182	579	603	40	—	2000年5月改设英德市英华镇
黄陂	2754	1390	578	636.67	柑橘、茶	551	306	245	—	—	2000年5月并入英德市黄陂镇
清远	6100	2233	682	1933.33	粮、龙眼	2802	1498	1304	—	—	2000年5月改设清远市清侨镇
消雪岭	1638	1064	306	433.33	柑橘	177	—	177	—	—	1995年2月设韶关市华侨管理区
花都	4877	2739	2249	1404.73	荔枝	16153	2159	13994	7141	790.00	1999年12月设花都市花侨镇
大南山	16439	3638	2350	4567.07	粮、荔枝	16242	13400	2842	3094	375.00	1995年4月设揭阳市大南山华侨管理区
普宁	10509	1619	1230	1472.27	粮、茶、龙眼	14184	12665	1519	—	—	1995年4月设揭阳市普宁华侨管理区
陆丰	16155	5298	1679	3168.20	粮、荔枝	7128	3465	3663	2367	—	1994年7月设汕尾市华侨管理区
蕉岭	7980	2175	756	2502.00	粮、茶	20371	17745	2626	13235	—	1993年7月设梅州市蕉华管理区
合成	9382	2653	425	6670.00	粮、茶、荔枝	17130	7350	9780	—	—	1995年7月设鹤山市合成镇
大槐	5821	3333	2778	2100.20	粮、菜、荔枝	2847	535	2312	—	—	1995年7月设为恩平市恩侨镇
海宴	6613	1987	831	2764.87	蔗、粮	4224	2883	1341	—	—	1995年7月设台山市海侨镇
岗美	4385	3352	1459	4436.40	橡胶、龙眼	2781	635	2146	—	—	1998年1月设阳江市岗侨管理区
奋勇	5982	3881	1807	4509.73	橡胶、胡椒	4260	2245	2015	—	—	1997年1月设湛江市华侨管理区

第六章　联谊与宣传

第一节　联谊

1979—2000年，广东各级侨办及所属中国旅行社（简称中旅社）接待来粤探亲、旅游、寻根问祖、商务考察、文化、科技交流等活动的华侨、华人、香港同胞、澳门同胞（简称“四种人”）共513.42多万人次，遍及40多个国家和地区。其中广东省人民政府侨务办公室（简称省侨办）接待28778人次（其中公费邀请8765人次），与海外800多个华侨、华人社团以及港澳社团和1360多位政治上有影响、社会上有地位、经济上有实力、专业上有造诣的人士建立友好关系。同时各级侨办以各种形式组团出访美国、泰国等36个国家和地区33314人次，其中出国访问占24%。在粤举办海外华裔青少年夏（冬）令营（简称夏令营）279期，有来自40个国家和地区的6934名华裔青少年来粤参加夏令营活动；在海外举办华裔青少年夏令营5期，营员超过400人。

一、邀请接待

各级侨务部门通过邀请接待“四种人”来粤考察、交流、观光旅游等，增强“四种人”对中国改革开放政策和投资环境的了解，促进他们来粤投资创业，开展文化科技交流合作。

建立接待基地，做好服务工作。中华人民共和国成立后，广东各级侨务部门贯彻“热情服务，多做工作”的接待方针，做好 “四种人”的接待工作。“文化大革命”前全省已有46个市、县成立华侨（中国）旅行社，在深圳、拱北、汕头和广州设有华侨接待站广州华侨学生接待站，初步形成接待“四种人”网络，年均接待量近30万人次。“文化大革命”期间受极左思潮影响，把“海外关系”看作是反动社会基础，使他们有亲不敢认，有家不敢回，与家乡的联系一度中断。中共十一届三中全会后，拨乱反正，改革开放，尤其是全面落实侨务政策后，海外侨胞和港澳同胞回乡探亲、观光旅游逐年增多。1979年省中旅社接待“四种人”40.48万人次。 1981年5月，中央在北京召开全国侨务工作座谈会，要求各级侨办加强对同级中旅社的领导，充分发挥侨务接待基地的作用，切实做好接待“四种人”的工作。会后省侨办要求各级侨办在接待工作中既要注意做好中下层客人的接待，又要加强重点团队和人物的接待；既注意继续做好老爱国华侨社团和人物的工作，又要做一些与我有隔阂的社团和人物的工作。1987年，台湾当局开放台胞赴大陆探亲、观光旅游。1988年，省中旅社设立台胞接待科，为台湾同胞来粤探亲、观光旅游提供专门服务，当年接待台胞13.5万人次。1979—2000年，各级侨办及中旅社接待“四种人”513.42多万人次。各市县侨办增建、扩建中旅社；接受海外侨胞、港澳同胞捐款兴建华侨大厦、侨胞之家、侨联大厦等，扩大侨务接待基地。至2000年，全省中旅社发展到87家，拥有宾馆110间。

请进来考察观光。1979年以来，广东各级侨务部门主动邀请海外侨胞和港澳同胞回来参加各种庆典和经贸文化活动，让他们实地了解家乡情况，以消除疑虑，增进情谊，促进合作与交流。1979—2000年，省侨办公费邀请接待海外侨胞和港澳同胞8765人次。

1979年，台山一中70周年校庆、开平中学60周年校庆等，均邀请许多几十年没有回祖籍的华侨、华人和港澳校友回来参加庆祝活动。1981年，省及中山、江门、汕头、广州等市举行辛亥革命70周年纪念活动，共邀请3000多位海外侨胞和港澳同胞回来参加庆祝活动。省侨办当年接待的1020位海外宾客中，有560多位社会上影响、经济上有实力、学术上有成就的重点客人和57位省政府邀请的客人参加了辛亥革命70周年纪念活动。1983年1月，国务院侨办恢复中断多年的公费邀请接待工作。同年省政府决定，每年拨出专款，由省侨办公费邀请接待一批社会上有影响、经济上有实力、学术上有成就的海外侨胞、港澳同胞来粤参加传统节日和重大庆典活动。1984年，省侨办公费邀请美国、英国、法国、日本、泰国和加拿大等国家的8个华侨华人社团108人，以及一批自费或公邀自费团队客人来粤参加国庆35周年庆典活动。从1987年起，每年春节和国庆节，省侨办、归国华侨联合会（简称侨联）、中旅、华侨投资公司在广州市联合举行庆祝酒会，邀请部分海外嘉宾出席酒会，参加庆典活动。汕头市从1987—1993年，每年都举办迎春联欢会，邀请海外乡亲来汕同庆民间传统节日，7年间共有23个国家和地区的潮汕籍乡亲15470多人次来汕参加活动；1994年以后，改在香港举行春茗，与海外乡亲联谊交友，共叙乡情。1989年春夏之交北京发生的政治风波后，省侨办邀请10多个国家和地区的350位华侨华人和港澳知名人士来穗参加国庆40周年酒会，向他们做好解疑释惑工作，争取和稳定侨心。1998年，省侨办公费邀请美国芝加哥梅氏公所组团来访，促使美国一些传统社团思想逐步转化，扩大友好力量。同年还首次公费邀请越南、柬埔寨、老挝、南非华侨华人组团访粤。邀请海外侨胞和港澳同胞参加经贸文化活动。90年代以后，“四种人”来粤不再满足于探亲、观光旅游，逐渐转向经贸、文化、教育、科技等领域，寻找发展商机。1991年，省侨办共邀请美国、加拿大、澳大利亚等20个国家和地区391位华商企业界、教育界及科技界的知名人士来粤考察，并与相关部门进行对口专业交流和商贸洽谈。1995年7月，广州市增城县举办荔枝节暨经贸洽谈会，邀请美国、日本、法国、英国、加拿大、澳大利亚、新西兰、马来西亚以及中国香港、澳门地区2000多名海外乡亲参加，与会期间，中外客商共签订招商合同和意向书83宗，总投资额25亿美元。1998年，受国务院侨办委托，省侨办邀请美国、加拿大、印尼等8个国家和地区的100多位华商赴湖南省长沙市出席中国中西部经贸洽谈会，并进行考察，加深华商对中国中西部投资环境和政策的了解。1999年4月，省侨办受国务院侨办委托，接待由南非中华工商联合会会长陈裔桥率领的“南非华人华侨首次回国访问团”，实地考察广东投资环境。2000年10月，汕头市举行为期5天的第二届中国汕头国际食品博览会暨第六届潮汕美食节，邀请海外16个国家和地区的华商参加，国内有19个省、市400家企业的食品应邀参展，共签订11项合同，贸易额3亿元，技术转让3项，国外食品企业在国内找到23家代理商。此外，各市、县也利用举办各种民间庆典开展经贸活动。广州的“龙舟节”，梅州的“山歌节”，湛江的“红橙节”，阳江的“风筝节”，汕头的“美食节”，深圳、东莞、茂名、增城的“荔枝节”等，均邀请海外乡亲参加，向他们介绍投资环境和相关政策，开展联谊和招商活动。

1979—2000年广东省侨办接待“四种人”统计表

表6-1-1　　单位：人次

年份	接待人次			年份	接待人次		
	公费客人	自费客人	小计		公费客人	自费客人	小计
1979	—	1310	1310	1990	415	1880	2295
1980	—	630	630	1991	391	350	741
1981	—	1020	1020	1992	460	437	897
1982	—	1011	1011	1993	396	410	806
1983	428	925	1353	1994	556	2052	2608
1984	108	823	931	1995	611	489	1100
1985	270	746	1016	1996	350	2000	2350
1986	294	290	584	1997	539	561	1100
1987	1509	557	2066	1998	781	861	1642
1988	276	270	546	1999	476	1346	1822
1989	470	840	1310	2000	435	1205	1640
合计					8765	20013	28778

改革开放后，致公党广东省委员会（简称省致公党）作为涉侨民主党派，积极开展对外联系和招商引资工作。1980—1999年，省致公党和各地方组织接待来自五大洲30多个国家和地区的华侨华人访问团167团次，接待海外华侨华人和台港澳同胞14万多人次；协助引进先进技术、先进设备近百项。1983年，致公党省委副主委李维纲和香港杜美兰女士引进外商与广州市农场管理局合作，投资1400万美元创办广美香满楼畜牧有限公司。1985年，致公党省委会主委、副省长黄清渠与新加坡南洋华侨中学校会一道，引介新加坡校友梁先生与广东省中旅社合作投资3800万美元在原华侨大厦所在地兴建中外合资企业华厦大酒店。

二、访问联谊

1979—2000年，全省侨办系统以考察侨情、参加庆典、经贸活动、文化和艺术交流等多种形式，以官方、半官方或民间等多渠道组团出访6668批次，计33314人次，访问美国、加拿大、英国、澳大利亚、日本、印尼等36个国家和地区。

组团出访，扩大联谊。1981年3月，省侨办主任徐绳周率领广东友好代表团，前往美国旧金山、洛杉矶、芝加哥、华盛顿、纽约和加拿大蒙特利尔、多伦多等城市访问，拜会当地华侨华人社团和会见部分粤籍侨领和乡亲，向他们介绍家乡情况，释疑解惑。这是改革开放后广东省侨办系统首次组团出国访问。此后，历任省侨办领导和各市、县侨办负责人都不时组团出访各国和港澳地区，拜会华侨华人社团。重点侨乡的党政负责人率团出访，除拜访当地侨领、政府要人以增进了解和信任外，还与华侨华人广泛接触。1984年年初，中共佛山市委领导人率团出访毛里求斯、马达加斯加等国和法国海外省留尼汪，除参加当地庆典活动，拜访华侨华人社团、政府要员外，还利用大会讲话、座谈家访、电台广播、播放录像等形式，向海外乡亲宣传侨务政策法规，介绍家乡经济文化建设和侨乡新貌，重点介绍广东和佛山落实侨房政策及政府采取的具体措施。同年6月，副省长杨德元、省侨办主任曹兴宁率广东省对外经济贸易代表团，在参加在奥克兰举办的“中国广东商品展销会”后，到美国、加拿大访问，拜会当地华侨华人社团负责人和会见部分粤籍乡亲。1985年，中山市长率市侨务访问团出访美国夏威夷，邀请部分乡亲参加座谈会。1986年，台山县长率台山访问团访问美国旧金山等城市，以宗亲身份在当地登报，欢迎乡亲来访提问题，海外乡亲奔走相告，交口赞誉。深圳、汕头、茂名、广州、江门、梅县等市县侨务部门也都先后组团出访国外或港澳地区，拜访当地华侨华人社团负责人，探望乡亲。1989年，应美国旧金山东湾五邑同乡联谊会和加拿大温哥华美都贸易有限公司邀请，江门市五邑侨务访问团出访美国洛杉矶、旧金山、芝加哥、华盛顿、纽约和加拿大蒙特利尔、渥太华、多伦多、温哥华、维多利亚等城市，向乡亲介绍“春夏之交政治风波”真相及家乡改革开放情况，先后接待769位乡亲来访，现场解答和处理乡亲提出的问题542件。1998年，河源市组团到中国香港，在湾景中心中国文物展览馆举行东江水资源开发利用报告暨项目推介会，向香港同胞介绍东江水资源情况。2000年9月、10月，广州市侨办先后组团赴东南亚三国和日本、韩国考察，介绍广州投资环境和留学人员回国创业政策，鼓励海外学子来穗创业。同年10月，由广州市前市长黎子流为团长，省侨办主任吕伟雄为副团长的广东代表团一行230多人，应邀赴新加坡出席第一届世界广东同乡联谊大会。出席此次粤籍乡亲盛会的有来自11个国家和地区的129个代表团共1700多位粤籍乡亲代表。广东代表团成功争取到2002年在广州市举办第二届世界广东同乡联谊大会主办权，由省侨办负责具体筹备组织实施。

1981—2000年广东省侨办出国以及赴港澳地区访问统计表

表6-1-2

年份	出访情况			年份	出访情况		
	批数	出国（人次）	共计（人次）		批数	出国（人次）	共计（人次）
1981	4	8	53	1991	8	48	136
1982	16	22	80	1992	17	85	178
1983	39	83	351	1993	11	27	95
1984	6	29	320	1994	12	50	99
1985	4	7	29	1995	20	42	96
1986	3	27	69	1996	11	25	68
1987	2	8	33	1997	6	46	68
1988	22	68	121	1998	5	40	73
1989	5	15	70	1999	3	11	36
1990	5	22	85	2000	3	230	248
合计					202	893	2308

成立海外交流协会，拓宽民间联谊渠道。成立海外交流协会，以民间渠道和形式开展对外联谊活动，为经济建设服务，是改革开放时期广东侨务工作的新举措。1992年7月，省侨办报请省政府同意，成立广东省海外交流协会（简称省海交会），首届会长为副省长凌伯棠，聘请一些知名华侨华人为顾问或理事。省海交会成立后，发挥民间团体优势，广泛联系海外华侨华人及其社团，促进海内外交流合作，拓宽对外联络渠道。随后深圳、广州、珠海、汕头等市侨办也相继成立“海交会”。至2000年，全省有4个地级以上市成立“海交会”。1995年年初，副省长欧广源率领省海交会组织的广东农业经济考察团赴印尼考察，在印（尼）期间，除拜会当地政府官员和一些华人大企业家外，还就双方开展经贸合作达成共识，为今后广东与印尼开展经贸和文化科技交流打下基础。翌年3月，广东海交会又与省科协联合在印尼雅加达举办“广东省新技术展示洽谈会”，介绍广东高新科技成果，促成省农业发展总公司与印尼华人签订在印尼合资饲养广东三黄鸡项目合同。同年9月，广东省副省长、省海交会会长凌伯棠率团出访加拿大，拜访温哥华、蒙特利尔、维多利亚、多伦多等地10多个主要华侨华人社团，会见各界华侨华人代表300多人，向他们介绍广东经济文化发展及海交会情况。

三、海外华裔青少年夏令营

举办海外华裔青少年夏令营，做好华侨华人新生代工作，对承传中华文化，培育侨务资源起到良好的作用，被海外侨胞喻为“留根工程”。1980—2000年，广东省各级侨办在省内举办海外华裔青少年夏令营279期，来自美国、泰国、加拿大、马来西亚、菲律宾、印尼、柬埔寨、文莱、新加坡、日本、科威特、朝鲜、蒙古、澳大利亚、新西兰、斐济、大溪地、阿根廷、毛里求斯、委内瑞拉、秘鲁、巴西、苏里南、墨西哥、厄瓜多尔、巴拿马、特立尼达和多巴哥、南非、葡萄牙、荷兰、比利时、丹麦、瑞士、英国、法国以及法国海外省留尼汪等40个国家和地区的6934名华裔青少年参加夏令营活动。1994—1997年，在加拿大、美国、英国、法国举办5期海外华裔青少年夏令营，营员超过400人。

在粤办营，开展寻根活动。“二战”后，海外华侨日渐减少，在侨居国出生的华裔普遍不懂华文，对祖（籍）家乡感情日趋淡薄。举办华裔青少年夏令营，开展寻根访祖活动，传承中华文化，成为海外华社和侨务部门的共识。1977年春，开平县侨办与在广州参加中国春季进出口商品交易会的美国、加拿大侨领达成试办海外华裔青少年夏令营的共识。1979年秋，开平县侨办委托开平中旅社和香港学联联络部具体筹办华裔青少年夏令营，此举得到海外侨胞的大力支持，香港四邑会所司徒辉组织捐赠空调机和热水淋浴器各35台，谭正捐赠一辆有冷暖设备的40座客车供办营使用。1980年7月19日至8月9日，来自美国、加拿大的35名营员（美籍华裔学生23人、家长7人；加籍华裔学生3人、家长2人），第一次踏上祖籍故土参加开平第一期华裔青少年夏令营，从此拉开广东举办海外华裔青少年夏令营的序幕。1981年，开平县举办第二期海外华裔青少年夏令营，此后各地纷纷仿效举办。1982年后，省侨办统一组织安排广州市、恩平、新会县各举办一期夏令营，参加营员87人。参加恩平县夏令营的40名营员，共拍摄2万多张照片带回去。1985年，省侨办分别在汕头、中山、台山、花县和广州中国语言文化学校办营，共办营9期，营员283人。1985

年，国务院侨办在北京召开全国侨务系统教育工作座谈会，肯定广东举办夏令营的经验。同年，省政府同意省侨办关于加强华裔青少年夏令营工作的意见，每年拨出30万元专款给省侨办作举办夏令营补助经费。此后，许多市、县侨办纷纷举办夏令营，海外侨团也积极配合，做好动员组织和挑选营员工作。1980—1984年，全省共办营21期，营员599人，年均办营4.2期、营员120人。1985—2000年办营258期，营员6335人，年均办营16期、营员396人。全省21个地级市，有19个市举办过夏令营，占90.4%。广州中国语言文化学校具有办营的独特优势，共在该校办营219期，占78.5%，成为广东夏令营的主要基地。1994年起，省侨办将举办夏令营时间相对集中在7月，并将在各地活动的营员集中到广州两三天，举办海外华侨华裔青少年联欢节，邀请广州地区一些归侨侨眷青少年学生与营员联欢，增进彼此间友谊。1999年起组织营员参加国务院侨办在北京组织的“中国寻根之旅”活动。美国华裔青少年夏令营领队黄兑芳给省侨办来信说：“营员们回美后，仍眷恋着夏令营的生活，每次聚会，都要观看夏令营生活录像，谈话主题也都是夏令营。参加夏令营，使他们心境判若两人，无疑对他们今后的成长影响是深刻的。”有的营员还组织成立夏令营营员联谊会或留中同学会，成为当地华人社团的积极分子或侨居国与中国友好的中坚力量。

到国外办营，弘扬中华文化。1994年7月，省侨办以广东省海外交流协会的名义，在加拿大多伦多市怀雅逊和查尔斯两所公立学校举办为期两个星期的中国文化夏令营。这是中国侨务部门首次到国外举办夏令营，共有250位华裔和其他族裔的青少年学生参加。省侨办选派4名富有海外华文教学经验的教师教授汉语、中国民间舞蹈、武术及绘画。在闭营典礼上，营员向多伦多华侨华人社团代表、地方官员和报界记者作精彩的中国武术和民族舞蹈汇报演出。1995年6月，广州市侨办应美国加州中部中华文化中心的要求，派教师到该中心举办中华文化艺术夏令营，营员超过100人，除华裔青少年外，还有老华侨华人，有的是祖孙三代一起参加，一些供职在华人企业或仰慕中华文化的外国人也报名参加，场面感人。1997年6月，广州市侨办再次在加州举办夏令营。1995年深圳市侨办分别在英国和法国举办华裔青少年夏令营，取得预期效果。

夏令营的组织工作。华裔青少年夏令营工作，1986年以前省侨办由宣传处负责，以后改由接待处（1987年6月改称国外处）负责。各市、县则由侨办宣传或接待处（科）负责。各级侨办委托海外侨团和侨领在海外发动组织营员，营员的条件是父母双方或一方祖籍广东，便于寻根问祖；年龄在16岁～25岁，身体健康、品行良好，无不良恶习的大中学生。夏令营学习活动时间为15天左右。遵循“游教结合，寓教于游，不拘形式，丰富多彩，各有侧重，热情服务”的办营方针，针对营员来自不同国家、不同文化背景、不同宗教信仰、不同年龄层次和不同知识结构等特点，安排教学、旅游、寻根活动。主要课程是学习汉语会话、中国地理、历史知识、书法、绘画、民族舞蹈、民歌、武术、烹饪等，并组织寻根问祖和参观游览活动。办营经费，有公费、自费、自费公助三种形式。1980年开平举办的首期夏令营属商业运作，海外组织者向每个营员收2600美元，省、市、县侨办均没有补贴。1981年，开平县侨办向省侨办申请补贴，省侨办给予营员每人每天补贴30元，此后各地办营省侨办均给予补贴。此外，华裔青少年联欢节活动得到三水健力宝集团、深圳华侨城等一些企业的赞助。从1985年开始，省政府每年拨30万元专款给省侨办作办营经费，1987年增至60万元，1995年增加到85万元。

1980—2000年广东省侨办系统在粤举办华裔青少年夏（冬）令营统计表

表6-1-3

年份	期数	人数	年份	期数	人数
1980	1	35	1991	20	471
1981	2	60	1992	20	460
1982	3	87	1993	21	449
1983	6	134	1994	25	603
1984	9	283	1995	19	401
1985	13	520	1996	14	300
1986	18	464	1997	2	48
1987	15	314	1998	12	259
1988	23	611	1999	18	335
1989	10	330	2000	13	290
1990	15	480	合计	279	6934

四、文化学术交流

（一）赠送文化用品

1985年11月，美国三藩市（旧金山）华商会副会长邝锦洪给省侨办来信称，1986年11月12日是孙中山先生诞辰120周年纪念日，届时旧金山各界华侨社团将举行纪念活动，建议由广东铸造一座孙中山铜像，安放在旧金山华埠花园广场内，在孙中山先生120周年诞辰纪念日举行揭幕仪式，供广大侨胞和各国游人瞻仰。省侨办报请省政府同意，以广东省人民政府名义，向美国旧金山华侨捐赠一座3米高的孙中山铜像，作为纪念孙中山诞辰120周年的礼物。并由中山大学赠送珠江电影制片厂拍摄的《孙中山传》拷贝给旧金山中华文化中心，在纪念活动时放映。1986年2月，省侨办委托佛山市侨办将舞狮、舞龙及配套服饰和锣、鼓、钗、钹等寄给中国驻毛里求斯大使馆转赠毛里求斯中华金狮队。1999年为庆祝中华人民共和国成立50周年，应加拿大温哥华中华会馆请求，省侨办协助制作沙湾飘色一套及赠送彩旗一批给该会馆，以增加节目气氛。此外，广州、江门、茂名、中山、梅州、东莞、惠州等市侨办也分别根据海外乡亲社团的文化需求，馈赠狮头、锣鼓、民族乐器、戏服或其他民族文化用品。

（二）文艺团体出访

改革开放以后，广东各级侨办根据海外华侨华人社团要求，组织各种文化艺术团队出国或到港澳地区参加庆典活动，慰问乡亲，满足海外侨胞传承和传播中华文化的愿望。

组织粤剧团赴海外演出。1980年，由著名粤剧演员红线女、陈笑风等领衔的广州粤剧团，到新加坡、香港和澳门演出，历时60多天，被海外侨胞、港澳同胞誉为“粤剧界的空前盛举”。1982年6月11日至8月5日，红线女率广东粤剧团到加拿大的温哥华、埃德蒙顿、蒙特利尔、多伦多，美国的纽约、旧金山、洛杉矶等7个城市慰问乡亲，共演出39场，场场爆满。还应邀到维多利亚、渥太华、费城、华盛顿同当地乡亲举行联欢活动，所到之处均受到粤籍乡亲的热烈欢迎。红线女等还访问纽约溯源堂，堂会主席邝荣耀主持欢迎仪式迎接红线女一行。纽约东安公所为欢迎陈笑风（东莞人）、红线女等，在公所礼堂挂上鲜艳的五星红旗，共叙乡情，增进了解。80年代中期，佛山市多次应邀组织佛山青年粤剧团赴新加坡、香港和澳门演出，演出期间还与香港著名粤剧演员新马师曾同台演出20天，新马师曾破例收该团3名青年主要演员为徒，在港澳地区一时传为佳话。1996年5月，广东粤剧院、五邑粤剧团组团赴美国演出，得到粤籍侨胞的热烈欢迎。

客家山歌海外传情。1988年10月21—23日，世界客属第九届恳亲大会在美国旧金山举行。应大会邀请，广东省组织梅州客家山歌团首次出席世界客属盛会，与来自海峡两岸及世界各国和地区29个代表团的500多位客属代表共话桑梓。23日举行惜别晚会，梅州代表团几位歌手唱起正宗客家山歌，曲曲乡音牵动乡情，不少远离故乡几十年的乡亲老泪纵横，激起对故土的无限思念。梅县县长、代表团副团长卢平珍登台与台湾省世界客属总会理事长林保仁对唱，卢唱道："梅江水，长又长，一直流到太平洋，山歌当作梅江水，献给亲人尝一尝"；"千年榕树共条根，世界客人一家亲，今日美国来相会，隔山隔水心连心。"演唱把整个晚会推上高潮。同年12月，应泰国客属总会邀请，梅州市侨办参与组织"梅州市山歌庆贺团"赴泰国进行贺庆演出活动。1992年，应马来西亚华人文化协会和文化艺术旅游部邀请，梅州市组成中国客家文化艺术团赴马来西亚作为期一个月的访问，共演出32场，场场爆满，最多一场观众达5000多人。在吉隆坡的天后宫剧院，连演6晚仍不能满足要求。该团在马来西亚引起极大轰动，被当地媒体誉为"山歌旋风"。

潮剧海外献艺。1979年，广东潮剧团应泰中友好协会邀请，首次到泰国演出。至2000年，广东潮剧院各个团以及汕头各市、县潮剧团分别组团前往泰国、柬埔寨、越南、法国、美国、澳大利亚等国家和地区演出达80多场（次），传播乡音乡情，促进对外友好交流。1989年5月，汕头市侨办应邀组织"潮剧友好访问演出团"赴法国巴黎作14天的访问演出。为潮汕籍乡亲表演长剧《金花女》和折子戏《井边会》，还同法国潮州同乡会剧组联合演出《桃花过渡》等剧目。1996年7月，应美国南加州潮州会馆邀请，汕头市侨办组织由池春亮率领的广东潮剧团赴美国南加州演出，在洛杉矶、圣荷西共演出7场，在当地乡亲"戏迷"中掀起一股"潮剧旋风"。同年，汕头市侨办还组织广东潮剧团到越南访问演出。

民族歌舞慰侨演出。1991年，受国务院侨办委托，省侨办从南方歌舞团选调9名演员，以中国海外交流协会名义组成中国民族艺术团，于2月2日至3月12日到意大利、法国、比利时、卢森堡、荷兰、德国、苏联等国的17个城市，对海外侨胞和留学生进行春节慰问演出，共演27场，观众达3万人次。1994年，为庆祝中华人民共和国成立45周年，应法国侨领邀请，省侨办选派广州歌舞团李素华等到巴黎进行慰问演出。1995年8月，应马来西亚古晋狮子会邀请，省侨办以广东省海外交流协会名义，组织广州市海珠区少年宫小海燕艺术团赴马来西亚参加古晋节活动，并进行"希望慈善之夜"义演，先后在沙巴 、美里、古晋、西连、斯里阿曼等城市演出9场，观众达1万多人次。1999年，为庆祝中华人民共和国成立50周年，省侨办受国务院侨办的委托，选派广东歌舞团、广州杂技团演员组成中国艺术团赴加拿大进行慰问演出。省侨办还多次与省体委、广州军区政治部及战士杂技团、广州体育学院、广州歌舞剧院等单位合作，先后组成中国武术、杂技、歌舞等文艺团队前往日本、澳大利亚、法国、加拿大等国参加当地侨团的庆典活动和慰问演出，与海外同行进行技艺切磋交流，广泛联谊。

向海外侨胞传授中华传统文化。1985年，佛山市侨办应邀派出2名武术教练，到澳大利亚澳华公会和毛里求斯南顺会馆向华裔青少年教授中国武术，被当地媒体誉为“传播祖国文化遗产的友好使者”。1994年，应马来西亚槟城中华大会堂请求，省侨办派3名舞蹈教师赴马来西亚参加第四届马来西亚华人舞蹈节担任舞蹈比赛评判，其后在槟城、怡保、吉隆坡为当地华人舞蹈爱好者和学校、幼儿园教师教授中国民族舞蹈和儿童舞蹈。1995年，省侨办委托佛山市侨办组织4名民间艺人，前往马来西亚槟城举办制作灯笼讲座和表演，传授民间工艺技术。1998年，应马来西亚沙巴州客家公会邀请，省侨办组织客家文化宣讲团，赴沙巴州的亚庇、山打根、斗湖、古达、拉瑙、根地咬等地巡回宣讲客家文化。

（三）文化学术交流

改革开放以后，省侨办与省文化厅、省体委、中国国际文化交流中心理事会广东分会、中国美术家协会广东分会等部门合作，邀请、接待海外华侨华人社团的文化艺术、体育等团队与华裔艺术家学术界人士来粤演（展）出，进行交流和学术研讨。

文艺交流。1988年7月，加拿大温哥华士达孔拿舞蹈团应省侨办邀请，派出13人到广东访问，与同行进行艺术交流、学习中国民族舞蹈。1990年12月，广州举办“羊城国际粤剧节”，邀请海内外36个社团2700多人来参加，美国旧金山南中国乐社组织140多位艺人和粤剧爱好者来穗参加交流活动，美国、新加坡、马来西亚、泰国和中国香港等5个“八和会馆”也派剧团参加演出交流。1992年11月2日，马来西亚粤剧团一行60多人对广东进行为期10天的访问，在广州平安戏院作两场演出，这是中马两国建交后首个马来西亚大型艺术团访粤，省、市政府有关负责人和省剧协主席红线女为首演开幕式剪彩并观看演出。南方日报、羊城晚报、广州日报对此作了详细报道。1993年，泰国山歌社组织近百人来到梅州市欢度中秋，以山歌会友、以山歌传情。1995年8月，深圳市侨办与中国华侨国际文化交流促进会、中央电视台文艺部在深圳举办具有鲜明“侨”字特色的艺术节，召开中华文化学术研讨会，有20多个国家和地区的侨界社团应邀派员出席。1999年11月22日晚，国际潮剧节首演式在汕头市拉开帷幕，来自新加坡、美国、澳大利亚、泰国、马来西亚等国家和地区以及汕头、揭阳等地的潮剧团、曲艺团，分别在汕头市区和达濠、澄海、潮阳等地同台演出丰富多彩的潮剧节目。

举办画展。1987年4月，省侨办与省文化厅、省美协联合邀请菲律宾马普大学教授、华人业余画家、“菲律宾骰首美术社”负责人郑绍隆等一行访问肇庆、佛山、恩平、开平、台山、新会、中山、珠海、韶关（丹霞山）等地进行写生，在广州市举办画展。同年9月，省侨办与省美协在广州市联合举办美籍华人林榗光个人画展。祖籍梅县的马来西亚艺术学院院长、华人书画家钟正山应中国画研究院邀请，参加“'88北京国际水墨画大展”后抵穗，省侨办接待并应其请求，在广州文化公园举办画展，并安排与著名岭南派画家关山月会见切磋。1989年夏，著名美籍华人画家周千秋、梁粲缨伉俪（祖籍广州）应邀来粤访问，在广州、深圳、佛山等7个城市举办画展，并到关山月家中作画。1990年，巴西圣保罗法籍华人艺术家邝宇芳应省侨办邀请访粤，与广东美术界同行进行广泛交流，并将近年创作命名为《中国》的铸铜雕塑艺术品赠送给省美协，长久陈列于广东美术馆。1999年，省侨办为美籍华人画家潘天涛在广东画院举办个人画展。

体育联谊。1987年11月，全国第六届体育运动大会在广州市举行。省侨办邀请美国、加拿大、巴拿马、印尼等国家侨团中的体育界人士组团，作为第六届全运会的特邀嘉宾来粤参加全运会观摩活动，了解广东开展体育运动情况。1988年7月，省侨办与省体委联合接待中华全国体育总会和国务院侨办首次邀请的由旅荷华侨总会副会长廖承忠任领队、全荷华人体育运动总会主席林清海任顾问的“荷兰华人足球队”一行20人，省侨办领导会见并与全体客人座谈。2000年8月，美国南加州潮州会馆篮球队一行26人应邀到汕头市参观访问，与汕头市海外交流协会、广东发展银行汕头分行、汕头民航站等篮球队进行比赛。

学术交流。1987年9月，广州华侨研究会与暨南大学东南亚研究所联合召开“海内外华人问题研究交流会”，新加坡南洋学会副会长林义蕺教授、澳大利亚阿德雷得华大学历史系颜清湟博士等海内外专家学者120多人应邀出席，会后出版论文集《对华侨华人研究》。1990年1月5日，广东归侨作家联谊会和广东侨报联合举办 “华侨题材小说征文”活动揭晓并举行颁奖典礼，白令海（泰国）的《望梨山》、陈大哲（美国）的《就只有这个中秋》、何健烈的《怒海晨奔》等6篇作品获奖。1993年7月，广东华侨华人研究会邀请美国旧金山州立大学族裔研究学院亚裔学系谭雅伦教授、三联书店（香港）有限公司策划编辑郑德华博士一行到粤讲学交流。1994年10月，省侨办邀请加拿大税务专家朱小燕到粤讲学，与省税务局、省国际经济技术研究所和深圳市政府的同行就减少跨国公司的偷、漏、避税等问题进行讲学交流。同年11月28日，全国归国华侨联合会（简称全国侨联）、中国华侨历史学会在汕头大学举办世界华侨华人经济国际学术研讨会，来自美国、加拿大、南非、西欧、东南亚及中国香港和中国台湾的50多名学者出席研讨会。1997年9月29日，省侨办系统在广州华侨酒店举行庆祝国庆暨《广东省志·华侨志》首发式酒会，向出席酒会的10多个国家和地区的200多位海外嘉宾赠送《广东省志·华侨志》。此外，省侨办及各市侨办还不时邀请如沈已尧、麦礼谦、王赓武、杨松年、黄学海、黄光寰等一批海外文化、历史、艺术、学术界知名学者来粤出席学术研讨会或讲学，与相关部门进行交流。

第二节　对台与港澳联谊

一、侨务对台

侨务对台工作主要是做政治上倾向台湾的侨团和人士的联谊和团结争取工作，并通过海外侨胞做台湾同胞的工作。由于历史的原因，一些国家广东籍传统侨团和侨领中“亲台”的较多，广东省开展侨务对台工作任务繁重。

1979年8月，省侨办成立对台工作小组，办公室设在省侨办接待处，负责日常工作。在省侨办的指导下，各级侨务部门积极开展团结和争取海外与台湾密切关系的社团、人士及台湾岛内广东乡亲的工作，从岛外影响岛内。80年代中期，广东一些主要侨乡如江门、台山、开平、新会等市县在处理历史遗留问题过程中，主动为这类华侨华人尤其是重点人物及其在国内的亲属落实侨务政策，平反冤假错案，发还被没收、征收的房产。这些做法在国内外产生很大影响，解开了海外一批华侨华人的心结，逐步改变了他们对内地的态度和看法。

（一）做北美地区社团和人士的工作

80年代，各级侨务部门开始开展侨务对台工作。1984年5月，省侨办邀请由移居美国的印支华人组成的华人社团美国南加州广东同乡会一行16人来粤访问。1987年年初，汕头市政府邀请美国旧金山潮州同乡会、圣地亚哥华人联谊会、北加州印支华裔互助会、罗省潮州同乡会联合组团参加汕头市首届迎春交流节，观光团一行18人在汕头市进行了近半个月的参观访问、联谊交流。广州市侨办陆续与美国、加拿大的洪门致公堂、协胜堂、安良堂等侨团建立了联系。

90年代，侨务对台工作形势有所变化，工作力度加大。各地侨办进一步“请进来，走出去”，多渠道、多形式地与海外有关社团及人士发展交往，沟通合作。省和有关地方侨办重点加强与美国的旧金山中华总会馆、宁阳会馆、李氏宗亲会、黄氏宗亲会及越棉寮华人团体联合会等社团的联络，逐步加强对这些社团和人士的工作力度。1991年9月，省侨办邀请加拿大安省越棉寮华人协会一行10人到深圳、广州、杭州、北京等地旅游观光。同年11月，应国务院侨办和省侨办联合邀请，以美籍华人、旧金山阳和总会馆主席刘应同为领队的旧金山总会馆主席访华团一行8人（其中还有合和、人和、三邑总会馆主席）先后访问北京、南京、苏州、杭州、西安、广州、中山等地。这是美国旧金山中华总会馆下属组织有史以来第一次组团访华。

1995年，省侨办邀请美国洛杉矶宁阳会馆组团来粤观光，会馆领导人在访粤返美后，公开表示要用实际行动反对“台独”，在美国各地华侨华人中引起了很大反响。90年代后期，省侨办和江门、台山等市侨办，通过多种方式与美国旧金山中华总会馆属下各主要会馆联系接触，双方来往增多，各会馆负责人纷纷回乡寻根祭祖、探亲访友，亲身体验故乡巨变和改革开放的成就，表示坚决反对“台独”，支持和平统一。

90年代中后期，一些与台湾地区关系密切的华侨华人社团回广东祖籍地举行恳亲联谊活动，进一步密切了与国内和家乡的联系。1999年年底，总部设在美国旧金山的海外李氏宗亲总会第七届恳亲大会在台山市隆重举行，这是和台湾有密切联系的侨团第一次在中国大陆召开大型恳亲会，参会人数达3000多人，台湾李氏代表团也前来参加。该会的成功召开，对海外传统侨团起到很好的带动作用。2000年11月7—9日，美国台山宁阳会馆年会在台山举行，39位商董和100多名家眷回来参会，省侨办及江门、台山市侨办和有关部门全力协助做好接待工作，台山市各级领导热情款待到会嘉宾，省政府领导接见与会侨领，肯定该会长期为维护侨胞利益做出的积极贡献。家乡政府和乡亲的热情接待，进一步密切该会馆与家乡的联系，明确支持“反独促统”。

（二）做其他国家和地区社团和人士的工作

80年代开始，除美加地区外，广东各级侨办采用“请进来”的方式，多次邀请世界各地与台湾关系较密切的华侨华人社团到中国内地观光访问，其中邀请较多的是东南亚地区的社团。1981年，省侨办邀请泰国丘细见、斐济余汉宏等14名辛亥革命参加者的亲属或主要亲台社团的侨领到广东参加辛亥革命70周年纪念活动。1986年，省侨办邀请泰国客属总会和泰国海南会馆、法国潮州同乡会来粤访问。1987年8月邀请泰国潮州会馆，1989年9月邀请法国华裔互助会，1991年邀请马来西亚客属总会来粤访问。这些社团来访期间，受到省侨办的热情接待。泰国客属总会副会长、访问团团长丘平远返泰后，在华文报纸连续发表文章，介绍中国改革开放取得的成就。

1992年，省侨办组团访问菲律宾，拜访广东侨团总会，并邀请其访粤。1994年11月，菲律宾广东侨团总会理事长陈锦韶率团回粤访问；1999年，该会又组团来华参加国庆50周年庆祝活动，陈锦韶理事长受聘为广东省海外交流协会顾问，属下的50个社团也先后与广东一些地方侨务部门联系和来往。

90年代后期，茂名市侨办以市政府名义多次邀请前国民党元老陈济棠（其夫人莫秀英是高州籍人士）之子、旅美华人陈树恒、陈树柏、陈树杰回茂名、高州探亲和观光，市侨办的热情接待，使陈氏一家非常感动。

省侨办和一些地方市侨办还主动接触与台湾当局有“邦交”关系国家的华侨华人社团及有影响的人物。江门市所属的恩平、鹤山、开平等地侨办开展旅居哥斯达黎加、巴拿马、危地马拉等国的乡亲工作，省侨办邀请这些国家华侨华人社团中有影响的人物来华访问。省侨办和顺德市侨办开展南非中华商会工作，收到明显效果。

（三）做台湾同胞的工作

80年代初，台湾同胞回大陆探亲、定居或旅游观光的人数开始增多。据统计，1980年经广东省中旅社接待的台胞273人，其中回大陆定居的20人。1981—1987年，省中旅社接待台胞1万多人。1987年年底，台湾当局开放民众赴大陆探亲后，经广东各口岸入境的台胞剧增，仅省中旅社1988年就接待13.5万人。1987年9月，省政府发出《关于认真做好台湾同胞回内地探亲旅游接待工作的通知》，省中旅社设立台胞接待科，专职接待台胞事务。不少台胞多次往返于大陆与台湾之间，逐步增进对祖国大陆的了解，并对大陆的态度逐步产生变化。

一些市县侨办邀请在台乡亲回来参加当地举办的经贸和庆典活动。1989年12月，梅州市举办世界客属联谊大会，来自世界各地11个国家和地区的27个侨团、700多名代表参加。其中台湾有11个团、280人参加，占代表团人数的40%。1987—1993年，汕头市每年都举办迎春联欢会，邀请海外和港澳台乡亲回家乡同庆民间传统节日。7年间共有1.5万多人回汕头参加活动，其中有数百名汕头籍台湾同胞。这些活动增进了与台胞和亲台人士的感情和了解。

1997年6月，省侨办以广东华侨华人研究会名义邀请台湾侨界元老、台湾华侨协会总会理事长张希哲来粤进行学术交流。这是广东华侨华人研究会与台湾侨界社团的首次接触，自此打开了双方交往联系的渠道。广东华侨华人研究会主办的会刊《华侨与华人》和台湾华侨协会的会刊《侨协杂志》成为粤台侨界沟通交流的媒介。1999年8月，广东华侨华人研究会再次邀请张氏一行13位学者到省侨办座谈交流，双方就加强华侨研究、海外侨团的团结问题等交换意见和看法。张氏返台后，在报刊上发表推动两岸侨界交流合作的建设性意见，在台湾侨界引起震动，在海外侨社中也产生积极影响。

二、港澳联谊

（一）为港澳同胞服务

1979年以后，国家确定除国籍问题外，各项侨务政策、法规均适用于港澳同胞及其内地眷属。侨务部门在落实侨务政策的同时，依法维护港澳同胞及其眷属在内地的合法权益，实事求是地为他们解决各种遗留问题，为港澳同胞在粤投资办实业和捐资兴办公益事业，提供咨询服务，为他们排忧解难。据统计，1979—2000年，广东省接受华侨华人、港澳同胞捐赠兴办公益事业款物310亿元，其中大部分来自港澳同胞。全省8万多家“三资企业”，实际利用外资总额1100多亿美元，70%来自港澳地区。广东各级侨办利用港澳地区对外宣传阵地，有计划有步骤地邀请港澳地区报刊记者到内地侨乡采访参观，向港澳同胞和全球华侨华人宣传报道广东。1989年春夏之交政治风波后，省侨办邀请香港一些社团的负责人和一批华文报刊记者共几十人到粤参加中华人民共和国成立40周年庆祝活动，并组织他们到各地参观考察，向他们介绍内地情况，同时向他们澄清这次政治风波的真相。

（二）联络港澳人士和社团

改革开放后，由于各项侨务政策适用于港澳同胞，广东各地侨务部门通过落实相关政策，与港澳同胞逐步恢复了联络。番禺县侨办为港澳知名人士何贤修好其在故乡岳溪被拆毁的房屋，恢复他的一些亲属的名誉和工作，通过何贤联络香港知名人士霍英东先生。以后，通过他们两人的关系，联络了一批又一批旅居港澳及海外的乡亲。东莞、中山市侨办充分利用本地邻近港澳、交通便利的条件，以亲情、乡情作纽带，热情邀请港澳同胞回乡观光，参加经贸和庆典活动，推动港澳乡亲成立同乡会。经过多年的努力，东莞市地区和港澳50多个社团保持密切的联系，中山市也与港澳地区35个社团建立了良好的关系。深圳、佛山、茂名、阳江等市侨办主动派人和港澳乡亲联系，甚至出资派人协助和推动他们在港澳地区成立同乡会。

1987年10月，海外李氏宗亲总会第三届恳亲大会在香港举行。省侨办首次组织观礼团前往参加，成员以五邑的李姓侨务干部为主。李氏宗亲总会是最大的全球性华人姓氏组织之一，在美国、加拿大有130多个团体会员。通过这次大会，观礼团成员接触了大批社团代表性人士，为后来有针对性地开展团结、争取工作打下了基础。1991年后，省侨办与香港崇正总会逐步建立了友好关系，1999年，该总会3位会长先后到广州，受到省侨办的热情接待。省侨办在香港崇正总会的引介下，和世界各地的崇正总会建立了联系。1993年，惠州市侨办通过参加香港惠州社团联合总会在港召开的活动，接触和联系了港澳地区和英、法、美等国的崇正总会，扩大与海外社团和人士接触的范围。1998年10月，第三届世界惠州社团恳亲大会在香港召开，惠州市侨办充分利用这一机会，主动与参会的台北惠州同乡会负责人交流交往，建立了联系。

90年代中后期，省侨办进一步加强与港澳地区社团的联络，尤其是与香港广东社团总会的联系和合作。香港广东社团总会有团体会员200多个，包括商贸团体、同乡会、宗亲会以及文化、宗教、体育团体；个人会员包括广府、潮汕、客家三大方言区乡亲。该会由霍英东任总监，李嘉诚任首席荣誉会长，是香港一个具有广泛代表性和较大社会影响力的组织。自该会1996年成立后，广东省侨办与其保持密切的联系，双方常有往来，并互相支持，共同参与2000年在新加坡举办的世界广东同乡联谊大会（简称“世粤联会”）。

茂名市侨办在和港澳同乡会经常来往中，结识了倾向中国台湾的侨港信宜同乡会和美国高雷同乡会负责人，相机开展工作；并通过香港高雷同乡会的帮助，邀请台北高雷同乡会负责人江汉君回茂名观光，浓郁的乡情激发了江汉君的爱国爱乡热情，不仅在家乡兴办果园、捐资办学，还发动在台湾的茂名籍人士为家乡的教育事业出钱出力。台山市侨办通过香港余氏宗亲会的协助，接触美国余丰采总堂的负责人，经过多次做工作，该社团逐步改变立场，主要人物不仅回台山探亲观光，还组织社团捐款5万美元给台山市武溪中学建教学楼和奖教奖学。2000年11月，世界余氏宗亲在香港举行恳亲大会，台山市侨办专门组织参加大会的400多名余氏宗亲到韶关、台山、开平市访问恳亲。

（三）迎接香港、澳门回归

香港、澳门先后于1997年7月和1999年12月回归祖国，广东各级侨务部门抓住这一机遇，充分利用宣传媒介，开展多种形式的宣传活动。省侨办在《广东侨报》组织宣传香港、澳门回归专版，内容包括邓小平关于香港问题的谈话、中英两国政府声明、《中华人民共和国香港特别行政区基本法》与《中华人民共和国澳门特别行政区基本法》等。各地侨办也充分配合港澳回归这一大主题扩大宣传，《广州华声》《客家人》等杂志及侨刊乡讯专门开辟了港澳回归专栏，大篇幅、大容量向港澳地区的读者介绍香港、澳门的历史，宣传“一国两制”的伟大意义和香港、澳门的美好前景。一些市、县侨办还制作影视宣传品，将广东侨乡的形象介绍出去。省侨办和广州、珠海、江门、佛山、梅州、惠东、连平等市县侨办分别协助制作的《侨乡新貌》《功炳南国》《情归》等多部电视片在电视台播出后，深受港澳同胞的欢迎和称赞。广州市侨办与广东卫视《华人世界》栏目合作，拍摄以介绍广州市荣誉市民为主要内容的电视系列片。港澳回归前夕采访霍英东、马万祺、何鸿燊、曾宪梓等近30位荣誉市民，请他们畅谈港澳回归的意义，展望港澳回归的前景，该系列电视片在港澳回归前后陆续播出，介绍他们的事迹。梅州市侨办在刚建成的华侨博物馆举办“迎澳门回归影展”。

在加强对香港、澳门地区宣传工作的同时，广东各级侨办还加强与港澳地区社团的联谊工作。1997年，省侨办邀请23个国家和港澳地区的华侨华人、港澳乡亲539人来粤参加活动和考察观光。10月，台山市邀请26个国家和港澳地区的华侨华人、港澳乡亲2000多人到台山参加首届台山乡亲恳亲大会。11月，汕头市邀请来自世界各地23个国家和港澳地区的3000多名海外乡亲、港澳同胞回来参加第9届国际潮团联谊年会。广州、深圳、珠海、佛山、江门、中山、东莞、阳江、茂名、肇庆等市侨办积极协助当地政府与港澳社团举办回归庆典、恳亲会、联欢会、“授荣”大会、春茗会、友谊赛、夏令营、荔枝节联谊恳谈会等多种形式的活动，其中广州市侨办继续和澳门新闻集团及澳门日报合作，延续自80年代以来每年组织的澳门优异生代表团访穗活动。1998年7月，广州市侨办还组织“穗港青少年夏令营”和香港荃湾警区“少年警讯”交流营到广州活动。珠海市侨办在’96珠海航空航天博览会期间，邀请港澳地区多个乡亲社团300多人回乡参加活动。1999年10月，江门市邀请数百名港澳乡亲回江门参加江门五邑乡亲恳亲大会。

港澳回归前夕，各地侨办都分别组织侨务干部职工和归侨侨眷学习《中华人民共和国香港特别行政区基本法》《中华人民共和国澳门特别行政区基本法》，认真领会“一国两制”构想的重要意义和基本法的要点。1997年4月，广东省侨办以广东华侨华人研究会的名义与江门市华侨历史学会、五邑大学联合主办“香港回归与广东侨务工作研讨会”，总结改革开放以来广东通过香港地区开展侨务工作的经验，研究香港回归后给侨务工作带来的新情况，研讨新的历史条件下如何更好发挥香港的桥梁与纽带作用。6月，省侨办先后组织召开直属企业负责人迎香港回归座谈会；组织7场《中华人民共和国香港特别行政区基本法》报告会，省侨办机关及属下企事业单位干部职工约1500人听辅导报告；在广州举行全省侨办系统迎香港回归乒乓球锦标赛，广州、珠海、汕头等26个参赛单位170多人参加了比赛。1999年7月，为了迎接澳门回归，省侨办在侨务系统内组织文体活动，分别举行文艺演出和乒乓球、桌球、象棋、拔河友谊赛。

第三节　宣传

为做好侨务对外宣传工作，省、市侨办和部分重点侨乡县侨办设置宣传教育（文化）处（科），负责侨务对外宣传工作，其主要职责：一是负责宣传中央、省制定的侨务工作方针政策、法律法规；二是做好归侨、华侨子女、归侨子女升学及自费出国留学的身份审核工作；三是做好海外华文教育工作；四是负责侨务新闻报道工作和与港澳地区及国外媒体进行交流与合作；五是管理指导各侨刊（乡讯）社工作；六是负责印制、出版侨务宣传资料，拍摄、制作侨乡录影宣传片；七是组派文艺、体育团体赴海外与海外侨胞进行交流或慰问演出；八是负责处理属下有关宣传、文化机构等的日常事务。

改革开放22年，各级侨办充分利用侨乡的优势，充分利用侨报、侨刊乡讯、录像影视、歌舞团、侨校等载体和阵地，积极做好侨务对外宣传工作，让国内各界人士、归侨侨眷、海外华侨华人及港澳同胞了解党的侨务工作方针政策与法律法规，认识中国与广东的发展变化。

一、扶助海外华文教育

改革开放后，广东省侨务、教育部门和涉侨教育单位开展扶助海外华文教育工作。90年代后期，随着中国对外关系的发展和国际地位的提高，世界上许多国家出现“汉语热”，海外华人学习汉语的热情也不断升温，但是师资不足、教学水平不高等因素制约了华文教育的发展，海外华侨华人社团希望中国政府帮助培训师资、提供教材。为适应海外华侨华人的需要，省侨务、教育部门和涉侨教育单位采取多种形式扶助海外华文教育工作。

举办中国语言班和开展高学历汉语教学。广州华侨学生文化补习学校（简称广州华侨补校），原是国家专为华侨、归侨学生、港澳学生回国升学进行辅导的补习学校，创办于1954年，“文化大革命”期间停办，1978年复办，主要开办文史科和理工科大学预备班，招收华侨、华裔青年、港澳学生前来学习。为适应不懂汉语的海外华裔学生来华学习的需要，广州华侨补校为他们开设汉语班教授汉语，此后学校设置中国语言班。1982年，国务院侨办决定在华侨补校内增办广州中国语言文化学校，专司对外汉语教学，开设汉语基础班（学制一年）、汉语专修班（学制二年）、汉语专业班（学制三年），以及各种短期专业培训班（包括华文师资、粤语和中国书画专业培训）。1978—1993年，广州华侨补校和广州中国语言文化学校为来自五大洲43个国家和地区培养1258名华裔学生。1980—1993年，举办154期海外华裔青少年夏令营，参加人数合计3309人。1993年6月，国务院侨办为提高华文教育质量并向更高层次发展，报国家教委批准，成立暨南大学华文学院，由原广州华侨补校与暨南大学原对外汉语教育系和预科部合并组建而成。华文学院刚成立时，仅开办各类进修班（包括汉语初级班、中级班、高级班、汉语速成班、粤语班、短期汉语班）以及夏令营班。1995年4月，对外汉语本科专业正式成立并开始招生，1996年设立留学生汉语专业本科班，1997年设现代汉语专业对外汉语教学与研究方向的硕士研究生班，1998年设立专门培养对外汉语教学师资的对外汉语专业本科班。 2000年，语言学及应用语言学硕士授权点成立，还开设预科班，招收港澳台侨学生。至此，华文学院对外汉语教学从非学历的短期培训向高学历发展，为海外学子提供多层次、多形式的文化学习和教育途径。1993—2000年，华文学院共培养来自美国、加拿大、日本、韩国、俄罗斯、法国、英国、澳大利亚、印尼、泰国、柬埔寨等60多个国家以及中国香港、澳门、台湾地区约1.69万多名学生。除广州华侨补校、暨南大学华文学院开展华文教育工作外，汕头市侨办对华文教育也很重视，委托汕头市华侨中学开办“侨生班”，1983—2000年共招收600多名学生，学生多为该市旅居泰国华侨华人子女，他们主要学习汉语。1998年5月，印尼发生以袭击华人为主要目标的暴乱，部分印尼华裔学生到梅州暂避，梅州市侨办将90多名滞留在梅州市的印尼华裔学生送到东山中学就读。

出国教学和编写教材。1987—1993年，广州中国语言文化学校共派出10多名教师赴马达加斯加、苏里南、泰国、加拿大等国从事汉语教学。根据教学需要，该校自编多套华文教材，其中《中国话》（黄皇宗、翁建华主编）一书，被国家汉语办列为1987—1990年全国对外汉语规划教材出版。该校主编或与人合编发行的教材主要有：《世界华人初级汉语教程》（主编郑定欧、黄皇宗），用广州话音标注音，英语翻译，专供海外操广州话的华侨华人使用。《广州话教程》，1989年出版，10年间5次印刷，被列为广州市畅销书。1993—2000年，暨南大学华文学院受国家汉办、国务院侨办、广东省侨办、省海外交流协会等单位或机构委托，先后派遣30多名教师赴美国、泰国、柬埔寨、加拿大、英国、印尼、新加坡等10多个国家从事对外汉语教学、华文教育和汉语师资培训工作，并把编写适合海外不同国家需要的华文教材作为学院长期努力的方向。该院成立后为适应教学需要编写多种华文教材，其中较有影响的是1994年由贾益民主编的《华文》教材（柬埔寨版1册～12册），经中国海外交流协会、柬埔寨柬华理事会总会、柬埔寨王国教育部鉴定，由柬华理事会总会出版，印数30万册，被柬埔寨50多所华文学校6万多名学生使用，填补了柬埔寨华文教材的空白。1997年8月，《中文》（1册～12册）北美版经国务院侨办、国家汉语办审定出版，印刷400多万册，被欧美及亚洲地区多国中文学校采用。地方侨务部门及归侨社团对派遣教师到国外华文学校任教也给予关心与支持，1994年，肇庆市、云浮市侨办受国务院侨办委托，挑选了9名教师到马来西亚侨校任教；1997—2000年，广东省越柬老归侨联谊会应柬埔寨金边端华学校的要求，先后举荐13名资深教师赴该校担任校长、教导主任和任教，并发动会员捐赠一批中文图书给端华学校图书馆。

培训华文师资。据统计，1991—1993年，广州中国语言文化学校受省侨办委托，举办华文教师培训班10期，共有300名海外华文教师来校接受培训。1993—2003年，暨南大学华文学院受国家汉语办、国务院侨办、广东省侨办、广州市侨办的委托，先后举办30期华文教师培训班，为来自美国、泰国、澳大利亚、菲律宾、马来西亚、印尼、老挝等多个国家，共352名海外华文教师进行培训。1991—1995年，汕头市侨办举办华文教师培训班6期，参加培训的华文教师156人。1999—2000年，省华侨中专受省侨办委托，举办2期华文教师培训班，共培训39名印尼、马来西亚华文教师。

加强与外国教育机构、华人文教团体的交流。1988—2000年，省侨办共邀请外国教育代表团、华人文教团体10批，91人次来广东考察。其中主要有：1991年8月，泰国上议院议员素·颂讪夫人率领泰国教育部友好考察团抵穗访问，考察广东教育情况，并与省侨办商讨培训华文师资事宜；同年11月，泰国教育部学术厅厅长郑针能率团访穗，考察广州中国语言文化学校，并出席泰国华文师资培训班开学典礼。1993年4月，胡万铎、沈慕羽率领马来西亚华文学校董事联合会和马来西亚教师联合会总会组成的代表团抵穗考察，就邀请省内学者短期赴马来西亚讲学，为当地独立中学培训华文师资、编写华文教材等事宜，与省高等教育局、中山大学和华南师范大学达成合作意向。2000年9月，省侨办邀请国外华文教育界人士来穗参加广东海外华文教育座谈会。2000年11月，印尼智星大学校长应耐久来穗，受到省侨办的热情接待，双方就印尼华文教育问题进行交流。此外，省侨办多次组团出访考察交流华文教育。1991年12月，省侨办与省教育厅、广州中国语言文化学校联合组成广东教育代表团出访泰国，省教育厅副厅长林受光与泰国教育部学术厅厅长郑针能就联合编写汉语基础教材问题取得共识，并签署关于合作编写汉语教材的协议书。1998年年初，省侨办副主任王荣宝率领广东省海外交流协会华文教育考察团到澳大利亚、新西兰、斐济三国考察华文教育情况，并与华文教育界交流。2000年8月，省侨办主任吕伟雄率团出访越南，考察侨情和华文教育情况。2000年9月，省侨办、省教育厅两次组团赴印尼考察华文教育，访问雅加达、万隆等6个城市，参观开设有华文教育的幼儿园、大中小学和各种形式的补习班、补习学校，与各类学校、华人社团相关人士和家庭教师进行座谈。通过双向交流，推动了广东与这些国家在华文教育方面的交流与合作。

二、与海外及港澳华文媒体交流与合作

广州是邀请海外及港澳华文媒体来访较早的城市。1987年7月，广州市侨办会同广州对外文化交流协会联合邀请香港《东方日报》《成报》《晚报》《华侨日报》《南华早报》《晶报》6家报社记者来穗参观，并到花县、番禺采访。1987—1999年，广州市侨办共邀请海外和港澳地区华文媒体来访11批、45人，参观项目36个。省政府新闻办、省侨办邀请海外和港澳地区华文媒体前来交流和采访始于1992年，至1999年共邀请国外和港澳地区华文媒体13批、157人，采访47个市县，参观45个项目，其中8批访问后发表稿件178篇、图片191幅。1994年邀请15家海外华文媒体赴侨乡采访，为规模最大的一次。

除公费邀请来访的华文记者外，一些市县的侨务部门也接待自费来访华文记者。据统计，1988—1995年，省侨办共接待来自美国、澳大利亚、法国、毛里求斯、泰国自费来访华文记者20人。1990年11—12月，美国华文《金山时报》摄影记者马哥顿到广州、南海、顺德等地采访，回美后将拍摄的342帧侨乡风貌照片在旧金山举办摄影展。美国独立影片制作人、加州大学柏克莱分校亚裔研究系讲师丁碧兰在省侨办协助下，于1992—1993年到本省一些市县拍摄《早期移民在美创业史》纪录片。该片于1994年在旧金山第14届国际美国亚裔电影节上放映，既反映早期美国华侨艰苦创业情况，又展现90年代后华人祖籍地发生的巨大变化。

1992—1999年省侨办邀请海外及港澳华文媒体来访情况一览表

表6-3-1

时间	媒体	参观项目	媒体报道
1992.5.28—29	美国纽约电台； 美国《侨报》等华文媒体记者一行7人	参观北京、黄山、海口、广州、深圳、珠海等地。在广州期间，与广州市新闻界人士进行交流	—
1992.12.8—14	美国《侨报》以及香港《星岛日报》《商报》《文汇报》《经济导报》记者7人	参观茂名市茂曲腈纶公司、棉纺厂等	撰写16篇文章刊登于《商报》《文汇报》
1994.7.18—22	港澳地区《成报》《星岛日报》《英文虎报》《华南经济新闻》《商报》《香港经济与法律杂志》《澳门日报》《大众报》《正报》《现代澳门日报》以及澳门电视台等15家新闻媒体一行23人	参观三水市健力宝集团公司、北江大堤河口三江汇合段；河源市的三资企业、广梅汕铁路工程、对外经济贸易委员会工业开发区等	发稿60篇，图片79幅。其中《成报》《澳门日报》《大众报》还辟出专版，详细报道两市经济发展情况
1995.5.29—6.2	港澳地区的《商报》《大众报》《澳门日报》一行10人	参观深圳光明畜牧场的饮料厂；潼湖华侨农场的电子厂；陆丰华侨农场的小果园	发稿11篇，图片19幅刊登于报刊，介绍华侨农场体制改革情况
1995.6.26—29	港澳地区的《快报》《成报》《大公报》《天天日报》《华南经济新闻》《星岛日报》《香港经济与法律》一行23人	赴特大洪水灾区——清远市采访	撰写文章36篇，图片30幅。报道清远灾区重建情况

续表6-3-1

时间	媒体	参观项目	媒体报道
1996.7.8—12	港澳地区的《文汇报》《星岛日报》《天天日报》《新晚报》《商报》《经济与法律》及《澳门日报》一行15人	参观韶关锻铸总厂、钢铁厂、南雄白果基地等	撰写文章48篇、图片63幅，刊登于报刊。详细报道韶关市经济改革情况
1996.8.4—13	马来西亚《南洋商报》《星洲日报》《光明日报》《光华日报》4位记者随吉打中华总商会访问团抵粤考察	到广州、河源、中山、珠海等地参观	4位记者回马来西亚后，在报刊发表文章，介绍广东省引进外资和投资环境等情况
1997.5.26—30	港澳地区的《天天日报》《星岛日报》《文汇报》《大公报》《商报》《经济导报》及《澳门日报》一行16人	参观湛江港、流河镇珍珠养殖基地、台商鲍鱼养殖基地、东海岛开发等	《星岛日报》《大公报》《澳门日报》分别辟出专版，对湛江、茂名两市的经济发展前景作了客观报道
1997.9.19—29	毛里求斯《镜报》、法国海外省留尼汪关帝文协以及法国记者协会组成非洲华文报社新闻采访团4人	到广州、佛山、珠海、中山、肇庆、云浮、番禺、顺德、南海、斗门、德庆、新兴等地参观采访	—
1998.7.27—8.1	香港地区的《星岛日报》《东方日报》《大众报》《南华早报》，澳门地区的《澳门日报》《大众报》《华侨报》《市民日报》11人	参观肇庆鼎湖山风景区、端砚工艺厂、星湖股份有限公司、风华高新科技有限公司、云浮永光兄弟石材有限公司（私营企业）等	—
1998.9.21—30	《澳洲新报》《星岛日报》《澳华时报》《东华时报》《自立快报》、ZAC澳洲华人电台、ZRC澳洲中文电台、《澳洲日报》组成澳大利亚华文媒体访粤团10人	到广州、东莞、中山、佛山、顺德、南海等市参观。与广东电视台、《南方日报》《羊城晚报》《广州日报》等新闻媒体进行交流	回澳后，《星岛日报》澳洲版总编汤云山在《星岛日报》发表7篇报道
1999.6.16—18	11家港澳驻穗新闻单位组成记者团22人抵梅州市、梅县、蕉岭县采访	参观梅江一河两岸市政建设，“三高”农业建设，还参观叶剑英故居、客家围屋、华侨博物馆	—
1999.9.23—10.2	菲律宾《商报》董事兼专栏作家柯芳楠，新加坡《联合早报》驻港特派员李慧玲、电视机构华文节目评述员詹玉珍一行5人组成东南亚华文媒体访粤团	参观广东电视台、羊城晚报、广州改革开放成就展及东莞、惠州、汕头等地	—

三、指导侨刊乡讯

（一）广东的侨刊乡讯

一直以来，众多植根于侨乡的侨刊，成为沟通侨乡与侨胞的“集体家书”。“文化大革命”期间，侨刊被停刊。

改革开放为侨刊乡讯注入生机。1978年8月，台山《新宁杂志》（1909年创办，是广东省最早创办的侨刊）率先复刊。1980年1月5日《广东侨报》复刊，以周报形式出版。其后，四邑、兴梅地区停办的侨刊乡讯陆续复刊。历史上没有办过侨刊乡讯的湛江、肇庆、汕头、惠阳等地区和珠海市于1984年也相继创办了侨刊乡讯。至1985年，全省侨刊乡讯共达90种，其中复办的44种，新创办的46种。侨刊乡讯分布地区广泛，除侨刊传统的创办地四邑地区外，全省各主要侨乡都办有侨刊乡讯。90年代后，广东侨刊乡讯进入一个新的发展阶段，至2000年，全省有侨刊乡讯约150种，主办者为各级侨办、侨联或镇、村、氏族的组织，形成省办、市办、县办、镇办、村办和氏族办6个层次的宣传网络，平均每年对外发行100多万册。1978—2000年，累计共发行2241万册。在这当中，以乡镇和氏族办的侨刊乡讯数量最多，占侨刊乡讯总数的60%，成为沟通海内外乡亲、宣传广东的民间力量。

侨刊乡讯始终保持乡土特色。既报道侨乡建设和变化、侨乡人民的生活，侨务政策的贯彻落实情况和侨务政策规定等，同时报道大报不刊登的家乡小新闻，报道旅外乡亲的讯息，如在事业和学术上的成就，对家乡的贡献及回乡观感等。各侨刊乡讯一般设有20多个栏目。有条件的侨刊刊有中英文对照的短文，如《广州华声》开设有《中文学步》栏目，采用中英文对照的形式教华裔学习汉语。广州、惠州、鹤山等地的侨刊乡讯都设有中英文对照的新闻栏目。为增强对外宣传效果，各侨刊乡讯都注意适当发表一些知识性、趣味性文章，以增强侨刊的可读性。此做法不仅受到老一代华侨欢迎，也吸引年青一代的华侨华人。海外不少有名望的侨领是侨刊的热心读者，不少有影响力的侨团成为侨刊的赞助者。侨刊乡讯在促进海内外乡亲的相互了解，缩短家乡与海外乡亲的心理距离方面发挥了独特的作用。

侨刊乡讯通过多种渠道筹集经费。筹款途径主要有：（1）海外乡亲捐款。据不完全统计，1978—1988年，全省103个侨刊社共得到海外乡亲资助人民币139万元，港币69万元，美金1.2万元，加币0.28万元。（2）以物业、实业养刊。如台山的《风采月刊》《胥山月刊》购置了楼业，除用作侨刊办公室外，还出租部分楼层，收租金作为办刊经费；《居正月刊》利用海外宗亲的捐款，兴办制衣厂，成立企业公司，以企养刊，解决办刊经费。（3）自筹解决。如《深圳侨报》，主要靠广告收入解决办刊费用。（4）地方财政补助。一些市县侨刊由于宣传工作做得好，在海内外具有一定影响，得到地方政府的重视与支持。如《广州华声》《潮人》《花县乡音》《穗郊侨讯》《珠海乡音》《中山侨刊》《新宁杂志》《江门画报》《新会侨刊》《东莞乡情》等都得到地方财政的资助。（5）建立基金会。如《花县乡音》1989年获得海外乡亲捐款13.9万元，同年台山《新宁杂志》获得海外乡亲捐款30万元，1993年《中山侨刊》获得海内外乡亲捐款人民币65.6万元和港币110万元。这些侨刊建立了基金会，将钱存入银行，利用保本取息办法，弥补出版经费不足。

侨刊乡讯的采编队伍和发行网络。据统计，1985年，全省侨刊乡讯有644名编辑人员和2174名通讯员。他们中有宣传、文化、侨务部门的干部、新闻工作者和教师，还有摄影记者、书画家和作家，以及离退休老干部，还有在校学生和外文翻译，他们多数是义务或兼职，具有一定的采编能力，有热情、有干劲、不计报酬、兢兢业业，有的人集采写、编辑、校对、发行以至对外联系于一身，体现一种奉献敬业的精神。不少侨刊乡讯在港澳和国外设立办事处和发行点。如《广州华声》在美国、加拿大、澳大利亚、菲律宾、新加坡、马达加斯加等国和中国香港地区物色代理发行人，并设立12个发行点；《新宁杂志》在美国、加拿大、英国、法国等国设有7个发行点；《斗门乡音》在美国旧金山设有“斗门乡音”通讯站，在加拿大、澳大利亚和香港也有代理和发行人；《穗郊侨讯》在加拿大、秘鲁、新西兰以及中国香港建立20个发行站。

（二）侨刊指导和管理

建立指导机构。1985年12月成立由省侨办有关干部、从事侨务新闻的老报人和侨务外宣工作者组成的广东侨刊乡讯研究会，协助开展对侨刊乡讯的指导工作。该会成立后，将全省103种侨刊乡讯分成江门、佛山、广州（包括海南行政区、惠阳地区、深圳市、湛江市、茂名市）、汕头（包括汕头地区、梅县地区、肇庆地区）4个片，由理事分片对侨刊乡讯现状进行调研。1987年、1993年，该会先后到台山县、中山市、梅县召开侨刊乡讯工作座谈会，对侨刊乡讯社编辑人员进行具体业务指导。办有《广东侨刊乡讯研究》《侨刊工作通讯》两份会刊。

建立管理制度。1988年6月，为加强对侨刊乡讯管理，省侨办与省新闻出版局共同制定《广东省侨刊乡讯管理办法》，对侨刊的性质、宗旨、申办、经费、领导关系、出版发行等事项均作出明确的规定，规范对侨刊乡讯管理工作。还建立侨刊乡讯三级审稿制度：县级侨办负责县级侨刊及所属乡讯、族刊稿件的审阅，市级侨办负责市级侨刊稿件的审阅，省侨办对省内的侨报、侨刊定期审查监管。

加强海内外联系，做好交流工作。1990年9月上旬，国家新闻出版总署在北京举办全国首届期刊展览，省侨办选送83种侨刊乡讯参展，占广东参展期刊的1/3，全国86种侨刊参展，广东占83种。广东侨刊乡讯充满乡土特色，起到官方媒体所不能替代的作用，获得与会参展单位的肯定。同时，省侨办邀请热心支持侨刊乡讯工作的8位海外乡亲组成侨刊乡讯学术交流团赴北京参观全国首届期刊展览，还组织23个侨刊社参加全国侨联在北京召开的全国侨刊工作经验交流会。1995年6月，全国侨联在西安召开全国侨刊工作研讨会，省侨办组织各刊社代表与会，介绍经验并进行交流。在这次会议上，广东共有148名侨刊乡讯工作者获得全国侨联颁发的“优秀侨刊工作者证书”，广东新闻出版局及广州市外宣办获 “侨刊工作支持奖”。

开展侨刊乡讯评比。为总结办刊经验和提高侨刊乡讯质量，1985年12月8日，省委宣传部、省新闻出版局、省委对外宣传办公室、省侨办在广州召开全省侨刊乡讯工作座谈会，由与会侨刊代表介绍办刊情况，并对全省90种侨刊进行第一次评比，其中《新宁杂志》等7种侨刊获一等奖；《斗门乡音》等8种侨刊获二等奖；《南海乡音》等11种侨刊获三等奖。1987年11月27日，在三水县召开全省第二次侨刊工作会议，对全省107种侨刊办刊情况进行总结，并进行第二次评比，其中《嘉应乡音》等6种侨刊获一等奖；《新会侨刊》等10种侨刊获二等奖；《潮州乡音》等21种侨刊获三等奖。1993年11月3日，在广州召开全省第三次侨刊工作座谈会，对全省140种侨刊办刊情况进行总结，并进行第三次评比，其中《广州华声》等22种侨刊获一等奖；《湛江乡情》等34种侨刊获二等奖；《深圳侨报》等46种侨刊获三等奖。通过评比，起到互相鼓励和促进作用，调动办刊人员的工作积极性。

组织培训，提高办刊人员的业务水平。鉴于侨刊乡讯编辑人员业务和政策水平参差不齐，1984年，省侨办在广州举办一期侨刊乡讯编辑人员培训班。1993年3月和5月，省侨办和广东侨刊乡讯研究会分别在台山、新会、开平、中山、佛山等侨刊乡讯较多的市县举办4期编辑人员培训班，对98个侨刊乡讯编辑人员及地方侨办主管宣传工作的干部共253人进行培训。1997年，省侨办和广东省侨刊乡讯研究会在广州举办2期编辑人员培训班，分别对全省侨报总编及地级市和部分县级市31个侨刊乡讯主编共33人进行培训。

2000年广东省侨刊乡讯情况一览表

表6-3-2

地区	侨刊名称	性质	创刊年月	50年代后第一次复刊年月	50年代后第二次复刊年月	开本	刊期
台山市	新宁杂志	县刊	1909.3	1957.3	1978.8	16	季刊
	岭风族刊	族刊	1945.3	1955.12	1981.2	32	半年
	广海通讯	乡刊	1957.6	1981.1	—	32	四月刊
	汝南之花	乡刊	1931.6	1957.4	1980.11	32	半年
	白沙侨刊	乡刊	1924.5	1957	1981.7	16	半年
	冲蒌侨刊	乡刊	1948.9	1957	1981.9	16	半年
	风采月刊	族刊	1925.3	1981.10	—	32	季刊
	居正月报	族刊	1926	1983.6	—	16	不定期
	光裕月刊	族刊	1922.3	1956.7	1982.8	32	半年
	溯源月刊	族刊	1925.9	1984.7	—	16	不定
	紫阳月刊	族刊	1926.3	1985.12	—	32	季刊
	胥山月刊	族刊	1922.3	1986.3	—	16	半年
	敬修月刊	族刊	1928.3	1987.3	—	16	半年
	水南侨刊	族刊	1935	1985.6	—	32	四月刊
	光大季刊	族刊	1923.9	1957.11	1981.5	32	季刊
	田头侨刊	—	—	—	—	—	—
	侨刊文摘	县刊	1988.11	—	—	32	双月刊
	莘村族刊	族刊	1922.9	1956.1	1983.6	32	不定
	大江侨刊	乡刊	1926	1956.12	1982.6	16	半年
	密冲通讯	族刊	1938.7	1956.10	1981.11	32	半年
	玉环双月报	族刊	1931.6	1984.9	—	—	不定
	康和月刊	乡刊	1922.6	1984.7	—	16	半年
	海宴侨刊	乡刊	1935.4	1985.4	—	16	半年
	宴都侨情	乡刊	1984.9	—	—	16	半年
	水步侨刊	乡刊	1985.6	—	—	16	不定
	曹峰侨刊	族刊	1934.9	1957.8	1987.3	16	半年
	提领月报	族刊	1926	1983.4	—	32	半年
	三省专利	族刊	1923.9	1957.9	1982.8	32	半年
	浮山月报	族刊	1935.9	1981.10	—	32	不定期
	江联乡音	族刊	—	1985.10	—	32	不定

续表6-3-2

地区	侨刊名称	性质	创刊年月	50年代后第一次复刊年月	50年代后第二次复刊年月	开本	刊期
台山市	新斛侨刊	族刊	—	1989.11	—	16	半年
	敦睦乡刊	刊族	1920.9	1986.8	—	16	半年
	台中校友	市刊	1982.6	—	—	16	年刊
开平市	开平明报	县刊	1922.3	1959.4	1981.7	16	半年
	楼冈月刊	乡刊	1921.8	1957	1980.5	16	季刊
	澄溪侨刊	乡刊	1925.6	1955	1983.12	32	半年
	护龙月刊	乡刊	1946	1981.5	—	32	季刊
	光裕月报	乡刊	1925.9	1983.10	—	32	季刊
	小海月报	乡刊	1935.5	1956	1981.3	32	季刊
	沙冈月刊	乡刊	1927.6	1955	1981.7	32	不定
	潭溪月刊	族刊	1927.4	1956	1981.12	32	季刊
	里讴月刊	乡刊	1928.6	1957	1984.2	32	四月刊
	古宅月刊	乡刊	1928.3	1984.9	—	32	四月刊
	茅冈月报	乡刊	1919.3	1984.6	—	32	四月刊
	新民月报	乡刊	1919.6	1956	1981.7	32	四月刊
	长塘月刊	乡刊	1941.9	1982.3	—	32	半年
	思义侨刊	乡刊	1937	1983.1	—	16	不定
	开侨中学侨友通讯	校刊	1948	1987.12	—	32	季刊
	波罗侨刊	乡刊	1986.6	—	—	32	半年
	龙塘侨刊	乡刊	1985.8	—	—	32	半年
	百合侨刊	乡刊	1981.2	—	—	32	季刊
	五堡月刊	镇刊	1925.5	—	—	32	季刊
	教伦月报	镇刊	1924.9	—	—	32	季刊
	北炎通讯	乡刊	1938.6	—	—	32	季刊
	舜河侨刊	族刊	1992.8	—	—	32	不定期
	苍城侨刊	镇刊	1993.1	—	—	16	半年
	金鸡侨刊	镇刊	1998.1	—	—	32	季刊
恩平市	恩平公报	县刊	1922.6	1958	1980.8	16	季刊
	歇马侨刊	乡刊	1987.12	—	—	16	不定期
	区村之音	乡刊	1987.12	—	—	32	季刊
	均安侨刊	乡刊	1989.6	—	—	32	半年
	江洲侨刊	镇刊	1991.7	—	—	32	半年
新会市	新会侨刊	县刊	1958.3	1980.1	—	16	季刊
	古井侨刊	乡刊	1955	1982.12	—	32	半年
	文楼乡音	乡刊	1918	1984.3	—	32	季刊

续表6-3-2

地区	侨刊名称	性质	创刊年月	50年代后第一次复刊年月	50年代后第二次复刊年月	开本	刊期
新会市	沙堆侨刊	乡刊	1922.6	1981.7	—	32	四月刊
	霞路侨刊	乡刊	1932.6	1987.3	—	32	不定期
	棠下侨刊	乡刊	1987.3	—	—	16	不定期
	三村乡音	乡刊	1988.2	—	—	32	半年期
	罗坑侨刊	乡刊	1988.2	—	—	32	半年期
	冈中校友通讯	校刊	1948.9	—	1987.3	16	不定期
	梅阁侨刊	镇刊	1989.6	—	—	18	四月刊
	新会画报	县刊	1984.10	—	—	4开版	季刊
	葵城乡音	镇刊	1984.10	—	—	32	季刊
	三江侨刊	镇刊	1989.12	—	—	16	年刊
	独联侨刊	镇刊	1989.12	—	—	32	季刊
	杜阮侨刊	镇刊	—	—	—	16	季刊
鹤山市	鹤山乡讯	县刊	1958.6	1982.12	—	16	季刊
	址山乡情	镇刊	1989.12	—	—	16	年刊
	古劳乡音	镇刊	—	—	—	16	半年
	联谊之声	县刊	—	—	—	16	不定
江门市	江门画报	市刊	1987.9	—	—	4开	半月刊
	五邑侨报	市刊	—	—	—	4开	半月刊
	五邑乡情	市刊	1989.5	—	—	16	季刊
	棠下侨刊	区刊	1987.9	—	—	16	季刊
阳江市	鼍江之情	县刊	1985.5	—	—	16	季刊
	阳江侨报	市刊	1989.2	—	—	4开8版	旬报
阳春市	阳春侨刊	县刊	1989.3	—	—	4开	季刊
佛山市	佛山侨报	市刊	1984.3	—	—	4开8版	不定期
南海市	南海乡音	县刊	1984.3	—	—	16	季刊
	九江侨刊	乡刊	1986.3	—	—	16	半年刊
顺德市	顺德乡音	县刊	1985.5	—	—	16	半年刊
三水市	三水乡音	县刊	1984.9	—	—	16	半年刊
高明市	高明乡讯	县刊	1985.10	—	—	16	半年刊
中山市	中山侨刊	市刊	1981.6	—	—	16	季刊
	三乡侨刊	乡刊	1987.5	—	—	16	不定期
	隆都沙溪侨刊	乡刊	1984.2	—	—	16	不定期
	东镇侨刊	乡刊	1920.5	1985.1	—	16	季刊
	环城侨刊	乡刊	1958	1982年冬	—	16	半年
	下泽侨刊	乡刊	1985.3	—	—	16	不定期
	竹秀园学校校刊	校刊	1985.2	—	—	16	半年

续表6-3-2

地区	侨刊名称	性质	创刊年月	50年代后第一次复刊年月	50年代后第二次复刊年月	开本	刊期
中山市	东区侨刊	区刊	1991.7	—	—	16	半年
	南朗乡音	镇刊	1922.4	—	—	16	半年
	良都侨刊	区刊	1960.5	—	—	16	半年
海丰县	海丰乡音	县刊	1984.6	—	—	16	不定期
清远市	清远乡情报	市刊	1987.12	—	—	4开8版	季刊
韶关市	粤北乡情	市刊	1988.8	—	—	16	季刊
惠东县	惠东乡情	县刊	1989.3	—	—	16	不定期
河源市	河源乡情报	市刊	1989.3	—	—	4开8版	周一报
韶关市	北江情	市刊	1989.3	—	—	16	月刊
惠州市	惠州乡音	市刊	1993.5	—	—	16	季刊
肇庆市	西江乡情	市刊	1985.5	—	—	16	不定期
怀集县	怀集乡情	县刊	1985.5	—	—	16	不定期
茂名市	茂名乡情	市刊	1984.3	—	—	4	双月
高州市	缅茄树	县刊	1987.12	—	—	32	不定期
湛江市	湛江乡情	市刊	1984.7	—	—	16	不定期
深圳市	深圳侨报	市刊	—	—	—		旬报
	华风	市刊	1997.5	—	—	16	月刊
珠海市	珠海乡音	市刊	1984.5	—	—	16	季刊
斗门县	斗门乡音	县刊	1979.5	—	—	16	半年
香洲区	唐家湾侨刊	区刊	1990.5	—	—	16	不定期
	香洲侨讯	区刊	1991.5	—	—	16	不定期
东莞市	东莞乡情	市刊	1985.6	—	—	16	双月刊
广州市	广州华声	市刊	1986.3	—	—	大16	季刊
	穗郊侨讯	区刊	1983.6	—	—	16	双月刊
花都区	花县乡音	县刊	1982.12	—	—	16	季刊
增城市	荔乡情	县刊	1984.3	—	—	16	季刊
番禺区	番禺侨讯	县刊	1988.3	—	—	16	季刊
从化市	从化乡音	市刊	1994.3	—	—	16	季刊
广州市	华侨与华人	省学术刊物	1989.3	—	—	14	年刊
	神州民俗	省民俗刊物	1989.8	—	—	16	月刊
	广州华苑	校刊	1991.3	—	—	16	不定期
	客联杂志	市刊	1991.9	—	—	16	季刊
	广州侨商报	市刊	1994.3	—	—	4开	旬刊
	荣誉	市刊	1996.3	—	—		不定期
	广州潮讯	市刊	1999.3	—	—		不定期
	客联	市刊	1995.3	—	—	16	季刊

续表6-3-2

地区	侨刊名称	性质	创刊年月	50年代后第一次复刊年月	50年代后第二次复刊年月	开本	刊期
广州市	七天华讯	市刊	1991.3	—	—	—	—
	侨友画报（更名为《海内外》）	市刊	1991.3	—	—	16	季刊
汕头市	潮人	市刊	1985.11	—	—	16	季刊
潮州市	潮州乡音	市刊	1985.8	—	—	4开	季刊
潮阳市	潮阳乡音	县刊	1985.5	—	—	16	季刊
揭西县	乡情	县刊	1986.10	—	—	8开	季刊
揭阳市	揭阳乡音	县刊	1985.5	—	—	—	季刊
	侨声	市刊	1997.1	—	—	16	季刊
普宁市	普宁乡讯	县刊	1986.2	—	—	4	季刊
梅州市	嘉应乡情报	市刊	1984	—	—	4	旬刊
梅县市	梅县侨声	市刊	1951.1	1984.11	—	16	季刊
	东中校刊	校刊	1930	1984.5	—	16	年刊
梅州市	梅州侨乡月报	市刊	1985.1	—	—	大16	双月刊
	松口乡情	乡刊	1984.11	—	—	16	不定期
	客家人	市刊	1990.3	—	—	16	季刊
大埔县	大埔乡讯	县刊	1986.5	—	—	16	季刊
蕉岭县	蕉岭乡音	县刊	1992.5	—	—	16	不定期
五华县	五华侨刊	县刊		—	—	16	季刊
汕尾市	汕尾乡情	市刊	1995.9	—	—	16	半年刊
高要市	高要侨声	县刊	1988.7	—	—	16	半年刊

1978—2000年广东侨刊乡讯发行情况统计表

表6-3-3

时间	出版种数	对外发行数（万册）
1978—1987	107	864
1988	112	80
1989	123	100
1990	127	100
1991	133	138
1992	135	120
1993—1996	140	456
1997	142	83
1998—2000	150	300
合计	—	2241

1985年广东省第一次侨刊乡讯评比获奖情况表

表6-3-4

奖项	获奖名单
一等奖（7名）	新宁杂志　江门侨报　花县乡音　琼州乡音　中山侨刊　汝南之花　楼冈月刊
二等奖（8名）	斗门乡音　珠海乡音　潭溪月报　恩平公报　新会侨刊　浮山月报　六村提领月刊　穗郊侨讯
三等奖（11名）	南海乡音　三水乡讯　隆都沙溪侨刊　小海月报　浬讴月刊　广海通讯　白沙侨刊　风采月刊　湛江乡情　侨声　东莞乡情

1987年广东省第二次侨刊乡讯评比获奖情况表

表6-3-5

奖项	获奖名单
一等奖（6名）	新宁杂志　江门侨报　南海乡音　嘉应乡音　浮山月刊 花县乡音
二等奖（10名）	新会侨刊　恩平公报　鹤山乡讯　沙堆侨刊　居正月报　光裕月报　东镇侨刊　广州华声　穗郊侨讯　潮人
三等奖（21名）	汝南之花　白沙侨刊　风采月刊　六村提领月报　水南侨刊　海宴侨刊　护龙月报　沙冈月报　冈中校友通讯　佛山侨讯　顺德乡音　中山侨刊　三水乡讯　茂名乡情　琼州乡音　珠海乡音　揭阳乡音　潮州乡音　大埔乡讯　湛江乡情 古井侨刊

1993年广东省第三次侨刊乡讯评比获奖情况表

表6-3-6

类别	奖项	获奖名单
市刊	一等奖	广州华声　中山侨刊　嘉应乡情报　江门侨报
	二等奖	湛江乡情　东莞乡情　五邑乡情　潮州乡音　珠海乡音　潮人　粤北乡情
	三等奖	深圳侨讯　河源乡情　北江情　阳江侨报　茂名乡情　佛山侨报
县刊（含县级市）	一等奖	穗郊侨讯　花县乡音　顺德乡音　新宁杂志　恩平公报　大埔乡讯
	二等奖	番禺侨讯　南海乡音　斗门乡音　新会侨刊　鹤山侨讯　梅县侨声
	三等奖	荔乡情　三水乡讯　高明乡讯　客家人　揭西乡情　开平明报　阳春侨刊
乡、镇、族刊	一等奖	东镇侨刊　白沙侨刊　居正月报　风采月刊　浮山月报　楼冈月报　小海月报　古宅月刊　文楼乡音　沙堆侨刊　棠下侨刊　唐家湾侨刊
	二等奖	南朗乡音　隆都沙溪侨刊　环城侨刊　汝南之花　海宴侨刊　广海通讯　溯源月刊　胥山月刊　水南侨刊　莘村族刊　提领月报　光裕月报　潭溪月报　里讴月刊　教伦月报　沙冈月刊　开侨校友通讯　独联侨刊　梅阁侨刊　古井侨刊　江洲侨刊
	三等奖	东区侨刊　宴都侨情　冲蒌侨刊　都斛侨刊　水步侨刊　敬修月报　紫阳月刊　光裕月刊　光大季刊　密冲通讯　玉怀双月报　岭风族刊　大江侨刊　曹峰侨刊　敦睦侨刊　台中校友通讯　三省专刊　五堡月刊　百合侨刊　新民月报　澄溪侨刊　护龙月刊　长塘月刊　波罗侨刊　舜河侨刊　茅冈月报　三村乡音　霞路侨讯　冈中校友通讯　葵城乡音　歇马侨刊　均安侨刊　九江侨刊

四、制作宣传品

改革开放后，广东省各级侨务机构制作各种对外宣传品，向海外侨胞宣传、介绍广东社会经济发展情况。

编印侨务宣传画册。1981年，佛山地区侨办编印《佛山地区侨乡风光》画册。1984—1988年，省侨办编印《广东侨务便览》、《广东侨务专辑》（一、二、三辑），为华侨、港澳同胞回国探亲、旅游、投资贸易提供资讯服务。1999-2000年，省侨办编印《赤子情怀》《阳光家园》《四季足迹》画册，介绍海外乡亲捐办公益事业及安置印支难民情况，分送来访嘉宾。各地侨办也编印了一些图书画册，如1985年深圳市侨办编印《深圳侨务》画册，1989年广州市侨办编印《广州市荣誉市民画册》（一、二辑）、《华侨企业特辑》，江门市侨办、侨联编印《五邑侨乡画册》，1990年东莞市侨办编印《华侨港澳同胞捐办公益事业特刊》。1995年，第八届国际潮团联谊会在香港召开，汕头、揭阳、潮州3市利用乡亲聚会时机，编印宣传家乡的大型画册、宣传资料3万多份，分发与会的各国潮人代表。

对外新闻报道。《广东侨报》、中国新闻社广东分社是广东对海外华侨华人、港澳同胞宣传的主要媒体。“文化大革命”期间，《广东侨报》停刊，1980年1月5日《广东侨刊》复刊，至1999年共出版1311期。每期开始印2.8万份，后增至4万份，发行60多个国家和地区。主要报导国外侨情、侨务工作、维护华侨权益以及留学、移民、劳务输出和经贸等方面信息，颇受华侨、归侨、侨眷读者欢迎。1989年以“改革开放谱新篇”为主题，出版国庆专刊，系统报导改革开放12年来广东侨务工作的成就，该期印刷10万份。1997年6—7月，陆续刊登香港回归的有关文章，举办《香港基本法100问》有奖测验活动。1979—1985年，中国新闻社广东分社共发稿件2.25万多篇、图片2.36万张，为海外和港澳地区160多家新闻单位采用，侧重报导广东落实侨务政策和改革开放后经济上取得的成就。改革开放初期，侨务部门还协助当地出版大型画册，如《潮汕风光》《佛山地区侨乡风光》等。《羊城晚报》和省侨联创办的《华夏》杂志均开设海外版，《深圳特区报》设有今日广东专栏，开展对外宣传。

拍摄侨乡宣传片。1985年7月，省侨办成立广东省华侨录像通讯服务公司（1994年改名广东华侨影视公司），该公司以拍摄侨乡新貌、归侨侨眷生产生活及侨胞回国探亲、旅游等录像、电视片为主，向海内外乡亲报导广东建设成就和侨乡的发展和变化。1985—2000年，共拍摄了73部83集的电视片，向海外发行1.5万盒。1984年拍摄的《顺德新貌》，在1986年佛山市对外影视宣传评比会上获得影视节目二等奖。1985年拍摄反映新会、开平举办美·加华裔青年学生夏令营活动情况的《在祖辈的家乡》，1989年拍摄反映台山县旅外乡亲陈荣畅回乡投资办农业情况的《从西雅图来的农夫》，分别于1986年和1990年获得广东省对外影视宣传评比影视节目一等奖。该公司协助江门市侨办拍摄的《江门五邑侨乡》一片通过中国驻美使馆赠送给当地华人社团，许多侨胞翻录给亲戚朋友，也有不少人要求中国使馆转录，留存在家中观看。1990年，省侨办和国务院侨办联合摄制录像片《当代中国侨乡系列片——广东》，该片由广东省华侨录像通讯服务公司承拍，该片发行110个国家和地区。省内一些著名侨乡也相继拍摄了录像片，广州市侨办于八九十年代与市委统战部联合拍摄《炎黄华胄》《情深意厚》录像片，与广东省华侨影视公司和广州市电教馆联合拍摄《侨乡新貌》《功炳南国》。1988年佛山市侨办制作《我的故乡》，茂名市侨办摄制《悠悠故乡情》，汕尾市拍摄《粤东明珠——汕尾市》，高州县、信宜县分别录制《侨务专辑》，惠东县侨办摄制《惠东侨讯》《惠东利用外资》，连平县侨办和惠州市电视台联合录制《东江风情》录像片等，分送海外侨团和侨胞。1997年4月，梅州市侨办成立梅州市影视制作服务中心，从事影视制作服务，专门拍摄外宣专题片、客属社团活动资料片、客家文化艺术片等，组织拍摄《五华石匠》《客家风情》《客家山歌》《客家围龙屋》等专题片，其中《五华石匠》荣获中央外宣办公室、国家新闻办公室、国家电视部设立的外宣影视作品最高奖项——优秀影片金桥奖，并被译成外文版、输往海外7家电视台定期播映；《客家风情》被国家文化部外联局译成8种语言发送中国驻外使馆。此外还制作客味浓郁的《二梅看郎》《客家春秋》《啼笑冤家》等10多部录像片、影碟和一大批客家山歌的录音带。1997年7月香港回归前夕，广州市侨办和广东电视台联合制作《广州市荣誉市民》电视专题片，于6月份开始在广东电视台《华人世界》栏目中陆续播放，既介绍他们的事迹，又介绍他们对香港回归的看法，效果较好。珠海市侨办与珠海电视台联合制作、播出7个人物共10集《情归》专题节目，反映珠海市海外乡亲的贡献。韶关市侨办配合市委宣传部、市电视台制作以港澳同胞、华侨华人为对象的电视片。省华侨影视公司为云浮市侨办拍摄反映改革开放云浮新貌的录像片于7月1日前夕完成，为庆祝香港回归献上一份厚礼。云浮市委、市府主要领导出访马来西亚时将该片赠送给海外侨胞，并在庆祝新兴云浮会馆成立50周年晚会上播放。1999年下半年，汕头市侨务外事办公室与广东华侨影视公司联合拍摄电视专题片《迈向新世纪的汕头》，赠送海外潮籍华侨华人社团和知名人士。

举办摄影书画展。1991年11月12—18日，国务院侨办与各省市侨办联合在广州文化公园举办《当代中国侨乡摄影展》。省侨办为筹办这次摄影展，向各市发出征集图片的通知，从200帧照片中挑选主题鲜明、具有侨乡特色、摄影水平较高的照片上送北京，经有关专家评选，广东省有14帧作品入选，二个特等奖中，广东占1个，广东还获得二等奖、三等奖各1个。开幕式当天有1000多人参加，广东电视台、广州电视台、广东人民广播电台、国际广播电台以及《广州日报》《南方日报》《羊城晚报》《粤港信息报》《广东侨报》《澳门日报》等11家新闻媒体均做了报导。展出期间，每天接待1000人次。1995年6月6—15日，省侨办、省侨联、广东画院和广州美术学院联合在广州美术馆举办的《当代广州归侨书画家作品展》，展出胡一川、关曼青、廖钺、吴光光、蚁美楷、符风山、汤由梦等8位书画家的作品120幅，包括油画、中国画、水彩墨汁画、版画、书法，梁灵光、吴南生、欧初、黄浩、杨资元等省市领导和有关人士出席了画展开幕式。由于观众较多，特延期5天，前来观看的有广州各阶层人士，也有华侨、外国画家。1995年9月1—7日，省侨办配合国务院侨办在广东省中山图书馆举办《华侨与抗日战争图片展》，省人大侨委、省政协三胞委、省侨联负责人、归侨老将军陈青山等1000多人参加开幕式，省、市20多家新闻媒体对图片展进行采访和报导，广州商业电视台还对归侨老将军陈青山作专访。这次图片展，共展出图片250幅，展品内容丰富，展出的不少照片是首次公开的珍贵资料。据不完全统计，参观本次图片展的观众5000多人次。1997年，省侨办在省博物馆举办了印度归侨王春华画展，黄浩等省市领导人出席开幕式。

第七章　侨联工作

第一节　概况

一、第一至七次省侨代会

广东省于1958年12月召开第一次全省归国华侨代表大会（简称侨代会），在此次大会上宣布正式成立广东省归国华侨联合会（简称省侨联）。1963年4月，广东召开第二次侨代会。在五六十年代，全省侨联工作以团结教育归侨侨眷走社会主义道路，做中上层归侨工作为主。“文化大革命”期间，全省侨联组织被迫停止活动，1978年2月恢复组织活动。1979年3月，召开第三次广东省归侨侨眷代表大会（由归国华侨代表大会更名而来，其后一直称为归侨侨眷代表大会，亦简称侨代会），选举产生广东省侨联第三届委员会，委员181人。1983—2000年间，省侨联先后于1983年9月、1988年9月、1993年10月、1998年11月举行全省第四至第七次侨代会，分别选举产生第四届委员会委员166名、第五届委员会委员164名、第六届委员会委员149名、第七届委员会委员147名。

二、健全侨联组织

1979年年底，广东省先后恢复和新建立的基层侨联组织共253个，其中县市以上侨联76个，乡镇侨联177个。1982年2月，省委办公厅转发中共中央办公厅文件，明确侨联是中国共产党领导下的一级人民团体，同工会、共青团、妇联、文联、科协等人民团体享有同等的待遇。对省侨联的体制、地位、编制等作出规定。省侨联加强力量，增设机构，由专职副主席和秘书长组成领导班子，主持日常会务，设立办公室、宣传部和经济部等办公机构，先后成立省侨联华侨事务法律顾问处、广东华侨历史学会、省侨联奖励基金会、《华夏》杂志社等事业机构，并开办一批经济实体。此后，省侨联工作对象从过去以少数归侨上层人士为主拓展为面向全省广大归侨侨眷乃至粤籍海外侨胞和港澳同胞；侨联委员的选举和换届制度按章程执行，全省侨代会每5年召开一次，代表由全省各地、县侨联及归侨侨眷中产生。80年代初期，各地侨联相继解决编制和经费问题，健全组织机构。至1983年，全省绝大部分市县，特别是重点侨乡的乡、镇（公社）也都成立侨联。与此同时，一大批新的侨联组织建立起来。在80年代以前，省直单位以及华侨农场、工厂企业、大专院校、医院等单位多无侨联组织。1982年开始，省人民医院、暨南大学、中山大学、广东省科学院，以及全省华侨农场等先后成立侨联组织。据统计，1987年全省有地级侨联15个，县级侨联117个，区（镇）级侨联857个，乡级（街道）侨联1380个，省直单位侨联34个，企业侨联39个，农场侨联39个，合计2481个。全省侨联组织专职、兼职工作人员共6000人。1989年年底，全省侨联组织已发展到2600个，10年增加9倍多。1993年全省侨联组织为3047个。此后至2000年，侨联组织主要是巩固和健全，全省已形成侨联工作网络。

三、拓展侨联工作

80年代全省侨联组织的主要任务是协助党和政府宣传、落实侨务政策，为归侨侨眷提供法律咨询服务，设立奖励基金，奖励优秀归侨教师、科技文化工作者和归侨侨眷子女大学生。其中广东华侨事务律师事务所1982—1993年共受理涉侨申诉、诉讼案件3592宗。同时开展招商引资和兴办侨联企业。80年代初至1993年全省侨联组织协助引进的项目948个，至90年代末又引进约2000个项目。90年代至2000年，全省侨联组织按“群众工作、参政议政、维护侨益、海外联谊”的原则继续开展工作。省侨联参与草拟各项侨务法规的调查论证及法规实施后的宣传贯彻，侨联委员中的人大代表和政协委员以议案、提案及执法检查等方式参与政务。其间，各地侨联以多种形式扩大与海外侨团的交往及对归侨侨眷的联谊，尤其是参加或参与筹备国际性侨团在海外华埠或在粤举行的年会、恳亲大会，组织归侨侨眷参加“月是故乡明”等活动，在华侨历史研究及弘扬中华传统文化方面都取得大的成果。1979—2000年是中华人民共和国成立后全省侨联组织发展最快、工作最活跃、成绩最显著的历史时期。

第二节　维护侨益与为侨服务

一、侨联信访工作

改革开放初期，归侨侨眷及海外华侨、港澳同胞来信来访较多，涉及内容多为历史遗留问题，如要求发还华侨房屋，平反冤假错案，以及解决出入境问题等。省侨联因此设立信访室（在办公室内设），受理来信来访。1979—1982年，共受理群众来信3823件，平均每年956件；1984—1989年共处理来信5144件，平均每年857件，共接待来访5551人次。同期全省各地侨联亦在做信访工作，其中1983—1987年共处理来信65421件，接待来访5050人次。从80年代末始，全省各级侨联受理信访数量大幅减少，其中1989年省侨联受理来信407件，比1979—1986年年均1007件减少约60%。信访内容亦有新的变化，从原来要求处理历史问题为主转为要求解决现实问题，如“三侨生”子女升学、自费出国留学及出境探亲、定居等。至90年代，来信来访多要求维护合法权益，如解决城镇侨房拆迁补偿，以及华侨农场、侨资企业、侨属企业存在问题等。1996年5月，省侨联下发《关于加强信访工作的意见》，规范基层侨联信访工作的开展。1994—1998年（第七届侨代会期间），全省各级侨联共处理信访约3万件（人次），比第六届侨代会期间受理信访总数减少50%。

二、落实侨务政策

在80年代初，省侨联主要是根据归侨侨眷和海外侨胞集中反映的问题，到侨乡及华侨农场调查研究，反映情况，协助有关部门落实侨务政策。1981年6月，广州市归侨林青云写信给中央领导胡耀邦，反映广东有些单位的领导和人事组织部门对归侨仍存有偏见。胡耀邦对此作批示："林一心同志，这位同志的意见很对。他讲的第三条意见，请你们同中组部管理这方面工作的副部长商量一下，可考虑再发个文件，也可以在报上公开发表。现在人事方面'左'的流毒还多，门户之见也深，没有尖锐的舆论和群众监督是不容易完全扭转过来的，我们要注意用群众的力量来教育干部。来信人要求给他一个回音，也请你派人办一下 。"7月8日人民日报等传媒予以报道。省侨联在胡耀邦批示公开发表的第二天召开常委会，进行学习讨论。1984年，省侨联派出5个工作组下基层，其中6月派往英德华侨茶场的调查组，将该场情况和归侨的意见通过内部刊物向省委、省政府反映，副省长杨立专门召开有关部门负责人会议，提出改革措施。1986年，省侨联就土改时期扎根封开、德庆两县的原南方大学500名归侨知识分子的状况提交调查报告，引起广东省领导和国务院侨办的关注，此后省人大侨委、省政协华侨组和省侨联联合对这一问题进行调查，协助地方为这批归侨知识分子落实有关政策。1989年，省侨联开展对归侨干部海外工龄问题的调查，共收到215人的申诉报告，并全部落实政策。90年代，省侨联配合有关部门制定《广东省归侨侨眷权益保护实施办法》等侨务法规，对一些突出问题，如出国探亲、子女就读、新移民的福利待遇，以及城镇房屋征地拆迁中侨房业主的权益等，提出意见和建议。1995年，省侨联组织人员到9个华侨农场进行调查，时任省人大常委会主任的林若发起与侨界的省人大代表联合，就华侨农场问题提出议案，有关扶持贫困华侨农场的决议获第七次省人民代表大会通过，并逐期贯彻实施。2000年，省侨联参与由省人大侨委、侨办、政协三胞委和致公党广东省委组成的执法检查组，到梅州市进行检查，协调解决梅县石坑镇政府败诉后拖欠泰国归侨债务问题。同年，广东省侨生企业公司鳌鱼岗宿舍用地因被他人冒领宅基地使用证，致使20户归侨无家可归。经省侨联协调，天河区政府撤销错发的土地使用证，法院对原判决中止执行。之后，省侨联出面筹资200多万元，建起一座9层宿舍楼，使上述归侨职工的住宿问题得以解决。

1979—2000年，全省各级侨联在配合落实侨务政策方面也做了大量工作。1979年，配合侨办对侨改户情况进行全面调查并协同落实政策。至1986年年底，佛山市侨联配合公安和司法机关复查案件，平反归侨侨眷和港澳华侨冤假错案333宗，其中属"文化大革命"时期冤假错案129宗。此外，清理涉及归侨侨眷和港澳同胞的案件171宗，纠正错判、重判案件48宗。1987年，开平县侨联对全县乡镇以上27座侨联大厦进行调查，对其中7座被镇政府占用的情况报告县政府，并向省侨联反映，使被占用的侨联大厦交回侨联使用。1990年，汕头市侨联组织有关人员就侨房保护、侨汇收入、出入境手续和社团财产等问题进行专项调查并提交报告，参与该市人大组织的涉侨法规调研工作。

三、法律咨询服务

省侨联在1981年10月筹建省侨联华侨事务法律顾问处，于1982年9月开始受理法律咨询服务等业务，1983年1月经国家司法部同意正式成立，当年接待归侨侨眷和海外侨胞来访700人次，处理来信200件，受理房产继承、经济纠纷和婚姻纠纷等案件59宗，结案27宗。为海外华侨华人代办有关产权调查、担任刑事辩护律师等9宗。1985年2月，省侨联华侨事务法律顾问处经批准组建为广东华侨事务律师事务所，由省司法厅和省侨联双重领导，这是在中国设立的第一个华侨事务法律专业性服务机构。1982—1993年，广东华侨事务律师事务所共接待归侨侨眷和海外侨胞来访10600人次，受理申诉、诉讼案件3592宗，其中涉外案件501宗。美国、加拿大、泰国等国华文报刊曾报道该所热诚为侨胞服务的事迹。此外，广州、汕头、梅州市及开平县（市）等10市县侨联亦先后成立律师事务所或法律顾问室。其中1985—1995年，汕头市侨联律师顾问室共代理法律文书97件，诉讼案144宗，非诉讼案365宗。1994年12月，在中国侨联召开的法律工作座谈会上，省侨联信访室、广州市侨联和广东华侨事务律师事务所、汕头市侨联律师顾问室分别介绍经验（会上9个单位发言，其中广东占4个）。

第三节　招商引资与侨联企业

一、招商引资服务

广东各级侨联通过多种形式联系归侨侨眷、港澳同胞和海外侨胞，广交朋友，开展招商引资工作并取得成效。据统计，1979—1993年，由各级侨联直接联络和协助引进的项目948个，总投资额137亿元人民币。1994年至90年代末，协助引进项目2000多宗，总投资额200亿元人民币。改革开放初期，引进以来料加工及协助中小企业引进资金、技术为多。其中省侨联引介的项目有：1979年，协助省劳动局与香港春源公司就广东劳工输出问题洽谈，签订输出劳工400名的合同；介绍香港廖创兴集团到深圳投资建设娱乐场；协助香港恒侨公司与汕头市签订来料加工手袋的合同等。1982年，省侨联成立“咨询顾问服务公司”协助外商谈判，代办项目投资，开展经济信息咨询服务。1985年，协助广州市东华实业公司与外商达成投资3亿美元兴建五羊新城协议。邀请泰国泰旭浮法玻璃厂郑亮荫董事长到深圳蛇口，与省国际投资公司合作，投资8000万美元兴建全国第一家浮法玻璃厂。邀请美国氢油发明家美籍华人任祖贻博士和香港万国氢油（远东）有限公司董事长王勉英女士访粤，达成引进氢油加工技术协议书。90年代初期，省侨联协助引进的项目包括开发荒山、营林造纸、大米加工以及兴建高速公路等，主要有：协助韶关市举办两届招商节，签订投资协议总金额3.9亿美元；协助东莞市大岭山镇引进美商香港集团，独资开发荒山建造厂房、住宅和旅游设施，总投资2.5亿美元；引进泰国顺和成集团公司资金6.22亿美元，在汕尾独资发展营林造纸产业，租地2.87万公顷，建造年产15万吨纸浆厂、12万吨纸厂、40万吨木片厂、纤维纸板厂等；建立韶关丰产林基地4个，面积超过13.33万公顷；建立清远丰产林基地3.33万公顷；泰国顺和成集团公司与广东粮食储备局合作兴办日加工大米1000吨的粤泰粮食有限公司；引介新加坡亚洲浆纸股份有限公司在清远市扶贫试验开发区建立5个投资各为3000万美元的纸品加工企业，以及总投资7500万美元的人造板项目4个，并在清远市增设保税仓和人造板专业市场；引介美国茂泰集团在英德市投资1000万元人民币，建设英德市茶叶博物馆等。此外，还协助组织湛江、韶关经济考察团赴新加坡考察浆纸生产项目，邀请港澳地区省侨联顾问委员和东南亚青年企业家考察团，分赴粤西地区和珠江三角洲考察及洽谈项目。

1979—2000年，全省各地侨联 “穿针引线”，为招商引资服务。1981—1985年，广州市侨联协助引进项目协议160宗，合同金额5000万美元，并引进20名高级技术人才。1989—1993年协助引进项目37宗，资金总额4.8亿元。1981—1985年，深圳市侨联为特区引进侨资、港资7亿港元，1996年又协助新凌志公司与新加坡一公司达成2 亿美元引进聚丙烯生产线的协作。清远市侨联干部和侨联委员于80年代中期牵线成功的“三来一补”“三引进”项目29个，引进资金设备726万元，安排归侨侨眷就业5977人。1995年，江门市侨联协助金羚集团引资2亿港元，使该集团成为江门市销售及出口总额最高、经济效益最好的企业。梅州市侨联在1995年协助举办招商会，签约73宗，投资总额1.85亿美元。1995年汕头市各级侨联协助引进外资10项，金额超过1亿美元。1989—1993年全省市县两级侨联协助引进项目300宗，资金总额达30亿港元，其中汕头、湛江、肇庆、清远、河源等市侨联协助引进的资金都超过亿元。90年代后期，各地级市侨联协助引进成功的项目还有：茂名市侨联引进香港世界商务中心投资1亿多元开发的养殖项目；中山市东区侨联引进香港港华集团投资3亿港元开办的嘉华电子城；东莞市侨联在1989—1993年协助樟木头镇引进香港第一地产有限公司资金7亿元人民币，征地27.67公顷建设“荔景山庄”；东莞市侨联引进加拿大YES生物技术研究有限公司，与宏远集团合作成立的东莞宏远逸士生物技术药业有限公司，为高科技新型制药企业。

二、创办侨联企业

1979年，在福建省泉州市召开的全国侨务工作座谈会，要求各地侨务部门把侨务工作的重点转移到为经济建设服务的轨道上来。随后，广东省各级侨联开始兴办企业。省侨联明确规定创办侨联企业的四条原则：一是以与侨务工作或同侨联有密切关系的事业性企业为主；二是优先安排归侨侨眷及其子女就业；三是侨联企业为开展侨联活动提供一定资金和场地；四是守法经营，独立核算。1979—2000年，全省各级侨联创办的企业，按企业资金来源和结构的不同可分为自办、合办和捐资办企业，以自办侨联企业为主，占企业数约70%。

自办侨联企业（包括侨联自筹资金或向银行贷款创办的企业）：省侨联直属的广东侨生国际旅游公司、广东省侨生企业公司；广州市侨联的实业发展公司、惠侨咨询服务公司等。1981年，全省各地侨联自办企业20个，至1985年增加到200个，主要经营项目有旅游、餐饮、咨询服务及汽车运输等。1988年，省侨联5个直属企业总产值为2000万元，至1993年又新办广东省华联进出口公司、广东侨联房地产开发公司等8家企业。广州市侨联主管的惠侨咨询服务公司，至1987年共接受华侨、港澳同胞和外籍华人委托代办华侨房屋登记换证手续300宗。1987年，汕头市各级自办侨联企业达78家，固定资产1442万元，职工2209人，其中旅游服务行业的侨联企业发展最快，达45家，投资总额达到1041万元。汕头、普宁、揭阳、潮阳4家侨联大厦，接待国内外客人6.29万人次，营业额1414万多元。据省侨联1987年12月统计，全省各级侨联自办企业共281个，有资金5688.5万元，其中集资1216.2万元；安排就业7752人，归侨侨眷及其子女占56.65%。1987年上缴税利166.3万元，创汇77.7万美元。至1993年，全省各级侨联自办企业305个，年营业额8.4亿元，实现利税3149万元，固定资产4.2亿元。

合办侨联企业（侨联与华侨华人、港澳同胞及外商等合办的企业）：省侨联俱乐部与新加坡华人合作经营的海珠餐厅、江门市侨联与外商合资兴办的花园酒家、画舫餐厅等。1980年，全省合办侨联企业50个。其中省侨联俱乐部和外商合作经营的海珠餐厅，于1982年8月正式开业，外商投资250万元港币，省侨联提供场地，合作期5年，利润分成为外商占65%，侨联占35%；餐厅有职工180人，5年营业总额1500万元，创汇400万元港币。1987年7月合作期满后，双方协议延长3年。此外，还有捐资侨联企业（侨联利用华侨、港澳同胞捐赠的款物创办的企业）。如1985年省侨联利用柬埔寨华侨邱成章先生所捐印刷机创办的侨生印刷厂，利用菲律宾侨领邝光槐先生所捐沙面南街34号的大楼，改造扩建为侨胞活动中心。海外侨胞、港澳同胞捐资兴建的侨联大厦，多作为各地侨联开展旅游服务业的基地。

90年代中期，各级侨联企业由于受经济环境影响，加上管理不善，遇到不同程度的困难。省侨联为此对企业进行整顿，并在企业中实行承包责任制和全员劳动合同制，全省各级侨联也加强对自办企业的指导与管理。1997年以后，根据中国侨联关于在侨联企业中开展整顿工作及清产核资的通知，各级侨联对直属企业进行改革，并逐步与企业脱钩。

第四节　联络与交流活动

一、联络工作

1979—2000年，省侨联采取“请进来”的方式开展宣传联络工作。1982年，省侨联在春秋两季广交会期间，通过接待结交各国华侨华人社团负责人和知名人士350人。1983年，省侨联邀请泰国知名侨领郑午楼的儿子郑伟谟先生一行10人到汕头经济特区考察访问。郑先生此行传递了泰国军界接受省侨联文工团赴泰国演出的信息。至80年代末，省侨联先后接待来自30个国家和地区的朋友共2500人，其中有以泰国周鉴梅、陈吴顺等为首的泰国潮州同乡会访华团汕头慰问团、以美国屋伦越南华裔联谊会会长廖桂林为团长的经济代表团、以新加坡中华总商会副会长卓济民为团长的新加坡客籍人士闽粤观光团等。90年代初，省侨联协助世界钟灵中学校友在广州举办第24届马来西亚世界钟灵嘉年华大会，海内外嘉宾2400多人参加。先后接待印度尼西亚合成集团、三林集团、泰国合成集团、泰国中华总商会国庆观光团、法国华商考察团、马来西亚华人探亲团、澳大利亚广州同乡会等企业集团和侨团以及来自美国、加拿大、法国、德国、意大利、新加坡等地的侨商和专业人士。其中1995年接待来自15个国家和地区的海外华侨华人1326人次；1997年接待华侨华人531人次。

省侨联还通过“走出去”方式扩大联络。1982—1986年，省侨联正副主席和秘书长以及各地侨联干部，先后应邀出访新加坡、泰国、菲律宾、美国、毛里求斯、新西兰、法国等国家和地区。至1986年，省侨联已同400个海外华侨华人团体建立联系。1989年11月，由省侨联牵头，组成有汕头市、广州潮人海外联谊会代表等参加共123人的庆贺团，赴澳门参加“第五届国际潮团联谊年会”。至90年代，由省侨联牵头或参与组团出访东南亚、欧洲、大洋洲的一些国家，推进与当地华侨华人社团的经济合作。1990年省委副书记郭荣昌出访泰国，拜访泰国政界和侨团，洽谈引进顺和成集团到汕尾投资营林造纸项目；1995年省长朱森林出访印度尼西亚，并组织广东省华侨投资公司、三九集团等企业参与经济考察，省侨联都参与准备工作。省侨联把香港、澳门的省侨联委员组织起来，定期到港澳向他们通报工作情况，征求意见，拜会当地归侨侨眷团体及侨领。坚持参加华侨社团活动，参加“第八届国际潮团联谊年会”“澳门潮州同乡会年会”“港澳归侨总会年会”等大型活动，并与港澳侨团建立合作关系。90年代中后期，省侨联组织有关人员分别参加了在新加坡、马来西亚、印度尼西亚等国举行的“世界客属恳亲大会”“世界广东同乡联谊大会”“世界黄氏宗亲会”“庆祝澳门回归1周年纪念活动”等国际性恳亲活动。

基层侨联的对外联络。全省各地侨联从80年代开始，通过组织出访，参加国际性社团和华侨华人的联谊活动，协助归侨侨眷出境探亲旅游等，密切与海外社团及各阶层人士的联系，广州、汕头、江门、中山及斗门、德庆和恩平等市、县侨联也分别组团或同侨办联合组团访问美国、加拿大和泰国等。中山大学侨联鼓励和协助归侨知识分子“走出去”，1986年该校就有侨联委员和归侨80人次到国外进修、讲学、考察和探亲；江门市侨联、侨办代表团出访美加28天，拜访侨团35个，会见华侨华人1153人次。

90年代，不少国际性侨团年会在广东侨乡召开，各地侨联通过参与主办或协助接待等方式，联络大批海外侨胞。如惠州、汕尾、河源市侨联参与的第二世界惠州同乡恳亲大会，汕头、揭阳、潮州市侨联参与的第九届国际潮团联谊年会，江门及其所辖市县侨联参与的首届江门五邑乡亲恳亲大会，梅州市侨联参与的世界客属恳亲大会，东莞市侨联参与的第二届、第三届世界东安恳亲大会，中山市侨联参与的第三届世界中山各中学同学恳亲大会等。2000年，深圳市侨联在第二届深圳高交会期间，邀请100多名华裔科技界及留学专业人士参加。1994—1999年，全省侨联系统共接待海外侨胞约58万人次，组团出访约800批共5000人次。

二、组织联谊活动

从80年代初开始，全省各地侨联通过举办迎春联欢、龙舟竞渡、中秋赏月及庆典剪彩等，组织归侨侨眷等参加。其中1985年省侨联组织活动10次：如到边远山区慰问归侨侨眷，邀请出席省劳模大会的51名侨界代表座谈，组织老归侨参加纪念中泰建交10周年和抗战胜利40周年座谈会，举行庆祝首届教师节和迎国庆联欢会等。在90年代，省侨联主办的大型活动有“广东归侨侨眷迎春大联欢”“'96粤港澳侨青友谊之光”“广东归侨侨眷迎'97欢乐夜”，以及与广东、广州电视台联合主办“赤子心、故乡情”“迎回归、盼统一”“月是故乡明”等电视文艺晚会，其中电视晚会向国内观众及50多个国家和地区播放。1997年，省侨联配合中国侨联举行“我爱你，中国”专题报告会30多场，钟南山等150多位归侨侨眷先进个人或先进集体在会上发言，出席报告会的归侨侨眷约1万人。

三、开展文化学术交流

80年代，省侨联组建广东华侨历史学会，开展侨史研究及学术交流活动。出版有《广东华侨历史学会通讯》《广东华侨论文集》《华侨史料集》等侨史刊物。与广州博物馆联合举办美国华人历史图片展览，并组织到江门等侨乡巡回展出。至1987年，全省成立县以上侨史学会10个，初步形成了一支事业心强、有一定专业水平的侨史研究骨干队伍。至90年代，广东华侨历史学会共出版会刊《侨史学报》（原名《广东华侨历史学会通讯》）22期，《华侨论文集》3辑，《广东侨史论丛》2辑；举办学术讨论会40次，国内外学者专题报告会8次；接待外国学者105人次；还与美国、加拿大、澳大利亚、新加坡、马来西亚、日本和泰国以及港澳台地区的侨史学者、学术团体建立联系。2000年，省侨联按照中国侨联关于“相约千年——龙岁故土行”活动的要求，以文化为载体，开展一系列海外联谊活动，如组团分赴印尼、柬埔寨和缅甸考察华文教育情况，与华文教师交流并探讨海外华文教育发展问题；在省侨联印尼顾问协助下，安排广东歌舞剧院到印尼演出一个月；与省海外交流协会共同邀请印尼民间艺术团和印尼华人组成的“华韵”文艺团到广东演出；与有关单位联合举行加拿大华人李宁玉博士编著的大型画册《枫骨中华魂》广州首发式；表彰奖励9名优秀归侨侨眷作家，创作出版一批华侨题材作品。各地侨联亦开展多种形式的文化体育活动。1994—1998年，广州市侨联艺术团先后到新加坡、毛里求斯等7个国家和中国香港、澳门地区演出，1996年，组织女子篮球队赴美国洛杉矶，参加第十二届全球华人篮球宿将锦标赛并获冠军。1998年11月，广州、深圳、珠海侨联与港澳归侨团体举办五地侨界乒乓球赛，广州侨联又获团体冠军。东莞侨联则参加在东莞举行的第二届“炎黄杯”世界华侨华人龙舟系列赛活动。梅州、江门侨联组织文艺团体，赴港澳及本地侨乡演出。

第八章　华侨与港澳同胞对广东的贡献

第一节　捐赠兴办公益事业

一、概况

海外侨胞、港澳同胞对广东的捐赠具有数量多、资金大、参与人众、分布面广、个人捐赠次数（项目）多、重视教育医疗卫生及家乡公益事业等特点。据广东省人民政府侨务办公室（简称省侨办）统计，从1979—2000年，海外侨胞、港澳同胞对全省的捐赠超过17.36万宗，折合人民币310.81亿元，参与捐赠的海外侨胞和港澳同胞达数万人次，遍布世界100多个国家和地区。其中捐赠累计500万元～1000万元的有241人；1000万元以上的有195人，捐赠金额94.4亿元，占捐赠总额的30.4%。香港长江实业（集团）有限公司董事局主席李嘉诚捐赠累计19.15亿元。全省接受捐赠金额最多的前5个地级市分别是江门（44.74亿元）、汕头（38.25亿元）、佛山（33.51亿元）、深圳（23.14亿元）、广州（22.18亿元）。华侨、港澳同胞捐赠兴办公益事业于1988年被评为广东改革开放十周年十件大事之一。

1979—2000年广东省各市接受华侨港澳同胞捐赠统计表

表8-1-1　　　　单位：万元

市	捐赠总数	其中捐款	占捐赠总数百分比	市	捐赠总数	其中捐款	占捐赠总数百分比
广州	221856.25	136714.00	61.62	江门	447434.86	201345.60	45.00
深圳	231430.00	149376.00	64.54	佛山	335102.65	246094.43	73.44
珠海	71464.60	58462.08	81.80	阳江	67170.00	5712.00	8.50
汕头	382547.42	153019.00	40.00	湛江	26353.47	12197.22	46.28
韶关	30194.26	14951.91	49.52	茂名	34761.00	25525.00	73.43
河源	71475.12	15372.80	21.50	肇庆	71643.50	27121.90	37.86
梅州	183495.42	73398.00	40.00	清远	112656.42	6594.40	5.85
惠州	124945.97	14852.08	11.88	潮州	112722.00	82893.30	73.54
汕尾	90486.00	56332.57	62.25	揭阳	144682.00	103460.00	71.50
东莞	112814.75	52121.90	46.20	云浮	14538.56	10994.24	75.62
中山	114432.46	40779.81	35.63	省直	105993.00	42397.20	40.00
合计					3108199.71	1529715.44	49.22

1979—2000年广东省华侨港澳同胞捐办公益事业款项分类统计表

表8-1-2　　单位：万元

项目 \ 总数 \ 占总数百分比	1979—1989年	1990—2000年	总数	占总数百分比
总数	718416.20	2389783.51	3108199.71	100.00
教育	304971.67	901400.11	1206371.78	38.81
文化体育	58198.18	113965.78	172163.96	5.54
卫生医疗	105179.39	251757.80	356937.19	11.48
科研	2396.58	37418.63	39815.21	1.28
生产资料	98018.12	284258.78	382276.90	12.30
道路交通	64562.14	210627.85	275189.99	8.85
公益福利	36759.04	172676.66	209435.70	6.75
宗教旅游	—	59386.88	59386.88	1.91
其他	48331.08	358291.02	406622.10	13.08

二、教育科研

1979—2000年，海外侨胞、港澳同胞捐赠用于发展教育科研款物折合人民币124.62亿元，占捐赠总额的40.09%，其中，教育经费120.64亿元，年均5.48亿元；科研经费3.98亿元，年均0.18亿元；新建扩建中小学校20800所，建筑面积1421.8万平方米；设立各种教育基金组织1346个。

捐助高等教育。海外侨胞、港澳同胞对中山大学、中山医科大学、广州大学、广东外语外贸大学、广州医学院、汕头大学、嘉应大学、五邑大学、中山大学孙文学院、韩山师范学院、台山电视大学、惠州大学、韶关大学等多所高等院校提供捐助，有的独资或合资捐建教学楼、图书馆；有的赠送图书资料、教学、科研仪器设备；有的出资在国外代培训人才等。李嘉诚自1980—2000年，为创办汕头大学捐赠累计超过18亿元。1978年暨南大学复办后，一直得到海外侨胞和港澳同胞的关爱与支持，至2000年，累计接受海外侨胞、港澳同胞捐赠共223.3万元人民币、1071.3万港元、112万美元以及图书、仪器和其他教学设备。梅州市嘉应大学累计接受海外侨胞、港澳同胞捐赠8000万元，其中曾宪梓率先捐资270万元兴建一幢10000平方米的教学大楼，刘宇新、田家炳、熊德龙等一批海外乡亲资助兴建大部分教学场地。学校3万多平方米建筑面积中，海外侨胞和港澳同胞捐建的达2.1万平方米，占70%。罗焕昌、曾宪梓、田家炳、刘宇新、余国春、姚美良等捐资1200多万元，兴建嘉应大桥，每年从过桥费中提取资金作为嘉应大学部分办学经费。江门市五邑大学累计接受海外侨胞及港澳同胞捐赠达2.2亿港元，兴建教学大楼等建筑36座，建筑面积11.6万平方米，由利国伟、伍舜德、吕志和、利荣森、黄球、黄炳礼、黄浩川、黄乾利、黄乾亨、陆容章10位旅港同胞联合捐建的“十友楼”，成为当时江门市最高水准的会议中心和接待点，其中利国伟以伟伦基金名义捐资5000多万港元。

捐助基础教育。改革开放后，广东基础教育在海外侨胞和港澳同胞的资助下取得较大发展。至2000年，由海外侨胞、港澳同胞捐资新建、扩建或资助设备的中小学校，占同期全省中小学校29200所的71.23%。1979—2000年，海外乡亲捐赠给江门市办学资金17.3亿元，新建、扩建中小学校2370所，建筑面积291万平方米。其中台山市接受捐赠办学金额4.7亿元，新建、扩建中小学校666所，建筑面积77.7万平方米，被省政府评为“校舍建设特级单位”。旅港乡亲伍舜德、马兰芳伉俪捐资幼儿园、中小学校建设累计近1.3亿港元。海外乡亲捐赠给新会市发展基础教育经费累计3.8亿元，新建扩建中小学校777所，建筑面积73.2万平方米。香港乡亲陈经纶捐资2000万港元，兴建建筑面积1.7万平方米的陈经纶中学。佛山市累计接受海外侨胞、港澳同胞捐赠教育经费11.8亿元，新建、扩建中小学校631所，建筑面积155.2万平方米。其中顺德县接受海外侨胞、港澳同胞捐赠教育经费7.6亿元，兴建中小学校154所。旅港乡亲郑裕彤、李兆基1978年5月捐资100万元扩建顺德华侨中学，1980年分别捐资8000万元兴建郑裕彤中学和李兆基中学。梅州市接受旅外乡亲捐赠办学经费累计8亿元，新建、扩建中小学校7335所，建筑面积138.18万平方米。其中1993年曾宪梓捐赠1500万元，兴建梅州市宪梓中学， 1999年8月该校被评为省一级学校。1994—1999年，李嘉诚基金会先后两次捐资，在潮州市贫困山区兴建70所小学，并定名为“基础小学”，至2000年在校学生约15000人。并设专项资金，自1999年9月起分5年投入，每年资助潮州市70所小学的1500名贫困学生。香港中华总商会会长陈有庆、陈有汉昆仲捐资1000万元，为潮阳市第二中学建办公楼。田家炳在家乡大埔县捐资兴办田家炳中学、职业中学、小学等达400个项目，并捐资830万元给清远市发展山区教育。海外侨胞、港澳同胞给广州市捐赠教育经费5.2亿元，新建、扩建中小学校317所，建筑面积32.3万平方米。其中番禺海外乡亲捐资兴建中小学校119所，建筑面积17.5万平方米，分别占全市捐办学校的37.5%和54%。此外，侨胞还捐办一批幼儿园，在当地较有影响的有台山市马兰芳幼儿园、佛山市石湾区霍陈秀苗幼稚园、珠海市启雅幼儿园、汕尾市一洲幼儿园、汕头市葛洲幼儿园、深圳市龙珠幼儿园等。

设立教育基金。海外侨胞、港澳同胞除捐资办学外，还设立奖教、奖学基金，激励勤奋敬业、好学向上、成绩优异的师生，增强教育发展后劲。1979—2000年全省由海外侨胞、港澳同胞捐资设立的各类教育基金组织有1346个。其中江门市基金组织最多，有515个，占38.26%，资金1.2亿港元，其中五邑大学教育基金达2000多万港元。祖籍广东的美国国际合作委员会主席、罗斯福总统纪念图书馆国际部主席陈香梅自1992年始，每年9月都到广州参加教师节活动，并在广州等12个市设立“陈香梅教育基金会”。同年，香港同胞曾宪梓捐资1亿港元，设立“曾宪梓教育基金”。李嘉诚的长江（基建）集团有限公司与国家教育部共同筹资设立“长江学者奖励计划”，首期投入2000万港元，与国家支持的奖金相配套，用于计划的实施。日本华侨吴桂显捐赠1400万元给中山市设立“吴桂显教育基金会”。霍英东于1986年捐资1亿港元，设立“霍英东教育基金会”；1988年捐资850万港元给广州市教育基金会；捐资100万港元给番禺基金会。香港同胞何添先后为番禺教育基金会捐资848万港元。

三、医疗卫生

1979—2000年，海外侨胞、港澳同胞捐赠用于发展广东侨乡医疗卫生事业的款物，累计折合人民币35.69亿元，占捐赠总额的11.48%。新建、扩建医院、卫生院2308所，建筑面积238.73万平方米；捐赠各类救护车1678辆，CT机135台和其他先进医疗设备一批。

由海外侨胞和港澳同胞捐资兴建的台山市人民医院、潮州市中心医院、东莞方树泉医院、中山市人民医院、普宁华侨医院、新会市人民医院、顺德中医院、梅州市黄塘医院等均是当地设备最好、技术力量最强、功能齐备的医院。李嘉诚捐建的汕头大学医学院附属医院，霍英东和秘鲁华侨戴宗汉、戴贺廷捐助的广州华侨医院等，都在高、精、尖医学技术方面组织科研攻关，并在冠心病、器官移植、烧伤等领域上取得突破性进展。不少海外侨胞、港澳同胞还为医院的科研捐赠，设立基金会，促进医学专科人才的培育和科研队伍的成长。1998年10月，全省有102个县级以上医院和101个乡镇卫生院，分别被评为广东省“百佳文明医院”和“百佳文明卫生院”，其中80%是由海外侨胞、港澳同胞捐建或捐助的。李嘉诚捐建的汕头大学医学院第一附属医院被评为全国“百佳文明医院”。新会市人民医院被评为“全国卫生系统先进集体”。1980年和1995年香港景福集团杨氏家族共捐资3500万港元给中山市人民医院扩建和增购设备，被国家人事部确认为设立博士后工作站的三级甲等医院。海外侨胞和港澳同胞1979—2000年给江门市捐赠兴办医疗卫生事业6.71亿元，兴建医院、卫生院330所，建筑面积69.47万平方米。旅港乡亲利国伟捐赠1800万港元为江门市中心医院改建医务大楼之后，捐赠1100万元，为该医院购置DSA机，开展心血管神经系统介入诊疗、PTC冠脉内支架植入，填补该市医疗空白；捐资600万元兴建五邑中医院门诊大楼，并先后捐赠近亿港元给开平新建医院。由香港台山商会和旅港乡亲黄浩川、李伯荣、黄炳礼等一批乡亲捐资兴建的台山人民医院，是一所占地7500平方米，建筑面积66500平方米，医疗用房48500平方米，拥有500张病床，设有CT机全自动化分析仪等医疗设备130多台（套）的综合医院。海外侨胞、港澳同胞捐赠给广州市医疗经费折合人民币4.8亿元，占该市同期接受捐赠总数的21.8%，新建、扩建医院51所，建筑面积13.52万平方米。香港恒生银行名誉董事长何善衡先后捐资6360万港元，兴建中山医科大学附属一院新住院楼、中山医科大学何母刘太夫人中心实验楼、海珠区第一人民医院门诊楼。1984年霍英东捐资2000万港元，在广东省人民医院之广东省心血管研究所兴建“霍英东心脏中心”大楼，于1995年再捐赠30万美元，添置医疗设备，改善科研条件，1997年再次捐资1000万元人民币，用于安装中央空调和大楼重新装修。谭兆捐资700万港元，兴建广州市第二人民医院住院楼、捐资400万港元兴建广州儿童医院门诊部。海外侨胞、港澳同胞捐赠给梅州市医疗卫生2.54亿元，新建、扩建医院、卫生院912所，建筑面积22.78万平方米。旅港乡亲田家炳捐资1700万元兴建梅州市田家炳医院。湛江市接受海外侨胞、港澳同胞捐赠医疗卫生事业款物有2229万元，兴建医院、卫生院8所，建筑面积3.2万平方米。香港同胞许爱周的后代，1993年给湛江市坡头区捐资285万元，兴建人民医院许爱周门诊大楼。1989年，旅加拿大侨胞陈耀华捐资100万港元，兴建雷州人民医院家清堂门诊楼。辛如春、陈思寿等40位海外侨胞、港澳同胞筹资100万元人民币，兴建雷州人民医院“侨港堂”医技楼。香港同胞莫少莲与释瑞融法师捐资450万元，建3500平方米的慈航医院，并配置救护车及医疗设备。

海外侨胞和港澳同胞还为提高广东医疗水平出谋献策。祖籍台山的加拿大哥伦比亚大学儿科教授、卑诗省儿童医院新陈代谢研究室主任谢华真，被广州市儿童医院聘为名誉院长。1986年，他动员组织BC医院董事长、行政院长等一行15人访粤，促成广州市儿童医院与BC儿童医院结为姐妹医院活动，两院签订长期友好交流《备忘录》。谢华真捐赠一台价值10万美元的X光透视机和价值20万元人民币的医疗设备、教材、医学图书送给广州市儿童医院。至90年代谢华真先后从加拿大请来40多位医学护理专家来广州市儿童医院讲学，安排和接待广州市儿童医院30多名医护人员免费赴加拿大进修或参观学习，培养业务骨干。世界神经外科联合会第二副主席、香港神经科专家温祥来，1985年3月应聘任广州医学院名誉教授，在温祥来倡导下，广州医学院于1986年12月成立神经科学研究所，并聘请温祥来担任名誉所长。温祥来除为研究所筹集650万港元捐款外，还为研究所引进人才和资助选送专业人员出国进修，先后推荐美国、加拿大以及中国香港神经学界学者12人担任该所名誉教授、名誉顾问。

四、文化体育

1979—2000年，海外侨胞、港澳同胞捐赠或资助广东侨乡兴建、扩建文化体育场馆844间（项），其中新建图书馆、影剧院、文化宫、博物馆717座，建筑面积38.28万平方米；兴建体育场馆127项及赠送图书文物等一批，累计折人民币17.21亿元，占捐赠总数的5.54%。

捐建图书馆和捐赠图书资料。中山市中山图书馆、潮州市谢慧如图书馆、广州医学院图书馆、佛山市石湾苏李秀英图书馆、顺德梁銶琚图书馆、深圳南山区南山图书馆、开平县伟伦图书馆、司徒氏图书馆、新会景堂图书馆、江门文化交流中心、茂名谭华图书馆、信宜市图书馆博览中心、普宁流沙图书馆、兴宁图书馆等，都是海外侨胞、港澳同胞捐资或资助兴建扩建发展起来的。在著名侨乡台山市环北大道一公里内，汇集海外侨胞、港澳同胞捐建的图书馆、博物馆、科学馆、少年宫、电视大学、群众艺术馆等文化机构。1987年，曾宪梓、熊德龙、余国春等捐资人民币100万元，港币115万元兴建梅县剑英图书馆（现为梅州剑英图书馆）。原香港星岛报业集团主席胡仙，继承先父胡文虎“取之社会，用之社会”的遗训，于1995年5月将落实政策退还的广州 “永安堂”大楼捐赠给广州市政府，用于设立广州少年儿童图书馆。祖籍广东的海外侨胞和港澳同胞，对家乡开展新志书编修工作给予支持，不少人主动提供资料，捐赠书籍和资金，有16人成为各地修志机构（学会）的顾问。由华侨曾德坚1994年11月捐资60万港元兴建的梅州市曾晏泉方志馆，成为全国第一座由华侨捐资兴建的地方方志馆。岭南画派创始人之一高剑父之子高励节，将坐落在广州市盘福路朱紫街87号的先父故居（500平方米），捐给广州市政府用作春睡画院纪念馆，并将珍藏多年的高剑父手稿、写生册、国画作品、文献资料和《三高遗集》500册献给广州市文化局。海外侨胞、港澳同胞还捐献大批图书资料。香港汉荣书局董事长石景宜，自1978年以来向全国140多个城市的400个单位，赠送价值超过1.5亿元的300多万册珍贵图书资料。佛山、南海、广州市及暨南大学图书馆，共接受石景宜捐赠价值1500万元的图书、刊物、资料。广州图书馆先后受赠7批图书、期刊共5万册。1984年，广州图书馆设立永久性的“石景宜赠书陈列室”，其中不乏具有重要参考价值的图书，如《世界博物馆集》、《故宫元画精华》、《故宫青瓷图像》、乾隆年间精抄本《北西厢记》、1990年出版的羊皮面大型英文图书《圣经》等，以及其搜集内地、台湾失散于世界各地的《敦煌宝藏》全套共140册。1988年5月，美国肯塔基州路易斯维大学化学系主任王磊教授，将珍藏多年共60卷（1907—1968）536册的《化学文摘》赠送给广东省中山图书馆。1997年，佛山市接受石景宜捐赠的书画藏品9000幅及文艺类藏书5万册。中山市美术家协会接受香港同胞苏计成捐赠《东晖堂书画藏品选》共2250本。香港汉荣书局董事总经理石汉基，1986—1996年先后向广州市教育局、广州市及所属八区图书馆、市人大和部分新闻单位捐赠图书共96874册，折合人民币约900万元。此外，暨南大学、五邑大学等高等院校也接受过海外侨胞和港澳同胞捐赠的科技、文化图书、资料刊物等。

捐建博物馆及捐赠文物。位于广州市二沙岛的广东华侨博物馆，建筑面积约6000平方米，1995年4月20日奠基，1997年动工，1999年完成主体建筑工程。筹建之初，得到美国、英国、加拿大、荷兰、日本、巴西、泰国、缅甸、马达加斯加等国侨胞和港澳同胞热心捐助，其中泰国华人谢慧如捐资500万港元，香港台山商会捐资280万港元，缅甸广源集团董事长王勇捐资50万元。同时省侨办系统干部捐资和省政府注资共计近1000万元。海外侨胞和港澳同胞还给博物馆捐献一批文化作品，其中，美籍华人世界野生动物摄影师黄光寰，把他的《母爱》等68幅野生动物及自然风光照片捐献给广东华侨博物馆收藏，其中包括部分获世界大奖的作品。1988年，香港义和隆米业公司总经理、文物鉴藏家杨永德捐资150万元支持西汉南越王墓博物馆建设，捐资50万元作为“文物赴港展出经费”。1992年秋，杨永德向南越王墓博物馆捐出早年搜集价值约5300万港元的200件历代陶枕精品，经国家文物局鉴定，属国家一级品19件，二级品40件，其种类之齐全，窑口之众多，堪称世界之最。他还把两件极为稀罕的明代陶瓷赠送给北京故宫博物院，其中一件为国家首次收藏的珍品。90年代，当代岭南画派大师赵少昂将其120幅书画作品捐赠给筹建中的广州艺术博物院。岭南画派大师杨善深将其代表作《鹰》《红棉》等141件（册）及珍藏的伊秉绶、高剑父、陈树人、高其峰等艺术大师的书画作品57件捐赠给广州艺术博物院；英国华侨赵泰来将3000多件中国历代陶瓷、书画、元代唐卡和欧洲文物珍品捐赠给广州艺术博物院。1992年，美国旧金山华人画家和文物收藏家李如心给家乡斗门县捐资117万元兴建“兆珍博物馆”，并捐赠一批珍贵的中国历史文物给该馆收藏。同年3月竣工的台山博物馆，由香港乡亲黄炳礼捐资300万港元建成。珠海市南屏镇澳门乡亲杨松显，为保护家乡北山村的“杨氏大家祠”古建筑，先后捐资130万元作该祠修复之用。民国第一任总理唐绍仪的女儿唐宝珊，1992年和1993年，先后3次向珠海市唐家镇和珠海市博物馆捐献其先父一批珍贵历史文物。加拿大华侨霍宗杰向新会博物馆捐赠49件（套）古代陶瓷文物和艺术珍品。康有为后裔、香港同胞陈康静瑜向南海市政府捐赠澹如楼、康氏宗祠等一批仿古建筑。1990年由海外乡亲熊德龙、姚美良捐资兴建的叶剑英元帅纪念馆，在叶剑英家乡梅县雁洋镇落成。位于梅州市区的梅州市华侨博物馆，于1999年10月对外开放。该馆占地5000平方米，建筑面积11000平方米，总投资1945万元，其中侨胞和港澳同胞捐资1760万元，占90.4%。设有美国、泰国、印尼以及中国香港等12个展厅，展出梅州华侨出国史、奋斗发展史以及对家乡贡献事迹和客家风情。

捐建体育场馆。1979—2000年，海外侨胞、港澳同胞捐赠建设体育场馆资金累计折人民币6.31亿元。霍英东先后捐资兴建中山大学"英东体育中心"、中山体育场、番禺体育馆、体育场、游泳池等。香港同胞利国伟先后两次共捐资2000万港元，兴建广州市体育运动学校，并设立教学训练奖励基金，帮助培养运动员尖子和优秀体育后备人才。香港雅仕企业集团董事长陈怀德，捐赠245万元设立"广雅中学体育发展基金"，并捐资317万元支持广州市开展长跑、登山、足球比赛以及田径、体育舞蹈、艺术体操等活动。澳门旅游娱乐有限公司总经理何鸿燊捐资5000万港元，吴福捐资1000多万港元，兴建珠海体育中心。香港同胞马观适捐资1000万港元给斗门体育馆。潮汕籍海外侨胞、港澳同胞集资捐赠2000万元，兴建潮汕体育馆。泰国正大集团谢国民及其家族捐赠4530万元，在汕头兴建正大体育馆。香港兴盛贸易公司董事长刘军捐资650万元兴建信宜市体育馆。港澳同胞还捐建源兆体育中心、顺德体育中心、潮州体育馆等。省内各地有不少体育场馆、体育学校都曾接受过海外乡亲捐赠的体育器械、设备或赞助资金。

捐建文化中心。香港丽新集团董事局主席林百欣与汕头市政府合作，捐资兴建一座占地1.8公顷，建筑面积3.5万平方米的林百欣国际会展中心，于1997年11月10日落成。该中心成为汕头市举办国际经贸、科技和文化交流等重大活动场所，1997年11月，第九届国际潮团联谊年会在该会展中心举行。泰籍华人谢慧如、陈世贤在汕头捐资兴建1.23万平方米的潮剧艺术中心，成为广东潮剧研究、创作和排练场所。

五、道路交通

1979—2000年，海外侨胞、港澳同胞用于发展广东侨乡道路交通建设的捐赠折合人民币27.51亿元，占同期捐赠总额的8.85%。其中捐赠各类汽车7.62万多辆，捐资修建、扩建大小桥梁3490座。其中独资或集资兴建百米以上大桥124座，捐资1千万元以上的桥梁有黄宣充纪念大桥、黄张见纪念大桥、黄克兢大桥、洛溪大桥、台山公益大桥、荷塘西江大桥、嘉应大桥等。修筑乡镇道路21059千米。在海外侨胞、港澳同胞的大力支持下，广东交通运输事业发展迅速，全省侨乡100%的乡镇和98%的管理区通了公路。

兴建桥梁。1979—2000年广州市用侨胞捐资修建大小桥梁254座。由侨胞和港澳同胞独资或集资，采用收取路桥费还贷等形式兴建的有大石、沙湾、洛溪、九比等公路大桥和轮渡码头。全长1916米，宽15.5米的洛溪大桥，总投资9200多万元，霍英东、何贤等人捐资1700多万元，其余通过贷款、集资解决。梅州市先后兴建大小桥梁1037座，其中海外侨胞和港澳同胞捐资1.3亿元兴建横跨梅江两岸大桥13座，捐资金额占总投资的80%。1983年2月通车的百侯大桥、湖寮大桥，由旅港乡亲田家炳捐建。1984年，罗焕昌、曾宪梓、田家炳、刘宇新、余国春等乡亲捐资1200万元兴建嘉应大桥。1986年由海外侨胞和港澳同胞捐资1700万元建成的台山公益大桥，连接台山公益镇与开平水口镇。黄克兢、黄祖棠兄弟捐资5000多万元，兴建3座横跨银洲湖的大桥，使两岸一岛变通途。

修筑道路。海外侨胞、港澳同胞捐赠款物修桥筑路，以修建乡镇道路为主，连接省道、国道，全省共修筑道路21059千米，形成四通八达的交通网络。霍英东捐资2000万港元，修建岐关公路中山段39千米。1984年，香港同胞罗志清发动旅港澳乡亲集资100万港元，修建普宁流沙镇睦邻路。1997年，侨胞和港澳同胞捐资改建拓宽全程38.3千米的台海（台山至广海）公路。2000年9月，香港慈云阁有限公司给惠州市捐款200万元建慈云路。汕头、潮州、揭阳、梅州等市，用侨胞捐赠资金共修建道路6917千米，占全省侨捐筑路里程的32%。其中梅州市大埔县用侨胞捐资筑路1168千米，占该市筑路里程4828千米的24%，昔日交通不便的大埔县城，每日可开出上百个汽车客运班次，不仅连接全县乡镇，同时可直达广州、深圳、汕头及邻省福建的龙岩、漳州等地。

1979—2000年广东省华侨及港澳同胞捐赠建桥修路统计表

表8-1-3

市别	捐（折）款数（万元）	建桥（座）	修筑道路（千米）
广州	19142.00	254	618.00
深圳	6150.00	12	329.00
珠海	3027.23	15	424.36
汕头	17258.00	272	531.60
韶关	1028.00	16	40.00
河源	8330.00	84	131.50
梅州	31020.13	1037	4428.52
惠州	11303.91	457	3225.00
汕尾	12457.50	87	1803.80
东莞	5278.75	18	261.50
中山	18034.60	26	157.10
江门	48148.46	884	3761.08
佛山	24212.80	9	55.76
阳江	12045.00	19	305.00
湛江	1660.19	16	537.00
茂名	9917.00	20	150.00
肇庆	8800.00	34	2381.10
清远	14268.32	21	169.70
潮州	8795.00	30	252.80
揭阳	13763.80	143	1304.68
云浮	549.30	36	191.50
合计	275189.99	3490	21059.00

捐赠汽车。1979—2000年，海外侨胞和港澳同胞向广东省捐赠各类汽车76289辆，其中货运汽车37767辆，占49.5%；旅行客车25837辆，占33.9%；各类工具车5953辆，占7.8%，有力缓解全省交通运输压力。1979—1985年，海外侨胞、港澳同胞捐赠汽车，以捐赠货运、客运汽车为主，捐赠货运汽车36794辆、旅行客车23214辆，分别占同期捐赠汽车的54%和33.6%。1986年起，随着地方经济发展，国家减少进口汽车配额，鼓励捐赠国产组装车，捐赠进口客货运汽车相对减少，捐赠国产组装车、救护车及其他用途车辆增加。1986—

2000年，侨胞和港澳同胞共捐赠救护车1002辆、国产组装车1620辆，其他用途车366辆，分别占1979—2000年捐赠同类车辆的67%、100%和100%。

1979—2000年广东省接受华侨及港澳同胞捐赠汽车统计表

表8-1-4　　　　单位：辆

年份	总数	其中								
		货车	旅行车	吉普车	小轿车	救护车	客车	组装车	工具车	其他
1979	3978	2217	1259	—	195	80	—	—	227	—
1980	6875	2546	834	—	142	129	—	—	3224	—
1981	3606	2186	364	—	28	115	—	—	913	—
1982	2093	1795	166	—	33	56	—	—	43	—
1983	7895	6621	940	—	97	86	—	—	151	—
1984	28798	14812	11938	398	632	124	—	—	894	—
1985	15664	6617	7713	203	552	86	—	—	493	—
1986	194	133	11	1	2	47	—	—	—	—
1987	201	88	16	5	—	80	—	—	1	11
1988	1150	147	461	46	65	415	—	—	7	9
1989	200	5	129	15	13	37	—	—	—	1
1990	685	64	404	23	8	171	3	—	—	12
1991	1314	46	1009	51	20	133	1	—	—	54
1992	560	260	195	19	24	7	—	—	—	55
1993	915	94	162	6	16	9	4	623	—	1
1994	353	71	157	1	10	18	1	—	—	95
1995	1089	21	4	1	—	12	1	963	—	87
1996	173	43	34	—	23	6	—	34	—	33
1997	140	1	5	3	109	16	—	—	—	6
1998	170	—	18	2	120	29	—	—	—	1
1999	140	—	12	22	88	17	—	—	—	1
2000	96	—	6	7	78	5	—	—	—	—
合计	76289	37767	25837	803	2255	1678	10	1620	5953	366

六、工农业生产

改革开放后，海外侨胞、港澳同胞热心捐赠生产资料和设备，资助侨乡和亲属兴办企业，繁荣侨乡经济，促进工农业生产发展。1979—2000年，海外侨胞、港澳同胞捐赠生产资料和设备等款物折合人民币38.22亿元，占同期捐赠总额的12.3%。海外乡亲资助归侨侨眷和港澳同胞眷属兴办侨属企业有4.96万多家，捐赠各种生产设备6.81万多台（套），兴办开发性农业项目8100宗，开垦荒地6666多公顷，企业总资产279.91亿元，上缴税费21.54亿元，安排66.29万人就业。

捐赠生产设备。1978年，美籍华人养鸡专家许志俭与香港同胞刘浩清、邓焜共同捐资42.8万美元，引进机械设备、种苗等，由许志俭作技术指导，培训员工，在广州建起第一座养鸡企业——广州市机械化养鸡场。这是全国第一家由海外侨胞和港澳同胞捐建的现代化大型养鸡企业，有种鸡2.5万只，商品蛋鸡78万只，年产蛋9360吨，是当时全国最大的蛋鸡场。在80年代，每年供应广州市民优质鲜蛋，占市场销售量的70%。此外，鸡场还为各地提供大量优质种蛋、种苗，并为全国10多个省市培训上千名现代化养鸡专门人才。1990年6月27日，中共中央总书记、国家主席江泽民视察该企业并签名留念。1979年10月，新加坡侨商陈德熏捐赠一条价值100万美元的瓦楞纸箱生产线给广州市，创办羊城纸箱厂。该厂设备先进，管理科学，软技术、黏合技术、机上驳纸技术等均在全国同行业中居领先地位，纸箱质量达到国际标准，销售畅旺。1980年，祖籍佛山澜石镇的香港同胞周财给家乡捐赠一套卷闸生产设备，创办全国第一家卷闸厂——澜石卷闸厂，带动澜石镇发展卷闸工业，80年代中期，澜石镇有卷闸厂100家，被誉为“卷闸生产之乡”。海外侨胞、港澳同胞还引进国外先进生产工艺流程和科学管理水平，出资帮助培训企业科技管理人才。1990年，香港震雄机器集团主席蒋震出资8亿港元，创立蒋氏工业慈善基金会，鼓励和资助不同机构对工业推动以及带动经济发展的培训，鼓励和资助机械制造方面的科技和生产技术的改良以及新式生产母机的研究和发展。自1992年起，十年内该基金会每年资助广州市70名厂长、经理赴香港培训，总费用达1000万港元。1991年3月，东莞市旅港乡亲陈瑞球捐资1130万元，在东莞南城区板岭兴建72公顷的陈方柳枝实验农场（其中东莞市政府斥资300万元），与市农业科学研究所（现更名为市农业科学研究中心）合并，培育和引进农业优良新品种，为当地农户提供优质种子、种苗和技术培训；是当时省内由海外华侨个人捐赠开发性农业生产资金较大的一个项目。

资助侨属企业。1988年5月，国务院侨办发出《关于加强归侨侨眷接受国外亲友赠送进口小型生产工具管理工作的通知》，鼓励海外侨胞、港澳同胞对其在境内亲友所办的企业赠送进口小型生产工具，以利于发展工业、农业（种植业、养殖业）等开发性生产项目。侨属企业主要集中在广州、汕头、梅州、潮州、茂名、江门、河源、佛山等侨乡，侨属企业成为广东乡镇企业的重要组成部分。1988年广州市有侨属企业438家，至2000年发展到3079家，增长7倍，企业总资产20.19亿元，上缴税费9812万元，安排47726人就业，出口创汇4961万美元。该市增城县新塘镇大敦村，在海外亲友的资助下，从1982年兴办首家侨属企业起，至2000年发展到138家，其中制衣厂110家、洗漂厂8家、电脑绣花厂4家、服务企业16家，进口生产设备2700台（套），安排3500人就业，占总人口的53.8%。并创立“威狮”“金帆”等优质品牌牛仔服装系列，形成产、供、销“一条龙”。产品除内销20多个省市外，还通过边境贸易进入周边国家，并由香港销往英国、美国、新加坡等国，年产值1亿元，出口创汇10万美元。1979—2000年，汕头市归侨侨眷和港澳同胞眷属接受捐赠小型生产设备3.1万台（套），价值1.49亿元人民币，2000年年底全市侨属企业发展到10957家，企业总资产75.74亿元，安排24.77万人就业，出口创汇6.13亿美元，上缴税费4.24亿元。1999年汕头市政府表彰总资产超过1000万元的优秀侨属骨干企业36家，其中广东宜华集团1987年以8万元起家，发展至2000年拥有20家子公司，总资产13.1亿元，员工2450多人，创立“yihua”木地板系列产品，年销售10.33亿元，出口创汇5350万美元，税收4080

万元，其产品享誉国内外，成为一家大型民营企业。汕头大印象集团创立的“大印象”减肥产品系列，奥迪玩具实业有限公司创立的玩具“AULDEY”商标，金峰集团服装产品“KINGKEY”等均被国家和省评为驰名品牌商标。潮阳市侨属企业泰兴（中国）有限公司，至2000年，拥有眼镜专用设备5000台（套），年开发新产品500款，年产眼镜1200万副，营业额8.1亿元，成为汕头市侨属企业的“龙头”和科技创新大户。梅州市归侨侨眷、港澳同胞眷属结合山区特点，利用“赡家侨汇”和海外亲友资助，开发农业，至2000年，有侨属企业17057家，其中种养业有8083家、占企业总数的47.38%。商业2458家、小型工厂1612家、运输业1554家、建筑业496家、纺织业126家、陶瓷制作49家、服务业2337家、其他行业342家。企业总资产31.74亿元，从业58241人，上缴税费1.83亿元。至2000年，茂名市有侨属企业4304家，企业总资产29.67亿元，企业员工132878人，上缴税费6253万元，出口创汇2.1亿美元。潮州市有4200家，企业总资产59亿元，员工14850人，上缴税费11.15亿元，出口创汇4.68亿美元。江门市有3245万家，企业总资产25.36亿元，员工53607人，上缴税费1.18亿元，出口创汇15.55亿美元。河源市有1398家，企业总资产1.28亿元，员工13515人，上缴税费1075万元，出口创汇1200万美元。佛山市有417家，企业总资产6.6亿元，员工28761人，上缴税费1073万元，出口创汇812万美元。

七、其他公益事业

1979—2000年，海外侨胞、港澳同胞给家乡捐赠兴办公益福利慈善的款物折合人民币20.94亿元，占同期捐赠总数的6.73%。新建敬老院、托儿所2825间，建筑面积143.73万平方米，新建或改造自来水、饮用水工程3120宗，新建、改建乡镇公共厕所2328座，新建侨联大厦、侨胞之家等1131间，以及开展扶贫赈灾等善举。

捐建敬老院和托儿所。1979—2000年，全省海外侨胞、港澳同胞捐赠款物新建敬老院1478间，建筑面积82.02万平方米；新建托儿所1347间，建筑面积61.71万平方米。中山市接受海外侨胞、港澳同胞捐赠其他公益事业1.65亿元，建敬老院58间，建筑面积9万平方米；托儿所46间，建筑面积1.8万平方米。潮州市共接受海外侨胞、港澳同胞捐赠其他公益事业6721万元，建敬老院72间，建筑面积4.2万平方米；建托儿所76间，建筑面积4.3万平方米。旅美侨胞翁如亮1980年首次回潮州探亲，捐建一所敬老院。随后海外侨胞郑镜鸿、陈凯、杨启霖、许汉深、陆利添、陆钦清等都分别在各自家乡捐建一所敬老院。香港同胞沈广河捐资扩建潮州市福利院，为孤寡老人安度晚年和聋哑残疾人士提供生活场所。1995年，泰国乡亲徐廷侨捐资兴建占地2350平方米，建筑面积1380平方米的丰顺县附城敬老院。广州市接受海外侨胞和港澳同胞捐赠其他公益福利事业1.38亿元，建敬老院35间，建筑面积3.44万平方米，托儿所62间，建筑面积3.1万平方米。1991年，澳门中华总商会会长马万祺捐资126万元，兴建广州市荔湾区南源街老人康乐中心，成立南源老人基金会，荔湾区儿童基金会。江门市共接受海外侨胞港澳同胞捐赠其他公益事业经费3.95亿元，兴建敬老院351间，建筑面积23.9万平方米。托儿所408间，建筑面积15.26万平方米。其中香港同胞陈经兴捐资200万港元，兴建新会“怡园”敬老院。梅州市接受海外侨胞、港澳同胞捐赠其他公益事业1.48亿元，建敬老院264间，建筑面积2.63万平方米，托儿所190间，建筑面积3.19万平方米。1998年，加拿大华侨古欣麟捐建占地面积500平方米，建筑面积828平方米的梅县西阳老人活动中心，设有体育健身器材、桌球、棋类等娱乐设施供老人活动。此外，侨胞捐建的河源市油溪福利院、樟木头敬老院等在当地都较有影响。

捐建侨联大厦和侨胞之家。改革开放初期，海外侨胞、港澳同胞回家乡探亲、旅游日益增加，为解决他们食宿和做好接待工作，各市、县侨乡用部分捐赠资金共建侨联大厦、侨胞之家或侨胞接待站等共1131座。如连平县华侨大厦、龙川县华侨大厦、东莞市凤岗镇侨联大厦、开平市侨联大厦、新会市侨联大厦、江门侨联大厦、恩平侨联大厦、汕头市升平侨联大楼、阳江市侨胞之家等，既方便回乡探亲的海外侨胞和港澳同胞与亲人团聚，又改善各地接待条件，增加旅游收入。

改善生活用水、环境卫生。海外侨胞、港澳同胞十分关心支持家乡的生活用水，村容村貌建设等。1979—2000年，海外侨胞、港澳同胞帮助省内侨乡兴建或改造自来水工程3120宗，改造乡镇公共厕所2328座。其中潮州市旅外乡亲为家乡改造饮水工程86宗，34万村民受益。汕头市用海外乡亲捐赠的部分资金，在村镇兴建自来水工程254宗，改造公厕230座。潮阳市仙城区梅林村旅外乡亲捐赠铺设460米长涵管，修建蓄水池、过滤池，改善全村120多户人的饮水卫生条件。泰国侨领李光隆捐资200万元建成田镇龙泉水厂；郑午楼捐资1300万元，兴建乡村道路及改水工程等，并用其中的180万元建沙龙自来水工程。高要县旅港乡亲褚荞先后为家乡公益福利事业捐资2140万元，其中部分用于兴建自来水工程23项，解决两万多人的饮用水，还兴建高要国荞公园、金沙公园、榄塘风雨亭、榄塘广场、农田排灌等多项公益福利设施。东莞市石碣镇沙腰乡陈屋村旅港同胞陈仓捐资改造乡村公厕，并建起村自来水厂，使全村540多户村民告别世代饮用河涌水的历史。香港番禺工商联谊会名誉会长吴有沅，组织香港番禺大岗潭洲同乡会捐资400万港元，为番禺大岗潭洲建自来水厂一座并接通4条村的自来水管。揭阳、汕尾、顺德、鹤山、博罗等市、县也在旅外乡亲的资助下，开展改造饮用水工程、兴建自来水厂，建造公厕，改善乡镇卫生环境。

扶贫赈灾。海外侨胞、港澳同胞对广东侨乡的扶贫赈灾主要集中在90年代，捐款超过2亿元。1991年汕头市遭第7号强台风袭击，泰国知名华商谢慧如捐赠大米1000吨。泰国潮州会馆暨十县同乡会组织救灾慰问团飞抵汕头，慰问乡亲并捐款及大米合867万泰铢（约人民币173万元）。1994年，茂名市遭受洪涝灾害，同年又受15号强台风侵袭，海外侨胞和港澳同胞捐赠救灾款累计折合人民币5387万元。1994年英德县受百年一遇特大洪水袭击，香港新界社团联合会捐赠人民币100万元，帮助灾民修建房屋。香港知名人士林百欣先后捐资800万港元给广州、顺德、清远赈灾。1995年珠海遭受水灾，海外乡亲捐赠救灾款物1661万元，帮助灾民恢复农业生产。1998年，恩平海外乡亲捐赠1300万港元，帮助家乡恢复生产。1979—2000年，湛江市共接受华侨、港澳同胞捐助赈灾47宗，累计款物折合人民币2000万元。香港中山同乡会向家乡捐助赈灾款累计2600万港元。祖籍中山的香港添利工业国际（集团）有限公司董事李立，先后捐资1300万港元给广州市白云区作教育、扶贫等公益事业专项经费。

1979—2000年华侨港澳同胞捐办公益事业项目统计表

表8-1-5

项目	数量	建筑面积（万平方米）
新建扩中小学校	20800所	1421.80
建医院卫生院	2308所	238.73
建敬老院	1478间	82.02
建托儿所	1347间	61.71
建影剧院、图书馆	717座	38.28
建桥梁	3490座	—
修筑道路	21059千米	—
新建改建饮水工程	3120宗	—
新建改造乡镇公厕	2328座	—
修建水利工程	1670宗	—
建侨联大厦侨胞之家	1131座	—
成立各类基金会	1346个	—

第二节　投资兴办企业

1979—2000年，海外侨胞和港澳同胞在广东省投资兴办企业56570家，其中海外侨胞投资企业4147家，港澳投资企业52423家，分别占投资企业的7.33%和92.67%；总投资额为634.12亿美元，其中海外侨胞投资资金60.25亿美元，港澳投资资金573.87亿美元，分别占总投资额的9.5%和90.5%。港澳企业和资金均成为投资主体。

一、海外侨胞投资

1979—2000年，海外侨胞来广东投资办企业4147家，投资总额60.25亿美元。其中投资在100万美元以上的企业有2007家，占企业总数的48.4%。来自东南亚地区的投资企业有1114家，其次是美国685家，日本346家，欧洲各国333家，加拿大138家，其他国家1531家。海外侨胞投资企业覆盖全省21个地级市，侨资企业最多的前5个市依次是：深圳市1956家、汕头市368家、揭阳市350家、梅州市312家、广州市158家。余下1003家分布在其余16个地级市，数量最少的河源和云浮市各有3家。

投资工业和房地产业。海外侨胞来粤投资，由于受地域和资讯所限，初始是通过各级侨务部门“穿针引线”和“以港引侨”实现的。侨务部门主要向海外侨胞介绍中国和广东省有关鼓励外商投资政策及各地投资环境，热情引导和提供咨询服务。海外侨胞投资多以办企业为主，少有投资大型基础设施。1982年，经全国侨联副主席、省侨联名誉主席庄世平动员，泰籍华人郑亮荫首次到中国考察，在深圳蛇口与香港招商局合作投资8000万美元开发浮法玻璃项目，该项目的科技水平及规模，在特区创办初期备受国内外关注。深圳市侨办引介加拿大侨领梁伟洪投资3亿美元，在深圳兴建侨光广场，又促成美国国际投资合作基金集团与深圳银地公司合建深圳“菜篮子”工程。揭阳市侨办与所属县侨办促成旅泰华人纪文荣，在家乡投资10亿元，兴建“泰宝帝都”“泰宝商都”“泰宝乐都”项目。新加坡华人姚美良从90年代起，积极参与中国各地经济建设，先后与十多个城市合作投资19项实业，资金总额5亿多元。其中在广州市投资3亿多元兴建嘉应宾馆等3个项目。加拿大富力新科技发展公司总裁、广州富力地产集团公司总经理张力，1992年起先后在广州市天河、荔湾区投资3.48亿元，开发富力花园、富力广场（西区）以及天兴大厦住宅小区商住楼等。1995年9月，经省侨办牵线，印尼材源帝集团与广州渔轮厂签订协议，向渔轮厂订造总价3000万元的25艘远洋捕捞渔船和300万美元的6艘冷冻渔轮。1996年，广州市侨办促成美籍华人、享有“有线电视之父”雅誉的余佰利投资1500万美元，引进当时世界最新的有线电视器材，在广州黄埔区兴办电视器材公司。2000年8月，马来西亚泡舒工业有限公司投资5000万美元与汕头飘影洗涤用品有限公司合作，在汕头设立油脂精炼厂。马来西亚福塑胶厂同期投资600万美元，在澄海市建立塑胶制品厂。

投资开发农业。1982年泰国正大集团谢国民在汕头投资741万美元及1000万港元独资开办饲料、种鸡、种猪、屠宰、地毯织绒等企业，在深圳投资6000万美元开办饲料、鸡苗企业。1983年，致公党广东省副主委李维纲和香港同胞杜美兰引介外商与广州市农场管理局合作，投资1400万美元创办广美香满楼畜牧有限公司，这是改革开放后广州市开办的第一家中美合作农业企业。1985年4月，美籍华人回祖籍家乡投资办农业，成立“台山大同开发有限公司”，合作期20年，开发土地59.33公顷，兴办果场、塘鱼养殖及养猪等，引进国外先进养殖和管理技术，培训技术人员，种植优质柑橙，挖塘养鱼，强调综合利用，保持生态平衡和环境保护，既改良土壤又提高经济效益，被乡亲誉为在台山投资开发农业生产的第一人。1987年9月，省长叶选平视察台山，赞扬大同果场办得好，为开发侨乡农业做出贡献。

二、港澳同胞投资

改革开放后，港澳同胞率先来广东投资办企业，创办企业数量和投资金额均占海外侨胞和港澳同胞投资办企业和资金总数的九成以上。1978年7月，香港同胞张子弥到东莞市虎门镇投资60万港元，开办全国第一家“三来一补”（来料加工、来样加工、来件装配、补偿贸易）企业手袋加工企业——东莞县太平手袋厂。1979年11月，香港同胞霍英东与澳门同胞马万祺、何鸿燊投资4000万港元，与中山市合作，动工兴建中国内地首家粤港澳合作宾馆——中山温泉宾馆。1979年，霍英东与广东省旅游局签约，投资5000万美元，在广州沙面兴建白天鹅宾馆，并把宾馆建成全国第一家加入“世界一流酒店”组织的五星级宾馆。同年，香港同胞刘耀柱引进小轿车300辆，与广州市公用事业局合作，创办全国首家“扬手即停、计程收费”的中外合资出租车公司。上述合资合作企业，揭开改革开放后外商进入南粤大地投资的序幕。1979—2000年，港澳同胞来粤投资企业52423家，总投资额573.87亿美元。其中投资在500万美元以上的企业有4316家，占企业总数的8.2%。港澳同胞投资企业分布在全省21个地级市，其中最多的前5个市依次是：深圳市17382家、东莞市

10900家、广州市6708家、珠海市2869家、江门市2017家。最少的清远市和阳江市亦分别有179家和19家。

“三来一补”企业。港澳同胞先是通过“三来一补”或与广东企业合资、合作的形式，产品销往港澳地区或国际市场，以“前店后厂”方式经营。开始投资以短线、平稳、见效快的项目为主，行业多以酒店、餐饮、来料加工装配、服装、玩具、维修等。到1991年年底，东莞市有“三来一补”企业5000多家，引进国外先进生产设备45万台套，实际利用外资总额13亿美元，生产和加工装配的产品发展到电子、电器、纺织、服装、首饰、钟表、食品、建材、工艺美术等十多个行业，品种4000多个，收取工缴费超过20亿美元，有力推动东莞经济迅速增长。香港镇泰集团的黄铁城、卢沃堂与陆洪邦，1983年在广州市白云区开设玩具厂，先后投资4.5亿港元，逐步发展成具有7间厂的企业，并在番禺兴建一座现代化玩具工业城，拥有8间子公司，厂房建筑面积31.7万平方米，安置就业2.5万人，产品主要外销，出口总值近20亿港元，创汇6500万美元，1999年获番禺市政府授予依法纳税大户称号。

投资房地产和基础设施。1984年5月，中共中央、国务院批转《沿海部分城市座谈会纪要》，进一步开放天津、上海、广州和湛江等14个沿海城市，扩大地方权限和对前来投资办企业的外国人士、华侨、港澳同胞、台湾同胞及其公司、企业（客商）给予优惠政策待遇。继霍英东等人投资中山温泉宾馆、广州白天鹅宾馆后，香港合和集团董事局主席胡应湘与李嘉诚、郭德胜、冯景禧、郑裕彤、李兆基等人组成“新合和有限公司”，在广州投资兴建中国大酒店，于1984年6月正式开业。利铭泽、黄球、叶汉等28位港澳同胞出资在广州创办花园酒店，于1985年8月开业，邓小平为该酒店题名。广州白天鹅宾馆、中国大酒店、花园酒店3家五星级合资大酒店，在80年代、90年代名扬海内外，为提高广州接待水平、促进改革开放做出贡献。1990年6月，省政府颁布《广东省关于引导外商投资的若干规定》，1991年4月，全国人大常委会公布《中华人民共和国外商投资企业和外国企业所得税法》，鼓励外商（含华侨华人和港澳同胞）投资发展基础设施、交通、能源、港口、码头以及新高科技产业，政府给予税费和土地使用期限的优惠。此后，港澳投资逐步从珠三角地区向粤东、粤西两翼转移，向国家鼓励投资方向发展。1990年以后，“三来一补”企业逐渐减少，中外合资或外商独资创办企业增多，并向交通、能源、机电、房地产、农业高新科技领域转移。1993—2000年，李嘉诚在广东的投资超过90亿元，参与深汕高速公路、汕头海湾大桥、汕头国际集装箱码头等一批重点基础设施和市政工程项目建设。李嘉诚与广东省电力工业局、珠海市电力公司在珠海兴建发电厂，总投资107亿元，李嘉诚与广东省电力工业局分别占45%的股份，珠海市电力公司占10%的股份。香港侨鑫集团有限公司董事长周泽荣，在广州建设五羊新城、天河新城、保税区、高丽花园、富景花园、富星商贸大厦、广东外商活动中心、广州国际贸易中心等项目，总投资22亿元。1996年再投资16亿港元，兴建汇侨新城，其中有9万平方米房屋交给广州市政府用于落实城镇华侨房屋政策。香港新世界集团总经理郑家纯1996年年初与广州市政府达成全面合作协议，先后投资170亿元兴建珠江新城、解放大桥、鹤洞大桥、江湾大桥、北环高速公路以及集贤庄新世界花园等项目。香港恒基地产有限公司总经理李兆基，投资46.76亿港元，开发广州市芳村大道、海珠广场房地产项目。霍英东在番禺填海工程及建设南沙“新海滨城市”等项目投入30亿港元。胡应湘的合和集团，除参与投资广州中国大酒店外，还先后投资建设深圳火车站联检大楼、沙角火力发电B厂等项目。1979年胡应湘根据世界各国经济发展的经验，多次向省政府有关领导提出以收取路桥费还贷款修建高速公路及桥梁的建议，是主张在广东修建高速公路的第一人。限于当时广东经济实力和观念的影响，历经15年后，1994年广深高速公路才建成通车，随后兴建广深珠高速公路、广珠段和虎门大桥、广州东、西、南环城高速公路等大型基础设施项目，并逐步引进通讯监控、电子收费等先进技术。1994年6月20日，马来西亚《星洲报》以《港商投资中国大陆有新的突破》为题，报导“香港合和集团在中国建设的高架桥面积，相当于广东改革开放以来十多年筑桥面积的总和及香港开埠150年来建桥总面积。”据统计，胡应湘的合和集团在上述项目投资累计达50亿美元。港澳同胞投资的房地产和基础设施项目，大大缓解广东交通、能源、住房的紧张，并促进国人更新观念，更新广东社会经济的繁荣。

农业投资。1984年，香港屏山企业有限公司总经理陈伟南与广州市畜牧总公司合资，创办穗屏企业有限公司，引进瑞士自动化饲料生产线，生产“宝鼎”牌粒状全价饲料，畅销海内外，获广东省三资企业“金匙奖”，在第一、第二届中国农业博览会上获5项金奖。1992—1995年，香港义和隆米业有限公司总经理杨永德在茂名市高州县投资1亿港元，改造荒山233.33公顷，种植优质龙眼等水果，并与中国农业科学院土壤研究所共建“绿化生物有限公司”，生产生物菌肥料，成为全国首家港商投资“三高”农业企业。杨永德还在茂名市投资1亿元办1333.33公顷果场。港澳同胞江可伯在茂名高州投资3200万元，创办520公顷果场。1996年两人均获茂名市政府颁发突出贡献奖。1992年，香港同胞区景泰在家乡番禺先后投资1.1亿元，成立东升农场有限公司，开垦土地520公顷，兴建华南地区最大的无公害蔬果标准化生产基地，是集生产、加工、包装、保鲜、销售于一体的大型现代化农业企业，带动珠江三角洲、粤东、粤北以及北京、上海等地农业大户发展蔬果种植，被省、市政府授予农业龙头企业称号。1996年，梅州市侨办协助引介港商叶华能投资1000万元，在梅县雁洋兴办集旅游购物、品茗于一体的“三高”农业日日香茶场，开发山区旅游业。

1979—2000年华侨华人、港澳同胞在粤投资企业统计表

表8-2-1

市别	港澳商投资企业				华侨华人投资企业									
	企业数（家）		投资额（万美元）		企业数（家）		投资额（万美元）		华侨华人企业所在国别（地区）分布情况（家）					
	总户数	其中投资500万美元以上企业户数	总金额	其中港澳商投入金额	企业数	其中投资100万美元以上企业数	总金额	其中华侨华人投入金额	美国	加拿大	日本	欧洲	东南亚	其他国家
合计	52423	4316	9350418	5738751	4147	2007	1039028	602501	685	138	346	333	1114	1531
广州	6708	855	1896889	1475827	158	72	50323	32758	42	9	21	22	45	19
深圳	17382	867	1888596	1066635	1956	1023	148349	86106	411	59	254	176	137	919
珠海	2869	358	696000	509900	155	90	57143	36000	20	5	3	5	73	49
汕头	1888	174	499037	284773	368	206	203418	99110	28	8	14	25	130	163
韶关	439	40	84044	56832	37	26	18320	14817	14	3	5	2	8	5
河源	256	25	28588	21878	3	1	290	260	0	1	0	0	0	2
梅州	1114	64	155666	99194	312	50	40463	4853	12	2	4	6	169	119
惠州	2026	187	396813	284300	89	64	108137	89532	27	2	5	8	21	26
汕尾	243	28	75980	21080	32	15	21608	5923	3	0	1	2	23	3
东莞	10900	408	908195	568258	50	38	12279	12279	4	14	5	4	9	14
中山	1169	86	304242	211566	148	79	56394	40325	22	3	11	64	23	25
江门	2017	186	624294	299235	132	74	72832	31593	20	5	0	0	40	67
佛山	2525	750	946765	427493	164	102	111781	56926	30	7	9	11	33	74
阳江	19	2	21282	13255	7	4	6087	5305	2	4	0	0	0	1
湛江	234	22	129983	32232	6	5	4116	1115	1	0	0	0	3	2
茂名	396	37	105626	30542	38	17	5498	3029	10	7	2	0	5	14
肇庆	292	27	142179	54813	31	20	13648	11688	5	5	3	2	6	10
清远	179	17	137337	91498	16	11	7123	5816	8	0	0	0	8	0
潮州	532	49	127396	38853	92	39	23061	8215	20	1	5	3	61	2
揭阳	813	95	23247	18365	350	70	75600	56700	5	3	4	3	320	15
云浮	422	39	158259	132222	3	1	2558	151	1	0	0	0	0	2

第三节　促进交流与合作

一、促进中外文化交流

中国的改革开放政策开启中外交流的新局面。广东籍华侨华人积极促进中外的文化交流，一方面在当地社会中大力介绍中国的新变化，组织或者推动所在国组织团体到中国访问，一方面牵线搭桥，协助中国有关团体和个人出国交流。

有“华人白求恩”之称的谢华真，祖籍台山，是加拿大皇家医学院院士，哥伦比亚大学教授。自1986年第一次访问中国之后，到2000年年底止访问中国超过100次，积极促进中加医学交流事业。在第一次访问中国后的一个月，就促成广州市儿童医院与加拿大卑诗省儿童医院结成姐妹医院。1987年5月，在他努力下，成立“加中儿童健康基金会”。1991年，又促成加中儿童健康基金会与中国卫生部共同设立 “诸福棠奖金”。1995年后，在他倡导下，中国在全国实施“爱幼中心”计划，先后建立80多个“爱幼中心”。为表彰他对中国医疗卫生事业的贡献，中国政府于1997年授予“中国友谊奖”，中国卫生部授予“国家卫生奖”。美国华人陈庆筠，1982年后经常来中国各地访问，1984年组建三艾公司，协助中国引进欧美食品、饲料、化工等设备和技术，他被多个地方聘为经济技术或食品工业顾问。美国华人陈燕多年来致力于促进中美文化交流，她多次率领夏威夷呼拉舞艺术团参加上海国际儿童艺术节，并组织夏威夷大学教授到北京、河南等地培训中小学教师；同时，她组织中国的大学教授、酒店管理人员、医生等各类专业人才到夏威夷接受业务培训，并先后3次组织上海少年宫儿童艺术团到夏威夷进行表演，推介中华文化。日本华人马伟鸿，生于顺德，曾经担任横滨华侨总会会长，他团结华侨华人，推动中日文化交流活动。1980年秋，他在横滨策划举办上海工艺展览会，在当地引起轰动。横滨市政府为表彰他的贡献，授予“市民文化奖”， 马伟鸿成为首位获此殊荣的华人。马达加斯加华人陈兆昌，生于广州，早年移居马达加斯加，1972年中马两国建交后，即开办东方书店，专门销售中国出版的中、法文书刊和图片，从香港和平书店和三联书店进口中国图书报刊，后来又成为中国国际书店在马达加斯加的总代理。他每年都以中国图片和电影相配合，在马达加斯加举办一次中国书刊展销活动。他专门买了一辆面包车作为流动书店，经常载着书刊到各地去巡回推销，东方书店从而成为马达加斯加人民了解中国的重要窗口。担任过澳大利亚悉尼市副市长的曾筱龙（祖籍五华县）是一名建筑师，他致力于宣传中华文化，推动澳中交流，悉尼唐人街旁的中国花园——谊园，就是他参与策划修建的。祖籍番禺的乌延祥，1976年移民澳大利亚，1995年当选为澳大利亚艾士菲市议员，在其任期内，倡办多元文化节，首创庆祝农历新年，设立中文图书馆，建立黄大仙庙及华人先驱梅光达像，资助艾士菲市儿童舞蹈团到上海等地演出，促进中澳文化交流。

改革开放后出国的新移民，在促进中外文化交流方面亦发挥了独特的作用。在英国，毕业于广州中医学院、从广州移民英国的罗鼎辉，1983年在伦敦唐人街开设英国第一家中医诊所。1986年，她用中药治愈一个英国皮肤病患者之后，名声大噪，英国广播公司、

《泰晤士报》等主流媒体做过专门报道，前来求医的英国患者在她开设的诊所康宁堂外排起长龙，中医药的治疗效果开始为英国民众所认识。英国民众对中医药的需要促进了中医药业在英国的发展，中国内地不少中医专业人才因此移民英国，中医诊所开到英伦三岛。为联合英国的中医药业力量，罗鼎辉等人经过筹划，于1994年成立英国中医药学会，罗鼎辉被选为第一任会长。短短的十几年，全英国的中医诊所到1998年便达到3000家。而在过去，欧洲也只是在70年代兴起过针灸热而已。欧洲的中医药事业可以说是在新移民的带动下才得到很大的发展，而罗鼎辉在此之中起到开拓性的作用。1984年从广州移居法国的黄国平，热心促进中法文化交流。1995年，黄国平赞助法国钢琴家瓦尔蒙兄妹到广州、佛山三水和肇庆等地专场演出，1996年又协助安排武汉歌舞团在法国的临时演出活动。为促进中法文化交流，她邀请广州外国语学院的教授到法国开设中文讲座，讲授中国的传统文化。黄国平还在1997年参与创立广州文化交流协会，并聘请法国干邑市市长担任名誉会长，以促进中法友好文化交流活动，黄国平的努力得到社会的肯定，1998年，黄国平被授予“广州市荣誉市民”称号。

二、推动中外友好合作

牵线搭桥，促成广东与外国建立省市友好关系。1983年，在日本兵库县广东籍华侨华人的努力下，兵库县与广东省结成友好省县关系，此后双方之间的友好往来日益密切。韶关翁源县周陂镇龙田村是明代抗倭名将陈璘的故乡，陈璘在韩国全罗道海南郡的后裔在90年代与翁源县接上联系后，积极促进韩国与故乡的关系，1995年首次组团访问翁源县，此后翁源县回访韩国，双边的关系日益密切。1999年翁源县与韩国海南郡正式结成姐妹郡县。更多的海外华人主要是发挥他们在所在国的社会影响力，促成或者协助广东与所在省市建立友好关系。加拿大蒙特利尔华人谭振樵，曾担任加拿大联邦政府多元文化部顾问，他积极支持中加两国的友好合作和交流，促成魁北克省与广东省结成姊妹省。余宏荣，祖籍台山，1982—1986年连任两届温哥华市参议员，任市参议员期间，多次率团来华访问，并促成广州与温哥华结成友好城市。美国华人邓伟利，祖籍开平，1992年当选亚利桑那州美莎市市长，1994年促成美莎市与广东省开平市结成姊妹城市。广州与洛杉矶结成友好城市，余江月桂与胡顺等美国华人都出了力。胡顺在促使洛杉矶与广州市在1981年12月8日结成友好城市后又成立洛杉矶广州友好协会，继续开展促进两地友好关系的工作。因此，在1996年被广州市政府授予“广州市荣誉市民”称号。澳大利亚华人郑嘉乐，祖籍中山，被誉为中澳友好关系的民间大使。中澳建交后，他参与创办澳华公会，出任澳中友好协会新南威尔士州分会副主席等职，为促进中澳友好关系、加深华人社会与当地主流社会的交流发挥了重要的作用。

海外华人经常参加所在国的访华团访问中国，为促进所在国与中国的友好关系贡献力量。老挝华人张贵龙与老挝官方有着良好的关系，老挝的总理、副总理、政府部长率团出访时常常邀请他随同，从1992年以来先后已达10多次。老挝代表团每次出访中国，他便是代表团的主要成员。他还参与接待到老挝进行友好访问的中国领导人以及中国各级党、政、军、人民团体等众多代表团。在法国，被誉为“民间大使”的何福基曾于1991年和

1995年两次陪同法国保卫共和联盟副书记萨科齐访华。在中外关系有时处于低潮的时候，海外华人起到调节作用。1989年春夏之交北京发生政治风波后，在当时法国政界和舆论界对中国存在很深误解的情况下，何福基安排法国政界元老菲龙访华。回到巴黎后，菲龙召开记者会，以自己的真实观察和感受介绍中国的实际情况，为促进两国关系的改善发挥重要作用。经济关系是中外友好关系的组成部分。出生于广州的美国华人张泳霞1992年参与筹备“纽约亚洲商贸理事会”，以促进中美交流和商贸合作。1995年，纽约亚洲商贸理事会正式成立后，张泳霞担任副会长。从1997年开始，纽约亚洲商贸理事会每年组织纽约商贸代表团到广州参加春秋两届广交会，不定期向商会会员作关于中美市场经济、投资环境和贸易前景等报告，以推动中美经贸关系的发展，在此之中，张泳霞做出许多努力。

海外华侨华人在国外扮演东道主的角色，接待中国出访的各种代表团。美国华人李秀兰曾经担任美国华人协会主席，长期担任美国华人协会亚特兰大分会主席，多次热情接待来自中国的各类官方代表团、艺术团体和学者，其中在1996年亚特兰大奥运会期间，组织集会欢迎中国体育代表团，举办新闻发布会介绍宣传中国体育代表团的情况。海外华侨华人还积极协助中国代表团办理相关访问手续。

第四节　荣誉市民

一、授予“荣誉市民”办法

为表彰海外侨胞、港澳同胞对当地经济社会发展的贡献，广东各地对贡献突出的海外人士授予“荣誉市民”称号（简称“授荣”）。广东省没有统一制定“授荣”办法，由各地根据当地情况制定并实施。最早开展此项工作的是广州市。1984年10月，广州市政府印发《广州市华侨、港澳同胞投资优惠暂行办法》，首次提出关于授予“荣誉市民”称号的条款。1985年5月，该市侨办经市政府同意，草拟并印发《〈广州市华侨、港澳同胞投资优惠暂行办法〉若干说明》，对“授荣”办法作出规定。其中“授荣”条件有3点，即1978年以来无偿捐赠折合人民币累计100万元以上；为广州引进先进技术设备投产后年利润达500万元人民币；对培养人才，提高管理水平等有突出贡献者。1993年年初广州市侨办草拟《广州市授予荣誉市民称号办法》（简称《办法》），于同年2月以市政府名义印发。《办法》所列“授荣”条件除上述外，增加在传授新技术、开发新产品，促进对外交往、建立友好城市关系，发展经贸、文化事业的交流合作等方面做出重大贡献者等内容。《办法》并规定“授荣”的程序，即对具备上述条件之一者，属华侨华人、港澳同胞的，由推荐单位向市侨办申报；属外国友好人士者，向市外办申报。由市侨办或外办报市政府审核，再由政府提请市人大常委会审议通过。被授予称号的人士，由市政府举行仪式，颁发证书、证章。同时通过报刊、电视台、电台等各种形式，对其事迹予以表彰。1996年年初，广州市侨办草拟《广州市授予荣誉市民称号办法实施细则》（简称《细则》），并于同年6月由市政府印发，与《办法》一并执行。《细则》对原“授荣”条件次序上做出调整，把引进资金、人才放在第一，捐赠改为第三，且增加具体内容。如规定，在本市辖区内生产性投资项目实际投入折合人民币1亿元以上，非生产性项目实际投入折合人民币2亿元以上，且经济和社会效益显著者；热心为本市发展社会公益福利慈善事业，无偿捐赠折合人民币500万元以上者。

全省有"授荣"活动的地级市及经济特区，多由同级政府颁发《授予荣誉市民称号办法》或《暂行规定》等。"授荣"程序与广州基本相同（注：有的城市向荣誉市民颁发证书和金锁匙），"授荣"条件则因地而宜。在珠江三角洲及粤东一些侨乡，因经济发达、交通便利、投资环境好，前往兴办企业或资助公益事业者众，故"授荣"条件中有关捐赠、投资的数额相对较高，如捐赠累计须达300万元～500万元人民币或港元，投资1000万美元或1亿元人民币以上。潮州市1995年首批授予称号的12名，捐赠均在1000万元人民币以上，投资则超过1亿元。而在清远、茂名、梅州等城市，由于经济发展及地理位置等差异，荣誉市民的条件也相应不同，如要求捐赠累计达100万元～300万元人民币或港元，投资100万美元或1000万元人民币以上等。韶关市政府1998年制定的"授荣"条件，规定捐赠额在60万港元或投资300万美元以上。河源市于1996年规定，荣誉市民的投资要在200万美元以上。各地由侨务部门负责推荐华侨华人、港澳同胞的，有广州、汕头、韶关、河源、梅州、惠州、东莞、中山、江门、佛山、茂名、潮州等市。

荣誉市民被授予称号后，所在城市给予一定礼遇，其中广州、珠海、汕头、韶关、河源、惠州、东莞、中山、佛山等市，分别把有关待遇列入市政府的"授荣"办法之中，比较相同的内容有：应邀参加本市举行的重大庆典活动，享受贵宾礼遇；进出所在地区口岸，各查验单位给予宽检礼遇等。广州、佛山、韶关、东莞、中山市荣誉市民可免费在本市指定医院进行健康检查。广州市规定，对荣誉市民在穗房产，依法优先处理；对其直系亲属报考广州有权录取的各级各类学校，给予优先照顾，为在港澳地区的广州荣誉市民申办来往穗港澳直通汽车牌照，至1999年共办理82辆。佛山、韶关、梅州、东莞、中山市则规定，荣誉市民乘坐自备车辆在该市区域停留期间，免收过路过桥费。佛山、韶关市并规定，在该市投资办企业或公益事业、自置物业时，同等条件优先安排，享受政策优惠。上述城市以及潮州、揭阳等都颁发"荣誉市民证"或"口岸优先证"，荣誉市民在该市所辖地区活动时，有关部门凭证提供方便。

二、授予"荣誉市民"活动

（一）概况

据统计，1979—2000年全省21个地级以上城市都开展授予"荣誉市民"称号活动，共有荣誉市民1466名（至2000年已故105人），其中华侨华人204人次，港澳同胞1139人次，台湾同胞27人，合计1370人次（有54人被2个以上城市授予"荣誉市民"称号，故实有1288人），占荣誉市民总数的93.4%。其余为外国人94人次（有2人被2个城市授予称号，实有92人），内地人士2名。此外，有不少县（市）也举行"授荣"活动，在90年代后期大多已转授为所辖地级市的荣誉市民。"授荣"时间始于80年代的有广州、中山和汕头市，共授予"荣誉市民"29名，其余98%都在90年代。荣誉市民人数超过100名的有广州、深圳、梅州、江门、佛山和清远市。有的华侨华人、港澳同胞分别在本省多个城市投资或捐资办公益事业，符合该市的“授荣”条件，如香港长江实业（集团）有限公司董事局主席李嘉诚先后被广州、深圳、珠海、汕头、江门、佛山和潮州市授予“荣誉市民”称号，香港田氏化工有限公司董事长田家炳则成为韶关、河源、梅州、惠州、清远、东莞和云浮市荣誉市民。还有不少海外人士分别是夫妻、父母子女或兄弟姐妹关系，改革开放后相继回国（内地）捐助公益项目，或继续投入资金、引进技术，或父辈投资子女管理，一家数人分别被“授荣”。其中全国政协副主席、香港中华总商会会长霍英东，本人是广州、韶关、中山、佛山荣誉市民，其夫人及3个儿子则是广州荣誉市民。类此情况的荣誉市民在广州有56名，江门33名。

首位荣誉市民出现在广州。1979年7月，美籍华人许志俭因引进养鸡先进技术，协助该市办起全国第一个机械化养鸡场而被授予“荣誉市民”称号。由于当时尚未制定相关文件，故未举行“授荣”仪式。1986年7月8日，广州市政府根据市人大常委会的决定，为第1批共3人举行授予“荣誉市民”称号大会，向许志俭（补办）、陈德薰（新加坡籍华人）、卜格（德国人）颁发“荣誉市民”证书和证章。至2000年10月，该市先后10批共298人（含外国友人23）获广州荣誉市民称号，其中华侨华人、港澳同胞275人（祖籍广东占88%），为全省“授荣”人数最多的城市。按推荐条件分类，以捐赠为主的占50%，以投资为主的占34%，属引进技术、培训人才及促进对外友好交流的占16%，其中海外专家、科学家16人。如梁甦华（1918—1989），加拿大籍华人，祖籍江门，在其担任加拿大中国文化研究中心主席和温哥华—广州友好城市协会主席期间，致力于促进中加文化、教育及社会活动的交流，1986—1989年先后4次获温哥华地区颁发的“卓越贡献”等奖项，1987年被广州“授荣”。张定兴，美籍华人，祖籍揭西，美国眼科学院院士，原中山医学院1970届毕业生，于1993年始先后5次到穗讲学，传授白内障人工晶体技术，赞助8名国内眼科医生到美国参加学术会议和短期培训，1996年捐资10万美元购买全套超声乳化手术设备给中山医科大学附属第三医院，2000年被授予“荣誉市民”称号。有48%的荣誉市民是综合型的，即既有捐赠又有投资或引进，以90年代中后期被“授荣”者为多。有16位华侨华人、港澳同胞因在“授荣”后继续对广州做出重大贡献（捐赠累计1000万元人民币以上，或实际投资5亿元人民币且已取得显著经济效益者），于1996年6月获市政府颁发“杰出贡献奖”。据统计，广州荣誉市民在该市捐办公益事业折合人民币14亿元，投资及引介投资总额为580亿元人民币。

全省各地荣誉市民，在90年代前期以捐赠为多，后期则投资者众。江门市于1993—1997年共3批授予“荣誉市民”284人，其中华侨华人、港澳同胞273人。按推荐条件区分，捐赠与投资分别占54%和45%。其中1997年“授荣”的81人中，属引进资金技术者有50人，占是次荣誉市民总数的61.7%。珠海市于1997—2000年共“授荣”37人，属引进资金设备的有28人，占荣誉市民总数的75%。汕头荣誉市民（60人）在该市的投资达35亿美元，捐赠30亿元人民币。惠州市荣誉市民（69人）实际投资总额共171亿元人民币。

各地在召开“授荣”大会期间及其后，都通过报刊、电视、侨刊、画册，或撰写传记、方志等形式，对荣誉市民予以宣传，借此推介当地经济社会发展状况，以吸引更多海外人士前往投资或兴办公益事业。广州市侨办于1989—2000年，先后编印有关荣誉市民专刊5种共发行5.7万册。其中1994—1997年与市社会科学院合撰的《广州市荣誉市民传》，共四卷87万字（主编为市长、市人大常委会主任，广东人民出版社发行），列入传记的荣誉市民有114人。期间又创办《荣誉》杂志，是全省唯一以荣誉市民及其亲友为主要读者群的侨刊，至2000年共出9期，每期印3000册～5000册，封面人物均为荣誉市民。广州市侨办主编的《广州市志·华侨篇》及《广州侨务与侨界人物》，记载着广州市第1批至第9批荣誉市民的名录与事迹。1993年2月5日，国家主席杨尚昆、广东省长朱森林出席广州市第6批授予"荣誉市民"称号大会，杨尚昆并在会上发表讲话，是日中央电视台在新闻节目中予以报道。1997年始广州市侨办与广东电视台合作，摄制《广州荣誉市民》专题系列片，在广东卫视《华人世界》《港澳台之窗》栏目中陆续播出，至2000年共播出32辑。梅州市编修的《梅州市华侨志》，登载116名荣誉市民的照片和事迹，并在电台、电视台播放，在《梅州日报》《梅州侨乡月报》等刊登。

（二）各地荣誉市民名单

广州市（298人）

1986年（3人）：许志俭（美国）、陈德薰（新加坡）、卜格（德国人）

1987年（3人）：谢华真（加拿大）、梁甦华（加拿大）、余宏荣（加拿大）

1988年（11人）：卡洛琳·阿曼森（女　美国人）、霍英东、何添、戴宗汉（秘鲁）、戴贺廷（秘鲁）、石景宜、温祥来、张耀宗、吴有沅、胡忠、罗锦煌（马来西亚）

1991年（18人）：曾宪梓、何耀光、胡文翰、胡应湘、陈伟南、范鑑尧、彭磷基、李发、黄桂、刘耀柱、刘郑惠莲（女）、林赖元芳（女）、胡雪年、郑黄月芳（女）、朱恩馀、杨永德、纪爱华（美国人）、张紫珊（女、多米尼加）

1992年（1人）：约翰·弗雷泽（加拿大人）

1993年（59人）（二批）：李嘉诚、马万祺、桑原敬一（日本人）、郑裕彤、何鸿燊、李兆基、林百欣、林余宝珠（女）、郭炳湘、郭炳江、陶开裕、何厚铧、颜同珍、吴多泰、朱莲芬（女）、刘盈福*、黄球、黄华、李立、林文恩、刘浩清、卡罗尔·托马斯（美国人）、张廷业（美国）、韩仕德（英国人）、维梅尔（比利时人）、山田忠（日本人）、符必成（美国）、何厚煌、赵镇东、谭兆、朱绍云、关超然、区卓基、戴德丰、黄新民、谭湛佳、钟志华、梁致诚、梁庆贤、徐伟峰、凌礼康、高励节、冯丽嫦（女）、冯丽华（女）、张松、黄彩霞（女）、梁广尧、林秀棠、刘赐江（美国）、何善衡、利国伟、吕志和、凌达镗、姚美良、朱正贤、蒋震、廖自强、黄铁城、梁仲彭

1996年（45人）：于元平、王间雄、方润安、叶惠华（女）、卢沃棠、刘军、陈香梅（女、美国）、陈怀德、陈裕广、陈文英（女、美国）、陈梁悦明（女）、李贵辉、李建中、何世柱、何湛雄、吴立胜、阿兰·拉巴特（法国人）、法兰·托马斯（美国人）、欧伯托·法利（意大利人）、杨钜鑑、邹锡昌、岑义安、周泽荣、林凤娥（女）、郑家纯、欧兆峰、赵少昂、赵汝佳、赵泰来（英国）、胡仙（女）、胡顺（美国）、秦锦钊、翁国基、梁秋、梁定谋、梁汉华、梁洁华（女）、梁安琪（女）、梁菊馨（女、美国）、康永华（美国）、傅金珠（女）、湛兆霖、谭焕容（女）、廖泽云、潘以和

1998年（21人）：邓焜、石汉基、李思廉、李黄国平（女、法国）、张力（加拿大）、陈幼南、陈年胜、陈湖昌、陆洪邦、余伯利（美国）、岑元骥（美国）、周君廉、

郑苏薇（女）、郑桂成、赵涛峰、赵耀年、梁少贞（女）、黄振雄、谭志峰、黎浩、潘纳友（英国人）

2000年（137人）：叶庆忠、叶秀兰（女）、朱振民、张定兴（美国）、李业顺、林建（新加坡）、杨善深（加拿大）、郑李锦芬（女）、梁宝雄、曾智雄、温惜今、蔡冠深、廖榕就、宗国旨英（日本人）、门肋轰二（日本人）、罗杰、雷顿（澳大利亚人）、池田大作（日本人）、厄文·卡普（美国人）、帕特里克·杰·麦戈文（美国人）、保罗·安德鲁（法国人）、马奕群、区华、区志祥、区胜根、孔宪墀、冯子均、冯国经、卢中坚、刘广坤、刘舜雯（女、加拿大）、刘锡康、吕潮、吕志华、吕俊宏、吕博硕（英国）、孙郑凯平（女）、孙逢吉、孙逢亮、庄声元、庄绍绥、江锦标、许浩彬、何永、何妙馨（女）、何原锵、何梁洁庭（女）、吴翠芳（女）、朱幼麟、张周慕冰（女）、张德荣、李民强、李思敬、李家桀、陈琼（女）、陈辉、陈如松、陈启发、陈应强、陈志华、陈林满珍（女）、陈绍良、陈顺棠、陈培康、陈添喜、陈景裕、陈瑞球、周千秋（美国）、周文轩（新加坡）、周文杰、周日如、庞廷、林仕明、林伟明（女）、罗守弘、罗炳寰、罗富昌、罗肇唐、罗肇康、罗肇章、罗肇群、胡桂好（女）、赵之泰、赵之榦、郭龙、郭何福、郭奕富、高安度、梁浩、梁东海、梁国贞（女）、梁焯光、梁粲缨（女、美国）、黄华、黄旭桐、黄次添、黄国强、黄英敏、黄炯坚（法国）、黄耀铿、龚凤莲（女）、谢国庆（加拿大）、谢宝泉、甄兆威、赖赞东、廖祥、蔡权坤、蔡建中、谭少华、霍冯坚妮（女）、霍震宇、霍震霆、霍震寰、彼得·黄（英国人）、键本孝三（日本人）、王子沐、邝准、任敬祥、刘永强、刘成锦（美国）、刘国烈（美国）、毕家伟、毕清培、汤化龙、何欢潮、何妙儿（女、美国）、张文谓、张君培、杨文正（美国）、沈洋、范记顺、袁树荣、郭邝肖卿（女）、梁荣、梁国梓、梁棪华（加拿大）、黄侣文（美国）、黄柱焕（美国）、黄焕柱、谢裕霖

深圳市（120人）

1994年（46人）：二村宽（日本人）、于元平、马介璋、小林实（日本人）、下河边淳（日本人）、丸桥博行（日本人）、冯永祥（英国）、叶肇夫、池田大作（日本人）、吉姆·苏尔利（澳大利亚人）、纪荣华（瑞士）、李宗（印尼）、李贤义、李国宝（英国）、李嘉诚、吴庆瑞（新加坡）、陆章、陆海天、陈少平、陈荣根、张勋贤、何炳章、余煜元、秃慧猛（日本人）、罗友礼、罗博特·兰尼尔（美国人）、林中翘、周焕章（美国）、宫崎勇（日本人）、迪·斯·沃克（加拿大人）、胡应湘、施展熊、海部俊树（日本人 ）、高登（英国）、郭鹤年（马来西亚）、勒内·莫诺里（法国人）、黄保欣、黄照满（美国）、萧树强、梁振英、谢中民（泰国）、谢国辉、温寿安、廖秀英（女、英国）、谭海（加拿大）、谭文銡（美国）

1995年（37人）：山代元圀（日本人）、大林久泰（日本人）、叶浩荣、马志民、矢形博信（日本人）、弗朗切斯科·贝托尼（意大利人）、刘宇新、刘永龄、朱树豪、李立、李国基、李宏延、李祖泽、吴家玮、沃·什·卡奇马莱克（波兰人）、玛丽·穆特·阿特金斯（女、牙买加人）、何俊康、杨祥波、杨秉正、杨振宁（美国）、利焕南、余彭年、张云枫、张田达、林立方、单伟豹、蚁民（泰国）、徐荫堂（英国）、翁锐桂、高斯坦佐·瓦里（意大利人）、昇政昭（日本人）、梁伟浩、黄源昌、黄昇、温惜今、黎

振华、黎康新

1998年（37人）：丁鹤寿、大石诚（日本人）、丸忠司（日本人）、小林阳太郎（日本人）、中村俶明（日本人）、马申、文洪磋（加拿大）、孙启烈、庄世平、吕良追、吕耀东、毕传有（荷兰）、刘理璋、安德烈·塞内舒（法国人）、李·布朗（美国人）、李建超（美国）、张庆华、张汉林、张炳泰（韩国人）、陈永汉、陈红天、陈清泉、陈惠娟（女）、帕特里克·杰·麦戈文（美国人）、林师庞、钟浩威（美国）、聂华礼（美国）、黄宏生、梁锡光、彭凯文（美国）、曾炯坚、蒋震、路德维希·舒尔茨（德国人）、蔡伟民（澳大利亚）、蔡志明、谭伯源、黎坚

珠海市（37人）

1997年（1人）：叶义荣（美国）

1998年（14人）：莫庆廉、钱果丰、曹光彪、黄荣年（印尼）、马观适、王新之、叶发琦（马来西亚）、陈绍祥、何鸿燊、李宝田、李嘉诚、吴福、梁家进、蔡金乐

1999年（15人）：邝绍满、吕政范（英国）、刘英士、李文达、李如心（美国）、吴立胜、陈茂荣、赵汉钟、钟声坚（新加坡）、莫景胜（美国）、唐宝珊（澳大利亚）、曾正、叶围洲、蔡宏泰、潘少忠

2000年（7人）：冯锦辉、许文曲、杨门允（英国）、吴卓晋、罗衍莹、崔贤爱、张杜初

汕头市（60人）

1989年（2人）：李嘉诚、庄世平

1991年（6人）：林百欣、林余宝珠（女）、庄静庵、张恭良、郑翼之（泰国）、林世铿

1992年（14人）：谢慧如（泰国）、陈有汉（泰国）、谢中民（泰国）、张锦程（泰国）、黄子明（泰国）、陈郑伊梨（女、泰国）、郑翼雄、邱子文、陈伟南、陈锡谦、赵广海、陈大河、马松深、林显利

1999年（38人）：马进（美国人）、叶庆忠、庄坤平（马来西亚）、刘百川、刘思仁、许世元、许登科（新加坡）、李光隆（泰国）、连瀛洲（新加坡）、吴文宁、吴宏丰（泰国）、吴娘锡（泰国）、张作波（美国）、张国安（美国）、张恭荣、张楚光、陈汉士（泰国）、陈兴勤（泰国）、陈有庆、陈克威（法国）、陈经纬、陈彦灿、陈培麟、郑辉（法国）、郑金源、林炳宣、赵资香、周光明（澳大利亚）、周勤华、周　梅（泰国）、姚宗侠（泰国）、唐志坚、谢玉麟（马来西亚）、谢国民（泰国）、廖烈文（泰国）、蔡锡河（新加坡）、熊德龙（美国）、戴德丰

佛山市（111人）

1995年（76人）：霍英东、马万祺、李嘉诚、李兆基、郑裕彤、何鸿燊、孔宪绍、石景宜、丹尼逊（美国人）、加德·劳辛格（瑞典人）、伍宜孙、伍吉宜、米炽强、李川羽（新加坡）、李根奎、李伟强、李广松、李佘少鸿（女）、何开、何庆、余锦基、林文恩、周多理、周星拱、冼良（新加坡）、胡锦超、庄坚毅、郭汝鉴、翁祐、许海、许铭、黄允畋、黄成华、梁华、梁荣、梁泳钊、梁华济、梁伟明、梁耀昌、陈伯滔、周洁冰（女）、陈绍基、陈云康（印尼）、张恭立、叶少珍、单伟豹、曾家阜、乔凡尼·阿尔贝托埃利里（意大利人）、冯永祥、冯钰斌、杨敏德、廖广华、廖新源、潘以和、潘新安、黎时煖、刘侣、刘本章、刘胜昭、刘泽湘、刘裕培、霍强、霍绍瑛、霍绍漳、霍绍淇、李

霍倩仪（女）、霍树添、邝汇、关志梁、关亨时、苏浩明、苏家荣、苏李秀英（女）、苏耀明、罗希文、罗景云

1996年（35人）：杨振宁（美国）、冼为坚、汤国华、黄镇河、夏利高（美国人）、井植敏（日本人）、马里奥·卡泽拉（意大利人）、王梁洁华（女）、甘庆林、石国基、李文科、李金、李兆麟、沈耀雄、岑松江、林亮、易启彬、周君廉、侯宝垣、陈炎隆（泰国）、黄怀铮、黄宪中、黄鸿年、梁孔德、梁知行、杨利恒、杨家安、曾榆安、蔡水、黎日明、练达生、潘利英、梁惠平（女）、卢汉坤、关恒芳

韶关市（19人）

1992年（2人）：黎金康、田家炳

1994年（12人）：石景宜、黄华、梁灼林、霍英东、佘继标、杨清瑞、龚庆韶、李秀棠（女）、陈芬、赖新、卢道平、钟燕萍（女）

1997年（4人）：郑楚杰、彭林、卢沃棠、谭兆

2000年（1人）：黎灿

河源市（29人）

1997年（29人）：庄成鑫、梁庭、陈建浩、马季（内地）、田家炳、方润华、苏兆基、利焕南、冯祥、陈荣锦、陈瑞添、吴进龙、林悦卿（女）、刘维涛、刘国瑞、钟信明、李国基、张瑞坤（内地）、邓羽林、丁炳星、陈进福、李首雄、陈再添、颜烈生、冯汉全、罗树梁、陈庆全、林熙民、李传碧

梅州市（116人）

1992年（24人）：曾宪梓、田家炳、姚美良、刘宇新、萧畹香（马来西亚）、孙城曾、熊德龙（美国）、李济平、罗焕昌、刘锦庆、余国春、黄华、邱育新、陈泰元、陈云康（印尼）、李庆政（印尼）、何冬青、黄丽群（女）、黄旭政、汤锡林（印尼）、罗名等（泰国）、李茂林、李克振（泰国）、廖秋扬

1994年（32人）：廖安祥、罗桂祥、饶耀武（印尼）、李文正（印尼）、朱南权（印尼）、刘荣芳（泰国）、黄清林（泰国）、叶华能、杨光华、徐琳、邹锡昌、廖展辉、廖皇均、刘永雄、曾沐彬（印尼）、陈庭芳（女）、黄麟康 、王小梅（女）、谢有慎、黄源兴、刘贤芳（印尼）、钟卓才（新加坡）、黄德新（印尼）、钟奇可（印尼）、曾广森、陈纪煌（印尼）、邱阿敏、张赞鸿、陈善剑（印尼）、陈茂棠、范委雄、蔡伟文

1997年（60人）：李贵辉、谢兴强、徐罗秀香（女、泰国）、廖梅林（泰国）、古欣麟、张宽麟（美国）、蓝铧缨、熊国珍（印尼）、罗光华（泰国）、陈修试（泰国）朱孟依、徐廷侨（泰国）、曾镜明、邓颂鑫（泰国）、田镇荣（泰国）、林炎炮（泰国）、陈修凤（泰国）、罗锦碟（泰国）、蔡礼亮（泰国）、陈富声（印尼）、刁贵麟、蓝钦文、刘汉兴、陈国强、李唐门（美国人）、何孝泽、朱绍平、马灿能（泰国）、林克敏、李毓兴（印尼）、杨如彭、徐思钦（泰国）、萧汉芬（女、印尼）、叶桂材（印尼）、何桂清（女）、吴炳连、谢淑梅（新加坡）、李世锦（印尼）、谢玉英（女）、管桃生、萧吉金、叶新民、罗景清、张新辉、董观明、李海康、克里斯坚·彼得·苛兹（德国人）、萧展权、陈健群、罗璟、陈兆辉、刘振基、李跃新、莫英儒、叶圣荣、廖潮森、潘顺科、罗道生、贺俊达、陈亨

惠州市（21人）

1995年（6人）：杨钊、王美岳、杨勋、李群华、陈荣基（加拿大）、蒋志基

1997年（15人）：郑家成、王国荣、罗仲荣、刘学宏、王忠椏、荒井纮三（日本人）、陈锦忠、张伦、吉姆斯·汤姆逊（美国人）、西本纪夫（日本人）、柳传志、林世铿、叶庆忠、连增杰、田家炳

汕尾市（38人）

1996年（26人）：陈顺泉、卓木胜、陈文清、庄永竞、曾昭宏、林道有（印尼）、陈淑标、钟声坚（新加坡）、余大泽、王锦泉、王光、马仲明、张静、黄绍麟、刘佛增、刘焕诗、杨万里、洪逸挥、黄瑶、许子民、林伟华、张锦程（泰国）、梁俊宁、陈鸿、杨祥波、朱伯昌

1998年（12人）：曾炯坚、陈文诗、蔡杰如、陈庆梓、徐德荣、陈勋光、蔡东华、林照勇、余来、陈玉芹、尹仲伟、颜维智

东莞市（98人）

1996年（98人）：陈瑞球、张念平、王仲铭、方润华、王定波、王惠祺、罗建新、黄水、王锦辉、杜发、陈晃田、李胜堆、赖云英（女 马来西亚）、陈宗梁、刘青林（新加坡）、王华生、王国钦、王霖、唐翔千、田家炳、黄子欣、夏松芳、梁华济、蔡国强、稻盛和夫（日本人）、羽渊展世（日本人）、伍伟雄、潘彬泽（英国）、简伟豪（英国人）、陈永祺、王敏刚、王敏智、罗祖耀、陈秉志、石骏天（英国人）、胡仙（女）、梁伟浩、卢鸿、梁剑文、麦美伦（美国人）、李运强、陈传芳、邵明路、马伟钊、八幡滋行（日本人）、杨怀青、颜培英、熊顺禄、刘锦荣、骆辉、美臣（澳大利亚人）、丁午寿、刘国荣、源而细、钟志平、刘维经、杨启仁、莫悦宁、罗乐风、何焯辉、刘荣、朱知伟（英国）、苏周艳屏（女）、张程光、李根、许国光、杜振源、郑自然、冯申銓、陈一鸣、陈自立、沈广河、叶锡乾、洪清伟、朱润祥、苗祺财、梁振邦、中原福盛（日本人）、黄景裕、金森贞三（日本人）、金子八郎（日本人）、片冈政隆（日本人）、张尚羽、韩兆忠、龚达光、郑在焕、贾保罗、高金沛、丁鹤寿、梁麟、邵铁龙、陈永燊、方文雄、王赐豪、旭重男（日本人）、高月明、邓朱锦韶（女）、林文灿

中山市（29人）

1989年（10人）：霍英东、杨郭恩慈（女）、郭得胜、吴桂显（日本）、林余文姬（女）、陈星海、麦克贞、李立、郑亮钧、方若愚

1991年（4人）：蔡继有、邓棣新、张锦、李俊驹

1992年（3人）：卢伟硕、林中翘、陈耀星

1994年（8人）：苏计成、苏继滔、刘俊文、王立文、郑观聪、谢硕文、李文彬、梁林

1998年（4人）：李三元、黎桂添、谢冠豪、胡顺谦

江门市（284人）

1993年（108人）：伍舜德、马兰芳（女）、黄浩川、陈维湘、何厚铧、陈国鸿、黄炳礼、朱清莲（女）、黄乾亨、黄乾利、雷登、雷黄屏（女）、陈策文、邝文炽、陈国平、朱正贤、朱梁小玲（女）、陈荣畅（美国）、李磐石（美国）、陈区明（女）、莫国安、雷子钦（澳大利亚）、黄锦文（美国）、陈国强、李子唐（美国）、黄舜、洪英智、陈经

纶、黄球、潘宝芬（女）、谭淑英（女）、谭宝琛、利黄瑶璧（女）、梁华济、苏澄洲、崔德祺、陈广河、马观适、李荣汉（美国）、冯秉芬、林蓬、陈经华、罗兆宁、林植宣、冯国经、梁祺祜、崔耀、周务谦、罗德棠、利国伟、利易海伦（女）、吴汉良、吴如兼（女）、陈国勇、胡耀坤、谭锦濠、周承业（澳大利亚）、陈春华、关英才（新加坡）、周杰男、钟送玑、吴荣治、曾铭培、黄耀铨、苏章盛、岑才生、郑建成、陈进财、李长、陆容章、黄妙容（女）、梁李桂芳（女）、吕焯平、任昌洪、金轩士（奥地利）、冯学洪、周忠继、周文轩、丁训士、吕志和、张子芳、黄仕灵、冯帼馀（女）、林文恩、李永森、苏健强、于元平、陈圣泽、清水亮太郎（日本人）、陈德强、陈国祥、叶春梅、叶裕记、施俊贤、陈云康、安子介、谭兆、叶汉、谭达贤、戴汝俭、黄国熙、冯汉柱、黄克兢、黄祖棠、黎耀华、林家强、梁庭、胡启流*

1995年（90人）：吕耀东、陈学德、黄辛炯僖（女）、许宝源（英国）、雷万笙（美国人）、李文辉、李文彬、招国衡、牧濑善毅（日本人）、小岛修平（日本人）、梅野启二（日本人）、陈友益、程汉国（新加坡）、梁社祥、李嘉诚、陈国威、梁坤（澳大利亚）、王丛威（美国）、王永河、陈万宣、曾瑞棠、伍威权、陈泽富、陈更、李伯荣、邓树椿、江永康、余树泉、刘炳光、刘甄兰爱（女）、雷定荣、马炳康（美国）、潘治坤、秦军、郑坤德、王进东、黄振、黄庆光、谭煜燊、司徒眉生、司徒炳禧、张立群、伍海湛、张庭柱、朱刚、冯活灵、何荣相、刘森波、陈林慕娟（女）、吴年乐、何宝营、方麦金明（女）、方寿林、威廉仕（英国人）、陈经兴、黄颂盈、梁鸿杰、谭志豪、夏松芳、吴侠荣、林逸民（美国）、郭昌、黄成广、李世奕、黄梁曼丽（女）、黄吴淑贞（女）、朱焯新、黄允炽、谭文辉、谭联益、李丽春（女）、林前进、麦炳瑜、李福善、杨明标、任大卫、冯国纶、何世鸿、刘铭淇（加拿大）、张锦田、孙鸿玉、于伦斯（比利时人）、刘柱、任杰、李余金霞（女）、李作权、利荣森、叶蔼、黄结、吴珠

1997年（86人）：谭志峰、刘祥来、马给民（美国）、亨利·海特勒（美国人）、黎辉煌（新加坡）、杜德海（法国人）、何鸿燊、梁安琪（女）、叶国安、叶建成、叶秀桂（女）、朱颢恒、区柏余、甘庆林、黎庆光、卢宜国（新西兰）、林保浓、王少强、李树、莫华耀、陈正、钟锦荣、黄丽德（女、加拿大）、杜金带（女）、黎荣添、李文达、余邝美欢（女、美国）、林钦羡（美国）、谢天赐（美国）、王美、伍曾伟志（女）、陈达志、黄道益、伍坚石、伍刘惠珍（女）、陈赐德（新加坡）、郑紫云（女）、雷子森（澳大利亚）、陈国万、莫富强、孔庆枝、王超英、伍启辉、许照明、刘春明、马齐、陈更、陈启良（伯利兹）、丘少鸿、李润启、黄忠、关耀星（文莱）、莫丽华（女）、邝本、周仕学（美国）、胡洁明（女）、胡国安、胡国平、吴春扶、吴锦协、黄国财、吴光发、张仲尧、张仲文、潘百利（美国人）、陈炽云、胡佩明（女）、石井芳昭（日本人）、伊天鼎·大卫（法国人）、洪顺、江禄森（新加坡）、刘必强（马来西亚）、伦能、杨永德、吕演汉、区文中、冯业昌、樊邦杨、樊邦弘、林逢生（印尼）、陈明国、陈素娟（女）、甘光仪、韩金福、横山直也（日本人）、金基喆（韩国人）

阳江市（13人）

1996年（13人）：陈定谋、吴俊、陈妙玲（女）、高茂云（英国）、刘扬声、雷登、黄屏（女）、黎驹、麦耀和、黄川流、谭志伟、廖洁思、徐振华

湛江市（2人）

1998年（2人）：石景宜、石汉基

茂名市（33人）

1993年（10人）：江可伯（英国）、刘剑明、黄德雄、尹少伟、郭熙华（美国）、梁景多、梁元正、梁广华、钟永森、刘开

1996年（23人）：杨永德、李瑞庚、李洪强（洪都拉斯）、杨懿熙（女 美国）、杨球熙（女 美国）、杨天泰、冯柏乔、严广彰、廖锋*、施锡洲、林猷镇（新加坡）、高秉琦、刘军、戴作霖、许智明、张震远、邵大伟（新加坡人）、廖影*、陈树杰、邵志新*、陈万松、高柳丰彦（日本人）、梁炽辉

肇庆市（1人）

1993年（1人）：刘盈福*

清远市（122人）

1993年（3人）：林有生、赖新、向炳坚

1996年（1人）：田家炳

1998年（78人）：庄升俦（新加坡）、郑家纯、黄庆光、白嘉麟（美国人）、莫维德、刘光平、吴国明、孙铭权、孔锦雄、张国荣、陈泰源、李枌、陈锦添、麦景行（马来西亚）、苏宗石、陈耀安、卢道平、吴惠成、王国荣、杨孙西、林亮、谭兆、曾宪梓、叶庆忠、李宝明、杨钊、林世铿、周棠、刘平、陈宗武、陈剑光、连增杰、林建岳、胡启盛、梁东权、梁章、刘孔爱菊（女）、赖谢金兰（女）、刘云开、黎金康、翟美卿（女）、许智明、赖振权、水铭漳、姜金利、潘伟文、黄志源、林克强、黄志、卢燕屏（女）、陈廷骅、林源德、张伟文、叶原乾、孙大燕、李金球、赖润、姚美良、傅雨霖、松村金荣（日本）、刘桂洲、张志坚、纪文雄、周家宸、邓球、苏金池、曹金霖、张明联、罗曼华、李志昌、王志辉、叶长风、赖卫中、郑中伟、郑松柏、山中龙一（日本人）、释慈祥、叶原荣

2000年（40人）：朱嘉崴、伍湛、刘志强、庄向明、关超然、刘永生、刘两发、叶伟清、关燕诚、杨家安、苏锷、李毓彝、吴国藩、何长华、邹振耀、陈金为、陈瑞棠、林宏洋、冯志强、柯长崎、钟明昆、钟瑞卿、洪仕贤、梁文、黄文章、黄金耀、黄秀德、梁强、韩少华、何燕生、郭南斯（英国）、戴维斯（英国人）、唐真、黄振兴（马来西亚）、谭仲禧、王介逸、邓颂平、邓泽棠、陈永锟、林智籍

潮州市（12人）

1995年（12人）：谢慧如（泰国）、李嘉诚、陈伟南、郑镜鸿（新加坡）、黄周旋、林希炎、蔡维兰（女）、林进华（马来西亚）、郑维铨（印尼）、林高吉、黄旭彬、林伟夫

揭阳市（21人）

1998年（21人）：庄世平、林世铿、张武帮（马来西亚）、黄子明（泰国）、郑翼之、郭玉英（女）、邱子文、纪文荣（泰国）、陈伟、吕高文、李瑞典（泰国）、陈欣深（印尼）、林宝喜、张锦程（泰国）、陈大河、李锦清（泰国）、黄承章、辜炳标（泰国）、陈锡谦、叶庆忠、连增杰

云浮市（2人）

1996年（2人）：蔡秉龙（加拿大）、田家炳

说明：

1. 以上注明年份为每批授予称号时间；属华侨、外籍华人的注明居住国名，属外国人者注某国人，中国内地人士注“内地”；其余为港澳台同胞

2. “授荣”数年后又被撤销称号5人（有*者）

附录

一、批转省侨务办党组《关于抓紧落实侨务政策若干问题的意见》

（粤字〔1979〕76号）

广州市委，海南区党委，各地（自治州）、市、县委，省直各部委办局、大专院校、人民团体党委、党组：

省委同意省侨务办公室党组《关于抓紧落实侨务政策若干问题的意见》，现转发给你们，望认真研究执行。

我省是全国重点侨乡之一，华侨和侨眷、归侨众多，切实做好侨务工作，认真落实党的侨务政策，对于发展我省安定团结的大好形势，贯彻落实中央五十号文件精神，调动一切积极因素，扩大华侨爱国统一战线，争取侨汇，引进技术设备，加快社会主义现代化建设的步伐，具有重要的意义。

各级党委都要把大力开展侨务工作列入自己的议事日程，加强领导。要向广大干部、群众进行侨务政策的教育，进一步肃清林彪、“四人帮”极左路线的流毒，排除各种干扰，督促有关部门把落实侨务政策工作抓紧抓好。

中共广东省委

一九七九年九月七日

关于抓紧落实侨务政策若干问题的意见

省委：

粉碎“四人帮”以来，我省侨务政策逐步得到落实，形势是好的。但是，由于十多年来林彪、“四人帮”的严重干扰破坏，以及历次政治运动中的扩大化，积案较多，有的地方和单位落实侨务政策进度缓慢，国外华侨和广大归侨、侨眷反映强烈，来信来访申诉的案件不断增加，有些案件长期得不到处理，在政治上造成了不良的影响。根据中共中央中发〔1978〕3号和〔1979〕7号、43号、47号文件的精神，结合我省的实际情况，现对当前比较突出的几项政策问题，提出如下意见。

一、关于正确对待“海外关系”问题

正确对待“海外关系”，是落实党的侨务政策的一个带根本性的问题。在历次政治运动中，因“海外关系”问题受怀疑、审查的案件不少。特别是在“文化大革命”中，由于林彪、“四人帮”极左路线的干扰破坏，把有“海外关系”的人作为打击迫害的对象之一，造成了不少冤案、假案、错案，严重地挫伤了广大华侨和归侨、侨眷的社会主义积极性。各级党委要充分估计到这个问题所造成的严重后果，认真落实这方面的政策。凡因所谓“海外关系”问题而造成的一切冤案、假案、错案，包括本人已经出国或死亡的，均应彻底纠正。

（一）凡因所谓“海外关系”问题而被关押、判刑、劳动教养案件（不论正在服刑、已经释放或在押期间死亡的），政法部门和原工作单位应进行全面清理复查，凡是搞错了的，应彻底改正。

华侨、港澳同胞因所谓“特务”或其他问题被扣出入境证件的，经复查案情失实，或查实属人民内部矛盾的，应予以改正，退还本人证件；如证件过期，应重新给予办理出境手续。

（二）因涉及“海外关系”问题被列为“特嫌”“控制使用”的案件，组织、公安、侨务部门和各有关单位应严肃认真地进行清理。对于滥加怀疑，或多年查无实证的，应当解除怀疑，取消其“特嫌”“控制使用”的结论，政治上予以信任，并按其德才条件，予以使用。如进行公开审查的，应作出结论并向本人讲清楚。

（三）对于因所谓“海外关系”问题而受到审查、批斗的，原在什么范围内审查，一般应在什么范围内予以改正，或者把情况向群众讲清楚。需要作审查结论的，应实事求是地作出结论。被迫害致死的，除公开平反昭雪外，要妥善处理亲属受株连等问题，并对其遗属给予适当抚恤。“文化大革命”中被查抄的财物应予退还。

（四）在“文化大革命”中，因所谓“海外关系”问题被清理出队的干部、职工（包括集体所有制的固定职工），可由原单位（原单位撤销的由所属系统）收回安排工作，恢复原薪。关于补发工资问题，可参照省革委会粤革发〔1979〕16号文件的规定和一九七八年七月全省落实干部政策会议精神（已发至县）办理。调离技术岗位的技术人员，按学用一致的原则适应安排，发挥其专长。

（五）对有所谓“海外关系”的人入党、入团、参军、升学、就业、提干问题，应按中央组织部（78）组通字3号《关于侨眷、归侨入党、提干等若干问题的通知》精神执行。

要保障归侨、侨眷的婚姻、通讯自由。任何单位和个人都要按法律办事，不得随意检查他们同海外亲人的往来信件。

（六）对因“海外关系”问题在历次运动中受审查、处理的干部、职工的档案材料，应有步骤地进行清理，所有诬陷不实之词，应予推倒，有关档案材料按省委组织部有关规定处理。

在党员、干部、职工、学生等人事登记表格中，把海外家庭社会关系同地、富、反或杀、关、管并列；或在表格中笼统地单列“有无海外关系”一栏等都是错误的。凡是这种空白表格，应一律停止使用。

二、关于落实侨改户政策问题

中共中央中发〔1978〕3号文重申："一九五六年中央和国务院关于提早改变华侨地富成分的决定是正确的。"凡是根据中央上述决定提前改变了成分的侨户，过去不论以什么名义重新戴上地、富帽子的，均应根据中央一九七八年三号文件的精神，一律予以改正，按其提前改变的成分对待。有严重现行破坏活动的，应按其问题的性质进行处理，不能因此而影响其改变后的成分。侨改户因为成分问题在"文化大革命"中被迫害致死的，应予平反昭雪，恢复名誉；其被没收的房屋、财物和罚款，应予退还；原物已查无下落的，应根据实际情况酌情处理。这项工作应在今年底完成。

（一）凡是已按政策改变了华侨地、富成分的，应以县革命委员会名义发给确认改变后的成分的通知书（国内空户可发给其亲友，请其亲友转告国外华侨，但通知书原件不能寄出国外），并对户籍本登记的成分加以校正，原列入五类分子名册的应予剔除。今年对侨改户开具成分证明信，应填写改变后的成分。对过去因重戴地、富帽子而受株连、影响的亲属，也应予以落实政策。

（二）对于目前已无侨改户名单档案可查的，应组织力量，深入进行调查研究，凡是干部群众可以证明当时确已改变成分的，或本人保留有一九五六年后的选民证，已改变成分的户籍本，以及其他可以证明确已改变成分的材料的，均可确认为侨改户，予以落实政策。

（三）当时虽然有关部门批准改变了成分，有档案资料可查，但未在基层公开宣布过，干部、群众和侨户本人均不知道改变了成分的，也应视为侨改户，在这次一并落实政策，公开宣布。

（四）对于在一九五五年提前改变成分工作中属于符合条件而漏改的侨户地主、富农，应由大队、公社革命委员会提出意见，报县革命委员会批准，予以改变成分。

（五）在落实政策的同时，要加强对基层干部和群众的教育，正确执行党的侨务政策。要教育侨改户正确对待党的政策，正确对待群众，积极参加社会主义现代化建设。

（六）有关侨改户的政策适用于港澳同胞家属。

三、关于处理被侵占华侨房屋问题

中共中央中发〔1979〕7号文明确指出："国家保护华侨房屋的所有权，任何单位和个人，不得以任何借口占住他们的房屋，已占的均应在一九七九年内退还。"各地应遵循中央这一指示，妥善处理侵占华侨房屋的问题。

（一）各地在"文化大革命"期间，以各种形式由房管部门接管、代管华侨（或华侨托代理人代管）的自住房屋，应一律退还。

（二）党政军干部（包括基层干部）占住的华侨房屋应定期退回。对个别利用职权或以各种借口强占华侨房屋的，应立即退还，情节严重、影响很坏的，应予严肃处理。

凡是党政军机关、企、事业单位（包括街道基层单位）占用华侨房屋，必须带头落实政策；房屋退还有困难的，应从压缩机关办公用房和其他公共用房调剂解决。个别机关占用的房子，因特殊情况（如与机关联在一起，圈在机关院内的房子等），退回原屋确有困难的，应与业主协商，调换或新建同等条件的房屋与业主对调，并办理好调房手续，明确对调后业主的房屋所有权。

（三）由房管部门和机关、企、事业单位安排占住华侨房屋的住户，应视为无房户。占住户如系干部、职工，应在本单位今年新建住房中优先安排住房。所在单位今年没有建房计划的占住房和其他居民住户，应在一九七九年国家和地方拨款新建住房指标内优先安排这些占住户的住房。

（四）华侨业主或代理人被查抄、战备疏散以及因所谓“海外关系”问题受迫害，其房屋被查封、没收占用或强行折价收购的，均应退回本人。

（五）“文化大革命”期间由房管部门接管、代管的华侨出租房屋，暂按原广东省人民委员会一九六四年十二月二十八日批转商业厅《关于当前私有出租房屋社会主义改造问题的报告》中规定的私房改造起点的精神处理，即在起改点以下的一律退回华侨业主自行管理，由业主或代理人同住户订立租约，承认业主所有权；超过起改点部分，在中央没有新的政策规定以前，暂不处理。

（六）解放后华侨用侨汇购建的出租房屋，按国务院一九六三年四月十四日国侨杨字279号文规定不应改造，在房改中错改了的应退还给业主，承认业主所有权。

住户搬迁自然空出的华侨出租房屋，业主或代理人有权收回自住。未经业主同意继续出租，任何单位和个人不得转租或安排新住户进住。

（七）不论单位和个人，在退还华侨房屋时，要清退占住期间的租金（包括错改了的经租房屋），除扣除合理的有凭证的房屋修缮费用外，其余全部清退给业主（折价收购的，业主应退回收购款）。在占用期间随意破坏房屋结构，损坏房屋内部设备的，应予赔偿。

（八）有关处理被挤占华侨房屋问题的政策同样适用于港澳同胞家属。

以上意见，如无不妥，请批转各地执行。

广东省侨务办公室党组
一九七九年七月十三日

二、关于进一步全面落实侨房政策的通知

（粤发〔1984〕24号）

各市委、市人民政府，各地委、行署，自治州委、州人民政府，各县委、县人民政府，省直各单位：

党的十一届三中全会以来，全省各级党委、政府和侨务、房管部门对落实华侨房屋政策问题，做了大量工作，取得了很大成绩。到一九八三年底止，全省"文革"期间被挤占的华侨、港澳同胞的房屋大部分已清退；私改时错改的侨房已大部分落实了产权；土改时错没收的侨房，也已清退了一部分。落实侨房政策的工作，得到了广大侨胞、侨眷和港澳同胞的热烈拥护，在国内外产生了很好的影响。不少华侨和港澳同胞在收回房子后，纷纷表示要为建设祖国、建设家乡和统一祖国多做贡献。近几年来，许多华侨和港澳同胞向家乡大量捐款、投资，都与落实了他们本人或亲属的房屋政策有很大关系。

但是，由于"左"的错误影响尚未完全清除，加之城乡挤占侨房是个历史遗留问题，情况复杂，牵涉面广，因此当前我省落实侨房政策方面存在的问题还很多，任务还十分艰巨。表现在：（1）需要清退的侨房数量还很大。初步估计，全省仅土改时被错没收分配给农民居住的华侨地主、富农的房屋有六百万平方米；错划华侨地、富成分和劳动人民侨户被错没收、征借、接管的侨房有一百万平方米；解放后因各种原因逾期未向政府进行房产登记而被代管、接管以至归公的华侨、港澳同胞的房屋有一百多万平方米；还有非建制镇被私改的侨房，公社化、"大跃进"时刮"共产风"被拆掉、挤占的侨房等，至今大部分也还没有落实清退。私改中错改的侨房要退使用权的任务也还很重。（2）当前还有一部分干部特别一些领导干部对落实侨房政策的重要性和迫切性缺乏足够的认识。有的指责落实侨房政策是"为地主、资产阶级反攻倒算"；有的说落实侨房政策是"得了侨心，失掉民心""损害国家利益"；有的地方把落实侨房政策当做向华侨敲竹杠的手段，采取"谁有贡献就给谁落实"的错误做法，引起华侨和港澳同胞的不满；有的单位对蛮不讲理拒不退还侨房的占用户，不敢采取坚决果断的措施，甚至姑息迁就，纵容包庇等。（3）资金不足，房源紧缺，是进一步落实侨房政策的客观实际困难。

华侨房屋是华侨在祖国的根基。侨胞素有"落叶归根"的思想，一向习惯在国内购买房产，为国内亲人或自己年老回国时居住。许多侨胞把在国内的房屋视为纪念祖先、怀念祖国的精神寄托，并用以教育侨居国外的子孙后代寻宗问祖，以身为炎黄子孙而感到骄傲。因此，认真落实侨房政策，对于争取广大华侨心向祖国，充分调动华侨和港澳同胞的爱国爱乡热忱，积极支持和参加祖国的四化建设，推动祖国的统一大业，都具有十分重大的意义。尤其是我省具有华侨众多、毗邻港澳的特有优势，落实侨房政策，做好华侨工作，对吸引更多的侨资和侨汇，对开展对外经济活动和技术、人才引进工作，对保持香港的繁荣与稳定，更具有特殊的重要意义。

为了进一步全面落实我省华侨房屋的清退工作，必须全党重视，统一认识，统一政策，调动各方面的力量，力争有计划地在五年内即一九八八年以前全面完成这一历史任

务。省委、省政府为此提出如下意见，请各地认真贯彻执行。

一、关于“文革”中被挤占、接管的侨房，除按省现行政策务必于今年底以前全部完成清退外，还要抓好下面两项工作：

1. “文革”中自然空出的华侨、港澳同胞有合法产权的出租房屋，业主或代理人当时要求收回自住，但房管部门又继续安排他人进住的，同属挤占侨房性质，要在今年内全部腾退完毕。

2. “文革”中用不合理价格收购的侨房和迫使华侨、港澳同胞捐献的房屋，省房管部门曾通知各地进行清理。凡业主要求按原收购价赎回的，应准予赎回；凡不是自愿献产的，只要业主提出要求，应退回给业主。如确属华侨、港澳同胞自愿捐献的房产，应补办捐献手续。

二、关于土改遗留的侨房问题，根据一九五〇年政务院《土地改革中对华侨土地财产的处理办法》的规定，华侨地主的房屋“除原由农民居住的房屋外，其他房屋不动”的原则和省的有关政策，分别不同情况，妥善处理：

1. 原华侨地主、富农、工商业者，土改时在农村或城镇被错没收、接管的房屋，凡现在为房管部门经管或机关、部队、企事业、学校等单位使用的，无论当时是采取何种方式取得房屋的，应按照省委〔1981〕60号文件第二条和省委办公厅〔1983〕28号文件第三条第五点的规定处理，即：“土改时按政策不应没收而没收了的华侨房屋，但未分配给农民，或虽已分配，但农民没有进住，而为机关、部队、人民团体、学校、社队等单位占用的，应坚决限期退回，确认原侨户业主的房屋所有权。如单位目前确有困难需继续使用的，应征得原业主同意，正式办理租借手续”，“已经拆除或改建的，由使用单位给予合理补偿”。这部分侨房的清退工作，务必于今年内完成。

2. 原华侨地主、富农土改时被没收已分配给农民的房屋，系属于错没收的房屋。但由于种种复杂的原因，过去我们采取“多做工作，房子不退”的做法，实际上工作很难做通，也不能使侨胞心悦诚服。为了更好地贯彻落实党的十一届三中全会的路线、方针、政策，为了有利于团结广大华侨参加祖国的四化建设，应当本着实事求是的原则，重新明确这部分侨房要一律退还。由于这个问题牵涉到一部分农民住户的切身利益，首先要给农民安排好住房，难度较大，处理时要十分慎重。各地要在调查摸清情况的基础上，于今年内拟出具体计划，在五年内分期分批逐步解决。第一步可考虑先解决那些有一定影响的重点侨户和回国定居住房困难的侨户的房屋问题。

3. 土改时被错划为华侨地主、富农成分（包括没有评定阶级成分的华侨空户）而在城乡被错没收、征借、接管的房屋，以及劳动人民侨户被错没收、征借、接管的房屋，无论现为机关、部队、人民团体、学校、社队、企业等单位占用，还是分配给农民使用的，都必须在今明两年内全部退还，不能久拖。

关于华侨地主、富农、工商业者成分的确定问题，应以土改复查中的评定为准。对一些本属华侨地主、富农、工商业者，但土改评定成分时没有冠以“华侨”两字的，这主要是一些地方土改工作中的问题，不能因此否定其华侨身份。应按政务院一九五〇年《土地改革中对华侨土地财产的处理办法》第三条关于确定华侨身份的规定，实事求是地予以承认。至于土改中评为地主、富农、工商业者，土改中或土改后才出国并取得华侨身份的，虽然现在已改变为侨改户，但他们在土改时被没收、接管的房屋不属于土改遗留的侨房问题的处理范围。

4．港澳地主富农土改中在农村被没收的房屋，按中央政策是属于应该没收的范围，不属于土改遗留问题。但考虑到港澳的地位和作用，根据中共中央〔1978〕3号文件关于“各项侨务政策，除有关国籍问题外，原则上都适用于台湾同胞、港澳同胞以及他们在国内的亲属”的精神，为了有利于团结、争取港澳同胞，进一步调动他们爱国爱乡、支持祖国家乡建设的积极性，在政策上应给予放宽，凡是已经没收未分配给农民而为机关、部队、人民团体、学校、社队等企业单位使用的，可给予退回；已没收分配给农民的，暂缓处理，但当地如能出资补助住户修建房屋迁移的，亦可给予解决。港澳地主、富农、工商业者土改时在城镇被没收、接管的房屋，亦应退还给业主。至于土改时被错划为港澳地主、富农成分后在农村、城镇被错没收、征借、接管的房屋和劳动人民港澳户在农村城镇被错没收、征借、接管的房屋，更应抓紧退还。

三、关于私改遗留的侨房处理问题。

1．今年内要完成私房改造时错改的侨房产权的清退工作，应同时退还使用权的也要抓紧解决。考虑到私改时中央规定给业主留自住房原则上从宽，并应当照顾到华侨国内国外人口的政策，对于符合改造规定的侨房，凡未给华侨业主留自住房或没有留足自住房的，应按上述从宽的政策退回应得的自住房。

2．非建制镇的出租房屋，中央原来的政策规定不进行私房改造，但私改时许多地方都改了，所以中央后来又做出已经改了的不予撤销的规定，省政府〔1981〕79号文件也重申了这一规定。现为了有利于团结争取华侨、港澳同胞，有利于小城镇的改造和发展，非建制镇私改的华侨、港澳同胞房屋，全部撤销改造，交还业主管理和使用。至于解决这个问题的方法和步骤，由市、县按照实际情况，作出切实安排，于一九八五年底前完成。

四、关于华侨要求归还有合法产权的出租房屋的使用权问题。华侨、港澳同胞出租的房屋一般都租出二、三十年了，他们要求收回出租房自用是合理的，应积极腾退。但考虑到安排租住户腾退房屋困难很多，目前凡属以下几种自然腾空的出租房应首先退还给华侨、港澳业主自用，房管部门不应再安排新住户：

（1）租住户全家已批准出国或去港澳定居的；

（2）租住户因工作调动全家迁往外地，户口已迁出的；

（3）租住户因死亡房屋已无人居住的；

（4）租住户将房屋长期（半年以上）空着不用的；

（5）租住户自己已另有房屋安排居住的（包括房管部门安排和本人所在工作单位分配了住房以及自己建了房屋的）。

今后，有关单位在分配住房时应优先安排分配给那些租住华侨房屋的干部职工，让他们腾退。特别是华侨业主决定回来定居而无房居住的，有关单位和房管部门要保证迅速腾退，不得借故推延。其他一时腾退有困难的，应通过与原业主协商，订立为期不超过五年的租赁合约。

五、公社化、“大跃进”刮“共产风”时被拆掉、挤占的侨房遗留问题，各地应积极主动抓紧解决，不留尾巴。有的已经在处理“共产风”时作过赔偿处理的，一般不再重新处理。

六、华侨、港澳同胞解放后因各种原因没有按期向人民政府进行房产登记，逾期而被代管、接管以至归公的房屋，除少数房地产主的产业外，只要业主能提供房屋产权证明的，应一律据实退还。

七、城镇因国家建设需要征用华侨、港澳同胞房屋，应按最近公布的《广东省国家建设征用土地实施办法》处理。近几年广州市等地被征拆的华侨、港澳同胞房屋，今年内应按照上述实施办法中有关规定抓紧处理好遗留问题（如合理补偿、补回建筑面积与质量大体相等的房屋等），以切实保护华侨、港澳同胞的合法权益。

八、关于城镇农村征用华侨宅基地问题。华侨在城镇农村购置宅基地原是以备“落叶归根”时造房居住的。解放后，人民政府发给了房地产所有证，政策上规定可以“长期使用”经批准可以“在宅基地上建造房屋”。据此，国家或集体建设需要征用华侨、港澳同胞宅基地时，应给原业主合理补偿。如果原业主持证人需要建造房屋，属农村的由区、乡政府另行拨地解决；属城镇的，有关部门可在条件允许的情况下，考虑另拨地给其建房，或者优先供应他们商品房。

九、各级党委、政府要进一步提高对落实侨房政策重要性、迫切性的认识，继续清除“左”的思想影响。凡侨房遗留问题较多的市、地、县，都要成立一个有权威的、有各级领导同志挂帅的、有侨办、房管、司法等有关部门负责同志参加的落实侨房政策领导小组，统一领导城乡落实侨房政策的工作，协调各方面的关系，切实把这项工作抓好。要加强调查研究，摸清情况，订出计划，认真解决落实侨房政策所需的资金、材料。按照“谁占谁退”的原则，一切有关部门和单位都应采取有效措施，积极主动腾退。省政府决定，从今年起每年拿出四百万元、三年共一千二百万元作为落实侨房政策的补助，分别下拨，各有关市、地、县政府要把落实侨房政策所需资金列入地方财政，专项拨款，专款专用。

中共广东省委 广东省人民政府

一九八四年四月二十七日

三、关于华侨农场领导体制改革的通知

（粤府〔1988〕140号）

有关市、县人民政府，省府直属有关单位：

我省华侨农场自兴办以来，经过艰苦创业，在安置归、难侨和发展经济等方面取得了显著成绩。但是，现行的领导体制已不适应商品经济的发展，为便于地方政府对华侨农场的领导，进一步搞活农场经济，现就有关华侨农场领导体制改革问题通知如下：

一、将平沙、红旗、珠江、大旺、迳口、光明、杨村、潼湖、英红、英华、黄陂、消雪岭、清远、大槐、合成、海宴、岗美、奋勇、陆丰、普宁、大南山、蕉岭二十二个华侨农场，包括省华侨企业公司在光明、潼湖、大旺农场的外经项目和局农科所，从文到之日起下放给所在市管理。小型农场是否下放给县，由各市自行决定。农场所有土地、固定资产、流动资金随干部、职工一并划给接收单位。债权债务（包括省华侨企业公司为上述外经项目合作各方担保、转借的贷款）仍由各企业负责清偿。财务关系从一九八八年一月一日起划转。

华侨农场下放后，参股合办的企业，由双方协商处理。各场历年欠交省华侨农场管理局的利润、折旧、借款，应清理上交和归还。欠交免税资金的也要及时上交省财政厅。各华侨农场借用省财政厅支农周转资金的，到期应交所在市财政局，由市财政局统一还给省财政厅。一九九〇年前，各华侨农场继续实行财务大包干，由省财政厅按照一九八八年下达的盈亏包干指标划转所在市财政局执行。省华侨农场管理局借拨给农场的补亏资金，由省财政厅代为清算。华侨农场的政策性、社会性支出，由省财政厅按一九八八年下达数追加给所在市财政局。今后国家有关部门戴帽下达的基建投资和物资，由省华侨农场管理局改制后的总公司承办转拨。按中央〔1985〕26号文件规定，从农场分离到城镇重新安置的归难侨，各地应予办理入户。

农场的侨务工作由同级侨务部门归口管理，联合国难民署援助项目，继续由省难民办公室负责安排，当地侨务部门配合管理。

二、撤销广东省华侨农场管理局，恢复广东省华侨实业总公司，仍属省政府领导，行政上归口省农委管理。总公司由局机关和属下的五个专业公司以及华侨中专学校、铝制品厂、新侨酒店等单位组成。花县、沙河两个华侨农场，留给华侨实业总公司作为实业基地。总公司及其所辖企业属全民所有制企业，实行独立经营、自负盈亏。

华侨农场管理局机关在职干部由华侨实业总公司自行消化，行政经费由省财政拨至一九九〇年；一九八八年底以前按有关规定办理了手续的离退休人员专项经费，今后继续由省财政核拨。华侨实业总公司及其所辖企业（农场）同下放地方管理的农场一样，继续享受国家对华侨农场（企业）免税及其他优惠政策，继续安排符合招工条件的归难侨及其子女就业。华侨实业总公司三年内亏损不补贴，盈利不上交，现有留成的结余资金一并划转。有关深圳特区华侨城问题，省华侨实业总公司、省华侨企业公司应与香港中旅集团公司按国家有关经济法规办理。

三 、华侨农场领导体制改革，是一项涉及面广，政策性强的重大变革。各市和省有关部门要互相配合，做好交接工作。具体财务问题，由省财政厅和省华侨农场管理局协调处理。

广东省人民政府

一九八八年八月二十三日

四、广东省归侨侨眷权益保护实施办法

（1992年9月26日广东省第七届人民代表大会常务委员会第二十八次会议通过，1992年10月10日省人大常委会公告第24号发布）

第一条 根据《中华人民共和国归侨侨眷权益保护法》，结合本省实际情况，制定本实施办法。

第二条 归侨、侨眷的身份需要确认的，须持所在单位、街道办事处、乡镇人民政府或户籍所在地公安派出所根据其人事档案、本人提供的有效证件或户籍登记出具的亲属关系证明，由县（区）以上人民政府侨务部门办理。

同华侨、归侨有长期扶养关系的其他亲属，须经县（区）以上公证机关出具扶养公证后，方予确认。

华侨、归侨去世后，其国内眷属依法确认的侨眷身份不变。

第三条 各级人民政府侨务部门是同级人民政府主管本行政区域内侨务工作的职能部门，对《中华人民共和国归侨侨眷权益保护法》和本办法的实施负有督促检查的职责。

第四条 地方人民政府和有关部门应对回国定居的华侨予以关心和扶助。

凡回国参加社会主义建设的华侨科技人员，按双向选择的原则安排录用；对其他回省内定居的华侨，妥善安置。

第五条 省人民代表大会和归侨、侨眷人数较多的市、县（区）人民代表大会应有适当名额的归侨、侨眷代表。各级归国华侨联合会可以依法推荐归侨、侨眷代表候选人。

第六条 归侨、侨眷依法组织的社会团体开展合法的社会活动，受法律保护，各级人民政府和有关部门应给予支持。

归侨、侨眷依法成立的社会团体拥有的合法财产受法律保护，任何单位和个人不得侵占或损毁。

第七条 省对安置归侨的国营农、林场等企业给予扶持，其所需的华侨事业费、基建投资等列入省和所在地政府的计划，其生产经营需要银行信贷支持的，银行优先给予安排。

国家和地方有关部门专项分配给国营华侨农场等企业的资金和物资，任何部门不得截留、挪用或拖欠。国营华侨农场纳税确有困难的，由华侨农场提出申请，按税收管理权限报批，给予一定期限的减税或免税照顾。

国营华侨农场设置的学校和医院，纳入所在市、县的计划和管理，按县办学校、医院的要求安排经费，配备师资、医务人员和教学、医疗设备。

安置在国营农、林场的归侨（含配偶、子女）职工，经有关部门批准调往城镇工作的，给予办理户口、居民关系迁移手续；要求到城镇自谋职业的，有关部门及所在单位应给予支持和帮助。

安置在国营农、林场的归侨（含子女）在农村的配偶要求到国营农、林场落户团聚的，应予批准，由省政府纳入专项指标，符合招工条件的可吸收为农、林场合同制工人。

第八条 归侨、侨眷用侨汇、境内银行外币存款、投资外汇的本息、境外亲友赠送的外汇资金或进口设备、工具兴办的侨属企业，按省有关规定享受减税或免税的优惠待遇。

归侨、侨眷接受境外亲友赠送的小型生产工具，直接用于工农业生产、加工、维修的，免征关税和进口环节产品税（或增值税）。

第九条 归侨、侨眷在省内兴办公益事业捐赠的款物，受法律保护，任何单位、个人不得侵占、贪污或挪用。

第十条 归侨、侨眷私有房屋的所有权受法律保护。归侨、侨眷业权人享有占有、使用、收益和处分的权利，任何单位或个人不得侵犯。

任何单位或个人租用归侨、侨眷的私有房屋，必须征得业权人同意，并按国家和地方私房租赁管理规定办理租赁手续。租赁期满，归侨、侨眷业权人有权收回自用或再出租。归侨、侨眷业权人需要收回房屋的，承租人所在单位或当地房管部门，应将承租人作为无房户优先安排。

归侨、侨眷业权人在国外的父母、配偶、子女经批准回国定居而无住所的，可提前半年通知承租人，中止租赁合约，收回自用，承租人必须及时腾退。

国家建设征用土地在城镇范围内拆除归侨合法的私有房屋、侨眷在中华人民共和国成立后用侨汇购建的私有房屋和依法继承的华侨私有房屋，按《广东省国家建设征用土地拆除城镇华侨房屋的规定》处理。

第十一条 归侨学生、归侨子女和华侨在国内的子女报考各类学校，给予照顾录取；报考侨务部门主管的学校及华侨捐资兴办的学校的，优先录取。具体办法由省政府有关主管部门制定。

对大专院校毕业的归侨学生、归侨子女和华侨在国内的子女，在服从国家需要的前提下，可根据本人意愿分配到其直系亲属所在地工作；直系亲属不在国内的，如本人有合理要求，可根据实际情况，在分配地区上给予适当照顾。

报考大专院校未被录取的归侨学生、归侨子女和华侨在国内的子女，愿意继续报考升学的，可留原校补习一年；要求就业并符合用工单位需要的，企业、事业单位应在同等条件下优先照顾录用。

第十二条 侨务部门主管的企业、事业单位及华侨捐资兴办的企业、事业单位招工招干时，应优先录用归侨及其子女。

第十三条 归侨、侨眷的侨汇收入，任何单位、个人不得截留、冻结、侵吞、扣压和没收。

第十四条 归侨、侨眷申请出境，所在单位或街道办事处应自收到申请书之日起十日内提出意见，报送上级主管部门；上级主管部门应自收到单位或街道办事处意见之日起十日内提出审核意见，报送公安机关审批；公安机关应在国家规定的期限内作出审批，通知申请人。归侨、侨眷申请人在规定期限内未收到送审通知或审批结果通知的，有权查询，受理单位应及时作出答复。如归侨、侨眷申请人认为有关单位不同意或不批准其出境不符合国家有关规定，有权向上一级公安机关或当地侨务部门提出申诉，受理单位应自收到申诉之日起十日内作出处理和答复。

归侨、侨眷申请出境，各单位不得作出损害其权益的规定。在获得前往国家或地区的入境签证之前，所在单位或学校不得令其办理停职、停薪、退职、免职、退学、停学或腾退住房等；不得自行规定收取保证金、抵押金等。归侨、侨眷获准短期出境探亲，在批准假期内，其户口、职务及住房均应保留。具有大学和大学以上学历的归侨、侨眷获准出境定居，免交培养费和免除服务期。

第十五条　集体所有制企业、事业单位的归侨、侨眷职工的出境探亲待遇，依照国家机关和国营企业、事业单位归侨、侨眷职工的出境探亲待遇办理。

归侨、侨眷职工获准因私短期出境，符合有关职工调资政策的，可以列入调资范围，参加升级考核。

归侨、侨眷职工出境定居后又返回，按国家有关规定经批准恢复工作的，在退回离职金后，其出境前和恢复工作后的工龄合并计算。

第十六条　出境定居的离休、退休、退职的归侨、侨眷职工，其离休金、退休金、退职金和各项补贴与国内离休、退休、退职职工同等待遇，按国家和省的规定发给，并可按当地外汇调剂价格兑换成外汇携带或汇出境外。

离休、退休的归侨、侨眷职工出境定居后，允许其直系亲属继续租用原居住的公房。出境定居的归侨、侨眷职工已购买的住房，其房屋所有权归购房者所有；持有出国护照但未获得前往国家或地区入境签证的归侨、侨眷职工，要求按当地的规定购买公房的，与本单位职工享受同等购房待遇。

第十七条　中华人民共和国成立后在国家机关、国营和集体企业事业单位工作的归侨职工，退休时退休金不足本人工资百分之一百的，照顾加发退休补助费。

第十八条　具有大学和大学学历以上的归侨、侨眷申请自费出国留学，按国家有关规定办理，给予适当照顾。属华侨、归侨直系眷属的，可免交培养费和免除服务期；属华侨、归侨非直系眷属的，在偿还培养费后，可免除服务期。

归侨、侨眷自费出国留学，从出境之日起保留公职或学籍一年。

第十九条　对违反《中华人民共和国归侨侨眷权益保护法》和本办法，侵犯归侨、侨眷合法权益的，归侨、侨眷有权要求有关主管部门依法处理，或依法向人民法院提起诉讼。

第二十条　外籍华人和港澳同胞居住在本省的眷属，可参照本实施办法执行。

第二十一条　本办法自颁布之日起施行。

五、颁布《广东省侨属企业管理规定》的通知

（粤府〔1992〕56号）

各市、县、自治县人民政府，省府直属各单位：

现将《广东省侨属企业管理规定》发给你们，请认真贯彻执行。

广东省人民政府

一九九二年五月十一日

广东省侨属企业管理规定

第一条 为鼓励归侨侨眷引进侨资和先进技术设备兴办企业，根据《中华人民共和国归侨侨眷权益保护法》的有关规定，结合我省实际，制定本规定。

第二条 归侨侨眷以侨汇、境内外币存款、投资外汇的本息、国外亲属赠送款物兴办的企业，称侨属利用侨资兴办企业，简称侨属企业。

第三条 侨属企业是实行自产自销、自主经营、独立核算、自负盈亏的私营企业。

第四条 侨属企业的确认和管理：

（一）侨属企业应按《中华人民共和国私营企业暂行条例》的规定，接受企业所在地工商行政管理机关的登记管理。

（二）侨属企业的确认权，属企业所在地县以上（含县，下同）侨务办公室。

（三）凡已经工商行政管理机关登记的私营企业，注册资金符合本规定第二条所列范围的，并提供资金、设备入境、银行结汇凭据及批准接受赠送物资等有关证明文件，经向企业所在地县以上侨务办公室申请批准后，均可确认为侨属企业。

（四）经侨务办公室确认的侨属企业，发给“侨属企业确认书”。侨属企业持“确认书”向当地税务机关申请，经税务机关审核同意并发给“享受侨属企业税收优惠批准通知”后，企业可以享受本规定的优惠待遇。

（五）在规定减免税的年限里，企业应在每年第四季度到原确认的单位验证一次，取得企业享受优惠待遇继续有效证明，并报主管税务机关核查。未办年度优惠有效验证者，本年度优惠无效。对不符合侨属企业条件的，应恢复征税，弄虚作假的应追缴税款。

第五条 归侨侨眷用侨资兴办的生产性企业，其侨资占企业投资５０％以上的，报经税务机关批准，从投产月份起免征所得税二年。在免税期满后纳税仍有困难的，可向当地税务机关申请，经批准可再减征或免征所得税。

第六条 侨属企业可接受华侨、港澳台同胞赠送直接用于工农业生产、加工、维修的工具、设备、仪表、仪器及维修用零配件（不含国家限制进口的机电产品）。

第七条 侨属企业可承揽来料加工、来样加工、来件装配以及从事补偿贸易，并享受相应的优惠待遇。其中资金比较雄厚、信誉比较高、具有法人资格的，可按国家规定与外

国公司、企业和其他经济组织或个人举办中外合资、合作经营企业。

第八条 侨属企业从事开发性生产的，给予下列优待：

（一）经国家有关部门批准，开办矿山企业，如纳税有困难，经税务机关按税收管理权限批准，给予定期减免增值税。

（二）侨属发展种养业，对个别生产应税农牧业水产品，自产自销部分纳税有困难的，可向当地税务机关提出申请，按照税收管理权限，经批准给予定期减征产品税。

（三）从事国务院规定范围内高新技术及其产品的研究、开发、生产和经营业务的，可享受国家和省有关扶持、鼓励高新技术或高新技术产品的政策规定优惠待遇。

第九条 侨属企业与华侨、港澳台同胞合资、合作开发荒山、荒地、滩涂，产品出口达50%以上的，经市级以上主管审批机关批准，可凭批准合同进口办公用品、科研设备、生产设备及生产用车辆。

第十条 侨属企业自有外汇和产品出口创汇留成，可按规定办理外汇调剂。

第十一条 侨属企业的技术转让收入，在三年内该项所得每年不超过十万元，经省税务局审核批准可不计入应纳税所得额，超过十万元的部分，应并入应纳税所得额照章纳税。

第十二条 侨属企业可用自有外汇进口加工设备，以及为生产出口所需的原材料、生产设备、零部件、包装物料等（不含国家限制进口机电产品），进口为发展出口农业产品及其加工项目所需的种子、种苗、种畜、饲料、动植物保护药物以及耕作、种植、养殖和农产品加工机具。

第十三条 侨属企业所得税后利润的个人消费部分用于举办社会公益事业的，经县以上侨务办公室核实，同级税务机关批准，免征个人收入调节税。

第十四条 本规定所列各项减免税款额，一律由本企业转入生产发展基金，用于发展生产。

第十五条 利用港澳台亲属赠资兴办的私营企业，可参照本规定执行。

第十六条 本规定自一九九二年七月一日起施行。

说明：本篇法规已被《广东省人民政府关于废止2001年底以前发布的部分政府规章和规范性文件的决定》（发布日期：2002年11月27日　实施日期：2002年11月27日）废止（原因：与现行税法不相符）。

六、批转省侨办关于做好我省出境定居人员工作意见的通知

（粤府〔1993〕111号）

各市、县、自治县人民政府，省府直属各单位：

现将省侨办《关于做好我省出境定居人员工作的意见》批转给你们，请认真贯彻执行。

广东省人民政府

1993年7月30日

关于做好我省出境定居人员工作的意见

省人民政府：

为进一步做好出境定居人员的工作，根据有关规定，结合近几年来我省出现的新情况、新问题，提出以下意见：

一、做好出境定居人员的咨询服务工作

（一）凡有条件的市、县（区）侨务部门要会同有关部门逐步建立为出境定居人员提供咨询服务的机构。为他们组织外语学习和职业技能培训，介绍定居国情况及有关移民法规，提供出境事务咨询，代翻译证件，代填申请表格，代办签证，代订购车、船、机票，接送出境等“一条龙”服务。要坚持服务为主，合理收费。

（二）获准或申请出境定居人员，需办理涉外公证的，公证机关应予优先办理。公证收费应严格执行物价管理部门核定的收费标准，不得巧立名目多收费。

（三）医疗卫生检疫部门按出境定居人员前往国家或地区移民当局的要求和出境定居人员的实际需要，进行体格检查和防疫检查，并按物价管理部门核定的收费标准收费，不得随意增加或重复检查项目以及多收费。

（四）申请出境定居人员，只要符合政策、理由正当、证件齐备，有关部门应及时发给申请表，不得拖延。申请人填表送交所在单位后，单位及其上级主管部门必须分别在十天内提出审核意见上报公安机关，公安机关应在规定期限内作出批准与否的决定，并通知申请人。

（五）华侨、港澳同胞、外籍华人回境内择偶申请登记结婚，其境内一方虽未达到晚婚年龄但符合我国婚姻法规定的，应准予办理结婚登记，并发给结婚证书。

二、处理好出境定居人员的权益问题

对获准出境定居人员的权益应按照《广东省归侨侨眷权益保护实施办法》妥善处理好，对未作具体规定的，按以下原则处理。

（一）原住房问题。

1．获准出境定居人员，在出境前已向单位购买住房的，其所有权不变；已领护照尚在等待前往国家或地区入境签证的人员，租住公房的，租房或买房享受所在单位职工的同等待遇。

2．出境定居的离休、退休、退职人员原租住单位公房的，允许保留，按职工租住单位公房标准交租。房改时如本人要求购买原住房的，可享受所在单位职工的同等待遇。

3．离职出境定居人员出境后，原同居住的家庭成员（父母、配偶、子女）仍需居住原住公房的，原则上予以保留，其家庭成员在同一单位工作的，可按留居境内亲属成员职务档次调整住房，并改变租赁关系，由新承租人交租；不在同一单位工作的，可暂予保留租住房，由双方签订一定期限的租赁协议。其原住房面积可根据留居境内亲属成员的实际人口予以调整，并转办租赁关系，租金按各地房改租金标准，由新承租人交纳。

（二）农村责任田退耕问题。

全家或家庭主要劳动力获准出境定居的农民，要求退耕、退养其原承包的责任田、果园、林木、鱼塘的，应予允许。其所在管理区（村）或经济合作组织均应在承包人出境前及时办理有关手续，不得借故拖延和阻挠。承包人退耕、退养后应补偿其原承担的当年征购粮（款）任务。

（三）离休、退休、退职人员出境后的生活待遇问题。

获准出境定居的离休、退休、退职干部、职工，其离休金、退休金、退职生活费以及各种生活补贴，与境内原单位同类人员享受同等待遇。

（四）计划生育问题。

对已领取护照等待定居国或地区入境签证的，已生育两个子女的育龄妇女，如本人申请，可不作结扎手术，但必须落实有效的避孕措施，并签订计划生育合同，保证在国内不出现计划外怀孕或超生，如出现计划外怀孕应及时采取补救措施。

（五）“培养费”“培训费”问题。

任何单位不得随意收取出境人员的“培养费”“培训费”。出境定居人员在工作期间由所在单位出资进行一年以上全脱产专业培训的，单位可按双方原签订协议规定收回培训费。

获准出境定居人员在获得前往国家或地区入境签证前，所在单位不得令其停职、停薪、免职、退职、停学、退学、退耕和腾退住房等。

三、加强领导、协调配合，切实做好出境定居人员的工作。

出境定居人员工作，涉及面广，政策性强，各级政府和有关部门要高度重视这项工作，切实加强领导。各级侨务部门要深入调查研究，及时掌握新情况，解决新问题。各有关部门要互相通气、协调配合，把各项工作做得更好。

以上意见，如无不当，请批转各地、各有关部门贯彻执行。

广东省人民政府侨务办公室

1993年2月28日

七、关于进一步做好华侨农场工作的通知

（粤府〔1994〕131号）

各有关市、县人民政府，省府直属有关单位：

改革开放以来，我省23个华侨农场经济有了较大发展，归难侨生活有了一定的改善。但是，由于我省华侨农场大部分地处贫困山区，加上领导管理体制未完全理顺等原因，不少华侨农场尚处于贫困状态，归难侨的生活水平还比较低。华侨农场是我省安置归难侨的基地，华侨农场办得好不好，将直接影响我省对外形象和全省的总体发展。为了帮助困难的华侨农场尽快脱贫致富，特通知如下：

一、进一步理顺华侨农场领导体制

华侨农场下放给市管理的体制原则不变，有关市政府要切实加强对华侨农场的领导，帮助华侨农场理顺与地方的关系，真正把华侨农场纳入地方统一规划；华侨农场可改设管理区建制，但仍保留华侨农场牌子（两个招牌，一套人马），赋予一定的政府行政和经济管理职能。对长期亏损、自然条件差、缺乏资源、经济基础薄弱、没有发展条件的华侨农场，可采取撤并的措施。

二、采取有力措施扶持贫困华侨农场的发展

除国家下拨给华侨农场的基建投资外，从1995年至2000年，由省计委每年安排500万元基建投资给华侨农场，省财政在“八五”计划期间拨款的基础上每年增拨400万元。这些资金主要用于贫困华侨农场的“造血”项目。上述资金（含国家下拨部分）的使用安排，由省侨办提出具体分配方案，会省计委、省财政厅联合下达。对大南山、陆丰、普宁、黄陂、清远、英华、奋勇、岗美、消雪岭、蕉岭、大槐、合成、海宴、花都等14个贫困华侨农场，市、县政府和省侨办要摸清情况，具体指导，从人、财、物各方面给予扶持，帮助这些华侨农场尽快摆脱贫困。要把14个贫困华侨农场列入各级扶贫计划，享受有关优惠政策。

省直有关单位要支持华侨农场发展经济。省计委、财政厅要及早安排下拨有关华侨农场的资金。华侨农场的生产资料，维持原来的供应销售渠道不变。华侨农场的教育、卫生事业管理要社会化，华侨农场设置的学校和医院，实行省、市、县分级管理，享受地方学校、医院同等待遇，努力提高华侨农场的教育和医疗水平。

三、深化华侨农场内部改革

改变华侨农场的贫困落后面貌和提高归难侨生活水平，关键在于华侨农场自身的努力和发展，华侨农场要进一步深化内部改革，转换企业经营机制，充分调动家庭农场的生产积极性，发挥大农场的指导服务作用。结合企业制度改革，促进多种经济成分共同发展，增强活力，提高效益。要进一步改革劳动、人事制度，逐步建立社会保障体系，积极推行住房医疗制度改革，使之配套完善。要优化产业结构，以资源为依托，以市场为导向，向农、工、商综合经营方向发展。要进一步改善投资环境，增强吸引外资的能力。要充分利用华侨农场土地、人力的优势，积极引进资金、人才、技术，发展外向型经济。

要选拔那些热爱侨场，有事业心，有开拓精神，懂经营管理的年富力强的干部充实到侨场的领导班子。要教育和引导华侨农场干部职工转变观念，抛弃“等、靠、要”的思想，自力更生、奋发图强、开拓进取，为华侨农场的经济建设做出贡献。

四、妥善解决华侨农场与周边农村的矛盾

华侨农场的土地受国家法律的保护，任何组织和个人不得侵占其合法使用的土地。各级政府要加强对农场周边农村居民的教育，妥善解决华侨农场与周边农村的矛盾。对侵占华侨农场的土地、破坏华侨农场的建筑物及其设施或损害华侨农场农作物等违法行为，要依法查处。

广东省人民政府

一九九四年十一月九日

八、广东省城镇华侨房屋租赁规定

（1994年11月17日广东省第八届人民代表大会常务委员会第十一次会议通过）

第一条　为加强城镇华侨房屋的租赁管理，维护租赁双方的合法权益，根据国家法律、法规有关规定，结合本省实际，制定本规定。

第二条　本规定所称华侨房屋包括：

（一）华侨、归侨在本省行政区域内城镇的私有房屋；

（二）中华人民共和国成立后用侨汇购建的私有房屋；

（三）依法继承华侨、归侨的私有房屋。

第三条　华侨房屋的所有权和继承权受国家法律保护，业主对其房屋依法享有占有、使用、收益和处分的权利，任何单位和个人均不得侵犯。

第四条　县以上人民政府房地产管理部门负责城镇华侨房屋租赁管理工作。公安、工商、税务、国土、侨务等部门和街道办事处应按各自的职能配合房地产管理部门做好华侨房屋的租赁管理工作。

第五条　租赁华侨房屋依照《广东省城镇房屋租赁条例》办理有关手续。

第六条　出租人有依法出租房屋、收取租金、租赁期满收回自用或再出租的权利，依法纳税及履行合同约定的义务。

承租人有依照租赁合同使用华侨房屋的权利，履行按时交租、爱护房屋及设施和租赁合同约定的义务。

第七条　华侨房屋的租金，由租赁双方根据公平、合理的原则协商议定。

第八条　租赁期限由双方商定，租赁期限届满，租赁合同终止。

第九条　租赁期限届满，承租人应依照租赁合同将房屋交还出租人。承租人确无居处可搬迁的，可以延长为期不超过一年的租赁期限，延长期间的租金可比原租金增加至百分之一百。延长期限届满，出租人可以请求房地产管理部门向承租人发出限期迁出通知书或者向人民法院提起诉讼。

第十条　租赁期限未满，承租人需退租房屋的，应提前三个月书面通知出租人，在迁出之日清缴租金，清交房屋、设施，双方当事人应向房地产管理部门办理注销租赁合同手续，出租人发现出租的房屋或设施被承租人损坏的，承租人应负责修复或赔偿。承租人擅自迁出的，出租人可按合同规定的期限向承租人追偿租金。

第十一条　本规定施行前租赁双方已向当地房地产管理部门办理登记租赁手续的，其租赁合同继续有效。

第十二条　香港、澳门和台湾同胞在本省行政区域内城镇的房屋租赁，适用本规定。

本省乡村的华侨房屋租赁可参照本规定执行。

第十三条　本规定没有规定的，按《广东省城镇房屋租赁条例》执行。

第十四条　本规定自1995年3月1日起施行。

九、广东省人民代表大会常务委员会关于加强落实城镇侨房政策工作的决议

（1994年11月17日 广东省第八届人民代表大会常务委员会第十一次会议通过）

广东省第八届人民代表大会常务委员会第十一次会议同意省人民政府《关于省八届人大二次会议第14、128号议案的办理方案报告》。

会议认为，近三年来，我省落实城镇侨房政策工作取得了一定的成绩，但是进展还比较缓慢，任务仍很艰巨。落实侨房政策是关系团结广大华侨、归侨和侨眷，充分调动他们的积极性，参加我省经济建设的重要举措。各级人民政府必须严格按照我国宪法第五十条和《中华人民共和国归侨侨眷保护法》第十条的规定，切实维护华侨的正当权益。各级人大常委会要加强监督检查，督促本级人民政府如期完成落实城镇侨房政策的任务。

关于省八届人大二次会议第14、128号议案的办理方案报告

（粤府案〔1994〕6号）

省人大常委会：

广东省八届人大二次会议提出的《要求催促落实侨房工作》（第14号）、《加强全省落实城镇侨房政策工作》（第128号）等议案，交由省人民政府办理。对此，省人民政府成立了办理议案工作小组，多次召集省侨办、建委、计委、财办、财政厅、国土厅、税务局以及省建行、省法院等有关单位反复协商研究，广泛征询各方面意见，提出了处理意见，经省人民政府审核同意，现报告如下：

省委、省人民政府对落实城镇侨房政策工作是重视的。1991年6月，省人民政府召开了全省侨务工作会议，提出在“八五”期间集中力量解决好城镇侨房遗留问题。这是我省继基本完成落实“文革”挤占、“文革”接管、私改错改、非建制镇私改侨房政策后，紧接着全面铺开落实私改、代管、土改没收、土改农会拍卖等四类城镇侨房政策工作。1992年，省委办公厅、省人民政府办公厅又联合下发了《关于“八五”期间加快落实城镇侨房政策工作的通知》（粤办发〔1992〕24号）；省长办公会议还决定：“八五”期间省财政每年拨款1500万元，五年共拨款7500万元，作为落实城镇侨房补助款。三年来，各级党委、政府认真贯彻省侨务工作会议及粤办发〔1992〕24号文件的精神，侨务与房管等有关部门密切配合，通力合作，做了大量艰苦细致的工作，使我省落实城镇侨房政策工作取得了较大进展。据统计，截至1993年年底，全省共有私改、代管、土改没收、土改农会拍卖四类城镇侨房778万平方米，已退还了351万平方米，占应退总数的45%。由于落实侨房政策，争取了侨心，改善了投资环境，有力地促进了我省的经济发展。

但是，由于历史的原因，我省落实城镇侨房政策的任务仍然是繁重的，未退还的还

有427万平方米。要完成这些任务，涉及巨额资金、大量地皮和房源、安置腾退户等许多困难。而我省各地经济发展不平衡，一些地方财政比较困难，无法拨出更多的专款用于落实侨房政策；少数地方领导对落实侨房政策工作缺乏足够的思想认识，重视不够，采取的措施不得力；再加上建筑材料价格上涨，建房造价不断升高，退还使用权遇到困难，致使全省落实城镇侨房政策工作进展缓慢。如不采取有力措施，加快落实城镇侨房政策工作步伐，是难以在“八五”期间完成落实城镇侨房政策任务的。

根据上述存在问题以及省人大议案提出的要求，省人民政府决定通过本方案的实施，加大落实城镇侨房政策工作力度，力争在今明两年基本完成落实城镇侨房政策任务。具体目标是：（1）落实退还产权。对土改没收、私改、代管侨房，全省要在1995年年底基本完成退还产权任务。（2）加快落实退还使用权。对土改没收侨房的使用权，全省要在1995年年底落实退还完毕；对私改、代管侨房的使用权，由各地根据实际情况进行处理。（3）妥善处理土改农会拍卖的侨房。对于土改农会拍卖的侨房，各市要根据有关规定，本着尊重历史，实事求是作出处理的原则，结合本地实际作出具体规定，原则要求在1996年年底基本处理完毕。

为实现上述目标，省政府拟采取以下措施：

一、要进一步提高认识，加强领导。落实城镇侨房政策，是争取侨心，引进侨资侨智，促进我省经济建设的一项重要措施。省人民政府要求各级人民政府以及有关部门的领导，要把落实城镇侨房政策工作作为再造广东经济发展新优势的重要举措来抓。要切实加强领导，各级人民政府要指定一位领导专抓此项工作，健全领导机构和工作机构，把落实城镇侨房政策列入政府的重要议事日程。建委、房管、财政、国土、税务、计委、司法、银行等部门，要通力合作，密切配合，切实解决退房资金和建房用地等问题。

二、坚决贯彻“谁使用，谁腾退”“谁拆谁赔”的原则。对侨房居住户，有单位的应作为无房户优先分配住房，无单位且经济困难的居住户应列入当地居民住户解困户范围解决。属于拆迁的侨房，应先退还产权，后拆迁房屋。对具有腾退条件和建房能力的住用单位和个人，要限期腾退侨房。所在单位已分配了房屋或其自身已购买了房屋，人均使用面积已超过当地人均居住面积的，原租赁的公房应由国家收回；对这类公房，各地房管部门要作为安排腾退侨房租住户之用，优先安排给无能力购房也无条件分得住房的侨房租住户。对已安排了住房而拒不迁出侨房的住户，华侨业主可向法院起诉，由法院采取法律手段，强制搬迁。

三、征地兴建腾退房，鼓励居住户购房腾退。由于腾退房是专用于落实城镇侨房政策安排居住户的房屋，各级政府要重视支持，可以采取财政补贴、单位资助、住户出资按比例适当分担的办法，适当加大住户出资比例。腾退房的售价逐步从补贴房过渡到成本房，再过渡到微利房；可以采取商品房与腾退房同时兴建，用商品房的盈利，填补腾退房的亏损等办法。

征地兴建腾退房，各有关部门特别是建委、房管、财政、国土、税务、计委、司法、建行等部门都要积极支持、配合做好这项工作。（一）各级计划部门应将兴建腾退房纳入计划范围。（二）各级国土部门应根据土地总体规划和城镇规划，集中规划一定地段，划拨或减地价出让建房用地，用于兴建腾退房，把符合解困条件的腾退房建设列入城镇解困房建设计划；腾退房的用地指标，可从当年下达的非农建设用地指标中适当解决。（三）各级税务部门对兴建腾退房的用地，从征用到房产交付使用期间，可免征城镇土地使用税两年（即1994年至1995年）。（四）各地建设银行应根据建行信贷规模和在资金可能的前提下，适当提供部分临时周转贷款。

四、切实贯彻落实“省补一点，市县（区）两级财政负责解决”经费的原则。“八五”期间省人民政府拨出专款7500万元用于落实城镇侨房政策，按退还使用权面积计算，每平方米只能补助30元，钱虽少，但省财政已经尽了很大努力。现根据代表们的建议和意见，考虑到各地新冒出应处理的侨房约有30万平方米等实际情况，为了加快落实工作的进度，省人民政府决定将“八五”期间财政核定每年下拨的落实侨房政策的补助款1500万元，再延长一年时间，即到1996年。各市、县（区）政府应根据本地区落实城镇侨房政策的任务，确定筹措资金的数额，落实安排好退房经费，分年度纳入当地财政预算，并保证将预算资金按时到位。

五、注意分类指导，制定工作规划，加强检查督促。各级人民政府及有关部门在落实城镇侨房政策过程中，要注意区别不同地区、不同类型的侨房情况，进行分类指导；要按照《国务院、中央军委关于妥善处理军队与地方部分房地产权属问题的通知》（国发〔1988〕46号文）要求，妥善处理军队住用华侨私房的问题；要积极总结和交流各地落实城镇侨房政策的经验与做法，把落实城镇侨房政策工作与解决城镇居民住房困难结合起来，与旧城区的改造工作结合起来。各地应根据全省的目标，结合本地的实际，制定年度与季度的工作规划，实行目标管理，建立奖惩制度，加强检查督促，以实现“八五”期间基本完成我省落实城镇侨房政策的任务。

以上意见，请予审议。

广东省人民政府
一九九四年九月三十日

十、广东省拆迁城镇华侨房屋规定

（1995年5月9日广东省第八届人民代表大会常务委员会第十五次会议通过）

第一条 第一条 为保证城镇建设的顺利进行，妥善处理拆迁城镇华侨房屋，保护华侨业主的合法权益，根据《中华人民共和国宪法》和国家有关法律、法规，结合本省实际情况，制定本规定。

第二条 本规定所称华侨房屋是指在本省行政区域内城镇的以下几种房屋：

（一）华侨、归侨的私有房屋；

（二）中华人民共和国成立后用侨汇购建的私有房屋；

（三）依法继承华侨、归侨的私有房屋。

第三条 华侨房屋的所有权和继承权以及宅基地（包括附属庭园地）的土地使用权受法律保护。

任何单位和个人不得非法拆迁华侨房屋和占用其宅基地。

第四条 县级以上人民政府房地产管理部门或者建设行政管理部门（以下简称房屋拆迁主管部门）主管本行政区域内的华侨房屋拆迁工作。

第五条 需要确认的华侨房屋，由业主提出申请，经房屋所在地县级以上人民政府侨务部门审核确认。

第六条 依法持有房屋拆迁许可证的单位需要拆迁华侨房屋的（以下简称拆迁人），必须与被拆迁的华侨房屋业主签订补偿、安置协议后，方准拆迁。

因城镇建设需要，拆迁属落实华侨房屋政策而未发还产权的华侨房屋须经县级以上人民政府批准，由房屋拆迁主管部门代办拆迁手续，经办理公证和证据保全手续后，方可拆迁。

第七条 拆迁人必须依照有关法律、法规和本规定，对被拆迁的华侨房屋业主给予补偿、安置；华侨房屋业主必须服从城镇规划和建设需要，在规定期限内办理有关手续，完成搬迁。

第八条 经批准拆迁华侨房屋的，由县级以上人民政府房屋拆迁主管部门以房屋拆迁公告形式予以公布，拆迁人应当同时书面通知业主或者其代理人。业主或者其代理人接到通知后，应在规定时间内与拆迁人办理拆迁手续（业主居住在国外的可在6个月内，居住在香港、澳门、台湾的可在3个月内）。因特殊情况不能按照规定期限办理的，业主或者其代理人应当在期限届满前向批准拆迁的房屋拆迁主管部门提出延期申请。逾期不办理的，由当地房屋拆迁主管部门代办拆迁手续，但补偿、安置协议须经公证机关公证，并办理证据保全手续。

第九条 拆迁人与业主应共同协商，签订补偿、安置协议。双方协商不一致的，可以依照有关法律、法规申请仲裁或者向人民法院提起诉讼。

第十条 拆迁华侨住宅房屋，业主要求调换产权的，按照原房屋建筑面积在新建住宅房屋中调换相同建筑面积的，不作差价结算；调换建筑面积不足原房屋建筑面积的部分，按照原房屋的同期同一地段商品住宅价格结算；调换建筑面积超过原房屋建筑面积在10平方米以上的部分，按照调换新房屋的同期同一地段商品住宅价格结算。

第十一条 拆迁华侨非住宅房屋，业主要求调换产权的，按照原房屋建筑面积在新建非住宅房屋中调换相同建筑面积的，不作差价结算；调换非住宅房屋产权建筑面积不足原房屋建筑面积的部分，按照原房屋的同期同一地段同类用途的商品价格结算；调换非住宅房屋产权建筑面积超过原房屋建筑面积的部分，按照调换新房屋的同期同一地段同类用途的商品价格结算。

第十二条 拆迁华侨房屋（包括住宅、非住宅），业主要求作价补偿的，按照所拆房屋的使用性质和建筑面积的重置价格结合成新结算，或者由当地房地产交易所参考同期同类房屋市场交易价格给予评估，采用的结算方式由业主选定。

第十三条 拆迁华侨房屋附属设施包括天井、庭院、花园等不作产权调换，但应当予以补偿。其中天井面积按照同期同一地段住宅房屋商品价格1：0.5结算予以补偿；花园、庭院部分按照花园、庭院所占土地面积的住宅用地基准价以及花园、庭院设施价值给予补偿。

第十四条 拆迁华侨出租住宅房屋，原承租户的住房由拆迁人解决，或者由拆迁人与承租户单位协商解决，原租赁合同终止。

第十五条 拆迁华侨房屋，用于住宅和商住建设的，应当就地或就近回迁安置。按城市规划全部用于市政、公益建设，不能就地或就近安置。需要异地永迁安置，从区位好的地段迁到区位差的地段或者从市区迁到市郊区的，应当适当增加安置面积，其比例不能低于1：1.2。

第十六条 本规定适用于旧城区改造拆迁的华侨房屋。

第十七条 拆迁香港同胞、澳门同胞和台湾同胞在本省行政区域内城镇的私有房屋，适用本规定。

第十八条 本规定自公布之日起施行。1987年3月7日广东省第六届人民代表大会常务委员会第二十五次会议通过的《广东省国家建设征用土地拆除城镇华侨房屋的规定》同时废止。

十一、广东省华侨捐赠兴办公益事业管理条例

（1997年1月18日广东省第八届人民代表大会常务委员会第二十六次会议通过）

第一条 为保护华侨捐赠兴办公益事业的正当权益，加强受赠管理，根据宪法和国家有关规定，结合本省实际，制定本条例。

第二条 本条例所称华侨捐赠兴办公益事业，是指华侨（含华侨团体或者个人，下同）在本省行政区域内，无偿向国家或者集体捐赠款物，兴办教育、科技、文化、医疗卫生、体育、福利等事业，修建公路、桥梁及用于发展工农业生产的行为。

捐赠人，是指提供捐赠兴办公益事业的华侨。

受赠单位，是指接受捐赠的社会福利机构、社会团体、国家或者集体所有的企业事业单位和其他组织。

第三条 华侨捐赠兴办公益事业，受国家法律保护。

第四条 县级以上人民政府侨务工作行政主管部门负责对华侨捐赠事务实施管理和监督。

第五条 捐赠必须遵循自愿原则。任何单位和个人不得违背捐赠人的意愿进行劝募、摊派。

捐赠人和受赠单位必须遵守国家法律、法规，捐赠必须符合国家和社会利益。

第六条 各级人民政府应当支持、鼓励和保护华侨捐赠活动，对在捐赠兴办公益事业中做出贡献的华侨应当予以表彰。

第七条 华侨捐赠的款物和以华侨捐赠款物兴办的公益项目，其所有权归国家或者集体，任何单位和个人不得侵占、挪用、毁坏。

第八条 捐赠人有权决定捐赠款物的数额、用途、方式和选择受赠单位。任何单位和个人不得违背捐赠人的捐赠意向，擅自改变捐赠款物和捐赠兴办公益项目的用途，确需改变原用途的，应当事先征得捐赠人同意，经当地县级以上人民政府侨务工作行政主管部门审核，报同级人民政府批准。

第九条 捐赠人有权了解捐赠款物的使用情况，有权对捐赠公益项目的设计、施工、使用提出意见。受赠单位有义务将受赠款物的使用情况、项目建设情况及时告知捐赠人，尊重和采纳捐赠人提出的合理意见。

第十条 受赠单位接受捐赠后，必须向捐赠人开具收据，登记入账，实行专项管理，并报其上级主管部门和当地县级以上人民政府侨务工作行政主管部门备案。捐赠的款项必须专户储存、专款专用。

第十一条 华侨捐赠兴办公益项目的建设，受赠单位应当设立筹建机构负责有关事宜；项目必须经当地县级以上人民政府侨任务工作行政主管部门审核后，报同级人民政府审批；项目的确定和选址，应当符合城乡规划，布局合理，注重社会效益和环境效益。

第十二条 项目落成后，由县级以上人民政府颁发华侨捐赠兴办公益项目确认证书。受赠单位应当建立各项管理制度，做好项目的保养、维护和管理工作。

第十三条 华侨捐赠款物兴办用于维持公益福利事业的企业经营所得合法利润，以及华侨在国内投资经营所得合法利润直接用于捐赠公益福利事业的部分，经当地县级以上人民政府侨务工作行政主管部门和同级税务部门确认后，有关税费按规定给予减免。

第十四条 获准捐赠兴办的公益项目，所需用地优先给予征用或者划拨；供水、供电、通讯等配套设施，有关部门应当优先安排；有关税费按规定给予减免。

第十五条 因城乡建设需拆迁华侨捐赠兴办公益项目的建筑物及配套设施，应当事先告知捐赠人和受赠单位，经县级以上人民政府侨务工作行政主管部门审核，并报同级人民政府批准。建筑物及配套设施的拆迁，应当尊重捐赠人和受赠单位的意见，由拆迁部门异地重建或者参照《广东省拆迁城镇华侨房屋规定》对受赠单位予以补偿；因拆迁使受赠单位造成的损失，由拆迁部门按国家有关规定予以补偿。

第十六条 有下列情形之一的，由其所在单位或者有关主管部门追究直接责任人和主管领导的责任，并按有关规定给予行政处分；构成犯罪的，由司法机关依法追究刑事责任：

（一）违背捐赠自愿原则进行劝募、摊派造成不良影响的；

（二）侵占、毁坏华侨捐赠的物品或者捐建的建筑物的；

（三）违背捐赠人的捐赠意向，擅自改变捐赠款物和捐赠兴办的公益项目用途的；

（四）擅自拆迁华侨捐赠兴办公益项目的建筑物及配套设施的；

（五）在捐赠过程中滥用职权、玩忽职守、徇私舞弊的；

（六）贪污、挪用捐赠款物的。

第十七条 在本省行政区域内，台湾、香港、澳门同胞的捐赠活动，适用本条例；台湾同胞的捐赠事务，由县级以上人民政府台湾事务主管部门负责管理。

第十八条 本条例自公布之日起施行。

十二、转发广东省人民代表大会常务委员会关于扶持贫困华侨农场经济发展的决议的通知

（粤府〔1997〕79号）

各市、县、自治县人民政府，省府直属各单位：

省八届人大常委会第三十一次会议审议通过了省人民政府《关于扶持贫困华侨农场经济发展的议案的办理方案报告》，并作出相应的《决议》，现转发给你们，请认真贯彻执行。

广东省人民政府

一九九七年十月二十一日

广东省人民代表大会常务委员会关于扶持贫困华侨农场经济发展的决议

（1997年9月22日广东省第八届人民代表大会常务委员会第三十一次会议通过）

广东省第八届人民代表大会常务委员会第三十一次会议听取并审议了省人民政府关于扶持贫困华侨农场经济发展的议案（八届人大五次会议第57、104、130号议案）的办理方案报告，会议同意这个报告。

会议认为，省人民政府对此项议案是重视的，该方案提出的措施是可行的。在实施过程中，省人民政府应切实加强对扶持贫困华侨农场经济发展工作的领导，落实议案办理方案报告中的各项措施。贫困华侨农场所在的市（县）人民政府应加强对华侨农场的领导，做好各项配套工作。贫困华侨农场所在的市（县）人大常委会要加强监督检查，督促本级人民政府做好扶持贫困华侨农场经济发展的工作，如期实现议案办理方案报告所提目标。

关于扶持贫困华侨农场经济发展的议案的办理方案报告

省人大常委会：

省八届人大五次会议代表提出的《关于扶持贫困华侨农场经济发展的议案》（第57、104、130号），交由省人民政府办理。对此，省人民政府组织省侨办、计委、经委、农办、扶贫办、财政厅、农业厅、水利厅、交通厅、国土厅、民政厅、劳动厅、公安厅、教育厅、卫生厅、电力局、工商局、社保局、国税局、地税局、农行、农发行、省法院等有关单位，到江门、清远、阳江、湛江、揭阳、汕尾等市进行专题调查，广泛听取各方面意见，并经过反复研究，提出办理方案。现报告知下：

一、广东省贫困华侨农场的基本情况和问题

华侨农场是为了适应当时国际斗争的需要而创办的。广东省现有23个华侨农场，分布在全省14个地级以上市，共有土地总面积170万亩，总人口28万多人，其中归难侨8.2万多人，这些归难侨主要来自印尼、越南等24个国家。由于经济基础、地理位置等差异，华侨农场发展很不平衡，有15个华侨农场尚处于贫困状态，包括清远市的黄陂、英华、清远、英红，韶关市的消雪岭，揭阳市的大南山、普宁，汕尾市的陆丰，梅州市的蕉岭，江门市的大槐、海宴、合成，阳江市的岗美，广州市的花都，湛江市的奋勇。这15个贫困华侨农场有土地总面积68万亩，总人口116108人，占全省华侨农场总人口42%，其中归难侨48977人，占全省华侨农场归难侨总数的59%。1988年，省政府贯彻中共中央国务院《关于国营华侨农场经济体制改革的决定》（中发〔1985〕26号）精神，将华侨农场下放到所在市管理。自此，华侨农场在当地政府的领导和关怀下，进行领导体制改革和内部的经济体制改革，初步与地方理顺管理关系，调整产业结构，加强经营管理，调动了干部职工的积极性和创造性。特别是1994年省政府召开华侨农场工作会议，发出《关于进一步做好华侨农场工作的通知》（粤府〔1994〕131号），提出进一步理顺华侨农场领导体制，确定扶持贫困华侨农场的政策措施，促进了华侨农场的发展。目前15个贫困华侨农场中有11个场进行了领导体制改革，设立管理区或镇级政权，促进华侨农场与地方的融合，改变了华侨农场封闭式管理的状况。1996年15个贫困华侨农场的工农业总产值为5.2亿元（1990年不变价），比1990年的2.81亿元增长了85%，年平均增长14%；广大干部职工和归难侨生活有了一定改善。

但是，由于历史的原因以及地理位置、体制等方面因素的制约，贫困华侨农场目前经济还比较落后，归难侨的生活水平还比较低，仍然存在着不少困难和问题，脱贫任务仍很艰巨。存在的主要问题是：

（一）贫困华侨农场与全省经济发展水平仍有较大的差距。1995年全省农村年人均收入2699元，全省50个山区县是2360元，而贫困华侨农场人均收入仅1567元。清远市英红、英华、清远、黄波等4个华侨农场1996年人均收入1135元，比清远市农村人均收入2050元，还少914元。贫困华侨农场经济发展缓慢，参与市场竞争能力弱，与全省发展水平的差距越拉越大。

（二）部分贫困华侨农场体制关系未理顺。华侨农场设立管理区，赋予一定的政府行政和经济管理职能，为经济发展创造有利的条件，这是华侨农场体制改革的新路子。但是，阳江市的岗美，清远市的英华、黄波、清远等场至今尚未进行领导体制改革。体制关系未理顺，华侨农场的经济发展和社会事业的发展也不能纳入当地统一规划。清远市的英红、韶关市的消雪岭、汕尾的陆丰、梅州的蕉岭等场虽然设立了管理区，但改革不到位，未能按管理区一级建制，该设的部门仍未设立。

（三）社会性、政策性负担越来越重。华侨农场作为小社会，长期以来，要承担文教、卫生、计划生育、公安司法等社会性管理事务。1996年15个贫困华侨农场要承担93间中小学的教育经费1393万元，承担医疗卫生费用894万元。特别是离退休人员的负担相当严重，每年递增10%左右。1996年15个贫困华侨农场的离退休人员有11923人，要负担离退休金2455万元，以上三项经费支出4742万元。15个贫困华侨农场都是亏损场，这些社会性、

政策性费用都要占用华侨农场的生产流动资金和依靠银行的贷款来支付，造成沉重的经济负担，既制约农场经济发展，又影响其文教卫生事业发展。如台山市的海宴，湛江市的奋勇，阳江市的岗美，清远市的英华、清远、黄波，韶关市的消雪岭等7个场的“普九”巩固工作仍存在很多困难；15个贫困华侨农场的医院所使用的X光机、妇检床、手术床等医疗设备，大部分是60年代和70年代购置的，绝大部分已超过使用年限，同时临床检验手段落后。一些贫困华侨农场的医院连救护车也没有。由于经济负担大，经营亏损，有的农场经常拖欠职工和教师的工资和退休金。

（四）归难侨的收入偏低，生活条件较差。15个贫困华侨农场的归难侨有6910户24949人年均收入低于1000元，其中有3470户15387人年均收入低于500元，处于特困状态。这些华侨农场的住房条件较差，一些50年代和60年代建的简易房屋，造价低、质量差，经过几十年风雨侵袭已成危房，但目前仍在住人和使用。据统计，15个贫困华侨农场的危房面积有20.37万平方米。生活用水不足，地处粤北山区的清远市的黄坡场缺少地面水层，全靠几口旧机井抽取地下水源，供水很不正常。

（五）自然条件差，产业结构单一，经济基础薄弱。15个贫困华侨农场都地处边远山区，生产条件和投资环境都较差，至今仍以农业为主。1996年15个贫困华侨农场亏损额达3925万元。由于各种原因，华侨农场历史债务重，目前15个贫困华侨农场历史挂账欠款1.84亿元。由于缺少投入，华侨农场的水、电、交通设施普遍落后，有的贫困华侨农场生产队至今未通电话。

（六）华侨农场的土地管理不规范，土地权属纠纷多，土地被侵占的情况严重。目前，地方政府对华侨农场土地管理的体制尚未理顺，贫困华侨农场的土地也没有纳入全省农业开发的投资计划，而且，土地权属的纠纷突出，如清远市英红华侨茶场1988年土地详查后，核定权属境界104公里，境界30多条，其中有纠纷24条，至今还未裁决。有些华侨农场土地被严重侵占，仅汕尾市的陆丰场、清远市的英红场、湛江市的奋勇场被附近农民占用的土地就有9213亩。华侨农场土地被侵占后，归难侨为了生计，反向农民租地种植，缴纳租金。

二、扶持贫困华侨农场发展经济的主要措施

根据上述情况和省人大代表提出的议案的要求，省人民政府决定：要加大扶持贫困华侨农场经济发展的力度，使贫困华侨农场在2000年实现脱贫，年人均纯收入达到省的脱贫标准，绝对贫困（按户计人均收入500元以下）人口占总人口比例小于1%；交通、水电、通讯等方面有较大的改善；归难侨生活水平有所提高，教育、卫生事业有较大的发展。为实现以上目标，拟采取以下措施：

（一）进一步提高思想认识，加强组织领导。华侨农场是集中安置归难侨的基地，发展华侨农场经济，保证归难侨的稳定十分重要，关系到我国的对外政治影响和广东省的总体发展。由于华侨农场已下放各市（县）管理，因此，华侨农场所在地的市县政府要切实加强对华侨农场的领导，真正把华侨农场纳入地方社会经济发展规划，并对贫困华侨农场的脱贫工作负有直接的领导责任，要把扶持贫困华侨农场工作纳入当地的扶贫攻坚计划，从政策、资金、人才等方面给予大力支持，帮助华侨农场尽快摆脱贫困。省直各有关部门也要加强对贫困华侨农场的扶持。

（二）坚定不移地推进华侨农场体制特别是领导体制的改革。华侨农场建立管理区或设立镇级建制，是目前广东省华侨农场体制改革比较成功的做法，它赋予华侨农场相应的行政和经济管理权限，有利于华侨农场政企分开，解决农场办社会问题，并能增强华侨农场的活力，增强脱贫致富的信心。因此，对尚未进行领导体制改革的阳江市的岗美，清远市的英华、黄波、清远等4个华侨农场，所在地的市政府应做好调查研究，结合当地实际提出建区和设镇的改革方案，争取在1998年上半年实施。已成立管理区或设镇的华侨农场，要结合政权建设，真正赋予其相应的经济和行政管理权限，帮助其理顺与地方政府有关管理部门的关系，相应解决好管理区（镇）的财税管理体制。

（三）切实减轻贫困华侨农场的社会性、政策性负担。

1．将华侨农场的教育、卫生、公检法单位纳入地方管理。省财政按1988年华侨农场下放时核定的教育、公安等经费基数，继续每年专项追加。省教育、卫生等部门，要将贫困华侨农场的学校、医院等分别列入部门专项经费的支持对象。地方政府要将华侨农场的学校、医院纳入当地的计划，一视同仁，经费列入地方政府财政预算。鉴于贫困华侨农场的教育“普九”工作中存在的困难较多，医院一直没有纳入全省乡镇卫生院“一无三配套”计划，按分级管理的原则，省教育厅、卫生厅及有关的市县政府要安排适当的专项经费和配套资金，支持和帮助华侨农场完善巩固教育“普九”工作和医院“一无三配套”建设。

2．逐步将华侨农场职工的社会保险纳入地方统一管理。各地根据统筹的能力，按照《广东省职工社会养老保险暂行规定》，采用逐步过渡，分步实施的办法，保证离退休金的发放。养老金的标准是统一的，按照当地的标准发放。

（四）加大对贫困华侨农场扶持的力度。

1．省财政一次性安排4000万元，专款用于帮助贫困华侨农场职工的养老保险纳入地方的管理，以减轻农场的负担。具体工作由省侨办和省社保局组织落实。

省财政从1997年起至2000年，每年安排2000万元，主要用于：有偿支持贫困华侨农场上造血型项目，发展经济，提高经济效益。具体工作由省财政厅和省侨办负责组织。

2．把扶持贫困华侨农场纳入全省农村扶贫工作计划，在资金、政策上对贫困华侨农场倾斜，以帮助贫困华侨农场调整生产结构，搞好农业开发性生产，发展多种经营。对贫困华侨农场的绝对贫困户，按省扶持特困县的补助标准给予补贴。

3．省农行和省农发行优先支持贫困华侨农场上符合国家产业政策、有经济效益、又有还贷能力的经济项目。具体项目由省侨办向省农行、省农发行推荐，由省农行和省农发行按行业管理原则审定。

（五）实行优惠政策

1．对贫困华侨农场建立管理区（镇）后，市财政可按省财政对市财政实行财政转移支付制度的办法，对华侨管理区（镇）实行财政转移支付制度。

2．贫困华侨农场享受省扶持贫困山区的有关政策规定，对华侨农场的交通、通讯、电力、水利的建设和土地开发给予适当倾斜政策。华侨农场基础设施应纳入当地交通发展规划，建设资金主要由当地政府负责。已纳入省、市规划的重点项目，可在省切块给各市的老、少、边、山、穷补助资金中给予适当补助。

3．继续做好华侨农场归难侨及其子女的重新调整安置工作。“九五”期间每年调整安置500人到城镇（含经济特区）的归难侨及其子女的迁移手续，按原广东省华侨农场管理局等7个单位发出的粤侨农第〔1987〕32号的有关规定和“农转非”户口粮食迁移的规定办理，接收安置地区一律免收城市增容费。

（六）加强华侨农场土地管理，制止侵占华侨农场土地行为。各级政府要依照《中华人民共和国归侨侨眷权益保护实施办法》和《广东省土地管理实施办法》，制定相应政策，华侨农场要成立国土管理机构，加强管理；省国土部门要制定《广东省华侨农场土地管理办法》，使华侨农场土地管理有章可循；对华侨农场与周边农村土地权属纠纷，要尊重客观历史，依法做好调整和处理工作，使华侨农场土地得到有效保护和合理利用，对侵占华侨农场土地，损坏农作物的行为，要依法查处。

（七）深化华侨农场内部改革，加快转换经营机制。贫困华侨农场要脱贫致富，必须抓好华侨农场领导班子的组织建设和作风建设，给农场配备得力干部，调整充实农场领导班子。转变观念，抛弃“等、靠、要”的思想，树立艰苦奋斗、奋发图强的信心，搞好华侨农场的内部各项改革。

贫困华侨农场设区建镇后，要以精简、效能为原则，机构和行政人员不要求对口设置和配备，严格控制非生产人员的比例。

贫困华侨农场的内部改革，要走农村改革的道路，家庭农场要实现生产和生活费用两自理。场属国有企业，可实行抵押、租赁承包经营。有一定规模的企业，进行股份制改造，逐步建立现代企业制度。华侨农场要进一步改革和完善公费医疗、劳动用工、住房等方面的制度。

以上报告，请予审议。

广东省人民政府

一九九七年八月二十六日

编后记

《广东省志（1979—2000）·侨务卷》由广东省人民政府侨务办公室（简称省侨办）牵头，广东省归国华侨联合会参与编修。在广东省人民政府地方志办公室（简称省地方志办）的指导下，2003年8月，由侨务和外事部门人员组成的编纂委员会和编辑室成立。后考虑到广东省情特点，广东省地方史志编纂委员会批准侨务内容单独设卷。

侨务卷修编工作历时7年，编纂委员会主任先后由省侨办主任吕伟雄、吴锐成担任。编辑室承担本卷的组织协调、草拟编纂方案和志书篇目大纲、资料收集整理、志书撰写、修改统稿等大量繁琐的工作，最终于2010年12月完稿。由于修编时间长，编辑室人员有调整和变动，但每位编撰人员兢兢业业、认真负责，为本卷的完稿出版付出了大量的心血和努力。

本卷成稿过程中，多次征求意见、多次审核、多次修改，省侨办历任领导、各处室，各地级以上市侨务部门、重点侨乡县（市、区）认真审稿，提出修改意见，并提供资料、照片等，对志书编修工作给予大力支持。2010年，按照省地方志办的要求，省侨办成立初审小组，2011年1月，初审会议召开后，撰稿者按初审意见对志稿作了修改。2011年7月，本卷通过省地方志办组织的复审；2012年5月，广东省地方志书审查委员会审议并同意本卷修改后出版。全书的修改审定工作，分别由吴行赐（概述、大事记、第二章、第三章第一节、第六章）、王明惠（第一章、第四章、附录、图片）、司芳（第三章第二节、第七章）、肖彬（第五章、第八章）负责，最后由林琳负责对全书统稿和修改审定。在此对审稿人员与提供资料的单位和个人表示衷心的感谢！

由于水平所限，志书难免存在疏漏和不当之处，请专家学者和各界读者批评指正。

《广东省志·侨务卷》编纂委员会

2012年7月

外事与港澳事务卷

●1983年3月，省长刘田夫（前右五）率广东省友好代表团访问日本。图为代表团参观宝塚歌舞团

●1983年10月，省长梁灵光（左四）出访美国会见纽约市市长

●1987年9月，省委书记林若（前左二）率团访问美国马萨诸塞州，出席“广东省出口商品展销会”开幕式

1992年3月，省长朱森林（前中）出席日本兵库县举行的两省县建立友好关系十周年庆祝活动

1994年4月，中共中央政治局委员、广东省委书记谢非（右）访问德国期间参观宝马公司

1997年4月，省政协主席郭荣昌（左二）率广东省对外友好协会代表团访问日本。图为代表团向大阪和平公园赠送英德市英石

●1997年8月，省长卢瑞华（左）率团访问美国马萨诸塞州。图为卢瑞华与当地市民在一起

●2000年10月，省人大常委会副主任张帼英（后左四）率省人大代表团访问俄罗斯、格鲁吉亚

●1980年3月23日，副省长梁威林（中）在广州宴请扎伊尔总统蒙博托（右）

●1981年10月，省人大常委会主任李坚真（前左三）在广州会见爱尔兰总统夫人梅芙·希勒里（前左二）一行

●1986年1月，民主柬埔寨主席诺罗敦·西哈努克（左六）访粤，副省长杨立（前右五）陪同参观

1986年10月18日，省长叶选平（右二）在广州宴请大不列颠及北爱尔兰联合王国女王伊丽莎白二世（前左二）及其丈夫爱丁堡公爵菲利普亲王（右一）一行

1988年7月10日，几内亚共和国总统兰萨纳·孔戴（前右四）及夫人一行访粤，副省长匡吉（前右二）到机场迎接

1990年7月10日，厄瓜多尔共和国议会议长维尔弗里·卢塞罗（前右三）访粤，省人大常委会副主任程里（前左三）到机场迎接

●1990年10月23日，新加坡总理李光耀（左五）及夫人访粤

●1992年1月22日，白俄罗斯共和国部长会议主席维亚切斯拉夫·克比奇（前右三）访粤

●1992年4月，省长朱森林（前右）在广州会见老挝人民革命党主席、老挝人民民主共和国主席凯山·丰威汉（前左）一行

●1993年11月19日，中共中央政治局委员、广东省委书记谢非（前左）在广州会见德意志联邦共和国总理赫尔穆特·科尔（前右）一行

●1994年1月20日，柬埔寨第一首相诺罗敦·拉那烈亲王（前右一）和第二首相洪森（二排左三）率团访粤

●1995年4月1日，省长朱森林（前右）在广州会见西班牙国王胡安·卡洛斯一世（前左）

1995年6月，荷兰首相维姆科克（前）访粤，出席合作建设广州市液化气供应系统合同签字仪式

1995年12月，中共中央政治局委员、广东省委书记谢非（前左二）在广州会见古巴国务委员会主席卡斯特罗（前右一）

1997年6月26日，省长卢瑞华（前右）在深圳会见俄罗斯联邦政府总理维克多·斯捷潘诺维奇·切尔诺梅尔金（前左）一行

1998年2月13日，常务副省长王岐山（左三）在珠海宴请来访的巴基斯坦总理谢里夫（左二）及夫人一行

1999年3月1日，越共中央总书记黎可漂（前左三）访粤，省委副书记高祀仁（中）陪同参观

1999年3月，省委副书记张高丽（右）在深圳会见美国微软公司总裁比尔·盖茨（左）

●2000年，中共中央政治局委员、广东省委书记李长春（前右）在广州会见世界大都市协会会长胡安·克罗斯（前左）

●2000年11月，常务副省长王岐山（右）在广州会见林肯金融集团副总裁理查德·罗宾逊（左）

1979年8月31日，美国副总统蒙代尔（左四）及夫人，广东省革委会主任习仲勋（左三）、广州市革委会主任杨尚昆（左二）出席美国驻广州总领事馆在广州东方宾馆开馆仪式

1980年3月1日，日本驻广州总领事馆开馆。总领事田熊利忠（前左）在广州东方宾馆的临时馆舍举行小型庆祝酒会

1989年2月12日，泰国驻广州总领事馆在广州白天鹅宾馆举行开馆仪式

●位于广州市沙面大街63号的波兰驻广州总领事馆馆舍

●1994年11月4日，建设中的广州市赤岗领事馆区

●1995年1月，省长朱森林（前右六）在广州会见外国驻穗领团

1995年7月11日，省外办与德国驻广州总领事馆在广州签订领馆馆舍租赁协议

1995年12月1日，省外办与美国驻广州总领事馆在广州签署使用中方雇员协议

1996年2月，中共中央政治局委员、广东省委书记谢非（前左四）在广州会见外国驻穗领团

●1997年1月28日，省人大常委会副主任凌伯棠（后二排右三）、副省长卢钟鹤（后二排右四）在广州沙面出席德国驻广州总领事馆开馆仪式

●1997年5月23日，外交部副部长唐家璇（左三）、副省长卢钟鹤（前右二）在广州白天鹅宾馆出席菲律宾驻穗总领馆开馆仪式

●1997年11月23日，省外办服务处负责人向日本客人介绍赤岗领事馆区规划情况

1999年4月29日，省人大常委会副主任侣志广（左三）、副省长李兰芳（右一）在广州中国大酒店出席丹麦驻广州总领事馆开馆仪式

1991年，省委常委、广州市委书记高祀仁（前右五）在广州与外国专家合影

●1979年5月2日，广州市革委会主任杨尚昆（左二）与日本福冈市市长进藤一马（右二）在福冈签署建立友好城市协议书

●1988年9月，广州沙面小学在日本和歌山县举办学生书法作品展

●1991年，广州世界人民友好园在广州沙面落成

1995年9月，省长朱森林（前右）与加拿大卑诗省省长迈克·哈葛特（前左）在温哥华签署两省建立友好关系协议书

1998年3月6日，副省长游宁丰（前右）在广州与波兰什切青省新任省长李维基（前左）签署友好关系协议书

2000年5月，省长卢瑞华（前右）与法国普阿蓝大区主席米歇尔·沃泽尔（前左）在广州签署两省区建立友好关系协议书

●1987年7月，美国《纽约时报》和《基督教科学箴言报》驻京记者赴广东省茂名市罗林村采访

●1988年，日本富士电视台来粤进行专题采访

●1992年2月，省长朱森林（前左三）在广州接受港澳记者采访

●2000年11月，省长卢瑞华（右三）、常务副省长王岐山（右二）在广州出席“广东经济发展国际咨询会”记者招待会

●从20世纪80年代起，护照在省外事管理部门的领取、收缴均须登记

●1979—1991年使用的外交护照

●1991—2005年使用的公务护照

●1991—2006年使用的因公普通护照

●1999年底开始使用的因公赴港澳通行证（一）

●1999年底开始使用的因公赴港澳通行证（二）

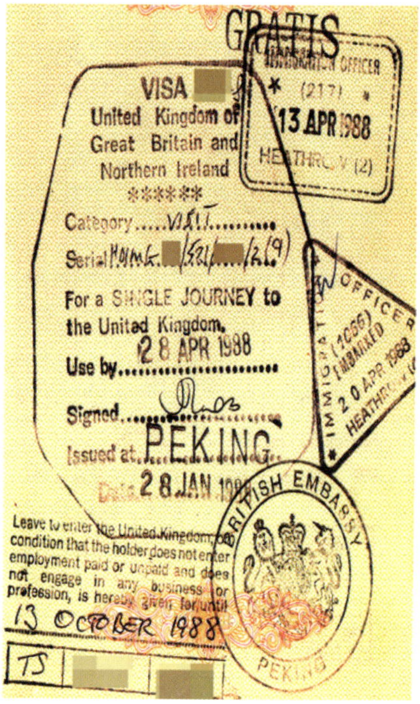

1988年1月28日签发的英国入境签证

1984年6月22日签发的加拿大入境签证

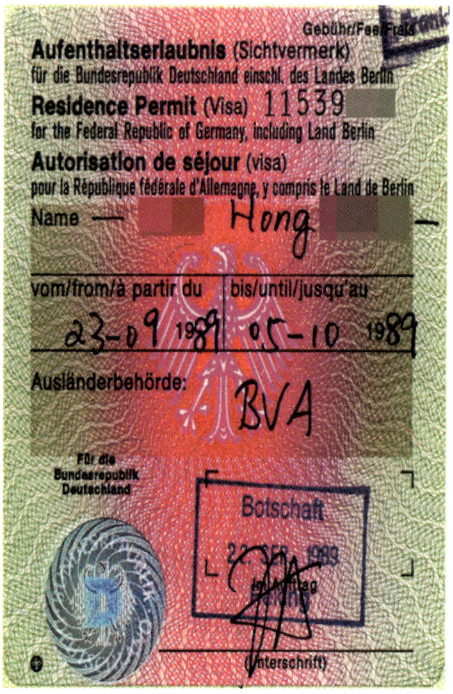

1989年9月23日签发的联邦德国入境签证

1993年7月9日签发的美国入境签证

●1993年10月27日签发的法国入境签证

●1995年3月17日签发的意大利入境签证

●1999年8月27日签发的日本入境签证

1982年8月，广东省委第一书记任仲夷（左三）、广州市市长梁灵光（右）在广州会见访粤的香港总督尤德爵士（左二）

1986年5月，粤港政府在广州签订《粤港联合监测深圳湾大气水体环境技术工作纪要》

1987年2月，省长叶选平（前右二）在广州会见澳门总督马俊贤（前左二）。

●1987年10月，粤澳政府边境联络工作会议在澳门召开

●1987年12月，香港基本法起草委员会在广州召开第六次全体会议

●1997年6月，粤港政府代表在广州签署《粤港边界管理范围线谅解备忘录》

●1998年3月，粤港政府合作联席会议在广州成立并举行首次会谈

●2000年12月，中共中央政治局委员、广东省委书记李长春（右）在广州会见香港特别行政区行政长官董建华（左）

《广东省志·外事与港澳事务卷》审查验收人员

初审小组

组　　长：王世彤

成　　员：罗　军　　张全坚　　仓　峰　　曾耀东　　欧阳江旋　　丁　华
　　　　　李政华　　钱红洁　　詹钰华　　叶剑国

复审小组

组　　长：王　涛

成　　员：陈泽泓　　杨　波　　田　亮

广东省地方志书审查委员会

主　　任：杨绍森

副 主 任：黄　卓　　陈　强

委　　员（以姓氏笔画为序）：

马建和　　卢　荻　　许卓云　　陈春生　　李关水　　辛朝毅　　张　磊
张中华　　侯月祥　　钟淑冰　　彭新云　　翟锦云　　潘叙迭

出版说明

一、本卷中所记“因公出境”均指因公从粤赴港澳。

二、入本卷大事记的标准是：正省级或率领以“广东省代表团”命名的团组、有成果的副省级人员出访；外国元首级来访；外国驻穗领事机构的设立或关闭；涉外管理、港澳事务、护照签证工作等方面有成果或重大影响的事件。

三、本卷第三章记述的省领导出访只限本卷记述年限内任职的省委、省人大常委会、省政府、省政协四大班子领导的出访；副省级市的市领导的出访活动不入本卷。

四、为避免重复，对于部分章节与《广东省志（1979—2000）》其他分卷有交叉的内容，本卷重点记述省外事部门的工作，简化省直其他部门的活动情况。另外，由于省政府对省直部门管理职能的调整，本卷第五章第三节有关外国专家、留学生管理与服务的内容，部分资料来源于广东省人事厅。

五、本卷记述外国驻穗领事机构时，以1979—2000年间设馆或复馆的时间先后作为记述顺序。

六、本卷涉及的外国人姓名，凡能找到英文姓名的，一律在中文译名后以括号加注；其他则以档案中出现的中文译名为准。

概　述

一

1978年12月，中共十一届三中全会作出对内实行改革、对外实行开放的重大决策，广东省成为全国综合改革和全面实行对外开放的试验区之一。广东外事工作紧跟中共中央部署，适时提出坚持地方外事为国家总体外交服务，为广东省的经济建设和社会发展服务的指导思想。在认真完成外交部及其他中央部委交办的各项外事任务的同时，加大为广东改革开放和经济社会发展服务的力度，为广东的改革开放和建设经济强省做出不懈努力。

1978年以前，外国朋友来广东访问，一般只能在广州市区活动，到广州市区12公里以外的地方受到一定限制。1979年7月中共中央、国务院批准在广东实行特殊政策、灵活措施以后，广东的对外开放地区快速增加。中央确定全国最早对外开放的四个经济特区有三个在广东，即深圳、珠海、汕头经济特区。1979年10月5日，台山县首先列为对外开放县；同年10月9日，中山县列为对外开放县。1980年，广东撤销了禁止外国人到广州市区12公里以外旅行的限制。1986年2月5日，经广东省人民政府和广州军区司令部同意，广东对外开放的市、县达88个，控制开放地区18个县，非开放地区只有南雄和始兴2个县。1988年8月，南雄、始兴两县列为控制开放区，其余全省106个市、县为对外开放地区。1990年1月，南雄、始兴两县也被列入对外开放地区，至此，全省108个市、县全部实行对外开放，广东省实现真正意义上的敞开大门迎宾客的局面。

1979年以后，随着改革开放的深入发展，广东对外交往领域逐步拓宽，从省到市、到县都不同程度地开展对外交往活动。省委、省人大、省政府、省政协和省属各部、委、办、厅、局、中央各驻粤单位和省内的高等院校约150多个单位和部门都参与了对外交往活动。外事机构进一步健全，除设立省、市、县三级外事机构外，各部门、各民间团体、重点高等院校都配备外事工作人员，为适应改革开放新形势下做好地方外事工作提供组织保证和人力支持。

二

改革开放使广东的经济迅猛发展，社会安定，为世人所瞩目。许多国家政要、商贾名流或应邀、或慕名纷纷访粤。1979—2000年，来广东访问的国家有美国、英国、日本、德国、法国、俄罗斯、西班牙、印度、古巴、越南等153个国家和地区的宾客共1333批、18776人次，其中国家元首92批、4288人次，政府首脑71批、2758人次，国家副元首、副总理60批、1251人次，政党主要领导人93批、640人次，议会议长101批、1285人次。

受1989年春夏之交北京发生的政治风波的影响，美国和一些西方国家的人员来访曾一度显著减少。在此期间，众多亚非拉国家和社会主义国家仍继续发展同中国的友好往来与合作。1989年下半年至1990年一年半时间，有11位亚非拉国家元首、政府首脑，3位议会议长，27位国家副元首、副总理、副议长和政府部长等率领代表团共761人次来广东参观访问。1991年以后，美国、英国、法国、德国等西方国家相继恢复同中国的往来，到广东参观访问的西方国家代表团逐年增多。1991年到广东访问的代表团有97批、1183人次，比1989年的51批、483人次分别增长了90.2%和144.9%。

改革开放初期，外国元首、政府首脑率领代表团到广东访问，其成员中大多包括经济、企业界人士，主要是考察广东社会经济发展情况，探讨与广东地区开展经济技术交流合作的可行性。90年代至2000年，外宾到粤访问，有的明确提出访问地区、考察项目、合作意向和合作形式等，进入到实质性的交流与合作阶段。为适应外宾来访的要求，省外事部门的接待工作也随之发生变化，即从原来的一般性迎来送往，转变到外事工作为经济服务的思想上来。针对外宾不同的来访目的、要求，有针对性地选择访问地点和参观项目，有意识地开展多种形式的宣传活动，使外宾亲身体会到广东改革开放以来经济社会发生的巨大变化，亲眼看到广东良好的投资环境，增强来广东投资和与广东发展经贸合作和科技交流的信心。

广东省人民政府外事办公室（简称省外办）多次组织、邀请驻京、驻穗、驻港澳的外交官、金融界、企业界、商社代表赴珠江三角洲地区和粤东、粤西、粤北地区参观考察，让外宾实地考察了解广东，为双方投资合作提供方便；多次与有关部门合作组织召开各类外国对粤投资推介会、研讨会、洽谈会，吸引大批外资来广东投资，建立了大批加工贸易企业、独资企业、高新技术企业、现代服务业和金融业。仅1995年，到广东投资的国家和地区达70多个，投资广东的国际大财团、跨国公司有美国的通用、杜邦、联合碳化、雷曼兄弟公司、新罗门集团、南方电子、美孚石油；日本9大综合商社；加拿大北方通讯；瑞士爱立信；韩国现代、三星；德国奔驰、西门子等。1997年8月6—9日，省外办协助省政府经贸部门在香港会展中心举办“1997广东高新技术项目洽谈会”，会上共接洽来自美国、日本等10多个国家以及欧洲、东南亚和中国香港、台湾地区的公司5063家，20011人次，共签订利用外资合同、协议1220个，投资总金额94.68亿美元，其中外商投资62.78亿美元；签订意向书339个，总投资额36.91亿美元，其中外商投资24.91亿美元；投资金额1000万美元以上的大型企业276个。在已签订的项目中，属高新科技项目的有989个。进出口贸易4.14亿美元。

1979—2000年，省委、省人大、省政府、省政协领导率团应邀赴美国、俄罗斯、日本、德国、法国、英国等近100个国家以及中国香港、台湾地区进行友好访问考察。省领导率重要团组出访，对于加强广东与有关国家、地区的关系，开展经济、贸易、科技、教育、文化、卫生等方面的交流与合作，拓宽市场，引进资金和技术，促进广东外向型经济发展，发挥了积极作用。

改革开放初期，广东省领导率团出访，主要是为了拓宽视野、学习经验、增长知识、增进互信、建立良好关系。随着改革开放的深入发展，出访的侧重点逐渐转变为介绍中国改革开放以及广东省的经济发展情况、良好的投资环境、优惠的投资政策和双赢合作的具体项目上。通过宣传广东，扩大广东的知名度，吸引大批外商来粤投资办厂。同时，积极为广东企业走出国门、到国外开设公司、投资办厂铺路搭桥。1998年8月7—20日，省长卢瑞华应邀率省政府代表团一行7人访问俄罗斯和波兰，随同访问的还有来自19家企业的企业家组成的经济代表团。卢瑞华与莫斯科州长签署了“广东省政府与莫斯科州政府经济贸易合作原则协议”，随访的TCL集团公司等9家企业与莫斯科州11家企业签订了贸易及加工装配协议或意向书。同年10月5—10日，副省长汤炳权率省政府和省经贸代表团访问美国。汤炳权在洛杉矶出席省政府和洛杉矶市政府联合举办的“1998年广东经济技术贸易洽谈会”，在纽约花旗银行总部出席该行举办的“广东论坛—广东投资政策介绍会”，在波士顿出席金融、工商界交流联谊会。通过上述活动，共接洽美国、法国、巴西、新加坡等12个国家的官员和客商3620人次，签订外商来粤投资项目298个，意向、协议和合同涉及外资总金额13.9亿美元。另外，广东产品展销成交金额8.2亿美元。

三

随着经济社会快速发展，广东越来越受到世界各国和地区传媒的重视和关注。1979—2000年，日本《经济新闻社》在广州设立支局、香港《华南早报》在广州设立分社、新加坡《联合早报》在广州设立办事处。被称为世界四大通讯社的美联社、合众国际社、法新社、路透社及近100家世界新闻媒体先后多次派记者到广东采访。面对大批外国记者前来采访，省外事部门紧紧围绕经济建设这一中心，加强对外国记者的管理，坚持政治问题从严，社会问题从慎，经济问题从宽的原则，有的放矢地做好涉外新闻宣传报道工作。在省外事部门的组织和安排下，外国记者既到毗邻香港、澳门的地区采访，也到其他市、县采访。采访内容既涉及政治、经济、科技、文化、教育、环保、城建，也涉及国企改革、实施再就业工程、村民选举等难点、热点问题；采访对象既有党政高层领导，也有基层一般群众。外国记者对广东的新闻报道大都客观、公正，正面宣传中国改革开放的政策和广东改革开放的成果，但也有一些报道带有片面性、消极性，有的还心存误解甚至不满；还有的记者未经批准，擅自采访。针对这些问题，省外办一方面与外国记者多沟通、多交流，另一方面安排省领导、有关部门负责人召开专题新闻发布会、新闻通气会，回答记者提问，消除疑虑和不满。1997年1月，美国《华尔街日报》驻香港记者未经批准，擅自赴汕头采访非法生产CD的地下工厂。省外办因势利导，安排该记者采访广东省主管打击翻版、盗版CD工作的有关领导。省有关领导详细介绍广东省保护知识产权、打击盗版活动的决心和做法。当得知该记者希望采访被查封的CD生产线、揭露某不法商人非法输出CD生产线牟取暴利时，省外事部门征得有关部门同意，又安排该记者前往采访，收到了较好的宣传效果。

外国在广州设立的领事机构，是广东省发展同各派遣国官方之间友好关系，开展经贸、科技等的交流与合作的重要渠道。随着广东省改革开放和对外关系的不断发展，许多国家纷纷在广州设立领事机构。1979年8月，美国在广州设立总领事馆；次年3月，日本在广州设立总领事馆；之后，玻利维亚、泰国、波兰、澳大利亚、越南、马来西亚、德国、英国、法国、菲律宾、荷兰、加拿大、柬埔寨、丹麦和意大利等17个国家在广州先后设立领事机构。2000年，中韩两国签订有关互设领馆的协议，根据该协议，韩国于2001年在广州设立领事馆。此外，1979—2000年间，朝鲜在广州设立联络处和朝鲜贸易代表部等半官方机构。省外事部门加强与外国、港澳地区驻粤官方、半官方机构的沟通，建立友好关系，促进各派遣国与广东之间的高层互访，建立友好省州关系，协助招商引资，推动各国与广东多领域、多渠道的合作与交流。此外，积极向其通报广东省经济社会发展情况、投资政策，宣传中国的法律法规，组织这些机构的官员、记者到各地参观、考察、采访，安排其拜见省领导及有关部门负责人，参加大型的经贸、科技、文化、体育交流活动。

中共十一届三中全会以后，国务院授权广东省政府审批、派遣团组或人员公务出访，外交部授权广东省外办办理全省因公出国（境）人员的护照、签证工作，因公出国（境）人员逐年增多。据省外办统计，1979年全省因公出国（境）1662人次，1983年达到11068人次，1989年达56197人次，2000年达304819人次。这些出国（境）人员中，90%以上都是直接为发展广东经济建设和科技教育事业服务的，他们中有参与经贸洽谈、产品展销、招商引资、工程承包；有参与国际会议，科技、教育、医学、文化、体育交流等。

省外事部门在办理因公出国（境）审批、办理护照签证的工作中，为有关部门和人员提供优质服务。为适应广东外向型经济的发展，对有关人员因公出国（境）实行政策倾斜，优先为他们办理护照签证，确保他们按时出国（境）。

为解决在北京办理护照签证难的问题，根据外交部的有关精神，省外办于1992年10月18日在北京设立“签证办事处”，负责广东省因公出访需要送外国驻华大使馆办理签证的事务，大大方便了广东地区因公出国人员在京的签证工作。

四

广东的友好省州、友好城市工作是在中国改革开放后逐步建立和发展起来的。1979年5月2日，广州市与日本福冈市首先建立友好城市关系；同年9月1日，广东省与澳大利亚新南威尔士州缔结为友好省州关系。到2000年，广东省和所属部分市（含县级市）与外国州、省、区、县、城市缔结友好关系51对，其中广东省与日本兵库县、美国马萨诸塞州、英国斯特拉斯克莱德地区、法国普罗旺斯—阿尔卑斯—蓝色海岸大区等13个省、州、区、县建立友好关系，广州市同外国12个城市缔结友好城市关系，深圳市同外国8个城市建立友好城市关系，佛山市同外国4个城市建立友好城市关系，珠海市同外国3个城市建立友好城市关系，中山市、汕头市各与外国2个城市建立友好城市关系，江门市、清远市、南海市、台山市、开平市、梅州市、肇庆市分别与外国1个城市建立友好城市关系。通过建立友好省州、友好城市关系，密切了广东省及各市与外国地方政府和城市之间的交往，促进了双方经贸发展及科技、卫生、环保、文化、教育等领域的交流与合作。22年来，省市领导和有关部门负责人通过友好省州、友好城市的渠道，组团出访1100批次、9900人次；外国友好省州、城市政府官员和其他部门负责人率团访粤2376批次、16632人次。同时，广东省向有关国家的友好省州、城市派出进修人员150人，引进先进技术100多项。有关国家的友好省、州、区、县和城市的政府官员把广东省的名优企业引进到他们当地建厂、办公司。

改革开放初期，广东外事部门坚持“官民并举，以民促官”和“服务四化”的方针，在省委、省政府的支持指导下，利用民间外事联系广、渠道多、方式灵活、接触深入、关系稳定的特点，积极开展对外民间友好往来。一方面，通过有计划的邀请外国民间组织和友好人士访问广东；另一方面，通过多渠道、多形式、多批次组团出访，或举办各种类型的专题研讨会、报告会、展销会、洽谈会等，向外国朋友、友好人士介绍广东改革开放的成果。改革开放以后，广东省人民对外友好协会先后与泰国社会福利院、印度世界合作与文化关系协会等外国50多个民间团体建立了友好关系，并签订合作备忘录。1979年，中国实行改革开放第一年，是外国友好团体及友好人士来广东参观访问较多的一年，共156批、1434人次。据省外办统计，1979—2000年，广东省人民对外友好协会接待来自100多个国家和地区的友好团体和友好人士共2086批次、17602人次。通过民间友好渠道促成较大的经贸合作项目有数十项，举办大型的文化、体育、艺术交流活动近百项。

五

改革开放后，粤港、粤澳官方、民间组织往来密切。1981年和1987年，经国务院批准，广东省先后与港英政府和澳葡政府正式建立粤港、粤澳边境联络制度。根据双方协议，每年轮流在两地举行一次粤港、粤澳边境联络工作年会。双方还分别设立固定的联络官，保证在需要时与对方举行不定期的会晤，解决紧急、突发的粤港、粤澳边境事件和其他边境事务。粤港、粤澳边境联络制度建立以来，联络渠道顺畅，为协调边境、口岸建设和管理，疏通旅客、车辆进出，保证口岸畅通，以及缉私、禁毒、反偷渡外流、反走私等方面的合作发挥了积极作用。在此期间，粤港和粤澳政府有关部门的业务联系、交流合作不断扩大，从原来的供水、供电、交通，发展到经济建设规划、环保、气象、通讯、邮电、公安（警察）、司法、海关、卫生、检疫、文化、教育、科技、旅游、海上搜救、无线电频率协调以及广东核电站场外应急事故处理等。

1988年4月7日，省外办在国务院港澳办的指导和省政府及有关部门的支持配合下，同香港政府有关部门的官员就粤港边界管理范围线问题举行首轮会谈，后经长达9年13轮谈判，最终获得共识，并签署谅解备忘录，为香港回归后粤港边界管理范围提供了依据。

1997年7月1日、1999年12月20日香港、澳门回归后，涉及香港和澳门事务的性质发生了根本性的变化，处理的方式更灵活，更简便，也更快捷。粤港、粤澳政府官员、民间组织之间的往来，经贸、科技、文教、卫生、环保、旅游、公安（警察）、司法等的交流与合作更加频繁和密切，粤港澳三地的经济社会进一步发展。

1998年3月30日，经国务院批准，粤港合作联席会议正式成立。国务院港澳办主任廖晖、副主任陈佐洱，省长卢瑞华、常务副省长王岐山，香港特别行政区（简称香港特区）行政长官董建华、香港特区政务司司长陈方安生在广州参加成立大会。中共中央政治局委员、省委书记李长春会见董建华及港方出席会议的代表。会议确定粤港两地在经济、科技、教育、环保、司法、社会公共事业等方面加强合作。会后至2000年9月25日，常务副省长王岐山与香港特区政务司司长陈方安生率代表团先后举行三次粤港合作联席会议，按照优势互补、互惠互利、共同发展的原则，加强协调，寻求合作，有力地促进粤港两地的经济发展，维护两地社会的繁荣稳定。

大事记

1979年

3月24日　香港总督麦理浩一行6人访粤。

4月4日　广州—九龙直通旅客列车通车仪式在广州火车站举行。

5月2日　广州市革命委员会（简称广州市革委会）主任杨尚昆和日本福冈市市长进藤一马在福冈市签署《关于广州市与福冈市缔结友好城市关系的协议书》。

5月8—9日　马来西亚总理侯赛因·奥恩一行68人访粤。

7月5日　经广州市革委会批准，穗声服装厂成为广州首个对外开放参观点。

7月18—19日　缅甸总理吴貌貌卡一行18人访粤。

8月6—7日　孟加拉国国民议会议长米·古·哈菲兹一行8人访粤。

8月19—20日　斯里兰卡总理拉纳辛哈·普雷马达萨一行17人访粤。

8月31日　美国在广州设立总领事馆。馆址在广州东方宾馆，后迁至沙面南街1号。

9月1日　广东省革命委员会（简称广东省革委会）主任习仲勋与澳大利亚新南威尔士州总理兰恩以互换信件的形式确认广东省与新南威尔士州结成友好省州关系。

9月16—17日　加拿大参议院议长雷诺·拉普·安特和众议院议长詹姆斯·杰罗姆一行18人访粤。

9月20—21日，丹麦女王玛格丽特二世一行93人访粤。

9月28日　日本福冈市市长进藤一马率友好代表团访问广州市。

10月3—5日　卢森堡大公让殿下一行50人访粤。

10月5日　经广东省革委会批准，台山县成为广东省首个对外开放县（含县城及各公社）。

11月2—4日　泰国国会议长哈林·宏沙军上将一行17人访粤。

11月22日至12月12日　广东省革委会主任习仲勋、副主任曾定石一行13人出访澳大利亚。

11月底　接国务院接待安置印支难民领导小组通知，中国接收来自泰国、马来西亚和中国香港临时收容的难民10000人，主要安置在广东省海南岛新建的文昌、澄迈、东方华侨农场。

12月30日　波兰共产党总书记米雅尔一行4人访粤。

1980年

1月　广东撤销禁止外国人到广州市区12公里以外旅行的限制。

同月　广东省革命委员会外事办公室改称广东省人民政府外事办公室（简称省外办）。

3月1日　日本在广州设立总领事馆。馆址在广州东方宾馆，后迁至花园酒店。

3月23—24日　扎伊尔总统蒙博托一行101人访粤。

4月25—26日　意大利共产党总书记贝林格一行8人访粤。

5月26—31日　省长习仲勋、副省长梁威林率参观团一行8人访问澳门。

6月17—18日　巴巴多斯总理亚当斯一行10人访粤。

6月23日　西萨摩亚总理埃菲一行6人访粤。

7月20—23日　澳大利亚参议院议长劳克一行6人访粤。

9月17—18日　意大利总统亚历山德罗·佩尔蒂尼一行130人访粤。

9月17日　新西兰总理罗伯特·马尔登一行访粤。

10月19—21日　香港总督麦理浩一行4人访粤。

10月20日至11月6日　以习仲勋为团长的中国省长代表团，代表广东、甘肃等7个省对美国进行友好访问。

10月25日　副省长刘田夫率省政府代表团访问澳大利亚，与新南威尔士州政府总理维尔·兰恩代表双方签署了缔结友好省州关系协议书。

11月23—24日　新加坡总理李光耀一行44人访粤。

1981年

1月6日　广东省边境会晤领导小组成立，统一指导与港英当局会晤工作，解决粤港边境问题。

3月15—17日　澳门总督伊芝迪偕夫人一行8人访粤。

4月7—12日　澳大利亚新南威尔士州政府总理维尔·兰恩率代表团访问广东省。

6月4—5日　比利时国王博杜安一世一行58人访粤。

10月19日　丹麦王国首相安高·约恩森一行20人访粤。

10月19—22日　澳门总督高斯达偕夫人一行10人访粤。

10月26日　省委第一书记任仲夷在副省长梁湘、曾定石陪同下前往香港与港督麦理浩会晤。

10月31日　波兰因国内经济困难关闭驻广州总领事馆。

12月8日　省委书记兼广州市委第一书记、市长梁灵光和美国洛杉矶市长汤姆·布雷德利在洛杉矶签署《关于广州市与洛杉矶市缔结友好关系的协议书》。

1982年

5月5日　卢森堡首相埃尔·维尔纳一行8人访粤。

5月8—9日　利比里亚共和国国家元首、武装部队总司令、救民委员会主席多伊一行48人访粤。

6月13—14日　扎伊尔总统蒙博托一行120人访粤。

8月19—20日　香港总督尤德夫妇一行4人访粤。

9月26日　英国首相玛格丽特·撒切尔夫人一行28人访粤。

10月17日　德意志联邦共和国总统卡斯滕斯一行117人访粤。

11月5日　省委书记兼广州市委第一书记、市长梁灵光和菲律宾马尼拉市市长巴格辛在马尼拉市签署《关于广州市与马尼拉市缔结友好关系的协议书》。

11月26日　民主柬埔寨总理宋双一行7人访粤。

1983年

3月15—16日　刚果劳动党主席、共和国总统、部长会议主席德尼·萨苏·恩格索一行66人访粤。

3月23日　省长刘田夫和日本兵库县知事坂井时忠在兵库县签署《关于兵库县与广东省缔结友好关系的协议书》。

5月27—29日　毛里求斯总理阿内罗德·贾格纳特一行11人访粤。

7月17—18日　瓦努阿图共和国总理兼司法和外交部部长沃尔特·哈迪·利尼一行4人访粤。

7月22日至8月2日　副省长杨立率领广东代表团访问扎伊尔共和国。

7月27日　省长梁灵光和扎伊尔赤道省省长纳珠库·敖霸在赤道省签署《关于广东省与赤道省缔结友好关系的协议书》。

8月22—25日　省长梁灵光一行7人访问澳门。

11月1日　省长梁灵光和美国马萨诸塞州州长迈克尔·杜卡基斯在波士顿签署《关于广东省与马萨诸塞州缔结友好关系的协议书》。

1984年

3月4—15日　省长梁灵光率广东友好代表团访问日本。

6月13—14日　扎伊尔总统蒙博托一行126人访粤。

6月30日至7月1日　塞浦路斯共和国总统斯皮罗斯·基普里亚努一行15人访粤。

8月16—18日　赤道几内亚共和国总统特奥多罗·奥比昂·恩圭马·姆巴索戈上校一行36人访粤。

9月14日　省委书记林若率中共友好参观团一行9人访问朝鲜。

9月21—24日　坦桑尼亚联合共和国总理萨利姆一行20人访粤。

10月9—21日　副省长李建安率经济代表团访问日本。

11月3—7日　缅甸联邦社会主义共和国总统吴山友和夫人一行访粤。

11月15日至12月10日　省长梁灵光率代表团访问英国，并顺访法国、阿联酋以及中国香港和澳门。

11月22—24日　挪威王国首相科勒·维洛克一行21人访粤。

1985年

1月25日　副省长杨立和所罗门群岛瓜达尔卡纳尔省省长戴维·罗沙里奥在霍尼亚拉岛签署《关于广东省与瓜达尔卡纳尔省缔结友好关系的协议书》。

3月9—22日　民主柬埔寨主席西哈努克亲王一行18人访粤。

3月27日　广州市市长叶选平和加拿大温哥华市市长迈克·哈葛特在温哥华市签署《关

于广州市与温哥华市缔结友好关系的协议书》。

5月8日　佛山市市长卢瑞华和日本伊丹市市长矢野与一在伊丹市签署《关于佛山市与伊丹市缔结友好关系的协议书》。

5月14—17日　民主柬埔寨总理宋双一行6人访粤。

5月21日　省长梁灵光和美国夏威夷州州长乔治·有吉良一在广州签署《关于广东省与夏威夷州缔结友好关系的协议书》。

5月24日　斐济总理马拉一行12人访粤。

5月26—27日　葡萄牙共和国总统安东尼奥·多斯桑托斯·拉马略·埃亚内斯一行66人访粤。

7月4—5日　土耳其共和国总理图尔古特·厄扎尔一行160人访粤。

7月8—10日　孟加拉人民共和国总统侯赛因·穆罕默德·艾尔沙德将军一行54人访粤。

7月8—27日　省长梁灵光率广东省友好代表团访问日本、美国，与美国夏威夷州领导人签署了省州友好关系协议书。

7月17—19日　特立尼特和多巴哥总理乔治·麦克尔·钱伯斯一行25人访粤。

9月5—7日　莱索托王国国王康斯坦丁·贝伦·塞伊索·莫舒舒二世一行18人访粤。

9月21日　坦桑尼亚联合共和国总理萨利姆偕夫人一行10人访粤。

9月24—25日　新加坡共和国总理李光耀偕夫人一行40人访粤。

10月10—13日　澳大利亚新南威尔士州政府总经理维尔·兰恩和夫人一行访粤。

11月26—28日　马来西亚总理马哈蒂尔一行220人访粤。

1986年

1月11—14日　芬兰共产党主席阿尔托一行6人访粤。

1月15—30日　民主柬埔寨主席西哈努克亲王偕夫人一行19人访粤。

2月27日至3月1日　塞拉利昂总统约瑟夫·赛义杜·莫莫一行20人访粤。

3月22—23日　新西兰总理戴维·郎伊一行25人访粤。

4月3日　深圳市市长李灏和美国休斯敦市市长凯思琳·惠特迈在休斯敦市签署《关于深圳市与休斯敦市缔结友好关系的协议书》。

4月13—15日　沙特阿拉伯王国苏尔坦亲王率代表团一行19人访粤。

4月16—18日　缅甸联邦社会主义共和国总理吴貌貌卡一行31人访粤。

5月12日　广州市市长朱森林和澳大利亚悉尼市市长道格拉斯·苏瑟兰在悉尼市签署《关于广州市与悉尼市缔结友好关系的协议书》。

5月24—25日　澳大利亚总理罗伯特·霍克偕夫人一行61人访粤。

6月17—19日　秘鲁共和国部长会议主席路易斯·阿尔瓦·卡斯特罗一行12人访粤。

9月17—18日　芬兰总理索尔萨一行59人访粤。

10月18日　大不列颠及北爱尔兰联合王国女王伊丽莎白二世偕丈夫爱丁堡公爵菲利普亲王一行200人访粤。

10月21—22日　冰岛总理斯坦格里米尔·赫尔曼松一行7人访问深圳。

11月12日　广州市市长朱森林和意大利巴里市市长佛兰切斯科·德鲁齐亚在广州签署《关于广州市与巴里市缔结友好关系的协议书》。

12月9—10日　墨西哥总统米格尔·德拉马德里·乌尔塔多一行15人访粤。

12月15—18日　贝宁人民共和国总统马蒂厄·克雷库一行52人访粤。

12月16—20日　瓦努阿图总统索科马努偕夫人一行6人访粤。

1987年

1月5日　叙利亚副总统哈达姆和夫人一行访问珠海。

2月19—22日　加蓬共和国总统哈吉·奥马尔·邦戈一行69人访粤。

2月24—28日　澳门总督马俊贤一行7人访粤。

3月28日　省人大常委会主任罗天率代表团访问葡萄牙里斯本市，主持在该市举办的中国广东轻工业产品展销会开幕式，并顺访法国。

3月29—31日　喀麦隆共和国总统保罗·比亚一行51人访粤。

4月16—17日　葡萄牙总理卡瓦科·席尔瓦一行60人访粤。

4月27—29日　捷克斯洛伐克社会主义共和国政府总理什特劳加尔一行37人访粤。

7月8日　珠海市市长梁广大和加拿大苏里市市长唐·罗斯在苏里市签署《关于珠海市与苏里市缔结友好关系的协议书》。

8月2—5日　澳大利亚新南威尔士州政府总理恩斯沃思和夫人一行访粤。

9月1—20日　省委书记林若率代表团一行4人访问美国，出席在马萨诸塞州举办的广东省出口商品展销会。

11月5—6日　莫桑比克人民共和国总统马里奥·费尔南德斯·达格拉萨·马顺戈一行13人访粤。

1988年

1月19日　广州市市长朱森林和法国里昂市市长佛朗西斯克·科隆在广州签署《关于广州市与里昂市缔结友好关系的协议书》。

1月22—24日　挪威王国首相格罗·哈莱姆·布伦特兰一行22人访粤。

2月15—16日　澳大利亚联邦总督尼尼安·斯蒂芬一行21人访粤。

2月29日至3月1日　圣马力诺共和国国家元首、执政官吉安·佛朗哥·泰伦齐一行10人访粤。

3月2—4日　赞比亚共和国总统卡翁达一行42人访粤。

3月19日　玻利维亚在广州设立总领事馆。馆址在广州市沙面南街2号，后迁至盘福路63号。

4月11日　广州市市长朱森林和德国法兰克福市市长沃尔弗拉姆·布吕克在法兰克福市签署《关于法兰克福市与广州市缔结友好关系的协议书》。

4月18日　中山市市长汤炳权和日本守口市市长喜多洋三在守口市签署《关于中山市与守口市缔结友好关系的协议书》。

5月9日　省长叶选平和英国斯特拉斯克莱德地区政务委员会主席詹宁斯在广州签署

《关于广东省与斯区缔结友好关系的协议书》。

6月24日至7月15日　省委书记林若受中共中央委托，率领中共代表访问巴西、阿根廷。

7月　中国国际交流协会广东省分会成立。

7月10—11日　几内亚共和国总统兰萨纳·孔戴将军一行46人访粤。

7月28—31日　澳门总督文礼治偕夫人一行7人访粤。

8月　广东对外国领馆人员进入穗港直通火车站接送客人进行简化手续。外国领馆的馆长领事夫妇可凭特别通行证进入直通火车站月台迎送客人。

9月21—22日　新加坡共和国总理李光耀一行29人访粤。

9月24—26日　斯里兰卡民主社会主义共和国总理拉纳辛哈·普雷马达萨一行26人访粤。

10月12日　副省长张高丽率广东代表团访问所罗门群岛。

10月14—17日　芬兰共和国总统毛诺·科伊维斯托一行73人访粤。

10月22—24日　安哥拉人民共和国总统若泽·爱德华多·多斯桑托斯一行100人访粤。

11月8—9日　乌拉圭东岸共和国总统桑吉内蒂一行45人访粤。

11月17—18日　科摩罗伊斯兰联邦共和国总统艾哈迈德·阿卜杜拉·阿卜杜拉曼一行9人访粤。

1989年

1月27日　佛山市政府高级顾问刘明和毛里求斯路易港市市长奥斯曼·冈多在路易港市签署《关于佛山市与路易港市缔结友好关系的协议书》。

2月12日　泰国在广州设立总领事馆。馆址在广州市沙面南街1号，后迁至花园酒店。

2月17日　广州市市长杨资元和新西兰奥克兰市市长凯瑟琳·蒂泽德在奥克兰市签署《关于广州市与奥克兰市缔结友好关系的协议书》。

3月24—25日　乌干达共和国总统约韦旦·卡尤塔·穆塞韦尼偕夫人一行52人访粤。

4月27—30日　省长叶选平一行6人访问澳门，接受东亚大学授予公共行政学荣誉博士学位。

5月4—16日　省委书记林若率领广东友好代表团访问民主德国，并与德累斯顿专区领导人签署了友好省区关系协议书。

5月10日　土耳其社会民主人民党主席埃尔达尔·伊诺努一行访粤。

7月22日　波兰驻广州总领事馆复馆。馆址在广州市沙面大街63号。

10月18日　巴西工党全国执委、众议院党团领袖加斯托内·利吉率代表访粤。

10月28—31日　西萨摩亚独立国总理托菲劳·埃蒂·阿莱萨纳偕夫人一行5人访粤。

1990年

3月13日　印度共产党（马列主义）总书记南布迪里巴德率代表团访粤。

4月15—17日　斐济总理卡米塞塞·马拉一行9人访粤。

5月19日　坦桑尼亚革命党总书记卡瓦瓦率代表团访粤。

6月2日　汕头市市长陈燕发和日本岸和田市市长原舁在岸和田市签署《关于汕头市与岸和田市缔结友好关系的协议书》。

6月25日　秘鲁共产党总书记雷诺率代表团访粤。

7月23日　赞比亚共和国总理马林姆巴·纳撒尼尔·马谢凯一行21人访粤。

7月31日　非洲社会民主政党联盟总书记萨迪克·法亚拉率代表团访粤。

10月23—24日　新加坡共和国总理李光耀一行38人访粤。

10月26—28日　瓦努阿图共和国总统弗雷德里克·卡罗穆阿纳·蒂马卡塔偕夫人一行5人访粤。

11月18—19日　印度尼西亚共和国总统苏哈托偕夫人一行94人访粤。

11月25—27日　朝鲜民主主义人民共和国政务院总理延亨默一行18人访粤。

1991年

1月30日至2月2日　蒙古人民革命党主席奥其尔巴特率代表团访粤。

3月16—19日　马绍尔群岛共和国总统阿马塔·卡布阿偕夫人一行7人访粤。

3月20—22日　贝劳共和国总统恩基拉特凯尔·埃特皮森一行12人访粤。

4月12日　巴布亚新几内亚独立国总理拉比·纳马柳一行19人访粤。

4月19日　斐济共和国总统佩纳亚·卡纳坦巴图·加尼劳一行6人访粤。

5月11—14日　冈比亚共和国总统贾瓦拉一行18人访粤。

7月10—12日　苏联哈萨克苏维埃社会主义共和国总统、苏共中央政治局委员、哈萨克共和国党中央第一书记纳扎尔巴耶夫一行25人访粤。

7月21—23日　毛里求斯总理阿内罗德·贾格纳特一行10人访粤。

8月29—31日　智利众议院议长比埃拉加略一行13人访粤。

9月7—10日　纳米比亚总理哈格·根哥布一行12人访粤。

9月13—15日　博茨瓦纳共和国总统马西雷一行26人访粤。

9月14—16日　新加坡共和国总统黄金辉一行32人访粤。

9月20—21日　意大利总理朱利奥·安德雷奥蒂一行36人访粤。

11月3—6日　斯里兰卡自由党主席、议会反对党领袖、前总理西丽玛沃·班达拉奈克夫人一行6人访粤。

11月12日　深圳市市长郑良玉和意大利布雷西亚省省长瓦斯坦佐·瓦里在深圳市签署《关于深圳市与布雷西亚省缔结友好关系的协议书》。

11月17日　秘鲁总统藤森率代表团一行24人访问深圳。

11月18—20日　澳门新任总督韦奇立偕夫人一行7人访粤。

11月22日　法国驻广州总领事馆在白天鹅宾馆开馆。1993年1月22日关闭，1997年6月24日重开，馆址在广东国际大酒店。

12月6—8日　捷克和斯洛伐克联邦共和国政府总理马里安·恰尔法一行90人访粤。

12月12—15日　马耳他共和国总统文森特·塔博恩一行11人访粤。

1992年

1月1日　省外办开始使用护照微机管理系统，对该办颁发的因公护照实行初步的自动化管理。

2月26日　香港总督卫奕信一行6人访粤。

3月19—22日　尼泊尔王国首相吉里贾·普拉萨德·柯伊拉腊一行40人访粤。

5月上旬　省长朱森林率广东省政府代表团一行8人访问美国、墨西哥，顺访中国香港地区。

6月10—20日　省委书记谢非率广东省友好代表团访问日本。

6月　省长朱森林率广东省经贸代表团访问德国。

6月22日　深圳市市长郑良玉和澳大利亚布里斯班市市长吉姆·苏尔利在布里斯班市签署《关于深圳市与布里斯班市缔结友好关系的协议书》。

8月　省外办在北京设立申办外国签证机构，负责外国签证工作。

8月28—30日　基里巴斯共和国总统蒂安纳吉一行7人访粤。

9月20日　密克罗尼西亚联邦总统贝利·奥尔特一行7人访粤。

12月9日　澳大利亚在广州设立总领事馆，馆址在广东国际大酒店。

1993年

1月15日　越南驻广州总领事馆复馆。该馆于1957年7月2日设立，1978年6月17日关闭。复馆后馆址在沙面南街52号，后迁至华厦大酒店。

4月29—30日　菲律宾共和国总统菲德尔·拉莫斯一行222人访粤。

5月11—14日　莫桑比克共和国总理马里奥·费尔南德斯·达格拉萨·马顺戈一行5人访粤。

6月21—25日　圣多美和普林西比民主共和国总统米格尔·多斯安若斯·特罗瓦达一行14人访粤。

7月30日　深圳市市长厉有为和波兰波兹南市市长沃依切赫·什卡奇马莱克在波兹南市签署《关于深圳市与波兹南市缔结友好关系的协议书》。

10月11日　珠海市市长梁广大和美国红木市市长茱迪·布坎南在珠海市签署《关于珠海市与红木市缔结友好关系的协议书》。

10月24日　马来西亚在广州设立总领事馆，馆址临时设在广州凯旋华美达酒店。2002年2月1日，迁至天河区中信广场商业大楼。

11月19—20日　德意志联邦共和国总理赫尔穆特·科尔一行180人访粤。

11月29日至12月1日　乌拉圭东岸共和国总统路易斯·阿尔韦托·拉卡列一行102人访粤。

12月26—27日　圭亚那合作共和国总统契迪·贾根一行9人访粤。

1994年

1月20—21日　柬埔寨王国政府第一首相诺罗敦·拉那烈亲王和第二首相洪森率代表团一行41人访粤。

3月4日　佛山市市长钟光超和美国斯托克顿市市长伊丹·戴拉在斯托克顿市签署《关于佛山市与斯托克顿市缔结友好关系的协议书》。

3月11—14日　罗马尼亚总统扬·伊利埃斯库一行96人访粤。

4月10—21日　中共中央政治局委员、广东省委书记谢非率代表团一行8人访问德国、丹麦。

4月12日　联合国前秘书长、奥地利前总统库尔特·瓦尔德海姆一行11人，在广州、东莞参观访问。

4月15—16日　葡萄牙总理阿尼巴尔·卡瓦科·席尔瓦一行130人访粤。

5月2—3日　加拿大总督雷蒙·约翰·纳蒂辛一行60人访粤。

5月19—20日　苏里南共和国总统鲁纳多·罗纳德·费内希恩一行34人访粤。

5月21—25日　刚果共和国总统帕斯卡尔·利苏巴一行44人访粤。

6月16—18日　爱沙尼亚共和国总统伦纳特·梅里一行43人访粤。

6月29日至7月1日　毛里求斯共和国总统卡萨姆·乌蒂姆一行6人访粤。

7月8—10日　吉布提共和国总统哈桑·古莱德·阿普蒂敦一行17人访粤。

7月18日　南海市市长邓耀华和美国雷诺市市长彼得·斯弗拉泽在南海市签署《关于南海市与雷诺市缔结友好关系的协议书》。

7月30日至8月17日　省长朱森林率广东省政府代表团访问瑞典、挪威。

9月17日　匈牙利共和国总统根茨·阿尔帕德偕夫人一行75人访粤。

9月20日　台山市市长陈卓俊和澳大利亚亚拉腊市市长帕·麦克艾伦在台山市签署《关于台山市与亚拉腊市缔结友好关系的协议书》。

9月22日　清远市市长陈权和美国布里奇波特市市长约瑟夫·甘宁在布里奇特市签署《关于清远市与布里奇特市缔结友好关系的协议书》。

9月29日　珠海市市长梁广大和葡萄牙布朗库堡市市长塞萨尔·维拉·弗兰卡在珠海市签署《关于珠海市与布朗库堡市缔结友好关系的协议书》。

10月14日　开平市市长关均溢和美国梅萨市市长威利·王在开平市签署《关于开平市与梅萨市缔结友好关系的协议书》。

10月28日　深圳市市长厉有为和法国维埃纳省议长勒内·莫诺里在巴黎签署《关于深圳市与维埃纳省缔结友好关系的协议书》。

12月底　加拿大在广州设立领事馆，1997年11月20日升格为总领事馆。

1995年

1月22日　省长朱森林和荷兰乌德列支省省长比拉兹·范·布洛克兰德在广州签署《关于广东省与乌德列支省缔结友好关系的协议书》。

3月6日　深圳市副市长张鸿义和牙买加金斯敦市市长玛丽·阿特金斯在金斯敦市签署《关于深圳市与金斯敦市缔结友好关系的协议书》。

4月4—18日　省长朱森林率代表团一行6人访问马来西亚、印度尼西亚。

9月7日　省长朱森林和加拿大不列颠哥伦比亚（卑诗）省省长迈克·哈葛特在温哥华市签署《关于广东省与哥伦比亚（卑诗）省缔结友好关系的协议书》。

11月7日　德国在广州设立总领事馆，馆址暂设于广州白天鹅宾馆内。1999年12月1日，德馆迁至广东国际大酒店。

12月12—24日　立陶宛共和国总理阿·施莱日亚维丘斯一行40人访粤。

1996年

3月28—29日　泰王国总理班汉·西巴阿差一行120人访问汕头市。

5月3—4日　亚美尼亚共和国总统列翁·特尔–彼得罗相一行30人访粤。

6月7日　深圳市副市长李德成和多哥洛美市市长阿卡波在洛美市签署《关于深圳市与洛美市缔结友好关系的协议书》。

7月25—27日　圭亚那总理塞缪尔·海因兹一行4人在广州、南海参观访问。

9月26—29日　基里巴斯共和国总统塞布罗罗·斯托一行7人访粤。

10月25日　广州市市长林树森和韩国光州市市长宋彦钟在广州签署《关于广州市与光州市缔结友好关系的协议书》。

11月12日　省长卢瑞华与瑞典马尔默胡斯省省长哈格兰德在广州签署《关于广东省与马尔默胡斯省缔结友好关系的协议书》。

1997年

1月14日　英国在广州设立总领事馆，馆址在广东国际大酒店。

2月28日　汕头市市长周日方和加拿大圣约翰市市长雪莱·麦阿莱莉在圣约翰市签署《关于汕头市与圣约翰市缔结友好关系的协议书》。

4月5—8日　厄立特里亚总统伊萨亚斯·阿费沃基一行12人访粤。

4月11日　佛山市副市长黄振辉和法国波赛雄市市长罗伯尔在波赛雄市签署《关于佛山市与波赛雄市缔结友好关系的协议书》。

4月18—19日　毛里求斯共和国总理纳文·拉姆古兰一行41人访粤。

5月8—10日　科特迪瓦共和国总统亨利·科南·贝迪埃一行48人访粤。

5月20日　江门市副市长司徒捷和美国河滨市市长罗纳德·卢华烈在江门市签署《关于江门市与河滨市缔结友好关系的协议书》。

5月23日　菲律宾在广州设立总领事馆，馆址在白天鹅宾馆，后迁至广东国际大酒店。

5月27日　深圳市市长李子彬和德国纽伦堡市市长路德维希·朔尔茨、富特县县长加布里尔·保丽在深圳市签署《关于深圳市与纽伦堡市、富特县缔结友好关系的协议书》。

6月26—27日　俄罗斯联邦政府总理维克多·斯捷潘诺维奇·切尔诺梅尔金一行150人访粤。

8月1—16日　省长卢瑞华率广东省政府代表团访问美国、日本。

9月11—12日　罗马尼亚总统埃米尔·康斯坦丁内斯库一行130人访粤。

9月15日　荷兰在广州设立总领事馆，馆址在广东国际大酒店。

9月20—21日　丹麦女王玛格丽特二世一行93人访粤。

9月29日至10月1日　巴哈马国总理休伯特·英格拉哈姆一行16人访粤。

10月13日　中山市市长黄子强和美国檀香山市市长杰里米·哈里斯在中山市签署《关于中山市与檀香山市缔结友好关系的协议书》。

10月24—25日　佛得角共和国总理卡洛斯·瓦农·维加一行21人访问珠海市。

11月24日　广州市市长林树森和瑞典林雪平市市长乔伊娃在广州市签署《关于广州市与林雪平市缔结友好关系的协议书》。

11月26日　省长卢瑞华和瑞典斯哥纳省省长本·豪杰森在广州签署《关于广东省与斯哥纳省缔结友好关系的协议书》。

1998年

2月13—14日　巴基斯坦伊斯兰共和国总理穆罕默德·纳瓦兹·谢里夫一行100人访问珠海市。

3月6日　副省长游宁丰和波兰什切青省省长李维基在广州签署《关于广东省与什切青省缔结友好关系的协议书》。

3月30日　粤港合作联席会议成立。

5月13—15日　保加利亚共和国总统彼得·斯托扬诺夫一行55人访问珠海市。

7月1日　柬埔寨在广州设立总领事馆，馆址在花园酒店。

8月7—20日　省长卢瑞华率广东省政府代表团一行7人访问俄罗斯、波兰。

9月23日　丹麦在广州设立总领事馆，馆址在中国大酒店。

11月3日　意大利在广州设立总领事馆，馆址在广东国际大酒店，后迁至中信广场52楼。

12月16日　梅州市市长魏潘尧和塞舌尔维多利亚市市长本·斯特朗在维多利亚市签署《关于梅州市与维多利亚市缔结友好关系的协议书》。

1999年

5月2—3日　泰王国总理川·立派一行60人访粤。

5月25—29日　牙买加总督霍华德·库克一行8人在广州、深圳、南雄、东莞参观访问。

6月17—19日　柬埔寨国会主席拉那烈亲王一行17人访粤。

9月9—12日　圭亚那前总统、人民全国大会党领袖戴斯蒙德·霍伊特一行3人访粤。

10月16—18日　马里共和国总理易卜拉欣·布巴卡尔·凯塔一行21人访粤。

12月9—10日　巴哈马国总督奥维尔·腾奎斯特爵士一行5人在广州、深圳参观访问。

2000年

5月24日　省长卢瑞华和法国普罗旺斯—阿尔卑斯—蓝色海岸大区主席米歇尔·沃泽尔在广州签署《关于广东省与普阿蓝大区缔结友好关系的协议书》。

6月15—17日　博茨瓦纳共和国总统费斯图斯·莫哈埃一行36人访粤。

7月17日　广州市市长林树森和南非德班市市长姆拉巴在德班市签署《关于广州市与德班市缔结友好关系的协议书》。

7月28日　澳门特区政府行政长官何厚铧率代表团一行13人访粤。

11月12日　肇庆市市长江海燕和美国库恩拉皮兹市市长罗娜·麦考利在肇庆市签署《关于肇庆市与库恩拉皮兹市缔结友好关系的协议书》。

第一章　机构与队伍

第一节　机构

随着改革开放的发展和外事部门职能的加强，广东省各级外事机构不断充实、加强和完善。到2000年12月，广东省直机关各部门（单位）明确了外事工作管理部门，配有外事专（兼）职干部。全省2个副省级市和19个地级市都以单独设置、合署设置（与侨务办公室两块牌子，一班人员）或归属市政府办公室等形式成立外事机构。全省80%以上的县（含县级市）也以同样的形式设立了外事机构。

一、省委外事工作领导小组

中共广东省委外事工作领导小组于2000年12月19日成立。组长为省委副书记、省长卢瑞华，副组长为省委副书记黄丽满，成员有省委常委、副省长欧广源，省委常委、秘书长、办公厅主任蔡东士和副省长游宁丰。广东省委外事工作领导小组办公室设在省人民政府外事办公室，由该办主任兼任办公室主任，负责承办处理日常事务。

二、省人民政府外事办公室

广东省人民政府外事办公室的前身是1975年10月由广东省革命委员会（简称省革委会）外事处和省革委会第二外事处（原省革委会侨委会）合并统称的“广东省革命委员会外事办公室”（简称省革委会外事办）。

1977年，广东省革命委员会侨务办公室恢复建制，从省革委会外事办公室分出。省革委会外事办作为省革委会主管外事工作的部门单独设置。

1980年1月，随着省革委会改称省人民政府，省革委会外事办公室改称省人民政府外事办公室（简称省外办）。

1995年8月7日，《广东省人民政府外事办公室职能配置、内设机构和人员编制方案》明确规定：省外办是省政府主管全省外事工作的职能部门，主要职责是：贯彻执行国家对外方针、政策和有关规定，会同有关部门提出外事工作的具体措施和办法，并监督实施；了解和掌握外事工作以及外国与广东省缔结友好关系的城市、州（县）或国（境）外毗邻地区的情况和问题，了解和掌握国际及港澳地区重大经济信息，并提出建议和有关措施；组织接待访粤的国宾、党宾、友好人士以及其他重要来宾，接待和管理来粤从事公务活动的各国外交人员和外国记者，管理外国驻广州领事机构和国（境）外驻粤新闻机构，办理省领导人的对外交往事宜；负责因公临时出访管理工作，承办审批、审核省政府授权范围内的单位派遣团（组）出国、赴港澳地区和邀请外国人来粤访问的有关事项，办理省管因公出国人员的护照颁发、签证工作，对省内有发护照权的市进行发照、签证业务指导；负责对外民间交流和友好城市管理工作；指导和协调涉及港澳的边境事务及官方、半官方、重要民间往来事宜；协调指导各市、省直各部门的重要外事活动和外事业务，监督执行外事纪律；承办省人民政府和外交部及中央有关部门交办的其他事项。

（一）内设机构及人员编制

1978年，广东省革命委员会外事办公室内设政治处、秘书处、对外宣传处、接待处、领事处、联络处、外国专家处、深圳外事处、对外友协广东分会办公室和外国驻广州机构服务站。

1985年3月23日，省外办撤销秘书处和对外宣传处，设立综合处、友好城市工作处和行政处。

1989年1月1日，省外办港澳事务处成立。主要职能是：统筹处理广东省同港英、澳葡官方经济和政务方面的合作和交往事务；处理粤港、粤澳以及与之有关的海边防涉外事务；办理省委、省政府、国务院港澳事务办公室和外交部港澳事务办公室交办的事宜。

1989年4月5日，省外办对内设机构调整：政治处改称人事处；设立机关党委办公室，负责处理省外办机关党委的日常工作；设立护照签证处，负责全省（部分可自办的市除外）因公出国和赴港澳地区访问、考察人员的护照签证，办理有关的外国人签证等；撤销专家处，设立领事处，负责对各国驻广州领事馆和外国常驻广州机构的管理工作，处理涉外问题和在粤外国专家、留学生的管理工作。

1989年7月1日，接待处改称礼宾处，以便与外交部礼宾司对口。主要任务是：负责过往广东的外国政府贵宾的礼宾工作；负责对来粤采访的外国记者的管理；对省直单位外事机构进行业务指导。

1991年8月13日，联络处合并到礼宾处。

1995年8月7日，《广东省人民政府外事办公室职能配置、内设机构和人员编制方案》规定省外办内设机构有：综合处、礼宾处、领事处、港澳处、出国人员管理处、护照签证处、国际交流处、新闻文化处、省人民对外友好协会办公室、人事处、监察室（与纪检组合署）等11个处室。配备行政编制104名，领导职数：主任1名、副主任4名，正副处长32名。

1996年11月4日，广东省推行国家公务员制度领导小组办公室同意，省外办除工勤人员以外的工作人员均列入公务员范围。机关服务中心具有国家干部身份的人员，可以在人员过渡时一次性过渡为公务员，今后机关服务中心不再进公务员身份的人员。广东省外国机构服务处、广东国际暨港澳交流基金会不列入公务员范围，按规定办法进行管理。

1997年4月17日，省人事厅审定：省外办设109个公务员职位。4月27日，省机构编制委员会办公室批复：保留广东省外国机构服务处，撤销省外办驻京签证处。

同年8月，省人事厅核准，省外办124名机关工作人员过渡为国家公务员（其中：办机关110名、机关服务中心一次性过渡人员14名）。

2000年3月31日，省政府办公厅印发《广东省人民政府外事办公室职能配置、内设机构和人员编制规定》，就省外办的职能调整、主要职责、内设机构、人员编制等作出明确规定。其中，划入职能有：原由人事厅承担的省属人员短期多次赴港面授学习团组的审核、审批的职能。增加职能有：受委托审核审批在广东的部属高校人员因公出国（境）、邀请外国人来华、举办国际会议等事项；配合有关职能部门实施高层次管理人才赴国外培训计划。转变职能有：不再承担广东省人民对外友好协会的日常工作。内设机构有：秘书处、礼宾处、领事处、新闻文化处、港澳事务和出国管理处、护照签证处、国际交流处、人事处、监察室（与纪检组、机关党委办公室合署）。行政编制65名。

2000年7月7日，省人事厅核定，省外办设置公务员职位共65个。

（二）下属事业单位

1. 广东省外国机构服务处

1990年2月26日，广东省外国机构服务处成立，内设人事科、综合科、财务科、翻译科、国际俱乐部，实行企业管理，核定企业编制79名（其中有42名雇员），所需经费自行解决。主要职责是：在省外办的领导下，负责领馆服务工作，并向领馆提供雇员。具体任务是：为外国驻广州的官方、半官方机构提供雇员以及各种生活服务；提供用房及馆舍维修；提供运输服务，负责处理这些机构免税进口用旧后的废旧物资；提供各种文字的翻译服务；为外国驻广州的官方、半官方机构人员和在穗的外国专家、留学生提供文化娱乐服务；为各省、市外事服务处提供信息和咨询服务；完成上级部门交办的其他工作任务。

2. 省外办机关服务中心

1995年8月，省政府印发的《广东省人民政府外事办公室职能配置、内设机构和人员编制方案》同意省外办设立机关服务中心，负责机关的后勤服务工作。由于机构尚未设立，机关后勤服务工作仍由综合处负责。

2000年4月14日，省外办机关服务中心成立，为正处级机构，配事业编制40名，其中按机关行政编制15%核定财政核拨事业编制10名，经费自筹事业编制30名（经费渠道不变）。

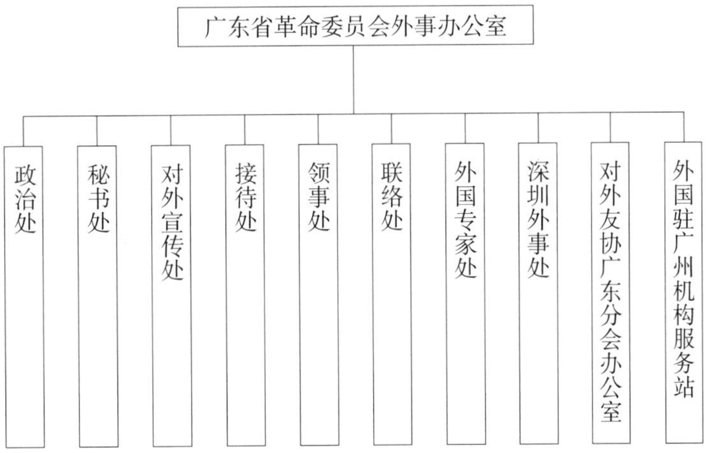

图1-1-1　1979年12月广东省革命委员会外事办公室内设机构示意图

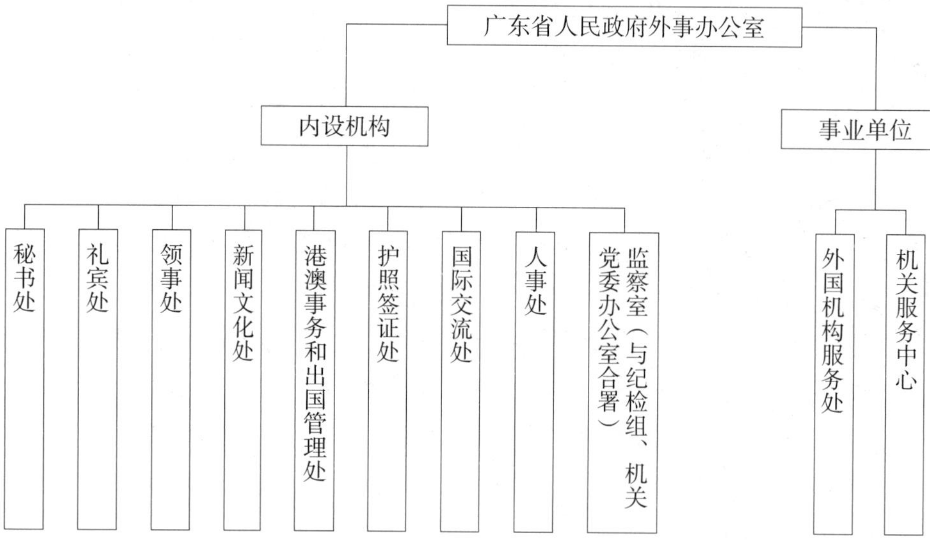

图1-1-2　2000年广东省人民政府外事办公室内设机构示意图

1979—2000年广东省人民政府外事办公室负责人任职表

表1-1-1

姓名	性别	籍贯	职务	任职时间
马　甫	男	陕西	主任、党组书记	1974.12—1982.1，1982.1改任顾问
杨可忠	男	山东	主任、党组书记	1982.1—1983.9，1983.9改任顾问
张清平	男	福建	主任、党组副书记，副主任、党组副书记	1983.9—1987.6，1987.6—1996.6
黄　群	男	广东	主任、党组书记	1987.4—1993.4
巢振威	男	江苏	主任、党组书记	1993.5—2000.3
黄子强	男	广东	主任、党组书记	2000.3—2007.4
龚思光	男	广东	副主任、党组成员	1974.5—1979.3
朱劭天	男	山东	副主任、党组成员	1976.1—1989.7
张　彬	男	山东	副主任、党组成员	1978.11—1988.12
傅　奋	男	广东	副主任、党组成员	1981.2—1988.12
徐绳周	男	河北	副主任、党组成员	1974.6—1982.6
丘荣专	男	福建	副主任、党组成员	1981.2—1988.12
韩宗祜	男	河北	副主任、党组成员（1983.9—1986年任党组书记）	1983.3—1987.3
卓　毅	男	海南	副主任、党组成员（1985.1兼任纪检组长，1997.1任巡视员）	1983.9—1998.3
姜志新	男	辽宁	副主任、党组成员	1985.5—1995.9
廖锡明	男	广东	副主任、党组成员	1988.12—1993.9
黄　印	男	广东	副主任、党组成员（1993.3兼任纪检组长）	1992.7—2000.1
肖锦哲	男	广东	副主任、党组成员	1994.3—2003.10
黄国强	男	广东	副主任、党组成员	1996.7—1998.7
温兰子	女	广东	副主任、党组成员	1997.6—2000.2
傅　朗	男	江西	副主任、党组成员	1999.3（2007年4月提为主任、党组书记）
胡　伟	男	广东	副主任、党组成员	2000.11—
杨金业	男	湖南	监察专员、党组成员、纪检组长	2000.2—2007.6

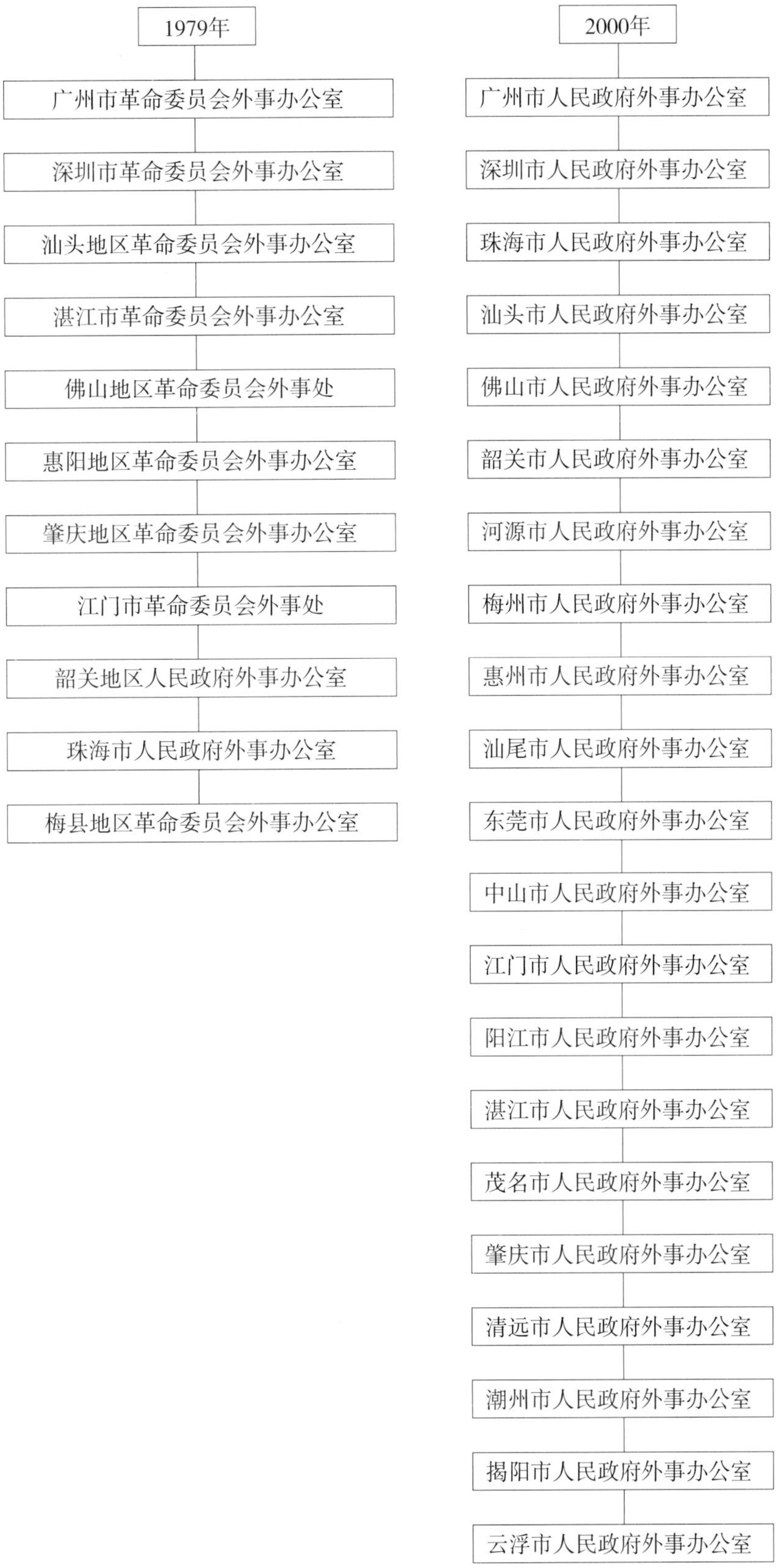

图1-1-3　广东省地级以上市外事机构设置示意图

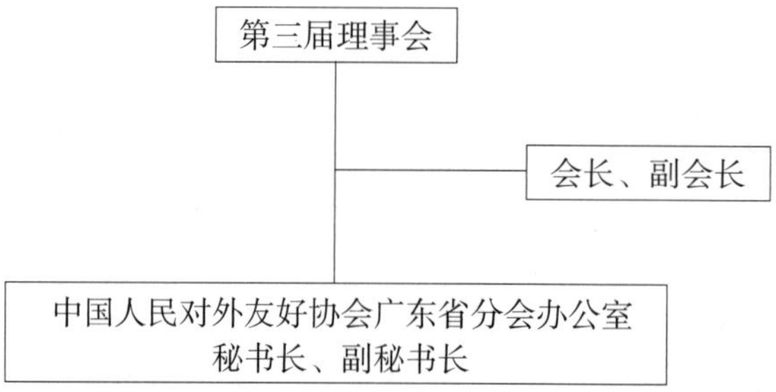

图1-1-4　1979年中国人民对外友好协会广东省分会组织结构示意图

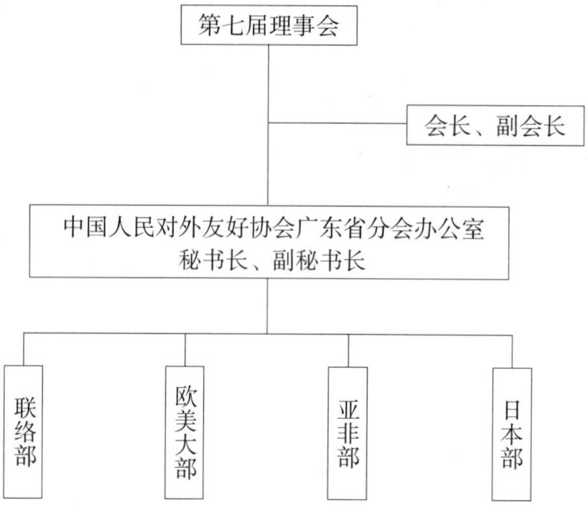

图1-1-5　2000年广东省人民对外友好协会组织结构示意图

三、省人大常委会、政协广东省委员会外事机构

（一）省人大常委会外事机构

省人大常委会外事工作机构是省人大常委会外事工作委员会，成立于1996年1月，在此之前为省人大常委会华侨民族宗教外事工作委员会。1998年，省第九届人大一次会议依法设立广东省人大常委会外事工作委员会，下设办公室。其主要职能是：负责拟定省人大常委会年度外事工作要点和对外交往工作计划；协助全国人大开展涉外立法调研；对“一府两院”（政府、检察院、法院）在外事工作方面执行宪法、法律、法规和省人大常委会决议的情况进行监督；负责接待全国人大、中央和省直有关单位和本省人大常委会邀请来访的外国国家和地方议会代表团、友好人士、其他重要外宾及港澳地区来访拜访省人大常委会的代表团；组织实施省人大常委会领导、组成人员和委员会的出访工作；负责省人大常委会因公出国、赴港澳人员的报批工作及办理因公护照、通行证和签证、签注工作；协助办理全国人大领导出访经停广州的出入境手续；代表省人大常委会领导出席外国驻穗总领事馆举行的庆典活动；安排履新或者离任的外国驻穗总领事拜会省人大常委会领导活动；编制省人大对外宣传册，处理常委会外事信函往来工作；承办省人大常委会交办的其他事项。

（二）政协广东省委员会外事机构

1996年5月，政协广东省委员会设立政协广东省委员会办公厅外事处，与政协广东省委华侨港澳台胞联络委员会办公室合署办公（两个牌子，一套人员），统称政协广东省委员会外事侨务委员会。主要职能：团结和联系委员及各族、各界人士，学习、宣传党的统一战线理论，协助贯彻执行国家的侨务、外交政策以及广东省委、省政府的重大决策；组织委员就国家和本省的大政方针及政治、经济、文化、社会生活和统一战线中的重要问题开展调查研究和视察，提出意见、建议和提案；组织开展各种活动，积极为委员知情出力、履行职责创造条件；推进爱国统一战线的巩固和发展，加强与归侨、侨眷、海外侨胞的联系，促进祖国统一大业的实现。通过宣传侨务政策，反映归侨、侨眷的意见，做好人民政协归侨、侨眷委员的团结工作，为归侨、侨眷委员参政议政提供条件。广泛团结海外华侨、华人，与海外华侨、华人社团和侨界知名人士建立经常的、密切的联系，鼓励他们支持祖（籍）国的社会主义现代化建设和为祖（籍）国统一大业做贡献；根据人民政协的特点，积极主动地开展人民外交活动。通过组团出访和接待外国议会等友好团体来访，宣传中国的政党制度和人民政协在国家政体中的地位和作用，增进友谊，扩大人民政协在国际上的影响，促进中外人员往来和经济、文化等方面的交流。

四、省直机关（单位）和中央驻粤单位、高等院校外事机构

省直机关（单位）的外事机构，在1995年实施“三定方案”和2000年机构改革中，普遍以单独或合署设置的形式得到保留和加强。到2000年12月底，省直机关有151个机构（单位）设立外事工作机构，配备专（兼）职外事工作人员。

80年代初，新华通讯社香港分社广东联络部、中国民用航空中南地区管理局和中国南方电网有限公司等36个中央驻粤单位先后设立了外事工作部门，并配备了专职人员。

1972年，广州中医学院（后改称广州中医药大学）率先成立外事处。之后，中山大学、暨南大学、华南理工大学也相继设立外事工作机构。至2000年12月底，全省已有22所高等院校设立了外事处或外事办公室（有的称国际合作与交流处）。

五、省港澳工作协调领导小组

1992年1月7日，广东省港澳工作协调领导小组成立，副省长卢钟鹤担任组长。下设办公室（设在省外办），负责日常具体工作，办公室主任由省外办主任兼任。

六、友好城市交流委员会

1989年10月7日，广东省友好城市交流委员会成立，下设办公室（附设于省外办国际交流处），负责日常工作。该委员会的任务是：负责研究、批准与各友好省州的年度交流计划，并督促有关部门实施；主管和协调与苏联、东欧地区及民间交流活动；根据外交部友好城市工作方针，确定全省友好城市工作发展方向，物色新的友好对子；主管省际友好关

系的官方来往。

七、对外社会团体

1956年5月，中国人民对外文化协会广州分会成立，是广东省最早的对外社会团体。进入20世纪80年代，随着中国人民外交学会广东分会、中国国际交流协会广东省分会的成立和各市（县）对外友好协会的设立，全省对外民间友好交流与合作三级网络已经形成。

（一）广东省人民对外友好协会

广东省人民对外友好协会的前身是中国人民对外文化协会广州分会，成立于1956年5月。1956年8月，广东省委决定将对外文化协会广州分会交由广州市委文教部领导。1964年1月24日，中国人民保卫世界和平委员会广东省、广州分会，中国人民对外文化协会广州分会，广东省、广州市中苏友好协会，中越友好协会广东分会，广州市文化局对外文化联络处等7个单位合并，成立广州市对外文化联络处。对外仍保留“中国人民对外文化协会广州分会”牌子。1966年5月17日，中国人民对外文化协会广州分会改称中国人民对外文化友好协会广州分会，简称“对外友协”。1973年7月，中国人民对外友好协会广东分会建立，1988年5月，改称广东省人民对外友好协会，除继续完成中国人民对外友好协会赋予的任务外，还可相对独立地开展对外民间交流与合作活动。2000年5月，广东省人民对外友好协会作为群众团体组织单独设立，直属省外办领导，其主要任务是：贯彻执行国家的对外方针政策，根据国家总体外交和广东省委、省政府外向带动战略要求，通过民间渠道配合有关部门开展国际经济、贸易、科技、教育、文化、艺术、卫生、教育等的交流与合作；为广东省及所属各市物色友好省州和友好城市并做前期工作；指导各市对外民间交流业务。同年7月，广东省人民对外友好协会办公室依照国家公务员制度进行管理。1973年至2000年，广东省友协共召开七次理事会，并先后选举产生七届理事会。

（二）中国人民外交学会广东分会

1985年6月6日，中国人民外交学会广东分会成立，日常工作由广东省外办兼管，不另设机构。

（三）中国国际交流协会广东省分会

中国国际交流协会广东省分会于1988年7月设立，属中国国际交流协会的下设机构。其主要工作任务：接待中国国际交流协会安排来广东参观访问的外宾；根据需要邀请一些有影响的政治家、经济学家、科技专家、高级管理人员、人民团体主要成员等来广东参观访问及举办各种类型的研讨报告会、座谈会；适当组织省领导和有关人士、学者出国访问考察；与外国人民团体、国际组织建立联系及友好合作关系。

八、各市外事机构

广东省各市（不含县级市）外事机构，1981年由“××市（地区）革命委员会外事办公室”统一改称为“××市（地区）人民政府外事办公室”。其后，随着1983年“地市合并”，1988年“撤地设市”，1995年实行“三定方案”和2000年机构改革等，进行多次整合。

（一）广州市人民政府外事办公室

1981年10月，广州市革命委员会外事办公室改称广州市人民政府外事办公室。1986年6月21日，市外办与市对外经济和贸易委员会合署办公（两个牌子，一套人员）。至1984年6月分开，单独设立广州市人民政府外事办公室，其内设机构也随着业务发展不断加强。2000年年底，广州市人民政府外事办公室内设秘书处、综合处、礼宾处、国际交流处、护照签证处、出国审批管理处、对外民间工作处（挂“广州市人民对外友好协会办公室”牌子）、港澳事务处（与综合处合署办公）。

（二）深圳市人民政府外事办公室

1979年3月，随着深圳建市，深圳市革命委员会外事办公室成立。1982年，改称为深圳市人民政府外事办公室，内设边境处、接待处、秘书处。之后，随着外事业务的拓展，几经调整充实，至2000年年底，深圳市人民政府外事办公室内设秘书处、礼宾处、港澳事务处、护照签证处、出境管理处、国际交流处、友城工作处、对外友协办公室。

（三）珠海市人民政府外事办公室

1979年12月，珠海作为经济特区直接设立珠海市人民政府外事办公室。1987年2月，珠海市人民对外友好协会理事会成立，与珠海市人民政府外事办公室合署办公。同年，珠海经济特区管理委员会外事办公室成立，与珠海市人民政府外事办公室、珠海市人民对外友好协会理事会合署办公（三块牌子，一套人员），内设综合科、涉外科、接待科、签证科、友协秘书科。

（四）汕头市人民政府外事办公室

1979年5月，汕头地区设立外事办公室，与汕头市侨务办合署办公（两个牌子，一套人员）。当时，汕头市外事办亦与汕头市侨务办合署办公。1983年7月，汕头地区与汕头市合并，组建新的汕头市。原汕头地区的侨务办、外事办与原汕头市的侨务办、外事办也随着合并，设立汕头市华侨事务局，同时挂汕头市外事局牌子。1984年2月，汕头市华侨事务局改称汕头市人民政府侨务办公室，同时挂汕头市人民政府外事办公室牌子。1985年4月，汕头市人民政府外事办公室单独设立。1992年6月至2000年，汕头市人民政府侨务办公室与汕头市人民政府外事办公室合署办公。

（五）佛山市人民政府外事办公室

1978年4月，佛山地区革命委员会外事处成立，与佛山市侨务办公室合署办公（两个牌子，一套人员），内设秘书科、外事科、侨政科。1980年1月分别改称佛山地区行政公署外事处、佛山地区行政公署侨务办公室。1983年6月，在市县领导体制改革中，佛山地区行政公署外事处、佛山地区行政公署侨务办公室与佛山市人民政府外事办公室、佛山市人民政府侨务办公室合并，设立佛山市人民政府外事办公室、佛山市人民政府侨务办公室（两个牌子，一套人员），内设秘书科、人事科、宣传接待科、侨政科、侨汇物资管理科、外事科。1984年4月增设对外友协科，1988年7月增设涉外工作科。1988年12月，佛山市人民政府外事办公室与佛山市人民政府侨务办公室分开，各自设立。外事办公室内设外事接待科、友好城市工作科、涉外工作科。

（六）韶关市人民政府外事办公室

1979年至1983年5月，韶关地区、韶关市的外事办公室，分属各自的统战部门管理。1983年6月，韶关地、市合并为韶关市，韶关市人民政府外事办公室于当年9月成立，与韶关市人民政府侨务办公室合署办公（两个牌子，一套人员），合称韶关市政府外事侨务办公室。1992年9月，韶关市人民政府外事侨务办公室由隶属市政府办公室改由市政府直接领导。内设秘书科、侨政科、签证科、宣传联络科、经济科（与审计科、企管科合署办公）。

（七）河源市人民政府外事办公室

1988年1月，河源市人民政府办公室外事科成立。1994年改设河源市人民政府外事办公室。1996年11月，河源市人民政府外事办公室在机构改革中得到保留，内设综合科、护照签证科。

（八）梅州市人民政府外事办公室

1988年1月，梅县地区改为梅州市，市政府办公室内设外事科，对外挂梅州市人民政府外事办公室牌子。1995年，改称梅州市人民政府外事办公室，升格为副处级。机构改革中，外事办公室与侨务办公室合并，成立梅州市外事侨务局，内设办公室、外事科、侨政科、接待科。

（九）惠州市人民政府外事办公室

1975年，惠阳地区革命委员会设立外事办公室（含侨务科），受广东省外办和地区革委会双重领导。1978年，惠阳地区革命委员会设立侨务办公室，与外事办合署办公（两个牌子，一班人员）。1983年12月，惠阳地区外事办从侨务办分出，与惠阳地区行政公署办公室接待科合署办公。1986年2月，惠阳地区行政公署接待处成立，外事办公室与其合署办公。1988年3月，惠阳地区行政公署撤地设市，惠阳市人民政府外事办公室成立，与惠州市人民政府接待处合署办公。1994年9月，惠州市人民政府外事办公室独立设置，隶属市政府管理。1996年机构改革，惠州市人民政府外事办公室保留，为正处级建制，内设综合科、审批签证科。

（十）汕尾市人民政府外事办公室

1988年4月，汕尾建市初期，汕尾市人民政府同时设立外事办公室和侨务办公室（合称汕尾市人民政府外事侨务办公室）。1994年10月，汕尾市外事办和侨务办分开，汕尾市人民政府外事办公室内设秘书科、签证科。1997年7月，汕尾市人民政府外事办与侨务办再次合署办公，内设秘书科、签证科、涉外管理科、侨政科、经济联络科。

（十一）东莞市人民政府外事办公室

1988年1月1日，东莞撤县设市。当年5月，东莞市人民政府接待处（正处级）成立并与市外事办公室合署办公，外事办内设综合科、办证科、接待礼宾科，行政编制20人。1999年7月，东莞市外事办公室单独设立，内设综合科、签证科、礼宾科，行政编制21人。

（十二）中山市人民政府外事办公室

中山市人民政府外事办公室成立于1984年1月，与中山市人民政府侨务办公室合署办公。1992年5月，中山市外事办从市侨务办公室分离出来，为市政府直属机构，内设审批科、签证科，1994年增设综合科。1996年7月，中山市人民政府外事办公室在机构改革中保留，为市政府直属正处级机构，内设综合科、审批科、签证科和中山市人民对外友好协会办公室。

（十三）江门市人民政府外事办公室

1980年，与江门市革命委员会侨务办公室合署办公的江门市革命委员会外事处，改称江门市人民政府外事办公室。1983年6月，由于市、县领导体制改革，江门市人民政府外事办公室与市旅游局合署办公，内设秘书科、综合科、宣传接待科。1985年6月，与新成立的江门市人民友好协会合署办公。1995年10月，江门市人民政府外事办公室综合科改为办证科，宣传接待科改为外事管理科。

（十四）阳江市人民政府外事办公室

1988年3月，阳江市人民政府外事办公室成立，与旅游局合署办公，内设人秘科、综合科、宣传规划科。1992年7月，阳江市人民政府外事办公室内设人秘科、签证科、涉外业务科。1993年9月，增设阳江市外事服务中心。

（十五）湛江市人民政府外事办公室

1979年1月，湛江市革命委员会外事处改称湛江市革命委员会外事办公室，并升格为部、委、办一级机构，直属市委、市革委领导，内设秘书科、接待科。1981年3月改称湛江市人民政府外事办公室。1982年11月增设外国专家科。1983年10月，湛江地区行政公署外事办公室、湛江地区行政公署侨务办公室、湛江市人民政府外事办公室、湛江市人民政府侨务办公室合并组建成湛江市人民政府外事办公室（同时挂“湛江市侨务办公室”牌子），内设秘书科、外事科、侨务科。1984年4月5日，外事侨务分开，湛江市人民政府外事办公室内设人事秘书科、领事签证科、宣传接待科。1996年，湛江市人民政府外事办公室在机构改革中得到保留，纳入政府序列，内设秘书科、出国人员管理科、护照签证科、涉外科（挂“湛江市对外友好协会办公室”牌子）。

（十六）茂名市人民政府外事办公室

1983年10月29日，茂名市人民政府外事办公室成立，与茂名市政府侨务办公室合署办公，行政编制9人。下辖的信宜、高州、化州、电白等县及茂南区，也相继成立的外事办公室，与侨务办公室合署办公。

（十七）肇庆市人民政府外事办公室

1983年年初，肇庆地区革命委员会外事办公室更名为肇庆地区行政公署外事办公室，同年11月改称肇庆地区行政公署办公室外事科。1984年1月，复称肇庆地区行政公署外事办公室。1988年3月，由于“撤地改市”，肇庆地区行政公署外事办公室改称肇庆市人民政府外事办公室。1997年4月，更名为肇庆市人民政府侨务外事办公室，内设秘书科、审批科、签证科、接待科、涉外宣传科、侨政经济科。

（十八）清远市人民政府外事办公室

1988年4月，清远市人民政府办公室外事科成立，同时对外增挂“清远市人民政府外事办公室”牌子。1990年7月，清远市人民政府外事办公室列入政府工作部门序列，为正处级机构，内设综合科、签证科、宣传接待科。1994年4月增设涉外科。2000年3月，清远市人民政府外事办公室内设人秘科、签证科、涉外科、综合科。

（十九）潮州市人民政府外事办公室

1983年，潮安县与潮州市（县级市）建制合二为一，称潮州市（仍是县级市），潮州市人民政府外事办公室随之成立，与市政府侨务办合署办公。1990年，潮州市升格为省直辖副地级市，市政府外事办公室亦升格为副处级单位。1992年，潮州市由于行政区域扩大，升格为省辖地级市，潮州市人民政府外事办公室也升格为正处级单位，仍与潮州市人民政府侨务办公室合署办公，内设办公室、宣传联络科、签证科。

（二十）揭阳市人民政府外事办公室

1992年4月，揭阳市人民政府外事办公室和揭阳市人民政府侨务办公室同时成立，并合署办公。内设人事秘书科、签证科、经济工作科、侨政科、宣传接待科。1996年实施“三定”方案时，增设出国人员管理科。2000年机构改革时，揭阳市人民政府外事办公室和揭阳市人民政府侨务办公室合并，成立揭阳市人民政府外事侨务局，内设办公室、出国人员管理科、签证科、侨政科、宣传联络科。

（二十一）云浮市人民政府外事办公室

1994年9月，云浮市人民政府外事办公室成立，内设综合科、出国人员管理科、护照签证管理科。

第二节 队伍

1979年年底，全省外事队伍无论编制数还是实有数均不足300名。进入80年代，随着对外开放地区（市、县）逐步扩大和“撤地改市”“以市带县”等一系列领导体制改革措施的实施以及省、市、县三级外事机构的健全，外事队伍也得到不断加强。至2000年年底，全省外事队伍为1025名。

一、录用

广东省外事队伍来源主要是招收经过考试、专业对口的大、中专应届毕业生；接收政治思想素质可靠，具有从事外事工作专业技能的军队转业干部和选调经过实际工作岗位锻炼、具有一定外事工作经验的在职人员。1979年至2000年，仅省外办就招收78名应届大学毕业生，接收7名军队转业干部，从其他实际工作部门选调37名在职人员充实到外事工作第一线。

2000年广东省外事队伍结构一览表

表1-2-1 单位：人

区分 单位	行政编制	实有人数	主要来源			文化结构				政治面目			
			应届毕业生	军转干部	其他部门调入	研究生以上	本科毕业	专科毕业	中专以下	中共党员	共青团员	民主党派	无党派
广东省外事办	108	122	78	7	37	12	67	36	7	114	5	—	3
广州市外事办	41	55	19	9	27	5	27	17	6	39	6	—	10
深圳市外事办	71	61	—	—	—	17	31	10	3	37	—	—	—
汕头市外事办	89	98	14	11	73	3	22	46	27	74	1	1	22
珠海市外事办	36	33	22	—	11	5	18	5	5	24	8	—	1
佛山市外事办	42	43	9	4	30	—	15	21	7	23	8	—	12
韶关市外事办	15	22	12	2	8	3	11	7	1	17	2	—	3
河源市外事办	12	12	3	—	9	—	2	9	1	10	2	—	—

续表1-2-1

区分 单位	行政编制	实有人数	主要来源			文化结构				政治面目			
			应届毕业生	军转干部	其他部门调入	研究生以上	本科毕业	专科毕业	中专以下	中共党员	共青团员	民主党派	无党派
梅州市外事办	6	19	2	4	13	—	4	7	8	18	1	—	—
惠州市外事办	21	26	5	2	19	1	8	12	5	22	—	—	—
汕尾市外事办	16	28	—	—	—	—	24	4	—	22	4	—	—
东莞市外事办	23	21	14	—	7	5	10	4	2	16	—	—	—
中山市外事办	11	19	7	—	12	—	9	7	3	10	8	—	1
江门市外事办	41	49	12	3	34	—	10	20	19	28	11	—	10
阳江市外事办	52	73	16	6	51	—	11	46	16	54	6	—	13
湛江市外事办	38	47	1	—	46	—	11	25	11	38	—	1	8
茂名市外事办	41	71	—	—	—	3	18	50	—	68	1	2	—
肇庆市外事办	25	32	—	5	27	1	20	10	1	23	5	—	4
清远市外事办	39	38	3	2	33	—	10	22	6	31	—	—	7
潮州市外事办	45	43	15	3	25	1	9	14	19	39	—	—	4
揭阳市外事办	76	93	7	13	73	—	5	44	44	83	2	—	8
云浮市外事办	18	20	—	2	18	1	5	12	2	18	1	—	1

说明：此表数字由各市外事办提供，含所属各市、区（县），截至2000年12月31日止

二、培训

广东省外事系统的培训工作从1980年开始逐步走上正轨，其主要方式是举办各种类型的专业培训班。

1980年，为提高对外宣传接待人员的政策理论水平，省外办先后在广州举办4期对外宣传业务知识培训班，全省259名对外宣传接待人员参加了培训。

1981年，省外办与省委宣传部联合在广州举办一期有各地、市和省直单位共105名外事宣传人员参加的对外宣传培训班。这年，省外办还协助肇庆市外办举办一期外事干部培训班。

1983年，为提高签证、翻译工作质量，省外办先后举办签证和翻译业务培训班，参训达1000人次。

1984年，省外办组织人力编写12本有关外事方针、外事政策、外事知识等方面的资料汇编，并先后在广州、海南、佛山、江门、汕头、湛江、肇庆、惠阳等地共举办七期外事干部培训班，参加培训共500人次。

1985年2月，省外办为确保全省外事干部培训工作落实，专门作出两年举办一次全省性外事工作干部培训班和不定期举办小型专业培训班的决定。并于当年4月，在番禺举办一期有省直各单位70名外事干部参加的培训班。培训内容有：对外宣传、外宾接待、领事与护照签证、友城工作、外事纪律与礼节礼貌等。

1986年至1989年，广东省的外事业务培训着重抓三方面的工作：（一）针对外事宣传队伍发展快、新手多、经验少的情况，抓外事宣传人员培训，共举办43期培训班，参训1008人次。（二）对全省各级外事部门的业务骨干进行1～2次的培训。如1987年7月，在省委党校举办的外事干部培训班，73名学员中有44名是处级干部，占这期参训人数的60.3%。1989年6月，又举办一期有105名省直厅、局外事部门负责人参加的培训班。（三）对清远、河源、汕尾、阳江等四个新建市的60名外事干部进行外事宣传、外事纪律、外事接待、护照签证等方面的知识培训。与此同时，省外办还先后协助梅县地区和湛江、江门两市分别举办外事干部培训班，共130人参加培训。

为提高外事翻译工作水平，省外办先后于1989年10月、1990年6月、1994年4月和1995年8月共举办四期外事翻译（英语口译）培训班，参训翻译达273人次。此外，还根据外事翻译工作的特点，开设“怎样做好出访陪同翻译”“外事交际礼节和英语风俗习惯”“怎样处理口译中遇到的难题”“演讲词的翻译”等讲座。

进入90年代，来粤参观、访问、考察、旅游的外宾逐年增多，为做好接待工作，树立广东的良好形象，省外办于1990年6月、1991年6月、1992年3月、1993年8月和1995年8月共举办五期礼宾业务培训班，参训达324人次。

为加强国际科技合作与交流，广州市科委于1991年3月举办了一期有广州市所属各区、县科委、外事办、科技局、科研单位和技术出口公司等单位45名外事干部参加的“广州市科技外事干部研讨班”，专题学习研究国际科技合作与交流、技术出口方针政策、知识产权保护与交流等。

1993年至1996年，为做好推行公务员制度准备工作，省外办先后举办了三期公务员岗位培训班，全省外事系统430人参加。同时还组织了计算机、任职前、更新知识等方面的专题培训，计153人次。

1994年10月，省外办先后在番禺市举办两期签证业务培训班，省直各单位及各市、县外事部门从事签证业务的210名工作人员参加。

1998年5月，省外办在广东省行政学院举办一期外事干部培训班，各市、县外事办和省直各单位外事机构1996年以后专职从事外事工作的干部共179人参加。培训班由广东省经济体制改革委员会（简称省体改委）副主任吴晓峰、广东省委党校教授罗任兴、中山大学教授罗致中、华南师范大学教授黎克明及广东省外办有关业务处室的负责人分别授课。

第二章　外事工作管理与对外宣传

第一节　外事工作管理

一、外事制度

1980年3月，为贯彻落实中央提出的“勤俭办外事”的原则，省外办印发《关于贯彻“勤俭办外事”的意见》。对全省各级党政机关、经济部门和事业、企业单位的人员出国和去港澳考察作出明确规定：要严格实行归口管理，统一审批的原则，未经批准，一律不得出国和去港澳。要严格控制出访人数和时间，考察团不超过十人，要力求精干，熟悉本行业务；不得途中增加停留点或绕道游览，不得延长考察时间。要严格遵守公务出国和去港澳的有关规定，凡公务去港澳的单位或个人，不得使用来往港澳通行证，否则，追查责任并给予纪律处分。要严格执行接待外宾费用开支标准，接待自费来访、旅行的外宾该收费的应按规定收费；接待外宾，接待单位事先要做好接待计划，报有关领导批准，按批准的接待计划执行；严禁借接待之机，大量购买专项控制商品，擅自请客送礼；上级机关有权监督和检查接待外宾费用开支情况，违反规定接待外宾，应予及时制止和批评教育。要严格遵守国务院《关于接受和处理外国赠送礼品的规定》，凡涉及工作关系而接受外宾、外商赠送的礼品（不论价值大小），一律交公。

1982年，全国外事工作会议提出要建立和完善各级外事工作机构，省外办印发《关于地、市、县和省属单位外事机构的设置、名称及其职责范围的规定》。省外办于1984年先后制定《广东省外事办公室职能任务的规定》《关于地、市外事办公室职责任务的规定》《关于省直机关及中央驻穗单位外事机构职责的规定》，对各级外事工作部门的地位、作用及领导关系、基本任务均作出明确规定。

1986年，中共中央办公厅印发《关于加强地方外事工作集中统一领导问题的若干规定》。省委办公厅和省政府办公厅联合印发《关于加强全省外事工作集中统一领导的若干规定》，就如何加强地、市党委和政府对外事工作的领导；健全外事工作体制；加强省直部门与地、市协调配合；认真执行外事规章制度等提出明确要求。同年，还提出《关于做好广东省友好城市工作的意见》，作为对省政府1984年发出的《关于进一步做好友好省州（县）工作的几点意见》的补充，就友好城市工作的目的、意义、方针，组织领导、审批程序和相互交往合作、经费保障等作进一步的规范。1986年7月，省委办公厅和省政府办公厅还根据国务院文件规定精神，联合制定《关于进一步改进外宾接待工作的规定》，就有关礼宾规格如对外宴请、赠礼等以及对外新闻报道等提出具体的改进意见。

1988年7月，外交部颁发《外国领馆管理工作条例》，省外办除对原有的《关于同外国领馆往来的规定》《领馆举行活动请省领导出席的意见》《高校与领馆往来的规定》《新闻单位与领馆联系的意见》《领馆自备车旅行管理办法》等规定进行修订外，还制定《外国驻香港领事官员到广东参观访问的管理办法》。对外国驻港领事官员要求到广东参观访问的申请程序、审批权限、活动范围、注意事项等均作了明确的规定。按照财政部、外交部《关于修订接待外宾费用开支标准和管理办法的通知》要求，对《广东省接待外宾费用开支标准和管理办法》进行修订，并制订《关于进一步改进外宾接待工作的规定》《关于实行外事经费开支按批次包干的若干规定》，重申“勤俭办外事”原则，同时就有关礼宾规格、对外宴请、对外赠礼和对外新闻报道提出要求。

为加强对外国及港澳地区记者到粤采访的管理，省外办自1988年至1998年，结合贯彻外交部有关文件精神，先后与省委宣传部联合制定《关于广东省新闻出版单位与外国驻穗领事馆交往的规定》《关于严禁擅自邀请外国驻穗官员参加各类活动的通知》《关于外国及港澳地区记者来粤采访归口管理的若干规定》《关于做好外国记者短期来粤采访的通知》《关于外国记者来粤采访的审批管理办法》等规范性文件。

1990—2000年，随着对外开放的扩大，因公出国人员增多，省外办遵照外交部有关加强因公出国人员管理的要求，先后制定《广东省外事办干部因公出国安排暂时规定》《关于加强因公出国人员管理的通知》《关于调整临时因公出访和邀请外国人员来华审核审批权限及加强管理问题的通知》《广东省因公护照管理的实施办法》《关于因公出国、赴港澳地区人员审查工作的通知》《关于加强党政干部、企业负责人出境管理的通知》《关于省直单位组团有关规定的具体实施办法》《关于省直及有关单位临时因公出访的有关规定》《关于统一因公出访审批工作若干问题的规定》《关于进一步加强因公出访审核审批工作的意见》《关于进一步加强因公护照管理工作的几点意见》《关于制止以考察为名组团公费旅游的通知》《关于建立县（处）以上领导干部因公出国（境）任务批件备案制度的通知》《关于加强因公赴港案件审理工作暂行办法》《关于规范出国（境）培训团组报批程序的通知》等规章制度。

针对外事工作中出现的新情况、新问题，省外办及时采取相应的改进措施，以保证外事工作的健康发展。1980年，针对一些单位和部门在涉外工作中存在因请示报告不及时，上下通气不够，导致少量涉外事项处理不够适当的情况，省外办在组织外事和涉外人员学习有关外事工作文件，熟悉和掌握党的对外方针政策，重申“外事工作授权有限”原则的同时，规定凡涉及边境、政府关系和需通过官方途径处理的涉外事项，统一由外事部门与有关部门磋商研究，并上报请示后再作处理；对重大国际、国内问题及对有关港澳前途问题，必须严格按中央的统一口径对外表态；外事部门要积极配合有关部门及时研究处理涉外工作中出现的问题，有预见性地分析可引发的涉外事项，提出处理办法。1985年，鉴于一些外国驻华领馆常常绕过中国有关主管部门，直接与各界人士和基层单位挂钩的新情况，省政府批准印发《关于进一步加强对外国驻华使领馆宣传活动管理的内部规定》，对外国驻华使领馆放映电影，印发图书资料及宣传品，开办新闻橱窗、“文化中心”和图书馆，举办记者招待会、演唱会和展览会以及非官方机构活动、新闻采访和广播电视等均作出明确规定。与此同时，还制定《涉外人员守则》。1986年3月，为解决少数单位和少数人在外事宴请活动中不讲文明礼节的现象，省外办明确指出：凡是参加外事活动，应模范执行外事纪律，遵守应有的礼节。为此，还将外交部1981年7月下发的《出席外事宴请活动的注意事项》，印发到省属各委、办、厅、局、大专院校和中央驻穗单位外事机构及各市、地、县外事部门，要求按照规定事项，结合本部门、本地区实际，对照检查，切实纠正外事宴请活动中不良行为。同年7月，针对外宾接待工作的问题，省委办公厅和省外办联合制定《关于进一步改进外宾接待工作的规定》。8月，省外办又针对接待外国记者工作中存在不敢深谈、对外国记者的职业特点了解不够、宣传不够实事求是和越俎代庖、内外不分、擅自邀请等问题，提出要明确业务指导思想，坚持打主动仗；要摸清意图，认真准备；要实事求是，解放思想，相信群众；要以我为主，积极引导等改进意见。1987年，外国部长级以上的代表团到访广东大幅增多，外宾宴请存在铺张浪费和重复现象，外赠礼品也存在偏多、偏大、偏重的现象。为此，省外办重申必须严格执行国务院批转的外交部《关于部级代表团出访及部级代表团来访不举行答谢宴会的请示》《关于外国代表团来访和国内代表团出访赠送礼品问题的请示》。同时，还制定并由省政府办公厅转发《关于外事活动宴会送礼问题的意见》《关于改革广东省举办国际会议礼宾规格的若干意见》《关于加强外事财务管理的六点建议》等规范性文件。强调宴请来访外宾，必须视外宾身份，坚持对等原则，由相应领导出面，接待部门不得随意提高宴请规格和标准；必须控制宴请次数，外宾在省内访问，一般只宴请一次，且应严格人数，不上进口酒水，不摆香烟；省领导或其他官方代表团出访，在国外一般不搞答谢宴会或招待会。馈赠礼品，以省领导为团长的代表团与外国友好省州官方首次往来，赠送礼品折合人民币700元以内，以厅级领导为团长的代表团与外国相应部门官方首次往来，赠送礼品折合人民币500元以内；对外国赠送的礼品，不得私分和占为己有，必须按省政府有关规定办理。1992年，省外办为理顺外事经费管理办法，与省财政厅联合修订《广东省接待外宾费用开支标准和管理办法的规定》，将部分外事经费包干到珠江三角洲一些市县，以减轻省外办的经费压力。1993年，为制止一些地方和单位借出国（境）考察、学习、研讨、培训、招商、促销等名义行公费旅游的歪风，省政府印发《关于制止用公费变相出国（境）旅游的通知》，要求各地区、各部门不得巧立名目，动用公费变相出国（境）旅游；出国（境）审批单位要建立健全审批管理制度，严格按国家和省有关规定进行审核审批；严格控制党政领导干部出访，副厅（市）级以上干部出访要向省政府备案，同时抄送省外办；外省单位经营性组团，省内单位不得参加，省内单位也不得进行经营性组团出访。1999年，又针对因公出国（境）出现的问题先后印发《关于严格管理公费出国（境）工作具体实施意见》《关于加强因公赴港案件审理工作暂行办法》《广东省外事系统因公出国（境）违规违纪行为暂行处分办法》《关于建立县（处）以上领导干部因公出国（境）任务批件备案制度的通知》等规范性文件，并在外事系统中建立因公出国（境）违纪违法案情通报制度。

在建立和健全外事制度同时，省外办还通过《广东外事》《外事信息》《外事与经济》等刊物，加强对外事方针政策和法规、制度的宣传。1986年，为落实中央关于外事工作要实行统一领导、归口管理的指示精神，促进地方外事机构的建立，《广东外事》开辟市、县领导谈外事栏目，邀请各市、县领导就外事工作在地方社会建设中的地位、作用、职能和任务发表意见和看法。与此同时，还加大检查督办力度，以保证各项外事规章制度的贯彻落实。1995年，省外办领导带队到各地级以上市和省直部分单位检查外事方针政策和规章制度执行情况，并在此基础上，召开全省外事审核审批座谈会，研究解决问题的措施。对个别问题较严重的单位，停办出访报批手续。在出国审核工作中，省外办严把政策关，对中央组团单位实行“三不确认”，即：收费高的不予确认；组团单位与参团单位不属同一系统的不予确认；材料不齐不予确认。对省直单位组团实行“四不预审”：即对无组团资格单位不预审；对跨行业组团不预审；对收费高、有营利性质的组团不预审；对非业务人员和贫困地区人员过多参团不预审。在护照签证管理工作中把好“四关”，即：任务批件关、异地办照关、持照数量关、送办签证材料关。此外，省外办还加强对重大外事活动的指导与协调，1995年，在珠海举行的中国国际航空航天博览会，为便于政策指导、业务指导和组织协调，在省外办建议下及时成立“外事指导中心”，较好完成了博览会的外宾接待和记者管理工作。1996年在汕尾市举行的“1996年亚太地区帆板锦标赛”和在广州举行的“’96广东国际广播音乐博览会”以及柬埔寨航空公司“金边——广州首航式”等重大外事活动，省外办都主动介入。

二、外事会议

（一）年度工作例会

省外办每年首季召开各市、县外事办及省直厅、局外事部门负责人参加的全省外事工作会议，传达贯彻上级精神，总结工作，部署任务。通常都邀请外交部或省领导讲话。

（二）专题会议

1985年1月17日，省外办在广州召开座谈会，专门研讨如何利用领馆渠道为发展广东经济服务。同年6月25日，全省外事接待工作座谈会在广州召开。部分接待部门和民航、铁路、公安、边检、宾馆等单位的负责人出席，专题研究解决外事接待工作中存在“三难”（飞机票难买、火车票难买、车辆难停）和外事经费“吃大锅饭”等问题的办法和途径。7月，为加强与外国专家友好交往和对外宣传，省外办又在广州召开与外国专家友好交往和对外宣传工作经验交流会。中山大学、华南师范大学、南海西部石油公司等单位分别介绍与外国专家交朋友的经验。副省长王屏山就如何做好外国专家工作讲话。

1986年5月12—16日，全省外事旅游工作会议在广州召开。副省长杨立、省长叶选平先后出席并讲话。

1987年1月，有广州、深圳、珠海、佛山、江门、湛江、汕头、肇庆、中山、东莞、顺德、台山等市（县）外事部门负责人参加的座谈会在顺德召开，专题研究改革开放新形势下，如何发挥市（县）级外事部门的职能作用，为当地现代化建设服务。同年3月11—13日，广东省外国经济专家工作座谈会在新会召开。各市、区和部分县外事办及部分地、市经委主管外国专家工作的负责人，省直有关厅、局外事部门负责人参加，传达全国沿海地区外国经济专家座谈会精神，交流外国经济专家工作经验。同年5月，省外办牵头在珠海市召开有广东、福建、广西三省（区）外办领导参加的领馆管理工作座谈会，互通工作情况，研究改进措施。同年12月15日，应省外办邀请，广东、广西、湖南、湖北、河南等五省外办主任在广州召开联席会，就如何加强中南五省外事工作横向联系，交流信息，互相支持，密切协作等问题进行探讨。

1988年，省外办先后于3月30日，与广东省人民银行联合在广州举办广东经济建设规划介绍会，驻穗外国银行和公司代表108人参加。于7月23日，与省委宣传部联合在广州召开新闻、外事工作会议，专题研究如何改革外事报道工作。于8月15—20日，与省政府办公厅联合在珠海召开自行办理护照签证工作座谈会，广州、深圳、珠海、汕头、湛江等5市政府秘书长或办公室负责人和外事办负责人及具体负责出国任务审批工作、办理护照签证业务的人员共401人参加。于10月21—22日，与省高等教育局（简称省高教局）联合在广州举办首次全省高校对外宣传工作会议，广东省31所高等院校外事工作负责人出席，交流高校对外宣传工作经验；举办各院校自制的对外宣传品展览；明确新时期高校对外宣传任务。

1989年7月14日，广东省友协、友城工作座谈会在广州召开，研究如何开展友协、友城工作。

1991年10月9—11日，为传达全国外事工作会议精神，研究如何在新形势下加强对全省外事工作的集中统一领导和归口管理及外事队伍建设等问题，全省外事工作会议在广州召开，副省长卢钟鹤代表省政府作工作报告，省委副书记张帼英到会讲话。同年11月26日，副省长卢钟鹤主持召开广东省友好城市交流委员会会议，听取省外办就广东省与澳大利亚新南威尔士州、日本兵库县、美国马萨诸塞州和夏威夷州等友好州（县）交流情况汇报，研究全省友好省州工作设想。

1992年，省外办先后于4月20日和7月13—16日在广州召开各市外办主任学习会和省直部分单位因公出国赴港澳审核呈批工作座谈会，就有关加强外事工作管理，为广东经济建设提供优质服务等议题，学习上级有关文件，交流工作情况经验，研究具体方法措施。同年12月，由省外办倡议的华南四省（区）——广东、福建、广西、海南领馆管理工作座谈会在海口市举行。

1993年3月3日，由省外办主办的“五市”（韶关、河源、梅州、惠州、番禺）情况介绍暨经济合作洽谈会在广州举行。6国驻穗、驻港总领事馆或商务机构的官员，13家外资银行驻穗分行或代表处的负责人和部分外国以及中国香港、中国台湾驻穗商社的人员出席。

1995年4月，省外办在广州举行“1995外国驻穗领馆情况介绍会”，向省直有关部门、各高等院校和宣传、文化新闻单位介绍领馆工作的新情况、新问题和重大突发涉外案件的处理办法，以进一步做好领馆工作。6月，领馆工作会议在广州召开，研究解决新形势下领馆管理工作出现的新情况、新问题。广东、福建、广西、海南、湖南、江西、广州、厦门等省、市（区）外办有关负责人出席，外交部领事司参赞李平及有关业务部门的负责人分别就国际形势、领馆管理、签证业务等作专题报告。

1996年1月15日，省友协在广州召开理事扩大会议。全国友协会长齐怀远、新华社香港分社副社长张浚生、中国驻加拿大大使张毅君莅会并作报告。副省长、广东友协名誉会长卢钟鹤和省人大常委会副主任、广东友协名誉会长凌伯棠出席。

1999年2月22日，全省公费出国（境）管理工作会议在广州召开，专题研究加强公费出国（境）管理工作的办法，省外办、省科学技术委员会（简称省科委）、省旅游局等单位的审批、监察、签证部门负责人参加。

第二节　对外宣传

一、对外开放地区

1978年以前，外国朋友到广东访问，一般只能在广州市区活动，到广州市区12公里以外的地方旅行受到一定的限制。中共十一届三中全会以后，特别是自1979年7月中共中央、国务院批准广东实行特殊政策、灵活措施以后，广东对外开放地区的设立和扩展得以快速发展。当年10月，台山县、中山县先后被列为对外开放县。

从1980年年初开始，广东逐步撤销禁止外国人到广州市区12公里以外旅行的限制。

1986年，广东对外开放的市、县（外国人入境后前往此类地区免办旅行证）有：广州、花县、从化、新丰、龙门、增城、番禺、清远、佛冈、佛山、南海、三水、顺德、高明、中山、江门、新会、鹤山、开平、台山、恩平、阳江、阳春、湛江、廉江、徐闻、海康、遂溪、吴川、茂名、高州、化州、电白、信宜、珠海、斗门、深圳、宝安、韶关、曲江、仁化、翁源、英德、阳山、乐昌、汕头、潮州、澄海、惠来、普宁、揭西、揭阳、饶平、惠州、东莞、海口、肇庆、梅县、兴宁、惠阳、博罗、河源、陆丰、海丰、惠东、新兴、云浮、四会、封开、德庆、高要等市、县。控制开放地区（外国人前往此类地区需要向公安部门申请办理旅行证）有：大埔、丰顺、怀集、罗定、乳源、连平、和平、龙川、紫金、平远、五华、广宁、郁南、蕉岭、连山、连南、连县、南澳等县。

1988年，对外开放地区扩大到连县、连南、连山、乳源、平远、大埔、蕉岭、丰顺、五华、南澳、和平、紫金、龙川、连平、广宁、怀集、罗定、郁南等18个县。1990年再扩大到南雄、始兴两县。至此，全省各市、县均为对外开放地区。

二、对外参观点

选择对外开放参观点的基本要求是：有时代特点，能从不同侧面反映本地区、本系统、本单位经济和社会发展的历史和现状；有地方特色，能从不同侧面体现本地区、本行业、本单位的地缘和人文优势；有接待条件，交通方便、环境整洁、安全保障、服务周到。按照上述要求，1979年7月5日，经广州市革命委员会批准，穗声服装厂成为广州首个对外开放参观点。至当年年底，全省对外参观点发展到242个。至2000年年底，广东省对外开放参观点达437个，遍及全省各市、县，工作在参观点的一线宣传接待人员也从1980年250名增加到2750名，形成一个全方位、多层次、有队伍、具特色的对外开放参观点网络。

为使对外参观点真正发挥对外宣传的“窗口”作用，广东省各级外事部门都重视对外参观点的管理工作。

（一）规范管理

为把对外参观点纳入规范化管理，省外办先后于1986年2月印发《关于加强对外开放参观点建设和管理工作的意见》，就如何认识参观点对外宣传的重要性；建设有代表性的参观网点；开辟多渠道、多形式，提高对外宣传效果；加强外事宣传接待干部的培训；加强对参观点的管理；开放参观点的审批和参观点收费标准等提出明确的要求。1987年10月印发《关于进一步加强和改进参观点宣传接待工作的意见》，对参观点的作用和任务，参观点的建设和改进宣传手段、提高接待水平以及加强参观点指导、提高接待人员素质等均提出具体的要求。1992年5月印发《当前外事宣传工作的几点意见》，就外事宣传工作的任务和内容；开展多渠道、多形式的外事宣传工作；建设多层次的对外宣传基地；加强外事宣传队伍建设等提出具体要求。广州市外事办结合广州实际，制定《关于重点参观点建设和管理工作的意见》，就重点参观点的分类设置、分级管理、基本条件、基本要求、基本任务和有关职责、收费办法等提出明确、具体的要求。深圳、珠海、肇庆、佛山等市外事部门也根据各自的实际情况，制定有关对外参观点的管理办法。

（二）调整布局

1979年年底，广东对外参观点已发展到242个。针对参观点量多、线长、点散，容易出现远的顾不上，近的管不好的现象，省外办和各市外办从1980年开始，本着近点为主，远近结合，体现特点，有所侧重的原则，调整参观点布局。

1980年，把靠近广州、佛山、肇庆和从化温泉等地的对外参观点分为重点抓、一般抓和逐步调整三个类型。农业参观点重点抓萝岗、大沥、人和、平洲、沙滘、钟落潭、竹料等公社；工业参观点重点抓广州大新象牙厂、佛山美陶厂、佛山民间艺术社、广州重型机械厂和广州轻工机械厂；教育参观点重点抓中山大学、广州市第23中学、广州市第一幼儿园、烟墩幼儿园等。当年，还根据需要，及时开放台山藤厂、南海藤厂和大沥供销社、竹料供销社，并筹办广州彩陶厂、广州美术馆、五仙观、广东育才幼儿园的开放工作。同时，省外办还函复韶关地区外办："华南寺、丹霞山在没有正式开放以前，如到韶关的外宾提出旅游华南寺、丹霞山，一般可予安排。"据省外办统计，仅1980年上半年，全省242个对外参观点接待外国来宾共3689批、197982人次。其中到公社参观的780批、41138人次；到工厂、名胜古迹参观的2465批、126056人次；到学校、幼儿园、医院参观的444批、30788人次。

1981年，在继续抓好老开放点巩固提高的同时，挑选一批新的、具有各种专业特点的开放点。如作为宣传外资合营、补偿贸易的企业有广州集装箱厂、中山温泉宾馆、石景山旅游风景点等；作为自由旅行区和专业对口点有惠州西湖、汤泉风景名胜、翁源县下庄铀矿田（供专业参观）、南方玉雕厂、南海县西樵山供销社和一批经营有方的个体户等。

1986年，为便于来访外宾从点到面、从感性到理性体会和了解中国改革开放政策和经济特区情况，省外办与深圳市外办协商，在深圳选定一批合资出口加工企业作为对外参观点。

1987年，省外办在参观线路建设上，重点抓了广州—东莞—深圳、广州—佛山—肇庆、广州—南海—顺德—中山—珠海等3条参观线路的建设，协助各参观点重新编写简介和制作图文并茂、中英文对照的宣传小册子或折页材料及培训宣传人员等，使外宾参观内容形成以广州为中心向珠江三角洲开放地带和两个经济特区辐射，城乡结合、各个开放点参观项目相配套的合理布局。并在此基础上，对这3条参观线路的参观点进行分类指导。农业参观点有：萝岗、大沥、人和、平洲、沙滘、钟落潭、竹料等乡镇和肇庆鼎湖区广利镇水稻生产和水利排灌系统工程、鼎湖区三鸟生产基地、四会下布畜牧场（沼气）有机质循环利用等专业点。工业参观点有：广州大新象牙厂、佛山美陶厂、佛山民间艺术社、广州重型机械厂、广州轻工机械厂、肇庆端溪名砚厂、肇庆檀香扇工艺厂、肇庆市蓝带啤酒厂、肇庆市饼干厂、肇庆市味精厂、肇庆市不锈钢器皿一厂、肇庆市风华电子厂、肇庆市南华自行车厂、高要河台金矿、高要新桥竹器编织厂、高要市红木工艺总厂。教育参观点有：中山大学、广州市第23中学、广州市第一幼儿园、烟墩幼儿园、广东省第一幼儿园。名胜参观点有：七星岩风景区、鼎湖山自然保护区、阅江楼、崇禧塔、坡云楼、封开白石岩、广宁万竹园、四会真山寺、怀集燕岩、德庆龙母庙、从化温泉、韶关丹霞山地质公园等。

广东各级外事部门还根据当地情况，发现和选择不同类型的典型单位，扩充和完善新的参观点。顺德市先后开辟了勒流桑蚕鱼塘——陈村花卉、农户；北滘家具、风扇——桂洲灯饰；龙江饮料——容奇现代家用电器、现代化港口码头等新的参观点，使顺德市的对外开放参观点网络更具地方特色。

为提高对外参观点宣传接待队伍的政策水平和接待外宾的技能，省外办从1980年开始，坚持在每年年初召开的外事工作会议上提出参观点宣传工作内容和注意事项；坚持办好《学习与参考》。通过《学习与参考》，将有关国际形势、对外政策、外宾接待、外事纪律、礼节礼貌等方面的知识资料送到每一位宣传接待员；坚持举办短期专业培训班。1986—1993年，举办对外宣传接待人员业务培训班85期，参训达1863人次，使全省各参观点的宣传接待人员较好地适应对外宣传接待工作的需要。据统计，1979年至2000年，全省参观点年均接待外宾近50万人次，外宾普遍反映良好。1980年3月16日，澳大利亚客人一行8人抵大沥公社参观游览，因下暴雨，拟取消到由荒山变果园的长虹岭参观，但外宾游兴很浓，说："澳大利亚数月未下一滴雨，现在正是到长虹岭上观赏雨景的好时光。"接待员和翻译冒着倾盆大雨，陪着外宾直上长虹岭顶，外宾非常高兴。美国一旅行团对中国舞狮表演十分感兴趣，但事先未与大沥公社舞狮队打招呼。为不使外宾失望，接待人员一齐上阵，打锣击鼓，舞起狮子，引来外宾的阵阵掌声。东方幼儿园为使外宾参观后有真实感，一改以往离开教学计划，另制一套接待安排方案的做法，坚持一边上课，一边自然接待。根据儿童特点编演小话剧、舞蹈，并适当教唱一些外国民歌，如日本的《樱花》《春天》，澳大利亚的《剪羊毛》，美国的《哆来咪》，还教会一些简单的外语。

三、外国记者采访活动

1979年以后，随着改革开放的深化和综合国力的提高，外国记者纷纷把视线移向中国，转向"先走一步"的广东。据外事部门统计，1979—2000年，被称为世界四大通讯社的美联社、合众国际社、法新社、路透社及美国《全国地理杂志》、《新闻周刊》、《时代》周刊、《纽约时报》、《华盛顿邮报》、《华尔街日报》、美国广播公司（ABC）、美国全国广播公司（NBC）、美国哥伦比亚广播公司（CBS）、美国之音，英国《泰晤士报》、《独立报》、《金融时报》、《卫报》、《每日电讯报》、《经济学家》杂志和英国广播公司（BBC），法国《世界波》、《费加罗报》、《解放报》、《回声报》、《新观察周报》、法国电视一台和电视二台，德国德新社、《明镜周刊》、《法兰克福报》、德国电视一台和电视二台，加拿大广播公司（CBC）、加拿大电视网有限公司（CTV）、《环球邮报》，澳大利亚广播公司（ABC）、《悉尼先驱晨报》、《澳大利亚人报》，日本《朝日新闻》、《读卖新闻》、日本广播协会（NHK），韩国文播公司等一批在本国（地区）乃至国际上有影响的新闻媒体先后派出记者共3933批、12332人次前来广东采访。采访区域既有毗邻港澳地区，又含内陆市、县；采访行业既包括政治、经济、科技，也涉及文化、教育、环保、城建等部门；采访内容既有国企改革、实施再就业工程等难点问题，也有毗邻港澳贸易、村民选举等热点问题；采访对象既有党政高层领导，也有基层一般群众。

1981—1985年，来自美国、日本、英国、法国、捷克斯诺伐克、南斯拉夫、加拿大、联邦德国、挪威、土耳其、意大利、澳大利亚等国的25家新闻机构的250多名记者先后到广东参观采访，重点了解中国实行改革开放的方针、政策和广东改革开放“先走一步”的措施。内容包括：对经济体制改革的关注焦点，如取消鲜鱼和猪肉等农副产品凭票供应制度，放开价格限制；允许个体工商户领取营业执照合法经营；农村实行农业生产承包责任制，鼓励农村办企业（县和镇乡办企业、村办企业及个体企业等）。对实施对外开放政策的关注，主要是经济特区的建设情况，“三来一补”和与外商合作或合资企业的建立、运作及农民工进城、进厂的情况，并称之为世界历史上最大的一次农民迁徙进城当工人的热潮等。1981年12月，土耳其外交部部长蒂尔克曼的随行记者、土耳其《国民报》国际部主任科亨，在其外长离开广州后，留下对广州、深圳等地的中外合资工厂、群众娱乐场所、婚姻介绍所、个体经营户、家庭生活和外逃回归人员等进行为期一周的采访。回国之后，发表多篇新闻稿，对中国的改革开放政策给予客观、积极的评价。1984年，为配合宣传经济特区、沿海开放城市和珠江三角洲开放地带，吸引更多的投资、合作者，省外办与新华社香港分社联合，分四批邀请外国驻香港记者、外交官，共计213人到深圳、珠海、汕头经济特区和海南、惠州、湛江、江门、台山、新会、开平、恩平等地参观访问。当年1月，美联社北京分社社长贝德立来穗采访取消凭票供应和开放价格限制后鲜鱼市场供应情况，并先后到海珠区大基头塘鱼批发部、一德路河鲜贸易货栈和海珠市场、海味货栈考察，并登门采访广州市水产总公司司机陈孝光一家。他说：“这次考察采访，使我亲眼看到中共十一届三中全会以来的成就。中国共产党的现行政策的确是很得人心的。”1984年除夕，来穗采访的法国国际电台女记者莉迪·尼凯斯先是到中山大学法学系主任端木正教授家作客，和端木正一家三代人一起吃团年饭，品尝丰盛的菜肴和珍珠红糯米酒。接着又到广州市水产总公司工人陈孝光的家，采访就业、收入、住房情况。她说：“事实表明，这几年中国无论知识分子还是普通工人的家庭生活的确变化很大。”4月上旬，美国纽约时报驻北京分社社长任恪士，就广州如何解决居民住房困难、扩大居民就业机会、做好居民纠纷调解工作和开展对心理病人治疗工作等专题，先后采访广州城市建设开发公司总经理和金花街办事处主任李丽卿、自学成才的个体裁缝师曾三英、中山医学院附属第三医院心理咨询门诊主任赵耕源副教授。任恪士很满意广州之行，他说：“在广州，了解了美国人民很想知道的几个专题，我要把这次采访见闻及早向美国人民报道。”4月下旬，日本《读卖新闻》驻香港记者户张东夫，就“特区为‘九七’而设吗”“办特区有无反对派”“特区路线会变吗”等一些敏感且西方国家普遍关心的问题，专访了深圳市委常委、秘书长邹尔康，并撰写了《深圳特区能长寿吗？——访深圳特区秘书长邹尔康》，于当年5月4日在日本《读卖新闻》和香港的一些报刊刊登，产生重大影响。1985年3月，日本《朝日新闻》驻北京特派员加藤千洋在梅县参观采访当地归侨生活、民居条件、超级市场、娱乐设施和侨资建设情况，这是梅县首次接待外国记者。7月，巴西发行量最大的《请看》周刊编辑蓬佩乌，在广州先后到“个体户”——中山五路昌兴时装店和穗福工业品室内灯光市场、西湖路灯光夜市、东方宾馆翠园宫音乐茶座采访。他说：广州在改革开放中出现了许多新鲜事，不仅他感兴趣，相信他把见闻写出来后，巴西广大读者也会感兴趣。

1986—1990年，到广东考察采访的境外媒体记者以美国、日本、英国、法国、加拿大、澳大利亚、德国的居多，主要考察了解广东改革开放情况。1986年，美国广播公司驻京记者组就广东的改革开放如何深入进行等问题，专访省长叶选平。专栏作家辛格莱专访广州市市长朱森林并在香港《南华早报》发表《广州市长的愿景》一文，介绍广州改革开放的情况及发展计划。美国《华尔街日报》驻香港记者冯强，就农村经济体制改革等问题，赴罗定县采访一周，并报道了该县改革开放走在前列的情况。美国《商业周刊》驻香港分社社长钟德瑞，为了解广东国有企业改革情况，专程参观、考察新会涤纶厂，采访新会市的领导。10月18日，经中英两国政府新闻官员的协商安排，200多名外国记者采访英国女王伊丽莎白二世访粤的全过程，创外国记者采访外国元首访粤人数最多的纪录。英国广播公司（BBC）还对英国女王在广州市少年宫观看少年儿童文艺表演等活动向全球作45分钟的现场实况转播。1987年2月中旬，美国《纽约时报》驻北京记者葛钢，带着“很多人对广州的议论”和抱着“百闻不如一见的想法”在广州先后走访广州酒家、万福路何植记鞋店和刚建立不久的全国首家商业电台——珠江经济电台。他对陪同人员说：“广州各行各业的人士都很努力工作，同时又轻松愉快地生活。这里的市场的确很繁荣，看得出人民是拥护改革开放的。”6月，贝宁《革命报》社长莫里斯·夏比在江门参观采访当地乡镇企业。称赞“中国农民根据本国国情走出一条独特、以创办企业致富之道，实为壮举”。7月，美国《纽约时报》驻北京记者葛钢还和美国《基督教科学箴言报》驻京记者包竹廉一道赴茂名市信宜县罗林村采访，深入了解改革开放后的山区农村的社会经济发展情况。1989年9月，省外办与新华社香港分社联合组织部分外国驻港领事官员和新闻记者前往江门访问。此系春夏之交北京发生的政治风波后广东首次邀请外国记者团来粤采访，不少记者回去后纷纷发表文章，对广东坚持改革开放政策和江门当时的经济社会发展表示肯定。1990年10月，土耳其新闻官员、土耳其《喉舌报》驻伊兹密尔分社社长杰伊汉·阿尔腾耶莱先后到新会、江门采访改革开放给两市带来的新发展、新变化。

1991—2000年，是外国记者在广东比较活跃的十年。其间到广东考察采访的外国记者年均213批、701人次，重点采访区域经济发展和脱贫优惠及以富带贫的相关情况。1991年下半年，在中韩建交前夕，省外办与新华社香港分社联合邀请所有韩国驻港记者来粤进行一周的采访。采访结束后，记者们对广东进行广泛而深入的报道。1992年5月，德国《法兰克福评论报》驻北京代表包玺闵专程到清远市参观采访当地经济发展情况，尤其是“扶贫开发试验区”是如何开展扶贫工作的情况。这年，经济新闻社、共同社、读卖新闻社、产经新闻社、时事通讯社、每日新闻社、西日本新闻社等日本主要报社的文字、摄影、摄像记者一行14人，抵佛岗县就山区的经济发展、优惠政策及广州以富带贫效果进行参观考察，并就扶贫试验区“异地发展，体外造血”的做法采访清远市有关领导。

1992年年初，邓小平先后赴武昌、深圳、珠海和上海等地视察，沿途发表了重要谈话。1992年邓小平南方谈话是把改革开放和现代化建设推进到新阶段的又一个解放思想、实事求是的宣言书，广东又一次掀起发展高潮，成为外国媒体聚焦的地方。省外办抓住这一机遇，于1993年年初，组织外国记者团沿着邓小平南方视察在广东走过的路线，实地采访邓小平视察过的市县、乡镇、企业、农村。之后，外国记者对广东经济特区姓“资”还是姓“社”和广东在邓小平南方视察后以科技进步促经济发展、掀起新一轮全面发展热潮等进行大量积极如实的报道，对扭转西方舆论界之前的负面报道倾向起到一定的积极作用。这年，到广东采访的外国记者达250多批、800多人次，其中不少属世界著名的新闻机构人士，如法国《人道报》记者京利萨莱姆到江门市先后参观五邑大学、新会果苗厂、鹤山毛纺厂，日本NHK电视台导演角莫夫一行2人专程到梅州市拍摄赴深圳打工一族的劳务输出情况。

1997年7月香港回归前夕，外国记者普遍关心粤港经济合作关系问题。省外办以此为契机，加大对外国记者管理力度，对采访经济问题的要求适度放宽，主动予以协助安排；对采访敏感问题的要求，也不消极回避，而是本着积极主动的原则多做工作，在严格把关前提下，大胆引导外国记者正面宣传广东。1997年1月，美国《华尔街日报》驻香港记者未经批准，擅自赴汕头采访非法生产CD的地下工厂。对此，广东省外办权衡利弊，因势利导，一方面安排这位记者采访主管打击翻版、盗版CD工作的有关领导，了解广东打击盗版的决心和力度；另一方面，又通过安排该记者采访被封查的CD生产线，揭露少数不法外商非法输出CD生产线，从中牟取暴利的事实，收到较好的宣传效果。此外，省外办还邀请8个国家共22家新闻机构的记者采访“京九”铁路广东沿线地区。安排香港《南华早报》总编采访广州、深圳、珠海和汕头四市的市委书记；书面采访省长卢瑞华，专题报道广东扶贫工作和“九七”后粤港合作等内容。

1998—2000年，到访广东的外国记者共810批、3250多人次。在此期间，经外交部批准，日本经济新闻社、英国路透社、新加坡联合早报社、香港南华早报社分别在广东设立分社（支局）或办事机构。同时，对挪威国家电视台驻北京记者及英国《太阳报》记者，不顾事实、歪曲报道花都、顺德、东莞企业雇用童工、超时超强劳动和劳动报酬低下的事件，作出暂停审批这两个新闻机构来粤采访申请的决定。为使外国记者如实了解和报道珠江三角洲社会和经济发展情况，省外办先后安排《日本经济新闻》和美国之音、《领袖》，新加坡《联合早报》及英国广播公司的记者，前往广州、深圳、佛山、东莞、汕头、潮州、珠海、湛江、惠州、清远、中山、肇庆、韶关等地参观考察并专访当地党政主要领导。《日本经济新闻》社广州支局局长1998年3月到任后头4个月，走遍珠江三角洲主要城市，并在此基础上专访省长卢瑞华，在《日本经济新闻》的主要版面上发表40多篇文章，对广东经济发展战略和珠江三角洲地区社会和经济发展作了较为客观、积极的报道。此外，1998年至1999年，省外办还安排外国记者先后对中共广东省委第八次代表大会、广东省第九届人民代表大会、广东省庆祝中华人民共和国成立五十周年大会、首届中国国际高科技技术成果交易会、广东经济发展国际咨询会、中国人民银行广州分行开幕式等重要会议活动进行采访，扩大宣传。

第三章　省领导出访及高层外宾来访

第一节　省领导出访

一、省委领导出访

1979年4月30日至5月2日，省委第二书记、广州市革命委员会主任杨尚昆访问日本，与日本福冈市市长进藤一马在福冈签署两市缔结友好城市协议。11月22日至12月12日，省委第一书记兼省革委会主任习仲勋为团长、省革委会副主任曾定石为副团长的广东省友好代表团一行13人应邀访问澳大利亚新南威尔士州，与新州总理兰恩举行座谈，参观新州的企业。返粤途中，顺道对香港进行为期6天的访问，与代理港督姬达就偷渡外流及经济合作等共同关心的问题交换意见。

1981年12月4日，省委书记兼广州市委第一书记、市长梁灵光率广东省、市友好代表团访问美国，签署广州与洛杉矶缔结友好城市协议。参观访问了华盛顿、纽约、芝加哥等地。

1982年11月3—16日，应菲律宾马尼拉市市长伊梅尔达·马科斯夫人的邀请，省委书记兼广州市委第一书记、市长梁灵光率广州市友好代表团访问菲律宾，签署广州与小马尼拉缔结为友好城市的协议。

1984年9月14日，以省委书记林若为团长的中国共产党友好参观团一行9人前往朝鲜进行为期两周的参观访问。

1987年9月1—28日，省委书记林若应美国马萨诸塞州州长迈克尔·杜卡基斯和纽约大东银行董事局主席诸立山邀请，率代表团一行4人前往美国麻省出席“广东省出口商品展销会”开幕式，并访问檀香山、旧金山、洛杉矶、纽约、波士顿等地。

1988年6月24日至7月15日，省委书记林若受中共中央委托，率领中共代表团访问巴西和阿根廷。

1989年5月4—16日，省委书记林若率广东省友好代表团访问民主德国，并与德累斯顿专区领导人签署建立友好省区关系协议书。

1992年6月10—20日，省委书记谢非率广东省友好代表团应邀访问日本。日本国官房长官加滕弘一会见代表团，通产省政务次官左贺与谢非一行会谈。代表团参观日本筑波科学城电子技术研究所、神户人工岛二期工程建设工地、兵库县淡路岛农业协作组织。兵库县知事贝原俊民授予谢非兵库县金钥匙。9月4—26日，省委常委方苞参加中共中央代表团赴新加坡、泰国访问。

1993年10月，中共中央政治局委员、省委书记谢非率团赴新加坡、马来西亚、泰国访问考察，促进广东与三国的经济合作和贸易往来。

1994年4月10—21日，中共中央政治局委员、省委书记谢非率广东省经济考察团一行8人应邀赴德国和丹麦进行访问考察。在德国期间，德国总理科尔会见并宴请谢非一行，宾主就加强中德特别是德国与广东的友好合作关系进行交谈。谢非先后与德国外交部、研究技术部、经济合作部等国务秘书以及巴伐利亚州州长、不来梅州州长和议长，法兰克福市、柏林市、不来梅市市长会谈；与德国工商界、金融界人士、企业家、公司负责人座谈。向他们介绍广东的经济发展情况、投资环境和可合作的一批具体项目，并进行洽谈。在丹麦期间，谢非与丹麦农业渔业大臣和外交大臣会谈，参观丹麦多家企业。

1995年2月19日至3月3日，省委副书记张帼英率省科技代表团一行7人应邀访问澳大利亚和新西兰。代表团会见了两国政府官员，参观各种类型的科研所和多家企业，并对计算机应用、农牧业等方面进行考察。代表团介绍广东经济发展情况和投资环境。

1998年9月，省委副书记、深圳市委书记张高丽率团访问南非、意大利、埃及。9月，省委副书记、广州市委书记黄华华率广州市汽车工业、电子信息产业代表团出访美国、日本，考察了日本本田公司。

1999年7月1—14日，省委副书记、深圳市委书记张高丽率考察团对秘鲁、古巴和牙买加进行考察访问。秘鲁第一副总统里卡多·马克斯·弗洛雷斯等会见考察团；古共中央第二书记、国务委员会兼部长会议第一副主席劳尔·卡斯特罗等会见考察团；牙买加总督库克爵士和副总理兼外交、外贸部部长会见考察团。考察团参观三国工业园区、港口、市政建设等。

2000年7月，省委副书记、深圳市委书记张高丽率代表团访问肯尼亚、津巴布韦、毛里求斯。8月2—17日，省委副书记、广州市委书记黄华华率市经贸代表团访问澳大利亚悉尼、新西兰奥克兰市。

二、省人大常委会领导出访

1987年3月28日，省人大常委会主任罗天率代表团前往葡萄牙里斯本市，主持在该市举办的“中国广东轻工业产品展销会”开幕仪式，并访问法国。

1992年12月20—27日，省人大常委会主任林若应邀率广东省人大代表团赴日本兵库县访问。兵库县议长尾崎光雄、兵库县知事贝原俊民会见林若一行。代表团乘船考察兵库县明石海峡大桥工地等。

1993年12月20—26日，应淡浮院永远名誉院长谢慧如和院长郭丰源邀请，以省人大常委会副主任凌伯棠为团长的省人大代表团一行8人赴泰国参加淡浮院庆典活动。淡浮院由泰籍华人郭丰源亲自设计筹划兴建并获得各界人士热心支持，是融中泰建筑风格的宏伟建筑。泰国国王亲临淡浮院落成揭幕和呈献庆典。揭幕后，泰王接见中国文化部代表团团长高占祥和广东省代表团团长凌伯棠，并接受文化部代表团和广东省代表团赠送的礼品。

1994年12月10—17日，省人大常委会副主任于飞率省友好代表团一行6人访问日本，拜会参议院、外务省官员，参观了丰田汽车公司。

1996年9月16—26日，省人大常委会副主任张汉青率省人大代表团一行5人应邀赴日本参观访问。代表团拜访兵库、大阪县（府）议长。代表团还访问奈良、京都、东京等市。

三、省政府领导出访

1980年10月20日至11月6日，以广东省省长习仲勋为团长的中国省长代表团，代表广东、甘肃等7个省对美国进行友好访问。10月25日，副省长刘田夫率省政府代表团访问澳大利亚。刘田夫与新南威尔士州政府总理维尔·兰恩代表双方签署了缔结友好省州协议书。回程途中，顺道访问香港和澳门。

1983年3月13日，省长刘田夫率省友好代表团访问日本，成员有副省长曾定石等。23日，刘田夫和兵库县知事坂井时忠代表双方签订缔结友好省县关系协议书。刘田夫一行先后参观考察神户、大阪、东京等地。7月22日至8月8日，副省长杨立率广东省友好代表团访问扎伊尔共和国。10月24日，省长梁灵光率广东省友好代表团访问美国，11月1日与马萨诸塞州州长迈克尔·杜卡基斯签署广东与马萨诸塞州缔结为友好省州的协议书。随后参观芝加哥、内布拉加斯州、洛杉矶等地。

1984年3月4—15日，省长梁灵光率广东省友好代表团，应日本兵库县知事坂井时忠邀请前往日本进行友好访问。10月9—21日，副省长李建安率广东省经济代表团访问日本。参加汕头感光材料厂和日本富士胶片公司技术协议的签字仪式，探讨扩大广东与日本经济技术合作项目的可能性。11月15日至12月10日，省长梁灵光率代表团访问英国、法国、阿联酋。梁灵光一行在英国会见首相撒切尔夫人和英国工业贸易国务大臣，参观英国146型飞机生产线、半导体计算机工业公司、通用电力公司；参观法国“标致”汽车公司、格纳利纳核电站和阿联酋迪拜博览会、深水码头设施、铝厂等。

1985年7月8—27日，省长梁灵光率广东省友好代表团，访问日本兵库县和东京等地，参加“地方时代”国际会议。此后顺访美国夏威夷，签署广东省与夏威夷建立友好省州关系的协议书。

1986年5月5—18日，副省长杨德元率省友好代表团（含广东艺术团、美术家小组）赴澳大利亚参观访问。

1987年2月29日，副省长凌伯棠率代表团对所罗门瓜达尔卡纳尔省和澳大利亚新南威尔士州进行友好访问，与当地政府官员座谈，会见当地华人社团负责人，参观工业、农业项目。5月18—27日，副省长杨德元率省友好代表团访问联邦德国，主持在联邦德国汉堡市举办的“广东省出口商品展销会”开幕酒会，并宣布“西欧中国贸易中心广东部”正式成立。

1988年10月12日，副省长张高丽率广东代表团访问所罗门群岛。

1989年6月22日至7月2日，副省长于飞率省经济贸易代表团访问巴西、智利两国，并主持在巴西圣保罗皮埃诺尔举办的“中国广东博览会”开幕式。于飞等拜会巴西议长、计划部部长，会见华侨社团等有关人士。

1992年5月上旬，省长朱森林率省政府代表团一行8人应邀访问美国、墨西哥。代表团会见美国马州州长、加州州务卿、洛杉矶市市长。拜会墨西哥墨西卡利和墨西哥城政界、企业界、金融界知名人士，参观工业、交通、贸易、科技、教育等一批项目。回程经香港时，朱森林拜会香港总督卫奕信，双方就延长口岸通关时间、深圳河治理、边境治安管理等问题交换了意见。6月，省长朱森林率领广东省经贸代表团访问德国，拜会不来梅州州长和不来梅商会。9月下旬，副省长卢钟鹤率省友好代表团访问荷兰乌德勒支省，与该省省长布洛克兰德进行座谈，并签订了两省友好合作意向书。10月，副省长卢钟鹤率代表团一行10人前往荷兰、泰国访问。回程时，卢钟鹤以“港澳工作协调领导小组”组长的名义首次访港。

1993年2月，副省长张高丽应邀率省政府代表团访问美国、加拿大，商讨经贸合作事宜。6月，省长朱森林率团访问德国、奥地利、西班牙3国，促进了广东省与3国有关地方政府和工商企业界经贸交流与合作。10月，副省长卢瑞华率经贸代表团访问德国、意大利、毛里求斯，与德国AGFA公司、奔驰汽车公司、意大利菲亚特公司、比阿乔公司初步商定一系列经贸合作意向，并对广东省在欧洲、非洲的海外企业发展问题作了部署。

1994年6月，副省长张高丽率广东电力代表团访问瑞士、德国和荷兰。重点对瑞士ABB拟对粤提供设备的先进程度、合作条件和融资能力等进行考察，与公司的高层领导人进行洽谈。代表团还参观了3国的大公司、大企业。7月30日至8月17日，省长朱森林率省政府代表团暨经贸代表团应邀访问瑞典王国和挪威王国。代表团拜会瑞典代理首相、司法大臣和外交部官员，拜会挪威外交、渔业、工业和能源大臣、副大臣，参观瑞典高新技术开发区伊甸园及部分企业等。在挪威考察石油工业和渔业等。

1995年4月4—18日，省长朱森林率省政府代表团一行6人和省经贸代表团一行16人，应邀赴马来西亚和印度尼西亚访问。朱森林一行在马来西亚拜会贸易与工业部部长、交通部部长，访问马六甲和槟城等地，会见工商界代表，参观大型企业。在印尼，朱森林一行访问西加里曼丹省，同省长举行会晤，双方签订友好合作备忘录。代表团在雅加达和廖省考察三林集团和金光集团。12月，副省长钟启权率省政府代表团赴澳大利亚访问，出席广东省一新南威尔士州联合经济委员会第十三次会议，并访问新西兰、马来西亚。

1996年9月19日至10月18日，副省长杨立率代表团赴扎伊尔共和国赤道州接受赤道州赠送广东省200公顷土地，了解和考察该土地的开发条件，研究开发的可行性和实施方案。

1997年1月24日至2月1日，副省长、省核电应急委员会主任张高丽率省核电应急委员会专家代表团访问俄罗斯。代表团参观列宁格勒核电站、圣彼得堡俄原子能部“铀研究所”的事故技术中心、俄国家核能源康采因集团、俄罗斯灾难防护医疗中心，与核电站、列宁格勒州、俄罗斯原子能部负责人分别座谈，探讨核电站安全运输及紧急情况的管理等方面合作的可能性。8月1—16日，省长卢瑞华应美国马萨诸塞州政府和日本外务省邀请，率省政府代表团赴美国、日本访问。代表团先后参观美国哈佛大学、麻省理工学院、波士顿128号公路高新技术开发区、硅谷以及日本的筑波工业技术研究院、神户播磨科学园等研究开发基地，并就广东如何加强与美日在高新技术产业方面的合作等问题与国外专家、学者、企业家、工程技术人员进行探讨。

1998年8月7—20日，省长卢瑞华应邀率省政府代表团一行7人访问俄罗斯和波兰，随同出访的还有19家企业组成的经济代表团。代表团与莫斯科州州长、副州长以及州外经联络部负责人会谈，参观考察莫斯科州属下的波多里斯克市及特洛伊契克科学城、工业品展览会和研究院，访问莫斯科大学。卢瑞华与莫斯科州州长签署“广东省政府与莫斯科州州政府经济贸易合作原则协议”，TCL集团等9家企业与莫斯科州11家企业签订了贸易及加工装配协议或意向书。访问波兰期间，波兰总统办公厅主任、经济部副部长分别会见代表团。华沙省副省长与卢瑞华举行会谈。经济代表团的企业家与波兰一些公司在通信、电脑磁盘、轻纺产品的合作进行对口交谈。10月5—10日，副省长汤炳权率省政府代表团访问美国。代表团参加省政府和洛杉矶市政府在洛杉矶联合举办的“1998年广东经济技术贸易洽谈会”，在花旗银行纽约总部举办的“广东论坛—广东投资政策介绍会”，出席在波士顿举行的金融、工商界交流联谊会。省政府办公厅、省对外经济贸易委员会（简称省外经贸委）、省外办、省计划委员会（简称省计委）、省科委、省经济委员会（简称省经委）、海关总署广东分署等10个部门参与和组织领导上述活动。洽谈会共接洽美国、法国、巴西、新加坡等12个国家的官员和客商3620人次，共签订外商直接投资项目298个，意向、协议和合同外资总金额13．9亿美元。贸易成交8．2亿美元。

1999年6月23日至7月1日，应英国大英博物馆邀请，以副省长李兰芳为团长的广东省文博考察团一行6人考察伦敦、格拉斯哥、爱丁堡3个城市的16个博物馆和文物开放点。

四、省政协领导出访

1992年9月15日至10月3日，省政协副主席杨应彬率省政协友好访问团赴美国访问。

1995年8月26日至9月5日，省政协副主席黄浩率省政协代表团赴加拿大访问，参加“全加台山邑侨第七届恳亲大会”。

1997年4月9—15日，应日本兵库县日中友好协会邀请，省政协主席、省友协名誉会长郭荣昌率广东省对外友好协会代表团访问日本，纪念中日建交25周年，拜会兵库县日中友好协会和兵库县厅负责人，参加“和平石”揭幕仪式，并参观访问了大阪、神户、明石、姬路、京都、东京等地，向大阪和平公园赠送英德市英石。

1998年7月25日至8月1日，省政协主席、省友协名誉会长郭荣昌应邀率省对外友好协会代表团赴加拿大进行友好访问，通过接触不列颠哥伦比亚省（BC省）、安大略省和曼尼托巴省上层政治、经济界人士，增进广东省友协和有关团体的交流与合作，加强广东与BC省的友好省关系。代表团还考察当地的高科技企业。

1999年5月31日至6月11日，省政协副主席、省对外友协名誉会长王宗春率代表团应邀赴奥地利和德国访问。访奥期间，代表团分别拜会了奥中协会、奥地利联邦商会并考察了当地农业发展情况。访德期间，代表团分别拜会了赛德尔基金会和德中友协柏林分会，参观考察了德国宝马汽车公司。9月15—29日，省政协主席郭荣昌应邀率广东省友好代表团访问墨西哥和委内瑞拉。12月15—23日，省政协副主席刘维明率省政协友好访问团一行赴毛里求斯共和国和法国留尼旺省进行友好访问，拜会当地华人社团、侨领，加强与华侨华人的联系。

2000年2月18日至3月6日，省政协副主席李金培率领广东省政协访问团赴澳大利亚、新西兰进行考察访问，考察两国的农林、畜牧业，以及当地华文教育情况。

6月3—20日，省政协主席郭荣昌率广东省友好代表团赴德国、英国进行友好访问。8月，省政协副主席王宗春随全国友协非洲考察团赴毛里求斯、马达加斯加进行友好访问，参观工业、港口免税区，考察旅游设施，探讨在纺织、商业、建筑等方面的投资，水产养殖、板材加工、家禽饲养等方面的合作及国内技术设备出口的可能性。12月，省政协副主席康乐书率访问团赴德国、荷兰进行友好访问，拜会德、荷两国华侨华人社团，考察两国科技发展。12月，省政协副主席刘维明与广东物资集团公司负责人赴莫斯科检查中国广东莫斯科经贸代表处工作开展情况。

第二节　高层外宾来访

1979—2000年，计有153个国家和地区的高层官员来粤访问，其中有68个国家的国家元首率代表团92批，4288人次访问广东；有41个国家的政府总理率政府代表团71批、2758人次访粤。还有国家副元首24批、690人次，国家副总理36批、561人次，国家部长、副部长171批、1553人次访粤。这些贵宾除率领政府官员外，随访的还有庞大的经贸、金融、企业、科技、文化界代表，他们访问广东，明确提出要与广东进行实质性多领域、多项目的交流与合作，为确立广东外向型经济发展拓宽了道路。

一、政府官员来访

（一）国家元首、政府首脑来访

1979年5月8—9日，马来西亚总理侯赛因·奥恩一行68人访粤，省革委会主任习仲勋、副主任刘田夫，广州市革委会副主任梁湘、刘桂兰等前往迎送，习仲勋设宴欢迎奥恩总理一行。外宾观看芭蕾舞演出，参观广交会。7月18—19日，缅甸总理吴貌貌卡一行18人访粤，省革委会副主任梁威林、广州市革委会副主任钟明等前往迎送并设宴招待。8月19—20日，斯里兰卡总理拉纳辛哈·普雷马达萨一行17人访粤，省革委会主任习仲勋、副主任刘田夫，广州市革委会副主任梁湘，省外办主任马甫等前往迎送并设宴招待。9月20—21日，丹麦女王玛格丽特二世一行93人访粤，省革委会主任习仲勋夫妇、副主任梁威林，广州市革委会主任杨尚昆、副主任梁湘等前往迎送并举行宴会招待女王一行。宴会后观看中、丹艺术家分别演出的杂技、芭蕾舞。外宾参观南海县大沥人民公社。10月3—5日，卢森堡大公让殿下一行50人访粤，省革委会副主任刘田夫、梁威林等前往迎送并宴请大公一行。外宾参观广州市郊人和公社，大公向公社赠送一台上海丰收牌35型拖拉机。

1980年3月23—24日，扎伊尔总统蒙博托一行101人访粤，省长习仲勋、副省长梁威林，广州市副市长梁湘等前往迎送并举行宴会招待蒙博托总统一行。6月17—18日，巴巴多斯总理亚当斯率政府代表团一行10人访粤，省长习仲勋、副省长梁威林前往迎送并宴请代表团。外宾参观南海县大沥人民公社等。6月23日，西萨摩亚总理埃菲一行6人访粤，副省长梁威林、广州市副市长欧初等前往迎送。9月17—18日，意大利总统亚历山德罗·佩尔蒂尼一行130余人访粤，副省长刘田夫、黄静波等到机场迎送。9月11日，新西兰总理罗伯特·马尔登一行经广州前往北京访问。17日从厦门抵粤访问，副省长梁威林等前往机场迎送。11月23—24日，新加坡总理李光耀一行44人访粤，副省长梁威林等前往机场迎送。

1981年6月4—5日，比利时国王博杜安一世和王后法毕奥拉一行58人访粤，副省长李建安夫妇、省人大常委会副主任区梦觉等前往机场迎送并宴请博杜安国王一行。外宾参观广州博物馆。10月19日，丹麦王国首相安高·约恩森一行20人抵穗，副省长王全国前往迎接并共进午餐。外宾游览广州市容。

1982年5月5日，卢森堡首相埃尔·维尔纳一行8人访粤，副省长梁威林、省外办主任杨可忠前往迎送并共进午餐。外宾参观广交会等。5月8—9日，利比里亚共和国国家元首、武装部队总司令、救民委员会主席多伊一行48人访粤，省长刘田夫、副省长梁威林前往机场迎送，刘田夫主持宴会招待元首一行。外宾参观南海县大沥人民公社。6月13—14日，扎伊尔总统蒙博托一行120人访粤，省长刘田夫宴请总统一行。外宾参观华南植物园。9月26日，英国首相玛格丽特·撒切尔夫人一行28人访粤，省长刘田夫、副省长梁威林、广州市市长梁灵光前往机场迎送。首相等出席广东省邮电管理局、南海石油联合服务总公司和英国伦敦大东电报局公共有限公司共同签署关于"向南海油田提供电讯服务意向书"签字仪式。10月11—12日，秘鲁共和国部长会议主席曼努埃尔·乌略亚·埃利亚斯一行8人访粤，省长刘田夫、副省长曾定石，广州市市长梁灵光前往迎送并设宴招待。外宾参观中国出口商品陈列馆。10月17日，联邦德国总统卡斯滕斯一行117人访粤，副省长梁威林等前往机场迎送。外宾参观广交会。11月26日，民主柬埔寨总理宋双一行7人访粤，副省长梁威林等前往机场迎送并设午宴招待。

1983年3月15—16日，刚果劳动党主席、共和国总统、部长会议主席德尼·萨苏·恩格索一行66人访粤，副省长梁威林、杨立前往迎送并设宴款待总统一行。外宾参观广州南方玉雕厂。5月27—29日，毛里求斯总理阿内罗德·贾格纳特率政府代表团一行11人访粤，副省长杨立等前往迎送，省长梁灵光会见并宴请代表团，参加会见和宴请的还有副省长叶选平、省人大常委会副主任钟明等。外宾参观广州郊区人和公社拦河坝水电站。7月17—18日，瓦努阿图共和国总理兼司法和外交部部长沃尔特·哈迪·利尼一行4人访粤，省长梁灵光前往迎送，梁灵光以省政府名义举行欢迎宴会。外宾参观广州郊区罗岗人民公社水果加工厂。

1984年6月13—14日，扎伊尔总统蒙博托一行126人访粤，省长刘田夫、副省长梁威林，广州市市长梁灵光前往迎送，刘田夫设宴招待蒙博托总统一行。6月30日至7月1日，塞浦路斯共和国总统斯皮罗斯·基普里亚努一行15人访粤，省长梁灵光、副省长杨立前往机场迎送，梁灵光主持宴会欢迎总统一行。外宾参观顺德县陈村电风扇厂及农户。8月16—18日，赤道几内亚共和国总统特奥多罗·奥比昂·恩圭马·姆巴索戈上校一行36人访粤，省长梁灵光、副省长杨立等前往迎送，梁灵光主持宴会欢迎总统一行。外宾参观广州海洋渔业水产加工厂。9月21—24日，坦桑尼亚联合共和国总理萨利姆一行20人访粤，省长梁灵光、副省长黄清渠前往机场迎送，梁灵光、深圳市市长梁湘分别主持宴会欢迎总理一行。外宾参观深圳蛇口工业区。11月3—7日，缅甸联邦社会主义共和国总统吴山友和夫人一行访粤。11月22—24日，挪威王国首相科勒·维洛克一行21人访粤，副省长杨立等前往迎送，副省长兼深圳市市长梁湘举行宴会欢迎维洛克首相一行。外宾参观蛇口工业区。

1985年3月9—22日，民主柬埔寨主席西哈努克亲王偕夫人一行18人访粤，省长梁灵光、副省长杨立、广州市市长叶选平前往机场迎送。梁灵光主持省政府欢迎宴会。外宾参观广州电冰箱厂、蛇口工业区。5月14—17日，民主柬埔寨总理宋双及乔森潘一行6人访粤，副省长杨立等前往迎送，省长梁灵光、深圳市市长梁湘分别会见并宴请宋双一行。外宾参观深圳赤湾港。5月24日，斐济总理马拉一行12人访粤，副省长李建安等前往机场迎送并宴请马拉总理一行。外宾参观白云农工商联合公司等。5月26—27日，葡萄牙共和国总统安东尼奥·多斯桑托斯·拉马略·埃亚内斯一行66人访粤，副省长杨立前往迎送，杨立举行宴会欢迎埃亚内斯总统一行。外宾参观珠海幸福注射器制造厂。7月4—5日，土耳其共和国总理图尔古特·厄扎尔一行160人访粤，省长梁灵光、副省长杨立前往机场迎接，副省长兼深圳市市长梁湘举行宴会欢迎厄扎尔总理一行。外宾参观蛇口工业区。7月8—10日，孟加拉人民共和国总统侯赛因·穆罕默德·艾尔沙德将军一行54人访粤，副省长李建安前往迎送，李建安、深圳市市长梁湘分别主持宴会欢迎总统一行。外宾参观深圳华发电子公司。7月17—19日，特立尼达和多巴哥总理乔治·麦克尔·钱伯斯一行25人访粤，副省长杨德元前往迎送，杨德元和深圳市市长梁湘分别宴请钱伯斯总理一行。外宾参观深圳华发电子公司。9月5—7日，莱索托王国国王康斯坦丁·贝伦·塞伊索·莫舒舒二世一行18人访粤，省人大常委会副主任罗克明、副省长杨立前往迎送，省长叶选平举行宴会欢迎莫舒舒国王一行。外宾参观广州中医学院、天主教石室圣心堂。9月8—9日，美国前总统尼克松一行访粤，副省长杨立等前往机场迎送，省长叶选平设宴招待尼克松一行。尼克松一行游览广州沙面大街。9月24—25日，新加坡共和国总理李光耀一行40人访粤，副省长杨德元前往迎送，杨德元、深圳市市长李灏分别宴请李光耀总理一行。外宾参观深圳经济特区。11月26—28日，马来西亚总理马哈蒂尔一行220人访粤，副省长杨德元等前往迎送并宴请马哈蒂尔一行。外宾分别与广州市、深圳市工商界人士座谈。

1986年1月15—30日，民主柬埔寨主席西哈努克亲王偕夫人一行19人访粤，省长叶选平、副省长杨立，广州市代市长朱森林前往迎送，叶选平主持省政府欢迎和欢送宴会，深圳、珠海、中山各市政府分别举行宴会欢迎西哈努克亲王一行。外宾参观深圳蛇口工业区、孙中山故居。2月27日至3月1日，塞拉利昂总统约瑟夫·赛义杜·莫莫一行20人访粤，副省长凌伯棠等前往迎送，省长叶选平宴请塞拉利昂总统一行。外宾参观广州石井区畜牧场。3月22—23日，新西兰总理戴维·郎伊一行25人访粤，副省长杨德元、广州市市长朱森林等前往迎送并宴请郎伊一行。外宾参观广州电饭煲厂。4月5—8日，南斯拉夫社会主义联邦共和国主席团主席拉多万·弗拉伊科维奇一行21人访粤，省委书记林若、副省长杨立前往机场迎送，林若设宴欢迎南斯拉夫贵宾。外宾参观深圳蛇口工业区。4月13—15日，沙特阿拉伯王国苏尔坦亲王率代表团一行19人访粤，副省长杨立前往迎送并宴请代表团。外宾参观广交会、深圳蛇口工业区。4月16—18日，缅甸联邦社会主义共和国总理吴貌貌卡一行31人访粤，广州市市长朱森林等前往迎送，省长叶选平、深圳市市长李灏分别宴请缅甸总理一行。外宾参观广交会、深圳华发电子公司等。5月24—25日，澳大利亚总理罗伯特·霍克一行61人访粤，省长叶选平、副省长杨德元前往机场迎送，叶选平宴请霍克总理一行。6月17—19日，秘鲁共和国部长会议主席路易斯·阿尔瓦·卡斯特罗一行12人访粤，副省长黄清渠等前往迎送，外宾参观深圳蛇口工业区。9月17—18日，芬兰总理索尔萨一行59人访粤，副省长杨立等前往迎送，副省长兼深圳市市长李灏宴请索尔萨一行。外宾参观深圳蛇口工业区。10月18日，大不列颠及北爱尔兰联合王国女王伊丽莎白二世偕丈夫爱丁堡公爵菲利普亲王一行200人访粤，省长叶选平、副省长杨立、广州市市长朱森林前往迎送，叶选平举行欢迎宴会。女王一行参观广州少年宫并观看航模表演。当晚，叶选平等出席女王在皇家游艇举行告别招待会。10月21—22日，冰岛总理斯坦格里米尔·赫尔曼松一行7人访问深圳，副省长、深圳市市长李灏举行宴会欢迎冰岛总理一行。外宾参观赤湾港。12月9—10日，墨西哥总统米格尔·德拉马德里·乌尔塔多一行15人访粤，省长叶选平、副省长杨立前往迎送，叶选平宴请墨西哥总统一行。外宾参观顺德县陈村区。12月15—18日，贝宁人民共和国总统马蒂厄·克雷库一行52人访粤，副省长长杨立前往迎送，省长叶选平、副省长李灏分别在广州、深圳宴请贝宁总统一行。外宾参观深圳蛇口工业区等。12月16—20日，瓦努阿图总统索科马努一行6人访粤，副省长杨立会见并宴请索科马努总统一行。外宾到深圳、珠海、佛山、肇庆参观访问。

1987年1月5日，叙利亚副总统哈达姆及夫人一行访问珠海。2月19—22日，加蓬共和国总统哈吉·奥马尔·邦戈一行69人访粤，副省长杨立前往机场迎送，省长叶选平、深圳市市长李灏分别在广州、深圳主持宴会欢迎邦戈总统一行。外宾参观深圳蛇口工业区。3月15—19日，民主也门共和国总理亚辛·赛义德·努曼一行46人访问湛江、广州，副省长杨立专程前往湛江迎接，省长叶选平在广州宴请也门总理一行。外宾参观湛江港务局、南海西部石油公司。3月29—31日，喀麦隆共和国总统保罗·比亚一行51人访粤，副省长杨立前往机场迎送，杨立主持宴会欢迎比亚总统一行。外宾参观南海县盐步镇农户。4月16—17日，前来中国正式签署中葡两国政府关于澳门问题联合声明的葡萄牙总理卡瓦科·席尔瓦一行60人访粤，省长叶选平、副省长杨立等前往迎接，叶选平举行宴会欢迎葡萄牙总理一行。外宾参观广交会。4月27—29日，捷克斯洛伐克社会主义共和国政府总理什特劳加尔一行37人访粤，副省长杨立前往迎送，副省长兼深圳市市长李灏举行欢迎宴会。外宾参观广交会、赤湾港。11月5—6日，莫桑比克人民共和国总理马里奥·费尔南德斯·达格拉萨·马顺戈一行13人访粤，副省长于飞前往迎送，于飞设宴欢迎马顺戈总理一行。外宾参观深圳华发电子公司。11月7—8日，马来西亚最高元首苏丹·伊斯坎达尔一行33人，来中山市参加第二届中国高尔夫球男子业余选手公开锦标赛。副省长黄清渠前往中山温泉迎接并转达国家主席李先念对最高元首来访表示热烈欢迎和亲切问候，黄清渠代表省长叶选平宴请元首陛下一行。外宾参观孙中山故居、沙溪高级时装厂。

1988年1月22—24日，挪威王国首相格罗·哈莱姆·布伦特兰偕丈夫一行22人访粤，副省长杨立前往机场迎接并陪同在广州的活动。省长叶选平举行宴会欢迎布伦特兰首相一行。外宾出席广州—NPC海洋工程设计公司新办公楼剪彩仪式。2月15—16日，澳大利亚联邦总督尼尼安·斯蒂芬一行21人访粤，副省长刘维明等前往机场迎送，省长叶选平主持宴会欢迎总督一行。外宾参观广州经济技术开发区。2月29日至3月1日，圣马力诺共和国国家元首、执政官吉安·佛朗哥·泰伦齐和罗萨诺·扎费拉尼阁下一行10人访粤，副省长卢钟鹤等前往机场迎送。省长叶选平主持宴会欢迎执行官一行。外宾参观珠江啤酒厂。3月2—4日，赞比亚共和国总统卡翁达一行42人访粤，副省长匡吉等前往机场迎送，省长叶选平为卡翁达举行欢迎宴会。总统一行参观广州新滘水利设施。4月16—18日，卢森堡大公储亨利亲王和夫人一行4人访粤，副省长匡吉设宴招待卢森堡贵宾。亨利亲王代表卢森堡大公国向广州市聋哑学校赠送33对助听器。7月10—11日，几内亚共和国总统兰萨纳·孔戴将军一行46人访粤，副省长匡吉前往机场迎送。省长叶选平为孔戴总统举行欢迎宴会。总统一行参观广州新滘水利设施。9月21—22日，新加坡共和国总理李光耀一行29人访粤，副省长匡吉到机场迎送。省长叶选平和深圳市市长李灏分别设宴招待李光耀总理一行。外宾参观广东画院。9月24—26日，斯里兰卡民主社会主义共和国总理拉纳辛哈·普雷马达萨一行26人访粤，副省长匡吉等前往机场迎送。省长叶选平为普雷马达萨总理举行欢迎宴会。总理一行参观深圳蛇口工业区。10月14—17日，芬兰共和国总统毛诺·科伊维斯托一行73人访粤，副省长匡吉到机场迎送。省长叶选平、深圳市市长李灏分别设宴欢迎科伊维斯托总统一行。贵宾参观南海盐步镇、广交会。10月22—24日，安哥拉人民共和国总统若泽·爱德华多·多斯桑托斯一行100人访粤，副省长匡吉等前往机场迎送。匡吉设宴欢迎多斯桑托斯总统一行。外宾参观广州文冲船厂。11月8—9日，乌拉圭东岸共和国总统桑吉内蒂一行45人访粤，副省长匡吉等前往迎送。匡吉代表省政府举行宴会欢迎桑吉内蒂总统一行。乌总统一行参观珠江啤酒厂。11月17—18日，科摩罗伊斯兰联邦共和国总统艾哈迈德·阿卜杜拉·阿卜杜拉曼一行9人访粤，副省长匡吉前往机场迎送。省长叶选平宴请阿卜杜拉曼总统一行，宴会后观看文艺表演。外宾参观广州万宝电器集团公司。

1989年3月24—25日，乌干达共和国总统约韦旦·卡尤塔·穆塞韦尼一行52人访粤，副省长刘维明等前往机场迎接。刘维明代表省政府设宴欢迎穆塞韦尼总统一行。宴会后，宾主观看文艺表演。总统一行参观广州机床厂。10月9—11日，老挝人民民主共和国部长会议主席、老挝人民革命党中央委员会总书记凯山·丰威汉一行24人访粤，副省长匡吉、广州市市长杨资元等到机场迎接。省长叶选平设宴欢迎凯山主席一行。外宾参观广州罐头厂等。10月28—31日，西萨摩亚独立国总理托菲劳·埃蒂·阿莱萨纳一行5人访粤，省长叶选平举行欢迎宴会，副省长匡吉出席宴会作陪。外宾参观广交会、深圳华强电子厂。11月17—20日，南方委员会主席、坦桑尼亚革命党主席朱利叶斯·克·尼雷尔一行11人访粤，副省长刘维明等前往迎送。省长叶选平宴请尼雷尔主席一行。外宾参观广州广英有限公司等。

1990年4月15—17日，斐济总理卡米塞塞·马拉一行9人访粤，副省长匡吉、深圳市市长李灏前往迎送。李灏和省长叶选平分别在深圳、广州举行宴会，欢迎马拉总理一行。外宾参观广交会。7月23日，赞比亚共和国总理马林姆巴·纳撒尼尔·马谢凯一行21人访粤，副省长匡吉前往迎送。省长叶选平、深圳市市长郑良玉分别会见并宴请马谢凯总理一行。代表团参观白云农工商公司。10月23—24日，新加坡共和国总理李光耀一行38人访粤，省长叶选平、广州市代市长黎子流等到机场迎接。叶选平、深圳市市长郑良玉分别宴请李光耀总理一行。外宾参观赤湾石油基地等。10月26—28日，瓦努阿图共和国总统弗雷德里克·卡罗穆阿纳·蒂马卡塔一行5人访粤，副省长匡吉等前往机场迎送。省长叶选平会见并设宴欢迎蒂马卡塔总统一行。外宾参观广交会。11月18—19日，印度尼西亚共和国总统苏哈托一行94人访粤，副省长匡吉到机场迎接并陪同前往深圳访问，深圳市市长郑良玉设宴欢迎。苏哈托一行从深圳到广州，省长叶选平到车站迎接并同苏哈托就广东和印尼在经济、贸易等方面的合作进行交谈。11月25—27日，朝鲜民主主义人民共和国政务院总理延亨默一行18人访粤，副省长匡吉前往机场迎送。朝鲜贵宾访问深圳经济特区。

1991年3月16—19日，马绍尔群岛共和国总统阿马塔·卡布阿一行7人访粤，副省长匡吉前往机场迎送。省长叶选平、深圳市市长郑良玉分别会见并宴请卡布阿总统一行。外宾参观深圳皇岗村工业区。3月20—22日，贝劳共和国总统恩基拉特凯尔·埃特皮森一行12人访粤，副省长张高丽设宴欢迎埃特皮森总统一行。外宾参观广州经济技术开发区。4月12日，巴布亚新几内亚独立国总理拉比·纳马柳一行19人访粤，副省长匡吉前往迎送，匡吉代表省长叶选平主持宴会欢迎纳马柳总理一行。4月19日，斐济共和国总统佩纳亚·卡纳坦巴图·加尼劳一行6人访粤，副省长张高丽前往机场迎接并共进晚餐。加尼劳总统一行游览广州市容。5月11—14日，冈比亚共和国总统贾瓦拉一行18人访粤，副省长张高丽等前往机场迎送。代省长朱森林、深圳市市长郑良玉分别会见并宴请贾瓦拉总统一行。外宾参观深圳康佳电子有限公司。7月10—12日，苏联哈萨克苏维埃社会主义共和国总统、苏共中央政治局委员、哈萨克苏维埃社会主义共和国党中央第一书记纳扎尔巴耶夫一行25人访粤，副省长匡吉到机场迎送。代省长朱森林会见并宴请纳扎尔巴耶夫总统一行。外宾参观广州生力啤酒有限公司。7月21—23日，毛里求斯总理阿内罗德·贾格纳特一行10人访粤，副省长卢钟鹤前往迎送并共进晚餐。贾格纳特一行参观深圳现代电子有限公司等。9月7—10日，纳米比亚总理哈格·根哥布一行12人访粤，副省长卢钟鹤前往机场迎送。代省长朱森林会见并宴请根哥布一行。代表团参观深圳现代电子公司。9月13—15日，博茨瓦纳共和国总统马西雷一行26人访粤，副省长李兰芳等前往迎送。代省长朱森林会见并宴请马西雷总统一行。外宾参观顺德容声冰箱厂、广东省人民医院。9月14—16日，新加坡共和国总统黄金辉一行32人访粤，副省长卢瑞华前往机场迎接。代省长朱森林会见并宴请黄金辉总统一行。代表团参观珠海亚洲仿真控制系统工程有限公司。9月20—21日，意大利总理朱利奥·安德雷奥蒂一行36人访粤，副省长卢钟鹤前往机场迎送。代省长朱森林宴请安德雷奥蒂总理一行，并一同观看文艺演出。11月17日，秘鲁总统藤森率代表团一行24人访问深圳，深圳市市长郑良玉前往边境口岸迎送。郑良玉以广东省、深圳市政府名义宴请藤森总统一行。代表团参观康佳电子有限公司。12月6—8日，捷克和斯洛伐克联邦共和国政府总理马里安·恰尔法一行90人访粤，副省长张高丽前往机场迎送。代省长朱森林会见并宴请恰尔法总理一行。外宾参观深圳深飞激光光学系统有限公司。12月12—15日，马耳他共和国总统文森特·塔博恩一行11人访粤，副省长张高丽前往机场迎送。代省长朱森林会见并宴请塔博恩总统一行。马耳他贵宾参观广州万宝集团公司。

1992年1月22—24日，白俄罗斯共和国部长会议主席维亚切斯拉夫·克比奇一行13人访粤，副省长卢钟鹤前往迎送。卢钟鹤会见并宴请克比奇一行。外宾参观广州针织厂。3月19—22日，尼泊尔王国首相吉里贾·普拉萨德·柯伊拉腊一行40人访粤，副省长凌伯棠等到机场迎送并设宴款待柯伊拉腊首相一行。外宾参观健力宝有限公司。4月29日至5月2日，老挝人民革命党主席、老挝人民民主共和国国家主席凯山·丰威汉一行12人访粤，副省长卢钟鹤、广州市市长黎子流等前往机场迎送。省长朱森林、深圳市市长郑良玉分别会见并宴请凯山主席一行。外宾参观广交会、深圳博物馆。8月28—30日，基里巴斯共和国总统蒂安纳吉一行7人访粤，副省长卢钟鹤前往迎送并宴请蒂安纳吉总统一行。外宾参观江门无线电三厂、农户和果园。9月20日，密克罗尼西亚联邦总统贝利·奥尔特一行7人访粤，副省长刘维明代表省长朱森林会见并宴请奥尔特总统一行。外宾参观深圳康佳电子厂。

1993年4月13—14日，美国前总统理查德·尼克松一行8人访粤。省长朱森林、深圳市市长厉有为分别在广州、深圳会见并宴请尼克松一行。尼克松一行参观杜邦中国集团有限公司。4月29—30日，菲律宾共和国总统菲德尔·拉莫斯一行222人访粤，副省长李兰芳等前往机场迎送。省长朱森林会见并宴请拉莫斯总统及代表团主要成员和企业界代表。双方经贸部门举行广东—菲律宾经贸洽谈会。5月11—14日，莫桑比克共和国总理马里奥·费尔南德斯·达格拉萨·马顺戈一行5人访粤，省长朱森林会见并宴请马顺戈总理一行。外宾参观广州针织厂。6月21—25日，圣多美和普林西比民主共和国总统米格尔·多斯安若斯·特罗瓦达一行14人访粤，常务副省长卢瑞华前往机场迎送。卢瑞华、中山市市长汤炳权、珠海市市长梁广大分别会见并宴请特罗瓦达总统一行。外宾参观珠海市农科所。11月19—20日，德意志联邦共和国总理赫尔穆特·科尔一行180人访粤，副省长卢瑞华、广州市市长黎子流前往迎送。省委书记谢非会见并宴请科尔总理一行，全国政协副主席霍英东等参加会见和宴请。外宾察看广州地铁一号线黄沙隧道施工工地，听取广州市领导黎子流和地铁公司负责人的情况介绍。11月23日，新加坡共和国资政李光耀一行9人，由全国政协副主席、香港中华总商会会长霍英东陪同从香港乘船赴珠海访问。副省长卢瑞华、珠海市市长梁广大等前往九洲港码头迎接并陪同参观活动。省委书记谢非前往珠海宴请李光耀一行。外宾参观珠海亚洲仿真系统工程公司等。11月29日至12月1日，乌拉圭东岸共和国总统路易斯·阿尔韦托·拉卡列一行102人访粤，副省长卢钟鹤前往迎送。卢钟鹤设宴款待拉卡列总统一行。外宾参观南海平洲电子厂。12月26—27日，圭亚那合作共和国总统契迪·贾根一行9人访粤，副省长卢瑞华前往机场迎送。省长朱森林会见并宴请贾根总统一行。外宾参观白云山制药厂等。

1994年1月20—21日，以第一首相诺罗敦·拉那烈亲王殿下和第二首相洪森为团长的柬埔寨王国政府代表团一行41人访粤，副省长欧广源前往迎送，省长朱森林会见并宴请代表团。外宾参观广州针织厂。3月11—14日，罗马尼亚总统扬·伊利埃斯库一行96人访粤，副省长卢瑞华会见并宴请伊利埃斯库总统一行，省政府副秘书长、省外办主任巢振威陪同罗总统访问深圳、珠海、广州。4月15—16日，葡萄牙总理阿尼巴尔·卡瓦科·席尔瓦一行130人访粤，常务副省长卢瑞华前往迎送，卢瑞华设宴款待席尔瓦总理一行。访问团游览珠江和珠海市容。5月2—3日，加拿大总督雷蒙·约翰·纳蒂辛一行60人访粤，副省长钟启权等前往机场迎送，省长朱森林会见并宴请纳蒂辛总督一行。总督在钟启权等陪同下参加在中山大学召开的“加拿大华人与珠江三角洲发展”学术研讨会开幕式，与钟启权共同主持广州市电信局长途枢纽大楼“广东省分组交换系统”开通仪式。5月19—20日，苏里南共和国总统鲁纳多·罗纳德·费内希恩一行34人访粤，副省长卢钟鹤、欧广源等前往迎送、宴请费内希恩总统一行，外宾游览广州市容。5月21—25日，刚果共和国总统帕斯卡尔·利苏巴一行44人访粤，常务副省长卢瑞华前往迎送。省长朱森林、东莞市市长叶耀、深圳市委书记兼市长厉有为分别会见并宴请利苏巴总统一行。外宾参观东莞乌沙管理区。6月16—18日，爱沙尼亚共和国总统伦纳特·梅里一行43人访粤，副省长钟启权前往迎送。钟启权和深圳市委书记兼市长厉有为分别宴请梅里总统一行。外宾与省外经贸委、企业界座谈，参观深圳经济特区。6月29日至7月1日，毛里求斯共和国总统卡萨姆·乌蒂姆一行6人访粤，副省长钟启权前往迎送。省长朱森林会见并宴请乌蒂姆总统一行。外宾参观佛山祖庙。7月8—10日，吉布提共和国总统哈桑·古莱德·阿普蒂敦一行17人访粤，副省长钟启权前往迎送。省长朱森林会见并宴请古莱德总统一行。外宾参观珠海格力电器股份有限公司等。9月

17日，匈牙利共和国总统根茨·阿尔帕德一行75人访粤，副省长钟启权等前往机场迎送，省长朱森林会见并宴请根茨总统一行。外宾参观广州百货大厦。10月24—26日，扎伊尔共和国总统蒙博托·塞塞·塞科一行70人访粤，副省长钟启权前往迎送。省长朱森林会见并宴请蒙博托总统一行。总统一行参观广交会。

1995年3月31日至4月1日，西班牙国王胡安·卡洛斯一世陛下一行97人访粤，副省长李兰芳前往机场迎送，省长朱森林会见并宴请卡洛斯国王一行。访问团参观中山纪念堂。12月5—8日，古巴共产党中央第一书记、国务委员会主席兼部长会议主席菲德尔·卡斯特罗·鲁斯一行117人访粤，中共中央总书记、国家主席江泽民专程前来深圳再次会晤宴请并陪同卡斯特罗参观深圳康佳电子有限公司。中共中央政治局委员、省委书记谢非拜会并宴请卡斯特罗一行。12月12—14日，立陶宛共和国总理阿·施莱日亚维丘斯一行40人访粤，副省长钟启权前往迎送，省长朱森林会见并宴请施莱日亚维丘斯总理一行。外宾参观珠海通讯技术开发有限公司。

1996年3月28—29日，泰王国总理班汉·西巴阿差一行120人访问汕头市，省长卢瑞华专程赴汕头欢迎并宴请班汉总理一行，汕头市委书记许德立等出席作陪。外宾参观汕头大学。5月3—4日，亚美尼亚共和国总统列翁·特尔-彼得罗相一行30人访粤，副省长钟启权等前往机场迎送，省长卢瑞华会见并宴请列翁总统一行。外宾参观广州万宝电器集团公司。9月26—29日，基里巴斯共和国总统塞布罗罗·斯托一行7人访粤，省长卢瑞华会见并宴请斯托总统一行。外宾参观鹤山、新会两市乡镇企业等。11月2日，柬埔寨王国政府第一首相拉那烈亲王率领政府高级官员等100人组成的首航团抵广州，参加柬埔寨皇家航空公司金边—广州航线开通仪式。省长卢瑞华会见拉那烈亲王及主要随行人员并出席柬方招待会。

1997年4月5—8日，厄立特里亚总统伊萨亚斯·阿费沃基一行12人访粤，副省长钟启权前往迎送。省长卢瑞华会见并宴请阿费沃基总统一行。外宾与省外经贸委、省招商局及有关企业代表座谈，参观东莞中外合资企业。4月18—19日，毛里求斯共和国总理纳文·拉姆古兰一行41人访粤，副省长李兰芳等前往迎送，省长卢瑞华会见并宴请纳文总理一行。外宾参观广交会。5月8—10日，科特迪瓦共和国总统亨利·科南·贝迪埃一行48人访粤，省长卢瑞华、深圳市委书记厉有为分别会见并宴请贝迪埃总统一行。外宾参观深圳康佳集团公司等。6月26—27日，俄罗斯联邦政府总理维克多·斯捷潘诺维奇·切尔诺梅尔金一行150人访问深圳，深圳市委书记厉有为、市长李子彬拜会总理一行，省长卢瑞华专程前往深圳会见并宴请俄总理一行。外宾参观深圳合资企业等。9月11—12日，罗马尼亚总统埃米尔·康斯坦丁内斯库一行130人访问珠海，副省长卢钟鹤前往珠海会见并以省政府、珠海市政府名义宴请总统一行。总统一行与珠海市有关企业家座谈，参观农科所。9月29日至10月1日，巴哈马国总理休伯特·英格拉哈姆一行16人访粤，副省长卢钟鹤前往迎送，省长卢瑞华会见并宴请总理一行。外宾参观顺德乡镇企业。10月24—25日，佛得角共和国总理卡洛斯·瓦农·维加一行21人访问珠海市，副省长卢钟鹤会见并宴请维加总理一行。外宾参观珠海佳能公司。

1998年2月13—14日，巴基斯坦伊斯兰共和国总理穆罕默德·纳瓦兹·谢里夫一行100人访问珠海，珠海市市长黄龙云前往机场迎送，副省长王岐山在珠海会见并宴请谢里夫一行。外宾参观珠海格力电器公司。

1999年5月2—3日，泰王国总理川·立派一行60人访粤，副省长游宁丰前往机场迎送，省长卢瑞华会见并宴请川·立派总理一行。外宾参观广州地铁。10月16—18日，马里共和国总理易卜拉欣·布巴卡尔·凯塔一行21人访粤，副省长许德立前往机场迎送，省长卢瑞华会见并宴请凯塔总理一行。外宾参观广交会。

2000年6月15—17日，博茨瓦纳共和国总统费斯图斯·莫哈埃一行36人访粤，副省长游宁丰等前往机场迎送，省长卢瑞华会见并宴请莫哈埃总统一行。外宾参观广州经济技术开发区，随行企业家与广东企业家座谈。

（二）副总统、副总理及部省级官员来访

1979年2月18日，印度外交部部长瓦杰帕伊一行37人访粤，省革委会副主任黄静波等前往机场迎送。4月15—16日，新加坡副总理吴庆瑞一行9人访粤，省革委会副主任梁威林等前往迎送，省革委会副主任刘田夫会见并宴请吴庆瑞一行。外宾参加广交会开幕式，观看芭蕾舞演出。8月30日至9月1日，美国副总统兼参议院议长沃尔特·弗雷德里克·蒙代尔一行80余人访粤，省革委会主任习仲勋、广州市革委会主任杨尚昆等前往迎送并宴请蒙代尔一行。外宾参观广州农讲所旧址、花县花山公社。蒙代尔、杨尚昆出席美国驻广州总领事馆开馆仪式。9月28日，以日本福冈市市长进藤一马为团长的日本福冈市友好代表团应广州市革委会的邀请，对广州进行友好访问。12月10—11日，苏丹第一副总统兼国防部部长阿卜杜勒·马吉德·哈·哈利勒上将一行38人访粤，省革委会副主任杨尚昆、梁威林等前往迎送并宴请哈利勒副总统一行。外宾参观南海县大沥公社。12月28—31日，以科伦坡市市长库雷为团长的斯里兰卡市市长代表团一行10人访粤，省革委会副主任、广州市革委会主任杨尚昆会见并宴请代表团。外宾参观从化县小水电站、罗岗公社。

1980年3月13—14日，澳大利亚塔斯马尼亚州总理洛一行6人访粤，副省长曾定石等前往迎送，省长习仲勋会见并宴请洛一行。外宾游览参观兰圃等。4月14—15日，坦桑尼亚副总统琼布一行21人访粤，副省长刘田夫、梁威林等前往迎送并宴请琼布一行。外宾参观南海县大沥公社、广交会。5月21—22日，英国前首相卡拉汉一行14人访粤，副省长梁威林等前往迎送并宴请卡拉汉一行。外宾参观华南植物园等。10月25—27日，斐济副总理兼农村发展部部长佩纳亚·加尼劳一行6人访粤，副省长梁威林前往迎送并宴请加尼劳一行。外宾参观广交会、南海县大沥公社。10月28—30日，特立尼达和多巴哥卫生兼地方政府部部长穆罕默德率代表团一行8人访粤，副省长杨康华前往迎送，外宾参观花县花山公社社办工厂。

1981年1月31日至2月2日，比利时副首相兼交通大臣斯皮塔尔斯一行19人访粤，副省长李建安等前往迎送。外宾参观广州造船厂。4月7—12日，澳大利亚新南威尔士州政府总理维尔·兰恩率领友好代表团抵广东访问。省长习仲勋与维尔·兰恩就发展两省州的友好关系举行会谈，并签订有关协议。4月25—27日，扎伊尔总统特别代表、巡回大使尼瓦·蒙博托一行9人访粤，副省长叶选平会见并宴请客人。外宾参观广交会。9月5—6日，丹麦前首相、联合国难民事务高级专员保尔·哈特林一行4人访粤，副省长叶选平等前往迎送并宴请哈特林一行。外宾听取广东省安置难民情况介绍。12月13—16日，苏丹第一副总统、苏丹

社会主义联盟总书记、国防部部长兼人民武装部队总司令阿卜杜勒·马吉德·哈·哈利勒上将一行36人访粤，副省长李建安、梁威林，广州军区副司令员黄荣海等前往机场迎送并设宴招待苏丹贵宾。外宾参观从化天湖水库，水电站。12月21—23日，土耳其外交部部长伊尔泰尔·蒂尔克曼一行10人访粤，副省长梁威林等前往迎送并宴请客人。外宾参观广州造船厂。12月26—30日，日本兵库县知事坂井时忠率友好访华团一行38人访粤，省长刘田夫，副省长王全国、梁威林会见并宴请访华团。外宾参观华南植物园。

1982年8月3—4日，法兰西共和国外交部部长克洛德·谢松一行12人访粤，副省长杨德元会见外长一行并共进午餐。

1983年3月17—18日，尼日利亚联邦共和国副总统亚历克斯·伊费尼丘库·埃奎梅一行51人访粤，副省长梁威林等前往迎送并宴请埃奎梅一行。外宾参观广州郊区人和公社和水利设施。

1984年2月10—12日，朝鲜政务院副总理兼外交部部长金永南一行8人访粤，副省长杨立、省委常委杨应彬前往机场迎送，副省长李建安主持宴会欢迎金永南一行。外宾参观深圳蛇口工业区。2月26—28日，刚果总统府负责合作事务的部长级代表尤加一行13人访粤，副省长杨立会见并宴请代表团。外宾参观从化县流溪河水电站。6月25—26日，贝宁外交与合作部部长蒂亚米乌·阿吉巴德一行4人访粤，副省长杨立会见并宴请外长一行。外宾游览广州市容。7月8—9日，日本前外相、自民党铃木派代会长宫泽喜一一行20人访粤，副省长杨立前往机场迎送，省长梁灵光会见并宴请宫泽喜一一行。外宾参观深圳华利电子公司等。7月15—17日，阿曼苏丹特别代表苏维尼·本·谢哈卜殿下一行10人访粤，副省长杨立前往机场迎送，省长梁灵光设宴款待贵宾。外宾参观深圳蛇口工业区。7月25—26日，巴基斯坦外交部部长雅各布·汗一行7人访粤，副省长杨立会见并宴请外长一行。外宾参观深圳经济特区合资企业。7月28—29日，泰国外长西提一行8人访粤，副省长杨立会见并宴请西提一行。外宾参观泰资正大康地饲料厂。11月5—7日，加纳临时全国保卫委员会特别顾问科乔·齐卡塔率代表团一行4人访粤，副省长杨立等前往迎送，省长梁灵光宴请代表团。外宾参观深圳蛇口工业区。12月24—26日，苏联部长会议第一副主席伊凡·瓦里西耶维奇·阿尔希波夫率代表团一行22人访粤，副省长杨立等前往机场迎送，省长梁灵光会见并宴请代表团。外宾参观深圳蛇口工业区。

1985年3月12—14日，也门人民共和国外交部部长达利一行5人访粤，副省长杨立会见并宴请达利一行。外宾参观深圳爱华电子厂。4月1—4日，波兰部长会议副主席雅努什·奥博多夫斯基一行11人访粤，副省长杨德元前往迎送，杨德元宴请奥博多夫斯基一行。外宾参观深圳华发电子公司。5月5—7日，尼日利亚外交部部长易卜拉欣·甘巴里一行6人访粤，副省长杨立会见并宴请甘巴里一行。中山大学副校长黄水生代表该校授予甘巴里外长“中山大学国际关系名誉教授”学衔，并向他颁发了证书。5月7—13日，新加坡第一副总理吴庆瑞博士作为中国国务院沿海开发经济顾问率14人专家组访粤，副省长杨立前往迎送，省长梁灵光、广州市市长叶选平、深圳市市长梁湘、珠海市市长梁广大分别会见并宴请专家组。外宾参观广州华南计算机厂、蛇口工业区、珠海爱特电子厂等。6月6—8日，牙买加副总理希勒一行6人访粤，副省长杨立等前往迎送并宴请希勒一行。外宾参观深圳经济特区。6月13—16日，菲律宾总统代表小费迪南德·马科斯省长一行26人访粤，副省长杨立前往迎送并宴请马科斯省长一行。外宾参观深圳蛇口工业区。10月10—13日，澳大利亚新南威尔士州政府总理维尔·兰恩和夫人一行访粤。10月12—14日，土耳其共和国副总理卡亚·埃尔代姆一行9人访粤，副省长杨立等前往迎送。外宾参观蛇口工业区。10月17—18日，美国副总统乔治·布什一行200人访粤，副省长杨立等前往迎送，省长叶选平举行宴会欢迎布什一行。外宾参观广州交易会。10月30—31日，德意志联邦共和国副总理兼外交部部长根舍一行80余人访粤，副省长杨立前往迎送，省长叶选平主持宴会欢迎根舍一行。外宾参观广交会。11月16—18日，美国前国务卿基辛格一行8人访粤，副省长杨立设宴款待。外宾参观太平洋影音公司。12月15—16日，新加坡前第一副总理吴庆瑞一行2人访粤，省外办主任张清平前往迎送，副省长杨立会见并宴请吴庆瑞一行。

1986年1月22—23日，英国外交国务大臣蒂莫西·兰顿一行4人访粤，副省长于飞会见并宴请兰顿一行。6月22日至7月1日，所罗门群岛瓜达尔卡纳尔省省长罗森·贝兰德一行4人访粤，省长叶选平会见、副省长杨立宴请贝兰德一行。外宾与省华侨企业总公司、省林业厅负责人座谈。8月5—6日，尼泊尔外交大臣乌帕德亚亚一行4人访粤，副省长杨立会见并宴请乌帕德亚亚一行。外宾参观南海县花农家庭等。8月25—28日，匈牙利部长会议副主席兼国家计划局局长法路韦纪·拉约什率代表团一行12人访粤，副省长杨立前往迎送，省长叶选平宴请代表团。外宾参观蛇口工业区。9月8—10日，坦桑尼亚联合共和国桑给巴尔首席部长哈马德一行14人访粤，副省长杨立前往迎送并陪餐。外宾参观深圳蛇口工业区。9月10—12日，捷克斯洛伐克第一副总理鲁·罗赫利切克一行22人访粤，副省长杨德元等前往迎送并宴请罗赫利切克一行。外宾参观广州珠江啤酒厂等。9月12—13日，苏联部长会议第一副主席塔雷津一行29人访粤，副省长杨立前往迎送，常务副省长杨德元设宴欢迎塔雷津一行。10月20—23日，保加利亚部长会议第一副主席安德烈·卢卡诺夫一行24人访粤，副省长杨立前往迎送，省长叶选平宴请卢卡诺夫一行。外宾参观广交会。11月23—26日，波兰部长会议副主席兼国家计委主任曼弗莱德·戈雷沃达率访华团一行17人访粤，副省长杨立等前往迎送并宴请访华团。外宾参观广州重型机械厂。

1987年1月8—11日，埃塞俄比亚工人党政治局委员、中央书记处书记菲塞哈·德基塔率政府代表团一行10人访粤，副省长凌伯棠等前往机场迎送，凌伯棠、深圳市市长李灏分别宴请德基塔一行。外宾参观蛇口工业区。1月12—14日，乌干达外交部部长易卜拉欣·穆基比一行4人访粤，副省长王屏山宴请穆基比一行。外宾参观中山市农机二厂。1月15—17日，阿拉伯叙利亚共和国副总统阿卜杜勒·哈利姆·哈达姆一行24人访粤，副省长杨立前往迎送，杨立举行宴会欢迎哈达姆副总统一行。外宾参观珠海啤酒厂。3月5—8日，泰国王储玛哈·哇集拉隆功殿下一行29人访粤，省长叶选平、副省长杨立、广州市市长朱森林等到机场迎接，叶选平举行宴会欢迎泰国王储一行。外宾参观珠江啤酒厂。4月22—24日，阿拉伯联合酋长国外交国务部部长拉希德·阿卜杜拉·努艾米一行7人访粤，副省长杨立会见并宴请拉希德一行。外宾参观广交会。4月23—26日，阿拉伯也门共和国副总理穆罕默德·赛义德·阿塔尔一行6人访粤，副省长杨立前往迎送，杨立宴请阿塔尔一行。外宾参观广交会。5月17—19日，毛里塔尼亚外交合作部部长穆罕默德·勒米尼·乌尔德·恩迪亚尼一行2人访粤，副省长杨立会见并宴请恩迪亚尼一行。外宾参观广州新滘镇水利项目。6月29日至7月2日，泰国副总理蓬·沙拉信一行22人访粤，副省长杨立前往迎送，省长叶选平会见并宴请蓬·沙拉信一行。外宾参观东莞小水利和农业项目。7月28—29日，法国外交国务秘书迪迪埃·巴利亚尼一行4人访粤，副省长杨立会见、广州市市长朱森林会见并宴请巴利亚尼一行。外宾参观广州标致汽车公司。8月2—5日，澳大利亚新南威尔士州政府总理恩斯沃思和夫人一行访粤，并与省长叶选平共同签署了广东省与新南威尔士州经济合作协议书。8月27—30日，联合国教科文组织总干事阿马杜—马赫塔尔·姆博一行6人访粤，副省长杨立会见并宴请姆博一行。外宾参观蛇口工业区。9月8—10日，新加坡第二副总理王鼎昌一行7人访粤，副省长黄清渠、广州市市长朱森林会见并宴请王鼎昌一行。外宾参观、游览中山市、珠海市。9月11—13日，马来西亚副总理兼国家和乡村发展部部长阿卜杜勒·加法尔·巴巴一行31人访粤，副省长杨立前往迎送，深圳市市长李灏设宴欢迎。外宾参观深圳合资企业。10月25—26日，泰国外交部次长格森·沙摩颂·格森西率团一行20人访粤，副省长黄清泉会见并宴请访问团一行。外宾参观珠海九洲城。

1988年4月15—18日，荷兰乌得勒支省省长布洛克兰特一行4人访粤，外宾参观广交会。副省长匡吉会见并宴请布洛克兰特省长一行。9月2—5日，奥地利伏拉尔保州州长马丁·普彻尔一行访粤，省长叶选平、副省长匡吉会见普彻尔一行。州长同省经委、省外经贸委负责人座谈。

1989年2月11—12日，泰王国外交部部长西提·沙卫西拉一行9人访粤，副省长匡吉设宴欢迎泰国贵宾。西提外长主持泰王国驻广州总领事馆的开馆仪式。5月14—17日，伊朗副总理米尔扎德一行7人访粤，副省长匡吉设宴欢迎。外宾参观深圳华星科技有限公司。6月25—26日，圣多美和普林西比民主共和国外交部部长卡洛斯·达格拉萨一行4人访粤，副省长匡吉设宴欢迎。外宾参观广州水产公司等。11月3—5日，捷克斯洛伐克社会主义共和国外交部部长约翰内斯一行12人访粤，副省长匡吉宴请约翰内斯一行。贵宾参观蛇口工业区。11月29日至12月3日，挪威、丹麦、瑞典驻华大使和芬兰驻华临时代办组团访问广东。省长叶选平会见、副省长匡吉宴请4国使节。省计委和省外经贸委负责人向客人介绍广东经济、外贸和对外合作等情况。使节们参观佛山、顺德、中山等地的合资企业、乡镇企业、农业项目并访问农户。

1990年4月13—15日，圭亚那合作共和国外交部部长拉什利·杰克逊一行6人访粤，省外办副主任张清平前往迎送，副省长匡吉、深圳市市长李灏分别宴请杰克逊一行。外宾参观广交会。4月20—27日，老挝人民革命党中央政治局委员、万象市委书记兼行政委员会主席西沙瓦·乔本潘率代表团一行8人访粤，代表团参观广州、顺德、东莞、深圳等地的工农业生产项目、中外合资企业，省长叶选平与西沙瓦主席签署了“广东省与万象市合作意向书”。4月22—26日，墨西哥总统顾问奥尔特加一行4人访粤，副省长刘维明宴请奥尔特加一行。外宾参观广交会。5月12—13日，马里共和国总统秘书长迪昂戈·西索科一行5人访粤，副省长刘维明设宴欢迎。外宾参观番禺县洛溪乡农户、乡镇企业。6月13—15日，蒙古人民共和国部长会议副主席巴德拉赫·沙拉布桑布一行8人访粤，副省长匡吉宴请蒙古贵宾。外宾参观广州万宝集团公司。6月22—25日，坦桑尼亚联合共和国第二副总统兼桑给巴尔总统伊德里斯·阿卜杜勒·瓦基尔一行20人访粤，副省长匡吉、深圳市市长郑良玉分别会见并宴请瓦基尔副总统一行。外宾参观汕头经济特区、深圳农科中心等。8月30日至9月1日，塞内加尔外交部部长奥马尔·西一行7人访粤，副省长匡吉宴请奥马尔一行。外宾参观珠海江海电子厂。10月14—17日，阿曼苏丹国国王外事顾问扎瓦维一行7人访粤，副省长匡吉宴请扎瓦维一行。外宾参观广州经济技术开发区。

1991年4月8日，大不列颠及北爱尔兰联合王国外交大臣道格拉斯·赫德一行21人访粤，副省长匡吉设午宴欢迎赫德一行。外宾参观广英纺纱有限公司。5月1日，法国国务、外交部部长罗朗·迪马一行95人访粤，省长叶选平会见迪马外长一行。

1992年4月13—14日，印度副总统夏尔玛一行53人访粤，副省长凌伯棠、省外办副主任姜志新前往迎送并与代表团部分成员共进晚餐。5月19—21日，中英联合联络小组中方首席代表郭丰民大使邀请英方首席代表高德年及英方代表处人员一行10人访粤。副省长卢钟鹤会见并宴请英国客人。外宾参观广州经济技术开发区。5月27—30日，厄瓜多尔副总统路易斯·帕罗迪一行14人访粤，副省长卢钟鹤前往迎送并宴请帕罗迪一行。外宾参观珠江水产研究所。5月31日至6月2日，新加坡新闻与艺术部部长兼第二外交部部长杨荣文准将一行9人访问东莞、广州、佛山、珠海等市，副省长卢瑞华会见杨荣文一行。9月20—23日，日本前首相海部俊树一行12人访粤，副省长刘维明会见并宴请海部俊树一行。深圳市委书记李灏会见海部俊树一行，并一起参加中日合资企业——华日汽车企业有限公司新修理大厦落成典礼。省长朱森林、省人大常委会主任林若会见海部俊树一行，并一起出席“黎雄才、梁世雄访日画展”剪彩仪式。10月6—8日，新加坡前总理、资政李光耀一行24人访粤，副省长卢瑞华等前往迎送并宴请李光耀一行。外宾参观华南植物园。10月10—12日，马来西亚外交部部长阿卜杜拉·巴达维一行6人访粤，副省长凌伯棠会见并宴请巴达维一行。外宾参观广州积士佳食品有限公司。10月21—23日，芬兰外交部部长巴帕沃·韦于吕宁率代表团一行11人访粤，副省长卢钟鹤会见并宴请韦于吕宁一行。外宾参观广州经济技术开发区。

1993年4月7—9日，乌拉圭东岸共和国副总统阿吉雷一行11人访粤，副省长卢瑞华会见并宴请阿吉雷一行。外宾参观万宝电器集团公司。4月21—24日，秘鲁总统府秘书长迪亚斯·刘一行6人访粤，副省长卢瑞华会见并宴请刘一行。外宾参观广交会。5月17—18日，阿曼苏丹王国石油大臣赛义德·艾哈迈德·尚法里一行4人访粤，副省长张高丽会见并宴请尚法里一行。外宾参观光塔寺。5月18—20日，新加坡共和国副总理王鼎昌一行20人访粤，省长朱森林会见并宴请王鼎昌一行。外宾参观广州美术学院。5月25—28日，阿拉伯国家联盟秘书长艾哈迈德·马吉德一行4人访粤，副省长卢瑞华会见并宴请马吉德一行。外宾参观光塔寺。

1994年1月12—17日，罗马尼亚国务部部长（副总理）兼经济改革、战略协调委员会主席米尔恰·杜米特鲁·科谢亚率政府代表团一行11人访粤，副省长欧广源会见并宴请代表团一行。代表团与省体改委相关负责人座谈，参观访问广州、中山、珠海、深圳市。2月27日至3月1日，美国前国务卿伊格尔伯格一行14人访粤，中共中央政治局委员、省委书记谢非会见、副省长张高丽宴请伊格尔伯格一行。外宾与省计委、省邮电管理局等单位负责人分别座谈。4月6—7日，澳大利亚外交部部长加里思·埃文斯一行8人访粤，省长朱森林会见并宴请埃文斯一行。外宾登游艇游珠江。6月23—25日，菲律宾共和国副总统约瑟夫·埃斯特拉达一行62人访粤，副省长欧广源会见并宴请埃斯特拉达一行。外宾与省外经贸委负责人及有关企业家座谈。9月7—10日，菲律宾总统特别助理多明戈斯率棉兰老岛代表团一行16人访粤，省长朱森林会见、副省长欧广源会见并宴请代表团。外宾参观顺德、佛山、广州市三资企业。9月28—30日，越南政府副总理潘文凯一行14人访粤，副省长钟启权会见并宴请潘文凯一行。外宾参观越南革命青年同志会旧址、南海市“三高”农业项目及农户等。10月28—29日，菲律宾国家经济发展署署长哈比托率考察团一行5人访粤，副省长卢钟鹤会见并宴请哈比托一行。外宾与省体改委负责人座谈。11月2—3日，意大利外交部部长安东尼奥·马尔蒂诺一行16人访粤，副省长钟启权会见并宴请马尔蒂诺一行。外宾参观佛山中意合资佛斯弟摩托车有限公司等。11月11—12日，加拿大不列颠哥伦比亚省（简称BC省）省长哈葛特率代表团一行7人访粤，省长朱森林和哈葛特签署广东省和BC省关于电力合作开发备忘录。BC省贸易发展局、BC省余宏荣·戴维斯律师事务所与广州市司法局、广州市对外经济律师事务所联合举办“加拿大投资和法律讲座”，广东100多名企业家出席讲座。11月13—16日，加拿大阿尔伯达省省长瑞尔夫·克莱恩一行8人访粤，省长朱森林会见并宴请加拿大贵宾。瑞尔夫省长参加广州市环卫局与阿省ETI公司举行合作项目签字仪式。

1996年2月10—11日，法国外交部部长埃尔韦·德沙雷特一行43人访粤，副省长卢钟鹤会见外长一行。外宾游览广州市容。2月10—12日，刚果共和国外交合作与法语国家事务部部长察蒂·布恩古一行7人访粤，副省长钟启权会见并宴请布恩古一行。外宾参观花都市三东村。3月30—31日，毛里塔尼亚外交与合作部部长莱姆拉博特·西迪·马赫默德·乌尔德·谢赫·艾哈迈德一行4人访粤，副省长钟启权会见并宴请外宾。外宾参观怀圣寺。6月28日至7月3日，以喀麦隆大使埃莱·埃蒂安为团长的13国驻华大使夫妇组成的外国驻华使节代表团一行30人，由省政府副秘书长、省外办主任巢振威陪同访问深圳、珠海、中山、顺德、广州等地。省长卢瑞华、深圳市市长李子彬、珠海市市长黄龙云、中山市代市长简国森分别会见并宴请代表团。9月2—3日，澳大利亚副总理兼贸易部部长蒂姆·费希尔一行11人访粤，省长卢瑞华会见并宴请费希尔一行。外宾参加CSR公司剪彩仪式。11月13—15日，坦桑尼亚联合共和国桑给巴尔总统萨勒明·阿穆尔一行24人访粤，副省长卢钟鹤前往机场迎送，省长卢瑞华会见并宴请阿穆尔总统一行。外宾参观华南农业大学。

1997年3月24—27日，以瑞典公使瑞宁女士为团长的16个国家驻华、驻港使领馆官员代表团一行21人访问广州、顺德、中山、珠海4市。省长卢瑞华会见并宴请代表团。代表团出席在广州举办的1997年香港回归与广东经济发展报告会。7月1—3日，阿根廷共和国外交、国际贸易和宗教事务部部长吉多·迪特利亚一行5人访粤，副省长卢钟鹤会见并宴请吉多部长一行。外宾参观深圳经济特区。11月23—26日，古巴共和国国务委员会第一副主席兼部长会议第一副主席劳尔·卡斯特罗·鲁斯一行32人访粤，副省长欧广源前往迎送，省委副书记、省长卢瑞华会见并宴请劳尔副主席一行。外宾参观广东改革开放成就展、深圳经济特区等。12月9—11日，新加坡内阁资政李光耀一行33人访粤，副省长汤炳权前往迎送，常务副省长张高丽会见并宴请李光耀资政一行。外宾参观杨协成（广州）公司等。

1998年5月7—9日，塞舌尔共和国副总统詹姆斯·阿利克斯·米歇尔一行14人访粤，副省长游宁丰会见并宴请米歇尔一行。外宾参观广州经济技术开发区等。6月25—26日，布隆迪对外关系和合作部部长塞佛兰·恩塔翁维基耶一行6人访粤，省外办副主任黄印前往机场迎送，副省长卢钟鹤会见并宴请部长一行。外宾与广东工商企业界人士座谈。12月2—4日，澳大利亚西澳大利亚州总理查德·考特一行12人访粤，省外办副主任温兰子前往机场迎接，省长卢瑞华会见并宴请考特总理一行。外宾与广东LNG领导小组会谈，参观深圳大鹏湾秤头角LNG接收站址等。12月25—30日，澳大利亚北领地首席部长石圣文一行8人访粤，副省长王岐山、深圳市委书记张高丽分别会见并宴请石圣文一行。外宾参观深圳秤头角LNG接收站址等。

1999年7月14—15日，澳大利亚外交部部长亚历山大·唐纳一行6人访粤，副省长游宁丰会见并宴请唐纳一行。外宾参观深圳经济特区等。10月5—8日，澳大利亚北领地部长达瑞尔·曼齐一行5人访粤，副省长钟启权会见曼齐一行。外宾参观深圳高交会。11月7—11日，丹麦王国外交大臣尼尔斯·海尔维·彼得森一行7人访粤，副省长游宁丰会见并宴请彼得森一行。外宾参观黄埔港。11月8—10日，伊朗前总理、现总统哈塔米的高级政治顾问侯赛因·穆萨维率代表团一行5人访粤，省长卢瑞华会见并宴请代表团。外宾参观深圳高科技企业。

2000年1月23—24日，加纳外交部部长詹姆斯·维克多·贝霍一行3人访粤，副省长游宁丰会见并宴请贝霍一行。外宾参观新会农业基地。3月26—27日，意大利外交部部长兰贝托·迪尼率代表一行10人访粤，省外办副主任傅朗前往机场迎送，省长卢瑞华会见并宴请代表团。迪尼部长出席意大利驻广州总领事馆开馆仪式。5月9—10日，越南副总理阮孟琴一行9人访粤，常务副省长王岐山会见并宴请阮孟琴一行。6月13—16日，马里共和国驻华大使卡富古纳·科奈为团长的非洲26国驻华使节团一行54人访粤，省长卢瑞华会见并宴请使节团一行。使节团参加了“广东与非洲投资情况介绍会”，与广东企业界座谈，参观深圳高新科技园。10月12—16日，参加“中非合作论坛——北京2000年部长级会议”的非洲代表一行200余人访粤，中共中央政治局委员、省委书记李长春会见代表团一行，陪同会见的有省委副书记、广州市委书记黄华华、副省长汤炳权等，省长卢瑞华会见并宴请代表团。外宾参观广交会、深圳高交会。11月13—14日，西班牙第二副首相兼经济大臣罗德里格·拉托一行10人访粤，中共中央政治局委员、省委书记李长春会见并宴请拉托一行。省长卢瑞华会见副首相一行。外宾参观二沙岛等。12月9日，新加坡资政李光耀一行16人访问深圳，中共中央政治局委员、省委书记李长春专程前往深圳会见并宴请李光耀一行。外宾参观深圳高科技园等。

二、政党领导人来访

1979年以前，政党之间的往来，主要是与各国执政、非执政的共产党、马列主义组织和民族民主政党的交往。1979年至2000年，政党之间的往来除保持和发展与上述政党及马列主义组织的常来常往外，逐步扩大到与各国朝野其他一些愿同中国建立友好关系的政党开展有益的交往。22年间，应邀来广东访问的外国共产党和其他政党主要领导人率领的代表团共86批，535人次；政党其他领导人率领的代表团35批，250人次。

（一）政党主要领导人来访

1979年12月30日，波兰共产党总书记米雅尔率代表团一行4人访粤，省委书记尹林平前往迎送，省委第一书记习仲勋会见并宴请米雅尔总书记一行，外宾前往海南岛参观访问。

1980年4月25—26日，意大利共产党总书记贝林格率意共代表团一行8人访粤，省委第一书记习仲勋、第二书记杨尚昆会见并宴请贝林格一行。8月4—6日，哥伦比亚独立革命工人运动党总书记莫斯克拉一行5人访粤，省委书记吴冷西会见并宴请莫斯克拉一行。外宾参观广交会、广州农讲所旧址。8月11—15日，比利时马列主义共产党中央主席费尔南·勒菲弗尔一行4人访粤，省委书记龚子荣会见并宴请勒菲弗尔一行。外宾参观广州农讲所旧址。8月15—16日，委内瑞拉革命党总书记布拉沃一行3人访粤，省委书记尹林平会见并宴请布拉沃一行。外宾游览广州市容。11月18—20日，西班牙共产党总书记圣地亚哥·卡里略率代表团一行6人访粤，省委书记龚子荣前往迎送，省委第一书记任仲夷会见并宴请卡里略总书记一行。外宾参观广交会。

1981年3月9—12日，多米尼加劳动党主席何塞·冈萨雷斯一行3人访粤，省委书记尹林平会见并宴请冈萨雷斯一行。外宾与统战部负责人座谈。4月12—13日，委内瑞拉前总统、基督教社会党缔造者、最高领导人卡尔德拉率基社党代表团一行15人访粤，省委常委杨应彬前往迎送，省委书记尹林平会见并宴请卡尔德拉一行。外宾参观广交会。4月19—20日，澳大利亚共产党（马列）主席希尔偕夫人访粤，省委第一书记任仲夷会见并宴请希尔夫妇。4月29日至5月2日，圭亚那全国人民大会党主席、副总统拉姆萨罗普一行3人访粤，省委常委杨应彬前往迎送，省委书记梁灵光会见并宴请拉姆萨罗普一行。外宾参观广交会。

1983年4月23—28日，加蓬民主党总书记（邦戈）常任总代表莱昂·奥热率代表团一行20人访粤，省委书记梁灵光、省委常委杜瑞芝、广州市委书记叶选平前往迎送，梁灵光宴请奥热一行。外宾参观广交会。5月11—16日，印度共产党（马列）总书记南布迪里巴德一行3人访粤，省委书记王宁、省委常委杨应彬、广州市委书记许士杰前往迎送，省委第一书记任仲夷设宴欢迎南布迪里巴德一行。外宾参观广州农讲所旧址和深圳经济特区。

1984年5月22—24日，南斯拉夫共产主义者联盟中央主席团主席马多尔科维奇率南共联盟代表团一行10人访粤，省委第一书记任仲夷、省长梁灵光、省委常委杨应彬、广州市市长朱森林等前往迎送。任仲夷为马多尔科维奇举行欢迎宴会，胡耀邦总书记专程前来会见并出席宴会。外宾参观深圳蛇口工业区。9月26—29日，乌干达人民大会党总书记兼政府内政部部长卢乌利扎·基伦达率该党代表团一行6人访粤，省委书记谢非会见并宴请基伦达总书记一行。外宾参观深圳经济特区。

1985年5月8—24日，伊朗劳动人民党总书记雷兹瓦尼一行5人访粤，省外办党组书记韩宗祐前往迎送，省委书记谢非会见并宴请雷兹瓦尼一行。外宾参观访问广州、中山等地。5月14—17日，坦桑尼亚革命党总书记拉希迪·卡瓦瓦率代表团一行7人访粤，省委书记谢非前往迎送并宴请卡瓦瓦总书记一行。外宾参观深圳经济特区。5月18—19日，新西兰工党主席玛格丽特·威尔逊女士率该党代表团一行11人访粤，省委书记王宁宴请威尔逊一行。外宾参观广州合资食品厂。11月19—23日，留尼汪共产党总书记保罗·维尔吉斯率代表团一行4人访粤，省委书记谢非会见并宴请保罗总书记一行。外宾参观广州白云农工商联合公司。

1986年1月11—14日，芬兰共产党主席阿尔托一行6人访粤，省委书记林若会见并宴请阿尔托一行。外宾参观深圳合资企业。4月9—12日，比利时弗拉芒社会党主席范米埃特一行5人访粤，省委副书记郭荣昌会见并宴请范米埃特一行。外宾参观深圳中航工贸中心。7

月23—25日，萨尔瓦多革命民主阵线主席吉列尔莫·温戈一行4人访粤，省委副书记王宁宴请温戈一行。外宾参观深圳经济特区。

1987年1月1—4日，法国社会党第一书记利奥内尔·若斯潘一行5人访粤，省委书记林若等前往机场迎送并宴请若斯潘一行。7月8—11日，哥伦比亚自由党主席埃内斯托·桑佩尔率该党代表团一行9人访粤，省委书记林若会见并宴请桑佩尔一行。外宾参观珠江水产研究所。9月25—28日，摩洛哥独立党总书记穆罕默德·布赛塔一行10人访粤，省委副书记郭荣昌会见并宴请布赛塔一行。外宾参观深圳蛇口工业区。

1989年5月10日，土耳其社会民主人民党主席埃尔达尔·伊诺努一行访粤。10月18日，巴西工党全国执委、众议院党团领袖加斯托内·利吉率巴工党代表团访粤。

1990年3月13日，以总书记南布迪里巴德为团长的印度共产党（马列主义）代表团一行访粤。5月19日，坦桑尼亚革命党总书记卡瓦瓦率代表团访粤。6月25日，秘鲁共产党总书记雷诺率代表团访粤。7月31日，非洲社会民主政党联盟总书记萨迪克·法亚拉一行访粤。

1991年1月30日至2月2日，蒙古人民革命党主席奥其尔巴特一行访粤。4月23—25日，厄瓜多尔民主左派党主席尼古拉斯·伊萨·奥万多夫妇访粤，省委副书记郭荣昌会见并宴请奥万多夫妇。外宾参观南海、佛山合资企业。11月3—6日，斯里兰卡自由党主席、议会反对党领袖、前总理西丽玛沃·班达拉奈克夫人率代表团一行6人访粤。省委书记谢非会见并宴请代表团。代表团参观广州六榕寺。11月7—9日，越南共产党中央委员会总书记杜梅、越南社会主义共和国部长会议主席武文杰率领越南高级代表团一行30人访粤，省委副书记郭荣昌、副省长卢钟鹤等前往机场迎送。省委书记谢非、代省长朱森林、深圳市委书记李灏、市长郑良玉分别会见并宴请杜梅总书记一行。郭荣昌、卢钟鹤陪同代表团参观广州越南革命青年同志会旧址、黄花岗越南范鸿泰烈士墓、深圳工业展览馆等。12月6—8日，突尼斯宪政民主联盟总书记沙德利·纳法蒂一行7人访粤，省委书记谢非会见并宴请纳法蒂一行。外宾参观深圳经济特区。

1992年10月17—24日，洪都拉斯国民党总书记卡洛斯·卡丹一行3人访粤，省人大常委会副主任杨立会见并宴请卡丹一行。外宾参观广交会。11月4—6日，由总书记英德拉吉特·古普塔率领的印度共产党中央代表团一行6人访粤，中共中央政治局委员、省委书记谢非会见并宴请古普塔一行。外宾参观广州农讲所旧址。

1993年5月9—10日，孟加拉民族主义党总书记、内阁地方政府与乡村发展部部长塔鲁克达尔率代表团一行7人访粤，省委副书记郭荣昌会见并宴请代表团。外宾参观光塔寺。

1996年6月29日至7月1日，墨西哥民主革命党总书记马里奥·绍塞率代表团一行5人访粤，省委副书记黄华华会见并宴请绍塞一行。外宾参观珠海天年高科技企业等。7月20—22日，巴西民主运动党主席帕埃斯·德安德拉德夫妇访粤，中共中央政治局委员、省委书记谢非会见并宴请帕埃斯夫妇。外宾参观广东改革开放成就展览。

1997年4月26—27日，毛里塔尼亚民主社会共和党总书记西迪·布巴卡尔一行4人访粤，省外办副主任黄国强前往迎送，中共中央政治局委员、省委书记谢非会见并宴请布巴卡尔一行。外宾参观广交会。5月4—6日，黎巴嫩共产党总书记法鲁克·达哈鲁吉率代表团一行3人访粤，中共中央政治局委员、省委书记谢非会见并宴请达哈鲁吉总书记一行。外宾参观广州农讲所旧址。

1998年4月20—21日，智利社会党和争取民主党两党领袖、政府公共工程部部长里卡多·拉戈斯率代表团一行8人访粤，省委副书记高祀仁会见并宴请拉戈斯一行。外宾参观广交会。9月18—19日，德国社会党主席皮埃尔·莫鲁瓦率该党代表团一行6人访粤，中共中央政治局委员、省委书记李长春会见并宴请莫鲁瓦一行。外宾参观顺德科龙集团公司。

1999年2月28日至3月2日，越南共产党中央委员会总书记黎可漂一行62人访粤，省委副书记高祀仁、珠海市委书记黄龙云前往珠海机场迎接，中共中央政治局委员、省委书记李长春会见并宴请黎可漂一行。珠海市委书记、市长黄龙云，中山市委书记崔国潮、市长陈根楷还分别宴请黎可漂一行。外宾参观珠海格力电器集团、中山污水处理厂、广州越南青训班旧址，并向范鸿泰烈士墓献花。9月9—12日，圭亚那前总统、人民全国大会党领袖戴斯蒙德·霍伊特一行3人访粤，省委副书记高祀仁会见并宴请霍伊特一行。外宾参观深圳盐田港等。

2000年5月25—28日，安哥拉人民解放运动总书记若奥·洛伦索率代表团一行5人访粤，省委副书记刘凤仪会见并宴请洛伦索一行。外宾与省对外贸易经济合作厅（简称省外经贸厅）座谈，参观深圳合资和民营企业。

（二）政党其他领导人来访

1980年3月27—29日，新西兰共产党（马）筹委会副主席罗斯·奥斯勒率代表团一行4人访粤，省委书记尹林平会见并宴请代表团。外宾游览广州市容。5月13—16日，朝鲜劳动党中央委员、朝鲜劳动党中央计划财政事业部部长洪成龙率参观团一行9人访粤，省委书记刘田夫会见并宴请参观团。外宾参观广交会。11月13—16日，朝鲜劳动党中央政治局委员徐哲率该党代表团一行10人访粤，省委第一书记习仲勋，省委第二书记、广州市委第一书记杨尚昆会见并宴请徐哲一行。省委书记吴南生、省委常委杨应彬、副省长曾定石会见代表团。外宾参观广交会。12月10—12日，以中央书记班比斯·德拉科普洛斯为团长的希腊共产党国内派代表团一行5人访粤，省委书记龚子荣会见并宴请代表团。外宾参观从化流溪河水电站。

1981年3月23日至4月28日，泰王国共产党政治局常委张远等一行4人访粤，省委书记梁灵光会见并宴请张远一行。外宾在广州等地参观访问。5月22—26日，罗马尼亚共产党中央委员、卡拉什·塞维林县委第一书记布舒依·尼古拉率代表团一行5人访粤，省委书记李坚真会见并宴请代表团。外宾与省委组织部相关负责人座谈，参观广州罗岗人民公社。6月30日至7月2日，墨西哥革命制度党执行委员会委员、国际书记安德拉德·伊瓦拉率领该党代表团一行7人访粤，省委书记王德会见并宴请代表团。外宾参观广州外贸中心。

1982年5月29日至6月5日，罗马尼亚共产党中央委员、尼亚姆茨县委书记吉帕·娜塔丽亚率领该党友好访问团一行20人访粤，省委书记李坚真、杨德元会见并宴请代表团。外宾参观广州农讲所旧址。11月10—17日，朝鲜劳动党中央候补委员、中央国际部副部长李华善率代表团一行5人访粤，省委书记尹林平、省外办副主任朱劭天前往迎送并宴请代表团。外宾参观深圳经济特区等地。

1983年3月30日至4月1日，坦桑尼亚革命党书记处书记、纪律监察委员会书记波罗·索齐格瓦率代表团一行5人访粤，省委书记王宁会见并宴请代表团。外宾与省纪委负责人座谈，参观佛山大沥人民公社。4月21—25日，朝鲜劳动党中央政治局委员、平壤市委责任书记徐允锡为团长，朝鲜劳动党中央政治局候补委员、南浦市委责任书记李根模为副团长的朝鲜劳动党友好参观团一行20人访粤，省委第一书记任仲夷及省、广州市委领导谢非、李建安、杨德元、许士杰等前往机场迎送，任仲夷主持欢迎宴会欢迎徐允锡一行。外宾参观深圳蛇口工业区。6月22—25日，罗马尼亚共产党布加勒斯特市委书记杨·波帕率休假团一行20人访粤，省委书记杨德元会见并宴请代表团。外宾参观华南植物园等。10月20—24日，意大利共产党中央委员、党校工作部部长克劳迪奥·韦尔迪尼率代表团一行5人访粤，省委书记王宁会见并宴请代表团。外宾与省委党校相关负责人座谈。

1984年2月16—21日，朝鲜劳动党中联部副部长金成哲率代表团一行6人访粤，省委书记谢非会见并宴请代表团。外宾参观深圳经济特区。4月29日至5月3日，马达加斯加革命党政治局委员、最高革命委员会成员拉科托尼艾纳·朱斯坦率代表团一行8人访粤，省委书记谢非宴请代表团。外宾参观深圳经济特区。8月2—5日，朝鲜劳动党中央政治局候补委员、平安南道党委责任书记桂应泰率代表团一行13人访粤，省委第一书记任仲夷、省委书记谢非、广州市委书记许士杰前往机场迎送，任仲夷代表省委举行宴会欢迎桂应泰一行。外宾参观深圳蛇口工业区。8月12—15日，佛得角非洲独立党政治局委员、书记处对外关系书记兼议会议长阿比利奥·杜亚尔特率代表团一行5人访粤，省委常委凌伯棠前往迎送，省委书记王宁会见并宴请代表团。外宾参观深圳经济特区。10月14—18日，贝宁人民革命党政治局委员、中央组织委员会主席、全国青年组织主席巴巴·穆率代表团一行5人访粤，省委书记吴南生会见并宴请代表团。外宾参观广交会。10月29日至11月2日，法国社会党全国副书记吉·阿鲁什率该党干部团一行11人访粤，省委书记林若会见并宴请干部团一行。外宾参观广交会。11月3日，意大利共产党领导机构成员、书记处书记、中央外事口负责人贾恩卡洛·巴依塔等2人访粤，省委书记谢非会见并宴请巴依塔一行。12月5—29日，印度尼西亚共产党政治局委员、中央书记阿吉托罗普率代表团一行4人访粤，省委书记林若会见并宴请代表团。外宾参观访问广州、东莞、深圳、珠海、海南岛等地。

1985年6月26—28日，以副主席吉列尔莫·贝莱斯为首的哥伦比亚保守党代表团一行14人访粤，省委书记谢非前往迎送并宴请代表团。外宾参观深圳蛇口工业区。6月26—28日，阿尔及利亚民族解放阵线党常设书记处负责人穆罕默德·谢里夫·迈萨迪亚率代表团一行11人访粤，省委书记林若宴请代表团。外宾参观深圳蛇口工业区。9月1—4日，以书记长田边诚为团长的日本社会党访华团一行10人访粤，省委书记林若会见并宴请访华团。外宾参观深圳合资企业。

1986年5月1—5日，塞舌尔人民进步阵线中央财务书记兼政府卫生部部长埃斯米·朱莫率代表团一行5人访粤，省委常委刘维明会见并宴请代表团。外宾参观广州白云农工商联合公司。5月4—6日，扎伊尔人民革命运动中央委员、对外关系书记岗奔博·菲米·瓦·于塔迪率代表团一行8人访粤，省委副书记郭荣昌宴请代表团。外宾参观广交会。11月24—28日，法国共产党中央书记、政治局委员加斯东·普利桑尼埃率法共代表团一行4人访粤，省委副书记郭荣昌会见并宴请代表团。外宾与省外经贸委等部门负责人座谈。

1987年1月19—20日，匈牙利社会主义工人党政治局委员、中央书记豪沃希一行7人访粤，省委书记林若会见并宴请豪沃希一行。外宾参观广州经济技术开发区。6月9—11日，南斯拉夫共产主义者联盟中央主席团委员斯特凡·科罗舍茨一行7人访粤，省委副书记王宁、省外办主任黄群前往机场迎送，省委书记林若会见科罗舍茨一行并共进早餐，外宾参观蛇口工业区。

1988年4月8—11日，德意志民主共和国统一社会党中央政治局委员、中央书记赫尔曼·阿克森率该党中央代表团一行16人访粤，省委常委王宗春到机场迎送，省委书记林若设宴欢迎代表团。外宾在广州、东莞、深圳参观访问。

1991年4月14—17日，叙利亚阿拉伯复兴社会党副总书记阿卜杜拉·艾哈迈尔率代表团一行11人访粤，省委书记谢非会见并宴请代表团。外宾参观广州怀圣寺、清真先贤古墓。5月15—19日，阿根廷正义党第二副主席塞萨尔·阿里亚斯率代表团一行4人访粤，省委副书记郭荣昌会见并宴请代表团。外宾参观深圳经济特区。7月21—25日，巴西民主工党众议院党团副领袖贝兹·阿西泽众议员率代表团一行6人访粤，省委副书记张帼英会见并宴请代表团。外宾参观深圳华源磁电有限公司。8月22—26日，意大利社会党副书记朱利亚诺·阿马托率该党代表团一行6人访粤，省委书记谢非会见并宴请代表团。外宾参观珠海经济特区。11月3—7日，也门社会党政治局委员、政治委员会主席贾尔拉·欧迈尔一行8人访粤，省委副书记郭荣昌会见并宴请代表团。代表团参观深圳招商局。

1992年3月12—16日，越共中央政治局委员、书记处书记、中组部部长黎福寿一行8人访粤，省委副书记张帼英会见并宴请黎福寿一行。代表团参观广州越南革命青年同志会旧址。4月2—4日，德国民主社会主义党名誉主席、联邦议会议员兼外委会成员、前民主德国部长会议主席莫德罗一行3人访粤，省人大常委会主任林若会见并宴请莫德罗一行。外宾参观珠海兴华器件厂。5月14—18日，越南共产党中央顾问阮文灵一行15人访粤，省委书记谢非会见并宴请阮文灵一行。外宾瞻仰黄花岗范鸿泰烈士墓。11月18—22日，越共中央委员、龙安省委书记阮文炤率越共省委书记代表团一行5人访粤，省委副书记张帼英会见并宴请代表团。外宾参观中山农业项目。

1993年4月15—22日，原越共中央政治局委员、中央军委书记、国防部部长、部长会议副主席武元甲一行7人访粤，省外办主任黄群前往迎送，中共中央政治局委员、省委书记谢非会见并宴请武元甲一行。外宾参观深圳合资企业。8月11—13日，越共中央政治局委员、书记处书记、胡志明国家政治学院院长阮德平率代表团一行7人访粤，省委副书记黄华华会见并宴请代表团。外宾瞻仰黄花岗范鸿泰烈士墓。8月30日至9月3日，越共中央委员、中组部常务副部长黎辉午率代表团一行7人访粤，中共中央政治局委员、省委书记谢非代表中共中央、广东省委会见并宴请黎辉午一行。外宾瞻仰黄花岗范鸿泰烈士墓。

1996年3月20日至4月2日，越共中央委员、宣光省委书记何氏洁率越共省委书记代表团一行7人访粤，中共中央政治局委员、省委书记谢非以中央领导身份会见并宴请何氏洁一行。外宾参观越南革命青年同志会旧址。7月26—30日，越共中央对外部部长红河一行3人访粤，中共中央政治局委员、省委书记谢非会见红河一行。外宾瞻仰广州范鸿泰烈士墓，参观越南革命青年同志会旧址。9月10日，越共中央对外部常务副部长范文章一行8人访粤，中共中央政治局委员、省委书记谢非会见范文章一行。外宾参观广州越南革命青年同志会旧址等。11月8—10日，哥伦比亚保守党前主席阿里亚斯率代表团一行3人访粤，省委副书记张帼英会见并宴请代表团。外宾参观顺德石油燃气用具有限公司。11月10—12日，越共中央委员、海兴省委书记范文寿率代表团一行10人访粤，省委副书记张帼英会见并宴请代表团。12月16—17日，古巴中央政治局委员、国务委员会副主席、哈瓦那市委第一书记埃斯特万·拉索率代表团一行5人访粤，中共中央政治局委员、省委书记谢非会见并宴请拉索一行。外宾参观广东改革开放成就展。

1997年2月26—28日，越南共产党中央政治局常委阮晋勇一行10人访粤，省委常委、省委组织部部长刘凤仪、省外办副主任黄印前往迎送，中共中央政治局委员、省委书记谢非会见并宴请阮晋勇一行。外宾参观广州越南革命青年同志会旧址、顺德乡镇企业。6月1—3日，越共中央政治局委员、河内市委书记黎春松一行3人访粤，省委副书记张帼英会见并宴请黎春松一行。外宾详细询问深圳特区吸引外资的情况、产品内外销比例、税收和土地政策等。8月17—19日，越共中央委员、太原省委书记阮吴海率代表团一行8人访粤，中共中央政治局委员、省委书记谢非会见阮吴海一行。外宾考察江门市乡镇企业和农业项目等。10月30日至11月2日，莫桑比克解放阵线党中央委员、前议长桑托斯一行4人访粤，省委副书记张帼英会见并宴请桑托斯一行。外宾参观珠海农科所等。

1998年4月5—7日，越共中央委员、中央经济部常务副部长阮晋郑率代表团一行8人访粤，省委常委、常务副省长王岐山会见并宴请代表团。外宾赴顺德市考察非公有制经济及股份制改革情况。

1999年4月10—13日，突尼斯宪政民主联盟中央委员、对外关系常务书记、议员哈希米·阿姆利率代表团一行3人访粤，省委副书记高祀仁会见并宴请代表团。外宾参观深圳合资企业。5月27—28日，越共中央政治局委员、政府常务副总理阮晋勇为团长的越南党政代表团一行16人访粤，中共中央政治局委员、省委书记李长春会见并宴请阮晋勇一行。6月8—9日，塞浦路斯劳动人民进步党政治局委员、经济书记维尼泽洛斯·扎奈多斯率代表团一行访粤，省委常委、常务副省长王岐山会见并宴请代表团。外宾参观广州机械进出口公司。7月19—21日，巴西社会民主党副主席阿尔贝托·戈尔德曼率代表团一行12人访粤，中共中央政治局委员、省委书记李长春会见并宴请代表团，外宾参观深圳合资企业。10月15—17日，苏里南民族民主党副主席克森豪特·雷内率代表团一行3人访粤，省委副书记高祀仁会见并宴请代表团。外宾参观广交会。

2000年5月14—16日，印尼民主斗争党前总书记阿勒詹德尔·里戴率代表团一行5人访粤，省委副书记刘凤仪会见并宴请代表团。外宾参观广州天河区乡镇企业。5月16—18日，尼泊尔共产党中央常委、中央计划监督部部长、议会议员巴拉特·莫汗·阿迪卡里率考察团一行5人访粤，省委副书记黄丽满会见并宴请考察团。外宾参观顺德美的集团公司。7月4—6日，日本社民党原副总书记曾我祐次率访华团一行8人访粤，省委副书记黄丽满会见并宴请访华团。外宾参观广州高新技术开发区。7月15—16日，越共中央政治局委员、胡志明市委书记阮明哲率代表团一行14人访粤，中共中央政治局委员、省委书记李长春会见并宴请阮明哲一行，省委副书记、广州市委书记黄华华等陪同会见、宴请。外宾参观广州天河科技园、瞻仰范鸿泰烈士墓。

三、议会官员来访

1979—2000年，共有83个国家和地区的议会议长、副议长应邀率领议会代表团127批、1558人次访问广东，其中议长率领的代表团100批、1270人次，副议长率领的代表团27批、288人次。

（一）议长来访

1979年8月6—7日，孟加拉国国民议会议长米·古·哈菲兹率访问团一行8人访粤，省革委会副主任刘田夫前往迎送并宴请哈菲兹议长一行。外宾游览广州镇海楼等。9月16—17日，加拿大参议院议长雷诺·拉普·安特和众议院议长詹姆斯·杰罗姆率代表团一行18人访粤，省革委会副主任刘田夫、梁威林等前往迎送，省革委会主任习仲勋宴请代表团。外宾参观华南植物园，瞻仰黄花岗七十二烈士墓。11月2—4日，泰国国会议长哈林·宏沙军上将率国会代表团一行17人访粤，省革委会副主任梁威林前往迎送，省革委会主任习仲勋会见并宴请代表团。外宾参观广交会。

1980年7月20—23日，澳大利亚参议院议长劳克一行6人访粤，省人大常委会副主任云广英前往迎送并宴请劳克议长一行。外宾参观从化县水利设施。10月14—16日，马来西亚上议院议长翁毓麟率议会代表团一行8人访粤，省人大常委会副主任钟明等前往迎送并宴请代表团。外宾参观佛山石湾美术陶瓷厂。11月19—21日，泰国众议院议长汶廷·通河瓦一行16人访粤，全国人大常委会委员长叶剑英在广州会见汶廷·通河瓦一行。省人大常委会主任李坚真会见并宴请泰国贵宾。

1981年4月11—12日，新西兰众议院议长约翰·理查德·哈日森率议会代表团一行10人访粤，省人大常委会副主任钟明前往迎送并宴请代表团。外宾参观华南植物园。

1982年4月13—15日，澳大利亚参议院议长哈罗德·杨一行10人访粤，省人大常委会副主任钟明前往迎送并宴请哈罗德·杨议长一行。外宾参观广交会，听取南海油田情况介绍。

1983年1月19—20日，南斯拉夫联邦议会议长迪兹达雷维奇率代表团一行9人访粤，省人大常委会主任李坚真、副主任钟明前往迎送并宴请代表团。外宾参观广州博物馆、华南植物园。5月1—4日，西萨摩亚议长诺努马洛·索法拉率议会代表团一行7人访粤，省人大常委会副主任范希贤前往迎送，省人大常委会主任罗天会见并宴请代表团。外宾参观从化县小水电站、中山大学等。6月18—19日，秘鲁参议院议长桑德罗·马里亚达吉·奇亚佩和夫人访粤，省人大常委会副主任薛焰前往迎送并宴请议长夫妇。外宾参观佛山合资企业。7月1—3日，秘鲁众议院议长巴伦廷·帕尼亚瓜·科拉绍一行4人访粤，省人大常委会主任罗天等前往机场迎接并宴请科拉绍议长一行。外宾参观佛山光电器材厂。7月11—13日，朝鲜民主主义人民共和国最高人民会议常设会议议长杨亨燮率会议代表团一行8人访粤，省人大常委会主任罗天、副主任曾定石等前往迎送并宴请代表团。外宾参观广州电子表厂、深圳沙河电子厂等。8月23—25日，泰国国会主席、上议院议长乍鲁布·銮素万率上议院代表团一行20人访粤，省人大常委会副主任梁广、省外办副主任丘荣专前往迎送，省人大常委会主任罗天会见并宴请代表团。外宾参观广州白云农工商联合公司。8月27—29日，希腊议会议长约安尼斯·阿莱夫拉斯率议会代表团一行17人访粤，省人大常委会副主任曾定石前往机场迎送，省人大常委会主任罗天会见并宴请代表团。外宾参观广州珠江水产研究所。9月18—20日，所罗门群岛议会议长吉纳率代表团一行6人访粤，省人大常委会副主任曾定石前往迎送并设宴欢迎代表团。外宾参观广州白云农工商联合公司。9月21—22日，比利时参议院议长爱德华·利曼斯和众议院议长让·德弗莱涅率议会代表团一行19人访粤，省人大常委会副主任薛焰前往迎送，省人大常委会主任罗天会见并宴请代表团。外宾参观南海县大沥人民公社。9月29—30日，突尼斯共和国国民议会议长马哈茂德·迈萨迪率议会代表团一行11人访粤，省人大常委会副主任杜长天前往迎送，省人大常委会主任罗天会见并宴请代表团。外宾参观广州手表厂。

1984年4月27—29日，加拿大参议院议长莫里斯·里尔和众议院议长劳埃德·佛朗西斯率议会代表团一行28人访粤，省人大常委会副主任薛焰等前往迎送，省人大常委会主任罗天和深圳市市长梁湘分别会见并宴请代表团。外宾参观广交会。6月8—10日，哥伦比亚参议院议长卡洛斯·奥尔金·萨尔迪和众议院议长塞萨尔·加维里亚·特鲁希略率议会代表团一行18人访粤，省人大常委会主任罗天、副主任曾定石前往迎送并设宴欢迎代表团。外宾参观广州手表厂。8月19—20日，泰国下议院议长乌泰·屏猜春率议员团一行21人访粤，省人大常委会副主任蚁美厚前往迎送。省人大常委会主任罗天举行宴会欢迎屏猜春议长一行。8月27—28日，科威特国民议会议长穆罕默德·优素福·阿德萨尼率议会代表团一行10人访粤，省人大常委会副主任曾昭科宴请代表团。外宾参观深圳合资企业。9月14—16日，意大利参议院议长科西加一行11人访粤，省人大常委会副主任曾昭科前往迎送并设宴欢迎科西加议长一行。外宾参观深圳意大利埃尼集团阿吉普石油公司。10月13—15日，瑞士联邦议会国民院议长安德烈·高梯埃率议会代表团一行9人访粤，省人大常委会副主任曾昭科前往迎送，省人大常委会主任罗天会见并宴请代表团。外宾参观省中医学院。10月19—21日，挪威议长佩尔·黑辛—达尔率议会代表团一行16人访粤，省人大常委会副主任钟明前往迎送并设宴欢迎代表团。外宾参观广州重型机器厂，观看广东民族歌舞团演出。10月23—25日，塞拉利昂议会议长威廉·康特率议会代表团一行7人访粤，省人大常委会主任罗天会见并宴请代表团。外宾参观广交会。12月2—6日，孟加拉国部长会议主席侯赛因·穆罕默德·艾尔沙德一行访问广东。

1985年1月20—24日，芬兰议会议长埃尔基·皮斯蒂宁率代表团一行12人访粤，省人大常委会副主任罗维前往迎送，省人大常委会主任罗天会见并宴请代表团。外宾参观顺德陈村区花圃、农户。4月29日至5月1日，桑给巴尔议会议长伊德里斯·阿卜杜勒·瓦基尔率代表团一行6人访粤，省人大常委会副主任黄友谋前往迎送，省人大常委会主任罗天会见并宴请代表团。外宾参观顺德前进丝织厂，与省人大有关负责人座谈。5月14—16日，阿根廷众议院议长胡安·卡洛斯·普列塞一行3人访粤，省人大常委会主任罗天宴请普列塞议长一行。外宾参观南海县盐步区区办工厂、农户。6月10—14日，赞比亚国民议会议长鲁宾逊·姆·纳布利亚托率代表团一行8人访粤，省人大常委会副主任曾昭科前往迎送，省人大常委会主任罗天会见并宴请代表团。外宾参观珠海珍珠乐园。7月8—10日，澳大利亚联邦议会参议长道格拉斯·麦克莱兰率代表团一行16人访粤，省人大常委会副主任曾昭科前往迎送，省人大常委会主任罗天会见并宴请代表团。外宾参观深圳经济特区。8月5—8日，泰国国会主席、上议院议长乌吉·蒙空维纳率议会代表团一行20人访粤，省人大常委会副主任薛焰前往迎送，省人大常委会主任罗天宴请代表团。外宾参观广州玉雕厂、深圳蛇口工业区。8月8—10日，毛里求斯议会议长达比率领代表团一行10人访粤，省人大常委会副主任曾昭科等前往机场迎送，省人大常委会主任罗天会见并宴请代表团。外宾参观佛山美术陶瓷厂。8月26—28日，西班牙参议院参议长何塞·费德里科·德卡瓦哈尔率代表团一行20人访粤，省人大常委会主任罗天举行宴会欢迎代表团。外宾参观珠江啤酒厂。10月9—12日，荷兰王国议会（二院）议长丁克·多尔曼率议会代表团一行8人访粤，省人大常委会副主任薛焰等前往迎送并宴请代表团。外宾参观深圳中外合资企业。10月13—14日，苏联最高苏维埃联盟院主席列·尼·托尔库诺夫一行11人访粤，省人大常委会副主任罗克明前往迎送，省人大常委会主任罗天会见并宴请托尔库诺夫一行。外宾参观广州无线电厂，瞻仰中苏血谊亭并献花圈。11月1—2日，瑞典议会议长英厄莫德·本特松率议会代表团一行12人访粤，省人大常委会副主任罗克明前往迎送并设宴款待代表团。外宾游览广州市容。12月11—12日，巴西议会众议院议长乌利塞斯·吉马良斯率代表团一行27人访粤，省人大常委会副主任曾昭科前往迎送，省人大常委会主任罗天和副省长兼深圳市市长李灏设宴欢迎代表团。外宾参观深圳华发电子公司。

1986年8月5—7日，巴拿马议会议长卡米洛·戈赛内率代表团一行27人访粤，省人大常委会副主任曾定石等前往迎送，省人大常委会主任罗天会见并宴请代表团。外宾参观广州百事可乐厂。9月4—7日，斯里兰卡议会议长爱德华·莱昂内尔·森那纳亚克率代表团一行14人访粤，省人大常委会副主任钟明前往迎送，钟明和深圳市市长李灏分别宴请代表团。外宾参观深圳蛇口工业区。

1987年2月17—19日，巴拿马议会代表团一行23人访粤，省人大常委会副主任薛焰等前往机场迎送，省人大常委会主任罗天宴请代表团。外宾参观广州白云农工商联合公司、顺德陈村区、孙中山故居、珠海爱特电器厂。4月27日至5月1日，加拿大参议院议长居·夏博诺率议会代表团一行16人访粤，省人大常委会副主任曾定石等前往迎送，省人大常委会主任罗天、深圳市市长李灏分别宴请代表团。外宾参观深圳蛇口工业区等。5月21—22日，新西兰议会议长杰拉尔德·阿洛伊修斯·沃尔率代表团一行11人访粤，省人大常委会主任罗天会见并宴请代表团。外宾参观南方医院。6月11—13日，哥伦比亚众议院议长罗曼·戈麦斯·奥瓦列率代表团一行22人访粤，省人大常委会副主任罗克明前往迎送，省人大常委会主任罗天会见并宴请代表团。外宾参观黄埔开发区。7月4—7日，哥伦比亚参议院议长佩莱斯率代表团一行20人访粤，省人大常委会副主任罗克明前往迎送，省人大常委会主任罗天会见并宴请代表团。外宾参观深圳蛇口工业区。

1988年3月21—23日，挪威王国议会议长尤·班柯夫率代表团一行16人访粤，省人大常委会副主任薛焰前往机场迎送并设宴欢迎班柯夫议长一行。代表团参观广州—NPC海洋工程设计公司。8月23—25日，叙利亚议会议长卡杜拉率议会代表团访问深圳。省人大常委会副主任罗克明专程前往陪同议长参观访问深圳。深圳市市长李灏为卡杜拉议长举行欢迎宴会。8月29—30日，卢森堡大公国议会议长雷奥·博伦多夫率代表团一行8人访粤，省人大常委会主任罗天为博伦多夫议长举行欢迎宴会。代表团参观广英纺纱有限公司。11月16—18日，葡萄牙议会议长克雷斯波率代表团一行14人访粤，省人大常委会副主任罗克明等到机场迎接，省人大常委会主任罗天举行宴会欢迎克雷斯波议长一行。代表团参观广州经济技术开发区。

1989年3月23—25日，巴布亚新几内亚议会议长丹尼斯·杨一行8人访粤，省人大常委会副主任罗克明设宴招待丹尼斯·杨议长一行。外宾与省外经贸委、省农业厅等部门负责人座谈。4月12—14日，泰王国下议院议长班乍·盖索恩通率该院代表团一行19人访粤，省人大常委会副主任蚁美厚到机场迎接，省人大常委会主任罗天举行欢迎宴会。代表团参观广州经济技术开发区。5月2—4日，喀麦隆国民议会议长丰卡·尚·劳伦斯一行13人访问深圳、广州，深圳市市长李灏，省人大常委会主任罗天分别举行宴会欢迎喀议长一行。代表团参观省农机研究所。5月9—12日，西班牙参议院议长何塞·费德里科·德卡瓦哈尔·佩雷斯率代表团一行17人访粤，省人大常委会主任罗天、深圳市市长李灏分别会见并宴请佩雷斯参议长一行。代表团参观中西合资的番禺糖果有限公司、深圳中西合资的南油汽车服务公司。

1990年7月10—11日，厄瓜多尔共和国议会议长维尔弗里·卢塞罗一行5人访粤，省人大常委会主任林若举行宴会欢迎卢塞罗一行。外宾参观黄埔经济开发区。8月23—26日，塞内加尔国民议会议长阿卜杜勒·阿齐兹·恩多率代表团一行11人访粤，省人大常委会副主任薛焰前往迎送并设宴欢迎恩多议长一行。代表团参观深圳经济特区。9月1—3日，委内瑞拉共和国众议院议长路易斯·恩里克·奥维尔托率代表团一行9人访粤，省人大常委会副主任薛焰前往迎送并宴请代表团。外宾参观广州黄埔经济技术开发区。

1991年1月21—24日，老挝最高人民议会主席诺哈·冯沙万率议会代表团一行11人访粤，省人大常委会副主任罗克明前往迎送。全国人大常委会委员长万里在深圳会见并宴请诺哈主席一行，罗克明和深圳市领导李灏、郑良玉、厉有为参加会见和宴请。省人大常委会主任林若在广州会见并宴请老挝议会代表团。外宾参观深圳工业展览馆。3月24—26日，秘鲁共和国第一副总统兼参议院议长马克西莫·圣罗曼率议会代表团一行7人访粤，省人大常委会副主任罗克明前往机场迎送并设宴欢迎秘鲁贵宾。外宾参观广州经济技术开发区。5月12—14日，马来西亚上议院议长陈松德一行24人访粤，省人大常委会副主任曾昭科到机场迎送，省人大常委会主任林若会见并宴请陈松德议长一行。代表团参观广州经济技术开发区。陈松德议长在穗期间，会见从祖籍台山市斗山镇专程前来的堂兄一家。6月28日至7月1日，蒙古人民共和国副总统兼小呼拉尔主席拉·贡其格道尔吉一行17人访粤，省人大常委会副主任谢颂凯到机场迎送，省人大常委会主任林若、深圳市人大常委会主任厉有为分别会见并宴请代表团。外宾听取深圳市体改办负责人介绍特区发展情况。8月29—31日，智利众议院议长比埃拉加略率代表团一行13人访粤，省人大常委会副主任薛焰到机场迎送并宴请代表团。外宾参观顺德珠江冰箱厂。11月8—10日，西班牙众议院议长庞斯率代表团一行15人访粤，省人大常委会副主任曾昭科、省外办副主任卓毅等前往机场迎送，省人大常委会主任林若会见并宴请庞斯议长一行。代表团参观珠海经济特区。12月19—21日，伊朗伊斯兰议会议长卡鲁比一行60人访粤，深圳市人大常委会主任厉有为、省人大常委会主任林若分别在深圳、广州设宴欢迎卡鲁比一行。外宾参观广州怀圣清真寺、清真先贤古墓。

1992年3月7—9日，塞浦路斯议会议长亚历山德鲁斯·格拉诺斯一行12人访粤，省人大常委会副主任谢颂凯、省外办副主任卓毅前往迎送，省人大常委会主任林若会见并宴请代表团。外宾参观佛山化纤联合总公司。5月17—21日，新加坡国会议长陈树群率代表团一行10人访粤，省人大常委会副主任杨立、省外办副主任廖锡明前往迎送，省人大常委会主任林若会见并宴请代表团。外宾参观广州经济技术开发区。5月21—25日，莫桑比克议会议长桑托斯一行4人访粤，省人大常委会主任林若会见并宴请桑托斯一行。外宾参观华南农业大学。6月6—8日，瓦努阿图共和国议会议长塔希一行5人访粤，省人大常委会副主任罗克明到机场迎送并宴请塔希议长一行。代表团参观南海县东风藤厂。6月10—11日，尼泊尔议会下院议长德曼·纳特·东加纳率代表团一行17人访粤，省人大常委会副主任杨立等前往迎送并宴请代表团。外宾参观广州经济技术开发区。7月9—12日，罗马尼亚议会众议长丹·马尔茨安率代表团一行11人访粤，省人大常委会副主任方少逸、省外办副主任张清平前往迎送，省人大常委会主任林若会见并宴请代表团。外宾参观顺德珠江电冰箱厂。9月26—28日，孟加拉国议会议长谢赫·拉扎克·阿里率代表团一行9人访粤，省人大常委会主任林若会见并宴请拉扎克议长一行。代表团参观广州积士佳食品有限公司。

1993年4月29—30日，西萨摩亚议会议长阿法马萨加·法图·瓦伊利率议会代表团一行5人访粤，省人大常委会副主任谢颂凯前往迎送，省人大常委会主任林若会见并宴请代表团。外宾参观南海鞋厂和风扇厂。5月27—29日，吉尔吉斯斯坦共和国最高苏维埃主席舍利姆库罗夫·梅杰特汗率代表团一行25人访粤，省人大常委会副主任凌伯棠、省外办副主任黄印等前往机场迎送，省人大常委会主任林若会见并设宴款待代表团。外宾参观广州经济技术开发区。6月24—25日，基里巴斯议会议长贝雷斯塔拉尼斯一行5人访粤，省人大常委会主任林若会见并宴请议长一行。外宾参观广东罐头厂。9月2—3日，巴布亚新几内亚议会议长威廉·杰克·斯科特率代表团一行7人访粤，省人大常委会副主任方苞前往机场迎送，省人大常委会主任林若会见并宴请威廉议长一行。外宾参观广州经济技术开发区等。10月28—29日，匈牙利国民议会主席绍博德·捷尔基一行3人访粤，省人大常委会副主任凌伯棠、省外办副主任卓毅等前往机场迎送，省人大常委会主任林若会见并宴请绍博德主席一行。外宾参观广州经济技术开发区。12月2—3日，保加利亚国民议会主席亚历山大·约尔丹诺夫率议会代表团一行11人访粤，省人大常委会副主任凌伯棠前往迎送并设宴会欢迎亚历山大主席一行。外宾与省体改委、省计委座谈。12月2—5日，古巴全国人大主席阿拉尔扎一行4人访粤，省人大常委会副主任于飞等前往迎送并宴请阿拉尔扎一行。外宾参观花都炭步工业区。

1994年2月25—26日，法国参议院议长勒内·莫诺里一行8人访粤，省人大常委会副主任凌伯棠等前往迎送，省人大常委会主任林若会见并宴请莫诺里一行。外宾参观广州标致汽车公司。2月27日至3月1日，越南共产党中央政治局委员、国会主席农德孟一行21人访粤，省人大常委会主任林若会见并宴请农德孟一行。代表团参观花都“三高”农业项目。9月24—26日，纳米比亚国民议会议长莫斯·奇滕德罗率代表团一行6人访粤，省人大常委会主任林若会见并宴请代表团。外宾参观花都乡镇企业。10月18—20日，巴基斯坦国民议会议长尤素夫·拉扎·吉拉尼率代表团一行13人访粤，省人大常委会副主任凌伯棠前往迎送，省人大常委会主任林若会见并宴请代表团。外宾参观广交会。

1995年1月14—16日，冰岛议会议长萨洛梅·索格尔斯多蒂尔一行8人访粤，省人大常委会主任林若会见并宴请萨洛梅议长一行。外宾参观花都乡镇企业。3月5—7日，柬埔寨王国国会主席谢辛亲王一行21人访粤，副省长欧广源会见并宴请代表团。外宾参观广州白云企业集团公司等。3月9—11日，挪威议会议长格伦达尔率议会代表团一行9人访粤，省委副书记张帼英会见并宴请代表团。外宾参观广州经济技术开发区。

1996年7月20—21日，保加利亚议会议长博·森多夫率代表团一行12人访粤，省人大常委会副主任程誌青前往迎送，省人大常委会主任朱森林会见并宴请代表团。代表团参观广东改革开放成就展。9月11—14日，斐济共和国参议院议长约瑟法·伊洛伊洛率代表团一行5人访粤，省人大常委会副主任侣志广会见并宴请代表团。外宾参观南海市农业项目。10月31日至11月3日，克罗地亚共和国国会议长弗拉特科·帕弗莱蒂奇一行19人访粤，省人大常委会副主任侣志广前往迎送，省人大常委会主任朱森林会见并宴请代表团。外宾参观白云区无土栽培蔬菜基地。11月28—30日，智利参议院议长塞尔西奥·迭斯率代表团一行10人访粤，省人大常委会副主任凌伯棠等到机场迎送，省人大常委会主任朱森林会见并宴请代表团，外宾与省外经贸委负责人座谈。

1997年5月8—10日，葡萄牙共和国议会议长阿尔梅达·桑托斯一行13人访粤，省人大常委会副主任程誌青等前往迎送，省人大常委会主任朱森林会见并宴请桑托斯议长一行。外宾参观珠海三高农业项目等。5月23—24日，菲律宾参议院主席埃内斯托·马塞达一行5人访粤，省长卢瑞华会见、省人大常委会主任朱森林会见并宴请埃内斯托一行。埃内斯托参加菲律宾驻广州总领事馆开馆仪式。

1998年1月8—9日，伊拉克议会议长萨阿东·哈马迪一行6人访粤，省人大常委会副主任凌伯棠前往机场迎送，省人大常委会主任朱森林会见并宴请议长一行。外宾参观广州经济技术开发区。7月17—18日，爱尔兰众议院议长谢默斯·帕特森率议会代表团一行9人访粤，省人大常委会副主任侣志广前往机场迎送，省人大常委会主任朱森林会见并宴请帕特森议长一行。外宾参观广东改革开放成就展。

1999年1月14—17日，玻利维亚众议院议长乌戈·卡瓦哈尔一行16人访粤，省人大常委会副主任侣志广等前往迎送，省人大常委会主任朱森林会见并宴请卡瓦哈尔议长一行。外宾参观珠海农科所。5月27—28日，保加利亚议会议长索科洛夫率代表团一行17人访粤，省人大常委会副主任王骏前往机场迎送，省人大常委会主任朱森林会见并宴请索科洛夫议长一行。外宾参观广州珠江钢琴厂。6月17—19日，柬埔寨国会主席拉那烈亲王率国会代表团一行17人访粤，省人大常委会副主任张帼英等前往机场迎送，省人大常委会主任朱森林会见并宴请代表团。外宾参观省中医院二沙岛分院。

2000年5月26—28日，巴布亚新几内亚议会议长伯纳德·纳罗科比一行12人访粤，省人大常委会主任朱森林会见并宴请纳罗科比议长一行。外宾参观番禺鱼窝镇水稻种植实验基地。8月12—16日，格鲁吉亚议会议长祖拉勃·日瓦尼亚率代表团一行10人访粤，省人大常委会副主任张帼英会见并宴请代表团。外宾参观汕头龙珠水质净化厂、汕尾红海湾经济开发区。

（二）副议长来访

1979年10月26—29日，美国俄亥俄州参议院副主席亨利·麦歇尔率代表团一行19人访粤，省革委会副主任梁威林会见并宴请代表团。外宾参观广交会。

1980年7月16—18日，泰国上议院第一副议长甲蒙·德差东卡率国会代表团一行20人访粤，省人大常委会副主任杜长天前往迎送并宴请代表团。外宾参观广州博物馆。

1981年5月31日至6月4日，埃米利亚诺第一副议长和维克托第二副议长率领哥伦比亚参议院代表团一行15人访粤，省人大常委会副主任钟明等前往迎送并宴请代表团。外宾参观从化流溪河水电站。

1983年7月10日，哥伦比亚参议院第二副议长希拉尔多率议会代表团一行14人访粤，省人大常委会副主任薛焰前往迎送，省人大常委会主任罗天会见并宴请代表团。外宾参观从化县人和公社。8月21—22日，日本国会众议院副议长冈田春夫率众议院代表团一行8人访粤，省人大常委会副主任钟明前往迎送并宴请代表团。外宾参观广州电子计算机厂。

1984年3月21—23日，尼泊尔全国评议会副议长拉季班西率代表团一行6人访粤，省人大常委会副主任钟明前往迎送，省人大常委会主任罗天设宴欢迎代表团。外宾参观顺德陈村区多种经营。7月14—16日，扎伊尔全国立法委员会主席卡松戈·穆孔吉率代表团一行8人访粤，省人大常委会副主任曾昭科等前往迎送，省人大常委会主任罗天设宴招待代表团，外宾参观南海糖厂。7月19—21日，西班牙众议院第一副议长莱奥波尔多·托雷斯率代表团一行13人访粤，省人大常委会副主任钟明、省外办副主任丘荣专前往迎送，省人大常委会主任罗天设宴欢迎代表团。外宾参观深圳经济特区。

1985年8月23—25日，加拿大众议院副议长斯莱文·帕普洛斯基率议员团一行12人访粤，省人大常委会副主任薛焰前往迎送，省人大常委会主任罗天会见并宴请议员团。外宾参观佛山红棉丝织厂等。

1987年12月12—14日，哥斯达黎加民族解放党议会党团副主席阿方索·埃斯特瓦诺维奇切率议员团一行9人访粤，省人大常委会副主任曾昭科会见并宴请议员团。外宾参观深圳工业品展览馆等。

1988年3月22—24日，德意志联邦共和国联邦议院基民盟／基社盟议会党团第一副主席特奥多·魏格尔一行3人访粤，省人大常委会副主任程里会见并宴请魏格尔一行。外宾参观广州珠江啤酒厂。4月2—9日，菲律宾参议院副议长、参院蓝带委员会主席金戈纳一行9人对深圳、珠海、广州进行友好访问，省人大常委会副主任罗克明设宴招待代表团。

1989年11月18—22日，由泰王国上议院第一副议长披实上将率国会代表团一行16人访粤，省人大常委会主任罗天举行宴会欢迎披实一行。代表团参观中泰合资经营的广大畜牧有限公司。

1990年11月18—20日，芬兰议会第一副议长海旦麦基·奥兰德尔一行13人访粤，省人大常委会副主任程里设宴欢迎芬兰客人。代表团参观珠海江海电子公司。

1991年7月16—18日，土耳其副议长、议会文艺与出版委员会主席阿拉斯率代表团一行16人访粤，省人大常委会副主任程里会见并宴请阿拉斯一行。代表团参观江门鹤山拉舍尔厂。9月26—27日，匈牙利国会副主席絮勒什·马加什率代表团一行7人访粤，省人大常委会主任林若会见并宴请匈牙利客人。代表团参观广州经济技术开发区。

1992年1月30日至2月1日，德国联邦议院副议长克莱因率代表团一行20人访粤，省人大常委会副主任张汉青等前往迎送，省人大常委会主任林若会见并宴请克莱因副议长一行。代表团参观佛山美术陶瓷厂。

1994年1月26—28日，比利时众议院第二副议长埃里克·范凯尔斯比克率代表团一行9人访粤，省人大常委会副主任凌伯棠会见并宴请代表团。外宾参观江门金羚洗衣机厂。4月12—17日，泰国下议院第二副议长他云·拍颂一行4人访粤，省人大常委会副主任凌伯棠会见并宴请拍颂一行。外宾参观广交会。

四、其他外宾来访

来广东访问的其他要员，主要有总统夫人、国际知名人士、商贾名流、重要学者、华人精英、政界与军界要员等等。

1979年7月12日，菲律宾总统夫人伊梅尔达·马科斯一行79人访粤，省革委会副主任梁威林、广州市革委会副主任钟明等前往迎送并举行午宴招待。12月23日，越南黄文欢等2人来粤参观访问和疗养。省委第一书记习仲勋，省委第二书记、广州市委第一书记杨尚昆，广州军区副司令员欧致富、省革委会副主任梁威林，省委秘书长杨应彬等前往机场迎接并宴请黄文欢。31日，广州军区司令员许世友，兰州军区司令员韩先楚，广州军区副政委邓逸凡等会见并宴请黄文欢。外宾游览广州兰圃、西宛公园，参观广州农民运动讲习所旧址。

1981年4月28—30日，突尼斯总统夫人瓦西拉·布尔吉巴一行10人访粤，副省长叶选平等前往迎送，省长刘田夫宴请瓦西拉一行。外宾参观广交会。10月16—19日，应邀参加“纪念辛亥革命七十周年学术讨论会”的外国和中国香港地区学者46人访问广东，省长刘田夫会见并宴请学者。外宾参观孙中山故居、中山纪念堂、黄花岗、广州“三·二九”起义指挥部、国民党一大会址、中山大学等。

1982年6月1—4日，德意志联邦共和国红十字会总会总司库海因克率代表团一行4人访粤，省红十字会会长、副省长梁威林会见并宴请代表团。6月11—14日，匈牙利外交关系研究所所长焦瓦伊一行5人访粤，副省长曾定石会见并宴请焦瓦伊一行。外宾参观深圳蛇口工业区。

1986年8月5—8日，比利时菲利普王子一行5人访粤，副省长杨立宴请王子一行。外宾参观广州珠江啤酒厂。8月18—20日，中日友好二十一世纪委员会日方委员香山健一一行4人访粤，省长叶选平与香山一行共进早餐。外宾参观深圳、珠海经济特区。10月24日，世界野生生物国际基金会会长爱丁堡公爵菲利普亲王一行6人访问深圳，副省长兼深圳市市长李灏宴请爱丁堡公爵一行。公爵一行参观深圳“水缘生命展览”和福田红树林鸟类自然保护区等。

1987年9月10—15日，莱索托王国玛莫哈托王后一行11人访粤，副省长杨立前往迎送并宴请王后一行。外宾参观珠海美达磁碟厂。9月23—25日，丹麦王太后英格丽德一行9人访粤，省人大常委会副主任程里与王太后共进午餐。外宾参观广东民间工艺社。

1988年8月16—17日，日本兵库县知事贝原俊民等官员及日本近畿地区洋上大学520多名青年乘船对广东省进行友好访问。贝原知事一行参观、访问广州经济技术开发区、省农科院和广州市少年宫等。省长叶选平和省人大常委会主任罗天分别设宴欢迎贝原知事一行。12月19—21日，泰王国公主朱拉蓬一行29人访粤，副省长匡吉、省外办主任黄群等到机场迎送。省长叶选平设宴欢迎朱拉蓬公主一行。外宾参观东方红幼儿园、六榕寺。

1990年5月17—19日，以陈香梅女士为团长的美国国际合作委员会经贸考察团一行7人访粤，叶选平、于飞、欧初、雷宇等省和广州市领导会见并宴请陈香梅一行。考察团参观广州经济技术开发区。

1991年11月25—28日，苏联和平基金会副主席斯维特兰纳·沙维茨卡娅率代表团一行5人访粤，省人大常委会副主任谢颂凯会见并宴请代表团。外宾参观珠海中外合资企业。

1992年4月30日至5月2日，泰王国皇家海军“宾格老”号训练舰共229人，在泰国海军军官学校参谋长查猜·谢那尼空少将率领下访问广州，海军广州基地司令员陈庆季少将举行欢迎招待会。泰舰官兵游览广州越秀公园镇海楼、五羊塑像，参观中国海军舰艇和海军广州舰艇学院。泰舰军官拜会广州军区司令员朱敦法和省、广州市领导。8月22—27日，旅美知名华人万宜生、滕绍骏、邓子桢、朱云清等4对夫妇访粤，省人大常委会副主任杨立会见并介绍广东改革开放、经济特区的发展情况。万宜生一行参观考察广州、珠海、深圳经济开发区。

1995年6月20—23日，马达加斯加塔那那利佛市华侨公社社长冯保全率侨领团一行8人访粤，副省长卢钟鹤会见侨领团，省人大常委会副主任凌伯棠会见并宴请侨领团。外宾参观广州经济技术开发区。10月16—17日，泰国公主朱拉蓬一行22人访粤，副省长李兰芳设宴款待朱拉蓬公主一行。外宾游览广州市容。

1997年6月25日至7月2日，泰王国公主玛哈·扎克里·诗琳通一行23人访粤，副省长卢钟鹤设宴款待诗琳通公主一行。外宾参观潮州开元寺泰佛殿、珠海亚洲仿真控制系统工程公司等。

1998年2月20—21日，美国前国务卿黑格将军一行6人访粤，副省长王岐山会见并宴请黑格一行。外宾考察惠州、大亚湾地区的投资情况。

1999年10月26—29日，马来西亚海军护卫舰“汉都亚”号、指挥支援舰“马哈旺萨州”号和巡逻舰“穆西塔里”号，在马来西亚海军第二海军区司令陈赛明率领下访问广州，随舰来访官兵共568人。海军南海舰队副司令员安文庭等前往码头迎接。陈赛明等马来西亚海军主要官员分别拜会南海舰队、广州军区首长、广东省和广州市领导。陈赛明率部分官兵参观广州舰艇学院、东莞舰，马来西亚军舰部分官兵游览广州越秀公园镇海楼、五羊雕塑、中山纪念堂。中方高级军官参观了马来西亚军舰。

2000年6月13—15日，沙特阿拉伯王储顾问阿卜杜·拉赫曼·萨伊德等2人访粤，省长卢瑞华会见并宴请萨伊德等人。外宾参观深圳华为技术有限公司。

1979—2000年外国官方代表团访粤统计表

表3-2-1

年份	批数（总）	人次（总）	国家				政府								议会				政党				其他官员	
			元首		副元首		总理		副总理		部长		副部长		议长		副议长		正领导人		副领导人			
			批	人次	批	人次	批	人次	批	人次	批	人次	批	人次	批	人次	批	人次	批	人次	批	人次	批	人次
1979	21	624	1	93	2	118	3	103	1	9	3	74	—	—	3	43	1	19	1	4	—	—	6	161
1980	32	481	2	231	1	21	5	84	1	6	1	8	—	—	3	30	1	20	5	26	2	10	11	45
1981	30	384	3	58	2	11	2	24	2	31	2	25	1	2	1	10	1	15	3	12	1	4	12	192
1982	35	475	4	252	—	—	3	43	1	6	6	70	1	3	1	10	—	—	1	3	—	—	18	88
1983	35	426	1	66	1	51	3	27	—	—	1	5	—	—	10	103	2	22	4	28	1	7	12	117
1984	68	868	4	303	1	6	3	56	1	8	7	60	3	14	10	140	5	46	3	23	4	25	27	187
1985	84	1598	5	159	3	235	7	453	5	111	5	59	3	16	12	156	1	12	8	53	5	56	30	288
1986	105	1280	9	351	—	—	5	183	1	22	8	77	7	100	2	41	—	—	11	56	3	17	59	433
1987	100	1055	5	177	1	24	4	156	4	66	10	72	5	44	5	74	2	12	9	51	2	10	53	369
1988	74	1378	9	356	1	2	3	77	1	3	6	75	1	8	3	38	1	9	6	26	1	5	42	779
1989	51	483	4	96	2	7	2	12	1	7	3	25	2	8	5	81	1	16	2	30	1	16	28	185
1990	58	665	3	157	1	20	5	89	1	7	8	63	5	36	3	25	1	13	4	60	—	—	27	195
1991	97	1183	9	161	2	24	5	167	—	—	8	143	6	61	7	147	2	25	7	71	6	48	45	336
1992	95	1035	4	64	2	67	2	64	3	21	7	50	4	37	7	76	2	23	8	38	1	4	55	591
1993	69	1072	6	411	1	11	3	210	4	72	10	56	4	10	8	62	—	—	4	18	1	7	28	215
1994	75	1214	8	445	1	62	2	141	4	75	7	77	2	10	4	48	2	13	2	10	—	—	43	333
1995	50	683	3	240	2	17	3	125	—	—	1	5	4	24	3	38	—	—	2	13	—	—	32	221
1996	66	874	5	189	—	—	4	275	—	—	4	56	2	39	5	58	3	26	4	18	1	4	38	209
1997	62	1084	4	366	—	—	4	288	2	66	3	18	4	16	2	18	—	—	3	10	4	22	36	280
1998	40	404	2	77	1	14	1	100	—	—	4	37	6	32	2	15	—	—	1	6	—	—	23	123
1999	47	1022	—	—	—	—	2	81	1	16	3	17	1	5	3	50	2	17	3	70	2	15	30	751
2000	39	488	1	36	—	—	—	—	3	35	2	13	1	3	2	22	—	—	2	14	—	—	28	365
合计	1333	18776	92	4288	24	690	71	2758	36	561	109	1085	62	468	101	1285	27	288	93	640	35	250	683	6463

说明：以上数据摘自省外办礼宾处档案资料

第四章 驻粤外国官方、半官方机构及境外新闻机构

中华人民共和国成立后至20世纪70年代末，在广州设立领事机构主要是一些社会主义国家。70年代末以后，美国、日本等发达国家开始在广州设立总领事馆。80年代，有美国、日本、泰国、波兰及玻利维亚5家外国驻穗总领事馆（其中玻利维亚驻穗总领事馆于1989年6月由玻方自行闭馆）。至1997年，先后有澳大利亚、越南、马来西亚、加拿大、德国5个国家在穗设立总领事馆或领事馆。随着香港回归中国，1997年后，主要欧洲国家先后在穗设立总领事馆，包括英国、法国、荷兰、丹麦和意大利等。2000年外国驻穗总领事馆有16家，此外，新加坡驻厦门总领事馆和老挝驻昆明总领事馆的领区包括广东省。同年，中韩两国签订有关互设领馆的协议。

设立于50年代末及70年代初的朝鲜输出入商社驻广州贸易代表部（简称朝鲜贸易代表部）及朝鲜驻广州联络处等属外国驻粤半官方机构。朝鲜政府于1999年6月将朝鲜驻广州联络处关闭。此后，朝鲜贸易代表部的性质也从半官方机构变为一般的外国驻穗商务机构。

90年代末，境外新闻机构及中国香港新闻机构开始在粤设立分支机构或办事处。至2000年，已设有日本《经济新闻社》广州支局、香港《华南早报》广州分社以及新加坡《联合早报》广州办事处。

第一节 外国驻广州领事机构

一、美国驻广州总领事馆

（一）概况

根据中美两国政府1979年1月31日签订有关互设总领事馆的协议，中国在美国旧金山和休斯敦开设总领事馆，美国在中国广州和上海开设总领事馆。美国驻广州总领事馆（简称美馆）领区范围包括广东省、广西壮族自治区、福建省；海南建省后，增加海南省。

1979年8月31日，美国驻广州总领事馆在广州东方宾馆举行开馆仪式。美国驻华大使伍德科克主持仪式，来华访问的美国副总统蒙代尔和夫人出席并为美国驻广州总领事馆揭幕；中方陪同团团长黄镇和夫人、中国驻美大使柴泽民和夫人出席。广东省革委会主任习仲勋和夫人、广州市革委会主任杨尚昆以及省市有关单位负责人也应邀出席仪式。至2000年共有9任总领事，首任总领事为威廉斯。

美馆最初租用东方宾馆西楼11层南座东边的部分房子作为临时馆舍。建馆后业务不断增多、机构不断增加，先后将其商务处、农贸处迁往中国大酒店，新闻文化部迁往花园酒店。1988年10月，美馆租下沙面南街1号广州白天鹅宾馆附楼，装修完毕后，于1990年5月正式迁入办公，其中商务处、农贸处、新闻文化部仍留原址。

为工作上的便利，派来的美馆官员大多数懂中文，还专门挑选同中国有亲属关系或血统关系的人来担任职务。美馆第一任和第二任总领事的夫人是原在中国内地或香港的中国人。第三任总领事余永润更是第三代华裔，领事一级的官员中有几个人也是这种情况。1986年，美方任命孙中山的孙女孙穗芬为该馆商务领事。

1979—2000年美国驻广州总领事情况表

表4-1-1

抵离任时间	姓名	职务	备注
1979.8.31—1981.7.4	威廉斯　Williams Richarolie Welyn	总领事	1979年8月31日开馆，首任总领事
1981.7.1—1983.6.5	藤祖龙　Erome Christopher Ogden	总领事	其夫人为中国血统
1981.8.12—1984.5.8	贺健民　James Henry Hall	副总领事	其夫人为越南血统
1983.9.18—1986.9.28	余永润　Wever Gim	总领事	中国血统
1984.5.1—1986.7.31	柯本德　Harlow Jesse Carpenter.Jr	副总领事	其夫人为中国血统
1986.8.7—1991	史来克　Stephen Allan Schlaikjer	副总领事	其夫人为中国血统
1986.10.20—1990	班立德　Mark Shrum Pratt	总领事	—
1989.8.31—	谭慎格　John J.Tkacik	副总领事	—
1989.11.3—1993.1	贺德輗　Dennis G.Harter	总领事	—
1993.2.3—1996.6.15	马继贤　Eugene G.Martin	总领事	—
1996.7—1996.12	林可恩　John Lincoln	总领事	因车祸于广西殉职
1996.8.22—	桂维之　Howard Krawitz	副总领事	其夫人为中国血统
1997.4.21—	梅可恩　Edward McKeon	总领事	—
2000.8.1—	罗瑞智　John Norris	总领事	—

（二）主要活动

美馆开馆初期主要是办理移民签证业务。随着广东的对外开放和经济发展，该馆在业务、机构、人员方面都在不断变化和增加，至2000年，逐渐设有领事部、行政部、商务部、农贸处、新闻文化部、政治经济部等部门。该馆除美方领事官员、公务人员外，80年代初即有中国雇员数十名。其官员和雇员之多、业务量之大皆为各领馆之冠。1984年该馆有美方人员19人；1987年为25人；1990年39人；1992年50多人；1997年27人；2000年47人。美馆的业务主要包括：

1. 受理签证申请

美馆受理馆区（四省）大量因公、因私非移民签证申请，归口受理中国各省居民移民签证申请。

1980年2月，美馆开始办理到美国的非移民签证，即给临时到美国留学、探亲、访问的人办理签证。4月，该馆开始办理到美国的移民签证。1982年，广州美馆为中国公民申请移居美国办理了11000多人的签证，每天有数以百计的中国公民前往该馆询问手续、填交表格、接受问话、领取签证等等。1984年，鉴于台山县有大量居民申请赴美定居签证，美馆副领事罗福万专程访问台山县，会见台山公证处及县房管局官员，讨论有关该县居民申请美国移民签证事宜。

1985年，美馆办理签证数量猛增。据该馆统计，从1984年10月30日至1985年9月30日，该馆签发了13000多个移民签证，其中广东约占12000人。1986年共办理移民签证13000多人，非移民部办理中国自费赴美留学人员的签证2000份，占申请人的40%。

1986年11月1日起，美馆统办中国公民申请赴美移民签证工作，至1987年2月份，已办理领区外的移民签证400多份。

1999年5月，美馆签证工作采取一些临时性措施，如压缩签证受理数量、对因私类非移民签证申请实行电话预约等，尽量减少对领区内中国公民申请美国签证所造成的不便，并为广东因公赴美人员提供签证便利。

2. 了解领区（主要是广东）经济社会发展情况

80年代，美馆通过拜会、访问等活动，了解广东和香港往来的一般情况及广东向香港供水、旅客进出境手续、广东与香港相邻的边界等问题；深圳、珠海、汕头经济特区有关投资政策、当时投资情况、发展计划以及对外国公司的条例、规定、政策等情况；东莞、湛江、江门等市工农业生产和经济改革情况；广东北部地区少数民族经济、教育及文化方面的情况；广东省重点学校情况和发展计划；执行全国人口控制政策方面所取得的成绩及在人口控制问题上所采取的措施；打击走私方面的情况；计算机工业发展情况；果菜销售情况、果菜国际贸易情况，糖的生产情况；大牲畜和三鸟（鸡、鸭、鹅）的饲养量、屠宰量，开放后国营市场和农贸市场的肉（鲜肉和熟肉）、蛋类价格，发展畜牧业的饲料来源、种类、产量，全省畜牧业专业户的数量，是否引进过美国的品种，什么时候取消肉票和开放肉类市场，奶牛的单位产量，水稻的种植面积和单位产量，农牧渔业组织机构情况，销往香港的肉类、三鸟数量，广东粮食生产在全国所占的地位等情况；粮食生产、粮油加工、粮食生产政策等情况；广东省有关投资和外汇管理方面的情况。此外，美馆还不定期派员到福建、广西、云南等领区作公务旅行，了解当地政治、经济、社会和文化等方面的情况。

90年代，美馆了解的内容主要包括韶关、惠州和清远等地环保、社会经济等情况；广东粮食收购、储备等情况；南海、顺德等地私营企业情况；省国企改革情况；执行计划生育政策及具体计生工作情况等。

3. 指导和协助美、粤间重要商务活动

在美馆和广东方面的共同努力下，广东与美国商务合作不断发展。截至1986年，在广州的中美合资、合作企业共19家，投资额共3329.3万美元，外方人员共145人。这些企业包括：广美食品有限公司、广东省广来进口汽车冷暖机修配中心、广美香满楼畜牧有限公司、广三保养猪有限公司、中国南海西方赛得柯钻井有限公司、中国南海里丁英贝士钻井有限公司、中国石油测井—得莱赛·阿特拉斯合作服务公司、中国南海—麦克巴泥浆有限公司、亨联有限公司、中国岩心研究有限公司广州分公司、海泰潜水公司、广通食品有限公司、粤安食品国际股份有限公司、华美洁具有限公司、穗荣洗衣厂、广东数据科学公司、广州洁华实业公司、美国爱伦度直升机有限公司及富乐联合（中国）有限公司。

1990年5月，以陈香梅为团长的美国国际合作委员会经贸考察团一行到广东参观访问并了解投资环境时，认为广东有两方面长处：一是经济起步较早，投资环境很好；二是办事效率高，审批方便，周转层次少。

1991年3月，美国驻广州总领事贺德倪率领文化、经济、商务领事一行四人前往汕头市进行公务活动，参观了南澳县、汕头广播电视局以及特区一批企业，了解汕头经济发展规划、特区投资环境以及广梅汕铁路、汕深专用公路、跨海大桥、深水港码头和大型电厂等建设项目的情况。

同年三四月间，亚洲开发银行（简称亚行）再次审议广东省争取三茂铁路腰茂路段建设项目的贷款，该项贷款面临被取消。鉴于美国在亚行的股份多、发言权大，省外办及时向美馆做大量耐心细致的解释工作，安排省主管部门向他们介绍广东内部集资和向亚行申请贷款各有投向的实际情况，并适时组织他们作实地考察，帮助他们既了解到三茂铁路腰茂路段的施工建设、资金筹集、债券发行等情况，又看到今后粤西南地区经济发展的前景，最终于1993年促成美国政府支持亚行批准对该项目6750万美元的贷款。

同年5月，广东省国际信托投资公司在美馆的协助下争取到美国进出口银行贷款资格。1993年，省外办通过美馆促成该公司与美国进出口银行建立信贷关系，使该公司获得从美国进出口银行直接贷款的资格，从而增加广东吸引外资、引进外资的渠道。

1992年，美馆与省外经贸委约定，逢单数月举行一次“美国、广东贸易对话”，实现美馆与广东经贸信息交流制度化。美馆建议美国食品加工机械供应协会在广东开展食品加工机械设备促销活动，提示美方邀请广东组织购买团参加1993年2月在美国芝加哥举办的“国际食品加工机械展览会”。美馆还帮助美国最大的运输公司Sealand取得经营广东省和香港之间陆运业务的执照，争取进入中国第三产业市场。

1992年7月和9月，美馆与广东省外经贸委座谈落实有关经贸活动了解进入广东运输市场和经营直通货运的有关政策、外资企业申请预订铁路运输车皮的有关程序和办法、政府对外资企业员工购房有关政策和具体办法以及广州外汇调剂中心对外商投资企业参加外汇调剂实施的有关规定等。这两次会谈，除一些美商参加外，美馆总领事及政治、经济、商务领事均到会。

1994年，美馆促成广东个体商业者和私营企业家组成经贸考察团赴美国考察；促使广东有关肉类加工、蔬菜水果类食品加工等4个访美农业考察团成行；协助组织广东有关建筑机械、电力设备考察团访美。

4. 宣传美国文化

1982年10月，美馆设立新闻文化处，向所在国介绍美国社会、政治、经济、文化等情况，执行国际访问者计划，接待美国学者来中国访问、讲学等。所谓国际访问者计划，是由美国新闻总署提供全部经费并由该署直接组织和安排、广泛邀请国外人士访美的计划。邀请范围包括外国政府官员、社会名流、教授、学者等方面人士。美国国会每年为此拨出专款，邀请各国人士2000多人。1989—1992年间，此计划因故暂停，1993年恢复实施。

美馆新闻文化处刚设立就要求在广州开办一个名为“美馆图书馆”的对外开放的图书

馆，为中国读者提供经济、科技、文化方面的书籍，由其雇请中国职员管理；或将该馆设在中方某一图书馆内。后中方由广州图书馆与美馆达成一致合作协议，美方无偿将书籍提供中方并完全由中方管理，不附带任何条件。在该图书馆内设专门书架陈放美馆所供借阅的图书，也可以单独编纂目录，但不设专门阅览室。

1984年7月，美馆在广东画院举办美国布鲁克林博物馆“城镇和乡村”画展，美国驻华大使馆文化官员卡尔·奥森（Karl Ollson）出席画展开幕式。

同年11月，在美国第五十届总统大选揭晓之际，美馆在广州东方宾馆举行美国总统选情报告会。这是美国自在广州设馆以后第一次搞此类政治性很强的活动。中方人士20多人参加，10多名常驻广州的美国专家和商人到会。

1985年11月，美国学者约翰·约切尔逊到广东省社会科学院作题为“国际贸易与美国之经济”的演讲，主要内容包括美国经济的国际化、美国的复兴对国际之影响、美国政府面临的压力以及施政效果的展望等。

1986年3月，美馆在其馆内举办由美国当代著名诗人和散文家霍尔作“郊外的诗人”专题讲座，邀请广东部分大专院校从事美国文学研究的教师及美国诗歌爱好者出席。

进入90年代，美馆通过“请出去、走进来”的方式，邀请广东省文化、教育、新闻等部门的人员出访美国，安排美国专家学者来访广东或通过全球电视、电话联网会议，让美专家学者与中方人员就某些问题进行交流，进行文化思想方面的宣传。

1991年第一季度，美馆在馆内举办了三次电话会议、三场讲座、一场爵士音乐会、一场电影招待会，内容涉及美国经济、贸易、历史、法律、音乐、社会状况等；第三季度，美馆举办了一次电话会议、五次讲座，分别涉及最惠国待遇、美中关系中的贸易逆差、保护知识产权、《纽约时报》在美国地方报纸中的作用、鉴别假护照和假签证的方法以及美国大学入学和学校生活等方面的问题。

1992年，美馆积极促成美农业部国际合作发展署实现“中等收入国家计划”访美项目，邀请以广东省主管农业的省委副书记郭荣昌为团长的广东农业考察团访美。该团主要对美国的农业政策、农业体制与管理、农业现代化和商业化水平、农业服务体系等进行考察。

同年6月、7月间，中国掀起股票热，美馆文化处在深圳举办“股票市场知识”电话讲座，由纽约证券交易所金融专家主讲，深圳股票交易所、深圳大学、《深圳特区报》等单位有关人员参加讲座。

1993年，美国政府压缩财政开支，美馆通过“中等收入国家计划”邀请广东有关人员访美项目有所减少。

1994年5月底，美馆文化处欲在广州举办以刑事诉讼法为主要内容的电视联网对话会议，但没有预先照会省外办，且主讲人对华政治态度不友好，被省外办婉拒。

1995年，经中方交涉，美馆同意该年度国际访问者计划人选不再全部由他们自行物色，近半数由省外办推荐。1996年度人选基本上由中方推荐。

同年，美馆文化处在馆外举办有关英语教学的世界联网电视对话活动，广州各相关高校从事英语教学与研究的教师与专业人员参加。

1998年10月，美馆在广州华南农业大学举办关于环保的讲座，该校100多名师生参加。

1999年7月，美馆举办题为“顺时施宜，解决Y2K问题（千禧危机）”的世界联网电视会议，广东省此专题相关人员应邀参加会议。此次会议同时在美国和中国的广州、沈阳、成都三城市进行。

二、日本驻广州总领事馆

（一）概况

1980年2月1日，中国外交部与日本驻华大使馆交换互相设领协议，中日双方在日本札幌市和中国广州市互设总领事馆。日本驻广州总领事馆（简称日馆）领区为广州市（包括东山区、海珠区、荔湾区、黄埔区、郊区及花县、从化县、番禺县、增城县、龙门县、新丰县）。1984年1月26日，广州市行政区划扩大到清远县、佛冈县，日馆领区相应扩大。1988年4月，日馆领区范围改为广东省和海南省；1993年1月，又扩大为广东省、海南省、福建省及广西壮族自治区。

1980年3月1日，日馆正式开馆，田熊利忠为首任总领事。临时馆舍租用东方宾馆6楼（1985年迁往花园酒店）。开馆时，总领事田熊利忠在馆舍举行小型庆祝酒会。为配合日馆的开馆活动，日本驻华大使吉田于3月10日到广州访问并举行宴会邀请广东省副省长梁威林、广州市副市长欧初及省外办等有关单位负责人共19人出席。

1983年，日馆增加了专门负责的经济领事（此前由总领事兼任）。1984年，日馆有领事官员6人、家属5人，除总领事、副总领事外，还设有专管行政、总务的领事和负责经济方面的领事，其余人员分管文化、签证、机要、电讯等，雇请中方雇员7人；1997年日馆领事官员12人；2000年达19人。至2000年，日馆共有前后8任总领事（或代总领事）。

1980—2000年日本驻广州总领事情况表

表4-1-2

抵离任时间	姓名	职务	备　注
1980.3.1—1981.11.11	田熊利忠　Toshitada Taguma	总领事	1980年3月1日开馆，首任总领事
1981.11.7—1984.9.28	高桥迪　Michi Takahashi	总领事	—
1984.10.14—1986.7.30	大仓喜代司　Okura Kiyoshi	总领事	—
1986.8.12—1988.10.1	莲见义博　Yoshihiro Hasumi	总领事	—
1988.10.22—	有信宗　Arinobu Takashi	总领事	离任时间不详
1989.2.20—1991.1.16	柳濑友彦　Tomohiko Yanase	代总领事	—
1991.1.11—1995.1	古森利贞　Toshisada Komori	总领事	—
1995.3.10—1997.1.16	柳濑友彦　Tomohiko Yanase	总领事	—
1997.8.14—2001.1.2	小原育夫　Ikuo Ohara	总领事	—

（二）主要活动

1. 了解领区（主要是广东）经济社会发展情况

日馆设立之初，即积极了解广东的特殊政策和灵活措施，并具体询问广州市税务局向日商征税的有关规定；了解广东对全国“六五”计划的设想、广东和日本的经济合作前景以及广东经济特区发展前景；广东工农业生产指标、管理、旧企业改造、能源、物价、外资外汇、机构改革、经济犯罪、特区问题及广东与日本经济关系的展望；广东对外贸易的情况以及加强进出口贸易的管理、调整外资利用的审查权限、正确使用外汇和加强外汇管理方面的现状及未来的做法。

1988年10月，总领事有信宗到任，先后拜会了广东省和广州市领导人以及省外办、省外经贸委和部分大学、报社等十多个单位的负责人，其拜会单位之多一时居历届日本驻穗总领事之冠，主要了解中国政策对外商在广东投资的影响、广州地铁进展情况以及中国留学生问题等。

1991年1月，总领事古森利贞上任，随即拜会了广东省人大、省政府、省政协、省委宣传部、省外办、省司法厅、省公安厅、省文化厅、广州市政府、广州市外办等单位领导。古森还访问了深圳、汕头、潮州、花县，所到之处都拜会当地政府、经济口有关领导，尤其关注经济特区的发展情况。4月，古森等人又分别对深圳市、珠海市、中山市、江门市进行了公务访问，关注上海浦东的开发对广东各开放城市今后的发展带来的影响。

1994年12月，总领事古森利贞等人到梅州市访问，了解梅州市经济发展的主要情况，能源、交通、通讯发展状态和投资环境，以及客家人迁移分布、客家文化历史、客家民俗、客家名人等情况。

1995年8月，经济研究员长濑诚到广东农村发展研究中心及省农委拜会有关负责人，了解广东农村土地制度等情况。1996年3月，首席领事冨田昌宏分别到省统计局和省农业厅了解广东省经济统计情况及农业状况。

1998年9月，总领事小原育夫拜会省国家税务局，了解广东的税收投资环境情况。1999年9月，小原育夫拜会海关总署广东分署，了解加工贸易企业分类管理、钢材进口配额管理及讨论日本在粤企业原材料不足等问题。

2000年1月，总领事小原育夫分别拜会广东省省长助理武捷思、省政府副秘书长罗越及省经委负责人，了解广东国际信托投资公司问题的处理方法以及环保、贷款项目等情况，并就日本与广东的经济关系交换意见。

同年3月，领事小野一彦赴台山市、恩平市，拜会两市政府、外办有关领导及新当选的农村基层组织村民选举委员会负责人，了解村民选举情况。

2. 宣传日本

1992年5月，邀请广州日报社和羊城晚报社编辑和记者访问日本，广泛接触日本实际情况，增进对日本了解；1992年6月，邀请广东电视台3人摄制小组以宣传庆祝中日邦交正常化20周年纪念活动为主题，拍摄日本的政治、经济、社会、文化教育及国民生活情况；1992年6月，邀请广东省文化厅领导访问日本，考察日本文化艺术发展现状，日本对其传统文化艺术遗产的保护、继承和发展，现代化文化设施的建设以及文化市场的管理等；1994年3月，邀请广东省图片社、省摄影家协会和广东画报社青年摄影人员一行4人访问日本，以广东青年的眼光拍摄日本风貌；1996年7月，在日馆的努力下，广东省1996年度优秀青年访日代表团一行10人应日本外务省之邀访问日本，参观东京、横滨、大阪、京都、奈良、广岛、福冈等地比较有代表性的行业，考察学习日本的企业经营与管理、海关管理、出入境管理等，并进行了一些农业方面的交流。

90年代初，日馆开始办理总额在100万至500万日元以内的小规模对粤无偿援助项目。1991年，向佛冈县提供41405美元（合人民币22万元）的无偿援助资金，用于为该县人民医院和第一中学购置半自动生化仪器和教学视听器材。1992年，为信宜县环卫绿化站提供小额无偿援助资金。同年，援助广州市五山水土流失防治支援计划8567美元，用于中国科学院华南植物研究所购置器材。1993年为陆河县人民医院购置医疗器械项目援助56727美元。1994年，向增城市小楼镇第二中学提供21141美元的无偿援助，用于该中学购买教学实验仪器等；向怀集县桥头镇初级中学提供69922美元的无偿援助，用于该中学建设教学楼和购置课堂用具等。1995年，为和平县中学修建高中部教学楼项目援助101401美元；为紫金县中山中学购置教学器材项目援助43279美元。1996年，为揭西县第一中学修建校舍援助96525美元；为梅州市聋哑学校修建校舍援助96515美元。1997年，为清新县浸潭镇卫生院提供一批B超机、麻醉机、手术床、无影灯、高频电刀、胎心监护仪、新生儿抢救台、妇科手术包等25种医疗设备，价值人民币约482600元；为云浮市申浩小学修建校舍项目援助40370美元；为大埔县母子保健中心购置医疗器械项目援助18358美元；为大埔县卫生院购置医疗器械项目62764美元；为始兴县母子保健中心购置医疗器械项目援助72767美元；为乳源瑶族自治县洛阳镇修建卫生院门诊楼项目援助47692美元。1998年，为连州市购置医疗器械计划项目援助48294美元；为连山县购置基础医疗器械项目援助48360美元；为连南县购置基础医疗器械项目援助48343美元；为阳山县购置医疗器械项目援助48382美元；为饶平县购置医疗器械计划项目援助24166美元；为五华县购置医疗器械计划项目援助21785美元。1999年7月，日馆尽力促成日本政府向广东省环保项目提供日元贷款。同年12月，广东贫困地区接受日本政府1999年度“利民工程”援助签字仪式在广州白天鹅宾馆举行，日本总领事小原育夫以及广东省南澳、丰顺、五华、饶平、英德、乐昌和南雄等七县（市）卫生局（或医院）负责人分别在仪式上签字。2000年5月，日本总领事小原育夫、副领事西淳也到河源市了解贫困乡镇的医疗、教育设施，为日本“利民工程”小额无偿经济援助项目寻找帮扶对象。2000年，为龙川县车田镇卫生院购置医疗器械项目援助37242美元；为龙川县龙母镇卫生院购置医疗器械项目36347美元；为连平县隆街中心卫生院购置医疗器械项目援助42674美元；为连平县忠信中心卫生院购置医疗器械项目援助42045美元；为惠来县购置医疗器械项目援助36292美元；为南雄市购置医疗器械项目援助25002美元；为南雄市全安镇陂头小学修建教学楼项目援助34735美元。

积极协助日本海外渔业协力财团为惠阳市大亚湾设立水产增养殖种苗培育中心提供设备，并作为日本政府对中国的无偿援助项目之一。1997年8月，该中心在惠阳市澳头镇正式开业。

1994年7月，协助日本兵库县政府、兵库县议会日中友好议员联盟和日本驻穗商务、金融机构及日资企业分别向广东西江、北江洪涝灾区捐款100万日元、50万日元和13.25万元人民币。1995年1月，日本兵库县南部地区发生严重地震灾害，省外办致函日馆，对日本受灾人民表示深切的同情和慰问，并对在地震中遇难的人员表示哀悼。

3. 指导和协助日粤间重要商务活动

日馆积极推动日商与广东经贸联系。从80年代开始，日馆经常利用广交会之机举行以促进日中交流、发展两国的贸易来往为目的的酒会，众多日本在粤商人参加，日馆还邀请广东省、广州市领导和省直有关部门负责人出席。

1980年年底，经日馆要求及中方同意，日本商社在广州设立常驻办事处。日馆总领事高桥迪积极了解中国对日本商社广州办事处征收的税种、纳税环节等规定，督促、教育在广州的日本人遵守税法。

1982年8月，总领事高桥迪访问深圳，由此开始逐步加强在深圳、珠海、汕头3个经济特区的活动。随着该馆的频繁活动，日本公司在广东的投资发展迅速，从1983年4月日本三洋电机有限公司（独资）在深圳开业开始，短短15个月里，在广东就发展到19家，其中深圳占13家。

1983年12月，日本出光中国石油开发（株）湛江分公司成立。1984年3月，日本三和银行深圳办事处成立。

1985年，总领事大仓喜代司拜会广州市代市长朱森林、副市长杨资元，讨论广州市与日本公司合作的摩托车生产线及冰箱用压缩机等项目。

同年12月，领事平川智雄到湛江市访问，先后拜会该市外办、南海西部石油公司和该市经济技术开发区的负责人，了解有关南海石油开发、湛江市和经济技术开发区的经济发展情况，包括日本出光公司石油设备的引进、莺歌海的石油气开发、海南至广州的输气管道铺设计划完成情况、湛江市引进外资及外汇平衡和偿还情况、湛江市工人农民的平均收入、经济技术开发区首期工程五通一平完成计划及主要资金来源、开发区已签订及已投产项目等情况。

截至1986年，在广州的中日合资、合作企业共9家，投资额共688万美元，外方人员共34人。这些企业包括：白天鹅宾馆日本餐厅、日本环境保护仪器设备技术服务中心、中国渤海—日本海洋钻井有限公司广州分公司、日兴出租汽车公司、南湖ABC有限公司、广州东方游乐中心有限公司、中联国际租赁有限公司、本田摩托车广州服务部及广州三洋冷藏培养设备维修服务站。

1992年8月4日，广东省政府社会经济发展中心与日本总领事馆联合在广州花园酒店举办“华南经济区与日本”专题讨论会，借中日邦交正常化20周年之机，通过此举促进日本人对珠江三角洲乃至华南地区经济的了解，借助日本舆论界造声势，扩大广东知名度；加强中日双方理论界、学术界的联系，加强学术交流。期间，省长朱森林接受日本记者的采访，介绍了广东社会和经济发展的情况。

1994年2月3日，总领事古森利贞在广东国际大酒店宴请省外办主任巢振威及领事处有关人员，商谈与省外办就日在粤商工会可能出现的问题加强沟通。3月中旬，省外办与日本在广州、深圳、珠海、汕头的商工会会员在广州东方宾馆举办了广东省·日本商工会经济交流会，主题为广东经济发展的状况及未来展望、广东的基础设施建设计划的状况及展望、广东投资环境的状况及计划的强化、关于税制改革、关于外汇利率并轨及影响。

2000年6月上旬，首席领事松村敏夫、副领事西淳也拜会广东省社会科学院、省社会经济发展中心、省信息产业厅，就中国“入世”前广东经济领域的一些热门话题进行交流。

4. 致力于日粤文化、教育等方面的交流

日馆开展的日、粤文化教育等交流活动，主要包括举办插花或茶道表演、举办展览、向广东高校等赠送图书、参与举办或赞助高校日语比赛等等。

举办日本插花艺术或茶道表演。日馆分别于1982年、1983年、1984年、1985年以及

1991年、1992年、1995年与广东园林学会等有关单位联合举办插花艺术表演，由日本插花艺术大师、日本传统艺术“花道”流派之一草月派的代表性专家现场表演；1992年11月，联合广东对外艺术交流中心举办日本茶道表演，日本国立民族学博物馆文学博士、日本里千家流派茶道专家等人作现场表演；1998年3月，联合中山大学在该校日本研究中心举办“中山大学日本文化节”，表演日本茶道、花道。

举办日本挂历展览。1988年2月，日馆与省文化厅联合在广州文化公园举办日本挂历艺术展览；1992年2月，举办中日友好邦交20周年纪念暨“1992中日友好艺术联展”，展出80件日本挂历和中日风情插花各20件；1996年7月，联合省文化厅举办“日本偶人展览”。

赠送日文图书。日馆代表日本国际交流基金组织于1983年1月向华南师范大学赠送日文图书289册，价值70多万日元（约合人民币5000元），其内容涉及日本古典和现代文学作品和研究资料。1983年12月，向中山大学、广州外国语学院和华南师范大学赠送一批日文图书。1985年，分别向省广播电视厅及省电台赠送日语教材价值45000日元；向广州外国语学院赠书价值150000日元；向中山大学赠书价值140000日元；向华南师范大学赠书价值140000日元；向暨南大学赠书价值140000日元，合计价值共615000日元；1988年1月，分别向广东省各有关大学、经济研究机构和政府机关等赠送介绍日本经济发展的书籍《近代日本的经济发展》；1990年4月，向中山大学赠书36册。

参与举办或赞助广州地区高校日语口语比赛。日馆以日本国际交流基金会的名义分别于1987年4月、1988年12月、1990年1月、1992年11月联合省高教局及有关高校，参与举办或赞助数届广州地区日语演讲大赛，邀请每届大赛的优胜者到日本访问旅行15天并为其提供经济支持。1996年4月，日馆又为广东外语外贸大学东语系举办“日语外语角”日本文化及日语学习活动提供2000美元的资助。

此外，日馆的文化教育活动还包括介绍日本外交官、学者来粤演讲，分析和评价日中关系、介绍日本外交概况并展望面向21世纪的日中关系，介绍日本的现代化进程，以及进行学术交流会；邀请小型日本传统音乐艺术团、日本“狂言”艺术团等来粤演出，宣传日本文化。

三、玻利维亚驻广州总领事馆

（一）概况

1987年10月16日，中国与玻利维亚共和国就中方在圣克鲁斯市和玻方在广州市互设总领事馆达成协议，领区分别为圣克鲁斯省和广东省。1988年2月，玻利维亚首任驻穗总领事黄依娇（I Chiao Wong De Castro）抵穗就任。玻方选定沙面四街2号2楼西座为玻利维亚驻广州总领事馆（简称玻馆）馆舍。1988年6月，该馆搬迁到广州市盘福路63号华茂中心办公。

1988年3月19日，玻馆在广州泮溪酒家举办开馆庆祝酒会，应邀出席酒会的有广东省副省长匡吉、广州市副市长赖竹岩、省政府副秘书长朱一明、省外办主任黄群等。玻方出席酒会的有玻驻华大使莱马、驻穗总领事黄依娇及副领事葛斯多（Felix Castro F）。此外，美、日驻穗总领事、副总领事也应邀参加。酒会总人数约60人。莱马大使及匡吉副省长分别祝酒，黄依娇总领事和黄群主任分别讲话。

（二）主要活动

玻首任驻穗总领事黄依娇原籍中国福建，后移居玻利维亚。随行的副领事葛斯多是其丈夫。黄还雇用尚在福建的胞弟作为玻馆雇员，只作为玻馆的中方雇员协助工作，不享受任何特权和豁免，也不代表玻馆向地方有关部门交涉或执行公务。

玻馆开馆后，总领事黄依娇及其丈夫葛斯多领事主要忙于办理签证业务。此外，力促玻利维亚工商界了解广东、吸引他们到广东购买商品，尤其是在玻国很受欢迎的中国小五金、日用百货等产品。她还积极向广东介绍玻利维亚金融、工业及投资政策等情况，吸引广东客商到玻国投资。

1988年11月，云南省澜沧地区发生强烈地震，黄依娇以其夫妇的名义向灾区捐赠5万元人民币。

1989年3月，黄依娇因玻国政治高层变动被免除驻广州总领事职务。5月，玻利维亚驻华大使馆正式照会中国外交部，最终终止黄依娇驻广州总领事的职务，但玻政府重申保留其在广州总领事馆的权利。6月，黄依娇将在广州市华茂酒店租用的办公房退掉闭馆。

1990年12月，玻政府派遣领事夏正超到广州筹备玻馆复馆工作。夏正超拜会省外办领事处，通报玻馆将尽快复馆，新馆舍将设在广州越秀天安大厦。1991年3月，玻方又撤销对夏正超的任命。此后，玻馆复馆事宜一直被搁置下来。

四、泰国驻广州总领事馆

（一）概况

1988年8月，泰国驻广州总领事维猜·范那辛（罗维才）及两位领事、一位副领事、二位工作人员，连同家属共13人到达广州，开始履行领事职务。维猜是华裔，祖籍梅县松口镇。泰国驻广州总领事馆（简称泰馆）临时馆舍定在广州沙面白天鹅宾馆310房，领区是广东省、海南省、福建省和广西壮族自治区。10月4日，泰馆开始在白天鹅宾馆315-316号房办理签证及领事业务。

1989年2月12日，泰馆举行正式开馆仪式，泰国外长西堤·沙卫西拉为开馆揭幕。广东省副省长匡吉、广州市副市长石安海以及有关方面负责人等约70人出席开馆仪式。

2000年9月，泰馆商务处迁入广州市白天鹅宾馆304、305、306房办公。

1989—2000年泰国驻广州总领事情况表

表4-1-3

抵离任时间	姓名	职务	备注
1988.8.27—1991.8.26	维猜·范那辛（罗维才） Vichai Vannasin	总领事	1989年2月12日开馆，首任总领事
1988.8.27—1992.6	皮姆蒂 Smithi Pimdee	副总领事	—
1991.12.14—1994.9.1	素朴·张思源 Suphot Chongsanguan	总领事	—
1992.6.16—	文龙 Boonlue Praphoankul	副总领事	—
1994年年底—2000.12.11	黄惠侍 Thavi Theerawongseri	总领事	—
2000.10.9—	蒂帕婉Thipawal Jaruphand	副总领事	女

（二）主要活动

泰馆的业务除办理泰国签证外，主要是开展泰国与广东等领区之间的经贸往来。

1990年4月，总领事维猜一行4人访问梅州市。市长黄华华和副市长游宁丰会见和宴请了维猜一行，市外经、外贸、旅游部门以及丰顺县政府等有关单位负责人与访问团会谈。维猜一行参观了梅州市有关企业、学校等。总领事及其母亲还参观了梅县松口镇祖居地并祭祀先祖。

同年8月，总领事维猜和副总领事皮姆蒂等人分别到珠海和深圳特区访问，拜会两市政府领导，参观中泰合资、合营企业，并探讨扩大中泰贸易、经济和投资合作的前景。

1991年6月，泰方邀请以中国国际贸易促进委员会广东省分会名誉会长、省人民对外友好协会名誉会长、原副省长匡吉为团长的广东省经济代表团一行13人到泰国访问，借鉴泰国发展经济所取得的成就和经验，并向泰方介绍广东省改革开放以来经济建设的成就和“八五计划”的情况。双方就发展广东和泰国的友好往来以及投资、贸易、旅游等领域的经济合作进行商谈。

1993年3月，泰馆组织泰国几个大公司的负责人到中国了解投资环境。省长朱森林会见该团并介绍广东省经济社会发展情况。

此外，泰馆还促进泰国和广东在农业方面的交流与合作，分别于1995年5月、1998年6月在广州举办泰国水果节，在广州友谊商店展示泰国榴莲、芒果、红毛丹、山竹等原产水果，同时还展示泰国的水果种植技术。泰国农业部副部长沙莫，泰国驻华大使沙瓦尼，泰国国会议员、泰国农业部暨合作社国会议员特别委员会主任乍仑·占阁蒙，泰国农业促进局局长乌冬·卡占威哈专程到广州出席开幕典礼。省人大常委会主任林若、副省长欧广源出席开幕典礼。

五、波兰驻广州总领事馆

（一）概况

波兰于1955年5月28日在广州设立总领事馆，是中华人民共和国成立后较早在广州设立领事馆的国家之一，波兰驻广州总领事馆（简称波馆）馆舍位于广州市沙面大街63号。由于其国内经济困难，该馆于1981年10月31日自行闭馆，1989年7月22日复馆。

波馆设立之初主要是配合中波轮船股份公司广州办事处的业务和签证等工作。中波轮船股份公司是中国和波兰两国政府于1951年创办的中外合资远洋运输企业，总公司设在上海，自1954年起在广州设办事处，后因波兰国内经济困难，于1982年6月1日终止广州办事处的业务活动。1984年起，波兰经济开始好转，中波公司的船舶停靠黄埔港和湛江港的艘次逐渐增多。1986年10月20日，中波公司恢复其驻广州办事处，并改名为“中波轮船股份公司广州代表处”，中方主任是刘选民，波方主任安东尼罗兹奈，办公地址广州市沙面大街22号。鉴此，波馆复馆提到了议事日程。

1987年11月11日，中国外交部和波兰驻华大使馆达成协议并互换照会，波兰政府将在广州重新开设总领事馆，馆址仍为广州市沙面大街63号。1989年3月，波兰新任驻广州总领事杨·诺瓦克抵穗，就复馆事宜与省委常委方苞及副省长匡吉进行沟通。

1989年7月22日，波方在广州远洋宾馆举行招待会，庆祝波兰国庆暨波馆正式复馆。省人大常委会副主任杨立、副省长匡吉、广州市副市长石安海以及省、市有关部门负责人近100人应邀参加招待会。波兰驻华大使沃希尼亚克偕夫人，中国外交部领事司司长聂功成专程从北京前来参加招待会。美国、日本、泰国驻广州总领事馆官员应邀出席。诺瓦克总领事、匡吉副省长和聂功成司长在招待会上祝酒。

波馆复馆后设3人编制。1992年4月，波政府因财政困难及人手不足将波馆减为2人编制。

1989—2000年波兰驻广州总领事情况表

表4-1-4

抵离任时间	姓名	职务	备注
1989.2.15—1992.7.30	杨·诺瓦克　Nowak Jan	总领事	1989年7月22日正式复馆
1992.7.16—1997.1	杨·拉普希　Jan Rabs	总领事	—
1997.1—	埃德蒙·卡奇马莱克（柯奇）　Edmund Kaczmarek	总领事	—

（二）主要活动

波馆对广东省特别是珠江三角洲地区的发展极为关注，多次派员到广州、深圳、珠海、东莞等地参观访问，考察当地投资环境及发展规划。他们认为，改革开放政策使珠江三角洲地区发生了巨大变化，其经济发展速度超过了亚洲“四小龙”，深圳产的彩电等家电产品只要价格方面能与韩国的同类产品有竞争优势，一定能占据波兰市场。他们积极为促进波中两国的经济、技术合作和贸易的发展多做工作。

波馆于1990年12月在广州市举办题为“波兰——肖邦的祖国”图片展览，展出由波兰著名摄影家丁·沃林斯基拍摄的有关肖邦的生活和音乐创作的彩色图片、“肖邦音乐作品全集”唱片、由波兰著名钢琴家演奏的肖邦作品音乐会录像带等，展览后将上述图片和资料赠送给广州星海音乐学院。1996年10月，波兰驻广州总领事杨·拉普希的夫人、画家华丽雅在广州美术学院举办其为期5天的个人作品展。

六、澳大利亚驻广州总领事馆

（一）概况

1992年11月26日，澳大利亚驻广州首任总领事林美年到省外办拜会商谈澳大利亚驻广州总领事馆（简称澳馆）开馆事宜。省外办副主任卓毅表示，澳馆的开设对加强广东省与澳大利亚在各方面的交往将起到十分重要的作用，将推动广东与澳大利亚友好关系的进一步发展，省外办将为其开馆提供各种必要的协助。林美年是澳籍华人，祖籍广东惠州，任此职前，曾为澳驻华大使馆负责移民事务的参赞。

同年12月9日，澳馆正式开馆，澳议会秘书马丁、澳驻华大使赖脱威尔和澳驻广州总领事林美年参加开馆仪式。省人大常委会副主任杨立、副省长卢钟鹤，广州市副市长刘念祖等应邀出席。出席开馆仪式的还有美国、日本、泰国、波兰、法国驻广州总领事。副省长卢钟鹤致祝酒词。开馆仪式前，卢钟鹤副省长会见了马丁和赖脱威尔等人。该馆馆舍设在广东国际大厦主楼第11层，领区包括广东省、广西壮族自治区、海南省。

1992—2000年澳大利亚驻广州总领事情况表

表4-1-5

抵离任时间	姓名	职务	备注
1992.11.26—1996.5.19	林美年　Maurine Chong	总领事	1992年12月9日正式开馆，首任总领事（女），华人
1996.7.3—1999.12.18	安景华　Zena Armstrong	总领事	—
1999.12.16—	寇俊升　John Coartney	总领事	—

（二）主要活动

1995年1月9日，澳馆签证处正式受理前往澳大利亚访问的签证申请，包括广东省官方前往澳大利亚进行公务/商务考察的签证，旅游或探亲签证仍由澳大利亚驻华大使馆办理。1998年2月17日，澳馆移民部正式对外办公并受理和处理移民申请。

除处理签证外，澳馆业务主要包括以下几个方面：

1. 了解领区经济社会发展情况

澳馆从首任总领事林美年开始，就频繁拜会广东省、广州市有关领导和有关部门。了解广州市城市建筑及基础设施发展问题；澳方在惠州投资情况；深圳、珠海经济特区及珠江三角洲的发展规划、与香港的关系、海外和当地的投资情况、房地产业的发展、企业改革及经济特区的国有企业、劳务政策等方面情况；汕头市房地产及外来投资情况；中国金融调整及广东的经济形势，广东发展银行、上海浦东发展银行、深圳发展银行三者之间的关系，海外银行愿意和广东发展银行合作的原因，国家对金融界采取的措施特别是信贷方面的看法；广东贫困山区的经济状况、全省的经济状况及中共十一届三中全会对广东金融、税收、体制改革等方面的影响；广东社会治安情况；香港回归及粤港关系；广东环保项目、计划和广东就业与失业情况；广东旅游管理和旅游相关程序；广东国有企业改革的主要问题，顺德股份制改造问题；广东计划生育的做法；1997年东南亚金融危机可能对广东的影响，等等。

2. 推动澳大利亚和广东经贸往来

澳馆于1994年2月为湛江的红江橙引进澳大利亚先进保鲜技术；1995年5月推进珠海市与澳大利亚在环保领域的合作；1996年1月促成珠海市万山区利用澳大利亚政府出口信贷建造一艘新的客船“东区三号”；1996年2月推进澳大利亚百德有限公司与中山市化工机械厂的合作；1996年促成汕头市河浦区的澳资奶牛场“澳洲牧场”的投产。

澳馆分别于1995年11月、1996年11月在广州和佛山举办澳大利亚投资环境介绍会，向珠江三角洲及有关地区有意到澳大利亚投资、经商的企业界人士介绍澳大利亚投资环境、金融情况、新公司的税务规则、如何在澳大利亚设立公司、商务签证的有关要求及驻澳商业居留的有关条件等。1997年4月又在顺德举办“澳洲商务推介会”，顺德一些民营、镇办企业与澳方一些公司代表进行了初步了解和接触，有的达成合作意向。

1997年，澳馆通过中山大学寻求在学术上与中国高等院校有更多的交流与合作开发科研项目；在深圳以澳大利亚贸易委员会的名义举办“澳大利亚陈列展”，以促进与深圳市的经贸往来。

1998年，澳馆在广州举办“澳大利亚铁路技术与发展研讨会”，通过广州铁路局、广铁（集团）等机构寻求交流与合作，共同促进双方在铁路建设和运输方面的发展。

1999年，澳馆在广州举办澳大利亚建材、体育场馆产品介绍会，向省体育运动委员会（简称省体委）和有关体育场建设部门提供澳大利亚体育场馆建筑材料和设施方面的信息；在广州举办澳大利亚木材产品介绍会，向省林业厅和有关企业提供澳大利亚木材方面的信息；在广州举办澳大利亚出口信用会议，向中国华南地区的政府部门、外贸公司、银行、贸易协会及相关企业等机构提供澳大利亚贸易信贷保险和出口信用等方面的信息。

3. 促进澳大利亚与广东文化、教育、科技交流

1994年9月，在广州美术学院岭南画派纪念馆举办题为“跨越文化绘画”的澳大利亚墨尔本大学艺术博物馆画家作品展览，展出作品22件；1994年10月，在广州文化公园举办小型版画展，展出七位澳大利亚土著画家的28幅版画；1995年11月，在广州中山图书馆举办题为“昆温库的四季”的画展，展出作品13幅；1998年3月，在省博物馆举行名为“面对面”的摄影展，展出澳大利亚最著名的摄影家之一罗丽·格兰在中国香港和澳大利亚的摄影作品。

1995年5月，总领事林美年接受广东电视台社教部的新栏目《今日广东人》中“外国人看广东”的节目内容采访，介绍其对广东的印象和看法；1996年5月，澳馆与广东电台签订合约，澳馆以提供资金、文字及音乐资料的方式协助省电台下属的健康之声台开办“澳大利亚一小时”节目。

同年8月，广东省政府与澳大利亚就业、教育及培训部签署共识备忘录，双方在教育方面展开交流及合作；1998年3月，澳馆邀请五所澳大利亚大学的代表来穗，与广州的中山大学、华南理工大学、暨南大学、广东外语外贸大学、广东商学院、广州医学院等高校的代表就MBA课程和远程距离教育课程交流信息；1999年3月，澳馆在广州外商活动中心举办“澳大利亚教育公开展”，向广东各院校及有意前往澳大利亚进行短期培训或学习的政府部门、企业、单位介绍澳大利亚教育系统及有关学院的情况；2000年8月，澳馆联合广东教育国际交流协会在广州和深圳举办“2000澳大利亚教育展览”，邀请澳大利亚16所院校代表来粤参展。

1996年4月，澳大利亚新南威尔士州歌唱团（Song Company）一行7人在广州黄花岗剧院演出；9月，澳大利亚室内乐团在广州、佛山两地演出。

七、越南驻广州总领事馆

（一）概况

越南曾于1957年7月2日在广州设立总领事馆并开始正式办公。1978年6月17日晚，省外办副主任杨可忠根据中国外交部指示，约见越馆总领事黎光奠，宣布中国外交部致越南外

交部照会，自即日起关闭越南驻广州总领事馆（简称越馆），停止一切领事业务活动。越馆全馆人员在当月底撤离广州出境回国。

1992年11月，中国政府和越南社会主义共和国政府就在胡志明市和广州市互设总领馆事达成协议。1993年1月15日，新任越南驻广州总领事杨铭怡及越领馆大部分工作人员抵穗并筹备开馆事宜。越馆暂设于广州沙面宾馆四楼，共8名领馆人员，领区范围暂为广东省。1993年年底，越馆因经费紧张，迁往淘金北路13号的中国北方工业湛江分公司广州办事处的招待所，并于1994年1月16日起正式在该址办公。后又曾租用广州市环市西路金洋大厦（新兴宾馆）的客房作为馆舍。1999年8月1日，越馆迁至位于广州市海珠广场的华厦大酒店。

1979—2000年越南驻广州总领事情况表

表4-1-6

抵离任时间	姓名	职务	备注
1993.1.15—1996.1.23	杨铭怡　Duong Danh Dy	总领事	1993年1月重新开馆，首任总领事
1996.3.1—1999.4.25	黎英庆　LeAnh Khanh	总领事	—
1999.5.4—	裴仲云　Bui Trong Van	总领事	—

（二）主要活动

1. 了解广东经济社会发展情况，寻求越南与广东等地的经贸合作

1996年4月5日，总领事黎英庆拜会副省长卢钟鹤，表示要在其任内学习广东的先进经验，并尽最大努力为促进和进一步发展越中两国特别是越南和广东省的友好合作做出最大贡献。同年11月，越馆官员分别拜访广州市公安局，了解越侨在广州的生活情况；到佛山、顺德等地参观访问，了解广东省改革开放在农业、高科技等方面所取得的成功经验。

1997年5月，广东顺德美的集团公司在越南河内举办产品展销会。总领事黎英庆及商务领事回国出席该展销会；越南国家副主席、越共中央政治局常委阮晋勇、越南国家计委南方规划中心主任等人出席展销会剪彩及其他庆祝活动。

1998年5月，越馆官员到省外办拜会，了解广东省地方政府外事机构的组织、编制、职能和任务等情况；9月，拜会省公安厅有关人员，了解广东为外国人办理落地签证的做法、旅游证件的签发和管理以及如何为出入境投资者和旅游者提供方便。

1999年8月，总领事裴仲云等人到佛山访问，探讨佛山和越南在电力工业等方面进行合作的可行性，并寻求越南企业界与佛山在各个经济领域合作的机会。

2000年7月，总领事裴仲云到深圳市访问，拜会该市副市长宋海，并就越南在深圳举办经贸和投资环境介绍会事宜与深圳市有关部门协商。

2. 开展文化、教育和科技交流

1996年至1998年每年5月越南已故革命领袖胡志明诞辰日之际，越馆皆在广州市文明路250号的越南革命青年同志会旧址举行胡志明诞辰纪念活动，邀请广东省和广州市的文化、外事等部门负责人参加，介绍胡志明生前在粤进行革命活动的情况，并举行胡志明在中国进行早期革命活动的照片和资料展览等，表示要进一步加强越南与广东之间的友谊与合作，推动双方共同进步与发展。

1996年6月19日是越南革命烈士范洪泰牺牲72周年纪念日，越馆当天在广州黄花岗革命烈士陵园范洪泰烈士墓前举行纪念仪式。经该馆核实，纪念仪式前将该墓碑上错刻的范洪泰烈士诞辰日1893年5月14日修正为1895年5月14日。

1996年9月，省文化厅和中国展览交流中心联合在广州中山图书馆举办《越南当代美术展》，展出木版画、水粉画、萱麻纸画和烯酸材料画等美术作品80幅。总领事黎英庆夫妇出席开幕式并参观了展览。

1998年年底及1999年年初，总领事黎英庆分别拜会中山大学东南亚研究所及广州暨南大学东南亚研究所负责人，了解其对东亚金融危机的评价，并就香港经济衰退的原因、欧元的启动与西欧的地位、导致北美及西欧一些大公司兼并的原因等方面进行探讨。

1999年11月6日，总领事裴仲云出席华南农业大学90周年校庆活动，认为该校为越南培养了大量人才，为越南的经济发展做出巨大贡献。

2000年7月6日，广东行政学院与越南胡志明国家政治学院河内分院代表在广州签订合作意向书，开展教育交流与合作。

3. 协助处理越南船只、侨民走私物品的案件

1993—1996年，边防部门在广东海域缉获大量承运走私货物的越籍船只，共27起。越馆不断就广东有关方面扣留其涉嫌走私船只事向省外办提出交涉，协助妥善解决。

1994年7月28日，越馆照会省外办，希望广东地方公安、边防部门严格履行两国已经签署的有关航海协定，遵循国际航海惯例，并希望广东公安、边防部门抓、放越南船只时，能及时通知越南驻穗总领事馆。经省公安厅提供的资料表明，越南驻穗总领事馆提及的13艘货船中，有10艘是省公安边防部门查扣的。这10艘越南船是在中国领海而非公海查扣的，由于这些船只运载大量走私物品向中国大陆走私，均依法对这些船只作了处理。

1993—1996年查获越籍涉嫌走私船只情况统计表

表4-1-7

序号	缉获时间	船名	船员人数	走私物品种类及数量
1	1993.3.4	清平号（THANHBINH）	24	汽车33辆、摩托车10辆、传真机1台、摄像机1台
2	1993.3.12	日早号（NHUTTAO）	25	汽车7辆、空调机500台、电视机1003台、照相复制机159台、激光机690台、空调压缩机24箱
3	1993.3.14	海云02号（HAIVAN02）	20	汽车5辆、空调压缩机325箱
4	1993.3.14	西山号（TAISON）	22	汽车20辆、摩托车6辆、录像机10台
5	1993.3.16	越苏07号（VIETXO07）	28	空调机300台、洋酒60000瓶
6	1993.3.20	越苏03号（VIETXO03）	26	汽车15辆、音响3台、空调2台、电视机1台
7	1993.3.23	湄公04号（MEKONG04）	26	汽车20辆、电视机981台、空调机1250台、录像机6台

续表4-1-7

序号	缉获时间	船名	船员人数	走私物品种类及数量
8	1993.3.23	芽庄8号（NHATRANG8）	26	旧汽车25辆、电视机1100台
9	1993.3.23	清化01号（THANGROA01）	21	汽车59辆
10	1993.3.24	江海01号（RIVSEA01）	20	汽车38辆
11	1993.3.24	顺化02号（HUN02）	22	新旧汽车20辆、复印机73台、空调压缩机87箱、汽车配件37箱
12	1993.3.27	向阳号（HUONGDUOWC）	18	空调机2000台
13	1993.3.28	海灯01号（HAIDANG01）	20	空调机686台、汽车发动机386台、压缩机24箱、录像带758850盒
14	1993.3.31	越苏01号（VIETX001）	27	汽车16辆
15	1993.3.31	越苏04号（VIETX004）	26	汽车16辆、压缩机96箱、电视机8台
16	1993.4.3	顺安02号（THUANAN02）	20	汽车17辆
17	1993.4.17	富宁号	20	旧汽车18辆
18	1993.4.20	白腾02号（BACHDANG02）	24	小汽车82辆、电视机2台、打字机2台、传真机1台
19	1993.4.21	越苏08号（VIETX008）	27	汽车18辆
20	1993.4.27	争江号（SONGCHANH）	24	旧汽车18辆、电视机4000台、电缆100吨、电焊条100吨
21	1993.5.6	梅花号（HONMAI）	20	小汽车60辆
22	1993.5.8	含龙14号（HANRONG14）	18	小汽车7辆
23	1993.5.19	哈里斯89号（HALISH-89）	19	小汽车52辆
24	1993.8.17	越苏03号（VIETX003）	22	汽车5辆
25	1993.12.12	东方号（PHVONGDONG）	25	香烟3000箱
26	1994.1.16	渣湄3WCF	22	旧汽车40辆
27	1996.8.28	海云04号	不详	汽车31辆

4. 协助处理越南侨民非法入境及越南妇女儿童被拐卖的案件

非法入境的越南人自1987年开始从广西流入广东省。1987—2000年，广东有关部门共查处非法入境的越南人2262人次；其中越南妇女2089人次，占总数的92%。这些越南妇女大部分是被中越人贩子拐骗或互相介绍来粤。

大批非法入境的越南人给广东带来许多社会问题。一是诱发刑事案件。1987年—1998年，涉及非法入境越南人的刑事案件有案可查的就有49宗334人，主要是走私、贩毒、凶杀、盗窃、拐卖妇女等重大案件。二是扰乱社会治安。部分越南妇女把与粤籍公民非法同居作为立足点，从事拐卖妇女活动。三是严重影响广东省计划生育政策的落实。有的越南妇女把在越南所生子女带来广东，有的在粤生育多胎，1987—1998年越南妇女在粤非婚生子女约1万人。

1993年11月，越南少女邓氏××被拐卖到广东省雷州市覃斗镇卜立管区，被迫与当地一名40岁左右的男子成亲，后生一男孩。1996年9月，越馆在省外办帮助下，将邓氏××解救出来并转送回国。

1995年年底至1996年年初，越南儿童邓××被拐卖到台山市潮境口岭永安村。越馆在省外办、省公安厅帮助下，成功解救邓××并于1997年6月送回越南。

1996年5月，越南籍范氏×在越南芒街集和中国东兴一带被不法分子拐卖到广州，后被广州公安人员解救并送到越南驻广州总领事馆。在广东省外办的协助下，越馆于5月28日将范氏×转送回国。

1996年6月，共有86名越南侨民偷渡入粤。其中男性24人，女性62人；在湛江市53人，广州市20人，佛山市8人，茂名市3人，江门市1人，梅州市1人。在越馆协助下全部遣返越南。

越南少女刘氏×于1997年3月被拐卖到中国，1998年2月刘在广东省饶平县东山镇东光村写信给在越南的父母。1998年11月，省外办、省公安厅及越馆三方配合将刘成功解救并送回越南。

1999年12月26日，徐闻县边防大队山海派出所在该县下洋镇海星埠头抓获9名越南籍偷渡人员（6男3女）。据审查，该9名越南人于12月9日乘坐一艘配备发动机的竹船准备偷渡日本，后因机器故障，船只随风漂至徐闻县下洋镇附近海域。徐闻县边防大队在越馆的协助下于12月28日将该9名越南人遣送回越南。

八、马来西亚驻广州总领事馆

（一）概况

1993年9月20日，马来西亚在广州设立临时签证处，受理中国公民因公及因私赴马来西亚签证申请。10月18日，中国外交部与马来西亚驻华大使馆互换照会，互相达成设领协议。马来西亚驻广州总领事馆（简称马馆）领区为广东省、福建省、湖南省、江西省和海南省。10月24日，马来西亚移民专员巴哈林·宾·奥玛（Baharin Bin Omar）等人抵穗，先行开始颁发赴马来西亚签证，办公室临时设在广州凯旋华美达酒店。2000年2月1日，马馆迁至天河区中信广场商业大楼办公。

1993—2000年马来西亚驻广州总领事情况表

表4-1-8

抵离任时间	姓名	职务	备注
1993.12.12—1995.11.26	方卓雄　Fang Chok Seong	总领事	首任总领事
1996.6.25—1997.6	成立·卡欣　Mohd Zamri Bin Kassim	总领事	在广州任职期间由领事升任总领事
1997.6.11—2000.3.23	安尚礼　Ashaary Bin Sani	总领事	—
2000.3.18—	奥斯曼·萨铭　Othman Samin	总领事	—

（二）主要活动

1. 了解领区经济社会发展情况

1994年3月，马馆通过省外办、省建设委员会（简称省建委）等部门的帮助，促成马来西亚理德（Leader）公司与梅州市文福水泥厂的水泥生产合作项目。

1995年5月，总领事方卓雄率马来西亚企业家代表团一行14人考察汕尾、汕头、普宁三市。该考察团均由马来西亚实力雄厚、较有名望的华人企业家组成，其中立达环球控股有限公司董事主席方木山投资3000万美元在汕头市高新技术开发区开办电缆厂。这批企业家大多是祖籍潮汕人，对家乡怀有较深厚的感情，对积极参与粤东的经济建设、促进当地经济的发展有浓厚的兴趣。7月，总领事方卓雄到江西省访问；8月，到顺德市参观访问，了解顺德市的经济发展形势及家电工业情况，拜会市政府领导及有关企业负责人，洽谈顺德与马来西亚经济贸易合作的可行性。

1997年7月底，新任总领事安尚礼分别拜会副省长卢钟鹤及省人大常委会主任朱森林，并于8月初拜会了广州市市长林树森、副市长陈开枝、市人大常委会副主任李碧娴等人。

1998年、1999年，总领事安尚礼两次到云浮市访问，拜会该市市长，并参观马来西亚合资企业Sunny Land实业有限公司。

2000年，马馆总领事奥斯曼·萨铭访问云浮市，拜会该市市长温耀深，参观Sunny Land实业有限公司，了解该公司在投资方面遇到的问题。

2. 促进文化交流与旅游合作

1994年2月，马馆向广州图书馆赠送一批介绍马来西亚投资环境、旅游风景名胜等内容的书籍。3月，马馆通过省外办代马来西亚旅游促进委员会邀请中国国际旅行社广东分社、中国旅行社广东分社、广东省青年旅行社及花都、清远等地有关旅行社负责人前往马来西亚参加“奋进旅业人士教育之旅”，了解马来西亚的旅游资源。

1995年5月，马馆领事官员出席暨南大学的马来西亚同学会举办的“认识马来西亚展览会”。该展览会主要内容有文娱表演、播放录像、设摊档、展览图片等。

1996年11月，马馆在广州花园酒店举办马来西亚食品文化促销活动。其间，13名马来西亚歌舞演员在酒店美食展示厅表演其民族舞蹈，并介绍马来西亚的蜡防印花法。

2000年4月27日和5月15日，总领事奥斯曼·萨铭分别礼节性拜会省人大常委会副主任吕志广和副省长游宁丰，就广东省与马来西亚之间的旅游、贸易、教育及友好城市等方面交换意见。

九、德国驻广州总领事馆

（一）概况

1994年7月，德国外交部负责海外使领馆馆舍事务的官员卡尔·海茵兹·维特等访问广州，就德国驻广州总领事馆（简称德馆）选址问题与省外办、广州市规划局、沙面街办事处的有关负责人会谈。1995年7月，《德国驻中国大使馆与广东省人民政府关于向德国驻广州总领事馆提供办公用房协议书》在北京签署。

1995年11月6日，德国首任驻广州总领事齐懋曼抵穗就职。德馆馆舍暂设于广州白天鹅宾馆内，领区为广东省、广西壮族自治区、福建省和海南省。1996年12月1日，德馆搬入广州市沙面北街103号。1999年12月1日，德馆迁至广东国际大酒店。

1997年1月28日，德馆在广州沙面举行开馆仪式。副省长卢钟鹤、省人大常委会副主任凌伯棠、广州市副市长陈开枝、市人大常委会副主任谢士华、省政府副秘书长兼省外办主任巢振威等应邀参加开馆仪式和酒会。中央政治局委员、广东省委书记谢非发来贺信。德国驻华大使赛康德、德国副总理兼外交部部长金克尔的代表诺登斯科德专程来穗出席开馆仪式。

1995—2000年德国驻广州领事情况表

表4-1-9

抵离任时间	姓名	职务	备注
1995.11.6—1998.1.9	齐懋曼　Hans Jorg Zimmermann	总领事	首任总领事
1998.8.6—2000.9.28	荣悟刚·龙格　Wolfgang Runge	总领事	—
2000.10.12—	郭　颖　Irene Kohlhaas	总领事	女

（二）主要活动

1. 了解领区经济社会发展情况

德馆首任总领事齐懋曼于1995年分别拜会了副省长卢钟鹤、省人大常委会主任林若、省政协主席郭荣昌以及省政府副秘书长、省外办主任巢振威等省有关部门负责人；1996年4月到深圳市、珠海市访问并拜会两市市长、市人大、市计委、市外经贸委、市体改委、海关、市环保局并参观两市的重要企业；1997年6月到佛山市访问，参观该市广播电视中心、镇安净水厂等。

商务领事盖托思于1997年4月拜会广东省环境保护局（简称省环保局），了解广东省和广州市1996年的环保发展情况。1998年3月盖托思再度拜会省环保局，就环保问题进行会谈；拜会省计委，就广东省银行改革等问题进行会谈。

1998年8月，总领事荣悟刚就任之初即拜会副省长游宁丰，双方就广东与德国经贸关系、德国在广东的投资、世界金融危机对中国经济的影响以及广东经济发展形势等问题交换意见；10月访问深圳和珠海，并拜会两市领导和有关单位；11月拜会副省长汤炳权，双方就广东与德国的经贸合作以及广东国际信托投资公司的资信问题进行交流；1999年8月拜会省宗教事务局副局长黄德才，了解广东省的宗教情况。

1998年8月，广东遭受历史罕见特大洪水灾害，损失严重。上任之初的总领事荣悟刚向广东红十字会捐款合约人民币11万元。

2000年1月12日，荣悟刚到广西柳州访问。11月，新到任的总领事郭颖拜会副省长游宁丰、省人大常委会副主任佀志广、省政协副主席刘维明。游宁丰代表广东省政府对郭颖就任德驻穗总领事表示欢迎，并向她介绍了广东经济社会发展情况。

2. 促进德国与广东的经贸合作与往来

广州地铁一号线是中国与德国的重点合作项目。1997年6月28日，广州地铁一号线西朗至黄沙段正式开通，总领事齐懋曼和商务领事盖托思出席开通剪彩仪式；1999年6月28日，广州地铁一号线全线正式开通，广州市政府举行隆重的开通仪式，德国联邦经济合作发展部副部长米歇尔·伯尼特来穗参加仪式，常务副省长王岐山出席仪式并会见伯尼特一行。

1997年8月21日，总领事齐懋曼和商务领事盖托思到顺德市参观位于该市的两家德国合资企业顺德巴顿菲尔震雄（Battenfeld Chen）公司和顺德克鲁普震（Krupp Chen）公司。

十、英国驻广州总领事馆

（一）概况

1996年9月，中国政府和英国政府就各自在爱丁堡和广州互设总领事馆事达成协议。英国驻广州总领事馆（简称英馆）领区范围含广东省、广西壮族自治区、福建省和海南省。1996年11月，英方部分官员到达广州，开展有关设领馆的筹备工作，馆舍定在广东国际大酒店。1997年1月14日，首任总领事魏意安抵达广州就职。

1997年4月1日，英馆文化教育处正式成立并对外办公。9月22日，英馆在广东国际大酒店举行开馆仪式，副省长卢钟鹤、省人大常委会副主任凌伯棠、英国驻华大使艾博雅出席并剪彩。

1999年9月1日，英馆正式受理各类前往英国的签证申请。

1997—2000年英国驻广州领事情况表

表4-1-10

抵离任时间	姓名	职务	备注
1997.1.14—1999.10	魏意安　Ian Bradshaw Wellfare	总领事	首任总领事
1999.8.13—	卫健励　John Wilkins	副总领事	—
1999.11—	李　丰　Stephen Lillie	总领事	—

（二）主要活动

1. 了解领区经济社会发展情况

1997年3月，总领事魏意安拜会省计划委员会、省经济委员会、省对外经济贸易委员会及省电力局的负责人。4月至6月间，商务领事潘士礼分别拜会广州市招商局、省交通厅、省轻纺厅、省建委、广船国际、省卫生厅和省医药管理局、省邮电管理局等单位负责人。

11月，总领事魏意安访问珠海市，拜会该市领导和有关部门，了解珠海经济情况及广珠铁路问题，并参观了伶仃洋大桥桥址；访问中山市，拜会该市外办和计委负责人，并参加由英馆文化教育处与省建委联合主办的规划与管理系统研讨班结业典礼。

1998年2月，商务领事潘士礼到韶关访问，拜会该市外办、市环保局和韶关机场等部门；3月访问湛江，拜会该市外办、市环保局和湛江机场等部门。2月底、3月初、6月初及12月中，总领事魏意安分别到福建省、广西壮族自治区访问。10月下旬，总领事魏意安赴中山市访问，拜访该市领导及城市规划局负责人并参观国家健康技术园。

1999年7月，总领事魏意安拜会省经济委员会负责人。

2. 促进英国与广东省之间的经贸合作

1997年4月，总领事魏意安访问深圳并拜会深圳市市长李子彬，了解深圳经济发展情况和重点经济建设项目。

在英馆的努力下，由英国机场建设、投资、管理等方面的大公司和银行组成的英国机场集团于1997年7月访问广州，考察广州新机场项目，寻求合作机会。该团先后访问了省计委、广州新机场筹建办、民航中南地区管理局、白云机场和花都新机场场址，并拜会广州市市长林树森。

1998年3月，总领事魏意安访问惠州市，拜会该市领导、市外办及市计委，并参观惠州石化工程项目工地，了解中国与壳牌公司在惠州合作的南海石化工程项目有关情况。8月，代总领事潘士礼访问深圳并拜会深圳地铁公司负责人陈锡贤，了解深圳地铁公司与英国企业的接触情况及设备进行招标的大致时间，邀请深圳地铁公司派员前往英国考察正在改进中的伦敦地铁延伸线。陈锡贤向客人介绍了深圳地铁一期工程进展情况，说明深圳地铁项目立项基于比邻香港、推进车辆及设备国产化等两个基本点，阐述了外国企业在深圳地铁建设项目中可能合作的机会以及合作的三种可能形式。

1999年9月，商务领事应邀出席由广东经济投资促进会举办的“广东企业赴英国办公司、设办事处或投资综合介绍会”。11月，新任总领事李丰拜会省建设委员会，了解广东省建设方面的情况；2000年1月，拜会副省长游宁丰及广州市有关领导；同年2月，拜会副省长许德立，讨论广州奥林匹克体育馆建设项目，寻求合作的机会。

3. 促进英国与广东省之间的教育、医疗等交流

1997年3月，英国医疗专家克斯蒂·卓依森（Kirstie Joynson）到省妇女儿童保健院弱智儿童中心工作，从事专业人员在职培训、参与残疾儿童教育计划以及用电脑设计教学材料并开展科研工作，为期三年。

1997年6月，文化教育领事林悟德拜会广东人民广播电台台长曾广星等人，探讨与该台合作的可能性；1999年3月再度拜会广东电台有关负责人，了解广东电台节目有关两性问题及妇女的社会角色等情况。

1997年10月，英馆文化教育处分别与广东教育国际交流服务中心和中国教育国际交流协会深圳分会合作，在广州市和深圳市举办为期各两天的英国教育展览，由英国50至60个大学、学院和学校介绍在英国学习的机会；1998年10月，该馆与上述单位又举办两期类似的英国教育展览；1999年10月，英馆与广东教育国际交流服务中心联合在广州天河体育中心体操馆举办’99英国教育展览会，为广东省院校与英国院校的交流与合作提供机会，并为

广东青年学生提供英国教育信息和留学咨询服务；2000年11月，英馆联合广东教育国际交流协会在广州、深圳举办“2000年英国教育展览”，英国曼彻斯特大学、诺丁汉大学、沃威克大学等70所院校参加展览，展场设置了四个模拟教室演示课堂教学情形。

1998年4月，英馆与省高等教育厅联合在广州举办高等教育管理研讨班，邀请5位英国高教管理专家来穗，就如何筹划大学发展计划、实施必要的改革以确保课程设置适应21世纪对高素质熟练劳力的需求等方面与广东主要高校交流经验；同月，英馆与省经委在广州就广东国有企业改革尤其是相应的高级管理人员培训进行交流，将英国在长期的工业发展过程中经历过多次类似改革积累的经验教训提供给广东借鉴。

1999年11月，英馆与华南理工大学联合在该校举办“2000年新型大学研讨会”，主题为高科技学习手段、课程设置新概念、多元教学模式、新教学手段与质量监控、对校园内外学生学习进行评估的非传统手段、如何与企业合作开展培训计划等等。会议代表80多人（其中国外代表约15人，国内代表约70人），主要是英国高校和企业代表、广东省高校管理人员和企业代表等。

十一、法国驻广州总领事馆

（一）法驻华使馆华南商务专员

1985年3月，经中国外交部同意，法国驻华使馆一名商务官员常驻广州，从事商务活动，但不是法国在广州常驻机构的代表，只能以法国驻华使馆商务专员的名义处理广州商务，住地不作为官方机构驻地看待，不挂旗，不挂牌。首任商务专员为傅龙，在任期间，与一中国女子结婚。1989年1月13日，杰力明接替傅龙成为新任法国驻华大使馆华南商务专员。

法国驻华使馆商务官员在广州的商务活动非常活跃。1986年9月，傅龙与省科学技术委员会科技服务站在省科委科技大楼联合举办“法国医疗器械技术资料展览交流会”。1988年11月，法国罗纳·阿尔卑斯工业技术展览会在广州举行，傅龙与广州市科委技术展览中心专门为该展览举办了一次小型的记者招待会介绍情况。截至1988年，法国驻华使馆商务专员办公室与广东省达成大的合作项目有道达尔公司在湛江的石油开发、大亚湾核电站的建设、广州标致汽车合资公司的建立及云浮水泥厂的设备提供与建设等；加快了与广州市的合作步伐，新建立了中法合资企业——达能酸乳酪有限公司和管理江南大厦的诺瓦特公司；此外，法国各大区也前来访问考察广州，里昂与广州结为友好城市，两市达成开发房地产等一系列协议，以及法国参与从化抽水蓄能电站与广州乙烯工程项目的意向。

1989年10月，法国驻华使馆副商务专员常荣耀到汕头市拜会该市邮电管理局负责人，探讨与该市在电信方面进行合作的可能性。

1990年6月中旬，第二任法国驻华使馆商务专员杰力明组织法国在广州的几家银行代表（巴黎国民银行、东方汇理银行、兴业银行、里昂信贷银行）和法国驻香港的采购服务公司代表前往东莞、番禺、惠州参观访问，了解当地经济发展情况、对外合作项目、来料加工条件等；12月，杰力明组织香港法国商会组织的法国商业界代表团一行30人到深圳参观访问，了解深圳的情况并探讨在经济商业方面进行合作的可能性。香港法国商会由二百多家企业组成，其中多家与中国有业务来往。1991年4月，杰力明又组织法驻香港、新加坡公司的代表到珠海参观考察，寻求合作。

（二）领馆设立及基本情况

1991年4月29日，国务委员兼外交部部长钱其琛和法国国务部部长兼外交部部长罗朗·迪马在北京互签协议，中方同意法国在广州设立总领事馆、法方同意中方在法国增设一个总领事馆。8月24日，法国驻华大使马腾访问广东并拜会代省长朱森林、副省长卢钟鹤以及广州市市长黎子流等，商谈法驻穗总领事馆开馆事宜。首任总领事燕保罗随即抵达广州筹备开馆。

1991年11月22日，法国驻广州总领事馆（简称法馆）在广州白天鹅宾馆举行开馆仪式。法国外交国务秘书维维安主持开馆仪式。省人大常委会副主任杨立、副省长卢钟鹤、广州市市长黎子流以及有关部门负责人应邀出席开馆仪式。出席开馆仪式的还有法国驻华大使马腾、总领事燕保罗。卢钟鹤在开馆仪式上致祝酒词。

法馆正式开馆后，中国外交部停止了法商务专员常住广州活动，杰力明转为法馆商务领事。

由于法国政府向中国台湾出售武器，1992年12月23日，中国政府限法方在一个月之内关闭法国驻广州总领事馆。法馆于1993年1月22日关闭。1994年，中国外交部批准法国驻华使馆商务专员再度常住广州从事商务活动，其办公场所维持以前不挂旗、不挂牌的状态。

1997年3月，中国外交部和法国驻华大使馆互换照会，同意法国重开其驻广州总领事馆，领区范围为广东省、福建省、海南省和广西壮族自治区。4月24日，总领事安邦济抵达广州就职。6月24日，法馆开馆仪式在广州国际大酒店举行，法国驻华大使毛磊主持仪式，副省长汤炳权应邀出席。法馆开馆后，法国驻华使馆商务专员办公室再度并入法馆。

1991—2000年法国驻广州总领事情况表

表4-1-11

抵离任时间	姓名	职务	备注
1991.10.4—1993.1.22	燕保罗　Paul Jean-Ortiz	总领事	首任总领事
1997.4.26—2000.8.4	安帮济　Claude Ambrosini	总领事	重设总领事馆后首位总领事
2000.9.20—	劳查理　Bertrand Lavezzari	总领事	—

（三）主要活动

1. 了解领区经济社会发展情况

从1991年至1999年，法馆总领事、商务领事等人分别多次访问深圳，并参观深圳证券交易所；拜会省财政厅有关负责人，了解广东省财政经济情况；拜会省经委、省社会保险局、省公安厅，了解广东省国有工业企业的改革、广东省的失业情况、外来人口的涌入及广东省的流动人口、广东省社会治安工作等情况。

1992年11月，法国设备、住宅、运输部国际经济事务司派员访问广州，拜会广州市城市建设委员会、市交通局、市房地产开发等部门，了解广州城市发展规划及城市服务设施的建设、交通运输的发展规划（如高速公路、飞机场等）、建筑材料的发展项目、房地产的开发管理及房改规划及步骤等。12月，该部陆运局又派员访问广州，拜会省计划委员会、铁路部门以及广州世界银行负责人，了解广东铁路运输、发电等项目的建设情况。

1997年7月，法馆派员拜会省环保局领导并到深圳、珠海了解两地环保情况。

1998年6月，总领事安邦济到广西南宁访问。7月，法馆派员拜会省建委负责人，了解广东省建筑业的发展情况。

2. 促进法国与广东等领区之间的经贸往来

1992年3月底，由法馆组织的法国公司代表团到湖南省访问，探讨进行经济合作的可能性。4月，法国北方工程公司技术出口部的巴特纳到广州访问，探讨在建筑方面合作的可能性，向广州同行介绍法国在建筑方面的设备和技术，拜访广州市建委、市地铁筹建处、市东建实业公司、广州市第一建筑公司，并参观一建筑工地。5月，法国国家科学研究中心社会劳动学研究部部长杜朗和法国科学研究中心派驻东京的法日科学研究会负责人吉布努访问广东，拜会佛山市市长、深圳市计委主任、省社会科学院负责人和有关学者、亚太时报主编等人，探讨中外合资企业的技术转让问题。同月，法国对外贸易中心化工部主任克雷斯佩尔访问广州，拜会省石化厅负责人，了解广东省的石化情况及打算与外国进行合作的项目，特别是化学工程（如设计、程序、设备等），同时介绍法国在这方面的总体情况。11月，法国对外贸易中心代表高德访问广东，拜会广东省和深圳市计划部门的代表及电信局有关人员，参观有关邮电电信研究所及生产通讯设备的工厂，了解广东电信方面的发展情况并寻求合作项目。同月，法国对外经济联络局、法国驻华使馆商务处、驻广州总领事馆商务处及法国在香港的商会组织一个120人的法国企业界代表团参加在香港和珠江三角洲举办的“法国企业界在中国的合作机遇”研讨会，分别参观了深圳证券交易所、深圳美芝电子厂、深圳科技园的激光唱片厂、珠海依博公司、番禺沙湾制衣厂、南沙开发区、广州标致汽车公司、达能公司等，了解珠江三角洲和南中国地区的经济发展情况，寻求合作项目。

法馆积极促成广东省核电站事故应急委员会技术考察团赴法考察，中方在大亚湾核电站1993年投产前组团应邀赴法考察有关核电安全问题和对事故的应急处理技术。

1997年1月，商务领事卓明恺拜会中国南方航空（集团）公司总经济师童凯生，寻求法国空中巴士公司和中国南方航空（集团）公司的合作。10月，法馆派员拜会省交通厅外经办，了解广东省和广州市高速公路项目的情况，以及有关产品的中国市场信息；12月，法馆又派员拜会深圳市地铁建设领导小组办公室，了解深圳地铁项目的进展情况并探讨法国公司参与合作的可能性。

3. 促进法国与广东之间的文化、教育等方面的交流与合作

（1）法国与广东文化交流活动

1992年5月，法国司汤达–格勒诺布尔第三大学通讯学研究员多米尼克·科隆访问广州，拜会广东电视台和广州电视台广告部负责人，参观省广告公司、白马广告公司以及隶属于珠江电影制片厂的南国影业广告公司，对广州的电视广告进行研究。同月，法馆在广州业余大学的法语培训中心举办法国电影周，其间放映六部法国影片，包括《最后一班

地铁》《美女与狮子》《碧海情》《纯属巧合》《伞中情》《闺阁情怨》，其中《闺阁情怨》是中法合拍的影片。6月，法国驻华大使馆参赞鱼得乐访问广东，参观省立中山图书馆、广东舞蹈学校和广州江南大酒店等，期待共同促进法中文化交流。

1998年5月，法馆和广东外语外贸大学联合在广州举办“中法跨文化研讨会”。法国驻华大使毛磊来穗出席研讨会开幕式。省政府副秘书长兼省外办主任巢振威、省外办副主任温兰子分别参加了研讨会的开幕式和闭幕式。

（2）法国与广东教育交流活动

1989年10月，广州法语培训中心在广州业余大学设立，邀请法籍老师任教。1999年10月，该中心转与广东外语外贸大学合作。

1992年5月，法馆派员拜会中山大学社会科学系，拟在研究珠江三角洲社会和城市问题上进行合作。

1997年9月，“广州金亚法国国际学校”在广州二沙岛开办。学校成立的目的是给常驻广州的法国公民或其他法语区的外国公民的小孩一个按法国教育大纲就学的机会，该校由学生家长联合开办，为非营利性学校，经费从学费、赞助中解决，教员由法国人担任。

1998年4月，法馆和中山大学等单位共同举办名为“勇敢走向法国”咨询会，介绍法国各大学的培训情况、新教育技术成果等。

十二、菲律宾驻广州总领事馆

（一）概况

1996年11月底，中国和菲律宾两国政府代表在菲律宾首都马尼拉签署《中华人民共和国和菲律宾共和国政府关于增设总领事馆的协定》，中国政府同意菲在广州设立总领事馆，其领区范围为广东、广西、海南和湖南4省区。12月，菲律宾外交部人事行政司副司长岷理道·巴乐亚诺等人访粤，与省外办有关负责人商谈设领馆具体事宜。

1997年5月23日，菲律宾驻广州总领事馆（简称菲馆）在广州白天鹅宾馆举行开馆典礼。中国外交部副部长唐家璇和广东省副省长卢钟鹤为菲律宾总领事馆剪彩并参加开馆庆祝酒会。菲律宾参议院主席埃内斯托·马塞达和外交部部长多明戈西亚松来粤参加开馆仪式。

1997—2000年菲律宾驻广州总领事情况表

表4-1-12

抵离任时间	姓　名	职务	备注
1997.5—2000.6.16	刘易斯·克鲁斯　Luis T Cruz	总领事	首任总领事
2000.9.12—	伊萨伊斯·比戈尼亚　Isaias F.Begonia	总领事	—

（二）主要活动

1997年5月26日，菲馆开始受理赴菲签证业务，包括因公、旅游、商务以及投资移民类移民签证。1998年3月17日，菲馆调整其签证政策，前往菲律宾克拉克经济特区的外国游客及商务人员可免签证，停留时间最长可达14天。

1997年8月，总领事刘易斯·克鲁斯和菲律宾商人李仕俊等人到英德市访问。英德市委书记江惠生会见刘易斯一行，英德市市长谭强炎陪同刘易斯等人前往英德市农贸市场和建设中的商贸城参观，并考察保税仓和英德林场。双方主要探讨菲律宾造纸商在英德投资建设纸浆厂的可能性、英德每年向菲律宾出口50万吨水泥及委托菲企业试销英德茶叶等农副产品的合作项目。

2000年6月，菲馆借庆祝中菲建交25周年之机联合省旅游局、省外办及中国国际贸易促进委员会广州市委员会（简称广州市贸促会）广州市贸促会在广州花园酒店举办“菲律宾周”系列活动并举办菲律宾旅游座谈会、菲律宾美食节暨食品展销等。

十三、荷兰驻广州总领事馆

（一）概况

1997年4月1日，中国外交部和荷兰驻华大使馆达成协议，中方同意荷兰在广州设立总领事馆，领区范围为广东、福建、海南省和广西壮族自治区；荷方同意中国保留在荷兰设立总领事馆的权利。9月15日，荷兰驻广州首任总领事卢贤抵达广州履职。

1998年2月27日，荷兰驻广州总领事馆（简称荷馆）在广东国际大酒店举行开馆仪式。荷兰经济大臣威伊尔斯率领一个大型商务代表团访华并到广州主持开馆仪式。副省长汤炳权、广州市常务副市长陈开枝应邀出席。威伊尔斯和汤炳权分别在仪式上致辞。

（二）主要活动

1998年5月，总领事卢贤在省外办副主任温兰子的陪同下访问惠州市，与该市市委书记谭璋球、市长李鸿忠进行座谈，并在副市长林惠纯的陪同下参观TCL公司，在副市长郑永和陪同下参观大亚湾经济开发区的南海石化项目。

1999年6月中旬，总领事卢贤及参与过中国重大工程建设的四家在粤荷兰建材公司的代表拜会副省长许德立，了解广州第九届全国运动会场馆建设进展情况，寻求参与九运会场馆建设项目的机会。

2000年4月，总领事卢贤拜会副省长欧广源，就如何加强广东与荷兰两地农业合作尤其是花卉种植和家禽饲养的技术交流与合作广泛交换看法。

十四、加拿大驻广州总领事馆

（一）概况

1994年年底，首任加拿大驻广州领事郑定佐抵穗就职，加拿大驻广州领事馆（简称加馆）在广州市中国大酒店正式设立，领区为广东省和广西壮族自治区。该馆暂不处理领区公民赴加签证申请，只处理加国与领区之间的经贸来往事务以及为领区内的加拿大居民提供帮助。

1996年9月19日，经国务院副总理兼外长钱其琛和加拿大外交部部长劳埃德·阿克斯沃西以换文方式代表两国政府确认，加馆领区扩大为广东省、福建省、海南省和广西壮族自治区。

经中加两国政府友好协商并达成谅解，1997年11月20日，加馆正式升格为总领事馆，领区仍为广东省、福建省、海南省和广西壮族自治区。

1994—2000年加拿大驻广州领事/总领事情况表

表4-1-13

抵离任时间	姓名	职务	备注
1994.12.8—1995.9	郑定佐　George Jung	领事（馆长）	首任领事
1995.9.28—1997.7	柏玛丽　Mary Catherine Boyd	领事（馆长）	（女）
1998.4.29—	刘兆珩　Paul Shiu-hun Lau	总领事	加领馆于1997年11月20日升格为总领事馆后首任总领事

（二）主要活动

1. 了解广东经济社会发展情况

加拿大在广州设领馆后，该馆领事或总领事等人先后多次拜会副省长钟启权、卢钟鹤、游宁丰，以及省政府副秘书长兼省外办主任巢振威等；拜会省外经贸委、省建委负责人；拜会省公安厅、省民政厅、省公证管理处，就有关移民、签证的法规及程序等问题进行探讨；拜会省社会科学院，了解广东的经济情况，如国有企业股份制改革等；拜会深圳市市长李子彬，参观深圳的部分加拿大投资企业；参观考察佛山的投资环境，促进加拿大与佛山在经贸和文化教育等方面的合作和交流；拜会广州白云国际机场边检站和海关负责人，了解情况并探讨双方合作机会，减少及杜绝非法出入境行为；拜会湛江市市长周镇宏，并参观了湛江海洋大学、湛江港务局、湛江经济技术开发区、湛江国际会展中心等。

2. 寻求加拿大与广东省的经贸合作

领事郑定佐于1995年7月到江门、开平、恩平、台山、鹤山、新会等地访问，拜会各市领导外经贸委、贸促会领导，了解该地区的经贸发展情况、投资环境，探讨加强双方合作的可能性，并参观一些具有代表性的企业。

领事柏玛丽于1996年9月到汕头市访问，了解该市经济发展情况并参观两家在潮汕地区投资的加拿大企业。9月22日，加馆在广州举行加拿大食品节，加拿大驻华大使贝祥主持食品节的开幕酒会。省政府副秘书长兼省外办主任巢振威应邀出席。

2000年10月，省外经贸厅与加拿大驻广州总领事馆联合在深圳“高交会”期间举办粤加高科技企业交流会。

3. 加拿大与广东的教育交流

2000年5月，加馆协助广州市环境保护宣传教育中心举办“广州新千年环保影视月”。该馆代总领事贝格出席5月15日在广州蓝宝石电影院举行的加拿大环保主题电影“The Creature of the Sun”的首映式。10月，广东教育国际交流协会与加拿大教育中心（CEC）合作在广州举办“2000年加拿大教育展览”。

十五、柬埔寨驻广州总领事馆

1997年12月，中柬两国政府就柬埔寨在广州设立总领事馆问题达成协议并互换照会。1998年2月，柬政府任命英洪为其首任驻广州总领事。

1998年7月1日，柬埔寨驻广州总领事馆在广州市花园酒店开馆，并同时开始受理赴柬的因公、商务和旅游签证。该馆领区范围包括广东、广西、福建和海南等3省1区。7月6日，省政府副秘书长兼省外办主任巢振威会见英洪。7月28日，首任总领事英洪拜会副省长游宁丰，游宁丰副省长代表省政府对英洪到广州上任表示欢迎和祝贺，并介绍广东的经济和社会发展情况。9月，总领事英洪到广西壮族自治区访问。

十六、丹麦驻广州总领事馆

（一）概况

1998年5月13—15日，丹麦驻华大使布莱森访问广东，物色即将设立的丹麦驻广州总领事馆（简称丹馆）的馆舍和领事住宅。省政府副秘书长兼省外办主任巢振威会见并宴请了大使一行，并就丹麦在穗设领馆问题交换意见。8月4日，中国外交部与丹麦驻华大使馆在北京完成就中国政府同意丹麦在广州设立总领事馆的换文。9月17日，丹麦驻广州首任总领事严森获颁领事证书，并于9月23日在广州中国大酒店开始办理领事业务，其中包括签证业务。丹馆领区包括广东省、广西壮族自治区、福建省和海南省。

1999年4月29日，丹馆在广州中国大酒店举行开馆仪式。省人大常委会副主任侣志广、副省长李兰芳，丹麦卫生大臣卡斯顿·考克、丹麦驻华大使白慕申及驻广州总领事严森等为开馆仪式剪彩。李兰芳和卡斯顿·考克分别致辞。

（二）主要活动

1998年10月，丹总领事严森拜会省政府副秘书长兼省外办主任巢振威、省外办副主任温兰子。

1999年1月底，严森和商务领事韩宁信拜会省环保部门负责人，了解广东重点环保建设项目，促进丹麦与广东在环境保护方面的合作。4月，丹馆和省外经贸委联合在广州中国大酒店举办广东—丹麦经贸合作洽谈会。丹麦驻华大使白慕申出席并致辞。来自丹麦11家公司的代表与广东有关部门及企业会面，探讨经贸合作机会。

2000年3月16—18日，商务领事韩宁信携丹麦史密斯公司驻北京办事处代表史人杰一行二人到云南访问。12月17日，经省外办、省民族宗教事务局、省基督教协会同意，丹馆安排来自香港的丹麦牧师于广州沙面天主教堂主持仪式，供居住于广东、广西、福建、海南等四省区的丹麦公民前来庆祝圣诞。

十七、意大利驻广州总领事馆

（一）概况

1997年11月3日，中国外交部与意大利驻华大使馆就中国在佛罗伦萨、意大利在广州设立总领事馆事达成协议并正式互换照会。

1998年11月3日，意大利驻广州总领事馆（简称意馆）首任总领事范义澜抵达广州就职，并于次日在广东国际大酒店开展领事业务。意馆领区包括广东省、广西壮族自治区、福建省和海南省。1999年11月4日，迁往广州中信广场52楼办公。

2000年3月27日，意馆在广州中信广场举办开馆仪式，意大利外长迪尼主持，省人大常委会副主任侣志广、副省长游宁丰，广州市副市长王守初以及16个外国驻穗总领事馆的领事官员应邀出席。

（二）主要活动

1. 了解广东经济社会发展情况

1998年至1999年间，总领事范义澜先后拜会省政府副秘书长兼省外办主任巢振威，省人大常委会副主任侣志广、副省长游宁丰；拜会省公安厅、省外经贸委、省计委、省招商局、广州经济技术开发区、市外办、市公安局等单位负责人；拜会华南理工大学、广东外语外贸大学、广州市计委、广州日报社、羊城晚报社、粤港信息日报社、广东电视台、广州电视台等单位负责人以及深圳市政府、市外办及市有关部门负责人。

2. 寻求意大利与广东的经贸合作

1999年4月，总领事范义澜、副总领事范康宁等人到佛山市访问，拜会佛山市政府领导，与市经委及市外经委负责人座谈，了解佛山的投资环境、经济发展现状及未来的工业发展前景，寻求意大利企业界与佛山在各个经济领域合作的机会。范义澜一行还参观意大利在佛山的独资或合资企业。

2000年8月28日，副省长汤炳权在省府会见总领事范义澜，就双方经贸合作事宜交换意见。汤炳权感谢范义澜总领事对即将于9月14日在意大利米兰市举行的“2000年广东投资推介会”所给予的大力支持。范义澜表示将尽全力支持推介会的召开。

3. 促进意大利与广东的教育交流

1998年12月，总领事范义澜拜会广州大学校长张士勋，了解该校与意大利院校合作协会合作举办的维修工程技术学部的情况，并希望为广州大学和意大利的院校开展更多合作牵线搭桥。

1979—2000年外国驻广州领事机构一览表

表4-1-14

派遣国名	设馆日期	首任（总）领事	领区范围	馆址
美国	1979.8.31	威廉斯 Williams R.Welyn	粤桂闽琼	东方宾馆（后迁至沙面南街1号）
日本	1980.3.1	田熊利忠 Toshitada Taguma	粤桂闽琼	东方宾馆（后迁至环市东路368号花园酒店）
玻利维亚	1988.3.19 （1989.6关闭）	黄依娇 （中国血统）	粤	沙面4街2号（后迁至盘福路63号）
泰国	1989.2.12	维猜·范那辛（罗维才） Vichai Vannasin	粤琼桂	沙面南街1号（后几经搬迁定在环市东路368号花园酒店）
波兰	1989.7.22复馆 （1955.5.28初设，1981.10.31自行关闭）	杨·诺瓦克 Nowak Jan	粤琼桂	沙面大街63号
澳大利亚	1992.12.9	林美年 Maurine Chong	粤桂闽琼湘滇	环市东路339号广东国际大酒店
越南	1993.1.18	杨铭怡 Duong Danh Dy	粤	沙面南街52号（后迁至侨光路华厦大酒店B座）
马来西亚	1993.10.24	方卓雄 Fang Chok Seong	粤闽琼赣湘	广州大道明月一路9号凯旋华美达大酒店（2000年2月1日迁至天河北路233号中信广场）
德国	1995.11.7	齐懋曼 Hans Jorg Zimmermann	粤桂闽琼	环市东路339号广东国际大酒店
英国	1997.1.14	魏意安 Ian Bradshaw Wellfare	粤桂闽琼湘	环市东路339号广东国际大酒店
法国	1997.4.26重设 （1991.11.22初设，1993.1.22被关闭）	燕保罗 Paul Jean-Ortiz	粤桂闽琼	沙面南街1号（后迁至环市东路339号广东国际大酒店）
菲律宾	1997.5.23	刘易斯·克鲁斯 Luis T Cruz	粤桂湘琼滇黔川渝	沙面南街1号（后迁至环市东路339号广东国际大酒店）
荷兰	1997.9.15	卢贤 I.G.Roos	粤桂闽琼	环市东路339号广东国际大酒店
加拿大	1997.11.20 （1994.12初设为领事馆，后升格为总领事馆）	刘兆珩 Paul Shiu-hun Lau （首任领事：郑定佐 George Jung）	粤桂闽琼	流花路中国大酒店
柬埔寨	1998.7.1	英洪 Eng Hun	粤闽琼	环市东路368号花园酒店
丹麦	1998.9.23	严森 Tom Jensen	粤桂闽琼	流花路中国大酒店
意大利	1998.11.4	范义澜 Federico Failla	粤桂闽琼	环市东路339号广东国际大酒店（后迁至天河北路233号中信广场）

第二节　半官方机构

一、朝鲜驻广州联络处

（一）概况

朝鲜驻广州联络处是朝鲜劳动党中央联络部直接派出机构，于1972年2月中旬设立，首任处长金英植于1972年1月到任，第二任李东守于1973年5月到任，第三任朴泰奎于1981年4月到任。该机构成立时有3名工作人员，1972年年中增加到6名；1975年至1976年最多，达到7名；1979年和1980年间最少，只有2名；其余一般保持3到4名工作人员。该机构设立时，在广州沙面珠江路20号和复兴路7号两处房子办公和住宿。1983年搬迁至环市东路云鹤新村七巷7号新建的一栋三层楼房。

1999年6月1日，中国外交部副部长杨文昌与朝鲜驻华大使朱昌骏分别代表本国政府签署《关于关闭朝鲜劳动党联络部驻广州联络处的谅解备忘录》，朝鲜政府自1999年6月1日起关闭朝鲜劳动党联络部驻广州联络处。

（二）主要活动

1. 了解广东等地改革开放和经济社会发展情况

1984年11月，朝鲜联络处处长朴泰奎率该处朴昌海、文吉善、金得根等人到深圳访问，了解特区发展情况，参观了蛇口工业区及国营、中外合资、外资企业和来料加工等情况。

1985年5月，省外办组织朝鲜联络处人员到汕头访问旅行，向其介绍汕头经济特区发展和建设情况，并参观当地一些有代表性的合资工厂及刺绣、陶瓷工艺厂，游览名胜古迹等。

1987年10月，省外办组织朝鲜驻广州机构人员到福建省福州、泉州和厦门参观访问。朝鲜联络处朴泰奎、朴正云、金春植参加。省外办副主任傅奋全程陪同。

1991年4月，省外办组织朝鲜联络处全体同志参观广州经济技术开发区。

此外，朝鲜联络处还承担着接待其国内政府和经贸人员往来华南和港澳的任务。据不完全统计，1972年至1984年，省外事部门协助该机构领取往来港澳通行证共349份，其中210份是该机构本身工作人员持用，139份是朝鲜国内出差人员和外派人员持用。

2. 每年举办各种招待酒会或宴请广东省党政或有关部门负责人

从1978年至1997年间，每逢朝鲜领导人金日成或金正日诞辰或生日、朝鲜国庆日、朝鲜劳动党成立纪念日等，联络处都举行招待酒会，邀请广东省、广州市党政领导及各部门、有关单位负责人出席。

二、朝鲜贸易代表部

朝鲜输出入商社驻广州贸易代表部（简称朝鲜贸易代表部）前身是朝鲜东明公司，成立于1958年5月，1965年6月20日改名为朝鲜输出入商社驻广州贸易代表部，与1972年设立的朝鲜驻广州联络处同为朝鲜驻广州半官方机构。先后担任该代表部的朝鲜代表的有朱云龙、崔宽守、李昌虎、李学山、崔忠男、金在明等人。

朝鲜驻广州贸易代表部主要处理朝鲜在华南及港澳地区的贸易事务，包括涉及其贸易活动在广州的口岸通行、货物及行李直运平壤、港澳与广东之间口岸的海关申报等。其常驻人员的主要活动是经常去澳门并为其驻澳门的朝光公司在广东省境内发生的一切问题进行交涉和疏通；找在粤的朝鲜留学生谈话或召集其开会；经常与一些朝侨联络；到广州有关医疗单位为其国内人员联系来穗治病；负责接待其国内路经广州的客人。

1979—1985年间，代表部每逢朝鲜人民军建军纪念日、朝鲜国庆日、《朝中友好合作互助条约》签订纪念日、中国人民志愿军入朝参加朝鲜战争纪念日之际，均在广州举行招待酒会或宴会，邀请广东省、广州市政府领导及各部门、有关单位负责人出席。

1994年7月，朝鲜劳动党总书记、朝鲜民主主义人民共和国主席金日成逝世。省人大常委会副主任凌伯棠、副省长钟启权、省政协副主席张展霞、广州军区参谋长龚谷成少将、广州市副市长陈开枝、省市外办及省外经贸委负责人前往朝鲜贸易代表部吊唁。

1999年6月后，代表部的性质从半官方机构变成一般的外国驻穗商务机构。

三、多米尼加共和国贸易发展代表处

1994年4月1日，多米尼加共和国驻广州贸易发展代表处设立，办公地点在广州白天鹅宾馆。代表为德贝鲁什夫人，副代表马丁·贝鲁什（Martin Berusch），并雇用一名香港雇员。代表处主要是开展经贸业务，同时也被授权代表多米尼加共和国驻香港领事馆受理部分签证业务。该代表处虽是多政府派驻中国的商务代表机构，但却是两国政府间联系的正式渠道，因此免除一般外国商业机构的注册手续。代表处人员不用外交官衔，不参加中方所组织的重要庆典活动及外交团、领团的正式外交活动。代表处成员及其家属享受部分外交特权和豁免权。代表处的日常管理工作由省外办负责。

1995年3月10日，多米尼加共和国关闭其驻广州贸易发展代表处。

第三节　新闻机构

一、日本《经济新闻社》广州支局

经外交部批准，日本《经济新闻社》广州支局于1998年3月1日设立，是第一个在广州开设分社的外国新闻机构。4月3日，该支局在广州中国大酒店举行开业仪式，该社社长鹤田卓彦（Turuta Takuhiko）访穗参加开业仪式，省委宣传部部长于幼军应邀出席。首任支局长兼驻穗记者新居耕治（Arai Koji）于1998年3月到任，2001年2月离任。

1998年2月，经新华社技术局等相关部门批准，广州中国大酒店为日本《经济新闻社》广州支局安装新华社KU波段广播只收式（单向）卫星站，用于接收新华社中、英文稿件；

安装路透社天线，接收国内及国际经济信息。

1998年3月21日，新居耕治采访省长卢瑞华，并于4月2日在该报显著位置发表采访文章，报道广东经济发展情况。新居耕治除了在广州采访省直有关部门和广州市属一些单位外，还先后前往深圳、东莞、惠州、南海、顺德、番禺等地进行采访，发表了40多篇文章。其报道内容主要有：广东扩大对外资企业的优惠政策；粤港之间的经济联系；亚洲金融危机对广东企业的影响；广东产业结构的改革；日资企业与广东的合资经营情况；广东社会发展情况，等等。

1999年，新居耕治的采访报道量非常大，内容主要涉及广东国际信托投资公司破产事件、广东经济发展情况等。

2000年1月，省外办为新居耕治更换到期的记者证，新记者证有效期为1年。

二、新加坡《联合早报》广州办事处

经外交部新闻司批准，新加坡《联合早报》广州办事处于2000年11月在广州广东国际大酒店设立。首任特派员兼记者林琬绯（Lim Woan Fei）于同年11月到任，2001年6月离任。林琬绯于2000年2月开始任《联合早报》国际新闻组高级记者，曾参与《李光耀回忆录》英中翻译工作。

第五章　涉外管理

第一节　领馆管理与服务

一、领馆管理

各国驻穗领事机构由省外办领事处负责管理，管理内容包括根据国际惯例和中国法律法规规范外国领事官员在粤的活动、协助其联系各类公务活动、为外国领事官员办理领事官员证件及地方口岸出入证、为其自用物品办理入出海关手续等。

1979年11月，省外办向各国领馆通报海关基于相互对等原则作出的规定：各国领馆的领事和公务人员在到任后半年内，可免税进口自用汽车一辆，在进口后两年内不得转让，汽车的转让必须得到海关的批准；任职期间以邮寄或托运方式进口的自用物品，税款不超过人民币30元的，予以免征，超过者仅征超过部分；到任后十天内向海关提供清单，经海关核准并在六个月内运进的安家物品，仍予免征。

1980年，省外办共处理各领事馆和常驻机构提出的联系事项和各种要求达262项，其中主要是美馆的，占199项（为此而提出的书面照会64件），绝大多数属领事业务方面，如办理各种签证以及美国公民或两国人民之间的关系问题等等；日馆主要是要求座谈、介绍情况和安排参观；波馆类似，但次数比日馆少。此外，省外办全年通过主动安排11次参观、座谈、联欢活动，增强了相互之间的了解。

1981年2月，美馆某副领事前往台山等地，未经当地外事部门同意，私自找一些饭店负责人调查和核实签证申请人的情况，笔录成证明材料并要求提供情况的负责人签名、盖其单位公章，索要有关负责人的档案，这些做法已超出外国领事官员的职务范围。此外，其夫人又以亚洲华尔街日报记者的身份在中国活动。省外办有关人员于1981年6月8日约见该副领事，提请他注意不要再出现类似的事情。

同年年底，为方便各国领馆人员前往广州流花口岸和洲头咀口岸迎送客人，广州边防检查站特制定3种证件分别发给各国领馆人员使用。上述口岸检查现场入出证发给各国领馆馆长夫妇，需贴有持证人照片，为一年多次使用有效，凭该证可以进入月台、码头迎送客人；上述口岸检查现场公用入出证发给各国领馆的馆员，证上不贴照片，为一年多次使用有效，凭该证可进入边防检查站的验证处迎送客人；上述口岸的临时入出证发给临时因公来广州需要进入上述口岸迎送客人的各国驻华使馆人员，为一次使用有效的证件。

1982年3月，省外办照会各国领馆，就有关领馆成员邀请亲友来华的签证手续事宜发出通知：凡驻穗领馆官员的亲属或朋友，申请来广州探亲访友，均应持有派遣国外交部出具的证明或驻穗领馆官员的邀请信（电报无效），邀请信须盖有领馆馆印并经邀请人本人签名，到中国驻外使、领馆或其他签证机关申请签证。申请来华探亲访友者，如要求到邀请人居住地以外的城市旅行，应在其抵达邀请人居住地后，向中国旅游部门另行申请；如申请人要求先到邀请人居住地以外的城市旅行，然后再前往探访邀请人，则申请人可自行将其要求直接函、电中国国际旅行社，待得到确认后，方可取得来华签证。

1982年6月，美馆4名领事、副领事在没知会省外办的情况下，以旅游的名义赴台山县端芬公社调查当地申请赴美国的居民真实身份。省外办得知此情况后约见该馆有关人员，指出其错处，并明确告诉他们：中方不同意其这样做，美领馆如需要了解或核实申请人的确切职务等情况，可以通知申请人来广州面谈或向申请人索取公证机关的证明书。

1983年6月6日，省外办约见美馆工作人员，指出该馆官员到广东各县向赴美工作签证申请人所属单位审核申请人情况的做法是不适宜的。并说明，如果总领馆认为申请赴美的中国公民所提供的证件、手续不齐全，可以向当事人提出，由当事人向有关公证处申请补办；如果总领馆对中国公民所持证件的某些内容有疑问并希望核实，可以向省公证处或省外办提出；如果总领馆要会见赴美的申请人，可以通知申请人到总领馆会见。

1983年6月，美馆给申请赴美定居并且已获签发中国护照的中国公民彭就科签发美国护照，使彭就科具有双重国籍，违反了中国国籍法有关规定。省外办向美国驻广州总领馆交涉，表明中国政府不承认彭就科所持的美国护照，要求美方收回该护照并保证今后不再向中国公民出具任何美国国籍证件。11月13日，彭就科经深圳出境并同时交验中国护照和美国护照，边检人员扣留其所持美国护照。

1984年4月，鉴于广州尚未设免税商店，省外办经与广州海关协商，同意各国领馆可在市区直通火车站内免税商店购买烟酒，作为领馆公用物品。各国领馆在上述免税商店购买的烟酒，视同从国外进口领馆公用物品，需办理海关手续，由海关按照合理数量，审核免税放行。

1985年2月，省外办照会并通知各国领馆，凡持有该办签发的多次有效签证的常驻人员，在任职期满离华前，须向省外办注销其多次签证，并申办出境签证。

1987年2月，省外办照会各国领馆并通知，领馆官员如需换领中国机动车驾驶证，可凭广东省、广州市或大学的附属医院体检证明及派遣国的有效驾驶证或国际驾驶证，到广州市公安局车辆管理所换领驾驶证。领馆人员如无派遣国的有效驾驶证或国际驾驶证，须凭体检证明并经考试合格后才能领取驾驶证。

1988年3月初，美馆某工作人员私自通过该馆本地雇员将其进口自用小房车出卖，在交易现场被当地公安人员发现并将车扣留。这是第一次发现外国领馆人员的此类违章事件。而美馆则向广东公安部门和省外办报告“汽车被盗”。6月下旬，省外办领事处约见美国领事并向其指出，该车是车主授意中国雇员去卖的，而非被盗。汽车可以领回，但希望今后不要再发生类似的事件。

1988年8月，公安部、外交部联合发文，同意广东对外国领馆人员进入穗港直通火车站接送客人进行简化手续。对外国领馆的馆长领事夫妇（不包括临时馆长），签发一种有效期一年的“特别通行证”，需贴持证人的相片，凭该证可进入直通火车站月台迎送客人；对外国领馆的其他人员，签发一种有效期一年的公用通行证，不贴相片，凭该证可进入直通火车站检查现场指定位置迎送客人；外国驻华大使馆人员临时到广州，如需进入直通火车站接送客人，可向省外办申请一次有效的临时通行证。上述证件同样适用于广州港洲头咀码头。

由于法国政府向中国台湾出售武器，1992年12月23日，中国政府正式通知法方，限其在一个月之内关闭法国驻广州总领事馆。在随后的一个月时间里，法馆就其馆舍租赁、物品处理等问题与省外办进行多次交涉和磋商，并于1993年1月22日关闭，撤离全部法方有关工作人员。1997年6月，法国重开其驻穗总领事馆。

1994年1月，省外办照会各国领馆并通告办理“领事官证”“公务人员证”“居留登记”手续的新规定。领馆成员以及配偶，均须向省外办申办“领事官证”“公务人员证”，并在外出时随身携带。省外办对具有领事职衔的官员及其配偶发给“领事官证”；对不具有领事职衔的领馆其他人员及配偶发给“公务人员证”；对虽持有外交护照，但不具有领事职衔的人员，亦发给“公务人员证”。

1996年6月，省外办照会各国领馆，就其车辆使用广东省贷款修建的公路、桥梁、隧道等公共交通设施的交费问题发出通知。由于这些设施是通过贷款、合资、集资等各种有偿方式修建的，故按国际惯例和“贷款修路、收费还贷”的原则，使用这些交通设施都需要交纳车辆通行费，各国领馆的车辆使用这类交通设施时亦按此规定办理。

1996年，钓鱼岛事件引发中日关系进入敏感时期，日馆接到不少抗议书和电话。省外办密切关注事态发展和日馆动态，认真研究制定对策，将有关情况向上级部门汇报，同时请武警增派警力确保领馆安全，较好地维护中日友好大局和社会稳定。

2000年，澳馆副总领事先后3次以澳贸委业务区域为华南9省为由或凭借私人关系前往澳馆领区以外的福建、湖南省开展公务活动。省外办得知后，与福建、湖南省外事部门协商，取消其通过私人关系安排的官方活动，使其两地之行均无果而归。

2000年，英馆试图与中国教育国际交流协会深圳分会联合成立“英国教育信息中心”，由该中心负责在深圳推介英国教育和宣传英国文化。该中心旨在从事商业营利活动，与领馆官方非营利性质相悖，省外办不同意在深圳设立该中心，阻止英馆在馆外另设办事机构的企图。

2000年，省外办共安排20批通过领馆渠道来访的重要外宾与广东有关地市和部门会谈，或向其介绍广州机场迁建、广州地铁2号线、惠州南海石化和液化天然气项目、九运会场馆建设和其他大型基础建设项目，欢迎其前来投资合作；或向其了解有关国家政策法规和投资环境，以便广东省工商企业前往投资兴业。

二、领事认证

改革开放后，随着广东涉外活动的需要，省外办开始代办涉外领事认证业务。由于历史原因，全国领事认证业务主要由中国旅行社总社代理，在广东的涉外领事认证业务也一直主要由广东省中国旅行社代理，省外办受理的领事认证业务一直不多。

90年代初，美、日、法等国驻穗领馆要求省外办协助核查有关公证书及其他证件真伪，内容主要涉及亲属关系公证、出生公证、学历公证、无犯罪记录证明和结婚证书等。面对此类要求，省外办一般让领馆直接于省司法厅公证管理处联系解决。但有时领馆要求帮助调查一些申请人向领馆提交的本属中方内部使用的材料的真实性，如因违反计划生育而受到处罚的通知单、因政治原因受到本单位内部处分的通告等。对此，省外办协助其调查并告知，如申请签证时领馆方面需要有关证明材料，可要求申请人办理相应的公证书。

1991年，省外办共办理涉外认证183份；1992年为478份。需要办理认证手续的公证书内容绝大部分是出生时间和地点、亲属关系、无犯罪记录、学历和厨师资格证明等，用于申办移民、劳务、继承财产等目的；部分是商品检验证书等，用于企业办理进出口业务。

1993年，省外办专门安排3人有权签署认证，两名处级干部、1名科级干部。签署式样均送各驻穗领馆备案。有关市县公证处涉外公证员的名单和签字式样也由省司法厅报送省外办备案，办理认证过程可随时查验。

1993年，省外办认证收费为每件5元人民币，相对于广东普遍大幅度上涨的物价，明显偏低。省外办向外交部提出建议，制定出一个新的领事认证收费标准，或由各地外办根据本地实际调整收费标准。

1994年，由于外交部对领事认证工作的授权有所调整，省外办办理的领事认证数量比往年大幅减少，全年仅办理涉外领事认证101份。省外办抓住机会对认证工作制度和程序进行相应的补充和完善，并就一些诸如地方外办的办证权限、某些国家之间的委托认证等不太清楚的问题请示外交部，寻求明确的做法。

经外交部授权，自1995年4月起，凡发往外国驻穗领馆（当时有美国、日本、泰国、波兰、澳大利亚、越南、马来西亚、加拿大等八馆）所属国使用的原产地证明、商品发票、商检证书及动（植）物检疫证明等，如需办理领事认证，可将上述证书径送省外办办理，无须再送外交部领事司。如有其他国家在广州新设领馆，有关领事认证事，均按此方法办理。大部分国家在广州没有设领事馆，个别国家委托别国驻穗领馆办理领事认证。7月，省外办领事处、省司法厅公证管理处、广东省及广州市贸促会、省进出口商品检疫局（简称省商检局）、广州动（植）物检疫局有关人员在省外办召开认证工作协调会，就有关省外办经外交部授权开办对原产地证明、商品发票、商检证书及动植物检疫证明等认证业务事宜进行商谈，并达成共识。

1995年，经省物价局批准，省外办对各企事业单位及公民因公因私各类文件认证收费标准，分别由每证人民币10元和5元统一调整为每证人民币15元。

1995年12月，外交部领事司在海南省海口市召开华南6省区领事认证片会，来自福建、湖南、广西、江西、海南、广东六省区外办的有关人员16人参加了会议。这是继1988年后外交部召开的第二次领事认证专题会议，领事司副司长魏瑞兴、参赞张伯清等出席会议。会议交流领事认证工作的基本情况，代表们一致认为原来一直主要由中旅总社代理领事认证的做法应改为归口由各省市外办有关部门管理。

从1996年5月1日起，外交部恢复由外事部门代办外国驻华使馆的领事认证业务，授权广东省外办及广州市和深圳市外办为广东省范围内各类因公因私人员所用涉外文书、商业性文件等代办外交部领事司认证，并通过外交部领事司统一申请办理外国驻华使馆认证。办理各国驻穗领馆（美国、日本、泰国、波兰、澳大利亚、越南、马来西亚、德国、加拿大）以及广东省所属馆区领事馆（厦门的菲律宾、新加坡总领事馆以及昆明的老挝总领事馆）的领事认证仍由当事人持各公证处颁发的公证书及介绍信，到广东省外办领事处办理。

1996年，省外办代办外交部领事司认证和外国驻华使馆认证业务55批；办理领事认证780份，数量成倍增长。10月，外交部领事司在北京举办领事认证工作会议及实行电脑化管理业务培训班，省外办领事处负责人及有关人员参加会议和培训班并在会上发言，介绍广东省代办认证工作情况。

1998年，省外办共办理涉外领事认证1720份，比1997年增长42%。

2000年，省外办共办理领事认证4298份。8月24日，原来由该办领事处负责的领事认证业务改由该办下属机构广东省外国机构服务处负责，认证收费也提高到每证人民币70元（办理外国驻广州各领馆认证），送各国驻京大使馆认证收费为人民币80元。

三、领馆服务

省外办下属的广东省外国机构服务处负责向各国驻穗领事机构提供服务。

（一）外国领馆馆舍安全保卫

1983年12月，省外办召集负责美领馆警卫的武警支队、广州市公安局外事科、东方宾馆保安部等单位负责人开会，根据美馆的要求加强保安工作，以预防伊朗的恐怖分子组织袭击该馆馆舍。

1983年年底至1984年年初，应日本总领事高桥迪的要求，省外办通报各有关单位，做好对该馆及其人员的安全保卫工作，以预防伊朗反霍梅尼派企图对日本驻海外使领馆的人员采取恐怖行动。

1984年10月4日，日馆接到日本外务省紧急电报称：一个阿拉伯系的恐怖组织将于10月4日凌晨北京时间3时对日本驻海外的使、领馆发动袭击，请中方加强警戒以确保日领馆安全。省外办立即通报省、市公安部门、武警总队、东方宾馆保安部等有关单位，督促并落实安全措施。

1986年4月1日，日馆平川领事接日本外务省通知，在4月29日日本天皇诞辰和5月4—6日在东京举行各国首脑会议前后，日本极端派赤军与阿拉伯恐怖分子可能要对日本驻外机构采取恐怖行动，因此要求在4月1日至5月10日期间为领事馆加强安全保卫工作。经省外办通报，广东省武警总队、省公安厅、省安全厅、东方宾馆保安部等有关单位随即迅速研究并布置落实安保工作。

2000年2月，日馆照会省外办称，日本政府要求黎巴嫩政府引渡于2000年3月7日刑满释放的日本赤军恐怖组织成员，日方担心由此可能导致该组织成员对其政府部门采取恐怖行动，要求省外办、省公安厅在2000年2月下旬至3月下旬期间加强对日馆的安全保卫工作。5月，省外办召开“外国驻穗领馆及在粤外国人安全保卫工作情况通报会”，向各国驻穗领事官员介绍广东省、广州市社会治安情况及广东省警方加强外国驻穗领馆馆舍及人员、其他在粤外国机构及人员的安全保卫工作的有关措施，并听取各国领馆官员对做好外国人安全工作的意见和建议。9月26日，省政府批准并印发省公安厅与省外办制订的《外国驻穗领事馆官员安全保卫工作方案》，随即成立领馆安全保卫应急小组，以便及时稳妥处置各类发生在外国驻穗领事馆及其周围的突发事件及苗头，保障领馆馆舍和人员的安全。

（二）外国领馆安装通讯设备

1983年11月，省外办应美馆要求，协助该馆在东方宾馆11楼的馆舍架设无线电天线设备。1月，应澳大利亚领馆要求，广州市电信局为该馆馆舍所在的广东国际大酒店1503–04室安装一套OT–416岩通集团电话。该套集团电话具有四条IDD外线、六部分机的交换功能。11月，应波兰领馆要求并根据外交部对等互惠原则，省外办安排专业公司在该馆馆舍顶层安装卫星电视接收站，以接收通过亚洲一号卫星转播的电视节目。

1995年5月25日，外交部同意越南驻广州总领事馆在广州市淘金北路13号其馆址内设置卫星单收地球站，以接收泰国卫星（THAICOM）转播的越南中央电视台节目，任何一项技术资料的变动均须事先征得中国外交部同意。

1997年7月16日，外交部同意德国驻广州总领事馆在广州市沙面北街103号其馆内楼顶安装两个卫星接收装置，以分别接收“德国之声”和“CNN”电视节目。使用过程中，任何一项技术资料的变动均须事先征得中国外交部同意。

2000年1月14日，意领馆请求省外办协助为该馆随员住宅安装卫星天线。省外办答复，领馆（包括领馆成员住宅）安装卫星电视接收装置，应事先通过其驻华使馆向中国外交部申请，并按中国政府有关规定办理。

（三）其他事项

协助安排医院对外国官方、半官方机构患病或因事故受伤人员进行抢救和治疗。1979年2月底，省外办协助安排患慢性活动性乙型病毒性肝炎及早期重症黄疸型肝炎的朝鲜驻广州商社代表部代表朱云龙在广州中山医学院第一附属医院住院治疗和抢救。5月底，协助患急性盆腔腹膜炎的波兰领馆馆长领事日彼科夫斯基的夫人在中山医学院第一附属医院住院治疗。

1996年2月，波兰领馆商务领事杨鲁克一家驾车在番禺大岗镇路段发生严重车祸后，番禺市卫生局和市外办有关负责人赶赴大岗镇人民医院了解情况并探望杨鲁克一家，副院长为其家人做手术。波方对中方的处理和救护工作表示感谢。

协助外国领馆为进口官方用车办理牌照手续。1994年5月和8月，马来西亚驻穗总领事馆从广州黄埔港分别进口一辆HYUNDAI牌汽车及一辆皇冠汽车作为官方用车后，省外办外国机构服务处协助该馆办理上牌等手续。10月，省外办协助马馆总领事方卓雄在广州购买一辆奔驰牌小汽车作为在穗任总领事的纪念。11月，加拿大驻广州领事馆装修物品及汽车和办公室器材等自用物品运抵广州，省外办协助其完成通关手续。

1999年4月，意大利驻广州总领事馆向省外办提出，该馆因安全需要运进手枪1支、子弹30发及其他附属装备。10月，意驻华大使馆向中国外交部申请并得到批准。该批武器装备携运入境时，按规定向入境口岸海关申报，经边防检查站审核后发给携运证。入境后意馆函告省外办，并向广州市公安局申请登记，交回携运证。该批枪支、弹药不能以任何方式携带离开意馆，同时接受中方有关部门的管理。

四、广州领事馆区

随着中国对外开放和对外交流不断扩大，广州已成为外国在华设立领事馆的重要地区之一。1988年，省政府和广州市政府规划在赤岗地段确定面积约20万平方米的领馆建设用地，命名为广州赤岗领事馆区，由省外办归口管理。外国政府在该区选地建馆须经中国外交部审核同意并与省外办具体磋商，两国政府达成共识并签署协议后按国家有关规定办理相关手续。中国政府通过收取地皮处置费向外国政府出让领馆区内的土地使用权，为期原则上不超过70年。外国政府所选地皮限于建造领馆馆舍、官邸，不得转让、出租和抵押，也不能改作他用。

1989年5月，广州外国领馆区建设会议在穗召开，会议决定由广州市政府负责领馆区的征地、经营、招标、开发资金筹集。

1990年，经过对广州赤岗塔一带的领事馆区用地进行重新规划，占地面积扩大为30万平方米。3月9日，副省长匡吉主持召开广州外国领馆区建设领导小组扩大会议，决定由广东省华侨信托投资公司代表省参与广州市政府指定的一家公司，共同负责领馆区的开发建设；分期开发，先开发建设赤岗塔领馆区西部。

1994年4月28日，省外办主持召开赤岗领馆区规划建设情况介绍会。除波兰总领馆由于已有单门独院的馆舍而没有参加外，其他驻穗领馆的总领事或主管领事应邀出席介绍会。参加会议的还有广州市外办、市建委、市规划局以及市土地开发中心等单位的有关负责人。各国领馆官员就他们所关心的馆区地价、租金以及使用期限、落成时间等问题进行提问，有关部门的负责人一一作答。会后，省外办和广州市各有关部门负责人陪同各国领事馆的官员实地察看了赤岗领馆区的现场。9月，外交部领事司、行政司和北京外交人员服务局有关人员组成调查组到广东专题考察广州领馆区的开发和建设情况，听取省外办、广州市规划局、市土地开发中心关于领馆区规划、开发和建设进展情况的汇报，实地察看正在进行“七通一平”（通给水、通排水、通电、通讯、通路、通燃气、通热力及场地平整）工作的广州领馆区现场。

1996年4月10日，省外办召开广州赤岗领馆区有关事宜介绍会，邀请各国驻广州总领事、馆长领事及有关官员参加。广州市土地管理中心负责人介绍了赤岗领馆区开发建设情况，市规划局负责人介绍领馆区周边环境及广州市有关区域的规划情况，省外办副主任张清平介绍领馆区土地处置费及建设领馆馆舍具体事宜，回答领事官员的提问。会后安排领事官员前往广州赤岗领馆区参观。

1998年，广州赤岗领事馆区“七通一平”等基础工程竣工；同年，广东省政府决定成立由省和广州市政府相关部门组成的广州赤岗领事馆区建设联席会议制度。

第二节　领团活动

80年代及90年代初期，外国驻穗领事机构数量还不多，参加领团活动多数是美国和日本领馆的官员。90年代中后期以后，随着大量西方国家陆续在穗设领馆，领团活动也随着广东对外交往的进一步发展而日益丰富。

一、省领导会见

1992年11月、1994年2月以及1996年2月，中共中央政治局委员、广东省委书记谢非先后在广州会见美国、日本、泰国、波兰、澳大利亚、法国等国驻广州总领事、商务领事，对各总领事为增进其国家与广东人民的友谊、促进其国家与广东的经济合作所做的工作表示衷心感谢，分析广东同各国发展经济技术合作的良好时机和有利条件，并介绍广东经济和社会发展情况和“九五”规划以及加强广东与各国的经济、技术、文化交流的前景。

1995年1月26日，省长朱森林、副省长钟启权会见美国、日本、泰国、波兰、澳大利亚、越南、马来西亚、加拿大等国驻广州总领事馆官员，介绍广东省1994年经济和社会各项事业的发展情况及珠江三角洲地区的发展规划。

1996年4月16日，省长卢瑞华在省政府礼节性会见波兰、澳大利亚、泰国、日本、德国、越南、马来西亚、加拿大、美国驻穗（总）领事馆总领事及部分领事。

1998年6月8日，中共中央政治局委员、广东省委书记李长春及副省长游宁丰在广州分别会见和宴请各国驻广州总领事或代表，介绍广东实施外向带动、科教兴粤、可持续发展战略等有关情况并回答了客人的提问。

1999年2月11日，常务副省长王岐山在省政府会见外国驻穗领团，就广东省金融形势和广东国际信托投资公司以及粤海公司等方面问题与领事官员们交换意见，并回答领事官员们的提问。

2000年1月19日，省外办在广州鸣泉居度假村举行座谈会，邀请16国驻穗总领事参加。副省长游宁丰出席并介绍广东经济和社会发展情况及新一年的发展规划，了解各馆关于加强派遣国与广东省合作的建议和要求。

二、旁听人大、政协会议

从1992年开始，广东省于每年的二三月间召开人大、政协会议期间邀请各国驻广州领事官员参加开幕式、闭幕式及旁听有关全体会议，并出席专门的招待会，创造更多机会使外国朋友了解广东，了解人大代表如何代表人民行使权力，了解省政协提案工作情况报告。各国驻穗领事馆官员表示，参加旁听使他们看到广东省在改革开放中的发展和规划，加深了对广东的了解，他们愿为促进各有关领馆派遣国与广东在经贸、科技、文化等方面的交往和合作多做工作。

三、专题介绍会

1983年1月，省外办组织召开关于偷运毒品情况的座谈会，广东省高级法院派员到会介绍情况，美国总领事藤祖龙、日本总领事高桥迪出席。会议详细介绍1982年广州市判处的8宗偷运毒品进口案，并综合解答了美馆事先提出的16个问题，阐述中国对禁止贩毒的立场。1984年10月，广州海关办公室和广州白云机场办事处负责人在广州海关向美国和日本总领事馆有关人员介绍广州地区1983年、1984年缉查毒品的情况。

1983年3月，省外办召开座谈会，邀请省农田基建办公室和省财政厅有关人员向美国副总领事贺健民和日本总领事高桥迪介绍广东农业基建投资由无偿投资改为有偿投资的情况。

1984年2月，省税务局有关人员向日馆领事莳田恭雄和副领事中原介绍经济特区税收政策。美馆商务领事叶莺出席介绍会。

1984年11月9日，省科委在广州中国大酒店举行恳谈酒会，庆祝中国第一个万吨级单细胞蛋白试验基地在江门市筹建，并欢迎各国科技、经济、贸易界人士和公司、财团以适当方式提供资金、技术和设备，进行经济技术合作。美馆总领事余永润和日馆领事莳田恭雄以及一些外国大公司、大厂家在穗常驻机构代表出席酒会。江门单细胞蛋白试验基地筹备领导小组组长、省科委主任罗杰介绍了该试验基地的概况和广东发展单细胞蛋白的有利条件。

1985年1月22日，广州市外办举办专门介绍广州投资环境的座谈会，介绍广州的投资环境和计划引进外资、引进技术的主要项目，特别是能源、交通、通讯等方面的项目。日馆领事莳田恭雄和美领馆副领事费博仁出席座谈会，并就广州市地铁建设、电力供应及黄埔开发区对外签订合同等问题进行提问。

1989年6月8日，副省长匡吉在广东迎宾馆会见各国总领事和副总领事，介绍广东社会情况并就领馆人员的安全问题指出，只要各国领馆人员遵守中国有关法令，不介入、不参与中国内部事务，不上街围观和拍照等，广东省政府将保证他们的人身安全。

1991年2月28日，省外办举办广东省经济情况介绍会，由省计委、省经委、省经济体制改革办公室、省外经贸委、中国人民银行广东分行有关负责人向各国领馆介绍广东“七五”计划的执行情况和“八五”规划设想。美、日、泰、波4国正副总领事及商务领事应邀出席介绍会。同日，省外办以省政府的名义组织情况介绍会，向外国驻广州总领事馆主要官员介绍广东国民经济、社会发展十年规划和“八五”期间工农业、能源、交通、通讯、外贸、金融等方面的发展目标，以加深外国驻广州领馆官员对广东经济建设的了解。7月，省外办举办全省经济情况介绍会，请省政府副秘书长蒋月明向各驻穗领馆官员介绍全省上半年经济发展情况，广东省上半年社会经济发展的主要指数，以及全省经济持续增长、市场繁荣稳定的形势。

1992年3月20日，省经委副主任杨开茂向各国驻穗总领事馆官员专题介绍广东搞活国营大中型企业的有关情况。美国、日本、泰国、波兰、法国等国驻穗总领馆的总领事和负责经济、商务的领事官员约15人应邀参加。

1995年9月20日，省外办邀请省公安厅副厅长吴志强向各国驻穗领事官员介绍广东公安机关打击贩毒、犯罪活动及如何处理爆炸事件、汽车被盗、偷窃等情况，以及公安机关颁发护照的程序、如何防止和辨别伪造护照等。

四、参观考察

80年代，外国驻穗领团赴各地参观活动主要由省外办组织，重点了解各地经济社会发展情况、人文风情、著名旅游景点等。

1981年9月，美国、日本和波兰总领事馆官员到中山县和珠海特区参观游览，美国总领事滕祖龙、副总领事贺健民、副领事史婷芬，日本总领事田熊利忠、副领事河合祥一、随员小松道彦，波兰总领馆馆长领事卡伊丹斯基、领事雅库鲍夫斯基参加，了解中山县和珠海特区的现状与发展计划。

1983年3月，美国、日本总领事等人到肇庆市参观高要县农工商畜牧水产养殖公司、广利公社及几户农家。

1984年6月6日，美国和日本总领事馆人员到顺德陈村了解公社体制改革情况，并参观陈村来料加工厂，走访种花专业户等。

1988年5月，美国、日本和玻利维亚总领事馆人员到三水和肇庆参观三水“健力宝”工厂及肇庆的檀香扇厂、红木家具厂、端砚工艺厂。8月，日馆的西山、森岛领事和玻馆葛多斯领事前往深圳蛇口参观一些独资、合资企业，赤湾港，海湾新村的农户。

1989年2月，玻利维亚、日本总领事以及日、美、泰领馆有关官员9人到佛山市、顺德县、南海县等地参观外向型企业，如佛山化纤联合总公司、佛山无线电一厂、顺德县广东石油气具厂、顺德北滘镇蚬华电器制造厂和南海盐步宝丽灯具厂。

1990年8月，各国领事馆总领事、副总领事等16人，到鹤山、新会县了解当地经济发展情况，参观鹤山毛纺织总厂、新会涤纶厂、江门无线电三厂、江门洗衣机厂和五邑大学。

进入90年代，随着对外开放的不断深化，经济飞速发展，各地开始主动邀请外国驻穗领团前往参观，以宣传本地外向型经济情况，寻求与领馆派遣国合作的机会。

1991年3月18日，中国技术进出口总公司惠州分公司举行开业典礼，邀请美国、日本总领事赴惠州参加典礼并参观熊猫工业城、澳头港和深水码头等。

1994年11月，汕头市外办邀请美国、泰国、波兰、越南和马来西亚等国总领馆的商务、经济官员赴汕头市参观，副市长洪庆耀会见并介绍汕头市改革开放15年来取得的成就和社会经济发展情况，重点介绍汕头市的投资环境并欢迎各国工商企业界前来投资办厂及进行经贸合作。客人们参观汕头市高新技术开发区、超声电子集团公司、汕头保税区、海湾大桥工地、汕头大学等。

1996年4月，潮州市外办邀请日本、泰国、德国总领事馆官员到潮州市参观该市的基础设施、投资环境及几家大型企业，了解潮州古城的名胜古迹及历史文化。

1997年3月，茂名市外办邀请泰国、越南、马来西亚和加拿大四国（总）领事及商务领事到该市访问，介绍茂名经济和社会发展情况，促进茂名市与各派遣国之间的友好与合作。

1999年9月，各国驻广州总领事及商务领事前往顺德市了解顺德的经济发展、投资环境以及“率先基本实现现代化”的具体计划和措施。顺德市是著名侨乡，实行改革开放后，经济发展迅猛，曾被誉为广东的经济“四小虎”之一，经济建设和各项社会事业都取得长足进步，1999年还被省政府批准为“率先基本实现现代化”试点市。11月，高明市委、市政府在当地举办招商推介会，推出近120个招商项目，包括科技开发、建筑建材、电子电器、制衣鞋业、食品饮料、石油化工、医疗教育、酒店旅游、环境生态、土地租让、农业水产、道路交通等近30个门类，邀请各国驻广州总领事馆商务领事前往参观，以了解高明的投资环境和投资政策；东莞市举办“第四届中国（虎门）国际服装交易会”，邀请各国驻广州总领事馆官员参加；顺德市政府在该市钟楼公园举办“1999年顺德招商会”，邀请加拿大、美国、法国、英国、日本、丹麦、意大利、荷兰、澳大利亚、德国驻广州总领事馆商务领事参加；湛江市政府举办“1999年湛江经济博览会”，邀请外国驻穗总领事参加，由该市领导及市经贸部门负责人向其介绍当地经济发展和招商引资情况。

2000年4月，澄海市政府邀请各国驻穗领团前往参观“2000澄海玩具工艺品博览会”，以增进各总领事馆对粤东地区经济和社会发展情况的了解。5月，南海市政府举行“2000南海市高新技术招商会”，邀请各国驻广州总领事和商务领事出席招商会开幕式。南海市领导向客人介绍该市发展情况及投资环境。同月，省政府秘书长陈坚及省外办、省外经贸厅等有关部门领导在省政府贵宾室会见德国、法国、意大利等国驻广州总领事和商务领事，介绍省政府组织广东有关单位和企业于同年9月前往三国举办大型经贸活动的有关情况。7月，中山市政府在广州白天鹅宾馆举行“2000年中山国际休闲服装节介绍会”，邀请各国驻穗总领事馆总领事、商务领事或有关官员以及外国驻穗企业代表、金融机构负责人出席并参加2000年10月27日至11月5日在中山市沙溪镇举办的“2000年中山国际休闲服装节”暨中国著名休闲服装展示展销周。10月，云浮市政府在云浮市举办首届中国（云浮）国际石材科技展览会暨首届中国（云浮）国际石材科技网上交易会，各国驻广州总领事馆总领事或有关领事官员出席“石材展”开幕式并参观当地企业。11月，第五届中国（虎门）国际服装交易会在东莞市虎门镇隆重开幕，各国驻广州总领事馆官员出席开幕式并参观交易会展览。12月，中国建筑材料工业协会、开平市政府联合在开平市水口镇举办“2000中国（水口）水暖卫浴设备展销洽谈会”，各国驻广州总领事馆的领事官员出席开幕式并参观企业。

此外，各地还不断通过邀请外国驻穗领事机构参加荔枝节、国际龙舟比赛等机会，宣传本地投资环境和投资政策，吸引外资，发展本地外向型经济。

五、联谊活动

1979年6月1日，广州市少年宫举办“六一”国际儿童节游园活动，邀请朝鲜商务代表部、波兰领事馆、中波轮船股份公司的波方等机构共六名儿童及其父母出席，观赏少年杂技、少年体育表演、中学生科技表演、木偶戏和歌舞等游园节目。1987年5月底，省妇联、省文化厅和广东电视台联合举办“省、港、澳、外国儿童‘六一’联欢活动”，邀请美国、日本驻广州总领馆官员的子女40人参加，活动内容包括在广州友谊剧院举行的联欢晚会汇演，在白云山明珠楼风景区举行的玩游戏、节目表演、集体舞、交换礼物、交朋友等。

从1982年开始，省外办每年均在年初举办新春酒会，在9月底举办国庆招待会，邀请各国驻穗领事人员参加。出席招待会的广东省、广州市领导有刘田夫、梁威林、梁灵光、欧初、林若、叶选平、杨立、赖竹岩等。从1991年元旦开始，联欢晚会采取了较为活泼多彩的方式，除举行简短酒会外，还请杂技团演员作即兴小节目表演、沙面小学学生表演、省外办干部职工及领馆人员表演节目，以及组织一些小游戏等。

1983年2月，省外办组织美国、日本驻广州总领事馆人员在广州体育馆进行友好体育联欢活动，项目包括羽毛球、乒乓球、篮球、中国象棋及飞镖等。

省外办分别于1983年2月及1991年3月为各国驻穗领事馆官员举办电影招待会；1984年4月邀请各国驻穗领馆官员在广州中山纪念堂观赏东方歌舞团的音乐舞蹈节目；1992年2月，广东人民广播电台英语台开播仪式邀请美国、日本、法国、泰国、波兰等国驻广州总领事馆官员参加；1996年11月，省政府新闻办公室、省广播电视厅、广东人民广播电台联合主办的“1996广东国际广播音乐博览会”，邀请各国驻穗总领事和文化领事参加欢迎酒会和开幕式晚会；1997年7月，广州日报报业集团独家创办的《广州（英文）早报》创刊新闻发布会暨酒会，邀请各国驻广州（总）领事馆官员参加；1999年12月，佛山市委、市政府在该市举办的“历史名城，世界豪情——1999年佛山秋色大巡游”活动，邀请各国驻广州总领事馆官员出席招待宴会并参观秋色巡游；2000年11月，文化部和广东省政府主办、省文化厅承办的第一届中国（广东）国际声乐比赛在广州举行，邀请各国驻广州总领事馆的总领事或其他领事官员出席开幕式和酒会，并观摩声乐比赛的复赛和决赛等。

1983年“三八”节期间，省妇联开始在广州举行国际妇女节茶话会，邀请在穗常驻机构女外宾、女专家、女教师、专家夫人、女留学生出席。从1992年开始，省妇联每年都举办中外妇女游乐活动，邀请在穗的外国女专家、专家夫人和女领事官员及领事官夫人参加，一起玩游戏、表演节目、抽奖、游园、竞技等，增进彼此的友谊。

从1991年开始，省外办与有关地市和部门于每年中秋节期间邀请各国驻穗领事官员、海外侨胞和社会名流等参加在广州或佛山等地举办的赏月活动，期间安排以中国古典舞蹈、器乐、民乐、声乐等精品节目为主的文艺表演，同时穿插具有代表性的外国文艺节目及抽奖等游乐活动。90年代后期，各地的中秋赏月会更与商贸介绍会结合起来，向外国领事官员介绍本地的投资和招商环境，促进合作。

1995年10月，广州市政府办公厅、市民政局、市妇联等单位举办“1995年首届广州国际集体婚礼”，邀请澳大利亚、美国、泰国、日本、德国驻穗总领事馆官员出席并担任证婚人。广州市市长、副市长担任主婚人。

1998年1月，肇庆市政协和高要市政协在肇庆联合举办“1998年政协杯高尔夫球友谊赛”，邀请各国驻广州总领事馆官员参加。此后，每年省政协会议之后，都组织政协杯高尔夫球友谊赛，邀请各国领馆官员参加。

2000年3月11日，肇庆市政府、省外办邀请美国、日本、泰国、波兰、澳大利亚、越南、马来西亚、德国、英国、法国、菲律宾、荷兰、加拿大、柬埔寨、丹麦、意大利等16个国家驻广州的领事官员，前往肇庆市星湖风景名胜区种植各国代表树种，以保护自然、增进友谊、祈望和平，纪念新世纪中国第一个植树节。因这片树木由各国领事官员种植且自成一体，故称作“领事林”。领事林植成后，不仅促成了驻穗领团相约重返领事林修枝锄草、再叙友情，而且还迎来了驻澳门领团、驻上海领团和其他外国友人和团组前来共同培植友谊、延续合作。广州市增城、萝岗两地亦曾分别邀请外国驻穗领事官员前往指定区域种植树木，营造类似的友好林区。

六、参加港澳回归庆祝活动

为庆祝中国政府恢复对香港行使主权，省政府于1997年7月1日在广州天河体育中心隆重举行广州地区各界庆祝香港回归祖国大会，举办大型文艺演出“回归庆典”。各国驻广州（总）领事馆（总）领事等官员应邀出席。

1999年12月20日，省委、省政府在广州天河体育中心举行“广州地区各界庆祝澳门回归祖国大会”，邀请各国驻广州总领事馆总领事及其他官员出席大会并欣赏晚会“同奔五彩路”。

第三节　外国专家、留学生管理与服务

1978年，广东省革命委员会外事办公室设外国专家处，专门处理在粤外国专家、留学生的管理工作。从1983年起，国家为鼓励企事业单位引进国外智力，聘请国（境）外专家来华帮助解决技术、管理等方面存在的难题，每年拨出专款资助部分引进国（境）外专家项目。1989年4月5日，省外办撤销外国专家处。1991年，省人事厅在“广东省引进国外人才领导小组办公室”加挂“广东省外国专家局”的牌子，专门负责在粤外国专家及留学生的管理工作。此后，省外办主要协助办理外国专家和留学生来粤的入境审批和签证手续。

一、外国专家

对外国专家在粤的工作和活动，省外办敦促各有关单位大胆管理、善于管理。一是主动将有关方针政策、法令、规定、计划、要求等向专家介绍清楚，不能利用课堂从事与教学无关的事情、超出正常教学活动的范围。二是要求各院校负责专家工作的人员采取听专家上课、召开师生座谈会、个别和专家交谈等方式，对表现好的专家适当表扬，对专家做得不对的地方指出来，提醒他们注意。三是对发现的问题及时研究，认真处理，对专家一般以说服教育为主，对个别情节严重又屡教不改的按有关规定妥善处理。

做好对外国专家的团结友好工作。在政治上把他们看作朋友，业务上把他们看作老师，接待上热情、适当，积极调动专家积极性，充分发挥其专业特长。邀请有关单位向专家作专题讲座，帮助专家了解广东经济建设情况。妥善安排专家的节日活动，逢“三八”、“五一”、国庆、元旦等重大节日举行酒会、茶话会或放映电影招待专家，增进友谊。此外，每年还根据国务院外国专家局有关规定，解决好外国专家的生活、医疗待遇及亲属来华探亲安排，统一安排专家到旅游胜地休假。

1979—1987年正值广东省经济快速增长时期，广东利用毗邻港澳、信息相对灵通的优

势，在全国率先大规模引进国外先进生产设备和技术，使工业走上新台阶，特别是轻纺工业产品，在全国确立“广货”的地位。这期间引进的国（境）外人才项目，主要是解决引进设备及技术后如何消化吸收的问题。

70年代末80年代初，受聘来广东工作的外国专家主要来自美国、英国、法国、日本、联邦德国、加拿大、秘鲁、印度、菲律宾、印度尼西亚、瑞士、民主德国、澳大利亚、新西兰、土耳其、奥地利、意大利等国家，在粤经济专家主要分布在湛江南海石油勘探指挥部、茂名石油工业公司、中国联邦德国能源合作调研办公室、广州造船厂集装箱分厂、新中国造船厂、广州电信局等单位；文教专家主要分布在中山大学、华南工学院、华南农学院、华南师范学院、暨南大学、广州外国语学院和石油部广州外语培训中心等教学机构。

1980年，在粤工作的外国文教专家46名，家属14名，主要分布在广州市的几所大专院校；经济专家101名，分布在广州市和湛江地区等8个单位。1981年在粤外国专家和家属共195名，其中外国经济专家120名，文教专家52名，文教专家家属23名。1983年在粤外国专家增加到650多人，其中文教专家53人，家属13人；经济专家约500人，家属80多人。新聘经济专家的单位增加了许多，除原有的石油、炼油、化工、机械、造船、电力工业、农牧渔业、电子工业、邮电、民航、纺织行业外，增加了陶瓷、矿产、电冰箱、计算机等。此外，经济、科技合作项目也进一步增多，有属合资经营、合作生产、来料加工、承包工程、补偿贸易性质的，也有随着引进设备来华负责安装和提供技术指导的。1984年，共有1000名外国经济、文教专家驻广东工作。1985年在粤文教专家140多人，经济专家约1000人，除分布在广州、佛山、深圳、珠海、江门、湛江、中山、东莞等珠江三角洲地区外，还有外国经济专家到韶关市、广宁县等山区的对外合作单位工作。1987年在粤外国专家共1370人，其中文教专家190人、经济专家1180人，开始有外国专家到惠州市和梅州市工作。此外，每年还有数百名科技专家应广东省科研单位和高等院校之邀来粤作短期讲学、科技合作和科技指导等。

1988—1992年，广东引进国（境）外人才工作开始向更高层次、更广领域发展，引进项目、形式也更加灵活多样，如“技术承包”“技术入股”“联合攻关，成果共享”以及聘请专家进行行业咨询指导或讲学等。

1988年，广东获国务院引进国外智力领导小组办公室批准引进项目98个，引进专家174人，实际执行引进项目69个，获得专项资助经费人民币88.95万元，美金额度15.48万元；专项借款人民币422.56万元，美金84.14万元。同年，省外办协同省高教局成立“外国文教专家工作研究会”，聘有外国文教专家的院校作为会员参加研究会。研究会的宗旨是团结和组织从事外国专家管理人员开展研讨活动，促进和提高广东省外国专家工作的管理水平。

1989年，广东获批准引进项目56个，引进专家109人。当年的政治风波虽对项目的执行造成一定影响，但全年仍落实引进人才项目48个，引进专家92人，获得国务院引进国外智力领导小组办公室专项资助经费人民币65.8万元，美金额度10万元；专项借款人民币505万元，美金455.66万元。11月，省外办、省高教局等单位联合在汕头大学召开广东省外国文教专家管理工作研讨会，全省各高校负责外国专家工作的外事处处长或其他管理干部约50人参加了研讨会。会议听取省外办关于新时期中国外交政策的报告，研究讨论新时期外国专家工作的特点和如何加强外事工作队伍建设、布置和研究新学年外国文教专家工作的规划。

1990年，国务院引进国外智力领导小组办公室批准广东省利用专款引进技术和管理专家项目73个。实际完成项目65个，引进专家162人，获得“国引办”批准专项资助人民币77.83万元，外汇额度4.7万美元；专项借款人民币670万元，美金122万元。同年，广东还进一步拓展从国（境）外引进人才的渠道，先后与14个国家的20多个专家组织建立联系。

1991年，国务院引进国外智力领导小组办公室批准广东省利用专款引进技术和管理专家项目83个。实际完成项目75个，共引进专家180多人，获得国务院引进国外智力领导小组办公室专项资助经费人民币123.98万元，美金额度11.36万元；获准专项借款人民币1310万元，美金163万元。

1991年后，省外办主要负责为省内各高等院校办理聘请外国文教专家资格认可年审工作，为来粤任教的外国文教专家办理入境签证审批手续，发送来华签证通知函电等。

1992年，引进国外及港、澳、台智力重点向国营大中型企业和农业倾斜，主要为工业企业引进一批技术改造、科研攻关、新产品开发等项目，为农业引进一些关键技术。全年“国引办”批准广东省利用专款引进技术和管理专家项目68个，引进专家102人，专项资助经费人民币167.02万元，美金额度17.54万元；有偿使用引进人才专款人民币1000万元。

1993—2000年，广东引进国（境）外人才工作向更广的领域拓展，从重数量转变为重质量，重点放在高新技术项目和“三高”农业项目。

1993年，国务院引进国外智力领导小组办公室批准广东引进国外人才项目27个，共引进外国专家和技术人员91人，获得国家外国专家局专项资助人民币109.69万元，美元额度8.19万元，有偿使用引进人才专款人民币950万元。

1998年，来广东工作的外国和中国港台地区专家达6445人次，其中在外商投资企业工作的专家4837人，技术合同项目的专家1608人次；报经国家外国专家局批准聘请外国专家项目35项，聘请的专家主要来自美国、日本、以色列、澳大利亚等12个国家和地区，涉及农业、能源、环保、轻工、电子、管理等多个行业，大部分项目都取得较好的效果。省环境工程装备总公司通过聘请专家对处理城市污水工艺进行改造，取得明显的成效；新会现代农业发展有限公司积极引进国外新优良种，与外国专家合作取得良好的经济效益和社会效益，促进当地“三高”农业的发展。同年，广东省为表彰在本省经济建设和友好合作中做出突出成绩的各国专家和中国港台地区的专家，授予佛山康宝顺药业有限公司的美国专家加仑·丹谛（Garland Denty）、广州珠江钢琴集团有限公司的美国专家查理斯·科雷（Charles Scorey）等21名优秀专家“南粤友谊奖”。

二、外国留学生

70年代末80年代初，在广东的外国留学生主要分布在中山医学院、中山大学和广州中医学院，后陆续有外国留学生到华南农业大学、暨南大学、广州外国语学院、华南师范大学等院校就读。1980年有46人；1981年有34人；1983年有102人，分布在广东省五所高等院校和广州市杂技团学习，大部分来自第三世界；1984年100人；1985年有134人，该年在粤的外国留学生有“三多”的特点，即“新生多”“第三世界学生多”“非洲学生多”；1987

年346人；1988年达到400多人，来自五大洲40多个国家，其中学习医学、农学的多为第三世界和非洲国家学生，学习语言和其他专业的多为日本、朝鲜和欧美国家留学生。

80年代初，广东省对外国留学生的管理工作存在着很多困难，留学生和中国学生的关系、交朋友等方面问题很多。省外办根据教育部、外交部、公安部、文化部召开的全国外国留学生工作会议精神，制订出《关于外国留学生工作会议的情况和贯彻意见》，并要求中山医学院和广州中医学院在学院师生员工中进行传达贯彻，要本着解放思想，实事求是，实行开放政策的精神，主要抓好教学和管理两个方面的工作；从认识和具体做法上明确管与不管的界线，提出改进意见；订出必要的规章制度，作为校规的一部分，并教育外国留学生遵守，同时研究如何进一步开展与外国留学生交朋友的活动。

80年代初对自费外国留学生收费的标准：文科大学生和普通进修生每学年缴学费人民币1500元，理、工、医、农科大学生和普通进修生每学年缴学费人民币2000元，高级进修生每学年缴学费人民币2500元，各类留学生在学习（或补习）基础汉语期间一律按每学年人民币1500元的标准缴纳学费；在学校住宿者，每学年缴床位费人民币540元；每学年缴门诊医疗费人民币150元，住院治疗时一切费用由本人另付；教材费、伙食费及旅行的交通、住宿、服务费等据实缴付。

1980年，省外办向有外国留学生就读的各高等院校就留学生管理工作提出“四要”原则，即逢年过节要想到留学生、温课迎考要安排同学帮助留学生、班级活动要邀请留学生、老师和同学平时要主动接近留学生。中山大学、广州中医学院、中山医学院对留学生工作抓得较紧，基本做到上述的“四要”，因人而异地加强对留学生的辅导，建立、健全留学生会客制度，严格管理好留学生宿舍，同时通过任课老师做留学生的思想工作和友好工作。大多数外国留学生都能遵守学校的规章制度，学习也比较努力。

对留学生兼课的管理。原则上不提倡外国留学生兼课，但在不影响外国留学生学习的情况下，也可以适当请一至两名留学生兼课教授外语，每周任课时间不宜太多。兼课的留学生的学杂费照收，不采取支付生活津贴的做法。留学生兼课根据其教学水平每节课按3元～5元幅度支付报酬。所收入的钱不能兑换外汇。

1983年9月，在华南农学院学习的7名非洲留学生因为对该院制订的院外人员来访留学生不得在宿舍房间会客的制度不满，集体罢课。这是广东省自1974年重新接收培训外国留学生以后发生的第一次罢课事件。事发后，省外办即会同省高教局、广州市公安局多次前往华南农学院了解情况，与校方商量研究，支持校方坚持这一合理制度，同时请校方多做耐心细致的说服解释工作，并提醒其注意工作方法，避免矛盾的进一步激化。最终使这些留学生认识并承认错误，恢复上课。

1988年7月17日，在广州中山医学院就读的两名伊朗留学生为抗议美国击落伊朗客机的行径，发动在穗外国留学生前往美国驻广州总领事馆门前游行抗议。经多次劝说无效，省外办会同广东省、广州市公安部门以及省高教局有关人员，详细研究留学生提出的活动计划和安排，由公安部门明确规定游行路线和必须遵守的事项。来自16个国家的35名外国留学生由广州市人民北路开始前往美国总领事馆门前游行示威，并递交抗议书。

1991年后，省外办与省高等教育厅、各院校保持经常性联系，了解留学生动态，掌握留学生工作政策。

第四节　协助处理涉外纠纷及案件

广东省对外交往活跃，涉及与许多国家的纠纷或案件时有发生，以涉及越南、泰国、马来西亚等国家居多，因其或与广东海域相连，或由于历史原因其很多公民与广东有血亲或姻亲关系。这些国家的领事馆把相当多的精力投入到与广东外事等有关部门的交涉，争取尽快妥善处理这些事件。广东省各级外事部门与有关部门配合，妥善安排事件当事人家属前往处理后事，介绍案件的实情，协助做好案件处理及善后工作。

1981年，美国驻广州总领事馆分别于3月9日和7月1日照会省外办，请求对美国公民黄卓韶收回在广州市东山区龟岗大马路7、9号的房产一事、美国公民洪有合提出归还其丈夫黄仁源原先在广东省中山县张家边公社的一栋房子一事给予协助。在省外办和广州市落实房屋政策办公室的协调下，1982年3月，黄卓韶的房屋全部交还其代理人黄维濂使用。另经省外办调查，黄仁源原来在中山县的房子在当地土改时按政策规定已被没收，不能发还给其亲属。

80年代初，泰国籍人员在粤走私毒品案件时有发生，仅1982年就发生3起。1月，广州市中级人民法院受理广州市人民检察院起诉泰国籍人苏南、彭猜、卢鸿裕、林炳书、张婵娟、张婵贞、陈御心、叶妹等6宗毒品（海洛因）案。对上述人员分别判处5年至12年不等的有期徒刑。4月，泰国籍人阿努查·加诺勒（中文名杨高墩）在广州白云机场入境时夹带毒品海洛因5.305公斤，被海关人员当场截获。广州市中级人民法院判处杨高墩无期徒刑。6月，泰国籍人塞猜·寒旺拍汶由曼谷携带毒品海洛因来粤，企图经深圳将毒品偷运往香港，被九龙海关人赃并获。在省公安厅、省检察院、省外办、广东海关共同协助下，广州市中级人民法院公开审理，判处塞猜·寒旺拍汶无期徒刑。

1982年12月31日，中国租船公司期租船巴拿马籍“阿尔莫特·邦赫芬”（Almut Bornhofen）号货轮抵达上海，卸货前鱼粉货舱起火，船方施救未果宣布共同海损。1983年1月7日，该轮驶抵广州黄埔港，船长宣布因为发生共同海损，在未取得货方保险人提供的共同海损担保前不同意卸货。中国人民保险公司于当日按船方要求提供200多万美元担保。由于是共损，数额很大，船方应分摊的份额数量不少，中国人民保险公司于1月24日申请广州市中级人民法院扣押该船，直至船东向其提供20万美元的反担保时止。广州市中级人民法院于1月27日派出审判人员登上该船告知船长，责令船方在1月30日前通过其保赔协会或银行向申请人提供20万美元的担保，如不依期提供，法院即依法扣船并请黄埔港监依照对外籍船舶的管理规定，不让该船离港。1月31日人保广东省分公司收到船方船舶保险人同意提供担保的确认书。由于中方权益已获保障，广州市中级人民法院不予发布扣押令，当即通知黄埔港务监督准予该船离港。省外办自始至终协调各方，以保证顺利解决事件。

1984年，省外办协助处理涉外案件146宗。

1988年5月，旅居新西兰的俄国人依弗度金莫夫向中国驻当地大使馆反映自己在中国居住期间适逢“文化大革命”而被红卫兵抄家，要求对其损失的财物给予赔偿。依弗度金莫夫出生在中国，1959年在广东与中国女子翁科红结婚，1974年4月移居新西兰。经省外办核实，依弗度金莫夫在1966年9月1日被“八一”中学红卫兵抄家。根据其本人所列财物清单做出估价，决定向依弗度金莫夫赔付人民币2万元。

1992年，省外办协助广东公安、武警边防等单位处理外国人在粤意外事故、外籍船走私案、中国公民渔船被外方扣留案等涉外事件68宗。

1993年，在广东海域走私贩私的外籍船只开始增多，以越南籍、巴拿马籍、洪都拉斯籍的居多。发案率直线上升，且走私物品数量大。省外办全年协助处理涉外案件132宗。

1993年4月27日，珠海市边防分局在珠海市担杆岛海域截获一艘越南籍“争江”号走私货船，该船运载的约4000台日立牌彩电没有任何运往中国的合法手续。6月初，越馆总领事杨铭怡等人多次拜会省外办就“争江”号货船被扣事进行交涉。省外办强调，该船在中国沿海地区进行走私活动，扰乱中国沿海秩序，严重危害中国利益，中国主管部门对其依法查处，是完全正当、无可非议的。7月10日，珠海市公安局没收“争江”号船运载的走私21寸日立牌彩电约4000台，上缴国库；18台小轿车、电缆等货物随船放行；对“争江”号船船长潘良章等24名越南籍船员教育后撤销监视居住，并于7月10日随船放行。8月20日，越南外交部领事司照会中国外交部，就上述事件提出交涉并要求中国方面赔偿有关损失。中国有关方面重申，对“争江”号的处理完全符合两国签订的海运协定。

1994年，广东涉外刑事、民事、海事、经济、走私、贩毒、偷渡等各类案件发生率大幅上升，外国船只因涉嫌走私被中方扣押案和广东非法偷渡人员被遣返案也大大增加。全年省外办共协助处理涉外案件326宗，其中外船走私案37起，协助接收澳大利亚和马来西亚遣返粤籍公民7批128人。

是年，省外办会同司法部门查处澳大利亚“耀国集团”土地诈骗案。1993年11月，“澳大利亚耀国（集团）有限公司”向中国企业和个人进行“土地招商”，出售位于澳大利亚新南威尔士州托克姆沃地区的1.3万多英亩土地，声称购买者将对土地具有永久所有权及开发权。该公司在深圳市发表的一份“特别声明”中称，此项土地招商业经中澳两国外交贸易部批准，并于1993年11月8日在北京钓鱼台国宾馆举行新闻发布会予以公布，包括《人民日报》和中央电视台在内的多家新闻媒介均予以报道。中国驻悉尼总领事馆得知此事后即同澳外交贸易部联系，澳方断然否定曾批准“耀国（集团）有限公司”对外出售土地一事。中国驻悉尼总领事馆建议对此案作必要的调查。1994年1月9日《广州日报》报道该事后，省外办一方面请澳大利亚驻广州总领事馆协助对该公司在粤活动展开调查，另一方面请新闻单位暂停有关宣传报道，遏止事态的进一步发展。

同年，省外办还协助处理原深圳市原野实业股份有限公司董事长彭建东（澳大利亚籍）的经济犯罪案。1993年10月14日，彭建东因贪污被依法逮捕。1995年9月28日，深圳市中级人民法院依法审理彭建东案并判决彭有期徒刑16年，附加驱逐出境。澳大利亚驻广州总领事馆对深圳市中级人民法院对彭建东案的处理过程表示不满。省外办就该案与有关法院、检察院及省公安厅协调通气，提醒办案单位有关涉外注意事项，并请其及时将案情和对外表态口径告知外事部门，妥善处理案件。此案从立案到判刑历时两年多，是广东省涉外案件中出现外交交涉次数较多（澳方向中方交涉达数十次）、交涉层次较高的案例之一。

1995年，省外办协助处理涉外案件120宗。一些粤籍渔船在中国与马来西亚、菲律宾、越南等国有争执的海域作业时被外国抓扣，外国新闻媒介、法律界、军方均介入，不仅抓人扣船，还发展到动用武力、开枪伤人的地步。3月，穗渔104号船在南沙作业时遭马来西亚四艘军事炮艇围攻和枪击，致使4名船员受伤。省外办通过中国外交部、驻外使领馆、当地华人组织尽全力交涉解救中方船员，挽回经济损失。

1996年2月2日，广东省石油化工设计院向省外办请示称，该院在中华人民共和国成立后直接向印度人华苏尼亚的代理人翟施灵承租的、坐落在广州市沙面北街97、99、101、111号（原肇和路101、103、105、115号）的三栋两至三层楼房经过60多年已属全危房屋，要求将其改建。经省外办请示外交部，同意广东省石油化工设计院对上述房屋进行改建，但考虑到上述房屋属印度人的房产，为日后中印双方商谈解决私人资产问题作准备，应在拆建前对上述房屋进行内部估价、对房屋拍照，并将估价单、照片及其他有关房产资料送省外办保管。

1996年各类涉外案件急剧增多，大案也比1995年增多。省外办共协助处理各类涉外案件200宗。处理越“下龙10号”与中方南海舰队554号船碰撞案件长达5个月之久。处理菲律宾有关方面抓扣广东阳江19090号渔船和广州穗渔123号渔船案，为保证中方渔民人身安全，把中方经济损失降到最低限度，省外办通过与外交部、驻菲使馆、菲驻厦门总领事馆及渔民所属单位多次沟通联系、传递信息，解救渔民早日回国。

1996年11月22日，针对一些新闻单位不按规定报道涉外案件和某些单位抓扣、拘留外国人不通报外国使领馆等现象，省外办召开全省领事涉外工作通报会，向省直有关单位、主要大专院校、新闻单位和有关市外办通报外国驻穗领馆、涉外案件的情况，重申领事馆管理规定和关于处理涉外案件若干问题的规定，要求各有关主管部门各司其职，各负其责，共同做好领事涉外工作。

1997年6月14日，越南太平省进出口总公司与中国广东省茂名大地建材物资供应公司签订合同，太平省进出口总公司以285美元/吨广西防城港到岸价格售给广东茂名大地建材物资供应公司5000吨5%碎米率的大米。茂名大地公司于7月15日委托香港新益贸易公司要求华比银行开具信用证总金额为712500美元以购买2500吨大米，太平省进出口总公司收到信用证后于8月23日在越南西贡港将2500吨大米装船并于8月27日运到中国广西防城港并由茂名大地公司卸货签收。越南太平省进出口总公司于9月15日将各种单证送到香港华比银行议付，却一直未收到该笔货款，因为茂名大地公司未将该笔货款汇至香港新益公司。太平省进出口总公司通过越南驻广州总领事馆向广东有关方面进行交涉，后起诉茂名大地建材物资供应公司诈骗。

1998年，省外办协助处理各类涉外案件共252宗。省外办结合广东涉外案件的情况，制定广东处理涉外案件的有关规定，提高各办案单位和个人依法办案的水平。11月，省外办在佛山召开涉外案件联系人制度座谈会，决定尽快制订广东省涉外案件联系人制度实施细则，进一步明确省内各单位在处理涉外案件中的职责，细化办案程序、措施，提高基层办案单位处理涉外案件的水平。

1998年12月13日，越南南定省河海运输公司“成南”号货轮满载香港金源行“金利来”牌香烟3001箱由越南开往香港，途径中国琼州海峡时因遇大风浪致使货舱进水，船体倾斜，情况危急。12月14日，越南驻广州总领事馆照会湛江市外办请求中国有关方面救助

“成南”号。此前，徐闻县公安边防大队接船方报告后，组织大量人力、物力、船只到现场进行救助，抢救出船上货物并及时运往徐闻县烟草公司仓库存放。1月14日，因越方不支付救助费，中方向广州海事法院湛江派出庭提出扣船和诉讼请求。省外办、湛江市外办多次与越驻广州总领事馆交涉，促使双方在救助费问题上达成一致，案件圆满解决。

2000年，省外办参与处理各类涉外案件10宗。此外，6月在所罗门发生内乱危及当地华侨华人生命财产安全时，紧急协调广东公安、海关、机场、边检、检疫等部门，配合外交部快速将117名华侨华人接回广州。

第六章 友好省州、友好城市关系

广东省的友好省州（城市）工作是在中国实行改革开放后逐步发展起来的，也就是从1979年5月2日广州市与日本福冈市和9月1日广东省与澳大利亚新南威尔士州缔结友好关系开始的，这标志着广东省地方外事工作步入一个新领域。

第一节 友好省州关系

一、澳大利亚新南威尔士州

广东省与澳大利亚新南威尔士州（简称新州）的友好省州关系，是在双方领导人多次接触和书信、电报来往的基础上，于1979年9月1日，由广东省革委会主任习仲勋和新州总理兰恩通过互换信件形式确认的。

（一）高层互访

1979年11月，广东省革委会主任习仲勋率领广东省友好代表团对新州进行为期14天的友好访问。访问期间，澳大利亚总督考恩、新州总理兰恩、副总理安东尼、新州外交部部长皮考克分别会见广东省友好代表团。双方共同签署了《联合声明》，并就澳大利亚在广东海南建立示范牧场、广东向新州提供中文专家和热带水果生产专家及双方交换树种等合作项目达成原则协议。

1980年4月，新州总理内维尔·兰恩率新州政府友好代表团一行31人回访广东。访问期间，省长习仲勋与兰恩总理共同签署《中华人民共和国广东省人民政府和澳大利亚政府关于在广东东方县建立示范牧场的协议》《广东省人民政府和新南威尔士州政府关于广东省向新南威尔士州提供热带水果生产专家的协议》。

1982年2月，新州总理内维尔·兰恩一行5人及随行记者11人访问广东，参加并主持新州展销会开幕仪式，与广东省领导就加强两省州在经济、文化等方面的合作与交流进行商谈，省长刘田夫为兰恩总理一行举行欢迎宴会。

1985年1月，副省长杨立一行6人对新州进行4天友好访问，先后拜访新州总理兰恩、新州公共工程及道路部部长布里利顿、新州体育文娱旅游部部长克利尔里等。5月，副省长杨德元率广东省友好代表团参加悉尼市政府与中国驻悉尼总领事馆联合会主办的中国周活动。10月，新州总理内维尔·兰恩出席在广州召开的广东—新州联合经济委员会第四次会议。

1987年2月，副省长凌伯棠一行6人对新州进行5天友好访问，听取新州方面有关工业、农业、林业情况介绍，并参观农业项目。8月，新州新任总理恩斯沃思率领新州政府代表团一行13人访问广东，参观广州经济技术开发区、集装箱码头、西基煤港、中美合作的美特容器公司及中澳合资的人工心脏瓣膜厂。省长叶选平与新州总理恩斯沃思共同签署两省州在19个方面进行经济合作和贸易往来协议书，及两省州经济委员会第六次联合会议备忘录确认书。双方领导还在合作出版的两省州地图上签名留念。

1988年1月，原广东省省长刘田夫率广东省友好代表团一行5人访问新州。先后出席“中国园”开幕式，参加新州总理恩斯沃思和新州华人为欢迎代表团分别举行的招待会，并会见新州反对党领袖格雷和前总理兰恩。

1990年7月，以新州下院议长罗索里为团长的新州议会团一行13人访问广东。访问期间，副省长张高丽向新州议会团介绍广东经济发展状况。新州议会团旁听了省人大常委会会议。议会团还到了广州、中山、顺德等地参观。

1991年9月，副省长刘维明率广东省政府代表团一行7人访问新州。新州总理格雷纳会见和宴请刘维明一行，并与刘维明一起为广东—新州联合经济委员会第九次会议致辞和签署备忘录。代表团还出席广东省外经贸委主办的“悉尼展销会”开幕式，参观新州政府所属土地信息中心和电力委员会，对新州一些有影响的公司和企业进行考察。

1992年10月，新州副总理沃尔·默里夫妇率新州政府代表团及工商业代表等一行共38人，对广东进行3天正式友好访问，出席在广州召开的广东—新州联合经济委员会第十次会议。副省长刘维明和默里在会上分别致辞，并分别代表各自政府在会议备忘录上签字。

1993年6月，新州总督彼得·辛克莱夫妇一行4人先后在广州、深圳、番禺、顺德和珠海等地参观考察。11月，新州立法委员会（上议院）议长马克斯·弗雷德里克·威利斯率新州议会代表团一行20人，对广东进行正式友好访问，先后参观深圳中澳合资企业、珠海特区十年建设成就展、中山纪念堂、广州历史博物馆等。

1994年6月，以新州总理给翰·费伊为团长的新州政府代表团一行7人及商务代表团一行8人来粤进行友好访问，先后参观深圳海王药业有限公司和深圳股票交易所，并分别与广东省国际信托投资公司、广东省煤炭工业总公司、广东发展银行举行会谈。

1995年9月，新州下议院议长约翰·默里率领新州议会代表团一行13人对广东进行友好访问，先后参观广东省人大常委会和三水、珠海、佛山等地有代表性的企业或大型基建项目。

1997年11月，新州上议院副议长邓肯·格尔率上议院代表团一行6人在广州、深圳、东莞参观访问。

1998年5月，新州总理鲍勃·卡尔偕夫人率代表团一行5人访问广东，参观广东与新州的合作项目之一——广州市交通指挥控制中心。

1999年11月，副省长李兰芳率广东省政府代表团一行13人到悉尼参加广东—新州结好20周年纪念活动。

2000年4月，新州议会下院议长约翰·默里和上院议长美瑞恩·伯曼率新州议会代表团一行6人访问广东，先后参观了广交会、广州市儿童福利院、广东省中医院、江村家禽企业公司和深圳、东莞部分合资企业。

（二）交流合作

1983年5月，新州汉斯贝医院老年病学和康复医学服务中心主任理查德·吉维斯医生夫妇访问广东，与广东同行就老年病、康复医学和残废人保健等方面交流经验。

1983年5月，悉尼音乐学院弦乐四重奏访问团在穗进行友好交流和演出，并前往广州音乐学院，进行学术交流。

1983年6月，省心血管研究所所长罗征祥率广东省医疗学习组一行4人，在新州学习心血管疾病预防与治疗技术3个月。

1984年9月，广东省民族歌舞团一行20人参加新州举办全国性节日演出。10月，由省文化厅组成的7人文化艺术考察团，考察新州文化艺术设施，学习和借鉴新州先进技术设备和管理方法，了解新州社会文化和专业艺术发展概貌。

1985年4月，由广州乐团、广东民族乐团、广州音乐学院选派，由13名作曲家、指挥家、演唱家和演奏家组成赴澳访问代表团到新州进行演出交流。当月，现代著名画家关山月夫妇和黎雄才夫妇在新州举办画展。5月，新州里弗利纳高等教育学院董事会主席海根博士率代表团一行3人来华南农业大学参观访问和进行学术交流。10月，华南农业大学访问团一行4人对新州里弗利纳高等教育学院进行回访，就两校间的合作交流交换意见，并就人员培训、人才交流等达成协议。

1985年10月，省长叶选平与新州总理兰恩共同签署《关于在广东省韶关地区乐昌县和曲江县建立粤北示范牧场合同》，以引进澳大利亚优良牧草及其种草、改良牧地技术；学习新州科学养牛和牧场管理经验；帮助韶关地区解决冬季牛群饲料短缺问题。粤北第一示范牧场（乐昌）和粤北第二示范牧场（曲江）于1986年5月3日同时成立并动工建设，1987年建成投产。期间，新州政府农业部的官员多次到这两个牧场视察，探望在牧场工作的新州专家及随场家属。新州农业部也多次派出高级农艺师、土壤专家、畜牧专家到场进行技术指导，协助解决办场过程中遇到的各种技术难题，使牧场在改良土壤、种植牧草、科学养牛等方面都取得一定经验和成效。

1986年9月，新州教育部部长洛得尼·卡瓦利亚一行3人到广东参观访问，了解广东各级教育情况，商讨两省州在教育方面交流合作项目的可能性。

1987年10月，经新州政府推荐，广州杂技团为新州“飞果蝇马戏团”培训8名小演员和一名老师，为时三个月，主要训练12个节目和一些基本动作。

1988年1月，新州“飞果蝇马戏团”的三名演员专程赴德与广州杂技团联合演出，获得普遍好评。

1990年6月，新州卫生部总局长艾莫斯率新州卫生代表团一行4人在广东进行预防医学和医疗技术方面的考察，并就肝炎、艾滋病的预防、诊断及今后在这方面的合作交流等与广东对口部门进行交流和探讨。

1994年11月，广东省教育代表团一行7人在新州参观访问，先后参观大学、中学、小学、职业技术学校、远距离教育学校和开放培训与教育网络中心以及教育机构的教学设施和教学活动；与当地教育官员、校长、教师以及学生进行交流、座谈。

1995年3月，广东省妇幼卫生代表团一行6人赴澳大利亚进行为期10天考察，主要学习澳方先进的妇幼卫生管理经验，了解妇幼卫生设施以及降低产妇、婴儿、儿童死亡率措施；探讨加强妇幼卫生领域合作等。

1996年4月，新州卫生代表团一行4人对广东进行友好访问，就广东省人民医院与悉尼威尔士亲王医院缔结友好医院事宜，与广东省人民医院和有关部门进行商谈，并参观了省卫生防疫站。

1997年7月，新州卫生部部长里夫索奇博士一行3人访问珠海市，与省卫生厅和珠海市卫生局负责人共商在珠海市医疗中心开展合作项目事宜，并参观珠海市医疗机构。

1997年11月，新州皇家北岸医疗行政总监Gavin Frost医生对广东进行访问，就省卫生厅直属有关单位与皇家北岸医院交往和合作事宜进行探讨和商谈。

（三）兴建“中国园”

为庆祝澳大利亚建国200周年，澳大利亚华人团体倡议在悉尼市建一座“中国园”。此倡议得到中国驻悉尼总领事支持，新州政府接纳，广东省领导同意。

1980年10月，广东省省长刘田夫在访澳时答允援助“中国园”的设计，并赠送部分建园材料。1981年11月，广东省决定由广州市园林局承担“中国园”的设计和营建任务。1984年8月，新州政府确定在达令港划地建设“中国园”，作为中澳两国和广东、新州两省州人民友好象征，也作为澳大利亚建国200周年献礼的重要项目。

1985年10月11日，新州总理内维尔·兰恩出席在广州召开的广东—新州联合经济委员会第四次会议，与省长叶选平共同签署《关于新州和广东在悉尼兴建“中国园”的协议书》。根据该协议，“中国园”总体规划面积为10000平方米；广州市园林局根据新州提供的资料图纸，于1985年6月向新州提供总体设计方案，方案的主要特点是充分应用和体现中国园林传统艺术和岭南园林风格。

“中国园”的建筑面积1459平方米，是当时外建面积最大，耗资最多（新州投资1700万澳元，广东投资103万元人民币）的中国园林建筑。有20多位中国知名诗人、作家、画家为“中国园”题诗、作画、题名、撰写碑记。

1988年1月中旬，“中国园”竣工，当月17日正式开放。广东省应新州邀请，派出以原省长刘田夫为团长的代表团访问新州。具体负责该项目的新州达令港发展工程局同时邀请“中国园”工作小组6名广东省的人员前往参加揭幕仪式。

与此同时，广东与新州在司法、交通、能源、环保等领域也有广泛的交流与合作。

司法交流：1985年11月18—26日，新州最高法院上诉院大法官马奥尼访问广州、深圳等地，省高级人民法院院长汤光礼和马奥尼就处理商事纠纷原则等问题进行会谈。1987年4月，广东省高级法院代表团首访新州，先后与新州司法部部长、首席大法官、大律师、律师工会主席、商业纠纷调解中心负责人等新州司法界头面人物进行接触；考察州、市和地方三级法庭的司法业务，旁听有关偷运毒品、经济纠纷、民事犯罪等类型案件的审判；参观地方法庭罪犯拘留所和管理犯人的各种现代化设施以及律师管理机构等。1988年5月，新州司法代表团一行12人，在广东参观访问期间，先后听取有关广东法院设置、中国审判原则和制度、经济纠纷案件调解、大学法学教育、开展对外律师事务等方面情况介绍；参观中山大学法学系、图书馆和深圳经济特区；旁听深圳市中级人民法院开庭审理购销合同货款纠纷案件。1996年1月，广东省法学会赴澳考察团一行6人，先后考察新州律师协会和康斯律师所、哈里斯律师所及悉尼监狱、悉尼最高法院。

交通合作：1988年3月，广东省交通代表团在新州访问期间，与新州工业发展局、交通部、新州—广东交通组及交通系统的官员进行交谈，先后听取新州交通部、主要道路局、海事局、铁路局以及联邦银行等单位的情况介绍；参观悉尼交通电话控制系统和铁路控制指挥系统；与新州交通部部长签署广东—新州、新州—广东交通组谅解备忘录，双方同意在港口发展、道路交通、铁道交通、交通控制系统、交通规则等方面进行合作和交流。

环保、能源合作：1986年7月，新州环境规划部与广东省科委正式签订合作协议，商定：由新州派出两名工作人员参加广东三水农村规划工作；广东省派出4名工作人员参加新州有关规划工作。1987年12月，广东电力考察团一行8人，对新州电力工业发展状况及其设备、设施和现代科学管理进行4天考察，并就加强两省州电力工业的合作交流分别与新州矿产资源部部长、工业发展局局长和新州电力委员会、澳斯电力联合企业负责人举行会谈。

二、日本兵库县

1981年8月，兵库县知事坂井时忠向全国人大常委会副委员长廖承志提出要与广东省建立友好关系。后经多次与广东省的领导接触及书信来往，在互相了解的基础上，1983年3月23日，省长刘田夫和知事坂井时忠在兵库县共同签署《关于兵库县与广东省缔结友好关系的协议书》。

（一）高层交往

兵库与广东缔结友好关系前，两省县的高层就有良好的交往。1981年12月，副省长王全国率广东经济代表团一行10人访问兵库县。当月，以知事坂井时忠为团长的兵库友好访华团一行30人，在广州参观访问。1982年8月，知事坂井时忠率团800余人，自费来穗进行友好访问和旅游。

两省县缔结友好关系后，高层交往更加频繁。1983年8月4日，兵库县劳动总同盟兵库县同盟会会长、副会长、书记等工会最高领导率兵库县勤劳者友好团一行98人访问广州。同年10月，副知事小笠原晓率领的友好访问团一行6人在广州主持兵库县产业文化展览会开幕式，并前往佛山、桂林等地参观。1984年3月，省长梁灵光率广东省友好代表团一行6人出席在神户市举办的“广东省经济文化展览会”和“孙中山纪念馆”开幕式，同时就今后两省县友好合作交流与坂井时忠先生等兵库县领导交换意见。同年10月，副知事贝原俊民率兵库县友好访问团一行23人来粤访问，与广东省有关部门商讨1985年两省县开展友好交流活动计划。11月，广东新组建的市市长友好访问团一行6人对兵库进行友好访问，考察兵库县公务员制度和劳动制度。1985年4月，以兵库议会议长伊田宏为团长的兵库县议会友好访问团一行11人先后在广州、深圳、佛山等地参观访问。同年7月，省长梁灵光率团一行6人出席在神户市召开的“地方时代国际会议”。8月，知事坂井时忠再次率兵库青年洋上大学450人以“兵库友好之船”名义访问广东。11月，知事坂井时忠和议长田滕信一行8人在广州参加“兵库县机械展览”开幕式并进行友好访问。1986年11月，副省长、深圳市市长李灏在神户市兵库公馆举行仪式，代表省长叶选平授予知事坂井时忠先生“广东省荣誉公民”称号，并颁发证书，以表彰坂井时忠先生自1981年以来，四次率团访粤，为建立两省县友好关系，培养广东技术专业人员，加快广东经济、文化建设步伐做出的积极贡献。1987年8月，副知事三木真一一行3人在广州参加广东省—兵库县结缔友好关系五周年庆祝活动，与副省长于飞在白云山聚芳园共同种下一棵象征中日友谊四季常青的南洋杉，并出席庆祝两省县结好五周年文艺晚会。1988年1月，前知事坂井时忠先生和夫人、前知事办公室长尾崎重雄先生和夫人及秘书一行5人先后访问广州、中山、海口、三亚、通什、兴隆等地。1990年12月，副省长张高丽率广东友好代表团一行6人对日本兵库进行友好访问，参观九州电力厂、东部垃圾处理厂、地铁调度室、神户制钢所和神户商科大学等。1991年，兵库商工部部长井田敏率兵库经济考察团、副知事三木真一率县民交流船、副知事板野英彦率友好代表团，先后对广东进行考察访问。1992年为庆祝日中邦交正常化20周年和广东—兵库缔结友好关系10周年，知事贝原俊民于9月率县民交流船等7个友好代表团访问广东，与广东省省长朱森林共同签署《广东省兵库县纪念结好十周年联合声明》。11月，省长朱森林率广东省政府友好代表团一行8人访问日本。参加广东—兵库结好十周年纪念活动，签署两省县进一步发展友好合作关系联合声明。12月，省人大常委会主任林若率广东省人大代表团赴兵库县访问。1995年1月，兵库县南部发生强烈地震，广东省政府和省长朱森林、省人大常委会主任林若分别致信知事贝原俊民阁下，向兵库县政府和全县人民表示深切慰问，对地震中遇难者表示哀悼。朱森林还代表广东省政府和全省人民向兵库捐赠40万元人民币的援助资金。10月，副知事今井和幸和国际交流协会友之会副会长（原兵库出纳长）宗野德一行5人参加在广州举办的日本与广州通航首航仪式，并先后到广州、佛山、肇庆等地参观访问。兵库议会议长山本正治于1997年2月和1998年2月两次率议会议员联盟访粤代表团访问广东。副知事藤木和弘、井户敏三也分别于1999年9月和2000年10月率团访问广东。

（二）交流合作

1983年至2000年，广东省和兵库县互派经济贸易、科学技术、文化教育、体育卫生等方面的考察、交流团共103个，互访达3300人次；其中广东40个，470人次。1983年11月，广东先后组派皮革五金、中小企业、农业等三个专业考察团访问兵库，就皮革五金、企业管理、农业科技等与兵库相关部门进行交流与洽谈。1984年3月，“中华人民共和国广东省经济文化展览会”在神户市贸易促进中心举行，主要内容有：广东简介、书法字画、工艺品、陶瓷、抽纱、刺绣、雕刻、红木家具、草藤葵制品、丝绸、纺织等，观众65000多人次。广东在派出政府代表团和展出团的同时，还派出由日用陶瓷工业、酱油酱料、涂料研究、塑料制品、水产和农产品加工、城市建设、畜牧业科技、综合等8个考察小组共30人组成的广东经济考察团到兵库县考察。1985年8月，兵库县在广州成功举办“机械展”，成交额达210万美元。1987年9月，广东外经委在神户市举办广东出口商品展销会，向日本工商界人士和广大消费者介绍广东与兵库结好以来，经济、文化、艺术和民间交往情况，展销项目包括工艺、纺织、丝绸、矿产、食品、畜牧、土产、茶叶、水产等，成交额达2000多万美元。1989年10月，兵库派出冶炼专家惠藤文二和铸锻专家金森进到韶关铸锻总厂进行技术指导。两位专家在韶关铸锻总厂3个月，举办两场有外厂同行参加的技术讲座和26次小型专题座谈会；指导改进技术工艺40多项，并就有关管理、技术、工艺、人员培训等回答中方人员提问。两名专家回国前，被韶关铸锻总厂聘为名誉技术顾问，随时接受该厂技术咨询。1990年10月，兵库国际交流课长小坂田肇和兵库残疾人福利课长助理牧野耕三，先后率团访问广东，就两省县开展残疾人福利、体育、文化交流；进行残疾人康复科研、职业培训；探讨环境保护和公害防治；交换城市建设资料；扩大高等教育、普教体育交流等进行具体磋商。1992年3月，广东环境保护考察团，在兵库与该县保护环境部环境局进行业务交流，并先后考察县立公害研究所、环境情报中心、神户市荊藻岛垃圾处理中心以及西胁市第一印染厂污水处理中心等。9月，广东省综合计划考察团，在兵库考察访问期间，分别与该县企划部、总务部、商工部、福祉部、都市住宅部的官员，就该县政府管理职能、宏观调控经济、产业政策制定与实施、社会保险、城市建设等问题进行座谈交流。1994年6月，兵库水产调查组先后在广州、湛江就水产养殖、捕捞、加工及水产资源综合开发保护等进行交流。8月，由省农科院承担的广东与兵库农业技术协作试验研究—利用广东和兵库不同气候条件等水稻育种试验项目签字仪式在神户市举行。1997年10月，兵库网球交流代表团一行31人，在广州参加“1997年中日友好网球赛”后，前往深圳、增城等地参观访问。1999年7月，兵库日中友好协会希望小学考察组一行4人，在广州、清远、英德就捐建希望小学事宜进行考察访问。2000年11月，兵库日中友好协会爵士乐交流代表团一行46人访穗，与广州青年爵士乐团同台演出并开展友好交流。为学习兵库的科学技术及管理经验，1982—2000年，广东先后向兵库选派各类专业的研修生共187人，这些研修生期满回粤后，在各自岗位上发挥了骨干作用。

三、扎伊尔赤道省

1983年7月，省长梁灵光率广东省友好代表团访问赤道省。并于当月27日，与赤道省省长纳珠库·敖霸共同签署《关于广东省与赤道省缔结友好关系的协议书》。

广东省和赤道省建立友好关系后，两省政府的交流与合作保持畅通。1983年12月，广东赠送一批文化用品和医疗器械给赤道省。1985的8月，赤道省省长姆班比亚率赤道省友好代表团访问广州、深圳。代表团在穗期间，与广东省有关部门就卫生、农业、捕鱼、文化、体育、交通、能源等7个项目的合作交流进行会谈，共同探讨双边合作可能性，并达成原则意见，双方均表示愿在平等、互利基础上加强合作与交流，发展两省友好关系。1994年5月，赤道省省长纳珠库·敖霸为感谢广东省对赤道省赠送40台缝韧机，重视发展两省友好关系，专此致函广东省省长朱森林，欢迎广东省到赤道省开展经济贸易合作。对此，省长朱森林于9月29日复函赤道省省长纳珠库·敖霸，希望广东省与赤道省友好关系能够得到进一步具有实质意义的发展。1996年9月，广东省政府代表团访问赤道省。在赤道省副省长蒙东博陪同下，代表团对赤道省的投资环境和合作项目进行实地考察。代表团离开赤道省前，赤道省省长纳珠库·敖霸将亲自签署的靠扎伊尔河边，长、宽各1公里，合计100公顷的林地土地证赠予广东省代表团。由于该林地可使用价值不高，而未得到广东省投资开发，两省友好关系也因此处于停滞终止状态。

四、美国马萨诸塞州

1983年11月1日，广东省与马萨诸塞州（简称马州）建立友好省州关系签字仪式在马州政府大厦隆重举行，省长梁灵光和州长迈克尔·杜卡基斯分别代表各自政府在缔结友好省州关系协议书上签字。

（一）高层互访

为确保两省州友好关系健康发展，马州于1984年5月，专门成立马州—广东关系顾问委员会。9月，在广东与马州结好一周年前夕，省长梁灵光分别给马州州长迈克尔·杜卡基斯和经济部部长伊芙琳·墨非写信，对广东—马州结好一周年表示祝贺。12月，马州经济事务部部长助理拜伦·巴特尔和该部项目协调人玛丽·苏萨兰小姐访问广东，与省外办和省经委、省卫生厅、省文化厅、中国国际贸易促进委员会广东省分会（简称省贸促会）等部门就1985年广东—马州经济技术合作和文化交流项目进行磋商和探讨。

1985年3月，州长迈克尔·杜卡基斯率马州代表团及马州工商会企业界人士、新闻记者一行24人对广东进行友好访问。这是自1983年11月广东与马州建立友好关系以来第一位到访广东的马州州长。代表团除在广州、佛山参观访问和游览名胜外，还与广东有关企业、公司和部门进行磋商探讨，签订七项业务合作意向书和协议书。

1986年5月，副省长杨立率广东省代表团一行4人赴马州进行访问和商讨经济交流与合作事项，考察在波士顿市建设“中西走廊”大厦的可能性。

1987年9月，省委书记林若以广东省政府总顾问、省贸促会名誉会长身份率团赴马州主持在波士顿市举办的“广东出口商品展销会”开幕式，并考察广东—马州经贸关系情况。

1991年8月，州长威廉·韦尔德和夫人率马州代表团一行15人对广东进行友好访问。这是韦尔德当年1月就任州长后首次出访。代省长朱森林会见和宴请了韦尔德一行，双方还签署了关于增进两省州友好关系的联合声明，重申两省州1983年缔结的友好省州关系的效力和承诺。

1999年3月，州长阿其奥·保罗·塞路奇率马州16家公司的代表一行40人访问广东并进行经贸洽谈。其中马州康维科技股份公司与广东移动通信公司在销售和安装电信增值系统方面签署400万美元的合同。

2000年3月，州长阿其奥·保罗·塞路奇率马州贸易代表团一行30人对广东进行友好访问。塞路奇曾于1993年以副州长身份访粤。

（二）交流合作

1984年9月，广东经贸考察团一行7人对马州进行友好访问。广东与马州有关公司、企业就能源、高级技术、电子、机械、仪表等行业的交流与合作，以及进出口贸易和互办展览等事宜进行洽谈和探索。

1986年7月，马州波士顿“综艺”艺术家访华团一行10人携带作品出席在广州美术学院举办的“美国波士顿综艺美术展”开幕式并进行专业交流活动。

1987年，马州和广东分别于4月、11月，组派教育代表团互访，就两省州教育交流与合作交换意见。

1988年10月，马州经济事务部部长阿尔维安尼一行7人访问广东，分别与省经委、省外经委、省邮电管理局、省医药总公司、省医疗器械公司等单位负责人就如何加强双方在电力、通讯、医疗器械等方面的合作进行广泛、深入的研讨。进入90年代，马州与广东的交流合作，着重于通讯、医疗、交通、能源等领域。

1995年，广东与马州签订包括合作生产多向空速仪、合作研究鸟类、引进黑木耳种植技术、生产电动病床等七项经济技术合作意向书。

1996年，马州驻广州办事处在省外办的协助下，促成马州与广东的有关企业和部门在医药、机场、口岸管理人员培训和融资等方面的合作。

五、所罗门群岛瓜达尔卡纳尔省

1985年1月25日，在所罗门群岛瓜达尔卡纳尔省（简称瓜省）进行友好访问的副省长杨立与瓜省省长戴维·罗沙里奥在霍尼亚拉岛共同签署《关于广东省和所罗门群岛瓜达尔卡纳尔省缔结友好关系的协定书》。

（一）高层互访

1989年5月7日，瓜省以与广东建立友好关系以来没有从中得到实惠，双方洽谈和达成协议的合资项目未能落实，广东于1988年年末赠给瓜省的是一艘没有完工的船为由，单方面宣布终止与广东省的友好关系。

1990年5月7日，瓜省政府会议作出“关于瓜省断绝与广东省友好关系”的决定，并于当月14日通过当地电台和报纸公布这一消息。

广东和瓜省建立友好关系的近五年期间，两省高层进行一些交往。1985年7月，瓜省省长戴维·罗沙里奥率代表团一行8人对广东进行友好访问。广东华侨企业总公司、广东省林业厅分别与瓜省代表团就农业、林业方面的合作进行洽谈，并签订《广东省华侨企业总公司与瓜省政府在瓜省合办养鸡场的协议书》《广东省华侨企业公司与瓜省政府在瓜省合办综合农场的意向书》《广东省林业厅与瓜省政府在瓜省合作开发森林资源意向书》。广东正式表示无偿援助瓜省一条120吨客货船，并签订协议。

1986年6月，省长贝兰德率瓜省代表团对广东进行访问，与广东华侨企业公司就双方进一步发展经济合作进行会谈，签订关于在瓜省合资经营华罗家禽有限公司协议和探讨合作兴办综合农场意向书。

1987年2月，副省长凌伯棠率广东省友好代表团抵所罗门进行友好访问，慰问华罗家禽有限公司中方人员，并商讨有关广源公司交接问题。

1988年10月，副省长张高丽率广东省政府代表团一行7人访问瓜省，参加“广东·瓜省合作号”客货轮交接仪式（该货轮是1985年广东省答应赠送给瓜省的一艘木质货轮，由广源公司利用所罗门木材在当地建造，载重量100吨，造价62万多元人民币，由瓜省提议经广东省同意，命名为“广东·瓜省合作号”。但瓜省以该船无法通过本国船检为由，重新进行整修，花去7万美元，广东从大局出发，一次性付清此款）。

（二）交流合作

广东省和瓜省在农业、林业、渔业等领域也曾进行过一些交流与合作。1984年8月，广东远洋渔业考察组一行6人在瓜省考察访问，听取瓜省渔业情况介绍，参观渔业中心和养殖公司，与瓜省省长和有关官员就广东—瓜省渔业合作事宜进行多次洽谈，并签署广东—瓜省关于渔业合作备忘录补充意见。

1985年5月，广东农业考察团一行11人由广东华侨实业总公司陈贤率领，在瓜省就两省合办综合性农场事宜进行实地考察和可行性研究。同瓜省政府签订合资经营广达家禽有限公司意向书和合办综合性农场备忘录。

1986年10月，瓜省贸易代表团在参加第61届中国出口商品交易会期间，与广东省畜产、纺织、机械、轻工等进出口公司和广东省外贸开发公司签订6项贸易合同，总额为10多万美元。

1987年2月，广东农业考察组一行10人访问所罗门，对所方提供的1800公顷土地与瓜省合资经营水稻农场的可行性进行考察。经过考察和与瓜省政府多次交换意见，考察组认为瓜省不宜种植水稻，决定双方重组新公司合资兴办综合性农场，种植可可、咖啡、香料等。

1988年9月，瓜省副省长威廉·拉帕西亚率瓜省代表团一行4人在广东参观考察，先后与省水产局、省林业厅、南海东风藤厂洽谈合作项目，考察广州水产渔业基地、南海水产研究所、渔珠木材加工厂和深圳蛇口工业区等，并对广东省与瓜省签署的《关于金枪鱼、礁盘鱼类的海洋捕捞、水产品加工合作备忘录》增加三点补充意见。11月，所罗门政府资源部部长罗伯特·贝拉和瓜省副省长拉凰西亚一行5人，由广源公司总经理凌昆祥陪同访问广东，就森林采伐、养虾等问题进行会谈，未取得实质性成果。

六、美国夏威夷州

1985年5月21日，省长梁灵光与到访的美国夏威夷州（简称夏州）州长乔治·有吉良一，在广州签署《关于广东省与夏州缔结友好关系的协议书》。

（一）高层交往

1985年7月，省长梁灵光率广东省友好代表团，参加在兵库县举行的“地方时代国际会议”后顺访夏州，作为对夏州州长访粤的回访。

1986年5月，副省长杨立率广东省友好代表团一行4人对夏州进行友好访问，商谈经济交流合作及旅游工艺品展销、发展旅游合作等。

1987年5月，省长叶选平致电夏州州长约翰·威希，祝贺广东和夏州结好两周年。

1994年11月，省长朱森林致信本·卡耶塔诺，祝贺他当选夏州州长。

1995年5月，省长朱森林致信夏州州长本·卡耶塔诺，祝贺广东和夏州结缔友好关系10周年。9月，由广东省贸促会和广东国际商会牵头，在夏州、檀香山、洛杉矶、纽约、华盛顿等地开展商务活动。其间，省长朱森林率广东省政府代表团赴夏州进行友好访问。

（二）交流合作

1985年6月，中国国际旅行社广东分社办公室副主任关立东等五名留学生，赴夏州学习旅游管理等方面课程。1987年11月，夏州国际体育基金会董事长伯特·托马斯等三位夏州体育运动员代表，在穗观摩中国第六届运动会。1988年10月，夏州与广东特别交流项目顾问委员会主席黄棣荣率夏州与广东特别交流项目顾问委员会代表团访问广州。先后与省外办、省经委、省外经委、省科委、省建委、省旅游局、省高教局、省水产局、省国际人才交流协会、省发展银行、省食品工业公司、省农科院、省电子技术研究所等单位有关负责人进行座谈交流。11月，夏州众议员卡尔文·赛一行14人，在广州、深圳参观访问。该代表团由议员、律师、教师、少数民族工作者、企业家、政府官员等组成，其中大部分人首次来华，旨在了解广东社会、经济情况，加强彼此友谊和联系。1990年3月，夏州交流小组一行6人，在广东考察访问，就两省州交流合作事宜与广东省水产、食品、教育、旅游等行业的专家教授交换意见。1997年12月，广东省政府代表团一行15人，在檀香山参加由夏州政府主办、夏州中华总商会协办的“基础设施项目融资研讨会”。1999年1月，广东舞蹈家协会代表团一行24人参加夏州第34届四方舞年会。这是广东第一次组团参加四方舞年会。中国舞蹈家协会曾于1988年首次组团参加了在洛杉矶举办的全美四方舞大会。2000年4月由肇庆市侨外办、外经贸委、建委、旅游局等部门负责人组成的访问团，对夏州进行友好访问，并与夏州签署了发展友好交流合作关系意向书。12月，夏州工商经济发展暨旅游部副部长沙伦·成松女士率代表团一行14人访问广东并出席“广东—夏威夷旅游可持续发展研讨会”，就两地旅游业现状及旅游与环保等可持续发展问题进行交流和探讨。

七、英国斯特拉斯克莱德地区

1988年5月9日，省长叶选平与到访的英国斯特拉斯克莱德地区（简称斯区）政务委员会主席詹宁斯和首席执行官考德伍德共同签署《关于广东省与斯区缔结友好关系的协议书》。

1996年4月，斯区因英国地方行政机构改革撤销大区一级政府而取消。因而，广东与斯区的友好关系于当年8月20日注销。

广东与斯区建立的友好关系虽然仅有8年，但双方开展了一些有益于增进互相了解，促进经济发展的交流与合作。1992年6月，斯区议员兼议会财政委员会主席穆林、财政局副局长休尔斯和香港富显博公司总经理、斯区在港代表施博格等人来粤进行友好访问，听取省经委关于广东经济形势介绍并进行座谈，表示愿意在能源、交通、通讯等重点领域向广东提供多方位的帮助。11月，以斯区主席桑德斯为首的斯区政府代表团一行3人访粤，先后拜会副省长卢瑞华和省经委、省外办、省高教局，参观中山大学、广州大学以及深圳经济特区和南海市，并就今后两省区的交流计划，分别与省外办和省高教局签订备忘录。

1994年3月，斯区议会主席（省长）戴维·桑德森率斯区经贸代表团一行25人来粤进行友好访问。11月，由斯区新任议会主席佩里率领的斯区政府暨贸易代表团一行29人访问广东，与广东有关单位进行经贸洽谈，并取得一定成果。如：豪顿压缩机公司计划与广州冰箱集团合资办企业；阿戈包装公司有意与珠海乐辉集团工业公司和广州人民机械厂建立合资项目；斯区热力传输供应公司拟与广州有色金属研究院建立合作企业；广州越秀集团企业和广州纺织进出口公司与英国苔克斯纺织公司联系，准备向其出口纺织品等。

1995年5月，南海市政府经贸代表团访问斯区，与斯区有关公司签署造纸、吊车、水泵等项目合作意向书。双方还签订互设经贸办事处协议。9月，由斯区议会主席比尔·佩里和子爵威尔率领斯区政府及经贸代表团一行25人在广东进行友好访问和开展经贸交流活动。

八、德意志民主共和国德累斯顿专区

广东省与德意志民主共和国德累斯顿专区（简称德区）于1989年5月11日缔结友好省区关系。1990年德意志民主共和国并入德意志联邦共和国实现统一，德区遂并入萨克森州。广东省考虑到与德区的历史关系，希望继续发展与萨克森州的友好合作，并在省领导访问萨克森州时表达推动双方合作的愿望。州长比登科普夫也多次表示重视与广东的合作，希望访问广东。但由于两德统一后国内问题较多，地方政府忙于内部调整，无暇顾及对外交往事务，因此，两省州关系处于停顿状态。

九、荷兰王国乌德列支省

1995年1月22日，省长朱森林在广州与应邀前来广东访问的荷兰王国乌德列支省（简称乌省）省长比拉兹·范·布洛克兰德共同签署《关于广东省与乌德列支省结为友好关系的协议书》。

（一）高层互访

1995年6月，副省长李兰芳率广东省友好代表团访问乌省。

1997年5月，省人大常委会副主任凌伯棠率省人大代表团对乌省进行友好访问。10月，由荷兰女王特使、乌省省长布洛克兰德先生率领乌省政府及经贸代表团一行15人，在广东进行友好访问，并出席广交会开幕式。

2000年12月，乌省副省长罗宾逊及该省经济厅厅长陆伯特对广东进行工作访问。访问期间，省外办和省外经贸厅负责人与罗宾逊一行就加强两省政府间的交流及重点开展合作的领域等交换了意见。罗宾逊一行还参观考察天河科技园。

（二）交流合作

广东与乌省结好以前，在经贸、教育、科技、环保等方面，就有广泛的交流与合作。1991年，经双方政府牵线搭桥，乌省某公司与广州市商委、广州佳景公司以及泰国正大集团等共同投资4000万美元，在广州三元里建立万客隆大型开架商场。

1992年11月，省环境保护局负责人与乌省DHV公司董事英格斯曼就有关合资建设东江沿岸污水处理项目的立项依据、投资规模、荷兰政府贷款的优惠条件、工程进展及采用技术等交换意见。

1995年1月，乌省省长布洛克兰德访问广东，为推动广东与乌省合资建设东江沿岸污水处理工程项目的落实，与省环保局负责人会谈，并表示愿意接受省环保局派遣有经验、有技术的环保人员赴荷兰培训，同时希望广东提出培训计划。对此，省环境保护局根据荷方的建议和要求，提出详细的培训计划，并通过省外办转交荷兰政府，以便荷兰政府做出培训安排。为此，乌省大学决定接纳中山大学两名学者赴荷兰进行相关课题研究，所需费用，由乌省负担。

十、加拿大不列颠哥伦比亚（卑诗）省

1995年9月，应加拿大不列颠哥伦比亚（卑诗）省（简称卑诗省）省长迈克·哈葛特邀请，省长朱森林率广东省政府代表团一行6人访问卑诗。9月7日，朱森林和迈克·哈葛特在温哥华市签署《关于广东省与哥伦比亚（卑诗）省缔结友好关系的协议书》。

（一）高层互访

广东与卑诗结好有良好的基础。特别是进入20世纪90年代，两省政府高层和企业界、社会团体的人员往来日益频繁，双方在经贸、技术、文教等方面开展实质性交流合作。

1991年11月，省长哈葛特首次率卑诗经济代表团访问广东，商谈两省经济技术合作及贸易往来事宜，并表示希望与广东加强合作与往来，发展友好合作关系。

1993年3月，副省长张高丽率广东省邮电代表团访问卑诗。4月，省长哈葛特率卑诗政府及贸易代表团访问广东，商谈两省在能源、交通、通讯等领域的合作，并签署合作备忘录。

1994年11月，卑诗省省长哈葛特率领由11人组成的卑诗代表团再次访粤，与省长朱森林商谈两省友好关系发展及合作事宜，签署电力开发合作备忘录，参加卑诗贸发局、YEE & DAVIS律师事务所、广州市司法局和广州市对外经济律师事务所在广州联合举办的在加投资法律讲座开幕式。12月，副省长钟启权率广东省政府暨经贸代表团一行8人访问卑诗。

（二）交流合作

1995年，广州市体委与卑诗哈德门公司就合作兴建越秀山水上乐园项目签署合同，根据合同规定，由广州提供土地，卑诗投资1200万美元，于当年动工。5月，茂名市农委水果办公室与卑诗宝拉工业公司签署一份利用加拿大政府300万美元贷款（以设备形式提供）购买果菜真空冷冻脱水设备合同，定于当年年底到货。6月，卑诗贸易发展局及国际电力集团

的官员一行4人对广东进行工作访问，就卑诗国际电力集团在广东建设火力发电厂的相关事宜与广东有关部门进行会谈。9月，卑诗贸发局派一名专责卑诗与广东友好合作交流事务、推动双方经贸合作、了解广东市场信息的代表到广东工作一年。

1996年5月，以卑诗前省长、卑诗广东友好委员会名誉会长哈葛特为团长的卑诗广东友好委员会经贸代表团一行33人先后在广州、东莞、中山参观访问并进行经贸业务洽谈。11月，省长格伦·克拉克率卑诗代表团一行11人访问广东，以推动两省间在能源、医疗卫生和文化教育领域的交流与合作。

1998年10月，省长格伦·克拉克率领卑诗政府及经贸代表团一行58人再次访粤，与省长卢瑞华一道出席金山梦—加拿大华人历史图片巡回展剪彩仪式和广东—卑诗经贸介绍洽谈会开幕式。克拉克先生一行还走访了广州、佛山、东莞、深圳等地。

2000年1月，卑诗律政厅助理、副检察长奥斯汀·库仑率代表团一行8人访问广东，参观广东公安司法管理干部学院、广东少年犯管教所，并与省检察院、省高级法院、省公安厅、省司法厅等部门举行座谈。11月，卑诗贸发局组织50多家企业在广州举办展销会和开展经贸活动，历时6天。12月，由卑诗法庭教育协会会长、卑诗高等法院法官奥宝率领的代表团一行5人访问广东，与省外办和省司法厅共同举办中加普法研讨会，交流普法实践经验，并前往佛山、广州、深圳等地的普法点参观。

十一、瑞典马尔默胡斯省

1996年11月，瑞典马尔默胡斯省（简称马省）省长哈格兰德女士率经贸代表团一行30人，对广东进行友好访问。当月12日，省长卢瑞华会见并宴请马省经贸代表团一行，并与哈格兰德女士共同签署两省缔结友好关系协议书。1997年1月，马省与另外一省合并成为斯哥纳省（简称斯省），省长本·豪杰森请哈格兰德女士转告广东：新建立的斯省将确认并继承原马省与广东建立的友好关系，将全力支持这一关系的发展。11月26日，省长卢瑞华在会见并宴请到广东进行友好访问的斯省省长本·豪杰森一行时，与本·豪杰森共同签署两省缔结友好关系协议。

（一）高层互访

1994年8月，省长朱森林访问马省。

1995年3月，马省省长哈格兰德女士率领工商代表团访问广东，在广州举行大型经贸洽谈活动，广东50多家企业200余人出席。哈格兰德与省长朱森林共同签署了包括经贸、科技、教育和农业等方面的合作备忘录。

1996年2月，马省政府委托瑞典驻香港商务专员赴广州考察，寻求进一步扩大经贸合作的机会。

1998年11月，斯省省长豪杰森率政府及环保代表团一行40人来粤进行友好访问，参观广州大坦沙污水处理厂，并出席在白天鹅宾馆召开的瑞典环保产业介绍洽谈会和在中山大学召开的环保学术研讨会开幕式。同时，在经贸、科技、教育、农业等方面也有广泛的交流与合作。

（二）交流合作

1992年，瑞典利乐包装公司在佛山建厂生产液体食品复合包装材料（利乐包），成为1992年全国同行业最大的利乐包生产厂家，1994年销售量占全国市场60%以上。1995年3月利乐公司收购佛山化新复合材料有限公司51%的股份，合资开办华新利乐（佛山）包装有限公司。利乐公司还与省教育厅洽谈学生课间奶项目，提供货源、仓储、运货等系列服务。瑞典FMT公司为珠海机场设计制造无车辆停机坪系统，1995年交付使用，使珠海机场成为亚洲拥有国际先进设施的机场之一。1995年3月，FMT公司与白云机场达成新机场1.5亿美元建设合作意向。瑞典金宝医疗设备公司向广州医学院附属第二医院提供肾脏透析等医疗设备，并在佛山投资兴建医疗器械设备厂。11月，隆德大学与中山大学、中山医科大学、华南理工大学签订校际合作关系协议书，规定：隆德大学为中山医科大学培养20名博士后，每人在外学习两年，所需费用由邀请方负责，此合作项目分四年完成，均得到落实。2000年10月，《今日广东》摄影展，在斯省展出。

十二、波兰什切青省

1998年3月6日，副省长游宁丰在广州与到访的波兰什切青省（简称什省）新任省长李维基共同签署两省缔结友好关系协议。后来，“什省”改称“西滨海省”。2001年7月12日，副省长钟启权和西滨海省主席法林斯基在什切青市重新签署《关于广东省与西滨海省缔结友好关系的协议书》。

两省结好后，省政府新闻办、省外办及省对外文化交流协会于2000年10月，与波兰西滨海省政府共同举办《今日广东》摄影展，在欧洲六大中心图书馆之一的什省波默斯卡图书馆举行。展出的100多幅图片，是从上年省委宣传部、省政府新闻办、南方日报、羊城晚报、深圳特区报共同举办的《今日广东》摄影大赛4000多幅参赛作品及省外办推荐的一批照片中精选出来的，内容包括广东经济社会文化发展成就、广东风情及广东自然风光与人文景观三大部分。

十三、法国普罗旺斯—阿尔卑斯—蓝色海岸大区

2000年5月22—26日，法国普罗旺斯—阿尔卑斯—蓝色海岸大区（简称普区）委员会主席米歇尔·沃泽尔及夫人率普区政府及工商企业家代表团一行30人对广东进行正式访问。访问期间，中共中央政治局委员、广东省委书记李长春和省人大常委会主任朱森林分别会见沃泽尔及其主要随行人员。5月24日晚，省长卢瑞华在白天鹅宾馆会见普区代表团全体成员，并举行广东—普区结好协议暨广东省贸促会—普区商会友好交流合作协议签字仪式，卢瑞华和沃泽尔分别在结好协议上签字。

广东与普区于1985年开始交往。当时，普区主席米歇尔·卜界率领该区政府代表团访问广东。之后一段时间，两省区关系发展较为顺利，开展过一些富有实质内容的交往与合作，如广东组织企业家参加马赛博览会、土伦博览会；广东电视台与戛纳电视台开展节目交流；省文化厅组织文艺团体到普区访问演出；中山医科大学与尼斯医科大学、中山

大学与马赛大学之间进行校际交流；普区坎塔纳公司在东莞投资设立玻璃钢游船生产企业；ST微电子公司在深圳合资创办赛意法微电子公司；专业生产具有世界先进水平IC卡的GEMPLUS公司在广州设立办事处等。1985年12月，以米歇尔·卜界主席为首的普区议会代表团访问广东，并达成《关于加强两省区经济合作的协议》。1987年6月，副省长杨德元率广东省友好代表团赴普区访问，签署关于组成广东—普区技术委员会的协议。11月，广东省代表团访问普区，签署了《广东省代表团一九八七年十一月八日至十二日访问普区备忘录》。1988年4月，普区促进与对外关系委员会副主席罗兰·缪塞率普区—广东技术委员会代表团4人和普区企业家代表团15人对广东进行友好访问。省对外经济贸易委员会主任徐裕年向代表团介绍了广东实行开放政策、灵活措施的情况。代表团参观了广州经济技术开发区、美特容器厂、白云农工商联合公司和广交会，并就两省区加强经济合作和技术交流达成多项共识。1995年4月，副省长卢钟鹤率广东省政府代表团访问普区，与普区议会主席戈丹共同签署《关于加强两省区友好关系协议书》。双方还达成加强微电子、制药领域的科技合作，互办高科技产品展览和展窗，扩大人才培训、恢复两省区混合技术委员会活动等方面的合作意向。1996年上半年，广东技术贸易展示洽谈代表团一行128人访问普区，与普区政府商谈两省区交流计划，确定推进双方实质性合作步骤，并向普区各界介绍广东高科技产品及成果。同时，“1996年广东省技术贸易展示洽谈会暨南海产品展销会”先后在巴黎和普区举行。广东省政府组派代表团参加。这是广东第一次通过友好合作关系渠道帮助县级市在国外举办大型展示、洽谈和展销活动，协议成交额达1030万美元。

2000年9月，普区办公厅主任、经济局局长和对外关系局正副局长一行4人来粤进行工作访问。分别与省计委、省外经贸厅、省文化厅、省教育厅、省信息产业厅、省贸促会、省工商联等单位座谈，并就有关普区戛纳交响乐团和广州交响乐团互访演出；两省区中学生互相交流并开展校际间友好交流；普区接受广东博士后赴法从事研究工作；促成普区商会在穗设立办事处；促进两省区高科技企业开展经贸往来和信息部门之间交流等事项初步达成共识。

第二节　友好城市关系

1979年5月2日，广州市革委会主任杨尚昆与日本福冈市市长进藤一马在福冈市签署《关于广州市与福冈市缔结友好城市关系协议书》，成为全省第一个与外国城市建立友好关系的城市。至2000年年底，全省有13个城市（副省级市2个、地级市8个、县级市3个）先后与外国38个城市缔结友好城市关系（其中广州市12个，居全省各市、县首位）。这是地方官方和民间交往活动的立足点，是结识外国朋友，以民促官，增进与友好城市及友好城市所在国政治、文化、经济、科技、外交关系的重要渠道。

1979—2000年广东省缔结友好城市关系一览表

表6-2-1

区分	友好城市名称	缔结协议签字人		签字时间	签字地点	备注
		广东省属市	友好城市			
广州市	日本福冈市	革委会主任杨尚昆	市长　进藤一马	1979.5.2	福冈市	
	美国洛杉矶市	市长　梁灵光	市长　汤姆·布雷德列	1981.12.8	洛杉矶市	
	菲律宾马尼拉市	市长　梁灵光	市长　巴格辛·总督　马科斯夫人	1982.11.5	马尼拉市	
	加拿大温哥华市	市长　叶选平	市长　迈克·哈葛特	1985.3.27	温哥华市	
	澳大利亚悉尼市	市长　朱森林	市长　道格拉斯·苏瑟兰	1986.5.12	悉尼市	
	意大利巴里市	市长　朱森林	市长　佛兰切斯科·德鲁奇亚	1986.11.12	广州市	
	法国里昂市	市长　朱森林	市长　佛郎西斯克·科隆	1988.1.19	广州市	
	德国法兰克福市	市长　朱森林	市长　沃尔弗拉姆·布吕克	1988.4.11	法兰克福市	
	新西兰奥克兰市	市长　杨资元	市长　凯瑟琳·蒂泽德	1989.2.17	奥克兰市	
	韩国光州市	市长　林树森	市长　宋彦钟	1996.10.25	广州市	
	瑞典林雪平市	市长　林树森	市长　乔伊娃	1997.11.24	广州市	
	南非德班市	市长　林树森	市长　姆拉巴	2000.7.17	德班市	
深圳市	美国休斯顿市	市长　李灏	市长　凯斯琳·惠特迈	1986.4.3	休斯顿市	
	意大利布雷西亚省	市长　郑良玉	省长　瓦斯坦佐·瓦里	1991.11.12	深圳市	
	澳大利亚布里斯班市	市长　郑良玉	市长吉姆·苏尔利	1992.6.22	布里斯班市	
	波兰波兹南市	市长　厉有为	市长　沃依切赫·什卡奇马莱克	1993.7.30	波兹南市	
	法国维埃纳省	市长　厉有为	议长　勒内·莫诺里	1994.10.28	维埃纳省	
	牙买加金斯敦市	副市长　张鸿义	市长　玛丽·阿特金斯	1995.3.6	金斯敦市	
	多哥洛美市	副市长　李德成	市长　阿卡波	1996.6.7	洛美市	
	德国纽伦堡地区	市长　李子彬	纽伦堡市长　路德维希·朔尔茨 富特县长　加布里尔·保丽	1997.5.27	深圳市	

续表6-2-1

区分	友好城市名称	缔结协议签字人		签字时间	签字地点	备注
		广东省属市	友好城市			
珠海市	加拿大苏里市	市长　梁广大	市长　唐·罗斯	1987.7.8	苏里市	
	美国雷德伍德（红木）市	市长　梁广大	市长　茱迪·布坎南	1993.10.11	珠海市	
	葡萄牙布朗库堡市	市长　梁广大	市长　赛萨尔·维拉·弗兰卡	1994.9.29	珠海市	
汕头市	日本岸和田市	市长　陈燕发	市长　原舜	1990.6.2	岸和田市	
	加拿大圣约翰市	市长　周日方	市长　雪莱·麦阿莱莉	1997.2.28	圣约翰市	
佛山市	日本伊丹市	市长　卢瑞华	市长　矢野与一	1985.5.8	伊丹市	
	毛里求斯路易港市	顾问　刘明	市长　奥斯曼·冈多	1989.1.27	路易港市	
	美国斯托克顿市	市长　钟光超	市长　伊丹·戴拉	1994.3.4	斯托克顿市	
	法国波赛雄市	副市长　黄振辉	副市长　罗伯尔	1997.4.11	波赛雄市	
中山市	日本守口市	市长　汤炳权	市长　喜多洋三	1988.4.18	守口市	
	美国檀香山市	市长　黄子强	市长　杰里米·哈里斯	1997.10.13	中山市	
梅州市	塞舌尔维多利亚市	市长　魏潘尧	市长　木·斯特朗	1998.12.16	维多利亚市	
江门市	美国里弗赛得市（河滨市）	副市长　司徒捷	市长　罗纳德·卢华烈	1997.5.20	江门市	
肇庆市	美国库恩拉皮兹市	市长　江海燕	市长　罗娜·麦考利	2000.11.12	肇庆市	
清远市	美国布里奇波特市（桥港）	市长　陈权	市长　约瑟夫·甘宁	1994.9.22	布里奇波特市	
南海市	美国雷诺市	市长　邓耀华	市长　彼得·斯弗拉泽	1994.7.18	南海市	县级市
台山市	澳大利亚亚拉腊市	市长　陈卓俊	市长　帕·麦克艾伦	1994.9.20	台山市	县级市
开平市	美国梅萨市	市长　关均溢	市长　威利·王	1994.10.14	开平市	县级市

第七章　对外民间友好往来

第一节　外国民间友好组织及友好人士来访

一、友好团体来访

1979年，是中国实行改革开放政策的第一年，也是外国民间友好团体到访广东较多的一年，共96批，1263人。其中受广东省领导会见的有：美国众议员代表团12人；法国国民议会参访团5人；朝鲜社会主义劳动青年同盟代表团10人；索马里工会代表团6人；英国中国中心代表团6人；哥伦比亚自由青年全国联合会代表团5人；美国众议院军事委员会议员团13人；泰国政法大学和兰甘亨大学教授、讲师访华团；法国国防高等研究院代表团106人；日本"中国政经恳谈会"访华团6人；日本大阪市工会代表团13人；卢森堡知名人士代表团17人；英国知名人士代表团7人；毛里塔尼亚代表团4人；加拿大纪念白求恩逝世40周年代表团9人；日本香川县议会代表团10人。

1980年，到广东参观访问的外国民间友好访问团共61批，730人。数量虽比上年有所减少，但层级较高。其中受广东省领导会见的有：多米尼加议员团18人；加拿大国际事务访华团66人；泰国大理院代表团13人；巴西众议院反对党议员团14人；瑞士议会外交委员会访华团17人；巴西议员团6人；马达加斯加友好团8人；法国塞纳河上游省议员访华团19人；泰国社会行动党议员团21人；美中关系全国委员会理事会代表团6人。

1981年，到广东参观访问的外国民间友好访问团较上年略有增多，共74批，935人。其中受广东省领导会见的有：意大利西西里大区议会代表团14人；联邦德国赛德尔基金会代表团8人；日本前通产大臣佐佐木义武率领的日本自民党铃木派议员团9人；巴西众议院外交委员会访华团33人；联邦德国外交政策协会代表团12人；朝中友协代表团5人；日本静冈县议会访华代表团12人。

1982年，到广东参观访问的外国民间友好访问团共58批，698人。其中受广东省领导会见的有：印度人民党代表团5人；美国阿斯彭人文学会访华团13个；法国安德尔—卢瓦尔省议员团40人；卢森堡知名人士代表团8人。

1983年，到访广东的外国民间友好访问团共63批，706人。其中受广东省领导会见的有：西欧联盟议会总务委员会代表团16人；日中友好国民协议会第十一次访华团5人；意大利省联合代表团10人；以苏丹友好、团结、和平全国委员会主席艾哈迈德·赛义德·哈姆德为团长的苏丹友好代表团一行3人。

1984年，到广东参观访问的外国民间友好团体共92批，1291人。其中受广东省领导会见的有：卢旺达农技人员代表团12人；澳大利亚昆士兰州代表团7人；新西兰克赖斯特彻奇市友好访问团12人；日本各界民间知名人士代表团19人；奥地利奥中友协访华团15人；澳大利亚友好代表团44人；哥伦比亚玻利瓦尔基金会代表团8人；日本公明党代表团13人；联邦德国赛德尔基金会代表团11人；苏中友协积极分子访问团15人；泰中友好协会代表团20人。

1985年，到广东参观访问的外国民间友好团体共85批，877人。其中受广东省领导会见的有：德意志联邦共和国绿党议员团5人；苏联对外友好文化协会、苏中友协代表团3人；奥中友协理事会代表团8人；民主德国各国人民友好协会代表团4人；匈牙利国际文化关系学会代表团4人；巴西民主党众议员代表团7人；卢森堡知名人士代表团16人；日本民社党第六次访华团5人；美国加州州议员访问团11人；巴西议员访华团6人；美国加州代表团55人；意大利省联合会代表团10人；美国“全国黑人市长会议”第二次访华团10人。

1986年，到广东参观访问的外国民间友好团共79批，919人。其中受广东省领导会见的有：美国国会议员助手团6人；日本公明党代表团9人；由奥中友协组派的奥地利州、市官员访华团11人；日本国策研究会代表团13人；东加勒比知名人士访华团7人；朝中友协代表团6人；安哥拉友协访华团3人；苏中友协积极分子代表团15人；英国威尔顿公园国际会议中心和美国洛杉矶世界事务委员会代表团17人；泰国社会行动党代表团16人；尼泊尔全国女评议员代表团8人。

1987年，广东友协利用“中华人民共和国第六届运动会”在广东举行的机会，邀请日、美、泰、德等国的八个友好团组来广东观摩“六运会”。这年，到广东参观访问的外国民间友好团体共16批，158人。其中受到广东省领导会见的民间友好访问团有：联邦德国基督教社会联盟议员团7人；奥地利自由党代表团6人；泰国民众党议员代表团14人；泰国联合国协会代表团8人；加拿大议员代表团7人。

1988年，到广东参观访问的外国民间友好团体共72批，805人，主要在广州、深圳、东莞、南海、顺德等地考察了解中外合资企业和农村经济建设情况。其中受广东省领导会见的有：智利社会党努涅斯派代表团3人；卢森堡知名人士代表团12人；朝中友协代表团3人；欧洲委员会议会议党团负责人访华团13人；土耳其祖国党友好代表团15人；澳大利亚澳中理事会代表团5人；巴西阿拉戈阿斯州友好代表团14人。

1989年，由于受春夏之交的北京发生的政治风波影响，广东对外民间友好来往同其他外事工作一样不同程度受到影响。全省撤离回国的外国文教专家57人、经济专家240人、中外合资企业外方人员857人、外国留学生106人。面对上述新情况，省外办在外交部和省委、省政府的领导下，积极主动开展工作，使广大外国民间友好团体和友好人士消除了疑虑，纷纷表示要尽快恢复和发展与广东官方、民间友好关系。当年，到广东参观访问的外国民间友好团体共15批，124人。其中受广东省领导会见的有：以西欧联盟主席团成员、防务与军备委员会主席彼得·吉特曼为团长，副主席让·皮埃尔·富勒为副团长的西欧盟防务与军备委员会代表团47人；加纳友好人士代表团3人；塞内加尔中国友好合作协会代表团3人；印度国际中心访华团7人；美国国会议员助手第十三批访华团10人。

1990年，广东省对外民间交流活动逐步恢复。当年，到广东参观访问的外国民间友好团体共52批，643人。其中受广东省领导会见的有：美国前参议员访华团32人；苏联对外友协、苏中友协代表团4人；泰国家长教师联合会代表团10人；美国国际合作委员会经济贸易考察团50人；泰国地方法院院长代表团12人；中朝友协代表团4人；解放巴勒斯坦人民阵线代表团2人；澳中友协领导人访华团11人；美国大西洋理事会访华团8人；土耳其增进了解基金会代表团8人；日本福冈县日中友好协会代表团19人；日本福山市中小企业家访华团13人；蒙中友好协会代表团10人；美国众议员访华团17人；巴勒斯坦—中国友好协会代表团4人。

1991年，到广东参观访问的外国民间友好团体共75批，706人。其中受广东省领导会见的有：苏联亚非团结委员会代表团3人；泰国社会福利代表团6人；第二批美国国会议员访华团11人；日本日中友协全国本部机关报《日本与中国》采访团3人；以色列和平人士代表团6人；毛里求斯—中国友好文化协会代表团8人；苏联友好人士代表团3人；新西兰国民党代表团10人；泰国社会福利院代表团12人；泰国府尹代表团10人。

1992年，到广东参观访问的外国民间友好团体共35批，346人，较上年明显减少。其中受广东省领导会见的民间友好访问团有：美国国会议员代表团14人；印尼“领会和贯彻建国五基方针”总统顾问团3人；毛里求斯战斗运动党代表团4人；马来西亚成功集团公司友好交流访华团16人；联合国协会印度联合会代表团6人。

1993年，到广东参观访问的外国民间友好团体共66批，573人。其中受广东省领导会见的有：意大利议员代表团4人；意大利前议员协会代表团；古巴古中友协代表团4人；埃及亚洲团结委员会代表团6人；美国加利福尼亚州贸易代表团18人；斯里兰卡友好考察团8人；美国众议院农业贸易代表团15人；科威特省长代表团6人；葡中世代友好联合会代表团7人；越南“和友联”及越中友协代表团7人；日本大山田村国际交流会之友第三次友好访华团21人。

1994年，到广东参观访问的外国民间友好团体共60批，766人。其中受广东省领导会见的有：美国参议院纯能源代表团27人；奥地利对外联络协会代表团11人；俄罗斯国际科学文化合作中心代表团5人。

1995年，到广东参观访问的外国民间友好团体共52批，952人次。其中受广东省领导会见的有：意大利议员代表团7人；越南和平委员会代表团5人；日本第二次广东经济协力会代表团34人；印度—中国协会代表团5人；意大利中国友好合作协会代表团6人；欧洲议员小组4人；泰中友协呵叻分会代表团5人；由联合国国际美术评论家协会组织、来自24个国家共145人的国际美术评论家访华团；越友联、越中友协代表团5人。

1996年，到广东参观访问的外国民间友好团体共33批，392人。其中受广东省领导会见的有：美国参议院外事委员会亚太小组委员主席克雷格·托马斯率领的访华团7人；美国众议院议员菲尔兹率领的美国众议员代表团12人；日本参议院议员访华团7人；日本民社党前委员长大内启行率领的访华团5人；德国基社盟议会小组主席率领的访华团4人；意大利省联合会代表团10人；尼泊尔共产党（联合马列）友好代表团7人；美国众议员奥蒂茨率领的美国众议员代表团17人；美国曼斯菲尔德中心议员助手团15人；英国迈克尔亲王率领的参访团7人；美国纽约州议会议长肖华率领的纽约州议会代表团10人；“日本广东经济协力会1996友好访粤代表团”31人；美国众议院共和党领导层议员访华团15人。

1997年，到广东参观访问的外国民间友好团体共24批，274人。其中受广东省领导会见的有：意大利参议院议员代表团11人；英国工党访华团14人；日本和歌山县日中友好教育会第24、25次访华团106人；斯里兰卡友好代表团5人；美国世界事务全国委员会代表团12

人；越南友好组织联合会代表团6人；日本广东经济协力会第四次访粤团32人。

1998年，到广东参观访问的外国民间友好团体共21批，158人。其中受广东省领导会见的有：日本和歌山县日中友好教育会第26、27次访华团共27人；越南和平委员会代表团8人；日本大山田村议会访华团13人；美国美亚学会第41批国会议员助手团12人；日本广东经济协力会第五次访粤团22人。

1999年，到广东参观访问的外国民间友好团体共21批，158人。其中受广东省领导会见的有：日本广东经济协力会代表团10人；捷克社会民主党众议院议员代表团10人；由美国众议员南希·约翰逊率领的众议员代表团10人；以越中友协会长阮景营为团长的越中友协代表团5人；朝鲜保卫和平全国委员会会代表团5人；由美国“曼斯菲尔德太平洋事务中心”组织的参访团4人。

2000年，到广东参观访问的外国民间友好团体共11批，122人。其中受广东省领导会见的有：美国众议员代表团10人；乌干达友好人士代表团5人；巴布新几内亚先驱党代表团8人；古巴中国友好协会代表团3人；英国工党代表团3人；哥斯达黎加民族解放党议员代表团11人。

二、友好人士来访

1979年，到访广东的外国友好人士共174人，其中受广东省领导会见的有：美国众议院议员科恩夫妇；欧洲委员会议会主席柯斯特夫妇；索马里全国工人联合会主席阿里；日本知名人士西园寺公一夫妇；日本熊本县知事泽田一精一行3人；毛里塔尼亚中国友协主席默·乌·卡·乌·塞加尔；泰国政法大学校长巴博·威猜；法国国防高等研究院院长马尔席中将；哥伦比亚议员孔苏埃洛及大夫桑贝尔；日本自民党众议员铃木善幸等。

1980年，到访广东的外国友好人士共206人，其中受广东省领导会见的有：英国前首相卡拉汉；泰国前总理克立·巴莫、日本公明党委员长竹入义胜、加拿大前外交部部长费洛拉·麦克唐纳、“日中议联”新任会长古井喜实、东京都日中友好协会会长宇都宫德马、澳大利亚塔斯马尼亚州总理洛、加拿大前保守党内阁财政部部长约翰·克罗斯夫妇、日本长崎县知事父保一、联邦德国国际政治和经济研究所所长格哈德·梅齐思夫妇、法国司法部部长顾问梅耶及《国际信札》杂志主编于内贝尔夫人等。

1981年，到访广东的外国友好人士共178人，其中受广东省领导会见的有：新西兰工党副领袖朗伊及夫人、澳大利亚布莱恩·桑顿先生、泰国前副总理颂朴、泰国知名人士郑午楼夫妇、联合国前难民署高级专员萨德鲁丁·阿加·汗夫妇、爱尔兰总统夫人梅芙·希勒、新加坡驻泰国大使欧阳奇、国际知名人士韩素音及丈夫陆文星、英国已故首相艾登的夫人、日本众议员田英夫夫妇等。

1982年，到访广东的外国友好人士共194人，其中受广东省领导会见的有：智利总统皮诺切特长女露西亚、冰岛社会民主党前主席吉斯拉松及夫人、澳大利亚联邦议会参众两院联合外交与国防委员会主席罗杰·弗朗西斯·希普顿夫妇一行4人、丹麦外交政策学会主席、自由党议员克里斯领森夫妇、泰国枢密院大臣讪兰上将和汶立上将等4对夫妇、马来西亚前总理东古·阿卜杜勒·拉赫曼一行11人、英籍女作家韩素音、日本公明党委员长竹入义胜夫妇、荷兰前外交大臣斯梅尔策夫妇等。

1983年，到访广东的外国友好人士共114人，其中受广东省领导会见和宴请的有：挪威议会外委会副主席古托姆·汉森及夫人、日本大阪府知事岸昌夫妇、新西兰副议长勒克斯顿夫妇。

1984年，到访广东的外国友好人士共411人，其中受广东省领导会见的有：英国社会民主党主席威廉斯夫人、英籍作家韩素音、加拿大前总理约瑟夫·克拉克和夫人、马达加斯加革命先锋党（执政党）政治局委员西蒙·皮埃尔、尼泊尔前首相阿查里雅夫妇、法国前掌玺司法部部长阿兰·佩雷菲特偕夫人、联邦德国前总理赫尔穆特·施密特夫妇、哥伦比亚前总统洛佩斯·米切尔森和前任驻华大使圣多明各、哥斯达黎加前总统卡拉索、泰国前副总理他纳·科曼、土耳其执政党—祖国党副主席哈利尔·史夫根及夫人、日本前劳动大臣藤牛胜治及夫人等。

1985年，到访广东的外国友好人士共183人，其中受广东省领导会见的有：日本前法务大臣和前日中友好议员联盟会长古井喜实、英国前首相希思、巴布亚新几内亚新爱尔兰省副省长德马斯·卡瓦乌、贝宁人民革命党中央政治局委员及党中央教育和扫盲委员会主席阿尔芒·蒙特罗、法国前总理皮埃尔·莫鲁瓦夫妇、美国前国务卿马斯基、英国议会外交委员会主席布莱克爵士、法国国立行政学校校长诺拉（部长级）等。

1986年，到访广东的外国友好人士共197人，其中受广东省领导会见的有：联邦德国总理府国务部部长福格尔、加拿大众议院副议马塞尔·丹尔夫妇、加拿大纽芬兰总理佩克福特、前汤加共和国副首相图波纽阿夫妇、法国国民议会外交委员会副主席阿兰·佩雷菲特、约旦前外交大臣瓦利德·萨拉赫夫妇、日本前厚生大臣斋藤邦吉夫夫妇、菲律宾前议长小何塞·劳雷尔、墨西哥前总统路易斯·埃切维里亚·阿尔瓦雷斯、西班牙国王姐姐玛丽亚·德·皮拉尔公主夫妇、日本前法务大臣古井喜实、尼泊尔前卫生大臣苏拉西·塔帕、比利时费拉芒区家庭与社会福利大臣斯泰亚尔特夫人（部长级）等。

1987年，到访广东的外国友好人士层级较高。其中有：世界穆斯林大会副主席哈桑·图拉化博士、世界保护资源基金会荷兰分会主席贝国哈德亲王、西萨摩亚反对党领袖（前总理）托菲劳·埃铁及夫人、南斯拉夫联邦议会（元老院性质的机构）成员亚历山大·格尔利契科夫博士及夫人、尼泊尔前首相洛肯德拉·巴哈杜尔·昌德和夫人、毛里塔尼亚救国军事委员会常务书记穆罕默德·乌尔德·西迪亚、爱尔兰前总理菲茨杰拉德及夫人。

1988年，到访广东的外国友好人士共115人，其中受广东省领导会见的有：瑞典保守党（即温和联合党）主席卡尔·比尔特及夫人、联邦德国联邦议院基民盟/基社盟议会党团第一副主席特奥多·魏格尔、印度《印度斯坦时报》总编辑杜阿、欧洲委员会议会议长路易·戎、奥地利伏拉尔堡州州长马丁·普彻尔及夫人、阿根廷参议院第二副议长何塞·安东尼奥·罗梅罗·费利斯及夫人。

1989年，到访广东的外国友好人士仅29人，其中受广东省领导会见的有：尼泊尔前首相基尔提·尼迪·比斯塔及夫人、塞内加尔中国友好合作协会主席马乌杜·塞义尼·姆邦格、印度国际中心主任贡萨尔维斯等。

1990年，到访广东的外国友好人士较上年有所增加，共93人，其中受广东省领导会见的有：美国自由联盟主席查德·埃柯德、苏联《真理报》政治评论员奥夫钦尼科夫、泰国家长教师联合会主席晏·茵他拉甘亨中将、日本自民党前政调会会长渡边美智雄、美籍知名人士陈香梅、法国前总理雷蒙·巴尔、泰国前总理克立·巴莫、美国前助理国务卿李奇微女士、英国议会香港小组主席布莱克爵士、英籍女作家韩素音及丈夫陆文星、美国国会联邦众议员麦克尔·奥克斯利等。

1991年，到访广东的外国友好人士共56人，其中受广东省领导会见的有：美国国会议员罗伊·罗兰夫妇、巴西联邦审计法院大法官奥梅罗·桑托斯夫妇、法国国民议会议员尼科拉·萨尔科齐、波兰前总理米奇斯瓦夫·弗朗齐舍克·拉科夫斯基夫妇、法国前总理雅克·希拉克等。

1992的，到访广东的外国友好人士共50人，其中受广东省领导会见的有：美国民主党联邦议员李硕夫妇、巴基斯坦前外交部部长夏希、法国前总理米歇尔·罗卡尔、埃及前总理穆斯塔法·哈里勒夫妇、印度西孟加拉邦议会议长哈利姆、日中协会常务理事村井隆等。

1993年，到访广东的外国友好人士共70人，其中受广东省领导会见的有：巴西伯南布哥州州长若阿金·弗朗西斯科、泰国前总理差猜·春哈旺、斯里兰卡锡兰工人大会党主席S.通达曼、波兰农民党主席帕夫拉克、扎伊尔前总理肯戈夫妇、纳米比亚总统努乔马夫人克娃姆波·努乔马、孟加拉前副总统毛杜德夫妇、泰枢密院大臣甘通、委内瑞拉阿拉瓜州州长卡洛斯·塔夫兰特、前苏联部长会议副主席阿尔希波夫、美国参议员鲍克斯、印度尼西亚退休中将萨伊迪曼、法国国民议会法中友好小组主席阿兰·佩雷菲特、澳大利亚前总理罗伯特·霍克、菲律宾参议院前主席萨隆加、多米尼加联邦总统克拉伦斯·塞缪雷特、马来西亚卫生部部长李金狮、南非前国防部部长格里·维尔让等。

1994年，到访广东的外国友好人士共34人，其中受广东省领导会见的有：美国参议院自然资源委员会主席贝内特·约翰斯顿、美国众议院多数党领袖理查德·格普哈特、泰国泰华报人公益基金会主席陈世贤、马拉维“争取民主联盟”主席恰库夫瓦·奇哈纳、尼泊尔上议员拉梅什·纳特·潘迪夫妇、津巴布韦高级部长穆塔萨、日本前副总理后藤田正晴、德国前总统理里夏德·冯·魏茨泽克夫妇。

1995年，到访广东的外国友好人士共51人，其中受广东省领导会见的有：美国参议院情报委员会副主席罗伯特·克里、英籍女作家韩素音、马拉维不管部部长汤姆逊、美国参议员约翰斯顿、美国参院劳工和人力资源委员会主席南希·卡塞鲍姆、日本广东经济协力会最高顾问后藤田正晴、越南友好组织联合会主席阮光造、意大利前总理德米塔、联合国国际美术评论家协会（ALCA）会长雅克·莱那特等。

1996年，到访广东的外国友好人士共34人，其中受广东省领导会见的有：法国前总理巴拉迪尔、日本众议院议员内启伍、尼日利亚前国家元首欧内斯特·肖内坎、巴巴多斯前总理圣约翰夫妇、日本广东经济协力会会长斋藤兴二等。

1997年，到访广东的外国友好人士共51人，其中受广东省领导会见的有：英国工党副领袖约翰·普雷斯科特、美国前国家安全事务助理亨利·基辛格、美国众议院商务委员会副主席保罗·吉尔摩、孟加拉国前总理卡齐·扎法尔·艾哈迈德、澳大利亚澳中理事会主席斯图尔特·西姆森、日本广东经济协力会理事长村井隆等。

1998年，到访广东的外国友好人士共49人，其中受广东省领导会见的有：萨尔瓦多常驻联合国代表卡斯塔内达、日本神奈川县日中友好协会常任理事田中誉士夫、美国前国务卿基辛格、美国安然石油天然气公司首席执行官霍克兰、多巴哥总理特别助理马哈拉吉（正部级）、越南和平委员会主席武庭炬、秘鲁前总理埃德加多·梅尔卡多·哈林夫妇、日本广东经济协力会理事长村井隆等。

1999年，到访广东的外国友好人士共45人，其中受广东省领导会见的有：日本广东经济协力会理事长村井隆、法国巴黎市副市长杜蓬夫妇、希腊议会防务和外事委员会主席卡罗洛斯·帕普利亚新、日本前官房长官盐川正十郎、牙买加总督霍华德·库克、巴拿马当选第一副总统阿图罗·巴利亚里诺博士、伊朗前总理哈塔米的高级政治顾问候赛因·穆萨萨维一行5人、巴哈马总督奥维尔·腾奎斯特爵士夫妇等。

2000年，到访广东的外国友好人士共39人，其中受广东省领导会见的有：美国众议员卡拉汉、乌干达总统新闻和公共关系高级顾问甘达（部长级）、菲律宾前副总统劳雷尔夫妇、古巴中国友好协会主席邵黄将军、英国工党议会党团主席索利、沙特阿拉伯王储顾问阿卜杜·拉赫曼·萨尔德等。

第二节　友协组团出访

1979—1985年，广东友协和汕头、广州、佛山、肇庆等市友协与外国25个民间友好组织建立起相对固定的联系，并以此为渠道，先后组织协调85个团组，共798人次到外国参观考察；其中由省领导率领的团组24个，由相关部门和单位组成的团组61个。通过友协组团出访，增进了与外国民间组织的友谊，促进了经济、技术、艺术等方面的交流与合作。如：促成了日本神户钢铁厂与广州钢铁厂、韶关钢铁厂的合作，为广钢和韶钢改造更新设备疏通渠道；促成了新西兰海滨生物和东海岸植物研究所与华南植物研究所交流、合作，使华南植物研究所从对方得到无偿提供100公斤植宝灵和1000克脂酸，满足试验的需要；促成了近100名专业技术人员到外国进修；促成了在外国举办各种类型的展销会15次，总成交额9300万美元、1000万日元，引进技术13项。同时，还促成省杂技团先后对阿根廷、委内瑞拉、哥斯达黎加等国的友好访问演出。

1986年，广东友协通过友好省州、友好城市渠道组团出访共32批，398人次。如当年4月组派的、以广东省杂技团为主的“广东省赴日演出团”，先后在日本冈山、广岛、爱媛、德岛、三重等县的33个市、町、村演出43场。

1987年，广东友协协助和配合省直各单位（部门）和各地、市组团前往香港、澳门及其他国家、地区进行友好访问和从事经济、贸易活动及其他公务活动的人数共33099人次（按签证计），比上年增加41%。其中，应邀前往友好省州（市）访问的团（组）共24个，273人次。

1989年2月，应日中青年交流协会邀请，广州美术学院教授曹崇恩、广州美术学院附中专业教研室主任廖慧兰前往日本大阪市开展民间友好交流活动，促进中日雕刻艺术家的友好往来。9—11月，以广东友协副秘书长黄正轩为团长、广州军区战士杂技团副政委张小燕为副团长的广东杂技团一行24人，在日本爱知县作为期80天的“日中友好特别公演”，配合该县日中友好协会为庆祝中华人民共和国成立40周年而举办的系列活动，受到当地观众称赞。

1990年，广东友协协助广东省有关部门和省辖各市友协组派14个友好考察团组访问德国、美国、日本、泰国、秘鲁和哥伦比亚、厄瓜多尔等7国，促成广东与泰国合办名贵兰花培植场；与冰岛合资生产糖果；美国城建专家协助广州制定城市规划法规；深圳人民医院与德国布莱梅港医院开展合作交流等合作项目。这年3—4月，由广东友协和省教育厅组派的广东省中小学生书画作品展览代表团10人，在兵库县展出300幅反映中日友好为主要内容的广东省中小学生书画作品。10月，由广州美术学院副教授、雕刻家曹崇恩和广州美术学院附中专业教研室主任廖慧兰女士及广东友协日语翻译姚江等3人组成的广东雕刻家代表团，应日本广岛县日中青年交流协会的邀请，在福山市天满屋8楼都会画廊举办曹崇恩和廖慧兰雕刻作品展。这次展出的作品主要有：《东广岛次郎太鼓鼓手》《书法家》《渔民》《安国寺和尚》《丹锷腾三代》《周恩来》《鲁迅》等18座雕塑。

1991年，经广东友协联系安排，由广东各地、各方面人员组成的13个团组先后出访意大利、德国、泰国、日本、美国。具体是：省委副书记、省友协名誉会长郭荣昌率农业考察团赴意大利考察；省农业厅考察团赴德国考察；省水果发展公司考察团赴泰国考察兰花种植技术；省妇联友好访问团赴泰国进行友好访问；省财政厅考察团赴泰国考察学习财经管理经验；省总工会考察团赴泰国考察职工福利情况；省民政厅考察团赴泰国考察社会福利情况；梅州市考察团赴泰国考察农业科技；华师附中考察团赴泰国考察教育改革情况；省癌症防治专家考察团赴美考察癌症防治；省教育厅考察团赴日本进行教育工作考察；广东体院讲授团赴日本讲授气功；广东军区战士杂技团组团赴日本演出。为帮助广州的乡镇企业产品打入美国市场，广州友协和广州乡镇企业管理局联合组派考察团与美国150多家企业和200多名工商界人士接触，签订出口合同200多万美元。

1992年，广东友协组派友好代表团或协助会员单位组织专业考察团（组）21个（有4个为短期进修），出访日本、美国、印度、越南、泰国、意大利、德国和法国等，考察范围包括教育、文化、医疗、农业、铁路、水产、体育、妇女工作、企业管理和友协交流等，并取得一些实质性成果。如：广东友协团与印度世界合作与文化关系协会签署合作备忘录，促成广东画家赴印进行文化交流；广东友协组团访问泰国，促成华师附中派2名教师赴易三仓中学教中文；广州铁路局访日团与日本冈山县洽谈就购买日方铁路车辆及与日方合作改造广州火车东站达成意向；省水产局考察团与日方商定于1993年派水产品包装技术员赴日学习水产包装技术；白云区新市镇代表团与广岛县新市町商定在新市镇合办制衣厂；广东友协工作访泰团，促成当年12月在泰国举办“广东工艺品展销会”。

1993年，广东友协先后协助省水产厅、省法院、省检察院、省财政厅、省民政厅、省妇联、省工商管理局和省邮电管理局等单位，组派16个团组赴日本、荷兰、德国、美国、新加坡、马来西亚、泰国等国参观考察，考察内容涉及幼儿教育、财政、税制、司法、社会保障和水产加工、养殖、保鲜等，其中：由省友协和省企管协会联合组派的广东省企业家美国市场经济友好考察团，于4月对具有美国特色的市场经济体系进行综合性考察。6月，广东工商考察团参加由美国企业家交流协会主办的“中国高级经营管理研修班”，并先后考察华盛顿、费城、纽约、芝加哥、旧金山等城市的30多个项目和股票、金融市场。

11月，由省文化厅和广东友协组派的中国第一个跨出国门的农民业余艺术团——潮州市潮安县金石镇龙厦村农民铁枝木偶潮剧团一行5人，前往德国、奥地利参加国际木偶节，并在这两个国家的16个城市访问演出22场，受到观众热烈欢迎。

1994年，为配合相关部门和行业开展的对外经济、文化交流活动，广东友协先后协助农业、交通、法律、检察、工会、新闻、食品、服装、环保、建材和城市规划等主管部门组派专业团组共31个，分赴日本、美国、德国、法国、意大利、荷兰、越南、印度、斯里兰卡、新加坡、马来西亚、泰国等国进行访问考察和交流。促成省粮油进出口公司、省茶叶公司与日本平成物产公司签署价值130万美元的贸易合同；促成揭阳市引进外资1.5亿美元改造公路交通设施融资洽谈；促成20多家日本企业来广东投资办企业。同时，还安排20多名专业人员到国外培训进修；组派广州市旅游职业高级中学访日代表团一行9人对兵库县西纪町进行友好访问。深圳友协通过对外友好交往渠道，为该市的对外经济活动提供服务。如：积极配合和协调副市长张鸿义率团参加在意大利布莱西亚市举办的'94中国10月活动，随团出访的部分企业与意大利工商企业界签订总额达2000多万美元的合作协议；积极协助深圳市赴欧友好经贸技术合作交流团在纽约堡市成功举办招商活动，市长厉有为与纽约堡市市长彼得·松雷博士共同签署《深圳市与纽约堡地区友好访问备忘录》。

1995年，广东通过友协渠道组派的出访团组共35个。其中有省物价局、省教育厅、省司法厅、省招商局、南方航空公司等部门组派的专业对口考察交流团；有由研修生、厨师、气功师组成的交流表演团；有以歌舞、杂技闻名的演出团。通过组团出访，促成湛江市与法国欧罗迪饼业公司签署了投资500万法郎，在湛江合建饼干生产线合同；促成信宜县与法国德利公司达成投资3000万美元，在信宜生产中密度纤维板的意向；促成南方航空公司与日本关西航空公司食品公司签订了购买日本航空旅客餐的协议；协助南海市在法国巴黎市和普阿兰大区成功举办"1996年广东技术贸易展示洽谈暨南海产品展销会"，合同成交额达1000多万美元；协助省招商局在东京举办广东投资环境介绍会，中山、顺德、湛江、茂名等市的一些日资企业派员参加，并达成多项合作意向；组派顺德市企业家代表团赴韩国参加"1996东亚地区企业家会议"，促成汉城一家公司向顺德康宝公司订购一批消毒碗柜和美的公司与三星公司合作生产空调零部件等。

1996年，广东友协共组派6个团组出国访问考察。同时，为13个市的36个经贸部门和5个市的友协提供了组团出国考察和参加国际会议的机会。据统计，当年各市友协组团出国访问共27个，341人次。其中有：4月下旬，由省（市）有关单位专家学者和政府官员组成的代表团15人，参加了在荷兰首都阿姆斯特丹举行的"第二届地方政府抗灾国际会议"；7月，由惠州、清远、三水、江门等市外办负责人组成的代表团访问日本、韩国；10月，由省友协牵头，部分市（县）派员，随同中国友协代表团赴俄罗斯参加"第二届俄中地区合作研讨会"，并在大会上作《广东与俄罗斯科技经贸合作前景广阔》报告。

1997年，广东友协组团出访重点在中东、欧洲和南美地区。2月，组织肇庆、英德两市4名有关管理人员，参加中国友协组派的农业考察团，对以色列、埃及进行友好访问，实地考察以色列、埃及农业节水灌溉、温室种植、集体农庄、产品保鲜、污水处理及再利用等先进技术。10月，由广东友协副会长黄国强率领代表团，先后对德国、比利时、法国、意大利等国进行友好访问。11月，针对广东与南美国家交往较少的情况，由广东友协会长巢振威为团长的广东友好代表团，先后访问墨西哥、古巴、智利等国。

1998年，广东对外文化艺术交流活跃。为此，广东友协把组派由文化艺术界人士组成的代表团出国访问作为工作重点，全年组派文化艺术类出国访问团组共381个，其中文艺演出团组184个，4951人次，境外演出943场；艺术展览团组35个，138人次；学术交流团组162个，694人次。此外，在广东友协的筹划和安排下，顺德美的集团经贸考察团先后访问拉美八国，分别与秘鲁、古巴、阿根廷等国签订了价值数十万美元的销售合同或意向书。顺德市还在广东友协的协助下，相继组织三个考察小组出访拉美国家，探讨在当地举办展销会及设厂的可能性。

1999—2000年，由广东友协筹划和安排出国访问的团组共21个，378人次。其中：1999年6月，应加拿大埃德蒙顿加中友协及多个友好团体邀请，省歌舞艺术团20人，在加拿大西部四个城市作7场演出，受到观众热情赞誉。1999年，广东友协还成功组织广东兵库经济交流会、南非投资环境介绍会、广东新州联合经济会议和中美法律研讨会等具有实质内容的国际交流活动；促成兵库县向广东无偿捐赠价值70万元的先进环保设备；说服日本官方破例同意广东省核事故考察团赴日考察核事故现场；争取到日本政府"利民工程"项目捐资225万元，无偿援助广东省内七个贫困地区发展医疗卫生事业。2000年，先后组派省实验中学合唱团一行48人访问日本，进行友好交流演出；阳江市投资集团公司风筝代表队参加在美国加利福尼亚州柏克莱举办的第15届国际风筝节和在西海岸举办的风筝锦标赛，并获得这两项赛事的第一名。协调安排省企业家代表团赴美国考察，了解美国经贸市场的需求，为加入WTO后企业的发展作准备；10月，首次组派大学生麻将代表团赴日本参加日本大学生健康麻将锦标赛，成为该赛事有史以来首支外国参赛队伍。

第三节　专题交流研讨

1979—2000年，广东友协邀请及接待应全国友协邀请到广东作专题交流研讨和参观访问的外国科技教育、文化技术、金融经贸、旅游企业、医护体育界团组及专业人士共213批，2920人次。

1979年，到广东作专题交流研讨的外国专业团组及专业人士有：菲律宾画家代表团7人；日本新闻报道界人士代表团7人和澳大利亚塔斯马尼亚大学动物系主任翰逊教授；加拿大哥伦比亚大学人类学系教授约翰逊及助手加籍华人叶富强；委内瑞拉前科协主席罗切夫妇。

1980年，到广东作专题交流研讨的外国专业团组及专业人士有：美国东北大学学术代表团25人；日本和哥山县针灸医疗友好访华团16人；美国青年女钢琴家吉塔·卡拉西克夫妇。

1981年，到广东作专题交流研讨的外国专业团组及专业人士有：日本白云会第二次厨艺交流团21人；罗马尼亚社会主义共和国艺术家访问团12人；菲律宾地方政府和社会发展部顾问委员会调解民事纠纷考察交流团10人；美国圣地亚哥青年交响乐团125人；菲律宾大学文理学院政治系教师代表团7人。

1982—1983年，到广东作专题交流研讨的专业团组及专业人士有：法国菲利浦·让蒂木偶剧演出交流团8人；巴基斯坦文官学院第七批农业政策考察交流团15人；荷兰建筑师和城市规划师城市建设经验交流团11人；法国卡蒂克民间歌舞演出交流小组6人；泰国朱拉隆功大学教育学院高等教育系代表团10人；挪威律师访华团9人及澳中理事会主席布雷尔、美国纽约市立大学学术事务教务长保罗・克拉克和外国语学习委员会主席埃利奥特・格拉斯等。此外，这两年，广东各高等院校和科技部门共邀请1000多名外国学者、专家来广东作短期讲学和技术交流。期间，广东省第一轻工业厅也先后组织制糖、纺织、玻璃等行业的专题交流会共300多场，出席会议的中外专业技术人员达7000多人次。

1984年，到广东作专题交流研讨的外国专业团组及专业人士有：日本研究东亚学者访华团6人；日本大阪—上海书法篆刻展览访华团63人；意大利—中国友好协会教师访华团16人；巴西文化企业界友好访华团10人；日本考察经济特区代表团22人；法国菲利浦木偶剧演出交流团10人；象牙海岸共和国司法界人士代表团4人；挪威文化人士访华团6人和日本"白云烹"专家藤冈先生、印度针灸协会副主席乌・班纳吉医生夫妇、美国著名女高音歌唱家埃莉娜・罗丝夫妇等。

1985年，到广东作专题交流研讨的外国专业团组有：联邦德国爱斯卡尔音乐小组9人；墨西哥大学人民中国之友协会组织的烹调学习团16人；泰国孔敬大学生工程学系教师代表团12人；美国耶鲁大学维芬甫夫合唱团20人；意大利斯卡拉歌剧院弦乐队访华团30人；奥地利经济界人士访华团18人；联邦德国巴登木偶剧团9人；墨西哥国立人类学和历史学学院师生代表访华团22人；德国绘画展览团25人；美国亨利・卢斯基金会访华团13人。与此同时，广东友协通过与来访的外国团组和友好人士的接触，了解线索，牵线搭桥，先后介绍日本客人与佛山洽谈合作种植蔬菜；介绍法国商人与广州皮革工业公司洽谈皮革生产等13宗项目，较好地发扬了民间交往为经济建设服务的作用。

1986—1987年，到广东作专题交流研讨的外国专业团组及专业人士有：日中友好学术交流协议会第十四次访华团7人；菲律宾全国心理学会代表团7人；菲律宾拉萨尔大学研究中心代表团7人；意大利维罗纳铜管乐队12人；日本星火产业访华团3人；澳大利亚国际事务学会代表团7人；波兰联合国协会代表团5人；苏联科学院美加研究所考察团5人和菲律宾全国心理学会会长小费利・德里昂、津巴布韦社会人类学教授恰特女士、澳大利亚国际事务学会会长拉塞尔・麦迪根、马来西亚学者扎卡里亚等。

1988年，到广东作专题交流研讨的外国专业团组及专业人士较上年明显增多，其中专业团组有：美国众议院纯源和商务委员会代表团11人；日本日中友协工作者代表团23人；奥地利州官员访华团12人；联邦德国文化人士代表团10人；菲律宾大学社会科学哲学院代表团10人；由美国美中关系委员会组织的美国国会事务专家团7人；巴基斯坦拉合尔全国公共行政学院代表团15人；澳大利亚地方政府领导人访华团10人；日本和歌山县日中教育交流恳话会第八次访华团24人；美国艺术教育代表团46人；日本第四次国际政治经济交流访华团10人；印度—中国协会古吉拉特邦分会代表团6人；日本和歌山县日中教育交流恳话会第九次访华团20人；联邦德国地方官员代表团4人。专业人士有：联邦德国联邦议院基民盟/基社盟议会党团第一副主席特奥多・魏格尔、民主德国友好人士舒马赫夫妇、法籍印尼人安德烈・乌马尔、联邦德国基民盟前总书记比登科普夫教授夫妇、芬兰邮政银行行长林德布洛姆夫妇等。

1989年，由于受春夏之交北京发生的政治风波的影响，到广东作专题交流研讨的外国专业团组和专业人士只有：瑞典斯德哥尔摩省代表团8人；日本日中青年交流协会代表团6人和瑞典斯德哥尔摩省省长桑德格伦、南斯拉夫联邦执行委员会前副主席舒科维奇、日本味之素株式会社监查役中野清等。

1990年，到广东作专题交流研讨的外国专业团组及专业人士较上年明显增多。专业团组有：由美国、法国、卢森堡、联邦德国、荷兰、日本、泰国等国17个对华友好组织（机构）的代表及友好人士组成的各国友好组织90春节联欢访华团63人；日本学习气功友好访华团24人；日本广岛县—华会书法家访华团13人；泰国上诉法院代表团12人；由日本儿童及家长组成的友好交流代表团19人；日本篆刻家协会代表团66人；孟加拉魔术师演出交流团4人；印度文教、司法界友好人士访华团5人；美国艾奥瓦州友好访华团35人。专业人士有：欧洲民俗艺术委员会国际比较音乐研究所博士突玛先生、日本著名木偶艺术家宫原大刀夫、泰国上诉法院副院长威拉猜·索索旺、日本篆刻家稻田文一等。

1991年，到广东作专题交流研讨的外国专业团组及专业人士有：日本广岛县福山市第二次中小企业家访华团7人；日本第五次缝纫机零部件公司访华团12人；苏格兰惠斯尔宾吉斯乐团7人；日本部落解放同盟矢团支部特别执行委员西冈智、美国规划专家卡罗尔·托马斯夫人、苏联前副外长黄德林、日本友人酒井胜治和日本著名木偶艺术家宫原大刀夫妇。

1992年，到广东作专题交流研讨的外国专业团组及专业人士有：澳大利亚塔拉玛拉中学乐团7人；巴拉圭党政代表团5人；日本文化交流团15人；罗马尼亚文化基金会代表团5人；巴西中国贸易文化友好协会代表团11人；美国艾奥瓦州河北友好委员会代表团4人；印度世界合作与文化关系协会友好代表团4人；美国著名历史学家丹尼尔·布尔斯廷夫妇、日本潜在能力开发研究会会长船越女士、巴拉圭执政党红党众议员马丁内斯·卡塞雷斯。

1993年，到广东作专题交流研讨的外国专业团组和专业人士有：日本关西日中交流恳谈会第四、第五次“自然气功与日中友好之旅”代表团共29人；越南国家艺术团29人；德国威士巴登医院代表团7人；马来西亚马中友好协会代表团3人；美国贸易代表团16人；马来西亚经济考察团6人；墨西哥国立自治大学法律系代表团40人；美国参议院情报委员会助手团2人；加拿大国际事务学会投资贸易考察团30人；美国国会电信代表团22人和美国民主党参议员贝尔特·约翰斯顿、美国参议员理查德·谢尔比夫妇及助手一行7人。

1994年，到广东作专题交流研讨的外国专业团组和专业人士主要来自日本和欧美国家，其中有：日本关西日中交流恳谈会气功交流团2人；日本“自然气功与日中友好”之旅代表团19人；奥地利维也纳施特劳斯节目乐园代表团36人；美国众议院议员助手团12人；日本广岛新市町中学生代表团16人；意大利亚洲协会代表团7人；日本大野水产公司访华团B团5人；印度世界合作与文化关系协会律师友好代表团5人；德国工商界代表团8人；日本广东经济协力会代表团5人；日本岐阜县永保寺访华团25人；美国美亚学会组织的美国议员助手团11人；日本平成物产株式会社代表团3人；澳大利亚澳中友协领导人代表团8人；日本细菌战实情调查团4人；日本新市町代表团5人；美国比较教育代表团10人；英国标准人寿保险公司投资考察团2人和日本兵库县友协副会长杉田哲、日本前驻华大使桥木恕夫妇、美中友协新英格兰分会理事柯露美一行2人、日本大山田村长福森和民先生一行5人、印度国会议员阿迈尔·达塔等。

1995年，到广东作专题交流研讨的外国专业团组及专业人士有：日本关西航空食品公司考察小组3人（先后三次访粤）；美国马利奥特国际公司酒店业和旅游业考察小组8人；美国国会议员代表团18人；土耳其歌舞团33人；日本第五次全国知事会访华团8人；斯里兰卡中国商贸委员会商贸代表团11人；菲律宾中国了解协会代表团4人；日本青年交流协会代表团4人；法国艺术考察小组4人；美国科信达通讯公司考察小组4人及巴西里约州前法院院长阿莫林夫妇、日本友人村井隆、英籍女作家韩素音女士、日本友人坂口光子母女、新西兰琉特琴演奏家威廉·鲍尔、日本和平友好会酒井先生、日本经济研究中心研究委员和佐隆弘、日本友人西井勇一行5人等。

1996年，到广东作专题交流研讨的外国专业团组有：荷兰高级政治、经济界人士代表团20人，与广东省经委、计委和检察机关负责人座谈交流；日本关西日中交流恳谈会第七次“自然气功与日中友好之旅”访华团10人；日本熊本县电视台摄制组3人，在广东拍摄《幸福旅程6000公里》电视片；哥伦比亚哥中友协代表团8人，与广东省法制局座谈交流；日本广岛新市町代表团5人，与白云区新市镇开展交流活动；日本正眼短期大学访粤团37人，参拜光孝寺、六榕寺、南华寺、别传寺、云门寺等，与宗教界人士进行交流；日本和歌山县日中教育交流恳话会第二十一次访华团17人；美国国会民主党高级助手团14人；日本大山田村少年足球代表团27人；日本南京城墙修复协力团7人；日本大山田村前村长一行4人；日本三重县大山田村代表团8人，出席由大山田村赠资500万日元（折合38万人民币），在从化森林公园兴建的“中日友好林”揭幕仪式。

1997年，到广东作专题交流研讨的外国专业团组及专业人士有：日本自然气功与日中友好之旅第八次访华团10人；德国北威州国际职业培训所代表团3人；美国参议员代表团7人；由“香港明天会更好基金会”组织的美国国会议员助手团13人；由法中友协里昂分会组织的工会访华团6人；荷兰国际集团代表团5人；美国“东西方中心”组织的“新一代人研讨会”考察团20人；澳大利亚扶轮社访华团9人及日本横滨国立大学讲师冈田祥子、荷兰国际集团董事亚历山大·让·堪、美国前众议员杰克·菲尔兹、津巴布韦国防部部长思约尼等。

1998年，到广东作专题交流研讨的外国专业团组及专业人士有：日本关西日中交流恳谈会第九次自然气功与日中友好之旅访华团7人；奥地利联邦商会代表团25人；美国商贸代表团16人；澳大利亚军乐团25人；日本三重县大山田村少年足球队24人；尼日利亚—中国友协代表团9人；日本大阪府麻将协会先遣代表团4人；日本广岛新市町代表团16人；新西兰毛利人友好代表团10人；日本和歌山县耐久高中代表团3人；日本大阪府麻将交流代表团32人及美国友好人士吴琼珍、委内瑞拉中国商工委（委中商工会）主席莫艳文、日本新能源产业技术综合开发机构驻北京事务所首席代表中井毅。

1999—2000年，到广东作专题交流研讨的外国专业团组及专业人士有所减少，专业团组有：日本电力考察团4人；俄罗斯国民经济预测所代表团5人；法团“漫游者”三重奏乐团3人；日本冈山县日中友协鲎鱼考察团8人；日本神奈川县大和市国际文化交流团26人；日本和歌山县日中友好教育会访华团40人；日本染美会艺术访华团18人；日本德岛童声合唱团51人。专业人士有：俄罗斯科学院通讯院士，国民经济预测所所长伊万特尔；南非全球对话学会执行主任加斯·勒佩尔；南非金山大学国际关系系东亚项目主任加斯·谢尔顿；日本艺术家河井美代子。

第八章　因公出国（境）、外国人入境管理

第一节　因公出国（境）管理

一、因公出国（境）人数概况

广东省每年因公出国（境）人员与赴中国港澳地区人员中，多数是从事外贸业务和其他经济活动，其他属于文体、科技以及地方政府部门之间的公务和友好往来；半数以上是赴香港、澳门从事上述活动，有的年份甚至占全年出访人数的80%。

1979—2000年广东省因公出国（境）及赴港澳人数统计表

表8-1-1　　单位：人次

年份	出国（境）及赴港澳人数	年份	出国（境）及赴港澳人数
1979	1662	1990	42477
1980	2442	1991	66334
1981	4166	1992	102353
1982	5814	1993	127083
1983	11068	1994	135201
1984	27140	1995	148799
1985	36310	1996	136076
1986	24269	1997	205593
1987	27199	1998	241799
1988	49613	1999	294560
1989	56197	2000	304819

1992年年初邓小平视察南方后以及1997年香港回归后，广东因公出国（或赴中国港澳地区）的人数都有较大幅度上升。

二、审批

据省外办档案记载，1995年，该办审核、审批因公出国（境）及赴港澳人员48904批、100773人次；1997年68134批、165105人次。1998年1月至12月15日，单是省外办共审批出访报批件6703批、28336人次，其中经济性出访批数4305批；1999年同期共审批出访报批件8992批、32193人次，其中经济性出访批数6058批。2000年，省外办审批因公出国报批件

10081批、36662人次。

（一）出国（境）经济活动的审批

改革开放至80年代末，广东省对因公出国（境）从事经济活动的审批仍较谨慎，1992年年初邓小平南方谈话后，对企业出国（境）经济活动的审批逐步采取灵活政策。

90年代初，广东对外经济活动日益频繁，企业人员出国审批工作成了阻碍企业对外交往的瓶颈。1992年11月26日，省政府同意简化部分企业人员出国审批手续，凡是经国务院有关部门和省政府批准享有进出口经营权的集体所有制工业企业，经省科委认定并颁发给高新技术企业证书的企业，承担国家科委批准的国家级“火炬”计划项目、并有出口创汇前景的企业，经国务院机电办和经贸部批准年出口创汇100万美元以上的机电产品出口基地企业和扩大出口企业，经经贸部批准的年创汇1000万美元以上的机电产品外贸工贸公司、年出口创汇200万美元以上的中外合资合作经营企业，经外经贸部和省人民政府批准的享有进出口经营权年出口创汇3000万美元以上的外贸专业进出口公司和工贸公司，可为其一定数量的工作人员申办一次审批一年内多次出国有效批件。

1992年12月，省经委、省政府机电产品出口办公室与省外办共同研究制定有关办理自营进出口工业企业和机电产品出口企业部分人员多次出国审批手续的确认办法，凡符合规定条件的出口企业，非省属自营进出口工业企业或机电产品出口企业分别经所在市经委或机电产品出口办公室审核后，向省经委或省府机电产品出口办公室申请确认；省属企业经主管厅局审核后，向省经委或省府机电产品出口办公室申请确认。省经委、省机电产品出口办公室收到由企业报送的申请后，对申请进行确认，材料齐备的一般在半个月内办结出具批件。企业收到确认件后，即可按有关规定办理简化审批手续。

1993年1月7日，省外办就办理部分企业人员一次审批一年多次有效出国审批手续事发文通知省直各有关单位，凡符合省政府有关规定范围的企业，按规定程序报其主管部门确认后，可直接向省外办申报。审批后各企业凭任务批件、政审批件到省、市外办申办护照签证；如再次出访，可凭原审批部门批件复印件、企业出具证明（须有函号和指定专人负责签名），直接到省、市外办申办护照签证。

1993年1月，经省外办和中国对外贸易中心（集团）协商并报国务院有关部门同意，中国对外贸易中心（集团）自行办理本单位人员因公出国和赴港澳审批手续，并负责出国人员的管理工作。

1993年4月25日，《羊城晚报》头版头条以《可惜，卡掉多少大生意》为标题，报道广东轻工机械厂“出国难”的问题。此后，《羊城晚报》《广州日报》又相继刊登了几篇有关的消息和短评。此事促使外事部门进一步简化审批手续，尽量减少审批层次，提高办事效率。

1993年7月，经省委组织部和省外办协商，对工人、农民、城镇个体劳动者出国、赴港澳地区的审批工作进行简化，减少中间环节，进一步提高审批和护照签证工作的效率。同时，根据省委、省政府关于扶持高新技术产业发展的若干规定，省外办决定对高新技术企业及项目的科技和商务人员因公赴港澳和出国给予办理一次审批一年内多次出国和半年多次往返港澳地区的有效批件和护照签证手续。

1994年，云浮市经国务院批准升格为地级市。10月，省外办同意将云浮市人民政府、云浮市人民政府外事办公室列入“有出国任务审批权部门和有对外通知签证权部门名列”并报外交部审批。

1997—2000年间，为促进广东外向型经济的发展，省外办分别同意海南发展银行广州分行、中国化工供销华南公司、中国联合通信有限公司广东分公司、中国民生银行广东分行、广东省铁路集团有限公司、广发证券有限责任公司、广东省国际工程咨询公司、广东科龙（容声）集团有限公司、TCL集团有限公司可直接向省外办办理因公出访报批及护照签证手续；同意为广东核电集团经常因公出访的人员颁发有效期为三年的因公普通护照。

1998年3月，省外办同意委托南海、顺德、三水等市外办自行办理本市有关人员前往澳门的证明。1999年10月，省外办同意授予顺德市因公出访审批权限，自行审批市属单位经贸、科技、培训和非经济性出访（不含文艺团组）的科级以下人员并出具任务批件。

1998年8月，省政府办公厅将多次往返港澳证件审核审批工作移交省外办。

1999年，原来由省人事厅负责审核的省属人员短期多次赴港面授学习团组归口省外办受理。

（二）出国（境）非经济活动的审批

1991年3月，省外办批准汕头大学赴港澳的护照签证、护照及证明手续直接由汕头市外办办理。

1993年1月，省外办明确省属高校有关人员因公出国赴港澳审批办法，规定校长出国（境）由其上一级主管部门审核，报有出国人员审批权的机关审批。其他人员出国（境）由本院校审核，直接报有出国人员审批权的机关审批。

1997年，省外办要求各单位报批时一并做出费用预算，对于开支明显偏高、特别是参加中央组团收费太高及有营利性质的组团考察，一律不批准其出访。该年出访费用由各单位自理的共14737人次、1700多万美元。

（三）杜绝出国（境）违规违法行为

在对因公出国（境）活动进行管理的同时，广东省有关部门严禁和制止变相公费出国（境）旅游活动。从1992年7月至1997年年底，全省共制止公费出国（境）旅游人员3385人，节约经费2101多万元，查处公费出国（境）旅游人员437人。1993年4月，省外办转发国务院关于以考察等名义组织公费出国（境）旅游问题的通报，要求省内各单位不得组织此类团组出访，也不得派人参加外省有关单位类似性质的团组出访。如确实需要组团赴国外及港澳地区进行学习考察、培训、研讨等，一定要有明确的公务目的和实质性内容，邀请单位（人）要可靠并与本行业有关；组团规模要尽量控制，停留时间应尽量缩短，前往国家以一国为宜，参加人员应是本行业、本系统的有关专业和管理人员，不组织跨行业的团组。1994—1996年，省外办通过审查把关，共有187批1479人次的出访申请未被批准；1997年全省共有816批2160人次的出访申请未获批准。1997年8月，省外办发文重申严禁借考察等理由为名用公款出国（境）旅游的若干规定。

1996年，为防止隐瞒真实身份报批的行为，省外办实行核对出访人身份证制度，要求各单位报批必须同时提供身份证复印件。为此发现了几起隐瞒真实身份和真实年龄行为，并对其进行了严肃处理。如省食品公司组团赴美参加国际食品科技展览会，在报批的13人中被查出不少人员的年龄有很大出入，省外办拒批并责成该公司做出检查。省包装总公司一报批团组中2人被查出假冒该公司人员，省外办即对其提出批评并停止该公司报批1个月。6月，省外办在广州召开全省因公出访管理工作座谈会。佛山、江门、肇庆三市政府副秘书长，各市外办主任，省科委、省外经贸委和各市政府办、外办负责审核、审批工作的有关人员共58人出席了座谈会，听取省府副秘书长、省外办主任巢振威关于进一步加强因公出访管理工作的讲话，以及省外办副主任肖锦哲关于广东省因公出访管理问题的专题发言。7月，广东一些地方出现以欺骗手段办理因公出访手续的严重问题，包括社会上不法分子利用因公出访渠道进行犯罪活动，一些女青年持因公普通护照到澳门后从事不正当职业，以及发现假冒省外办公章签署的假护照和假出境证等。为此，省政府副秘书长兼省外办主任巢振威于7月22日紧急召集主任办公扩大会议，对出现上述问题的原因进行分析，并研究具体措施，制止和杜绝此类现象的再次发生。8月22日，省外办又牵头召开了有省政府办公厅、省外经贸委、省科委、省人事厅、省人才引进办等因公出访审核审批部门业务处负责人参加的座谈会，进一步明确因公出访审核审批工作的有关规定。

从1998年开始，省外办在提供费用预算基础上，将不批准出访人次、减少出访天数与节约出访费用挂钩，仅上半年就有550批出访团组被削减出访天数和人数，共削减2521天、58人，不批准出访17批52人次。

三、护照和证件管理

（一）办理

1979年，省外办颁发因公出国（境）的护照、证件约1000本；1980年1507本。1990年增加到26391本，1991年38602本；1992年66678本。1993年1—11月省外办颁发各类因公护照68860本，1994年同期为62630本，1995年同期为59413本。1996年全省新颁发因公护照89022本，其中省外办颁发59550本，广州、深圳、珠海、汕头、湛江5市共颁发29472本；1997年全省新颁发因公护照、赴港通行证121233本，其中省外办颁发70673本；1998年全省新颁发因公护照、赴港通行证117366本，其中省外办颁发63187本。1999年1—11月省外办新颁发因公护照、通行证55871本；2000年同期为60886本。

1979年12月，各派遣部门对出国人员按有关规定严格执行政治审查工作，凭由省革委会正副主任签署并加盖公章的《申请出国护照签证事项表》到省外办办理护照。

自1983年1月1日始，在广州、深圳、珠海、汕头市、佛山地区试行归口统一办证的办法。各部门派人出国应向所在地、市外办联系并领取各种表格填写，然后由各地、市外办指定专人，统一到省外办办理领取护照和申请外国签证手续。上述市或地区所属单位派遣出国（出境）人员，在向省外办领取护照使用之后，不必再将护照送交省外办，而交由本市（区）保管单位保管。

随着广东省对外联系和交往的不断发展，因公去港澳和出国人员不断增多，1983年1月1日起，省外办先后在广州、深圳、珠海、汕头、佛山、江门、湛江、肇庆等地（市）实行由各地（市）外办同意归口申办护照签证的办法。

从1984年1月1日起，肇庆地区外事处和湛江市外办归口办理本地区（市）因公出国人员申请护照签证的工作。1985年8月起，又将归口办证的办法扩大到韶关、惠阳、梅县、茂名4个地（市）。

1984年11月，外交部同意中国海洋石油总公司商请广东省签发南海东部、西部石油公司临时因公出国人员的护照，受理在广东省设有领事馆的国家及香港地区的签证工作。12月，外交部同意经济特区和沿海城市外办自行办理本市（区）临时因公出国人员护照签证和外国人签证，广东省的深圳、珠海、汕头、广州、湛江市在此列。上述市外办负责签发本市临时因公出国团、组人员公务、因公普通护照，出具前往澳门的出境证明。

1985年2月，外交部召开粤闽两省开放城市及经济特区外办护照签证工作座谈会，规定在华的中外合资企业的中方职员因公出国（境），不论长期还是短期，都由外办发因公普通护照；外国驻华商社、外商在华独资企业以及外国驻华使领馆雇用的中方人员去国外或香港、澳门为雇方办事，一律由公安部门发普通护照。

从1987年5月1日起，各市（地）因公出访人员的护照签证，一律归口由各市（地）外办统一申办（广州市外办除外）。深圳、珠海、汕头、佛山、江门、韶关、湛江、茂名市，海南行政区、惠阳、肇庆、梅县地区行政公署等12个市（地）因公去港澳或出国的人员需申请护照签证者，一律归口上述12个市（地）外办统一办理。考虑到顺德县、中山市、东莞市的具体情况，该3县（市）因公出访人员的证件，可由3县（市）外办统一归口办理，但需每月或每季度将办证情况报送所属市（地）外办。

从1988年2月10日起，值乘广九直通车的乘务员全部持用因公“往来港澳通行证”过境。为统一过境人员所持证件和方便管理，干部添乘广九直通车也陆续换领因公“往来港澳通行证”。4月1日起，原来使用的“铁路人员通行证”在乘务员和添乘干部中停止使用。

1988年7月6日，经外交部批准，广州、深圳、珠海、湛江、汕头市派遣团、组、人员临时出国以及赴港澳地区，由上述各市人民政府及汕头经济特区管理委员会负责审批。上述出国或赴港澳地区人员的护照签证，由各市人民政府外事办公室负责办理。

从1991年10月1日开始，省外办向因公出访人员颁发新版护照。新版护照的有效期最少是两年（多次有效出入国境），这对出访人员更为方便，但也增加护照管理的难度。

省外办从1992年4月1日开始委托中山、江门、佛山、潮州、韶关、河源、梅州、惠州、汕尾、东莞、阳江、茂名、肇庆、清远和揭阳市外办为本地持有有效护照的临时因公赴澳门的团组和人员出具出境证明。

根据国务院通知，1992年5月1日起对因公出国人员取消出国（境）证明。各边防检查站凭因公出国人员的有效护照和外国或地区的有效签证予以放行；对前往互免签证的国家，在境外申办签证的国家或地区和澳门的因公出国人员，边防检查站凭其有效护照和外交部授权单位的证明予以放行。

1999年4月，省外办对该办有委托开具3个月一次赴澳门证明的地级市及县级市外办申办因公护照延期作出相关规定，以规范该办因公护照延期工作。8月，省外办发文要求各有关市外办对因公赴澳门的人员切实把好审批关，特别是把好出访人员的身份关。要进一步加强对因公护照的管理，实行责任制。严防利用假身份证、假户口本骗取因公护照和出境证明。各有关市代开赴澳门证明的工作必须切实加强管理，严防组织非法人员出境。

（二）管理

1981年10月，外交部颁布规定，对因公出国人员的护照管理进行分片归口集中保管。各省、市、自治区人民政府外事办公室负责保管本省、市、自治区派驻国外机构常驻人员（调回）及因公临时出国人员的护照。派遣单位在出国人员回国后必须及时收缴护照，并尽快转送管理护照的部门。再次出国人员，除确有必要（如职务变更、旧照用完等），不得另行申办新照，而应领取旧照。凡因护照散失在个人手中而发生的问题，均由派遣单位负责并追究个人责任。

1982年9月，外交部同意广东省先施行将护照保管的单位下放到省属厅、局、市、专署和相当于这一级的机构。护照的转送、遗失护照报告、护照销毁报告等项工作，仍由省外办负责。

1993年年底，省外办根据外交部有关通知精神清理省内各发照机关为个体工商户等因私出国人员颁发因公护照的问题。经查，汕头、珠海、湛江3市未为上述人员颁发过因公护照；深圳市外办、广州市外办和省外办共为27名上述人员办理因公护照。至1994年3月，省外办已通知各发照机关将上述人员的因公护照收缴作废，不再使用。

为进一步加强对因公护照的管理工作，1994年1月，省外办根据外交部1993年11月制定的《关于因公护照管理的暂行规定》，结合广东省的实际情况制定颁布《广东省因公护照管理的实施办法》并发给省直各单位、中央驻穗各单位、各市外办，对本省因公护照的管理工作作出明确规范。1995年4月19日，省外办发文重申上述《广东省因公护照管理的实施办法》，要求各护照申办和管理单位必须严格按照有关规定申办护照和进行管理；各护照保管单位要根据《广东省因公护照管理的实施办法》的规定，对本单位、本系统护照管理工作进行一次全面检查，对于违反规定的做法要尽快纠正，对所领取的护照进行全面清理，登记造册，报省外办备案。

1994年8月中下旬至9月初，省外办派人前往佛山、中山、揭阳、江门、顺德、南海、惠州、河源、梅州等市外办开展有关因公出国管理和护照签证工作的调研，包括护照的收缴、保管、使用及一人持多本护照等问题，对省外办所委托的赴澳门《出（国）境证明》的使用、管理情况及其产生的效益，所在地区出国任务、政审报批的有关情况，本地区护照签证申办工作中存在的问题，以及对省外办改进护照签证申办工作的意见和建议等。

为加强对出境证明的管理，根据从实际出发、从严掌握、加强管理、定期检查的原则，从1997年8月1日开始，中山、江门、佛山、潮州、韶关、河源、梅州、惠州、汕尾、东莞、阳江、茂名、肇庆、清远、揭阳、云浮等市外办只限于为本市市直单位（包括各县、区和国有、集体企业的领导和主要业务经理）持有有效护照而又急需的临时因公赴澳门的团组和人员出具前往澳门的证明。

针对在因公护照、因公赴港通行证的管理工作中，有少数单位出现管理不严，使部分护照、通行证流失在个人手中，导致其丢失、被盗事件的情况，省外办于1998年7月30日向各市外办、省直各有关单位发文，要求各单位切实采取措施进一步加强因公护照、通行证的管理工作。

1998年10月，省长办公会议议定，省国际信托投资公司人员所持有的出入境护照包括多次往返港澳护照，一律收回统一保管，个别需要出境处理事务的，应经清算组批准。

1999年3月16日，省外办向全省210个市外办、省直单位印发《关于进一步加强因公护照管理工作的通知》，针对当时因公护照遗失案件较多、出现持多次赴美签证人员擅自持照赴美案件的情况，重申各市外办、各省直单位要认真执行有关护照管理的文件精神，并对因公护照管理工作进行一次全面检查。从5月底收回的报告显示，各有关单位对护照管理工作进行了认真的检查，清查出一批已失效的因公护照、通行证，促成收回的护照、通行证约800本（大部分为护照）。有关市外办、省直单位根据通知要求进一步健全了护照申办、发证、保管、追缴等工作制度，加强这项工作的专人领导，落实了岗位责任制，并参照管理办法制订了一些惩处措施。

（三）管理自动化

1992年1月1日起，省外办开始使用护照微机管理系统，对该办颁发的因公护照实行初步的自动化管理。该系统的主要功能之一是可即时核查持照人是否同时持有超过一本以上有效护照的记录，并自动提示拒发第二本护照。这对加强因公护照的管理起到积极的作用。1993年年底，省外办在签证处的基础上又给出国管理处配备自动化办公设备。1997年3月1日起，省外办在全省有审批权的25个单位统一使用“全省审批管理系统”，该办审批处于1997年1月7日开始举办“报批办证员学习班”，然后到各有关单位展开分片安装培训工作。

1997年，由省外办基金会信息中心与外交部领事司联合开发的审批、签证打表系统正式在全省推广，实现电脑化管理，以堵塞漏洞、提高工作效率。签证打表系统在全省各市普遍使用，审批系统则由省外办率先使用，该办技术人员赴8个市进行安装调试，并培训使用人员。深圳市自行开发了一套审批系统并投入使用。广州和肇庆、珠海3市也开始使用审批系统运作。6月，省外办安装外交部统一开发的护照签证管理程序，并且在护照签证处实现与出国审批处联网，可以直接将出国审批处批准团组的基本资料导入到护照签证管理系统，提高工作效率。1998年3月，又成功调试安装与外交部联网的路由器，在全国各省区中率先与外交部实现审批护照数据保送。

1999年5月，省外办编写并启用一套可供查询签证护照资料、审批进度跟踪的电脑程序系统，以便于各处室、省直各单位通过电脑网络查询签证审批情况。

四、香港、澳门回归后广东因公赴港澳通行证

香港、澳门回归之前，广东因公赴港澳人员均持因公护照通行，其中赴港人员还必须取得港英政府发给的香港入境签证；赴澳门则持护照免签证入境。

1997年7月1日香港回归后，内地因公赴港人员全部改持因公往来香港通行证，在通行证上加签赴港签注。广东省颁发因公赴港通行证的工作健康有序地展开。由于广东与香港经贸合作、体育、科技、文化交流较多，办理赴港通行证具有量大、时间急的特点。1997年，全省颁发因公赴港通行证52532本，其中省外办24000本，广州、深圳、珠海、汕头、湛江5市共28532本。1998年，全省颁发因公赴港通行证61103本，其中省外办29636本，广州深圳、珠海、汕头、湛江五市共31467本。1999年，全省颁发因公赴港通行证73704本，其中省外办（截至11月30日）28575本。2000年（截至11月30日），省外办共颁发因公赴港澳通行证43011本。

1997年，广东省揭阳、云浮等地出现社会不法分子通过外事签证部门获取因公赴香港通行证，然后到香港从事卖淫等犯罪活动。省外办自9月23日起对揭阳市侨办下属的所有公司作出停办两个月赴港澳证件的处罚，其中该市华侨经济贸易公司、市中侨综合服务公司停办因公出国（赴港澳）证件至年底；对云浮市云城区、城东区、云安县作出停办3个月赴港澳证件的处罚。

经国务院批准，自1999年12月20日澳门回归后，内地因公赴香港、澳门两个特别行政区的人员统一持用因公往来香港澳门特别行政区通行证前往香港或澳门。2000年4月，省外办对全省各市、各单位因公出访人员持证照情况进行一次全面清理，以一人一证照为原则，将过期的证照上缴该办，同时将一人所持多本护照、通行证收缴该办注销。4月20日，省外办集中为各市外办安装本市因公出访人员持证照情况数据库软件，并对操作人员进行培训。

第二节　护照签证、通行证签注

一、因公出国签证

1979年9月以前，广东省因公出国人员的外国签证，大多数通过外交部领事司向外国驻华使馆办理，个别派遣单位通过在京的上级机关向外国使馆申办。1980年，申请去美国、日本的公务签证由省外办直接向美国、日本驻广州总领事馆申请办理。2000年，省外办可直接向16个外国驻穗总领事馆申办各国签证。

1979—2000年省外办办理因公出国签证统计表

表8-2-1

年份	因公护照签证（份）	海员签证（份）	为中央驻粤机构及其他省市人员代办签证（份）
1979年	1044	618	—
1980年	1983	459	—
1981年	3977	189	—
1982年	5249	143	—
1983年	10257	156	—
1984年	25475	122	133
1985年	35857	—	1247
1986年	23435	—	1145
1987年	27199	—	687
1988年	49613	—	1132
1989年	43543	—	3869
1990年	37785	—	2731
1991年	62942	—	—
1992年	102353	—	5741
1993年	127083	—	8580
1994年	135201	—	—
1995年	98223	—	3191
1996年	92389	—	—
1997年	56221	—	—
1998年	26207	—	—
1999年	16485	—	—
2000年	20371	—	—

随着广东对外交往的不断活跃，1979—2000年省外办办理的因公出国（境）签证数基本上呈逐年上升的态势。由于自1995年3月起，德国、法国、西班牙、葡萄牙、荷兰、比利时和卢森堡等七国正式实施《申根协定》，为短期到访的外国人签发“申根七国统一签证”，申请者只需办妥一国签证，即可在七国境内自由活动，因此1995年省外办办理的签证数大幅回落。此外，随着1997年香港回归中国，因公赴港不再需要办理签证，随后两年省外办办理的签证数继续呈现回落态势。

（一）申办

1. 美国签证

1979年8月美驻穗总领馆开馆前，广东因公赴美签证均需通过外交部到美国驻京机构申办。

1981年6月1日起，广东及美驻穗总领馆领区内其他省份的赴美留学人员（包括学生和学者）的签证申请改由该馆办理。1982年2月起，广东、广西、福建公派赴美留学生的入境签证，统一由广东省外办向美驻穗总领馆申办。同年9月起，经中国科学院批准直接派赴美国的访问学者、进修人员和研究生，属穗、沪两地的，由中国科学院委托广州分院（负责广东、广西、福建）和上海分院（负责上海、浙江、江苏、安徽）分别向广东省外办和上海市外办申请上述人员的出国护照，并协助向美国驻广州、上海总领事馆申请入境签证。

1982年3月10日起，根据外交部“实行外国驻华总领馆领区内各省、市、自治区因公出国人员就近申办签证”的办法，广东省外办开始承担广东、福建、广西三省（区）因公人员赴美签证的申办工作。1986年12月1日起，福建省外办直接向美驻穗总领馆申办本省因公人员赴美签证。如遇到有关签证方面的问题需要交涉，亦由福建省外办与美领馆直接联系。

1993年5月开始，美驻穗总领馆对部分因公临时赴美团组人员颁发半年多次入境签证。不少单位反映，取得多次签证后真正因业务需要并有能力半年多次赴美的并不多，而且签证费昂贵（一次入境签证费270元人民币，多次入境签证费高达450元人民币）。这些未经审批部门专门批准而轻易获得多次入境签证不利于实施归口管理。省外办签证处负责人于10月25日约见美领馆非移民部副领事马博智和高默人，重申不允许出访单位及个人持因公护照自行到领事馆申办签证。对此，美馆官员表示理解，并愿意配合。1998年4月，美馆对广东省外办送办的大多数因公赴美商务签证申请改发6个月有效多次入境B1/B2签证，并免收所有签证（L签证除外）的签证费，只收取45美元的签证申请费。

2. 日本签证

1984年7月起，日本驻华使馆对中国公民因公临时赴日申办签证实行新的做法。凡申请赴日旅游、洽谈商务、友好访问等，时间不超过90天的，被邀请人必须向邀请人提供两张照片、两份访日日程表和一份申请书，由邀请人将这些材料递交日本外务省，经外务省查证室（签证科）同意并加盖印章后，再由邀请人将这些材料寄给被邀请人。被邀请人持上述材料到日本驻华使领馆申请签证，日本驻华使领馆将凭此材料在3天之内发给签证（节假日、星期六、日除外）。

1986年1月起，广西外办可具函直接到日本驻广州总领事馆办理赴日本签证。

1997年2月，日本驻广州总领事馆代总领事冨田昌宏约见广东省外办签证处负责人，通报日馆将以P方式受理中国持因公护照人员赴日从事商务活动签证申请。冨田称，自1997年1月起，由广东省外办递交的因公赴日签证申请（即P方式）所需时间已由原来的3周缩短至两周，即10个工作日。如日本外务省对报告未持异议，领事馆即可颁发签证。

3. 泰国签证

1988年10月4日，泰国驻广州总领馆开始受理广东、海南、广西、福建等省（区）中国公民因公、因私申请赴泰国的签证。

1999年1月底，泰国驻广州总领事馆启用新版泰国签证，不再在旅游团体的新版旅游签证上加盖馆印，但在新版非移民签证及个人旅游探亲签证上仍加盖馆印。2月4日起，不再在新版非移民签证和个人旅游探亲签证上加盖泰馆馆印。2000年8月11日起，泰国驻广州总领事馆对广东省14家旅行社负责带团赴泰国旅游的领队，根据申办情况及入境需要发给三个月多次往返签证。8月27日，泰国驻广州总领事馆在广州白天鹅宾馆召开签证会议，邀请广东、广西、福建及海南等省（区）旅游及外事主管部门有关官员参加，旨在密切该馆与广东各旅游行政主管及相关单位的关系。

2000年11月7日，泰国驻广州总领事馆在广州白天鹅宾馆召开座谈会，广东省旅游局及有关旅行社、省外办应邀派员参加。会上，介绍泰式按摩等泰国特色旅游服务项目，并对签证事宜进行探讨。

4. 澳大利亚签证

1995年1月9日，澳大利亚驻广州总领事馆移民处正式受理广东省因公赴澳大利亚商务考察人员、政府代表团的签证申请。赴澳大利亚旅游及探亲的签证则仍需到澳大利亚驻华大使馆申请。同年3月，鉴于澳馆要求补材料的案子高达50.2%，拒签情况也较多的情况，省外办护照签证处负责人约见澳馆签证部官员，就其要求补充的材料包括详细的出访目的、日程表、公司交往记录、公司结构、公司营业执照、费用说明、留职保证书、出访同意函等事宜进行沟通。此后，赴澳大利亚的拒签率明显减少。

1999年2月10日，澳大利亚驻广州总领事馆举行签证信息交流会，以求加强沟通签证信息，增进了解，在申办签证方面更好地合作。省外办和广州、深圳两市外办护照签证处的负责人应邀参加。

5. 德国签证

1997年1月6日，德国驻广州总领事馆开始受理广东、海南、福建和广西的签证申请。广州市与德国法兰克福是友好城市，德方同意广州市赴德签证由市外办直接送德馆办理。德馆同意厦门市外办的赴德签证申办资料由广东省外办代送办。

1998年3月起，德国驻穗总领事馆签发的旅游签证适用于申根条约的国家。

6. 英国签证

1999年8月3日，英国驻广州总领事馆开始受理各类持因公或私人护照的各种签证申请，但学生签证申请仍由英驻北京大使馆受理。9月1日起，英驻穗总领馆全面受理所有各种签证申请。广东、福建、海南和广西四省（区）的外办可径向英馆申办本省（区）因公出国人员赴英国签证。省外办负责协调申办签证有关事宜。

7. 法国签证

1997年8月27日，省外办护照签证处与法国驻广州总领事馆负责签证业务的领事官员就广东省因公出访人员申办法国（申根）签证事项进行商谈。9月9日，法馆开始全面受理广东、广西、海南和福建等省（区）持外交、公务和因公普通护照的中国公民申请法国入境签证，省外办负责协调上述各省（区）申办签证有关事宜。

8. 菲律宾签证

菲律宾驻厦门总领事馆于1995年3月1日开始受理福建、广东、海南三省因公签证申请。经省外办与厦门市外办协商，从1995年6月12日起，广东省（包括广州市、深圳市）因公赴菲签证委托厦门市外办办理。广东省、广州市、深圳市外办可直接将申请材料通过特快专递寄给厦门市外办。汕头、珠海、湛江三市的赴菲签证仍由广东省外办统一申请。

随着菲律宾驻穗总领事馆的开设，1997年5月13日，省外办副主任卓毅约见菲律宾驻穗总领事刘易斯·克鲁斯，就广东省申办因公赴菲签证的工作进行讨论，并原则上达成共识：菲方同意在广东省境内只接受省外办和广州市外办、深圳市外办及领区内其他省、自治区外办送达的因公签证申请。

9. 荷兰签证

1999年11月1日，荷兰驻广州总领事馆开始进行签证及认证工作。根据双边协议，广东、福建、海南省和广西壮族自治区及广州市、深圳市的外办可径向荷馆申办因公赴荷人员的签证。省外办负责协调有关事宜。

2000年1月1日起，广东、福建、海南及广西籍的中国公民，申请赴荷属列斯群岛或荷属阿鲁巴度假、运动、保健、探亲、学习或从事宗教活动、商务活动，须向荷馆申办有关入境签证。

10. 新加坡签证

1996年7月1日，新加坡驻厦门总领事馆开始受理福建、广东、海南三省的因公赴新签证申请。经与厦门市外办协商，广东省因公赴新加坡进行公务活动的签证委托厦门市外办办理。广东省、广州市、深圳市外办可直接将申请材料通过特快专递寄给厦门市外办。汕头、珠海、湛江等市外办受理的材料仍送省外办统一申办。

1999年11月16日，中国外交部领事司同意广东省因公赴新加坡的签证在新加坡驻北京大使馆申办。

11. 其他国家签证

1987年5月27日，中国外交部发文通知，广东、福建两省为因公临时出访印尼人员申办印尼签证的材料可由省外办自行送往中国驻香港签证办事处。

1995年2月8日，省外办受外交部领事司出国签证处委托正式开始受理多米尼加共和国签证业务。

1999年1月15日，加拿大驻华使馆移民检查官二等秘书汤姆·卡明（Tom Cumming）到广州拜会省外办护照签证处负责人，了解广东因公护照情况。护照签证处负责人提出，凡广东因公赴加拿大的团组除因公护照外，一定要有省外办和广州、深圳两市外办出具的照会，加拿大大使馆才能受理，移民检查官表示将给予配合。3月30日，广东、江西两省外办就江西省外办委托广东省外办代办赴马来西亚签证事宜签订协议，对代办手续费、垫付签证费及结算方法作详细规定。

1999年9月，丹麦驻广州总领事馆开始受理签证业务。根据双边协议，该馆领区包括广东、福建、海南和广西。上述省（区）外办可径向该馆申办本省（区）因公出国人员赴丹麦签证。广东省外办负责协调申办签证有关事宜。

1999年11月10日，意大利驻广州总领事馆开始受理签证业务（包括申根国家的短期入境签证和意大利的长期签证）。意大利驻华使馆签证处将继续受理意驻穗总领事馆领区内中国公民的签证申请（与家庭团聚的签证除外）至1999年12月31日止。2000年1月1日起，意驻穗总领事馆领区内中国公民的各类签证申请只能到意驻广州总领事馆办理。意驻穗总领事馆领区包括广东、福建、海南和广西。上述省（区）外办可径向该馆申办本省（区）因公出国人员赴意大利签证。广东省外办负责协调申办签证有关事宜。

（二）管理

1983年6月，省外办向省直各单位和省市各外贸公司、各地（市）外办及有关高校规定，凡通过省外办申请护照和外国签证，办妥之后，一律由外办通知各派遣单位前来领取，不得自行到外国驻华使领馆取护照，更不能委托外国人代领；对于中国因公出国人员，凡前往在华设有使领馆的国家或地区，或虽未设馆但委托其他驻华使领馆代办签证的国家，必须在国内办妥签证之后才能启程。

1984年9月，省外办通知深圳、珠海、汕头、广州、湛江及海南等市（区）的外办，办理美国、日本签证仍通过省外办照会美国、日本驻广州总领馆申办。

1995年3月起，德国、法国、西班牙、葡萄牙、荷兰、比利时和卢森堡等七国正式实施《申根协定》。针对《申根协定》的实施可能给出国管理工作增加的困难，省外办要求各单位加强对出国人员的管理，严格按经批准的任务、路线和停留期限出访，防止利用“申根签证”的便利随意增加往访国家，更改出访路线甚至公费旅游。

1995年12月，省外办召开各省直单位及各市外办办证员情况通报会议，通报护照签证工作中出现的新情况、新要求、新问题，明确关于严格护照管理的规定，并介绍如何使用省外办编制的“各国签证申请表打印程序”软件。同月，省外办向省直各单位、各市外办传达有关过境马来西亚和申办澳大利亚临时商务入境签证的新规定，重申不准委托外国机构和外国人代办签证，以及防止出国团组、人员持用外方的邀请信申办签证的规定。

1998年年底，省外办护照签证处为贯彻落实办事制度公开、办事程序公开、办事结果公开的原则，结合工作特点制定并公布了工作规则，对申办因公出国（境）护照签证及通行证签注的相关事项作出具体规定，以方便各办证单位进行监督。1999年6月1日起，该处实行分窗口、按顺序受理省直、各地市护照签证申办材料制度，以规范办事程序、提高办事效率。

1999年4月，省外办护照签证处颁发《关于对在申办因公护照签证、通行证签注过程中违法违纪行为的处理意见》，对有关违法违纪行为的处理作出详细规定。6月，该处颁发《省外办护照签证处拒绝受理申请及拒签的暂行办法》，对有关不符合规定的申请团组作不予受理并退回申请材料、不予受理并退审批部门重新审核、予以拒签并视情节轻重移交该办纪检或监察部门查处等处理，以使该处受理、审查因公出国（境）工作更加有章可循，操作更加规范。10月，省外办召开礼宾处、省友协办、领事处、签证处、国际交流处、新闻文化处负责人会议，就如何贯彻执行外交部《关于改进签证通知办法、简化签证手续的通知》作出决定。根据各国驻华使（领）馆的有关要求，省外办编制了办理因公护照和申办外国签证全过程所需时间表，旨在让有关人员能心中有数，及时办理出国有关事宜，尽早做好出访安排。

1999年5月10日，由于各界群众和学生强烈抗议以美国为首的北约组织轰炸中国驻南斯拉夫大使馆的暴行，美、英、德、法等国驻穗总领事馆不敢开馆工作，造成因公出访团组暂时无法送办签证。省外办积极向有关出访单位和团组负责人做好解释工作。随着各馆安全保卫工作的加强和社会各界愤慨情绪的消退，各馆签证工作很快恢复正常。

（三）广东驻京签证申办机构

1992年1月1日起，广东省各市（广州除外）及省属各单位向各国驻华大使馆、代办处申请签证事宜委托省驻京办统一办理（已获外交部批准自办外国签证并已在京设有办证机构的除外），省外办派出一名干部在驻京办负责此项工作。2月，省外办将《省驻京办申办外国签证工作规则、程序》印发给深圳、珠海、汕头和湛江市外办，对申办外国签证人员的要求、工作程序及照会的使用等都作出明确的规定。8月，省政府批准省外办在北京设立申办外国签证机构，负责外国签证工作。终止委托省政府驻北京办事处代办外国签证。同时，省外办在中联部设立签证点并于9月开始运作，负责办理广东省各市（广州市除外）及省直各有关单位向外国驻华大使馆申办签证的工作。省外办原委托广东省人民政府驻京办事处申办签证的业务自然结束。

二、因公赴港澳签证（签注）

广东与香港往来较多。香港回归前，广东省因公赴港签证主要由省外办送外交部驻港签证办事处办理，少数签证直接向港英方面申办；个别情况经港英当局同意，先入境后补办签证手续。

1982年5月1日起，广东、福建因公临时去港人员停留期不超过3个月者，可直接在港申请签证。专门去港送取护照的人员也可在港办理多次签证。申办签证业务由中国驻香港签证办事处代办。

1984年12月，经外交部同意，深圳、珠海、汕头、湛江等市的外办可指定专人负责送护照到中国驻香港签证办事处，以尽快取得因公赴港人员的入港签证。

1988年9月1日起，广州、深圳、珠海、湛江和汕头等市可直接到外交部驻香港签证处申办赴印尼和香港地区人员的签证。

1993年3月，省外办开始为全省部分企业人员试办3个月多次往返香港、澳门的护照签证。至9月，已发3个月多次往返港澳护照签证指标523个。

1994年1月至12月，广东省申办香港签证超6万。而新华社香港分社给广东的指标每年只有两万。因此，外交部驻港签证处担心广东因公赴港人员数量失控，希望广东采取措施控制因公赴港指标。所以，从1995年起，省外办实行按规定指标受理赴港签证的办法；对于全省统一组织的赴港大型经济活动，要求承办部门提前一个月将省政府的批件通知省外办，以便统一照会香港有关方面；各地指标分半年一次使用，半年内有特殊情况需突破指标的，要直接报省外办审批处批准，省外办将根据理由是否充分决定是否受理。

1997年6月24日，省外办根据国务院港澳办关于签发因公往来香港通行证及赴港签注有关文件精神，从1997年7月1日起，内地因公人员前往香港须持用往来香港特别行政区通行证。省外办决定从6月30日起开始受理往来香港特别行政区通行证（因公）申请工作。省外办和广州、深圳、珠海、汕头、湛江等市外办为国务院港澳办授权的发证机关，负责本地区通行证的签发工作。8月21日，中国南方航空（集团）公司为其1200名飞行员向省外办申请往来港澳通行证。该公司每天至少有五个飞往香港的航班，如无特殊情况均当天往返。

为不耽误公司的正常运作，省外办按因公赴港人员分批为上述飞行员办理通行证，并给予办理五个月有效的多次往返签注。

1997年，阳东县多次往返港澳地区的护照指标只有15个（包括6个行政指标），远不能满足该县经济发展的需要。该县要求阳江市政府发函，请省外办代开出境证明。

1997年12月，国务院港澳办核定广东省1998年度临时赴港经贸指标6万人次。

香港、澳门回归后，广东因公赴港澳由省外办及广州、深圳、珠海、汕头、湛江五市外办办理。1997年，全省办理因公赴港签注61627个，其中省外办27634个，广州等5市共33993个。1998年，全省办理因公赴港签注141431个，其中省外办办理62272个，广州等5市共79159个。1999年全省办理因公赴港签注154367个，其中省外办办理68697个。2000年，单是省外办即办理赴港澳签注92276个。

1998年1月1日开始，广东省多次往返香港期限从3个月改为5个月。11月，各办证单位申办赴港通行证的急件大量增加。省外办向各市外办、省直各单位外事部门发文通知，就赴港通行证急件的范围、急件的办出时间、急件的办理程序及急件的数量控制等作出规定，对急件的办理进行规范化管理。

自1999年12月起，广九线列车司乘人员需持新版港澳通行证及五月多次签注方可随广九列车出入香港。

为鼓励广东省山区县（市）的外向型企业走向国际市场，尽快适应中国加入WTO后的市场环境，省外办于2000年6月对山区县（市）的企业人员申办多次赴港、澳因公通行证的具体条件作了调整，对确有必要直接赴港、澳进行商务联系且年出口创汇20万美元以上的外向型企业的人员，可申办一至两个多次往返港、澳因公通行证；年出口创汇500万美元以上的，可申办2至3个；年出口创汇1000万美元以上的按实际需要酌情办理。

1999年12月20日澳门回归后，内地因公赴澳门特别行政区的人员统一持用因公往来香港澳门特别行政区通行证前往澳门，签发赴澳门的签注。

随着广东TCL集团有限公司和中山市各企业对外业务的迅猛发展，其原有的每年因公赴香港经贸指标已明显不够用。2000年11月，省外办给TCL集团有限公司增加30个当年因公务赴香港的指标；12月，给中山市增加2000人次当年因公赴香港的经贸指标。

第三节　来华签证

一、概况

1979年后，越来越多外国人来粤进行经济性和非经济性活动。外国人入粤的来华签证大多数在公安部门办理。省外办办理的外国人来华签证只占广东外国人入境签证很小的一部分。

1979—2000年省外办办理外国人来华签证统计表

表8-3-1

年份	外国人来华签证数（份）	年份	外国人来华签证数（份）
1979	112	1990	136
1980	177	1991	—
1981	111	1992	122
1982	111	1993	155
1983	127	1994	105
1984	172	1995	128
1985	29	1996	—
1986	148	1997	209
1987	142	1998	235
1988	156	1999	286
1989	141	2000	323

二、经济活动

为便于香港外籍商人往返于广州、香港，减轻广交会期间广州住宿紧张的压力，广东省于1979年4月开始给长居香港的外籍商人办理多次出入境签证，入境后，视需要再给予两次出入境签证，在交易会期间有效。5月下旬，省外办经与港英政府协商，在香港设立专门为境外旅客办理来华签证手续的机构。1981年1月1日，省公安厅分别在深圳、拱北设立出入境签证办事处，受理有关旅游单位代外国人、外籍人和华侨从港澳申请来华旅游、探亲的入出境签证和受理经中央各部委、省人民政府审批来华洽谈贸易和从事其他活动的外国人、外籍华人的入出境签证。1984年12月，外交部同意深圳、珠海、汕头、广州、湛江市外办可自行办理外国人签证。1988年7月，广州、深圳、珠海、湛江、汕头市邀请外国及港澳地区人员来华，由各市人民政府负责审批。

为适应特区建设和方便外商入出境，1979年10月，前来深圳、珠海两市洽谈来料加工、补偿贸易和投资设厂业务的外国人、外籍人入境，分别由深圳和珠海市革委会直接审批。

1979年10月起，外国人前往朝鲜而申请中国过境签证，需持朝鲜有关部门的邀请函电，分别由深圳外事处或广州市公安局发过境签证，在华停留不超过7天。朝方邀请港澳同胞前往朝鲜，可凭朝方有关部门的邀请函电，由广州市公安局发给护照和办理有关手续，允其到北京向朝驻华使馆办理朝鲜入境签证。

1981年11月，外交部驻香港签证处开始办公，对外国驻香港专员公署、领馆官员申请参加或参观广交会，如经华润公司同意，可以自行审批发给其签证。

1982年6月，外交部领事司就各地举办对外小交会通知我驻外使、领馆给外商发签证事重申，凡地方举办对外小交会或洽谈会，进出口贸易公司在发请帖前，需由该省、市、自治区人民政府用函（电）通知中国驻外有关使、领馆并附送请帖或邀请信式样；驻外使、领馆凭外商出示的请帖或邀请信和该商号委托来华洽谈业务的证明信发签证。

1982年10月，省外办就美国人无有效签证来华应如何处理的问题发出通知，对无有效签证来华的美国人员（包括所有持用美国护照者），原则上不予放行；凡在中国境内的美国人员，必须持有效签证，方准出境；凡无有效签证的美籍海员（包括船长），一律不准上岸（注：此条根据对等原则，只针对美籍海员，其他海员上岸仍按当时做法办理）；凡属应邀的美国人员而无有效签证者，边防检查单位应指出其错误后，凭省政府或省外办出具的证明放行，由接待单位补办签证。

经外交部领事司同意，中国国际贸易促进委员会通知，从1982年10月起，由贸促会交各地贸促分会接待的外国来华展览会展览团人员的入境签证手续，改由各地贸促分会办理，经省、市、自治区人民政府审批并以其名义向中国驻外使领馆、处发签证通知。

随着广东改革开放的进一步深化和经济的迅速发展，外国人、港澳台同胞和外籍华人前来广东就业的人数越来越多。1993年5月，在广东就业的外国人超过了6000人，港澳台同胞和外籍华人达30000多人。境外人员就业管理工作基本上在劳动部门的控制之中，但也存在着不少问题，如就业途径混乱、就业境外人员所持证件与身份不符、有些劳务中介机构通过不正当的渠道引入境外人员，甚至搞倒卖、乱收费等。为此，广东省劳动局要求各级政府和有关部门切实加强对境外人员在粤就业的管理工作，切实掌握和执行境外人员在粤就业的审批权限和办理程序，并组织力量对境外人员在粤就业进行一次全面检查。

1993年年底，经省政府同意，可给有关人士发放“入出境口岸方便通行证”。方便证分为两类，一类是全省各客运口岸通行的证件，另一类是在指定的客运口岸通行。有效期均为一年，发放范围包括港澳地区的全国、省人大代表、政协委员，被省、市授予各种荣誉、名誉称号者，对国内经济建设、文化、教育、体育、科技以及公益事业做出重大贡献者，来国内投资办厂（投资500万美元或年工缴费100万港元以上）具有重大影响、信誉好的企业家和商人，特殊需要者。

经外交部同意，广东科龙（容声）集团有限公司自1999年8月1日起，广东TCL集团有限公司自1999年9月1日起，潮州市外办、河源市外办、揭阳市外办、梅州市外办和韶关市外办自2000年5月1日起，在权限范围内，可向拟被邀请来华的外国人发通知签证函电。

三、非经济活动

（一）一般活动

为提高签证工作效率，简化手续，减少国内外签证往来函、电，节省开支，中国驻日、驻美使领馆从1980年2月起试行如下新办法：可凭中共中央、国务院各部、委、直属机构及其外事局（司），各省、自治区、直辖市人民政府及其外事办公室，各大专院校，外贸部辖下的进出口总公司以及外交部部属单位外交学会、对外友协等部门邀请函、电发签证。上述单位向日本、美国客人发邀请函、电后就不再发签证的通知函、电。邀请各国党、政、军代表团、议员代表团；各国政府高级官员（包括联合国官员）、知名人士、议员、军事人员以及其他有特殊情况的人员；各国新闻界从业人员，包括通讯社、报（刊）

社、广播、电视台负责人、编辑、评论员和记者等；商谈或签订两国政府间协定的科技、贸易、卫生、经济和文化等代表团；宗教人士；外国军用或民间专机、包机及其机组人员临时来华，仍须凭中共中央、国务院各部、委、直属机构和各省、市、自治区人民政府的函、电通知发签证。

1980年12月起，各省、市、自治区作为友好城市（省州）间的交流项目邀请外宾来访，经外交部或国务院批准后，各省、市、自治区人民政府可直接通知中国驻外使领馆发给签证，不必再经对外友协请外交部签发。但省、市、自治区下辖的市不能直接通知中国驻外使领馆发签证。

1984年1月，省政府规定对外籍人员进出境免验审批工作由省外办负责办理。海关凭省外办出具的《海关礼遇证明》免予查验。

从1984年1月20日起，广东省对外国文教、科技、卫生、体育等非官方人员的入境审批工作进行改革，凡应邀前来本省进行上述领域的非经济性交流活动（包括参观考察、讲学，进行学术、科技交流或合作，任教，体育比赛等）的外国非官方人员入境，由邀请单位报送省有关业务主管部门审核后，直接报省公安厅审批。

1986年2月起，各国驻穗领馆常驻人员及其家属出境时凭本人的有效护照或代替护照的证件，以及领事馆证、公务人员证或有效的登记签证；在任职期满或终止居留时，如所持多次签证仍然有效，须于离华前送省外办注销。

1988年，经外交部同意，广州、深圳、珠海、湛江、汕头5市自行办理外国人来华签证手续。

1992年，省外办向各有关单位发文通知，从该年8月26日起，对韩国人来华签证的通知和审发，均按对建交国人员的规定办理。

2000年4月，省外办就驻穗领馆有关人员申办赴香港、澳门签证手续发出通知。根据《中华人民共和国香港特别行政区基本法》《中华人民共和国澳门特别行政区基本法》的有关规定，特区政府对世界各国或各地区的人员入境、逗留和离境可实行出入境管制。除享受免签待遇者外，其他外国公民（包括驻华使领馆人员）赴港、澳，均须向特区政府入境处或中国驻外使领馆申办赴港、澳签证。

（二）旅游签证

1979年7月，鉴于每天都有大批香港同胞和外国旅游者前来深圳市参观游览，外交部和公安部授权深圳市公安局为境外人员办理普通签证。

1982年2月，国家旅游总局规定凡外国人来广东旅游的团体和个人的签证，广东省人民政府可通知驻外使领馆处或有关公安部门审查核发外国人、外籍华人和华侨在本省范围内的旅游签证。

为适应特区发展的需要，进一步简化外国人前往特区的签证手续，外交部于1984年6月12日通知驻香港签证办事处，凡专程前往特区的外国人，外交部驻香港签证办事处可自行核发7天一次有效的入出境签证，限在有关特区所在市及中山市范围内有效。

1987年1月2日，为简化外国旅游、探亲者从香港前往深圳、珠海经济特区入境手续，省政府同意，从香港前往深圳经济特区的外国旅游、探亲者（含外籍华人），除不准入境者和持有南非、以色列、韩国、梵蒂冈护照的人员外，可直接到罗湖口岸（包括蛇口）省公安厅驻深圳签证办事处办理入境签证手续，只填写入境卡，免填申请表，免交相片。对同意入境的外国旅游、探亲者，在其护照、证件上盖“准许持证人一次入境有效在深圳停留五天”的签证章后，即可入境。外国旅游、探亲者离开深圳特区到国内其他地区时，需向深圳市公安局申请办理加签手续。特区二线检查站查验持证人有效签证证件后放行，不再盖“验讫章”。从澳门前往珠海市经济特区的外国旅游、探亲者入境手续的做法，参照深圳特区的简化做法办理。3月，省政府批准对从拱北、九洲港两个口岸入境到珠海市的外国旅游、探亲者，简化办理入境签证手续，准许持证人在珠海市内一次有效停留3天，可以在下栅、上冲两个边防检查站以内的整个珠海市区内旅游、探亲；如需去已经开放的岛屿旅游，可由珠海市政府有关部门组织前往；如需离开珠海市到省内、国内其他地区时，应向珠海市公安局申请办理加签手续，珠海市公安局应按有关规定办理，下栅、上冲两个边检站查验持证人有效签证证件后放行。

深圳市1992年接待境外游客214万人次，其中外国游客只有10万人次；而同期香港接待的外国游客却有600万人次。为简化入境手续，1993年9月起，对进入深圳经济特区（二线管理区以内）的外国客人实行72小时免签证制度。凡与中国建立正式外交关系的国家（地区）到香港的旅行团，由深圳市指定的旅行社与香港旅行社合作，在香港组织的外国旅游散客团，凭外国客人的有效证件，可享受免签证入境，在深圳经济特区内停留72小时。此举大大方便到港外国人进入深圳旅行，到深圳从事商务、文化、旅游等活动的外国客人大幅度增加。

第九章　涉香港事务

第一节　粤港官方、民间往来

一、官方往来

1979年3月24—26日，香港总督麦理浩一行6人应邀访粤。省革委会副主任梁威林、省外办副主任张彬前往迎送，省革委会副主任刘田夫会见并宴请麦理浩一行。麦理浩一行参观东深供水工程东莞桥头抽水站、黄埔港，同省革委会副主任曾定石等座谈。11月17—20日，港英政治顾问魏德巍一行访粤，省革委会副主任曾定石与魏德巍举行会谈，就粤港两地经济合作问题交换意见。外宾参观广州曙光无线电厂。

1980年5月4—11日，香港财政司夏鼎基、港英政治顾问魏德巍一行3人访粤，省长习仲勋会见并同夏鼎基一行座谈。副省长曾定石、省外办主任杨可忠参加会见和座谈。10月19—21日，香港总督麦理浩一行4人访粤，副省长刘田夫、省外办副主任张彬等前往迎送，副省长杨尚昆会见并宴请，刘田夫、王宁、梁威林、曾定石等省领导与麦理浩一行就“非法入境”、粤港经济合作问题举行会谈。

1981年3月9—13日，港英布政司姬达、政治顾问魏德巍一行5人访粤，省长刘田夫会见并宴请、省委第一书记任仲夷会见姬达一行。副省长曾定石与姬达、魏德巍举行会谈。姬达等参观东深供水工程。10月26日，省委第一书记任仲夷应邀前往香港，与港督麦理浩会晤。陪同前往的有副省长梁湘、曾定石等。港方参加会晤的有布政司姬达、财政司彭励治、政治顾问麦若彬等6人。双方就粤港间口岸交通、广九铁路港段电气化火车延至深圳市区、泰国毒品经广州走私到香港及共同治理后海湾污染问题交换意见。

1982年8月19—20日，香港总督尤德一行4人应邀访粤，省委、省政府领导任仲夷、刘田夫、梁灵光、梁威林分别会见尤德一行。刘田夫、深圳市市长梁湘分别设宴招待总督一行。副省长梁威林陪同总督一行参观香港实业家投资的花园酒店、中国（广州）大酒店和白天鹅宾馆等工程。

1986年12月21—23日，港英布政司钟逸杰一行访粤，并参观珠海啤酒厂。副省长杨立会见并宴请钟逸杰一行。

1987年3月26—28日，香港政治顾问寇立夫一行3人访粤，副省长杨立会见寇立夫一行。寇立夫一行参观深圳经济特区。7月29日至8月2日，香港总督特别顾问钟逸杰等一行9人访粤，副省长杨德元、深圳市市长李灏分别会见并宴请钟逸杰一行，双方就粤港、深港的发展与合作进行会谈。8月28日，香港总督特别顾问钟逸杰等港英政府官员访粤，副省长杨德元与香港客人座谈，交换粤港两地经济建设情况和今后发展规划、设想等。

1989年9月11—12日，港英新任政治顾问欧威廉等3人访粤，副省长匡吉会见欧威廉一行。外宾参观深圳华发电子有限公司。10月23—27日，香港政府规划环境地政司班礼士率港府官员代表团一行11人访粤，副省长匡吉会见班礼士一行。代表团与省计委、省外办、省经委等部门负责人座谈。

1990年12月10—12日，香港政府布政司霍德一行4人访粤，省长叶选平会见霍德一行，副省长匡吉向霍德介绍广东经济发展情况并宴请霍德一行。12月12—14日，应霍英东先生邀请，深圳市市长郑良玉一行4人赴港出席深圳特区成立十周年庆典活动，感谢香港各界对深圳的支持。

1991年11月22—23日，香港政府财政司麦高乐一行4人访粤，代省长朱森林、深圳市市长郑良玉会见麦高乐一行。外宾参观深圳证券交易所和合资企业。

1992年2月26—27日，香港总督卫奕信一行6人访粤，省长朱森林会见并宴请港督一行，副省长卢钟鹤、广州市市长黎子流等参加会见和宴请。港督一行参观番禺隆辉工业村。7月10日，香港贸易发展局主席冯国经等一行4人访粤，省长朱森林会见并宴请冯国经一行。

1994年12月7—10日，香港市政署总新闻主任韩光锡率港府新闻主任访粤团一行5人访粤，副省长卢瑞华宴请代表团。访问团分别与省政府新闻办、省记协、广州市新闻办、深圳市新闻处、珠海市新闻办座谈。

1995年5月7日，香港易贸发展局主席冯国经一行4人访粤，冯国经一行拜会省长朱森林，就如何进一步发展粤港经贸关系交换意见。朱森林宴请冯国经一行。

1997年4月11—13日，香港政务总署署长刘李丽娟率香港女性高级公务员协会代表团一行15人访粤，省委副书记张帼英会见并宴请代表团。代表团与省妇联座谈。11月8日，曾荫权等11人回南海市探亲观光。回南海市探亲观光期间，参加南海市政府为曾荫权、梁爱诗、黄星华、叶澍堃、叶刘淑仪等5人补行“南海市荣誉市民”的授荣仪式。

1998年3月17日，省政府副秘书长罗越、省外办副主任肖锦哲等7人与香港行政长官秘书罗智光、香港政制事务局署理局长麦清雄等4人在广州举行会议，商讨粤港高层会晤的架构、名称及协作领域，协调高层会晤事项。6月30日至7月3日，省长卢瑞华、副省长王岐山，广州市市长林树森，深圳市委书记张高丽，市长张子彬，珠海市市长黄龙云等人，赴港参加庆祝香港特区成立一周年纪念活动及新机场启用典礼。11月4—6日，香港特区廉政专员任关佩英率访问团一行6人访粤，副省长王岐山、省人大常委会副主任王骏等分别会见访问团。访问团分别与省检察院、省纪委座谈交流。

1999年5月上旬，省政府在香港举办“1999广东经济贸易技术洽谈会”，副省长汤炳权率省外经贸委、省计委、省科委、省外办以及佛山、清远、东莞、韶关、湛江、珠海等市有关部门负责人和工作人员160人赴港，向香港各界介绍广东投资环境、投资政策、项目招商和贸易洽谈。

2000年6月28—29日，香港特区政府财政司司长曾荫权一行8人访粤，省长卢瑞华宴请代表团。代表团与副省长王岐山、省政府办公厅、省计委、省经济贸易委员会（简称省经贸委）、省外经贸厅、省外办等单位负责人座谈。10月21日，肇庆市邀请香港特区政府财政司司长曾荫权、香港赛马会行政总裁黄至刚等27人，来肇庆参加由香港赛马会慈善信托基金资助8000万港元新建的“伸手助人护老颐养院”落成典礼。省民政厅厅长许道生、省外办主任黄子强、肇庆市委书记陈均伦、市人大常委会主任吴家仿、市长江海燕、市政协主席杜监波等出席落成典礼。11月5日，副省长汤炳权等2人应邀赴港参加香港中华总商会举行的百年会庆。12月14日，香港特区全国政协委员云大棉访粤，省长卢瑞华接见云大棉。12月17—30日，香港特区行政长官董建华率代表团一行11人访粤，中共中央政治局委员、省委书记李长春会见，省长卢瑞华会见并宴请董建华一行。代表团参观广州高新技术园区、东莞电脑生产基地、深圳高新技术园区等。

二、民间往来

1990年6月15—18日，香港杰出青年协会主席朱培庆一行26人访粤，副省长刘维明会见访粤团。客人与省青年联合会、省经济特区办公室、省经委有关负责人座谈。7月27日，香港广播电视有限公司董事长邵逸夫一行26人访粤，省长叶选平、副省长卢钟鹤会见并宴请邵逸夫一行。

1991年1月15—18日，蚬壳香港发展有限公司董事孙似钦率香港总商会访问团一行36人访粤，访问团与省经委、省计委等部门负责人座谈，副省长于飞会见并宴请访问团。访问团访问了中山、佛山、广州、东莞、深圳等地。9月2—3日，香港工业总工会主席张鉴泉率访问团一行18人访粤，副省长张高丽会见并宴请访问团一行。访问团分别拜访省计委、省经委、省外经贸委等部门负责人，并就进一步加强粤港经济合作进行交流。

1994年9月22日，香港知名人士霍英东、马万祺应邀来佛山参加城区建区十周年庆典活动，并为其捐资项目落成剪彩。12月5—7日，香港纺织业联合会名誉会长陈瑞球、联合会主席方坚率香港纺织业联合会代表团一行23人应邀访粤，省长朱森林会见并宴请代表团。代表团分别与省经委、省纺织工业总公司座谈。

1995年4月25—26日，香港民建联主席曾钰成率代表团一行10人访粤，省长朱森林、副省长卢瑞华会见代表团。代表团分别与省政府信访办、省检察院座谈。6月14—16日，香港工业总会主席钱果丰率考察团一行13人访粤，省长朱森林、广州市市长黎子流分别会见考察团。考察团参观天河高新技术开发区。

1997年3月28日，港澳知名人士霍英东、马万祺、曾宪梓、何厚铧等，应邀来广州参加“广东港澳经济技术合作促进会”成立大会。省长卢瑞华发表讲话，霍英东、马万祺等在会上致辞。5月20—22日，香港民建联主席曾钰成一行19人访粤，省长卢瑞华会见代表团。9月2—5日，香港青年商会主办的“国际商务高峰会议”与会代表一行250多人访问中山、广州、深圳三市。副省长卢钟鹤会见访问团。

1998年5月14—15日，香港总商会副主席蒋丽莉等31人访粤，副省长汤炳权会见访问团一行。访问团参观广州经济技术开发区。

2000年4月14—16日，香港中华总商会会长陈有庆率团来穗参加第87届中国出口商品交易会，省长卢瑞华接见陈有庆一行。代表团到潮州及汕头考察当地投资环境。8月22—23日，全国政协委员、香港新界工商业总会首席会长刘宇新，全国政协委员、新界工商业总会会长许智明率访问团一行50人访粤，副省长汤炳权会见访问团。访问团分别拜访省政协、省统战部、省政府、广州市政府有关负责人，并进行座谈。

第二节　粤港边境会谈、合作及粤港合作联席会议

一、粤港边境会谈（会晤）与合作

（一）解决过境耕地问题

香港新界农民和深圳宝安农民双方耕地交叉、互相过境耕作有历史传统。1952年宝安县进行农村土地改革，对新界农民在宝安所耕种土地，与内地同样对待；宝安农民在新界的耕地，只在原耕基础上作内部调整，农民领证仍依旧过境耕作。据1954年统计，宝安农民451户、1827人过境到新界耕作，田地271公顷；新界农民154户到宝安耕作，田地32.6公顷。

1980年10月9日，深圳方代表刘杰等4人同港英方代表新界北区理民府理民官庄士信等人，就深圳赤尾村社员过境耕作受干扰问题在深圳举行会谈。深方代表表示，深圳市边境社队有266.67公顷土地在新界，近几年，赤尾村一些外逃人员和一些不法分子相互勾结，对过境耕作的社员进行恐吓、勒索和损坏庄稼。庄士信表示要通过法律途径惩戒那些兹事者。11月21—22日，港英当局派助理政治顾问欧义思等3人，同深圳市外办副主任刘杰为代表的4人在深圳市就边境农民过境耕作证件等问题进行会谈，达成如下协议：一是深圳农民可凭深圳市公安局发的过境耕作证到港方新界耕作区及其附近一两个市镇，耕作证标有英文名称。二是深圳方于两周后向港方提供过境耕作证持有人名单。今后持证人如有调整，深圳方应及时通知港方。三是深圳方过境耕作农民如需要到上述指定的新界市镇以外的其他市区，可凭证向耕作区附近的港英警署领取通行证件之后前往。四是对从事渔蚝业生产的人，深圳方发给临时下海证，渔蚝民就近出售产品只能在港方流浮山，不得前往其他地方。12月29日，中方为解决过境耕作证问题在深圳与港方举行商谈，港方首席助理保安司梅逊等人出席，深圳方面由深圳市外办副主任刘杰等出席。双方达成《关于过境耕作证使用办法的协议》，主要内容为：持深圳市公安局发的过境耕作证的农民可过境前往新界耕作区从事劳动生产，可到新界耕作区附近市镇（沙头角、上水、粉岭、元朗和流浮山）出售产品、购物或办事；持证人如需前往其他市区，凭生产大队证明和耕作证向就近警署申请发证；深圳市公安局向新界警方提供过境耕作证持有人名单，如有调整，及时通知港方。

1981年5月27日，深圳方代表刘杰等同港方代表庄士信等在港方新界粉岭就解决深圳过境耕地产权问题举行会谈。港方认为，深圳边境村庄在港方田土厅登记的土地都是以个人的名义，土地是私人所有。赤尾村村民在马草龙发生争执的13.33公顷鱼塘大部分是属于马草龙居民的，尽管这些人本来是赤尾村民，但来香港定居已有30年，成为香港居民，他们的土地已在香港登记，受香港法律保护。他们的后代享有继承这些产业的权利。深圳市代表阐述了对解决土地产权问题的观点：一是深圳市（原宝安县）边境农村原有266.67公顷土地在新界。这些土地随当时的业主在宝安县参加合作社成为集体所有。二是宝安县一些居民偷渡出境去香港是非法的，有的人私自带走已属集体所有的土地证件也是非法的。三是那些非法出境的人图谋霸占属赤尾及其他生产队集体所有的土地，引起深圳农民的强烈不满。四是如非法出境者争田霸地的行为得到庇护，将会造成边境地区双方居民无休止的纠

纷。五是深圳方面土地所有制发生变化已近30年的客观现实应得到承认和尊重。深圳方代表同时建议：目前未发生争议的土地先登记为集体所有；现在发生争执的土地维持原状，不办理转换户主手续；现在经营的人继续经营管理，外人不得霸占。庄士信表示将深圳方意见报告上级，并同意把没有争议的土地登记为公社集体所有。对于有争议的土地，同意维持现状。12月11日，深圳方代表刘杰等5人，港方代表庄士信等3人，在深圳举行过境耕地产权问题会谈。庄士信首先说，现在马草龙蠔壳围有些土地，马草龙人和赤尾村人都承认是公社的，还有一种是属于马草龙人的，这些土地的业主，是在人民公社成立后才离开大陆，他们带有土地证来新界，并进行登记。按香港法例，任何人如能提供足够的产权证据，当局不能阻止他们拥有土地产权，亦无权要求他们将土地交还公社。深圳方代表指出，本来是公社的土地，一些人逃到香港，以个人名义登记，公社的土地成为他们的私有财产，这就变成鼓励外逃。同时向庄士信提供赤尾生产队454人外逃人员名单和在外人员家属参加农业合作社后非法出境的43户名单，要求港方阻止这些人登记土地。

1985年1月17日，在深圳举行关于过境耕作土地问题的第二轮会谈。港方参加会谈人员为边境警区副指挥官、联络官伍静国、北区地政主任庄伟才、元朗区地政主任李兆章等，深圳方面为深圳市外办副主任、联络官刘杰、深圳市外办处长洪金端、上埗区副区长陈淦棠等。深圳方向港方提出自1980年10月至1981年12月，双方曾就过境耕作土地问题举行过第一轮的会谈三次会议，指出外逃分子霸占土地、威胁过境社员安全，以及对有争执的土地处理办法等，但均无结果。现再提出解决土地产权问题，并着重申明内地全部耕地在土地改革、农业合作化以后已为集体所有，在新界的传统耕地亦全部转为公社集体所有，因此未批准退社的外逃分子，对原土地已无任何业权，他们在港方所提出权益为非法。港方代表表示将深圳方代表的意见向有关部门反映。

（二）边境会谈（会晤）

1981年5月5—6日，省公安厅副厅长张建南同港英政治顾问魏德巍在广州举行会谈，就建立边境会晤关系达成协议。协议内容包括双方陆路和两湾水面旅客往来所引起的问题；两地水陆路运输工具往来所引起的问题；双方边境居民在对方境内从事日常劳动所引起的问题；双方人员误入和非法过境所引起的问题；走私犯、引偷渡犯、贩毒犯及其他罪犯的活动所引起的问题；与双方边境安全有关的其他问题。由双方各自指定两名联络官和两名副联络官负责保持联系和组织会晤；在深圳和罗湖边境之间安装电话，24小时值班；确定会晤办法，边境会晤在头4个月每月举行1次；会晤地点原则上轮流在双方边境口岸（深圳和罗湖）举行；双方会晤人员互免签证、免验等。港方于1981年7月22日通过新华社香港分社表示正式同意协议文本，并将中文本译成英文本交中方参考，即互换信件确认。6月30日，双方联络官在港方举行首次会晤，交换联络官名单、商谈架设电话等具体安排。广东两名联络官为深圳边防检查站站长卢永基、深圳市外办副主任刘杰，两名副联络官为深圳市外办副科长洪金端、深圳边防检查站办公室副主任胡志权。10月31日，以政治顾问麦若彬、首席助理保安司马信为首的港方官员与省公安厅副厅长张建南、省外办副主任傅奋为首的广东官员在广州举行会议，对当年6月双方达成的边境会晤协议执行情况进行回顾和总结，认为：双方边境口岸之间的直接联络通道已经开辟，5个月间双方举行过四次会谈和若干次会晤，及时处理了边境上发生的问题。

1982年12月17日，港府政治顾问麦若彬一行与广东省外办主任杨可忠、省公安厅副厅长林念祖一行在广州举行会议。双方达成《关于持双程〈通行证〉往港新措施的协议》，主要内容为：对持双程通行证赴港探亲的内地居民，一般给予三个月内期限并申明到期返回内地；到期不返，港方应劝说返回，劝说无效者可由香港移民局人员陪同到罗湖，让其像普通旅客一样过境回内地；对遗失双程通行证者，港方应将其姓名、性别、相片、年龄、发证机关和到港日期通知深圳边境会晤联络官，经核实后准予送回。以上协议达成后，1983年1月11日，根据港方提议，由省公安厅和省外办有关处的负责人同港英人民入境事务处负责人，再商定《关于持双程〈通行证〉者去港逾期被送回之手续的协议》。

1984年2月9—13日，省公安厅副厅长张建南、省外办副主任傅奋率代表团与港府政治顾问麦若彬等人在香港举行边境会晤工作年终例会。会上，双方回顾了边境会晤制度在过去一年的实施情况，讨论总结关于边境治安、旅客过境、堵截非法出境和截查走私以及协助有关方面贯彻执行《深圳—香港增辟通道协议》等方面相互配合问题。

1986年12月3日，在广州举行粤港边境会晤年终例会。广东省外办副主任傅奋、省公安厅副厅长陈文理，港府政治顾问布义德、移民局长贾达德等出席，新华社香港分社外事部代部长纪绍祥列席。会上总结一年间双方边境会晤，以及处理边境、口岸发生的一些突发性问题；通过边境会晤交换大批包括犯罪嫌疑人潜入潜出的信息资料；为疏通口岸交通和口岸建设，执行《深圳—香港关于增辟通道的协议》，安排各种专业会晤和会谈，取得满意效果。例会中讨论《粤港巡逻艇海上识别信号》小结会议；商定双方联络官每半年举行一次工作会议。

1993年1月17—19日，省外办主任黄群、省公安厅副厅长陈文理率团在东莞与以港府政治顾问欧威廉为首的香港代表团举行粤港边境联络工作年会。双方总结一年来边境联络官约见167次，安排专题会谈10次，妥善处理多宗边境涉外案件，并就口岸管理、偷渡及走私等问题交换意见。会上，港方提出一些问题：粤港边境管理范围；过境汽车；大亚湾核电站事故场外应急处理谈判；小童持“单程证”、孕妇持“双程证”赴港；伪造证件；渔工等。粤方表示将港方意见分别转达有关部门研究处理。

1994年1月26—28日，省政府副秘书长、省外办主任巢振威和省公安厅副厅长张圣钦率团赴港，与以香港政府政治顾问毕瑞博为首的香港代表团举行粤港边境联络工作年会。双方回顾过去一年通过边境联络渠道处理边境涉外问题，保证口岸畅通，维护边境秩序等方面所取得的成效。同时提出了一些需要解决的问题。粤方提出：尽早治理深圳河、香港渔船雇佣内地渔工、外伶仃岛死鱼事件索赔、要求港方无条件交回内地偷渡者等问题。港方提出：大亚湾核电站事故场外应急处理、打击过境犯罪集团、枪械走私、出入境、边境交通等问题，双方代表进行充分讨论和磋商。

1995年2月16—18日，省政府副秘书长、省外办主任巢振威率团在广州与以港府政治顾问毕瑞博为首的港方代表团举行粤港边境联络工作年会。会议回顾过去一年粤港边境联络工作情况，双方在疏通往来旅客和车辆，保证口岸畅通；及时处理边境突发事件，妥善解决边境涉外问题；安排专题会谈；维护边境耕作制度等都卓有成效。会议还就治理深圳河工程、粤港汽车过境、外伶仃岛养鱼区死鱼事件索赔、皇岗口岸24小时通关等问题进行进一步磋商。

1997年1月26—28日，省政府副秘书长、省外办主任巢振威和省公安厅副厅长张圣钦率团在广州与港府宪制事务司吴荣奎率领的香港代表团举行粤港边境联络工作年会。双方就共同关注的治理深圳河工程；移交罪犯；公务船只通过香港水域；粤港边界管理范围会谈；皇岗—落马洲过境穿梭巴士服务；单、双程证等问题进行磋商，基本上取得一致意见。有关需要双方配合解决的问题，双方表示将抓紧跟进工作。

1998年5月28日至6月1日，省政府副秘书长、省外办主任巢振威和省公安厅副厅长张圣钦率团赴港与香港特区政府政制事务局局长孙明扬率领的香港代表团举行粤港边境联络工作年会。此次年会，是香港回归祖国后，粤港之间就边境合作问题进行第一次例会。双方对治理深圳河工程；方便旅客、车辆过境；粤港过境汽车技术会谈；有关证件和人员管理；在深圳居住的香港小孩到港上学；非法渡轮来往香港和内地某些岛屿搭客等问题进行磋商并研究解决办法。

1999年5月27—29日，省政府副秘书长、省外办主任巢振威和省公安厅副厅长张圣钦率团在广州与香港特区政府政制事务局局长孙明扬率领的香港代表团举行粤港边境联络工作年会。会议回顾一年来双方就疏通旅客及车辆往来、打击偷渡、打击走私贩毒、内地渔民前往香港作业、深圳水库泄洪、延长深港口岸通关、货运车辆自然分流等方面加强合作，取得了令人满意的成果。

2000年2月24日，省政府副秘书长巢振威和省公安厅副厅长张圣钦率团在香港与香港特区政府政制事务局局长孙明扬率领的香港代表团举行粤港边境联络工作年会。双方回顾过去一年就疏通旅客及车辆往来、打击偷渡和走私活动、粤港跨境车辆配额安排等问题加强合作，保持边境地区的正常秩序发挥了重要作用。双方还就共同关注的单、双程证；延长深港口岸通关时间；内地渔民在香港作业；非法渡轮往来香港与内地某些岛屿搭客等问题进行商谈。

（三）警务合作

1981年7月31日，省公安厅、深圳边防检查站的6名代表在深圳与港府保安司的6名代表举行粤港边境会晤，就罗湖人行桥、文锦渡桥通客车后双方的管理、过境耕作证实行新的管理办法等问题进行商谈。

1982年2月18日，粤港双方联络官各3人在深圳举行临时边境会晤。商谈关于港方要求协助调查非法进入香港儿童案和遣送畏罪潜入粤境内的香港劫匪郭兆雄、曾重新问题。深圳方代表首先将捕获香港劫匪郭、曾的情况和他们的口供告诉香港联络官，并同意将两人遣回香港。双方商定于2月19日上午10时从罗湖送出，港方派人接收。港方要求协助调查儿童偷渡案问题，粤方代表表示可协查，同时要求港方严厉打击其引渡分子引带小孩出港的案件。9月14日，双方联络官在深圳举行边境会晤，深圳方就9月3日福田公社沙咀大队青年欧伟忠持临时出海证过境遭新界白鹤洲警察殴打和9月12日沙河工业区职工王国湛等3人，在后海湾离岸100米处围网捕鱼，被港英水警拔枪恐吓，抓走两人的事件向港方提出交涉。

港方代表刘玉权表示要转告有关方面调查处理。

1984年8月23日，粤港双方联络官在香港新界粉岭边防分局举行边境会晤。就交回罪犯、控制双程港澳通行证数量等问题进行商谈。

1987年5月12日和9月9日，粤港双方有关部门举行两次磋商，研究解决非法去港儿童问题，对核查符合在港定居条件以及遣送回内地等各项办法基本取得一致意见。

（四）口岸合作

1979年12月31日，港英罗湖—文锦渡警署署长谷昭华举行新年酒会，邀请深圳有关部门人员参加。深圳口岸办公室、深圳边防检查站、九龙海关、深圳外事处、深圳市外事办公室共派出5名负责人出席酒会。港英方面除主人外，尚有新界警察总指挥、新界总警司、边防高级警司、边境其他警署负责人、港英移民局驻罗湖负责人、罗湖海关处长、罗湖火车站站长等。此为双方口岸有关部门负责人第一次礼节性聚会。随后，深圳以边防检查站站长名义邀请港英新界警方人员到深圳参加春节招待会。

1982年4月30日，深圳市副市长甄锡培与香港政府政治顾问麦若彬在深圳举行会谈并签订《关于增辟深港两地之间通道的协议》。协议主要内容：关于建筑皇岗—落马洲桥；关于建筑沙头角的沙河桥；关于建立大小梅沙——香港旅客轮渡服务；关于治理深圳河；关于深圳（罗湖）、文锦渡口岸方便过境的措施；入出境口岸的管理。

1984年7月11—12日，香港署理政治顾问马德克率代表团来深圳，就增辟边境通道协议的执行情况，同深圳市副市长甄锡培率代表团举行小结会议。

1986年2月28日，粤方联络官刘杰等5人，与港方联络官李广义等4人，在香港罗湖举行边境会晤。双方回顾持单程及双程通行证人员过境情况。港方提出内地进入香港的渔船问题，过境耕作农民过境登记和注销问题。粤方指出，近几个月来，在边境执行巡逻任务的香港英军和警察恐吓粤方边境居民一些值得注意的事件。4月15日，深圳市副市长甄锡培率团前往香港，同以政治顾问布义德为首的香港代表团举行会谈，回顾前段和讨论工作。双方自1982年4月签订《关于增辟深港两地之间通道的协议》以后，分别在两地进行过6次例会。

香港流动渔民在内地所娶的妻子，随丈夫在渔船上生活称为“水上新娘”。香港方面向广东方面提出：停止发给自1986年8月10日以后同香港流动渔民结婚的内地妇女停止发给上下岸证。上述妇女及其在内地出生的子女总数不超过1650人。1986年9月15日，香港方面由政治顾问布义德等出席，广东方面由省外办主任张清平等出席，在沙头角举行会谈，达成《关于处理香港“水上新娘”问题的协议》。广东省有关机关将按照该类妇女结婚时间先后，对本人及其子女审批前往港澳通行证，三年内分期分批实施；双方定于1987年2月1日前交换名单相互核对；广东方面在证件上注明“香港流动渔民配偶（或子女）”字样。以上协议于1987年1月7日生效。1987年5月26日，双方出入境管理部门代表在深圳进行会晤，就解决“水上新娘”人数、名单，申领证件等具体问题交换意见。

1991年7月12日，省外办处长肖锦哲等粤方代表11人，与香港政府首席助理运输司麦耀鋆一行9人，在深圳就皇岗口岸开通仪式等有关问题举行专题会晤。会上，粤方代表首先向港方通报将于8月8日上午11时在深圳举行皇岗口岸开通仪式的有关安排，并诚挚邀请香港政府及有关部门的官员出席仪式。港方代表团对广东方面的邀请表示感谢，并答应尽快将出席仪式的嘉宾名单通知粤方。

1999年9月21—23日，省口岸办主任翁宗勇率团在香港与香港特区政府保安局副局长黄鸿超率领的代表团就粤港陆路口岸交通问题进行会谈。会谈前，双方代表实地观察香港落马洲管制站，深圳皇岗口岸车辆通关情况和文锦渡口岸车流情况。双方在会谈中对造成粤港陆路口岸边境交通堵塞的原因，如何加强两地合作，确保口岸畅通等问题交换意见。

（五）深圳河治理工程

1981年12月，香港总督麦理浩访问深圳，同意与深圳市政府联合治理深圳河。

1982年4月，深圳市副市长甄锡培率深圳代表团与香港政府政治顾问麦若彬率香港代表团在深圳举行会议，双方同意成立四个联合工作小组，即：陆路交通小组，方便旅客过境小组，大小梅沙—香港轮渡服务小组和深圳河治理小组。随后，深港双方立即成立治理深圳河工作小组，并商讨该工程分三期进行：第一期工程对中游地区两个河湾进行裁弯取直；第二期工程对深港边境地区罗湖海关铁路桥以下整个中下游地区的河道进行拓宽、挖深和护岸；第三期工程整治罗湖海关铁路桥以上的上游地区河道。从1982年4月2日治理深圳河工作小组首次会议起，到1988年7月港方单方面通知停止治理深圳河工程的谈判工作止，双方各项工作进展良好。

1992年5月，省长朱森林访问香港并会见港督卫奕信，谈及深圳河治理问题时，朱森林希望港方给予足够的重视。1992年6月24日，深港政府代表团在深圳举行“增辟通道协议”十周年小结会议。会上确定恢复双方治理深圳河小组的工作，同年9月17日正式恢复谈判。

1994年2月24日，治理深圳河小组属下的环境评估小组在深圳举行会议，会上一致同意为承包治理深圳河环评工程的北京大学和香港汇亚环评公司进行环评建立一个总的资料库目录。9月9日，治理深圳河工作小组第四次会议在香港举行，会上通过了《治理深圳河工程成本效益分析报告结论》等四项报告。

1995年2月16日，粤港边境联络工作会议在广州召开。会上，省政府副秘书长兼省外办主任巢振威就治理深圳河问题，肯定了双方的工作成果，同时促请港方继续加强配合，加快治河工作。5月11日，深港政府在香港签署治理深圳河第一期工程委托协议书，委托深圳市政府负责组织、管理和监督整个工程。5月25日，深港联合治理深圳河第一期工程开工典礼在深圳市渔民村河湾举行。出席仪式的有副省长欧广源、深圳市委书记厉有为、市长李子彬、香港政府规划环境地政司梁宝荣等。第一期工程主要是对渔民村（料坐）、福田（落马洲）两个弯段进行裁弯取直，工程为期730天，总投资约三亿港元。第一期工程逾期竣工。

二、粤港合作联席会议

1998年3月30日，经国务院批准，粤港合作联席会议正式成立，并在广州举行成立大会。国务院港澳办副主任陈佐洱主持会议。国务院港澳办主任廖晖、香港特区行政长官董建华、省长卢瑞华先后发表讲话。中共中央政治局委员、省委书记李长春会见并宴请董建华及港方出席会议的成员。联席会议在国务院港澳办的指导下，将在经济、科技、环保、社会公共事业等方面，按照优势互补、互惠互利、共同发展的原则寻求更好的合作。当天下午，粤港合作联席会议举行第一次会议。香港特区政务司司长陈方安生与常务副省长王岐山分别率团出席会议。双方就粤港合作联席会议的组织架构、工作宗旨、工作原则、工作制度进行磋商，并介绍目前各自的社会经济概况及今后发展规划与设想，寻求双方合作的共同点。9月23—25日，省政府常务副省长王岐山率广东省政府代表团一行12人，与香港特区政务司司长陈方安生率香港政府代表团一行15人，在香港举行粤港合作联席会议第二次会议。香港特区行政长官董建华会见广东代表团部分高层官员，陈方安生设宴欢迎广东代表团。会议就信息网络互联、口岸管理、工业合作服务中心、旅游合作、环保合作、科技合作等问题进行会谈，并达成共识。

2000年9月25日，由省政府常务副省长王岐山率领的广东代表团一行14人，与香港特区政府政务司司长陈方安生率领的香港代表团一行10人，在深圳举行粤港合作联席会议第三次会议。会议讨论加强两地环保交流与合作、粤港旅游合作问题，通报粤港两地推广联合支票结算制度、中小学语言教师和信息技术教育的交流、粤港政府信息网络互联及延长蛇口口岸开放时间的有关情况。

第三节　专题会谈与交流

一、粤港边界管理范围线会谈

为解决粤港两地边界有效管理的实际需要，省政府与香港政府派代表团，于1988年4月开始就粤港边界管理范围线进行会谈，至1997年6月，历经九年十四轮会谈与磋商，从开始差距较大到最后达成共识，1997年6月19日，粤方代表团团长、省外办副主任肖锦哲，港方代表团团长、香港政府副政治顾问艾士诚代表双方政府正式签署《粤港边界管理范围线谅解备忘录》，使粤港陆地边界管理线和海上海域管理线在香港回归前得到圆满解决。

1988年4月7日，根据中英联合联络小组双方负责人达成的协议，经国务院批准，由省外办副主任傅奋等8人，与香港副常务司曾荫权等人，在香港举行粤港边界管理范围首轮谈判。会议除讨论一些原则问题，港英方抛出了曾通过中英联合联络小组交给中方，名为《香港的边界》的全面建议。会议还初步讨论了陆地边界上深圳河段和沙头角镇段的问题。会议期间，双方代表乘直升机察看陆地边界。6月27—29日，粤港边界管理范围第二轮会谈，由省外办副主任傅奋等8人与香港副常务司曾荫权等7人在广州举行。会谈中，港方主要对粤方关于划分管理范围的意见详细地提出问题，但无意先就某些地段界限达成原则协议；对粤方关于深圳河福田段以旧河为界的主张表示难以接受；认为大鹏湾，深圳湾如以中线为界将是边界的重大改变。粤方发言主要是有针对性地表明粤方立场和态度。双方未就具体问题达成协议。

1989年2月22—25日，省外办副主任傅奋率代表团赴港与港方举行第三轮划界谈判。粤方代表提出双方从原方案中的建议界线对等靠拢的修改方案，港方称之为建设性方案。

1990年5月2—3日，粤港边界管理范围第四轮会谈在广州举行。省外办副主任张清平率团（傅奋任顾问），港方由副宪制司陈达文率团。会谈中，港方抛出以两湾（大鹏湾、深圳湾）北岸和两湾中线为起点线，“相距靠拢”的所谓“修正案”，粤方则主要针对该方案阐明粤方的立场和意见。双方仍未能就两湾的管理线达成一致意见。

1991年2月28日至3月1日，粤港边界管理范围第五轮会谈在香港举行。粤方由省外办副主任张清平率团，港方由副政府顾问柏圣文率团。会上，港方确认并同意粤方重申的关于粤港边界管理范围会谈的若干原则和经修改过的大鹏湾的粤港边界管理范围建议；对粤方提出深圳湾以主航道划分双方边界管理范围的意见，港方以不了解该湾航道情况为由，建议待组织双方专家技术小组了解清楚航道情况后再具体进行磋商。10月3—4日，粤港边界管理范围第六轮会谈在广州举行。参加会谈的粤方首席代表、省外办副主任张清平，港方首席代表、港英副政治顾问柏圣文在会上集中谈深圳湾问题。港方以航道不便识别为由，否定粤方第五轮会谈所提深圳湾以航道为界方案，并提出其较之原一海里方案稍后退的新方案，粤方予以驳回并提出粤方的修正案。港方不同意，继又拿出另一有微小而无实质让步的方案，亦被粤方驳回。最后，港方要求双方首席代表个别交换意见，提出一个希望由粤方先提，港方许作更多让步的方案，粤方未允。双方同意可通过新华社香港分社外事部继续交换意见。

1992年9月10—11日，粤港边界管理范围第七轮会谈在香港举行。会上港方主动提出深圳湾的“东角咀方案”，及对粤方大鹏湾方案作出答复。在大鹏湾，港方对粤方的第2点至第9点意见表示完全同意，但对第1点、第10点提出不同意见。粤方代表团从实际出发，同意港方对第1点的要求，但坚持粤方原第10点的方案。最后，经双方代表团团长会外交换意见后，港方在会上表示将向上级推荐接受粤方关于大鹏湾等10点的方案，但粤方也必须向上级推荐接受港方提出的“东角咀方案”，并积极考虑港方在海上边界的要求。

1995年4月28—29日，省外办副主任肖锦哲率广东代表团与副政治顾问艾士诚率香港代表团在广州举行粤港边界管理线第八轮会谈。这次会谈仍就深圳湾、大鹏湾和香港南部海域管理范围反复交换意见，但仍无结果。12月11—13日，粤港边境管理范围第九轮会谈在香港举行。粤港双方代表团对深圳湾和大鹏湾以及南面海上管理范围进行商讨，并就深圳湾和大鹏湾的海上管理范围达成了共识。双方还就陆地管理范围阐述了各自的意见。

1996年5月7—9日，第十轮粤港边界管理范围会谈在广州和深圳举行。本轮会谈双方对关于南面海域和陆地边界问题反复阐述各自方案的意见，有一定的进展。9月4—6日，第十一轮粤港边界管理范围会谈在香港举行。双方就南面海域17点联线的第1点、陆地东段（私人土地）和沙头角地段等三个尚未解决的问题交换意见。由于港方坚持其在陆地东段

（私人土地）的方案，双方最终未能就海上和陆地问题达成一揽子协议。11月12—13日，第十二轮粤港边界管理范围会谈在广州举行。双方就南面海域17点联线的第1点、沙头角地段和陆地东段（私人土地）等三个尚未解决的问题反复交换了意见，最后双方就有关问题达成了原则共识。12月17—21日，省外办副主任肖锦哲率广东代表团，与港府副政治顾问艾士诚率香港政府代表团，在香港举行粤港边界管理范围会谈，商讨草签谅解备忘录的有关问题，并就具体措辞和有关附图基本上达成一致意见。

1997年1月17日，第十三轮粤港边界管理范围会谈在深圳举行。此轮会谈，双方草签粤港边界管理范围线谅解备忘录，并就坐标系和专家组进行联测问题交换意见。4月23—24日，粤港边界管理范围会谈专家组首轮会谈在深圳市举行。以叶炳楷为组长的粤方专家组与以杨健辉为组长的港方专家组就粤港边界管理范围线联合测量的工作方法、时间安排、技术要求等问题进行会谈，基本达成共识。但对海上公务船只“正常通过”香港水域问题和关于谅解备忘录议定书附图问题未能达成共识。5月12—13日，粤港边界管理范围线专家组第二轮会谈在香港举行。会谈除公务船只“正常通过”问题外，双方就管理线联测的有关技术问题基本达成共识。会议结束后，双方专家组还展开实地勘线定点工作。6月19日，以省外办副主任肖锦哲为团长的广东代表团和以香港政府副政治顾问艾士诚为团长的香港代表团在深圳举行最后一轮粤港边界管理范围线会谈，正式签署粤港边界管理范围线谅解备忘录，并从正式签署之日起生效。

二、海关年度例会与交流

1982年11月15日，以海关总署广东分署主任孙传禄为首的广东海关分署代表团和以海关总监庄敦贤为首的香港海关代表团在广州就双边协作缉私和禁毒问题举行会谈，并达成《关于协作缉私和禁毒》的口头协议。决定双方各设联络官和副联络官、互通有关资料、联络官边境口岸会晤以及定期每半年举行一次协作工作小结会等事项。

1984年6月19—23日，香港海关总监高礼和率代表团在广州与海关总署广东分署主任钱海林率代表团举行会谈。粤港海关联络官分别汇报一年来海关业务联络工作情况。广东海关向香港海关提供查获香港居民走私毒品，香港车辆走私的案件资料43起。香港海关向广东海关提供查获香港居民走私毒品、海上船只和陆上车辆走私的资料90起。

1986年6月2—6日，粤港海关在广州举行业务联系年度例会。粤港双方联络员分别汇报一年来交换情报资料57份、191份，对及时掌握贩毒、走私动态，加强查缉取得明显成效。

1987年4月7—13日，在香港举行粤港海关业务年度例会。双方联络员汇报一年来通过会晤，交换情报、案情通告等查缉走私、禁毒业务资料309份，对及时打击粤港两地的贩毒、走私活动发挥了重要作用。

1988年5月16—20日，粤港海关业务联系年度例会先后在广州、汕头举行。海关总署广东分署主任钱冠林、香港海关总监韦能信与会。会上总结了粤港海关上年度例会以来根据双方提供的情报，广东海关查获走私案件11起，私货估值人民币1216.3万元；香港海关和警方查获从内地偷运去港的文物1002件，先后送回内地文物管理部门。双方加强查缉毒品和违禁药物的资料交换，使粤方及时掌握毒品走私活动，先后查获来自泰国边境及香港居民带进少量自用的走私毒品案件28宗，缴获毒品4949.6克。

1989年5月2—5日，在香港举行粤港海关业务联系年度例会。例会回顾一年来，粤方根据港方提供的情报，查获走私案件12起，私货价值人民币2967万元；会同公安机关将内地走私文物当事人陈耀南和另一同案人抓获，查获偷运出境的古银元69枚，古玉器3件；广州海关在白云机场查获的一起偷运毒品案，由于港方协助调查及核对当事人指模，及时证实李治国冒名他人贩运毒品的事实。双方还讨论当前粤港两地的走私活动，并对进一步加强合作进行探讨。

1990年4月30日至5月2日，粤港海关业务联系年度例会在广州举行。粤方代表回顾一年来根据港方提供的情报，查获海上走私案3起，缴获电视机等私货估值人民币31.77万元；港方协助送还由香港海关及警方查获的文物五批共1484件，估值184万元港币。港方根据粤方提供的资料，迅速追查有关案件，捕获了重要毒贩。

1991年5月12—20日，海关总署广东分署主任杨俊声率团赴香港与香港海关总监岳士礼率团举行粤港海关业务联系年度例会。双方对遏制两地走私贩毒取得的成果表示满意。双方还以专题形式介绍查缉走私、贩毒等情况，并就今后加强合作进行磋商。

1992年5月11—17日，在珠海、中山、容奇、广州等地举行粤港海关业务联系年度例会及庆祝活动。副省长卢瑞华参加庆祝活动。年会期间，双方回顾上届年会以来的业务联系工作，交流两地海关缉私、禁毒情况，分析当前走私动向，研究探讨今后继续合作的有关问题。

1997年5月13—17日，在香港举行粤港海关业务联系年度例会。回顾双方联络员会晤、交换业务资料；开展情况合作、联手打击走私违法活动；建立知识产权保护渠道，开展双边货检行动等业务交流。

三、供水会谈与交流

广东省东江——深圳供水工程是中国政府为解决香港居民淡水供应困难，经国务院总理周恩来批准兴建的大型引水工程，首期工程于1964年2月20日动工，1965年1月竣工，同年3月1日向香港供水，后经三次工程扩建，1990年至1994年1月，完成第三期工程扩建后，设计年供水量为17.43亿立方米，其中对香港年供水11亿立方米。自东深供水工程对港供水以来，粤港双方水务部门保持良好的合作关系，1979年以来，每年最少召开一次工作会议，磋商供水量、水价、水质等问题，1989年以来，建立每年召开两次粤港运行技术管理小组会议制度，协调供水计划安排、水量控制、水质保护、技术交流合作等事宜。

1979年2月22—28日，省水利电力局局长冯志仁率广东省水利电力局代表团赴港了解港方的供水措施，扩建供水工程的进展情况和远期供水要求。12月19日，省水利电力局局长申田与港英工务司麦德霖就远期增加对港供水问题举行会谈。根据会谈结果起草《广东省人民政府与香港当局关于从东江取水供给香港九龙的补充协议》，后报经省政府和外交部批准。

1980年5月14日，港英工务司麦德霖率代表团来穗出席《广东省人民政府与香港当局关于从东江取水供给香港九龙的补充协议》签字仪式。省水利电力厅（简称省水电厅）厅长魏麟基代表省人民政府，港英工务司麦德霖代表港英当局分别在协议书上签字。

1981年10月26—29日，港英工务司麦德霖、水务署署长陶嘉率代表团来穗同省水电厅副厅长曾光等人就广东省向香港增加供水和水价等问题进行会谈。

1987年12月17—23日，省水利电力厅厅长关宗枝率团赴港同香港政府地政工务司班礼士等人就有关广东今后对香港增加额外供水量和取代淡化厂的水源等问题举行会谈，并签署会谈协议。

1989年10月10—13日，香港政府工务司郭伟阶率代表团来穗，与省水电厅厅长关宗枝率代表团就东深供水工程第三期扩建有关问题举行会谈。双方就供水量、水质、预付水费、1991年3月至1994年2月止的供水水价等问题达成意向。12月12—23日，省水电厅厅长关宗枝率代表团赴港，就东江—深圳供水第三期扩建工程和有关问题与港方代表举行会谈，双方达成了《关于从东江取水供给香港的协议》并举行签字仪式。签字仪式结束后，香港政府举行记者招待会。

1990年7月2—8日，省水电厅厅长关宗枝率团赴港出席东深供水情况工作会议。会上通报了三期扩建工程的进展情况；1990年年末和1991年增加额外供水量；保证对港、深供水水质等问题进行协商。12月17—19日，香港政府水务署署长黄国礼，港方东深三期扩建工程设计、施工技术小组组长高赞觉等4人，与粤方技术小组组长、省水电厅总工程师刘瑞祥、副厅长谢汉祥、孙道华等6人在深圳就东江三期扩建工程的具体技术问题举行会谈。

1991年8月8—9日，香港政府工务司郭伟阶率团来穗与省水电厅厅长关宗枝等人就额外增加供水问题进行紧急磋商。港方申述了香港缺水情况，提出额外增加供水要求。粤方通报为缓解香港缺水困难，自1990年3月初以来一直设法提高供水量，从日供水量203万立方米增至220万立方米；1991年7月21日起，已超最大设计供水能力6%，日增供水至230万立方米。双方还讨论缩短停水期的技术和财务问题，对为解决额外增加供水所需要承担的费用问题，报请各自政府批准后正式确认。11月28日至12月4日，省水电厅副厅长逢树林率团赴港与香港水务署助理署长屈志昂等人举行东深供水工程对香港供水运作管理技术小组会议。会议回顾1991年供水协议执行情况，商讨1992年度供水计划，同时对木湖抽水站的最大接水能力、水质、核对每日供水量及流量计的检查和调校、东深供水第三期扩建工程进度等问题进行磋商。12月9—13日，香港政府水务署助理署长高赞觉率团在深圳与省水电厅总工程师刘瑞祥等人举行东深三期扩建工程设计、施工技术小组会议。双方通报东深供水三期扩建工程设计、施工情况，商谈第三期输水管道的驳接相互配合问题。

1992年2月20—25日，省水电厅厅长关宗枝率团赴港与香港政府工务司詹伯乐等人举行对港供水工作会议。双方就额外增加对港供水涉及的费用等有关问题进行会谈。因额外增加供水，必须临时增加抽水设施及附属工程，共需要开支费用2625万元，经双方协商港方同意承担1900万元（折合港币2700万元），其余费用由粤方负责，并形成会议纪要。6月22—24日，香港政府工务司詹伯乐率团来穗与省水电厅厅长关宗枝等人举行会谈。双方通报执行《东深供水工程对港供水量会议纪要》的情况，探讨1994年3月1日后供水价格的制订原则。

1993年12月5日，省水电厅厅长关宗枝与香港政府工务司詹伯乐在深圳就东深供水问题举行会谈。港方同意在1994年3月10日前按协议计划总供水量结清水费；港方提出今年抽取的水量不再结转下年度使用，粤方同意港方意见。对今后的供水，双方明确按协议规定不作结转。若因天气干旱，需要临时增加供水，则作为额外增加供水处理。

1994年5月30日至6月1日，省水电厅厅长关宗枝率团赴港，与香港政府工务司詹伯乐率领的代表团举行对港供水工作会议。双方回顾了1993—1994年供水情况，讨论1994年年度供水计划、供水水质及其他问题。

1995年6月12—17日，香港政府工务司詹伯乐一行来穗，与省水电厅厅长关宗枝等人举行东深供水工程对港供水工作会议，研究实施加氯等改善水质措施以及对港供水量需求的具体安排。6月14—15日，香港水务署助理署长屈志昂一行4人来穗，与省水电厅总工程师刘瑞祥等5人举行运行管理技术小组会议，双方对水质监测和水源充氧试验及在深圳水库下游加氯等措施和存在的问题进行探讨，还就东深对港供水有关技术问题作更详细的研究。9月11—17日，省水利厅总工程师刘瑞祥一行7人，赴港与香港水务署助理署长廖仁彬等6人举行关于东深供水工程1997年后对港供水水价测算技术人员会议。双方就水价原则和测算方法进行磋商。

1996年6月24—30日，省水利厅厅长关宗枝率团赴港与香港工务司邝汉生率香港代表团举行粤港供水工作会议，商讨1997—1999年对港供水水价等问题。

1997年5月5—8日，香港政府工务司邝汉生一行9人来穗，与省水利厅厅长关宗枝等10人就东深供水工程对港供水举行会议。之后，由有关技术人员举行粤港供水运行管理技术小组会议，讨论有关供水和水质保护的具体技术问题。6月9—11日，受水利部部长钮茂生委托，省水利厅厅长关宗枝邀请香港政府工务司邝汉生等4人，赴北京出席水利部在北京举行纪念东深供水工程向香港供水三十二周年报告会。8月20—24日，以省水利厅厅长关宗枝为团长、省外办副主任肖锦哲为顾问的广东代表团应香港特区政府工务局局长邝汉生邀请，赴港与香港代表团举行预付水费兴建东深供水输水系统改造工程专题会谈。

1998年1月12日，香港特区政府水务署助理署长麦炯予率团来穗，与省水利厅总工程师茹建辉等5人举行粤港供水运行管理技术小组会议。双方就供水水质、停水期的安排及有关技术问题进行探讨。2月17—22日，省水利厅厅长关宗枝率团赴港，与香港特区政府工务局局长邝汉生为团长的香港代表团举行专题会议续会，双方就兴建东深供水输水系统改造工程借款额度、还款年限，1998年及以后供水量和未来水价初步分析等问题进行商谈。3月16—27日，省水利厅周长江等5名专家，赴港参加供香港原水核素净化率试验见证。7月6—10日，省水利厅厅长关宗枝率团赴港参加粤港供水工作会议，与香港特区政府工务局局长邝汉生签署《关于东深供水改造工程贷款协议》，并磋商有关东深供水改造工程设计施工技术联络小组的具体问题。11月17—20日，香港水务署助理署长麦炯予等人与省水利厅总工程师茹建辉等人在广州举行会议，探讨供水技术问题并向港方通报东深供水改造工程前期工作的进展情况。

1999年2月1日，香港特区政府水务署助理署长古志众率5人代表团，与省水利厅总工程师茹建辉率7人代表团在东莞市举行东深工程对港供水水价测算小组会议，双方就东深工程2000及2001年供港水价有关问题进行初步接触，港方对粤方提出的水价增幅方案未作出正面回应。6月15—16日，香港水务署助理署长古志众一行7人来东莞市，与省水利厅总工程师茹建辉等6人，举行东深供水改造工程设计施工技术联络小组会议，粤方向港方通报东深供水改造工程前期准备工作的最新进展情况，深圳水库库底清污工程的进度等问题。双方讨论1999年以来供水水质变化及供水调度情况。

四、环保会谈与交流

1983年1月24—29日，省环保局局长金阳应邀率团访港，就建立双方联系制度和解决共同关心的环保问题与港英环境保护署交换意见。11月14—18日，香港环境保护处处长聂德率代表团一行6人来穗，与省环境保护局局长强炳寰等人就粤港两地环境保护工作进行会谈，双方同意就如下项目进行协作：（1）对深圳湾水质、大气进行联合监测。1984年1月双方专家在深圳互相交换资料，共同制订工作方案，3月、4月由省环保局率工作组赴香港商谈并确定实施计划。（2）对与双方有关的污染事件如赤潮、海洋事故等及时交换信息，必要时共同取样监测。（3）互相交换资料，内容包括环境管理、监测技术、治理技术、科研成果、仪器装备、自然保护经验等。

1986年粤港环保部门完成并签署《粤港联合监测深圳湾大气、水体环境技术工作纪要》。

1987年12月17—23日，省环保局局长强炳寰率团赴港，与香港环境保护署署长聂德等人就有关合作项目进行探讨和交流。

1989年10月15—18日，香港环境保护署署长聂德率团来穗，与省环保局就有关成立粤港环境保护协调小组事宜进行会谈。双方对拟成立的粤港环境保护协调小组的名称、工作范围、工作方式、组成人员、初期工作目标等进行协商。

1990年7月9—12日，省环保局局长强炳寰率团赴港，与港府规划环境地政司班礼士等官员举行粤港环境保护联络小组首次会议，签署《关于成立粤港环境保护联络小组备忘录》，宣布联络小组正式成立。会上，港方介绍了后海湾（深圳湾）及其集区的环境管理情况及合作建议，香港污水排污渠道位置等问题。9月12日，粤港环境保护联络小组属下专家技术小组在深圳举行首次会议。深圳市环保局副局长范俊君等10人、香港规划署署长潘国成等10人与会。会上，双方介绍和交换深圳湾两侧在开发建设、环境保护监测及管理方面的情况；讨论深圳湾及沿岸地区功能区划分和环境目标的确定工作计划及技术报告编写大纲。

1991年5月22日，粤港环境保护联络小组专家技术小组在香港召开第二次会议。深圳市环保局副局长范俊君等10人，香港规划署署长余敦等13人与会。会议讨论和修改“深圳湾及沿岸地区（北岸）功能区划和环境目标技术报告”（第1—5章），磋商该技术报告的编写工作及下一步工作计划。5月31日至6月1日，省环保局局长强炳寰应邀赴港参加“公关与环境保护”国际研讨会。会上，强炳寰介绍广东环境保护工作情况。12月18—21日，香港规划环境地政司班礼士率团来广州参加1991年度粤港环境保护联络小组会议。粤方联络小组组长、省环保局局长强炳寰及其他成员与港方代表就《深圳湾及其集水区环境保护技术报告》第1—7章进行审议，对该《报告》8—9章的编写大纲进行讨论；会上，港方就《香港污水策略对中国海域之影响》向粤方作介绍；粤方向港方介绍深圳经济发展与环境保护情况。

1992年6月8—11日，香港环保署署长聂德率团来广州，与省环保局局长强炳寰等进行会谈，强炳寰介绍了广东环境保护工作、环境质量、环保工作与经济建设协调发展等情况。12月13—17日，省环保局局长强炳寰率团赴港与香港规划环境地政司伊信及有关部门官员举行粤港环境保护联络小组年会。会议总结一年来联络小组的工作情况，审议和通过由技术小组完成的《深圳湾及其集水区环境保护技术报告》，双方讨论和商定联络小组及专家技术小组今后的工作计划。

1993年2月15—20日，由省环保局、英国文化委员会共同组织的“珠江三角洲水环境保护战略研讨会”先后在广州及香港两地举行。来自广东、英国、香港、澳门及欧共体等10多个国家和地区的环保官员及环保专家共50人出席会议。省环保局局长强炳寰在广州主持研讨会开幕式。研讨会着重就珠江三角洲地区污染控制策略；污染控制的标准与法规；用于污染排放管理的水质模型；富营养化和营养化模型研究；监督、管理与数据评估；污染控制技术进展；城市垃圾填埋场的渗滤物和流出物的管理与控制等进行交流。12月8—10日，香港规划环境地政司伊信率团来广州参加粤港环境保护联络小组会议，会议由粤方专家技术小组报告1993年工作情况，双方代表探讨珠江三角洲水环境保护问题，讨论1994年工作计划。

1994年12月21—22日，省环保局局长王荫焜率团赴港，与香港规划环境地政司伊信等人举行粤港环境保护联络小组年会。会议听取联合技术小组1994年工作进度报告，讨论深港两地边界废物运送、香港的工程计划在中国水域进行挖泥及倾倒物料、管制汽车燃料等有关环境问题的资料交换。

1995年3月28—30日，香港环保署首席环境保护主任刘志伟应邀来广州，参加“广州市建设国际大都市生态环境问题与对策研讨、恳谈会”并以“香港环境保护之发展”为题作报告。7月12—18日，粤方环保技术小组组长范俊君等6人，赴港参加粤港环保技术小组会议，商讨深圳湾大气及水质联合监测终期报告的编写等问题。

1996年1月7—9日，粤港环保联络小组在广州举行例会。会上，通报了技术小组对深圳湾大气及水质联合监测情况；提出今后开展大鹏湾环境素质研究范围和方案；粤方代表介绍珠江三角洲经济区的环境保护规划设想；商讨1996年粤港环保联络小组工作计划等。9月23—25日，粤港环保技术小组在深圳举行会议，讨论双方草拟的大鹏湾环境保护研究报告，实地考察大鹏湾集水区有关环保项目和深圳市部分重点工程项目的环保情况。11月8日，粤方环保技术小组组长黄争鸣等7人赴港参加粤港环境保护联络小组技术小组会议，讨论技术小组拟定的《大鹏湾环境素质及发展研究报告》。12月16—21日，省环保局局长王荫焜一行12人赴港参加粤港环保联络小组年会，总结一年来粤港环保联络小组工作情况；技术小组汇报1996年开展大鹏湾环境质量调查及技术研究情况等。

1997年7月11日，粤港环保联络小组在深圳举行粤港环保技术小组会议，讨论大鹏湾环境质量及第一阶段第二期工作进展情况；探讨开展保护中华白海豚工作的研究报告等。

1998年1月7—9日，粤港环保联络小组年会在广州举行。省环保局局长王荫焜等18人、香港规划环境地政局局长梁宝荣等15人与会。会议审议通过技术小组1997年各项工作进展情况报告，对近期环境保护工作进行交流，并确定1998年的工作计划。6月11日，香港环保署副署长司徒高义等13人来深圳参加粤港环保联络小组属下的技术小组会议。双方就深圳湾、大鹏湾环境质量研究工作进展；保护中华白海豚研究的进展；珠江三角洲大气、水质研究及资料交换等进行磋商讨论。11月2—5日，香港特区天文台高级科学主任莫庆炎等3人来穗，11月9—14日，省环境辐射研究监测中心副主任金问龙等11人赴港，进行两地专家辐射测量比对工作。12月19—20日，粤港环保联络小组年会在香港举行。省环保局局长王荫焜等一行13人，香港署理规划环境地政局局长刘励超一行15人与会。会议总结1998年度粤港环保联络小组及技术小组的工作，审议通过技术小组1998年各项工作进展情况报告。

1999年3月26日，粤港环保联络小组会议在深圳召开，会议由粤方组长王荫焜和港方组长肖炯柱共同主持，会议讨论了粤港环境保护联络小组的工作报告；东深供水工程水质保护工作；立法保护珠江三角洲水质；改善珠江三角洲大气质量的措施等。4月28日，粤港环保技术小组会议在深圳举行。会议讨论深圳湾、大鹏湾研究工作情况；保护中华白海豚研究及渔业资源保护情况；珠江三角洲大气质量研究进展以及珠江三角洲水质量交流情况；举办海洋倾废与疏浚研讨会的筹备情况等。7月，省南海环境监测中心副主任杨炼锋率专家、技术人员15人赴港参加由香港环保署、国家海洋南海分局联合举行的粤港海洋倾废和疏浚研讨会，交流海洋倾废和疏浚环境管理的措施及对环境影响评价等问题。

2000年1月19日，粤港环保联络小组年会在深圳召开。省环保局局长王荫焜、香港规划地政局局长肖炯柱等人与会。会议审议通过技术小组《1999年工作整体进度报告》，总结《粤港环保联络小组10年工作》。会议认为，双方在交流环境管理经验和环境法规标准、研讨治理技术、开展合作项目等方面取得较大成果；对推动深圳湾（后海湾）污染的综合整治、保护大鹏湾的环境质量、促进东江水质的保护等方面收到显著成效。6月8日，粤港持续发展与环保合作小组正式成立并在广州召开第一次会议。参加会议的有粤方小组组长、省环保局局长袁征，省外办副主任肖锦哲和港方小组组长、香港环境食物局局长任关佩英等人。双方通过了《粤港持续发展与环保合作小组第一次会议纪要》，成立专家小组，根据近期工作计划设立八个研究专题。7月26—27日，国家海洋局南海分局夏综万等8名专家参加香港环境保护署在广州举办的香港海洋污染基线调查报告专家评审会。12月初，省环保局局长袁征率环保合作小组成员及专家组15人赴港参加粤港持续发展与环保合作小组会议。

五、核电站事故场外应急合作会谈

广东核电站事故场外应急粤港合作双边会谈，分代表团和代表团属下的专家组两个层级进行。专家组是按照双方代表团就广东核电站事故场外应急粤港双边合作商定的原则和议程对具体合作事项进行协商，达成共识后交代表团讨论和确认，专家组不能达成共识的由代表团进一步讨论。

（一）代表团会谈

代表团共进行了8次会谈。第一次会谈于1992年6月18—19日在广州举行，粤方代表团团长为省核电站事故应急委员会副主任、省政府办公厅副主任吴锡源，港方代表团团长为香港政府副保安司冼德勤。第一次会谈及会后就成立专家组和专家组会谈的议题（七个议题）达成一致意见。

第二次会谈于1993年9月20—22日在香港举行，粤方团长为吴锡源，港方团长为香港政府保安科副保安司胡学思。第二次会谈就专家组达成的共识进行了确认并对专家组未能达成共识的关于传递的机密资料保密问题进行讨论，一致同意按国际原子能机构“及早通报核事故公约”的有关条款执行。因此，双方就第一次代表团会谈的七个议题全部达成共识，签署了“广东核电站事故场外应急事宜合作备忘录”。双方还就专家组继续会谈议程达成共识。

第三次会谈于1994年1月31日至2月1日在广州举行，粤方团长为吴锡源，港方团长为胡学思。双方就是否就场外应急的合作文件的生效和具体合作的问题进行讨论，港方认为备忘录签字即生效，最后港方同意粤方的政府批准后生效。至于具体合作事宜，双方一致同意交专家组继续讨论。

第四次会谈于1996年3月在广州举行。粤方代表团团长为省核电站事故应急委员会副主任、省政府副秘书长程良洲，港方代表团团长为香港政府保安科副保安司方志伟，双方代表确定将直接通讯联络的测试和尚未达成共识的两个议题由双方专家组继续会谈。

第五次会谈于1996年8月22—23日在香港举行。广东代表团团长为程良洲，香港代表团团长为方志伟。代表团对双方专家组就有关议题达成共识予以确认，对实施备忘录的具体事宜达成了一致意见，并签署“广东核电站事故场外应急事宜粤港合作备忘录二”。

第六次会谈于1998年2月26—28日在广州举行。双方认为到本次会谈，除了通讯线路的不定期测试外，所有议题和实施备忘录的具体安排问题都已达成共识和一致意见，双方同意会谈到此结束。今后合作问题可通过双方联络单位联系安排不定期会谈商量解决或在合作年会中解决。

（二）专家组会谈

粤港专家组共进行了十四轮会谈。第一轮至第六轮双方专家组就场外应急双边合作的七个议题进行了详细讨论，除机密资料的保密问题外，均已达成共识并签署共识文本，而机密资料的保密问题在第六轮专家组会后的代表团第二次会谈中得到解决，从而专家组对会谈议程的七个议题都达成共识并签署共识文本。代表团对七个议题签署的备忘录予以确认。

从第四轮专家组会谈开始，港方提出除了场外应急的双边合作，需要同时讨论非场外应急时的双边合作，国家有关主管部门指示需要就此和港方继续讨论，并且由广东代表团及其下属的专家组继续完成这个谈判。因此从第五轮开始，专家组增加广东核电站的代表等，并坚持先谈场外再谈非场外的双边合作，使得按国际公约应该讨论的场外应急合作比较快地达成了共识。

从第七轮开始至第十三轮会谈，双方专家组就代表团第二次会谈达成的“广东核电站事故场外应急粤港合作双边专家组继续会谈议程”的最后两个议题进行讨论。对这两个议题，由于港方提供诸多超出他们应该获取的信息范围的要求，造成会谈进展缓慢，经反复商讨后，最终达成一致，为代表团签署“广东核电站事故场外应急事宜粤港合作备忘录二”创造了条件。

六、警方会谈与交流

粤港警方为创造良好的社会治安环境，经常派出代表互访、座谈、会谈，互相交换信息、情报，共同打击陆地、海上贩毒、贩卖儿童、走私、偷运枪械等重大刑事犯罪活动，维护了粤港两地社会稳定，经济平稳发展。

1982年6月10日，省公安厅王在林等4人与港英侦缉处简乃善等5人在深圳举行会晤，就粤港警方在刑事犯罪方面的合作及联络途径、省公安厅派刑事技术小组对香港警方的物证检验及毒品化验两个部门进行考察等问题进行商谈。

1987年5月12—18日，香港警处处长颜理国率国际刑警组织香港支局代表团一行5人来广州，与国际刑警组织中国国家中心局广东联络处副主任舒伟侯等有关人员座谈，并就粤、港两地国际刑警机构如何及时联系、交换有关犯罪资料等交换意见。

1990年7月25—26日，省公安厅副厅长陈文理率代表团一行10人同香港警务处副处长石博德率代表团一行9人分别在深圳、香港就反偷渡、反走私等问题举行会谈。双方就当前内地群众外流香港和海上走私活动等问题交换情况，并就如何遏止外流、打击走私，特别是海上快艇走私和涉及两地偷运枪械等问题进行磋商。粤方同意将查扣的三部走私汽车移交香港警方处理。9月24日，省公安厅边防局办公室副主任时乃强一行8人赴港同香港水警总区指挥官狄瑾等9人就粤港共同打击偷渡外逃、反走私和双方执法船艇海上联络等问题举行会谈。并对粤港执法船艇互相联络问题达成口头协议。

1991年4月17—19日，香港警务处处长李君夏来广州，与省公安厅就打击盗窃走私汽车问题举行会晤。双方达成了从五月中旬开始粤方把已查扣的香港走私被盗汽车20余辆，分批无偿交还给香港警方。对今后查扣的香港走私被盗汽车的处理问题，另行商议。10月18日，省公安厅副厅长陈文理等6人赴港，与香港警务处高级助理处长许淇安等7人，就粤港双方配合打击海上走私快艇问题举行会谈。许淇安通报港方打击海上走私活动的情况，建议近期在大鹏湾进行一次海上打击走私快艇联合行动。陈文理对港方建议表示赞同，并通报了粤方惠州反走私专项斗争的情况。11月19日，省公安厅副厅长陈文理、省打私办顾问钱海林等有关人员在深圳与香港警务处高级助理处长许淇安率领的缉私特遣队，就粤港双方联合打击海上走私快艇具体行动方案进行协商。双方商定，12月5、6日连续两个晚上，在香港吐露港以东至大鹏湾共同打击走私快艇行动。

1992年3月11日，省公安厅副厅长陈文理、省打私办主任仇作华等一行9人与香港警务处处长许淇安等7人在深圳就粤港双方配合打击海上走私问题举行会谈。双方商定4月中、下旬进行“大鹏湾联合行动”，打击走私大中飞艇；“深圳湾联合行动”，重点整治非法进入深圳湾港方水域的内地小型渔船，打击“蚂蚁搬家”式的走私活动。同时商定粤方有关人员4月中旬赴港共同察看香港东、北部水域走私快艇活动情况和商定具体联合行动方案。8月3日，香港人民入境事务处助理处长李家强等3人来穗向国际刑警广东联络处通报港方破获的一宗涉嫌伪造南美国家旅行证件案，并提供伪证集团在深圳活动的有关资料。

1994年5月25日，香港警务处长李君夏一行来深圳参加“广东警方向香港警方移交被盗游艇签字仪式”，省公安厅副厅长张圣钦，深圳市公安局局长何景涣等参加签字仪式，并到蛇口码头验看移交被盗的5艘游艇，在现场举行新闻发布会。

七、司法会谈、交流与协查

粤港两地司法部门从1983年开始，经常互派代表团、考察团进行业务交流、考察、会谈。双方还建立了经济司法、民事、商事诉讼委托、文书送达协议，并就涉及粤港两地的刑事、贪污贿赂等犯罪案件的查办、取证等问题进行协作、协查，及时有力地打击各类犯罪活动，维护了粤港两地司法工作的及时、有效、准确和权威性。

1983年12月中旬，省高级法院副院长周统平率考察团一行6人赴港就粤港两地在经济司法方面建立一定委托关系的可行性进行考察、探讨。

1984年8月24—27日，香港律师代表团一行12人来广州，分别与省高院经济庭、省律师协会座谈，并到省警校、省经济管理干部学院向经济审判干部培训班、律师培训班授课。

1986年11月6—7日，省高级法院经济庭庭长潘戈环等6人与香港最高法院代理经历司贝士等4人在广州就省高级法院与香港最高法院委托送达民、商诉讼文书事进行商谈。

1987年1月19—25日，省法学会副会长马芳、李林率省法学会代表团一行6人应邀访港，在马可波罗俱乐部作演讲，介绍广东省法学会概况，中国的法律制度。出席演讲的有马可波罗俱乐部主席陈丕士，副主席、大律师陈子均以及各国驻港的外交官、记者和法律界、商界人士70多人。3月22—29日，省人民检察院副检察长张培宇率考察团一行8人赴港与香港廉政公署就查办涉及粤港两地贪污贿赂等犯罪案件建立联系问题交换了意见。5月12—22日，香港廉政公署2名官员来粤对一起港人贪污案到海南岛取证，省检察院派出2名办案人员陪同前往调查，圆满完成协查任务。香港廉署专员班乃信专门致函中方表示感谢。12月8—9日，香港廉政专员班乃信率廉署代表团一行5人来广州，与省检察院检察长肖扬、副检察长秦醒民等人座谈，并就粤港两地今后的合作与交流交换意见。

1989年4月18—19日，省高级法院经济审判庭庭长潘戈环等3人前往香港最高法院，就委托送达文书和受送达人的商号名称、送达地址、使用语种、文书送达运行中的时间、已委托采用特殊方式送达费用结算及进一步完善委托书内容和委托办法等问题进行商谈。6月15—17日，香港最高法院经历司沈道良到深圳大学讲学，并向深圳大学赠送英国制例选、香港中英文法例等书籍。深圳大学接受了赠书。11月8—10日，香港廉政公署副专员施道伟率首席调查官代表团一行20人来粤与省检察院副检察长秦醒民等座谈，广州市检察院检察长郭祺向代表团介绍广州市反贪污贿赂情况。12月18—19日，香港法律援助署署长穆士贤、副署长张郑宝莲一行5人来广州，与省司法厅公证处等有关部门座谈，就加强粤港两地在办理劳工伤亡赔偿有关公证等方面的法律联系与合作交换意见。

1990年4月23日至5月12日，最高检察院、省检察院各派一名检察官、韶关市检察院派2名检察官组成调查组前往香港，就群众举报的韶关市原副市长（后任市人大常委会副主任）马某，市旅游局局长李某某、副局长尹某某，韶华酒店（韶关宾馆）办公室主任彭某某等人收受港商贿赂案，进行调查取证。在香港廉政公署协助下，顺利完成取证任务。11月26—30日，省检察院检察长肖扬、副检察长秦醒民率代表团一行7人应邀赴港，与香港廉政公署专员谢法新和各处处长座谈、交流。代表团参观举报中心、羁留中心、单面反光镜认人装置、录像取证设备等。香港代理总督、布政司霍德会见肖扬等。

1991年4月2—4日，香港律政署中国法律组顾问彭文浩和检察官林秉文来穗，就广东省实行行政复议条例和行政监察条例的运作和实施情况、广东仲裁制度、人民调解制度、检察院在民事和行政诉讼中的监督程序等问题，分别同省检察院、省司法厅、省监察厅、省政府法制局等有关负责人座谈。6月17—22日，香港廉政公署专员谢法新率代表团一行7人来广州，与省检察院检察长王骏、副检察长兼反贪局局长陆成景等座谈并参观省检察院技术处。6月26日至7月10日，由省检察院2名检察员、最高检察院一名检察员、四川省检察院2名检察员组成调查小组赴香港，通过香港廉政公署协助，就四川省新光工业进出口公司原总经理郑某某玩忽职守一案进行调查取证，会见有关当事人，获取证人证言及证明材料，证实郑某某给国家造成至今尚有333万港元无法收回的重大经济损失的玩忽职守的责任。12月16—23日，省检察院副检察长张学军率访问团一行10人赴港访问香港廉政公署，会见廉政公署新任专员区永华，考察廉政公署的机构设置和运作情况，预防贪污贿赂犯罪的情况；探讨今后双方合作的意向。

1992年7月15—16日，香港最高法院经历司贝士一行4人来广州，就粤港两地法院互相委托送达民事、商事案件诉讼文书协议执行情况与省高级法院举行工作会谈。7月20—27日，省检察院检察长王骏率代表团一行9人应邀赴港，与香港廉政专员区亮贤等官员进行会谈，参观执行处工作设施，考察廉署侦查工作和预防犯罪工作。9月25—30日，香港廉政公署专员区亮贤一行3人来广州，分别与省检察院检察长王骏、广州市检察院检察长郭祺、东莞市检察院检察长黄沛伦举行工作会谈。区亮贤一行参观省检察院技术处文检室、法医室，旁听广州市中级法院刑事案件庭审。

1993年8月2—7日，香港律政署刑事检控专员胡俊康率代表团一行7人来广州，与省检察院检察长王骏等进行刑事检察业务交流，旁听广州市中级法院毒品案庭审。10月4—9日，省劳改工作局政委陈康玉、副局长陈伟雄率代表团一行8人赴港，与香港惩教署助理署长丛培君等进行座谈，双方就监狱机构的设置、体制、编制、罪犯的管理等问题进行交流。代表团参观赤柱监狱、喜灵洲戒毒所、励新惩教所（少年犯）、大榄女子惩教所等。

1996年3月11—15日，香港政府惩教署署长黎明基率代表团一行10人来广州访问省司法厅，了解监狱管理等方面的业务并进行交流。3月下旬，香港法律援助署署长张郑宝莲一行来穗，访问广州市司法局属下的广州市法律援助中心，并进行座谈。

1997年10月27—29日，省检察院反贪局徐博谦赴港出席商业道德研讨会，并在会上作题为《中国反贪污及诈骗法例》的专题演讲。

1998年12月，省检察院反贪局徐博谦赴港参加香港廉政公署举办的“专业与诚信”研讨会作专题演讲，介绍中国反贪污及相关法律。

1999年11月4—6日，香港新任廉政专员黎年率团访粤，常务副省长王岐山会见代表团。黎年一行拜访省公安厅、省检察院、省监察厅，并就反腐倡廉工作进行交流。

2000年4月中旬，省司法厅副厅长胡克顺等8人赴港考察法律援助业务。

八、交通运输会谈与交流

粤港政府和有关部门十分重视粤港两地过境铁路、汽车交通及航空、航运等问题的交流与合作。

1979年1月8—10日，九广铁路（英段）总经理侯伟志一行4人来穗，同广州铁路局副局长白玉礼一行6人就两地货车过轨等问题举行会谈。2月5日，广州铁路局副局长白玉礼率代表团一行8人与九广铁路局（英段）局长侯伟志率代表团一行10人在深圳签署广州至九龙铁路货车过轨会谈纪要。2月10—23日，广州铁路局副局长白玉礼率代表团8人赴港，与九广铁路局（英段）局长侯伟志率代表团10人就广州至九龙直通客车问题举行会谈，对机车车辆提供、列车编组、运行时刻、清算办法、广铁在港设立办事处、列车乘务人员使用“铁路人员通行证”等问题达成协议并草签了会谈纪要。3月19—21日，九广铁路局（英段）局长侯伟志率代表团一行5人抵穗，与广州铁路局局长杨其华及代表团继续商谈穗港客车直通问题。双方对“广州九龙间直通旅客列车旅客、行李运送规则（草案）”进行协商修改，达成一致意见，并正式签字。4月4日，广州—九龙直通旅客列车正式通车仪式在广州火车站举行。省革委会副主任李建安、梁威林、黄静波，铁道部副部长耿振林，铁路职工200多人参加通车仪式。前来中国访问的香港总督麦理浩和香港各界知名人士，九广铁路局（英段）等50多人应邀参加通车仪式。通车仪式结束后，麦理浩及其他香港客人随车返回香港。应邀前往香港参加庆祝活动的省经委主任王焕、中国商品交易会副秘书长徐绳周率广东省庆祝广九直通车友好代表团一行50人也随车前往香港参加在九龙车站举行的庆祝活动。9月18—22日，广九铁路联合委员会在广州举行会议。双方回顾直通车通车以来的情况和存在的问题，讨论对《广州—九龙间直通旅客列车旅客、行李运送规划》的修改意见，讨论增加旅客列车班次、利用回空货车办理货物运输的可行性，商讨调整人民币同港币的折合率问题等。

1980年1月10日，广州铁路局和九广铁路局（英段）代表在广州举行关于开行广州—九龙第二列直通客车会谈，并达成协议。双方确定2月1日正式通车。3月21日，广州铁路局在香港成立九龙办事处，副局长邱前章前往香港主持办事处成立招待会。港英当局环境司钟信、九广铁路局（英段）局长侯伟志等官员23人参加招待会。4月8—10日，港英当局运输署署长颜敦礼率代表团一行7人访穗，与广州市经委副主任谭其芝、市交通局副书记周介之、副主任韩湛、市公安局副局长张世杰等6人就当前穗港两地交通运输管理问题交换意见，对直通客、货汽车运输的可行性进行探讨。12月9—11日，广九铁路联合委员会会议在广州举行。双方代表就关于提高直通客车正点率；建立深圳、罗湖两站之间每日定时通话制度，加强对客货列车的预报工作；改善过轨货车交接；建立边境站长定期会议制度；租用广铁内燃机车等问题进行协商，并签署会议纪要。

1981年6月23—29日，广州铁路局和九广铁路局（英段）代表团在香港举行广九铁路联合委员会会议。会议就直通客车的服务情况、直通客车在九广铁路局（英段）管内行驶时的安全、直通客车附挂邮政车的牵引费用、在电气化路线工作人员的安全措施等问题进行商谈。6月25日，经粤港双方交通部门协商同意，广东省内和香港之间直通巴士服务开始临时性通车，初期每日来回各三班班车，分别行走九龙至汕头、兴宁、惠阳之间三条路线，每线每日对开各一班车。而后再增开九龙至深圳的直通巴士线。7月1—2日，香港民航署专家小组G.T.奥立佛一行6人来穗，与中国民航广州管理局副局长崔双记等人商谈有关在香港大屿山赤腊角修建新机场的问题。G.T.奥立佛一行介绍拟建赤腊角机场的背景和总体规划、通讯导航、航路、空域、等待区、起落航线等。12月1—6日，广州铁路局和九广铁路局（英段）代表团在广州举行广九铁路联合委员会会议。双方回顾直通车服务情况，讨论晚点问题、行车安全、双方边境站人员过境作业的证件、九龙站搬运行李费加价、铁路沿线清洁等问题。

1982年1月15日，经省人民政府批准，粤港汽车联营有限公司经文锦渡的客运班车，由5班增至10班，新增的班车有梅县、潮阳、海丰、东莞、广州等线。6月14—21日，广州铁路局和九广铁路局（英段）代表团在香港举行例会。双方就直通旅客列车票价和行包运费加价；加开第三班直通旅客列车；利用回空货车运送行李以及货车过轨问题进行商谈。7月4—5日，港英民航处处长纪业一行4人来穗，同中国民航广州管理局局长辛影等6人，就香港拟建大屿山赤腊角新机场问题举行会谈。11月24—30日，广州铁路局和九广铁路局（英段）代表团在广州举行例会，讨论调整直通客车客票价及有关收费标准；开行第三班直通客车的可行性以及有关行车安全、牲畜运输等问题。

1983年12月5—10日，广州铁路局与九广铁路公司联合委员会例会在广州召开。双方讨论人民币和港币的折合率和调整票价及其他收费；完善利用回空货车运送行李的费用清算手续；开行第三班直通客车；摘除91次、92次邮政车改挂客车；空牲畜车的清洗。

1988年12月1—6日，省航政局副局长叶纬武率代表团一行5人赴港，与港府助理经济司李察信等10人就广东小船航经香港内港等问题进行会谈。

1989年7月13—15日，香港海事处助理处长率代表团一行3人来广州，与省航政局继续就广东小船航经香港内港等问题交换意见。12月11—16日，广州铁路局和九广铁路公司联合委员会会议在广州举行。双方研究提高直通车服务水准问题，并对会前双方商定的直通车票价调整、行包运费调整、九广公司支付广州铁路局的机车牵引费和车辆使用费的调整等问题进行确认。

1990年6月11—16日，广州铁路局同九广铁路公司联合委员会会议在香港举行，双方代表商讨了暑期、秋交会和圣诞节各加开一对广九直通临客；秋交会和圣诞节仍实行浮动票价；继续发展集装箱业务等问题并达成一致意见。

1991年6月24—29日，广州铁路局与九广铁路公司联合委员会会议在香港举行。双方决定长时期加开临客直通车，研究客票票价和改善直通车正点率问题。

1992年4月2日，香港港口发展局首席海事主任曾文清一行6人访问深圳港务局，并就港深两地航运业发展问题交换意见。11月1—8日，广州铁路局与九广铁路公司联合委员会会议在广州举行。双方商定从1993年1月8日起开行两对佛山至九龙直通客车，其中一对为固定开行，一对为临客，临客视客流情况决定开行多长时间；商讨促进铁路集装箱运输的具体措施。11月21日，省港澳工作协调领导小组副组长兼办公室主任黄群召集肇庆市政府、广州铁路局、省计委、三茂公司等单位的有关负责人，就肇庆市拟开行直通香港列车问题进行可行性研究。

1993年6月8—14日，广州铁路（集团）公司杨其华等11人与九广铁路公司夏启宏等11人在广州举行联合委员会会议。会议决定在客流旺季加开广九直通临客，并考察将上座率不够理想的佛九直通车在广州站停靠上下旅客，如方案实现不了，可考虑条件成熟的情况下，把佛九直通车延伸至肇庆。会议审查了双方联合组成的项目小组所递交的直通车车辆更新项目建议书。同时研究了发展货运国际标准集装箱问题。12月1—8日，广州铁路（集团）公司与九广铁路公司代表在香港举行联合委员会会议，研究客流旺季加开广九直通车临客问题。至于肇庆至九龙开行客车事宜，双方认为应作更多的市场调查。

1994年7月19日，省公安厅副厅长曹子东率粤方代表团，与香港政府运输科首席助理运输司郑陆山率香港代表团，在广州就粤港过境汽车技术问题举行会谈。双方就进出福田保税区车辆有关事项、国际流动牌照、粤方公务小车配额、过境汽车配客、24小时开放落马洲、皇岗边境通道、粤方司机驾驶考试、文锦渡封闭道路通行许可证、分配给置业人士的私家车配额等问题达成一致意见。

1995年1月19日，省公安厅副厅长曹子东率代表团赴港与香港政府运输科首席助理运输司郑陆山等官员举行会谈。双方就驾驶执照互认、增加粤方过境公务小车和客车指标、增加出入境营运巴士的过境班次以及港方私家车乘车人员放宽限制等问题进行磋商。7月20—23日，省公安厅副厅长舒伟侯率代表团与香港政府首席助理运输司郑陆山率代表团在广州举行会谈。双方就小汽车、大客车、公务车过境指标及驾驶员的管理、粤港小汽车执照的互相确认等问题进行磋商。

1996年3月22—23日，香港地区事务顾问陈天送率访问团一行10人来穗，与省交通厅有关部门座谈，探讨如何有效减少发生在香港及内地水域的航运事故，确保航运安全等事宜。

1999年9月，粤港双方就解决陆路口岸过境交通问题举行会谈。双方代表到落马洲及皇岗口岸实地视察，交换过境交通情况，探讨堵塞的成因，讨论舒缓交通堵塞的措施。

2000年11月27—28日，粤港过境汽车技术问题会谈在清远市连南县举行。会议就增加广东公务车辆的配额；增加香港入粤私家车配额；驾驶证、车辆牌证互认；核对入出境批文等问题进行磋商。省公安厅副厅长张小云、省外办副主任肖锦哲等参加会谈。

九、卫生、文化、教育、科技会谈与交流

1980年10月29日至11月1日，香港医务卫生处处长唐嘉良、渔农处处长李德宏一行4人来穗，就粤港两地狂犬病防治问题与省卫生厅厅长张勤、副厅长贾世荣等进行会谈。双方交换狂犬病疫情，交流经验，讨论防治措施。

1988年1月21—28日，香港医务卫生署署长唐嘉良一行6人来穗，与省卫生厅厅长黄光华等座谈，探讨两地医务卫生部门业务合作与交流的可行性。10月11—13日，香港布政司署文康市政科卫生顾问白礼一行3人来深，与深圳进出口商品检验局商讨输港鲜活食品卫生检验问题。白礼一行参观深圳坪山、西乡鸡场、光明农场等。12月5—7日，深港动植物检疫工作小组在深圳对地中海实蝇管制、禁止对鸡只使用雌激素、濒危物种的非法出入口等问题交换意见。

1990年6月12—15日，香港政府卫生署助理卫生署长李涵宓一行4人在广州和深圳与省商检局副局长潘益光、深圳市商检局副局长谭润生等人就关于输港蔬菜、肉类食品卫生检验和监督管理问题进行会谈。

1991年1月21—24日，香港京港学术交流中心总经理杨伟国一行5人来穗，参加广州市科协组织的“穗港科技合作报告座谈会”，介绍香港技术市场情况，并提出六个合作项目。11月25日，香港市政局主席梁定邦率代表团一行35人访问深圳。深圳市进出口商品检验局副局长谭润生等陪同参观该市无公害蔬菜种植场，谭润生向客人介绍输港蔬菜卫生质量检验管理八项措施。12月9—11日，香港卫生署助理署长李涵宓一行4人来广州，与广东商检局副局长谢璋成、深圳商检局副局长谭润生等7人举行会谈，双方就加强粤港两地进出口食品的检验，特别是供港蔬菜、贝类的卫生质量、食品标准信息、检验技术等问题进行磋商。客人还参观广州国际肉类加工厂。12月10—16日，省红十字会会长王屏山率代表团一行6人访港。代表团参观威尔斯亲王医院、香港红十字会、香港政府卫生署等。

1992年1月8—20日，香港工程师学会外事委员会主席赵雅各一行23人来广州，与广州市科协就两会今后的合作交换意见，并就建筑、工业、资讯等方面进行学术交流。4月10—12日，香港工程师学会电机工程部委员会主席何彬兴率交流团一行12人来广州，与省电机工程学会、省机械工程学会和省科协的专家学者分别进行座谈、技术交流，并就一些具体的合作项目进行探讨。5月8—9日，受国家科委委托，新华社香港分社教育科技部和省科委，在珠海联合召开“粤港澳科技合作研讨会”。参加会议的港澳科技界、科技企业代表25人，内地代表30人，为会议提供论文共28篇，有8位代表在会上发言。期间，与会代表参观珠海市亚洲仿真控制系统工程有限公司。5月23—30日，广东商检局副局长谢璋成一行5人与香港卫生署助理署长李涵宓等6人在香港就有关广东输港蔬菜、肉类及贝类等食品卫生质量管制问题举行会谈。5月26—29日，省科委主任梁湘一行6人赴港，与香港生产力促进局总干事陈少感等8人就两地经济、科技趋向及发展、科技合作项目等进行商谈。6月7—14日，香港卫生署署长李绍鸿一行3人访粤，副省长李兰芳会见并宴请李绍鸿一行。李绍鸿与省卫生厅厅长黄光华等座谈，参观省人民医院、省卫生防疫站。

1993年1月11—13日，香港卫生署助理处长李涵宓等4人访问深圳，就进出口食品安全及管制等有关问题，与省商检局、深圳市商检局进行交流。11月9日，国家卫生检疫总所副所长宋明昌、省卫生检疫局副局长吕志平等8人与香港卫生署首席医官梁挺雄等3人在深圳举行会晤。双方就建立联系渠道，互通卫生检疫和卫生控制信息，加强学术交流，加强对传染病监测特别是对艾滋病检测等达成共识。

1994年3月21—25日，香港教育署署长黄星华一行4人来粤，与省教育厅厅长许任之等座谈。代表团参观华南师范大学、执信中学、培正小学、中山沙溪理工学校。3月21—25日，香港卫生署署长李绍鸿一行3人来广州，与省卫生厅、省中医药管理局座谈有关技术职务评定等问题。7月11—13日，香港卫生署高级化验师谭燕琼一行4人访粤，与省商检局局长助理吴淦业、珠海商检局局长何抗生、深圳商检局副局长谭润生等就广东半年来供港蔬菜、冰鲜家禽、贝类等食品卫生质量监督管理和检验情况进行交流。客人还参观珠海珠江食品集团公司、农科所无土栽培试验场。10月25—26日，香港教育署署长黄星华以“育苗行动”顾问身份率20人来穗，参加“育苗行动”捐款仪式。“育苗行动”收到捐款近100万元，安排给封开县董镇60万元，建一幢小学教学楼；给化州县、清新县捐助台凳一批。副省长卢钟鹤、省教育厅厅长许任之参加捐款仪式。

1995年2月17—19日，香港政府医疗辅助队总监陈冯富珍率访问团一行40人访问广州、佛山。访问团参观佛山中医院，并进行医疗急救服务专业交流。11月11—12日，香港学者李绍鸿、澳门卫生司副司长简文安等4人来穗参加首届省港澳预防医学学术会议。省预防医学会会长、省卫生厅副厅长刘邹鲁参加学术交流。11月30日，省商检局局长助理吴淦业应邀赴港，向香港市政议员介绍广东商检部门对供港蔬菜检验管理情况。

1996年6月中旬，省和深圳市商检局邀请香港卫生署署长陈冯富珍等5人来粤，交流供港食品卫生质量检验管理等业务。

1997年4月下旬，香港工联会副理事长谭耀宗与香港福利卫生司霍罗兆贞等4人访问省卫生厅，就居住内地的香港老人卫生医疗问题进行初步交流。7月17—19日，香港生产力促进局总裁邓观瑶一行7人来粤，与省科委主任梁湘等人座谈交流，客人还到珠海、顺德、肇庆进行考察。

1998年5月17—23日，省教育厅厅长江海燕等12人赴港考察香港教育管理情况。7月4日，香港卫生署助理署长谭丽芬等6人到省商检局了解内地供港食品的监管情况，并参观广州罗岗鸡场、广州胜利家禽场。10月30日，香港教育署署长余黎青萍等35人来穗出席“广东省偏远地区育苗助学计划”捐款仪式，副省长卢钟鹤等出席捐款仪式。这次将集资到的209万元资助佛冈、封开等市县13所学校的建设。

1999年5月12—14日，香港教育署署长罗范椒芬等13人来粤，与省教育厅商讨拓展粤港两地教育交流和合作事宜。6月5—7日，省教育厅厅长江海燕率广东中小学生代表团一行56人赴港参加“省港中小学生中文字典应用比赛”决赛。6月，珠海市博物馆卜工等5人应邀赴港，参加香港屯门亦园的考古调查和发掘工作。9月22—28日，省文物考古研究所古运泉，应邀赴港参加香港文物展开幕式和学术座谈。

2000年2月28日，香港食物环境卫生署署长助理谭丽芬等3人来深圳参观养鸡场、猪场，并与深圳出入境检验检疫局有关人员座谈。3月16—22日，省教育厅副厅长刘达中等48人赴港参加香港资讯基建博览会，展示广东省中小学计算机教学成果及学习观摩。4月3—7日，省科学技术协会与香港工程师学会、澳门工程师学会分别在粤港澳三地举办“可持续发展粤港澳合作研讨会”，探讨三地合作的前景及措施。省科协邀请港澳55名有关人士来粤与会，并组织25名内地代表赴港澳与会。9月8日，香港政府资讯科技及广播局局长尤曾家丽一行赴深圳考察深圳市高科技行业的发展情况，并参观高新技术产业园区、华为科技有限公司等。

十、其他会谈与交流

其他会谈与交流，主要指经贸、邮政及无线电频率、气象、海上救援等。粤港有关部门，经常派代表互访、交流、会谈及相互合作。

（一）经贸

1980年5月25—29日，香港贸易发展局主席简悦强一行11人来广州，副省长梁威林会见简悦强一行，并就粤港两地经贸合作进行洽谈。双方还就纺织、电力、电子、金融、家用电器等具体项目合作与省外经贸委等有关部门负责人进一步商谈。

1990年7月27—31日，省对外经济贸易委员会和香港贸易发展局联合主办“粤港经济合作前景研讨会”分别在广州、深圳举行。参加研讨会的粤方代表团有副省长于飞、广州市代市长黎子流等20人，港方代表团有香港贸易局主席邓莲如等20人。省长叶选平会见并宴请港方代表团。

1991年6月13日，广东外商投资企业协会与香港贸发局联合主办“粤港经济贸易座谈会”在广州召开。省经委副主任、广东外商投资企业协会会长林君锐等5人、特邀代表5人及香港贸发局中国贸易发展委员会主席黄保欣等15人与会。12月12日，由广东外商投资企业协会、广州外商企业协会、深圳市投资促进中心、香港贸发局在广州联合举办“粤港经贸合作交流会”。出席会议的有港、澳工商界代表，省、广州市经贸代表和经济界研究员、学者、外资企业代表、大型企业负责人共460人。代省长朱森林会见并宴请香港贸发局主席冯国经及部分出席大会的港澳工商界代表。会议就粤港双方如何利用港资改造广东的老企业，如何把广东的科技成果与香港的工业资本结合两个专题展开交流。

1997年4月24—25日，香港贸易署署长黎年率代表团访粤，与省经委进行业务交流。8月13—14日，香港特区贸易署副署长应耀康一行6人访粤，与省经委等部门负责人进行业务交流。

（二）邮政及无线电频率

1980年11月17—22日，广州市邮政局副局长崔子杰一行5人赴港，就穗发往英国、美国等地特快专递邮件经香港邮局换机问题、特快专递邮件人超费问题、双方互换的包裹总包采用总登问题与香港邮政署进行商谈。

1993年3月18日，省无线电管理委员会办公室副主任黄湖泉一行7人与香港邮政署电信部总电讯工程师黄孟熊等3人在深圳就粤港边境地区无线电频率相互干扰事宜进行磋商，交换干扰频点及测量数据等资料，商讨消除干扰频点问题。6月16—18日，香港邮政署署长柏景年一行5人来广州，与省邮电管理局局长李铁圣等商讨粤港邮政业务及其他事宜。

1994年9月18—22日，香港邮政署署长柏景年率代表团一行5人来穗，与省邮电管理局局长李铁圣等人，就特快专递业务的发展、公众需求的新业务等问题进行座谈磋商。

1998年7月7—8日，省无线电管理委员会办公室主任胡运邮一行6人与香港电讯管理局局长王锡基一行7人在广州举行“粤港边境地区无线电业务频率协调会谈”。双方就粤港频率协调和干扰查处的方法、进出境车辆电台及无线电通信设备的管理等问题进行磋商。

1999年10月底，省广播电视厅副厅长冯锡增等赴港，与香港电讯管理局举行粤港两地广播电视频率协调会议。

（三）气象

1981年1月26—28日，香港天文台副台长岑柏等2人抵穗，同省气象局副局长张延松等就粤港开展气象科技合作与交流等问题进行会谈。

1983年9月26—28日，香港天文台台长费懿一行3人来广州，与国家气象局和省气象局商谈在南海担杆岛黄茅洲建立自动气象站事宜。12月5—9日，香港天文台署理台长李忠深、高级科学主任林鸿金与省气象局在珠海市就广东气象局与香港天文台合作在黄茅洲建一自动气象站举行会谈。双方与会人员前往黄茅洲实地考察，并进行通信试验。

1984年2月15—16日，省气象局局长谢国涛等3人与香港天文台台长费懿等3人在广州就双方合作建立黄茅洲自动气象站进行正式会谈并签署协议书。

1988年4月11—13日，在广州召开粤港重要天气研讨会。香港天文台助理台长李忠琛率2名科学主任，省气象局局长谢国涛、副局长肖凯书及有关技术部门负责人参加会议。会议还邀请澳门气象台代理台长江沙维等2人与会，与会者参观广州气象卫星地面站和广州中心气象台。8月5日，经省气象局与香港天文台协商，并报经国务院批准，将粤港在广东黄茅洲建立的自动气象站合作协议于1989年2月期满后延长5年。

1989年10月17—19日，粤港重要天气研讨会在香港举行。参加研讨会的有省气象局副局长李明经等4人，香港天文台台长岑柏等7人，澳门地球物理暨气象台台长等2人应邀列席会议。研讨会针对1988年对粤港影响重大的天气问题进行研讨。与会人员参观香港天文台。

1990年11月6—8日，粤港澳重要天气研讨会在广州举行。参加研讨会的有香港天文台助理台长李忠琛等3人、澳门气象台台长江晖浩等3人、省气象局副局长肖凯书等6名代表。三方代表有11篇论文在会上报告交流，其中粤方代表有5篇。与会代表参观广州气象卫星地面站。

1991年12月9—10日，粤港重要天气研讨会在香港召开。省气象局副局长胡光骥率5人、香港天文台助理台长李忠琛等5人、澳门气象台台长马文杰等4人参加研讨会。会议分别由粤方和港方6位代表宣读论文，并进行讨论。与会代表参观香港天文台预报室、电信房、应用气象研究室等。

1996年6月18—19日，粤港澳三方气象部门在穗举行第一届粤港澳气象业务合作会议，就三方业务协调、合作及发展进行交流与磋商。中国气象局国际部研究员吴亚香、省气象局局长谢国涛、香港天文台助理台长林鸿鋆、澳门地球物理暨气象台副司长黎梓建等参加会议。

（四）海上搜救

1987年4月28日，广东海难搜寻救助中心副主任胡朝懿和省外办、黄埔港监、民航广州管理局等有关人员7人与港英政府首席助理保安司胡学思等8人在深圳就加强南海海区搜寻救助问题进行会谈。5月19—20日，省海上安全指挥部组织19个单位，出动7艘船艇、2架直升机，在珠江口万山群岛以南海区举行首次海空联合搜救研究性演习。副省长匡吉在搜救中心指导演习；全国海上安全指挥部副主任、交通部副部长林祖乙乘直升机在现场观看演习；香港政府首席助理保安局胡学思率香港搜救中心代表一行7人和驻广东的7家外国石油公司代表应邀前来观摩演习。

1988年11月8—9日，省海上安全指挥部和香港政府搜救部门在珠江口外海区举行粤港首次海上联合搜救演习。演习由省海上安全指挥部统一组织指挥，民航广州管理局实施对空指挥，广州救捞局实施现场指挥；广州救捞局、海军广州基地、海洋局南海分局、民航广州直升机公司、海洋直升机专业公司和香港民航处、皇家香港辅助空军等15个单位派出船艇、飞机参加演习。中国民航局，交通部救捞局，香港海事处、皇家香港警察队和省有关部门，驻军机关等21个单位的28名代表观摩演习。12月4—9日，省海上安全指挥部应邀组织民航广州管理局、省海安办、广州救捞局、省外办等单位组成6人观摩小组赴港观摩香港海上搜救演习。参加演习的有香港辅助空军、水上警察队、民用救援队，英国皇家空军、海军，美国空军、海军、海岸警卫队、西太平洋救援协调中心，日本海上保安厅等四个国家和地区的11个部门。演习分为近海救生和远海搜寻救援两个课题。

1989年5月31日，广东海难搜救中心应邀派广州海上安全监督局副监督长潘新强率领观摩小组4人前往香港观摩海上搜救演习，并派“南海巡一号”搜救船参加演习。

1992年11月2—5日，省海上搜救中心办公室主任陈木耀应邀率10人观摩团赴港，参加香港海上救援中心举行的年度远程搜寻救助演习。同时派出广州救捞局的“救生一号”船参加演习。

1995年12月4—7日，省海上搜救中心副主任胡朝懿应邀率领10人观摩团赴港，观摩香港民航处举行的远程海上搜救演习，并派出一艘救助船参加演习。

1996年10月上旬，省海上搜救中心派省海监局副监督长郑国伟率领8人代表团应邀赴港，观摩粤港联合海上搜救演习，粤方由珠海搜救中心派南海巡33号参加演习。

1997年12月2—5日，省海上搜救中心组织广州航管中心、深圳和珠海机场共22人赴港，观摩空难搜救演习。

1998年12月1—4日，省海上搜救中心副主任肖志恒率广东观摩团一行14人应邀赴港，观摩香港特区举行的1998年度空难联合搜救演习。

第十章　涉澳门事务

第一节　粤澳官方往来

1980年5月26—31日，省长习仲勋、副省长梁威林率代表团一行8人应邀访问澳门。习仲勋一行与澳门总督伊芝迪等5人就粤澳两地经济合作尤其是供电、供水合作等问题进行会谈。

1981年3月15—17日，澳门总督伊芝迪一行8人访粤。副省长梁威林、省外办副主任杨可忠前往迎送，省长习仲勋会见并宴请澳督一行，副省长梁威林、曾定石，珠海市委书记吴健民等参加会见并出席宴请。曾定石和澳督举行会谈。澳督一行参观广州重型机械厂、孙中山故居。10月19—22日，澳门总督高斯达一行10人应邀访粤。省长刘田夫、副省长梁威林前往迎送并设宴招待高斯达一行，省委第一书记任仲夷出席宴会。刘田夫、梁威林同澳督举行会谈。外宾参观广交会、黄埔电厂。

1983年8月22—25日，省长梁灵光应邀访澳。随团访问的有省外办主任张清平、珠海市副市长欧培等6人。澳门总督高斯达等前往迎送、设宴欢迎梁灵光省长一行。梁灵光与高斯达就继续加强和发展双边合作关系等问题举行会谈。梁灵光一行由澳督陪同参观发电厂、填海工程、市政工程等。

1984年6月29日至7月2日，副省长匡吉应邀率代表团一行7人赴澳门参加粤澳电网并联启用剪彩仪式。澳门总督高斯达会见并宴请匡吉及代表团。代表团参观凼仔变压电站及澳门发电厂。

1985年12月10—12日，澳门总督高斯达一行7人访粤。副省长杨立会见并宴请高斯达一行。高斯达一行参观广州花园酒店，中山市、珠海市合资企业。

1986年2月28日，应澳门护理总督斐迪鎏邀请，珠海市市长梁广大率代表团一行9人赴澳门参加填海工程动工仪式。该工程以珠海经济特区发展公司名义与澳门政府计划设备暨建设政务司于1983年2月18日签订《关于在澳门新口岸地区合作实施填海造地的议定书》，总投资2.3亿港元，计划填海造地101公顷。梁广大、斐迪鎏为工程动工剪彩。

1987年2月24—28日，澳门总督马俊贤一行7人访粤。副省长杨立、省外办副主任傅奋前往迎送，省长叶选平、珠海市市长梁广大分别设宴欢迎澳督一行。叶选平同马俊贤出席“广东、澳门中小学生美术书画作品展”在广州联展开幕剪彩。澳督在杨立等陪同下参观中山大学、广东画院和南方医院。

1988年7月28—31日，澳门总督文礼治一行7人访粤。省长叶选平宴请澳督一行。文礼治一行参观黄埔新港、中山大学、顺德蚬华电器厂、珠海压缩机厂等。

1989年4月27—30日，省长叶选平一行6人应澳门总督文礼治邀请访问澳门，就双方共同关心的问题进行友好交谈。其间，叶选平接受东亚大学授予的“公共行政学荣誉博士学位”。

1990年6月26—27日，葡萄牙海军参谋长安德拉德·席尔瓦上将、澳门港务厅厅长罗安涛等7人访粤，南海舰队司令员高振家会见并宴请席尔瓦一行。席尔瓦一行参观镇海楼。

1991年7月19—21日，应澳门总督韦奇立邀请，珠海市市长梁广大率市政府代表团一行5人访澳，韦奇立与代表团座谈，第二天在澳督官邸举行宴会。代表团参观澳门市政厅、澳门电厂等。11月18—20日，应代省长朱森林及珠海市市长梁广大邀请，澳门总督韦奇立一行7人访粤，朱森林、梁广大分别会见、宴请韦奇立一行，并就进一步加强两地合作交换意见。澳督一行参观江门鹤山毛纺总厂、实地察看在建中的珠海南屏、湾仔工业区。

1992年6月22—27日，澳门政府中期计划办公室协调员苗兰图率代表团一行7人访粤，省长朱森林会见代表团，省计委、省外办、广州市政府、珠海市政府有关负责人分别与代表团座谈。代表团一行参观番禺南沙经济开发区、珠海西区、海水养殖场。9月28—30日，应澳门总督韦奇立邀请，省长朱森林一行9人访问澳门。期间，朱森林与澳督两次会晤，就粤澳经济、文化、教育、旅游、治安、边境管理等方面的合作原则性交换意见。朱森林一行参观澳门大学、垃圾焚化厂、机场、深水港等。

1993年3月23—25日，副省长刘维明率代表团赴澳门参加“1993粤港澳旅游界联谊洽谈会”。省旅游局局长黄继等120人参加洽谈会。

1995年12月8日，应澳门总督韦奇立邀请，省委常委、珠海市委书记、市长梁广大等人赴澳门出席澳门国际机场启用典礼。12月8—11日，应澳门总督韦奇立邀请，广州市市长黎子流一行赴澳门，出席澳门国际机场启用典礼，并访问澳门及检查广州市驻澳企业。

1996年4月20—21日，新华社澳门分社社长王启人邀请澳门总督韦奇立一家及助手前往佛山、南海、中山市以度周末方式进行会晤。

1999年9月5—6日，澳门总督韦奇立一行4人赴汕头市参观访问，汕头市领导会见并宴请澳督一行。

2000年7月28日，澳门特区政府行政长官何厚铧率代表团一行13人访粤，省外办主任黄子强，珠海市委书记、市长黄龙云前往拱北口岸迎送。中共中央政治局委员、省委书记李长春，省长卢瑞华分别会见何厚铧一行，副省长汤炳权参加会见。双方就按照“一国两制”的方针，建立粤澳两地磋商机制；澳门与珠海合建一个封闭管理的出口加工区；开发横琴旅游度假休闲区，让它作为澳门娱乐事业的配套工程等问题进行探讨，并达成共识。省委副书记、广州市委书记黄华华陪同何厚铧一行游览广州市容。

第二节　粤澳边境会晤及边境工作

1981年，广东省与港英当局建立边境会晤联系的同时，曾考虑与澳葡政府建立边境会晤关系，因粤澳事务数量相对较少，暂未建立此种联系。1983年省公安厅应澳门保安当局要求，双方建立了主要在打击刑事犯罪方面进行协作的治安会晤联系，取得良好效果。但这种单一治安合作难以适应日益增多、愈呈复杂的边境事务发展的需要，至1985年广东提出与澳门建立边境会晤关系。

1987年3月19日，省外办副主任傅奋率领广东代表团与澳门保安部队司令傅英伟上校率领的澳门代表团在广州举行会谈。双方就建立边境会晤关系达成以下协议：为便于双方及时协商、处理在珠海同澳门发生与双方有关的事务性问题，除涉及两地刑事犯罪应按双方已有决议办理外，边境会晤包括从事小额贸易引起的问题，两地人员和交通工具问题，航道、船只管理问题，地区建设和环境卫生配合问题，边境管理上双方需配合的其他问题。此外，关于边境会晤制度具体的实施办法，如双方联络官的委派及职责、会晤和会谈、地点、交通工具、证件、电话或口头、信件联系办法等。6月30日和7月15日，澳门保安部队司令傅英伟上校，与省外办主任黄群以交换信件办法正式确认上述协议。协议生效日期为1987年7月15日。10月13—17日，省外办副主任傅奋、省边防局局长陈文理、海关总署广东分署副主任老洪端等8人组成广东代表团，与澳葡政府司法暨行政政务司韦德霖率领的代表团一行4人在澳门就粤澳边境会晤协议的实施问题举行第一次工作会议。双方达成如下协议：（1）在12月上旬交换联络官名单，之后，安排他们和主管部门负责人在珠海会见一次。（2）双方为边境联络官会晤提供适当地点，广东方面的地点设在拱北口岸旗楼二楼。（3）联络官没有直接处理问题的权力，但所转达意见都是授权行为，故会晤须有记录。会晤语言交流有困难时，应配翻译，涉及重要事项，传达意见一方须同时递交说帖。联络电话一般限于约见。（4）双方主管机关每年在第四季度召开一次回顾性会议，会议逐年轮流在粤、澳举行。

1988年12月13—15日，省外办主任黄群率广东代表团一行13人赴澳门，与澳督外交顾问高秉礼率领的澳门代表团一行9人举行粤澳边境联络工作年会。对双方联络官为协调边境建设和管理，及时处理边境和口岸发生的问题做了大量工作给予肯定，如关于澳门凼仔跑马场填海工程占用航道问题，通过联络渠道协商，澳方修改计划，不占河道；关于珠海花农到澳门卖花的管理问题，通过协商就过境人数及范围达成协议。

1989年4月6日，粤方边境会晤联络官何伟龙、珠海市规划局局长高兆和等4人与澳门联络官罗英杰等官员，就珠海（拱北）、澳门道路衔接事宜举行会谈。11月30日，海关总署广东分署副主任老洪端率广东缉私禁毒官员一行9人和澳门边境会晤协调小组成员苏沙一行7人在珠海举行边境缉私禁毒协作专题会谈，双方就边境缉私禁毒协作的内容、范围和方法等问题进行协商，形成备忘录，通过换文确认。

1990年3月28日，以珠海市副市长陈焕礼为团长的广东代表团和以澳门总督外交顾问方祖坚为团长的澳门代表团，在澳门就珠海（拱北）与澳门新辟道路的衔接点、建设及管理职责、“缓冲区”居民的搬迁及安置等问题举行会谈，并达成一致意见，形成《会谈备忘录》。会谈结束后，双方代表到关闸口观看新道路衔接现场，双方技术人员确定衔接点的标高。5月25日，澳督外交事务顾问方祖坚率领澳门代表团一行6人和省外办副主任张清平率领广东代表团一行9人在珠海就粤澳边境濒危野生动物保护问题举行专题会谈。双方就以下问题取得一致意见：（1）加强边境、口岸的缉查协作。在海上，双方发现走私船，及时通报，合力缉获。（2）根据《中华人民共和国野生动物保护法》的有关规定，凡是未取得中华人民共和国濒危物种进出口管理办公室核发的允许出口证明文件，而向澳门出口受保护野生动物及其产品以及《濒危野生动植物国际贸易公约》附录物种及其产品，都是非法的。澳方有关部门可依据《濒危野生动植物国际贸易公约》有关规定进行处理。（3）澳方缉获活的受保护动物，根据《濒危野生动植物国际贸易公约》的有关规定，可将其送还广东方面。这些送还的动物，将被放回大自然栖息地或送到有关濒危动物救护中心、驯养繁殖场放养。（4）澳方送还缉获的受保护动物，粤方由拱北动植物检疫所接收。当澳方缉获到活的受保护动物后，事先与拱北动植物检疫所联系，告知缉获动物的品种、数量，并商定具体交接时间，然后送回。检疫所接收后即交给珠海市濒危物种管理办公室放生。

1991年1月23日，省外办主任黄群率广东代表团一行13人赴澳门，同澳督外交顾问方祖坚率领的澳门代表团一行7人举行粤澳边境联络工作会议。双方对1991年边境联络工作进行磋商，并决定上半年举行“关于横琴镇村民到澳门市区从事小额贸易”和“关于防止毒品经由内地流入澳门”两个专题会谈。会后，护督范礼保会见广东代表团。8月24日，粤方边境联络官何伟龙、边防分局副局长梁华根等应邀与澳门海事署马度士一行5人在拱北边检站进行会晤。澳方提出为避免在缉私活动中发生误会，双方晚间执行任务时船只应有一个统一的联络信号；澳门与珠海的缉私船只应明确一定的活动范围；互相交换缉私船及人员着装照片，以便识别。何伟龙联络官表示将向上级部门报告。10月23日，省边防局办公室副主任叶乃强等9人与澳门总督外交顾问方祖坚一行8人在珠海就确立粤澳执法船艇海上识别联络信号问题进行磋商，并就粤澳双方打击偷渡和海上走私活动情况交换意见。

1992年1月18日，粤方边境会晤联络官、珠海市外办副主任何伟龙等6人与澳督外交顾问方祖坚等8人在粤澳道路衔接处进行实地考察，并就澳葡修路需占用缓冲区土地事宜进行会晤。会晤决定由双方工程技术人员共同研究出一个方案提供给粤澳边境会晤联络官再作商定。2月11日，澳督外交顾问方祖坚到拱北关闸口约见珠海市边境联络官何伟龙，通报澳方同意拱北口岸长期延长关闸时间至零时。3月9—11日，省外办主任黄群率广东代表团一行15人与澳督外交顾问方祖坚率澳门代表团一行9人在广州举行粤澳边境联络工作会议。双方确定1992年度举行如下专题会谈：关于澳葡在关闸口恢复设卡问题；打击贩毒、吸毒犯罪活动问题；珠澳道路衔接，澳方需占用拱北缓冲区土地问题。7月9日，粤澳边境会晤联络官粤方代表何伟龙会晤澳门填海基建厅厅长玛利娅若瑟·贝莎女士，就粤方同意澳葡政府在拱北“缓冲区”和鸭涌河地带修路占地600多平方米事告知对方。澳方对此事表示感谢。10月27—29日，省外办主任黄群率广东代表团一行9人赴澳，与澳门外交顾问方祖坚率领的澳门代表团，就澳方在关闸恢复设卡问题举行会谈。双方就设卡后如何保持口岸通畅问题达成谅解，并形成“关于方便旅客、车辆来往拱北—关闸通道的备忘录”。12月4日，省公安厅边防局办公室副主任叶乃强一行8人赴澳门，与澳门水警总部海军中校沈迪嘉及有关人员就粤澳执法船艇海上识别联络信号执行情况举行会晤小结。双方代表回顾自1992年1月20日开始执行识别联络信号以来，粤澳执法船艇在海上执勤相遇时，通过信号联络，能及时表明身份，避免了误会。澳方还安排粤方人员于晚间乘水警轮察看澳门周围水域及船艇夜间活动情况。

1993年3月22—24日，省外办主任黄群率广东代表团一行13人赴澳门，与澳门外交顾问方祖坚率澳门代表团一行12人举行粤澳边境联络工作会议。双方代表回顾一年来合作打击偷渡、走私及处理边境突发事件表示满意。双方还就珠海市某部门未经批准，未向对方通报情况下擅自在粤澳边境地区的鸭涌河填土施工、珠海边民持小额贸易证到澳门人数过多、在边境地区附近爆破、澳门不法商人利用关闸口缓冲区停车场走私、澳门附近水域的水上交通安全等问题进行讨论和磋商。

1994年3月2—5日，省政府副秘书长、省外办主任巢振威率广东代表团一行13人与澳督外交顾问高仲衡率澳门代表团一行11人在广州举行粤澳边境联络工作会议。会上，粤方代表提出：珠海边民持小额贸易证到澳门人数过多及往来珠澳两地摆渡船只管理；过境车辆疏通；个别第三国人员进入澳门受阻而滞留在缓冲区；进入澳门附近水域施工的内地船上作业人员登岸被抓遣返途径；加强边境联络官沟通等问题。澳方提出鸭涌河治理；提供拱北新联检楼情况资料；合作打击毒品走私；在往来港澳通行证上加盖验讫章；澳门外港交通安全；提供澳门附近水域水文资料；清理澳门内港住家艇；将环保纳入边境会晤范围等问题。对双方提出的问题，有的进行讨论磋商，有的通过双方联络官边境会晤渠道商谈，有的通过有关部门研究处理。

1995年2月23—25日，省政府副秘书长、省外办主任巢振威率广东代表团与澳督外交顾问高梅士率澳门代表团在澳门举行粤澳边境联络工作会议。双方提出一些需要商讨的问题，如关于珠江口珠海—澳门水域整治问题；珠海边民持“小额贸易证”赴澳问题；外港航道航行安全问题等，双方确定在1995年内安排专题会谈。

1997年3月26—28日，省政府副秘书长、省外办主任巢振威率团赴澳门与澳督外交顾问魏涛率领的澳门代表团举行粤澳边境联络工作会议。粤方提出珠江河口珠海—澳门附近水域综合治理规划；打击跨境犯罪活动；澳门政府筹建海关等问题。澳方提出澳门港务局与内地有关部门合作；边境检查；对一些非法经济活动交换资料等问题。对双方提出的问题进行了磋商。

1998年2月26日至3月1日，省政府副秘书长、省外办主任巢振威率广东代表团一行16人与澳门总督外交顾问魏涛率澳方代表团一行14人在汕头举行粤澳边境联络工作会议。双方就进一步发挥粤澳边境联络制度的功能，解决珠海横琴区擅自在十字门浅海区开挖新水道、堵塞旧水道，提供情报和在海上移交偷引渡分子，过境人员验证，澳门附近水域污染，航行安全以及打击跨境犯罪、非法入境，走私CD、VCD等共同关心的问题交换意见。9月2日，应澳门港务局局长曾柏祺邀请，省外办组成粤方边境联络小组前往澳门，与澳门港务局官员会晤后一起实地察看十字门水道。经磋商达成共识：十字门新水道作为临时航道使用，只设临时航标解决通航安全问题；十字门水道的治导线由澳门港务局与珠江水利委员会通过科学论证决定合理走向，设立临时航标不会造成承认新水道的“既成事实”；何种材料作临时航标由双方专家技术人员商定。9月4日，珠海市海上安全监督局和澳门港务局的专家技术人员在珠海就解决十字门新水道航道安全的具体措施达成了协议。

1999年7月2日，珠海市外事办副主任、边境事务联络官罗碧坚等2人与澳门水警边境事务联络官吴国庆等2人就拱北关闸边境“缓冲区”整治问题举行会晤。粤方将在近期整治“缓冲区”的意向知会澳方，实地介绍了整治范围。澳方联络官对粤方整治“缓冲区”的意向和安排表示理解和赞同，并向上级报告。12月3日，省外办副主任肖锦哲率粤方代表团与澳门保安司办公室主任肖柏尧率澳门代表团在珠海就“莲花大桥”启用后的管理问题举行会谈并达成共识：在大桥主跨度中心线划定管理线，并设立明显标志；双方派员成立莲花大桥物业管理小组，负责大桥管理、维护等日常工作；经莲花大桥的司机和车辆按现行使用的两地双牌照和证件不变；旅客和车辆经大桥的查验办法，参照拱北—关闸的现行做法；运送两地建筑物资的临时货运码头暂时保留使用到收尾工程结束；旅客原则上不步行过桥。

2000年5月16日，国务院港澳办批复，同意广东省与澳门特区政府继续保持粤澳边境联络制度。会晤主要范围是：粤方到澳门从事小额贸易所引起的问题、两地人员和交通工具往来所引起的问题、边境管理上需要双方配合的其他问题。该函强调，“随着澳门回归祖国，粤澳边境会晤的性质和运作已发生了根本变化，两地处理边境事务的手续应更为简便快捷”。7月18日，省政府同意调整省港澳工作领导小组及下设办公室领导成员。调整后，由省政府副秘书长董宏、省外办主任黄子强任省港澳工作领导小组副组长，并分别兼任粤港合作联席会议联络办公室主任和粤港澳边境事务联络办公室主任。肖锦哲（省外办）、张小云（省公安厅）、赵东晨（海关总署广东分署）任粤港澳边境事务联络办公室副主任。其余事项仍按省政府有关规定办理。11月15日，粤澳边境事务联络官罗碧坚等3人应澳门市政局副局长姗桃丝邀请前往澳门就珠海花农到澳门售花事与澳方进行磋商。

第三节　专题会谈与交流

一、供水会谈与交流

1960年3月，珠海市已对澳门供水，年供水量为170万～249万立方米。

1980年9月22日，珠海市市长甘伟光和澳门中华总商会会长何贤签订《关于扩大对澳门供水协议》。珠海市供水管理处除银坑水库、竹仙洞水库仍按前所签协议提供水源外，为解决澳门同胞饮用水困难，双方商定在南屏河兴建抽水站，总投资人民币160万元，澳方以预付水费方式先提供80万元，投产后由水费中扣除；在正常情况下，每年供水800万立方米，每立方米收费7分，以当天人民币与港币兑换牌价折算；协议5年内有效，5年后另议。

1985年12月11日，珠海市与澳门供水公司副经理叶向青、澳门自来水有限公司董事局主席卓宏签订《珠海对澳门供水工程协议》。工程安排1985年年底动工，1987年冬季建成，1988年1月1日开始向澳门供水；澳方以预付水费方式，共付港币2000万元，用于购买材料、仪器和设备。1988年开始，年最低供水量为2500万立方米；预付水费偿还期满前，原水费每立方米人民币2角，5年不变，期满后如水价调整，则根据电费、人工及维修保养等费用而定。

1987年8月22日，珠海市与澳门供水公司经理吴国梁、澳门自来水有限公司总经理陈锦灵签订了《珠海对澳门供水工程合同书》。《珠海对澳门供水工程合同书》更明确双方责任及其他各项具体事项，与前签订的《珠海对澳门供水工程协议》具有同等效力。《珠海对澳门供水工程合同书》于1987年9月经珠海市对外经济贸易委员会批准生效，有效期至1999年12月31日。届时如无修改意见，有效期自动延长12年；如任何一方要修改，应于有效期期满前6个月提出讨论，经双方同意后签订补充合同报原审批机构批准生效。

珠海对澳门供水工程于1987年12月竣工，1988年1月向澳门供水，当年供水总量达7000万立方米。

二、供电会谈与交流

广东与澳门电力部门，于1980年4月就广东向澳门供应电力展开会谈。1981年7月31日，广东与澳门达成供电协议，在广州市举行签字仪式，参加仪式的广东代表团有省电力公司副董事长叶修青、总经理师兆祥等8人，澳门代表团有澳门计划设备建设司韦以立、澳门电力公司行政委员会主席何贤等8人。协议规定，广东省于1982年7月1日开始向澳门供电，第一年的供电量为42000千瓦时，以后逐年增加，至1988年最高供电量达到130000千瓦时。澳方预付电费2亿港元，分10年从电费中扣除偿还。协议供电期至2003年。签字仪式结束后，省长刘田夫、副省长曾定石接见并宴请双方代表团。

1984年6月，澳门青洲变压电站建成，6月30日开始启用，广东向澳门供电通过该变压电站。澳门总督高斯达主持变压电站启用仪式。应澳督邀请，副省长匡吉率团前往澳门参加仪式并访问澳门。

三、环保会谈与交流

1980年8月15日，由珠海市市长甘伟光、副市长欧培、市计委副主任赵汝森与澳门市政厅厅长申道恕、市政委员崔乐其、澳门中华总商会董事长何贤在珠海市就处理澳门垃圾问题举行第一次会谈。双方认为，目前澳门每天弃置垃圾已达320吨以上，且全部倾卸在珠海市的茂盛围河，覆盖河面过半，并不断向珠海市边沿地带推进，造成严重的环境污染。会谈中，双方就如何处理澳门垃圾问题表明了态度，同时表明由珠海方提出方案再共同商讨。9月13日，珠海市与澳门市政厅就处理澳门的垃圾问题举行第二次会谈。珠海方出席代表有市长甘伟光、副市长欧培等6人；澳方出席代表有澳门市政厅厅长申道恕等5人。经双方磋商并达成一致，珠海市只协助澳门处理每天200吨生活垃圾；对珠海方提出的协议书的基本原则没有新的意见；对澳方提供给珠海方必要的设备投资，商定分4年提供，即签约的第一、二年分别提供30%，第三、四年分别提供20%；澳方同意无偿提供每年垃圾消毒所需的药品；对澳方补付给珠海市超期2年半协助澳门处理垃圾的经费，以及今后协助澳门处理垃圾的收费标准问题，待第三次会谈协商解决。

1981年5月6日，珠海市与澳门市政厅就处理澳门垃圾问题举行第三次会谈。珠海市副市长欧培等6人、澳门市政厅代厅长崔乐其等6人与会。双方认为澳门垃圾问题已是一个威胁人民群众健康安全的严重问题，澳门不能继续在茂盛围河倒卸垃圾；澳方应补付给珠海方的超期补偿费人民币50万元，5月底前付清；今后的垃圾处理费定为每吨人民币2.8元。12月16日，珠海市与澳葡政府就处理澳门垃圾问题举行第四次会谈。珠海市出席代表有副市长欧培等6人；澳方出席代表有计划、设备暨建设司韦而立等5人。会谈前双方代表到茂盛围河观察了澳门垃圾堆。通过会谈，双方同意对茂盛围河垃圾堆迅速加上围栏，不让垃圾向珠海方向扩展；澳方在黑沙环收集、处理垃圾的计划，以及要求珠海提供沙、石、泥。

1982年3月8日，珠海市与澳葡当局就处理澳门垃圾问题在珠海举行第五次会谈。珠海市出席代表有副市长欧培等7人；澳方出席代表有计划、设备暨建设政务司韦而立等12人。双方同意澳方于1982年8月1日停止在茂盛围河倒卸垃圾，并按澳方整治垃圾堆的方案实施。珠海方同意澳方在路环西侧设场处理今后澳门垃圾的计划。珠海方同意提供澳方实施两项计划所需物资。8月3日，澳葡计划、设备暨建设政务司韦而立率澳方代表团一行7人和珠海市副市长欧培等一行6人就处理澳门垃圾问题在珠海市举行第六次会谈。双方确定从1983年1月1日起，澳门方面停止向茂盛围河垃圾堆倾倒垃圾；通过无害化处理、覆盖泥土、稳固工程和植树，力争3年内完成；处理原垃圾堆所需沙石、泥土和植物珠海市以优惠价提供；从停倒垃圾到绿化完成前，不得搞任何建筑设施。11月25—27日，珠海市副市长欧培率代表团一行7人赴澳门，与澳葡计划设备暨建设政务司韦而立率代表团一行6人举行第七次会谈，双方达成了“珠海—澳门关于处理茂盛围河垃圾堆的协议”。代表团听取了澳门工务司关于对茂盛围河垃圾堆的消毒、稳固工程、覆盖泥土和植树绿化的计划，听取澳门当局今后对处理澳门垃圾的计划，参观了凼鸡颈临时垃圾处理站。

1983年11月9—10日，珠海市计委主任赵汝森率代表团一行5人赴澳门，与澳葡当局工务司司长加道素等3人就处理茂盛围河垃圾堆协议履行的问题举行第八次会谈。珠海代表向澳方提出四点意见：（1）为全面履行1982年11月26日双方签订的协议，请澳方在近期内向珠海方提供关于全面整治茂盛围河垃圾堆的计划和整治日期。（2）请澳方对已在垃圾堆上兴建的建筑物（除变电站外）确定一个拆除时间。（3）垃圾堆的整治工程，不管由那家承建商承建，其整治工程所需之沙、石、泥以及植物种苗，应按协议第四项规定办理。（4）今后澳方在履行协议过程中，有什么问题，应及时知会珠海方。对珠海代表提出的意见，澳方表示赞同，待与有关方面研究后告知珠海方。

1988年2月2日，珠海市外办副主任曾献强率代表团同澳门市政厅行政委员会主席罗理路为首的代表团就澳门拟在茂盛围河垃圾堆原址建郊野公园问题举行会谈。双方原则达成一致意见，并商定以备忘录形式交换确认。

1990年11月5—9日，省环保局副局长李伊惠率省环境保护代表团一行7人赴澳门，与澳督外交顾问方祖坚率澳方代表团一行6人就环保问题举行专题会谈。内容主要包括珠澳边境地区及附近海域的环境状况、污染程度、污染源的排放及管理现状；双方有关机构今后如何加强环境保护合作，包括开展对澳门海域的环境监测等；双方如何协同行动控制澳门海域的环境污染，重点是控制工业污染和城市生活污染源的措施及近期设想。双方代表团还实地考察了澳门、珠海两地主要陆地污染源的排污情况，城市污水排放情况及主要排污口排污走向，自来水供应及水质情况。

1991年8月5—10日，由澳门环境技术事务室主任利安娜率澳门环境保护代表团一行5人访粤，省环保局局长强炳寰会见代表团，副局长李伊惠等与代表团进行会谈并陪同代表团参观广州大坦沙污水处理厂、华南环境科学研究所、广州市环境监测中心站、珠海向澳门供水工程、珠海吉大水净化厂等。

1992年6月4—7日，应澳门环境保护协会、澳门伯利恒公司邀请，省环境保护工业协会在澳门举办“广东环境保护展览会”。澳门市政执行主席马斯华、环境技术事务室主任利安娜、环境委员会主席何思谦和省环保工业协会会长黄智民等参加开幕式并剪彩。展览会主要展示广东近年来开发研制、生产的优质环保产品和环境污染治理工程技术以及中国、广东环境保护概貌，17个环保企事业单位共展出用于污染治理和生态保护的技术、设备、装置、材料、药剂、监测仪器共80多个品种，展出版面130块，模型4种，实物5种。

1994年4月24—29日，澳门政府举办“环境技术研讨会”预备会议分别在澳门和广州举行。省环保局高级工程师胡长霄等3名环保专家应邀在澳门、广州参加预备会议，就环境问题交流信息及经验。

1997年12月30日，国家海洋局南海分局副局长钱宏林等8人前往澳门，与澳门港务局就《关于澳门在珠江口海域倾倒废弃物管理问题的备忘录》举行草签仪式，并采集疏浚泥样品。

2000年9月6日，澳门港务局局长黄穗文等5人与省环保局和中山、珠海市环保局有关人员共9人实地考察前山水道水浮莲污染情况。

四、警方会谈及交流

广东警方与澳门警方交往于1980年6月开始，澳门治安警察厅主动提出与珠海市公安局进行篮球友谊比赛。经双方洽商，于6月29日由澳门治安警察厅上尉马度率领队员13人前来珠海市进行篮球友谊赛。珠海市公安局派副局长等观看了比赛。双方表示今后在维护社会治安方面加强合作。

1983年11月14日，澳门保安司令斐迪銮一行8人访问珠海，与珠海市公安局局长会谈，建立双方警方会晤制度。

1984年4月2—6日，省公安厅副厅长骆越康率团赴澳门与澳葡保安部队代表团举行粤澳定期治安会晤。澳葡保安部队司令斐迪鎏会见并宴请代表团。双方就减少内地居民前往澳门；加强合作、打击非法入境者；交换治安情报的联络方式等问题进行会谈。7月25日至8月1日，以澳门保安部队参谋长巫拜华为团长的澳方代表团来穗与省公安厅副厅长骆越康为团长的粤方代表团举行定期治安会晤。双方就粤澳联络官之间建立直通电话；打击伪造各种票证刑事犯罪活动时，粤澳双方以何种形式相互提供证据；减少内地居民持单程通行证前往澳门定居等问题交换意见。11月6—9日，省公安厅副厅长骆越康率粤方代表团一行8人赴澳门，与澳葡保安司令斐迪鎏一行11人举行粤澳定期治安会晤。会晤就合法移民，非法移民，越南难民和在关闸口设移民登记站，发给海上居民身份证和控制从水路去澳人员，送交犯罪嫌疑人等问题进行会谈。

1985年4月19—24日，省公安厅代表团与澳门保安代表团在广州举行定期治安会晤，双方就进一步合作、打击涉及两地刑事犯罪活动，维护社会治安秩序等问题交换意见。省公安厅厅长宋志英会见并宴请澳方代表团。11月20—25日，省公安厅厅长宋志英率广东公安代表团一行8人前往澳门与澳门保安部队代司令巫拜华等11人举行粤澳公安、保安部门定期治安会晤。澳门总督高斯达接见广东公安代表团。双方就进一步合作打击涉及两地的刑事犯罪活动、制止非法偷渡、维护两地社会治安秩序等问题交换意见。

1986年6月25日，澳门保安部队参谋长钟寿盛率团来穗，与省公安厅举行定期治安会晤。省公安厅厅长文广智会见澳方代表团。双方就粤澳公安、保安部门在打击刑事犯罪、共同维护社会治安的合作情况，解决滞留澳门持中国护照人员在澳合法居留问题，确定粤澳双方治安会晤联络官之间的交涉方式，提高业务合作效率和速度及其他问题交换意见。11月19—24日，省公安厅厅长文广智率广东公安代表团赴澳门，与澳门保安部队司令傅英伟等人举行粤澳公安、保安部门定期治安会晤。双方就制止偷渡外流、处理持中国护照去第三国滞留澳门人员、持单程通行证去澳定居、持双程通行证滞澳不归、海上航行等问题交换意见。

1987年7月1—3日，澳葡保安部队司令傅英伟率团来穗，同以省公安厅厅长文广智等举行粤、澳公安、保安部门定期治安会晤。双方就共同打击刑事犯罪，维护社会治安的合作交换意见。粤方代表对澳方协助缉拿8名人犯、协助调查文物走私案件等表示感谢。澳方代表对粤方协助查找澳门疑犯，鉴定证件真伪，协助寻回两名在海上失踪的葡籍青年表示感谢。12月2—6日，省公安厅副厅长曹子东率团赴澳门，同澳门保安部队司令傅英伟等人举行粤、澳公安、保安部门定期治安会晤。双方回顾半年来澳方协助粤方缉拿3名刑事犯，交还一批查获的走私文物；粤方将抓获的4名在澳门抢劫或越狱逃跑的通缉犯送交澳方。双方还交换了一些违法犯罪活动的信息、协查一些可疑线索，并就偷渡外流、查缉贩毒活动等问题交换意见。

1988年6月14—17日，省公安厅厅长文广智率团在广州与澳门保安司令傅英伟率领的代表团举行粤澳公安、保安部门定期治安会晤。双方对粤澳两地居民出入境、限制一些人进入澳门，湾仔地区内港渔船、渔民管理等问题充分交换意见。11月24—27日，粤澳公安、保安部门定期治安会晤在澳门举行。双方代表就半年来合作情况作了回顾，对非法入境和湾仔内港住家艇的管理、打击策划移民“蛇头”等问题交换意见。

1989年6月19—23日，粤澳定期治安会晤在广州举行。双方代表就相互协查犯罪线索、缉拿刑事罪犯、共同对付非法偷渡外流人员、合法出入境及证件管理等问题进行会谈。11月23—26日，粤澳公安、保安部门定期治安会晤在澳门举行。双方代表就对偷渡引渡人员、持合法证件往澳门、内地缉私船进入澳门传统海域等问题进行磋商。

1990年6月13日，粤澳公安、保安部门定期治安会晤在广州举行。双方代表同意今后在刑事犯罪情报方面加强交流，特别是对带国际性的犯罪活动，如国际贩毒案、制造假护照、假美元支票案等，及时将有关情况向对方通报，提供样品副本。双方还对出入境管理、制止非法偷渡外流人员、增设联络官及加强联系等问题进行磋商。11月22—25日，粤澳公安、保安部门定期治安会晤在澳门举行。双方代表就共同打击贩毒、走私及伪造证件等犯罪活动进一步加强合作。澳门护理总督范礼保会见了省公安厅厅长文广智及代表团成员。

1991年6月18—19日，粤澳公安、保安定期治安会晤在广州举行。双方代表回顾半年来共同打击持枪抢劫、贩毒及经济诈骗案的合作情况，提出在协助追缴赃款赃物方面进一步加强合作。同时对出入境管理、反偷渡外流（非法移民）和其他问题进行商谈。

1992年6月30日，澳葡保安代表团来穗，与广东公安代表团举行定期治安会晤。双方回顾半年来缉拿案犯10名（其中粤方协助澳方缉拿3名，澳方协助粤方缉拿7名）。双方对打击持械犯罪、持伪造粤方单程通行证、非法移民（偷渡外流）、小额贸易证、划定双方执法船艇海上执法区域等问题进行磋商。

1993年12月14—18日，粤澳公安、保安部门定期治安会晤在澳门举行。澳方对粤方抓获并移交3名涉嫌澳门抢劫案的澳门通缉犯、移交11辆被盗摩托车给澳方表示感谢。粤方也对澳方将粤方要求缉拿的9名通缉犯抓获并将其中7名移交粤方处理表示感谢。会议还就核查广东省以外地区签发的证件真伪、制止偷渡外逃（非法移民）、在双程通行证上面加盖印戳、设立民防情报交换对口渠道等问题进行磋商。

1994年6月28日至7月1日，广东公安代表团与澳门保安代表团在广州举行粤澳公安、保安部门定期治安会晤。会议就双方警务合作遣返罪犯方面遇到的一些困难和问题，坦诚地交换意见。粤方代表指出，从1993年下半年开始，澳方将缉拿及遣返罪犯的做法作了改变，违反以往双方商定和一贯的做法。粤方要求遣返的都是中国公民（包括那些用不法手段获取第三国护照的中国公民）在中国犯罪，在澳门被捕后澳方却提出所谓引渡和作出司法承诺等条件。粤方代表认为对这类罪犯的遣返，不存在引渡问题，不应要求作司法承诺。澳方回应：他们改变做法是因为受到公众舆论、国际人权机构、葡萄牙本国及澳门司法机构的压力。粤方对澳警所受的压力表示理解，同时强调遣返罪犯是打击犯罪、维护治安的需要，所谓人权问题，如果追捕重大的刑事罪犯也是违反人权，广大群众是很难理解的。澳门代表团对此表示理解。12月13—17日，广东公安代表团与澳门保安部门代表团在澳门举行粤澳公安、保安部门定期治安会晤。澳方对粤方破获近年来发生在澳门葡京赌场、凯悦钻石赌场、凼仔商业银行的4宗重大抢劫案件，抓获8名犯罪嫌疑人并准备将其中3名移交澳方处理表示感谢。关于相互协助缉捕及移交案犯问题，粤方重申上次会晤的意见，并希望澳方早日将在押的盗车集团主犯梁钟明（中国居民）、杀人案犯杨沃亮（香港居民）移交粤方审理。粤方还建议就双方移交案犯问题达成书面协议。澳方表示，协议内容愿作进一步讨论。对移交案犯问题，澳方回应：对持中国证件或无证件的中国罪犯，可按以前规定移交。对持外国证件的中国通缉犯，能在48小时（按澳门法律，警方扣留人犯不能超过48小时）内证实其证件是假的，可移交粤方。如在48小时内证实不了其证件是假的，要移交澳最高法院审理。会议还就澳方提出遣返持因私护照的内地居民等问题进行磋商。

1997年9月15日，珠海市公安消防局和澳门消防队在澳门举行珠澳联合消防演习。珠海方派出6辆消防车、30名消防队员前往澳门参加演习。省公安厅副厅长张圣钦率省公安厅消防局6人观摩了演习。12月11—15日，广东公安代表团与澳门保安部门代表团在澳门举行粤澳公安、保安部门定期治安会晤。双方通报两地的社会治安情况；商讨进一步加强合作、共同打击跨境犯罪、有组织犯罪、走私贩毒、偷渡外逃和伪造证件等犯罪活动；磋商出入境管理、加强犯罪情报信息交流等问题。

1999年7月27—29日，粤澳公安、保安部门定期治安会晤在惠州市举行。双方通报当前粤澳两地的治安形势，合作破获一批刑事案件，震慑了粤澳两地的犯罪分子；双方加强出入境部门的合作和对旅游部门的监管，有效地防止内地居民利用澳门游和双程证探亲的渠道到澳门从事非法活动。11月25—27日，广东公安代表团赴澳与澳葡警方举行粤澳治安定期会晤。双方商讨如何在打击刑事犯罪、出入境管理，反偷渡、消防等方面继续加强合作，维护粤澳两地的治安稳定。

2000年6月底，省公安厅厅长梁国聚率广东公安代表团与澳门保安司司长张国华率澳门警方代表团在广州举行粤澳定期治安会晤。双方回顾总结在澳门回归期间的友好合作；磋商建立粤澳刑侦主管定期工作会晤制度的有关细节；商讨双方在澳门回归后如何在打击刑事犯罪、出入境管理、反偷渡、消防等方面加强合作，共同维护粤澳及周边地区治安稳定的措施。会议还商定将“粤澳定期治安会晤”的名称改为“粤澳警务工作会晤”，序数为“第一届”。12月5—7日，第二届粤澳警务工作会晤在澳门举行。省公安厅厅长梁国聚带队、省外办副主任肖锦哲参加会晤。会晤通报第一届粤澳警务工作会晤以来双方合作的有关情况；商讨在打击刑事犯罪、出入境管理、反偷渡、消防等方面的配合；探讨粤澳警方在相互通缉罪犯方面存在的问题，提出粤方协助缉捕及移交潜逃到内地被澳门警方通缉的一名香港疑犯；通报粤方近期开展打击港澳台黑社会犯罪专项行动的情况。

五、司法会谈与交流

广东省与澳门司法部门之间的往来、交流开始于1987年9月26—29日，葡萄牙总检察长纳·罗德里格斯参加在澳门举行的葡国教授法律研讨会后访粤。澳葡行政暨司法政务司韦德霖等10人陪同访问。葡萄牙和澳门司法官员拜会了省人民检察院检察长肖扬，听取省高级法院情况介绍，旁听广州市中级法院庭审，与省律师协会律师、中山大学法律系教授座谈。副省长杨立会见葡总检察长一行。12月16—19日，澳门执业大律师代表团一行12人来广州与省司法厅厅长、省律师协会名誉会长曾洪和中山大学法学研究所所长端木正教授座谈。澳门律师代表团在广州市中级人民法院旁听一宗刑事案件审判，参观广州市少年犯管教所。

1988年12月15—20日，省人民检察院副检察长张培宇一行5人赴澳门，先后对澳门司法警察司、刑事起诉法庭、检察官公署、法庭进行考察，考察团旁听澳门法院的刑事审判，参观澳门监狱。

1991年1月17—20日，澳门检察院检察长狄雅图一行4人来粤与省检察院代检察长张培宇、副检察长秦醒民进行工作交流。狄雅图一行与广州白云区检察院有关人员座谈，旁听白云区法院法庭审判，参观省少年犯管教所、顺德市和珠海市检察院。5月28日至6月1日，省检察院副检察长秦醒民一行7人赴澳门，与澳门检察院检察长狄雅图、澳门普通法院院长高维理座谈，旁听法庭刑事案件的聆讯和审判过程，参观司警训练学校、澳门路环监狱等。6月7—9日，澳门法院院长高维理等3人来穗访问省高级法院。省人大常委会副主任杨立会见高维理一行。高一行还访问广州、佛山、中山、珠海市中级人民法院和南海县人民法院，与当地法院负责人交流。12月4—7日，省高级法院副院长彭春庭一行7人赴澳门同澳门法院有关人员座谈，并就粤澳两地法院相互帮助送达民事、商事案件诉讼文书问题进行探讨，旁听澳门法院刑事案件开庭审判，参观澳门评政院（即行政法院）、司法警察司、澳门路环监狱等。12月16—19日，澳门司法警察司司长斐明达一行5人来穗，与省检察院检察长王骏等座谈。代表团参观省少年犯管教所。

1993年6月21—26日，省律师协会会长张蓝一行7人赴澳门，访问澳门普通法院、律师、公会、法律翻译办公室等部门，考察澳门律师、公证制度，交流律师、公证等法律业务。7月20—25日，省检察院检察长王骏一行8人访问澳门。葡国检察院助理总检察长贾乐安（派驻澳门）、澳门司警司长斐明达等到关闸迎接。王骏等先后与贾乐安、斐明达、澳门检察院检察长狄雅图进行会谈，并就加强双方业务交流与合作进行磋商。王骏一行还分别拜会澳门护督李必禄、澳门高等法院院长李本立，参观澳门警司总部和一些工作设施。

1995年1月，澳门高等法院院长李柏立一行4人来粤与省高级法院领导座谈，进行业务交流，听取内地司法制度和法院审理案件诉讼程序的介绍。

1996年6月，省检察学会副会长许天祥一行8人赴澳门，作有关中国法律、司法制度和广东检察机构运作的演讲。

2000年5月，澳门廉政专员张裕一行6人来粤与省检察院有关人员座谈，走访有关司法机关，并就粤澳两地共同打击经济犯罪问题进行探讨。

六、教育、文化、体育、卫生、科技会谈与交流

1985年1月21—27日，澳门教育文化暨旅游政务司黎祖智应邀率澳门教育代表团一行10人访粤，省教育厅副厅长许实民等与代表团就粤澳发展两地教育机构的合作、教学业务、师资、文化、体育交流等举行会谈。5月4—6日，应澳葡文化、教育司邀请，省教育厅派出61人的中小学体育代表团赴澳门参加排球、羽毛球、乒乓球3项体育比赛。

1988年3月13—15日，澳门教育卫生暨社会事务政务司范礼保、卫生司代司长李拉乐一行5人应邀访粤，副省长卢钟鹤会见范礼保一行，澳门客人与省卫生厅厅长黄光华等商谈帮助收治澳门病人的可能性，参观暨南大学医学院、省人民医院等。5月12—14日，澳门体育总署署长施弥道、体育厅厅长肖威利等一行9人来粤，与省体育总会主席魏振兰商谈省、澳体育交流事宜，双方达成了体育合作协议。副省长卢钟鹤会见施弥道一行。6月30日至7月3日，澳葡卫生司副司长林汉邦一行10人来粤，参观省人民医院、肿瘤医院、南方医院、暨南大学医学院，与医院有关负责人、医生、教授座谈，并进行医学技术交流。8月15—18日，省体育总会主席魏振兰一行5人应邀赴澳门，与澳门体育总署署长施弥道签订了《广东省体育总会、澳门体育总署体育活动合作协议书》。

1989年4月10—16日，澳门教育司司长卢倬智一行6人应邀来粤，与省教育厅座谈，省教育厅厅长许任之介绍广东省近几年普教事业的发展与教育体制、教学改革情况。卢倬智一行参观访问广州广雅中学、朝天路小学、汕头一中、潮州金山中学。

1990年11月4—6日，中山医科大学副校长朱家凯、暨南大学医学院院长张纽华应邀赴澳门与澳门卫生司司长李柱乐、副司长林汉邦、高维德等座谈，商讨为澳门山顶医院培训医生事宜。朱家凯等参观了东亚大学。

1991年4月8—12日，应澳门镜湖医院慈善会主席马万祺邀请，省卫生厅厅长黄光华一行3人赴澳门访问，参观当地医疗卫生机构，并商谈广东省向镜湖医院提供医务人员和技术援助的有关事宜。

1992年5月16—19日，澳门政府行政、教育暨青年事务司黎祖智一行10人访粤。副省长卢钟鹤会见并宴请黎祖智一行。黎一行访问省高教局、省教育厅、省体委。

1993年4月18—21日，澳葡政府卫生暨社会事务司安那庇莉丝一行8人来粤，参观南方医院，了解肾移植情况；参观省人民医院心血管疾病研究所，了解心血管病治疗情况；参观中山医科大学，了解教学及肿瘤病治疗情况。11月16—22日，广州画院与澳门教育文化

艺术协会在广州美术馆联合举办诗书画联展。澳门教育文化暨青年司司长施绮莲等5人应邀来穗参加开幕式。

1994年6月26—27日，澳门大学校长李天庆率代表团应邀访问深圳大学，并进行两地校际间的交流活动。

1997年5月19—23日，澳门文化司署黄晓峰博士，应邀来穗参加暨南大学举办的“第二届元中暨宋元文化国际学术讨论会”。9月26日，广州医学院院长钟南山教授应邀赴澳门进行学术讲座。

1998年6月11—14日，省教育厅陈仲屿等4人应邀赴澳门出席1998—1999年澳港粤学界体育交流会，商定三方体育文化交流事宜。6月15—19日，省体委副主任叶细权率广东体育代表团应邀赴澳门进行体育交流。

1999年3月19—20日，省文化厅厅长阎宪奇等2人应邀赴澳参加澳门文化中心落成开幕式活动。5月3日，广州师范学院聘请全国政协副主席、澳门中华总商会会长马万祺为该院名誉院长。马万祺来穗出席受聘仪式。7月，澳门工程师学会理事会区秉光等20人应邀来粤参观重点大型科技项目。随后，由省科协常务副主席钟世伦等组成20人团组回访澳门。11月8—9日，澳门市政厅副司长珊桃丝一行5人来穗，与省检验检疫局副局长黎庆翔等7人举行会谈，双方讨论并修改《广东供澳门新鲜蔬菜卫生质量检验和监督管理规定（草稿）》，双方还就珠海走私菜到澳门、旅客自带蔬菜过境问题进行讨论。澳门客人还参观广东出入境检验检疫局食品检测中心实验室，访问珠海检验检疫局。

2000年3月16—18日，省文化厅副厅长林迪夫应邀赴澳观摩第十一届澳门艺术节演出。11月初，澳门特区政府社会文化司司长崔世安率教育暨青年局领导层拜访省教育厅，就粤澳教育合作交流事项举行会谈。11月16—17日，省文化厅邀请澳门文化局副局长林韵妮等2人来广州观摩第一届中国（广东）国际声乐比赛。

七、其他会谈与交流

（一）邮电

1980年2月10—15日，省邮电管理局局长李清万等人应邀赴澳门，就珠海至澳门建设一条高频对称电缆、开办各项业务与澳邮电司进行会谈。李清万一行参观澳门邮电通信设施。

1988年5月10—14日，应澳门邮电司司长施加路邀请，省邮电管理局副局长钱栋斋率省邮政代表团访问澳门。双方介绍各自邮政业务情况，并就发展双方邮务问题交换意见。代表团参观澳门邮电司各行政、业务部门和生产场地、设施等。

1989年5月29日至6月1日，省邮电管理局局长袁家文一行6人应邀赴澳门参加该地区卫星地面接收站揭幕典礼，并与澳门电信公司就两地电信合作等问题进行会谈，参观澳门电信设施。

2000年10月下旬，澳门特区运输工务司电信暨资讯科技发展办公室与省信息产业厅无线电管理办公室，在广州举行粤澳双方频率协调会谈，商谈订立频率协调协议书事宜。

（二）旅游

1983年6月27日，澳葡教育、文化、旅游司司长马树道、旅游司旅游及旅业厅厅长卢文辉2人访粤，省旅游局副局长崔振清、陈斌与马树道一行就粤澳合作发展旅游业的可行性进行会谈。

1984年6月21—25日，省旅游局副局长粟茂臣一行8人应邀赴澳。澳葡旅游司司长马树道、副司长卢文辉到关口迎送并陪同参观，教育文化旅游政务司司长黎祖智设宴招待。代表团与澳门旅游司举行会谈，探讨粤澳两地开展旅游合作的可行性，交流培养旅游人才的经验。

1992年3月16—18日，省旅游局与港澳旅游界在深圳举行1992年粤港澳旅游界联欢洽谈会，粤港澳旅游界代表和社会知名人士共300多人出席。澳门旅游司司长安栋梁、副司长麦健智应邀与会。4月7—10日，澳葡政府传播、旅游暨文化政务司高树维率代表团一行6人访粤，副省长卢瑞华会见并宴请代表团。高树维一行与省旅游局、省外办、省文化厅及深圳、珠海市政府负责人就旅游、文化和宣传等方面的合作交换意见。7月26日，澳葡旅游司司长安栋梁等3人应邀来珠海出席“1992中国友好观光年珠海市海上欢乐节”开幕式。9月13—20日，澳门政府政务司及旅游司一行123人来广州举办“澳门周”旅游宣传活动。副省长卢钟鹤会见澳门政务司高树维、秘书长狄奕龙、旅游司司长安栋梁等。并出席“澳门周”开幕式——“澳门之夜”，高树维、卢钟鹤致祝词，观看葡萄牙土风舞表演。狄奕龙、安栋梁等澳门官员及澳门派驻21个国家和地区旅游办事处代表一行28人先后考察珠海市高尔夫球场、孙中山故居、佛山祖庙、广东民间工艺社、广州陈家祠、六榕寺、深圳中国民俗文化村、锦绣中华微缩景区等旅游点。

1993年3月23—25日，1993年粤澳旅游界联谊洽谈会在澳门举行。省旅游局局长黄健应邀率广东代表团120人与会。

1996年7月3—4日，省旅游协会会长吕伟雄率15人赴澳门参加由亚太旅游组织在澳门举办的发展珠江三角洲旅游为主题的研讨会。

1998年2月26日晚，澳门政府旅游司在广州花园酒店举办大型旅游推广活动——“澳门之夜”，副省长卢钟鹤应邀出席。

2000年3月30日，澳门特区社会文化司司长崔世安来穗主持大型旅游推广活动“澳门之夜”，省政府副秘书长董宏参加这一活动。

（三）航道工程与水文探测

1984年6月20日，省航道水文探测工作组一行4人应邀赴澳门，商讨有关澳门以西河道的水文探测问题。工作组听取澳方情况介绍并考察澳门内外港、码头、航道等，双方就有关河道水文探测、航道扩宽、航标设置等问题举行会谈。11月30日，省航道局副局长蔡士奇等5人前往澳门港务厅签订为澳门内港航道两侧进行水文探测协议并察看测量点。

1985年4月26日，应省航运局邀请，澳门港务厅副厅长施达荣等5人来穗，办理澳门至内路环、湾仔至大横琴之间水域航道水深测量图纸交接手续。根据1984年11月30日签订的工程合约，省航道勘测设计科研所接受澳门港务厅委托，承担澳门至内路环、湾仔至大横琴之间水域面积9平方公里航道水深测量工程。该工程于1985年4月5日完工，工程成果计有1：5000透明底图五幅，实测面积为12.5平方公里。

1986年8月19—23日，省航道工程公司副总经理、工程师蔡士奇率粤工程技术小组一行6人应邀赴澳门，与澳门港务厅就澳门内港航道扩宽事宜进行商谈。双方同意确定内港航道扩宽的范围、尺度及技术措施；工程实施方案分三个阶段进行：第一阶段是勘测、钻探，即查明内港疏挖地段的海床地形及底质。第二阶段是疏浚施工，按扩宽范围、尺度标准疏挖。第三阶段是测绘一份完整的，经疏挖竣工的航道地形图。对第一阶段工程双方已初步达成口头协议：（1）测一份1：2000比例尺航道地形图。（2）对疏挖地段的海床底质进行布点钻探及取样。（3）土工试验、分析资料、整理成果。第一阶段实施日期拟计划1986年年底至1987年1月进行。工程费用由澳门港务厅支付486，900港元，1987年先支付工程费用30%，余下待1988年年初工程结束全部付清。10月31日，澳门港务厅厅长苏励治率代表团一行5人，与省航道工程公司副总经理蔡士奇率省航道工程技术小组代表团一行6人，在珠海出席“澳门内港航道扩宽第一期工程合约”签署仪式，苏励治和蔡士奇代表甲乙双方在合约上签字。

1987年4月23日，澳门港务厅厅长苏励治率代表团同省航政局副局长李叔保率广东航政代表团在澳门举行会谈，双方同意自5月1日开始，经省航政局珠海分局批准的海上旅游船只，在经澳门外港控制塔同意后，可在澳门外港6号与7号灯标之间通过该航道。5月22日，省航道工程公司副总经理蔡士奇一行5人应邀赴澳门，与澳门港务厅厅长苏励治、副厅长施德荣等澳门代表5人在澳举行省航道工程公司向澳门港务厅交付“澳门内港航道扩宽第一期工程成图及资料”仪式。9月24—27日，澳葡港务厅厅长苏励治一行4人应邀来穗，与国家海洋局南海分局总工程师马应良等7人就澳门扩宽内港航道疏浚物倾倒问题举行会谈，对其他倾废问题交换意见并签署备忘录。苏励治一行还参观南海环境监测中心。12月16日，省航道工程公司与澳门港务厅在广州签署第二期疏挖工程合约。参加签署仪式的澳方代表有澳门港务厅厅长苏励治等4人、省航道工程公司副总经理蔡士奇等8人。苏励治、郑士奇分别代表澳门港务厅、广东省航道工程公司在工程合约上签了字。第二期工程按测量图所定范围施工，全长2232米，底宽50米，挖深-3.0米。工程总价7412256元港币。工程期限，自双方签约后8个月完成。

1998年9月，省航道局副局长吴先碧等4人应邀赴澳门，考察珠江河口澳门附近水域出海航道规划和十字门北口航道的最佳走向问题。

（四）广播电视频率

1985年9月8—13日，省广播电视厅总工程师何栋材等7人应邀前往澳门，与澳门邮电司无线厅厅长罗庇士等9人就粤澳广播电视频率协调问题进行会谈，达成原则协议。代表团参观澳门邮电司的无线监测台和澳门广播电视公司的中心台和发射台。

1991年3月20—27日，省广播电视厅副厅长何栋材率省广播电视代表团应邀赴澳门，与澳门邮电司司长罗庇士率澳门邮电司代表团举行广播、电视频率协调会谈。就粤澳地区广播、电视频率协调的有关问题达成一致意见，形成了《粤澳地区电视和调频广播业务协调的协议》的中文和葡文正式文本各二份。何栋材和罗庇士分别在《粤澳地区电视和调频广播业务协调的协议》书上签字。

（五）气象

1990年10月10—11日，澳门气象台台长江晖浩一行3人来穗，与省气象局局长谢国涛签署《广东省气象局和澳门地球物理暨气象台关于建立广州—澳门气象电路谅解备忘录》。江晖浩一行参观广州区域中心计算机系统、中心气象台自动填图分析系统及雷达系统。

1993年11月25—27日，第八届粤港澳重要天气研讨会在广州举行。香港天文台、澳门气象台、省气象台分别派出4—5名专家参与研讨。各方提交的研讨论文12篇。会议还就三方共建综合观测问题进行专题研讨。

1998年6月18—19日，澳门地球物理暨气象台副台长冯瑞权等3人来穗参观广州市环境监测站，并进行技术交流。

（六）澳门、珠海附近水域综合治理

1989年10月7—9日，澳门土木工程实验室尤立高等3人来粤与水利部珠江水利委员会总工程师翁义孟、水利研究所所长何国祯等就双方在澳门工程开发与技术合作方面的问题举行会谈，并签署《珠江水利委员会、澳门土木工程实验室关于技术合作会谈纪要》。尤立高等参观磨刀门潮汐河口模型及其物理模型与设施。12月7日，珠江水利委员会副主任周甘霖等人与澳葡港务厅厅长罗安涛等人在珠海就合作进行澳门周围水域物理模型试验事举行会谈，达成一致意见：（1）珠江水利委员会向澳方提供制作数学模型所需数据资料。（2）澳方向珠江水利委员会提供物理模型试验所需要的澳门港口、机场、桥梁等工程的方案。（3）实施合作所需经费及分摊办法。制作物理模型实验场地费，磨刀门水域模型扩建费，添置实验仪器、设备费，三项总投资为120万元。前两项80万元，根据双方初步协议各分摊50%。第三项费用由澳方负担。

1990年1月22—24日，珠江水利委员会副主任周甘霖、珠江水利委员会总工程师翁义孟一行5人应邀赴澳门，与澳门港务厅签署《珠江水利委员会与澳门港务厅关于合作进行澳门周围水域模型研究的协议书》，并进一步商讨实施方案。10月30日，珠江水利委员会主任周甘霖、总工程师翁义孟率粤方代表团与澳门港务厅厅长罗安涛率澳方代表团一行4人在珠海举行递交模型试验成果报告仪式。由周甘霖代表粤方向澳方罗安涛递交《澳门附近海域潮汐模型试验报告》和有关资料。

1996年4月22—23日，珠江水利委员会主任薛建枫一行8人应邀赴澳门，与澳葡方举行“珠江河口珠海—澳门附近水域综合治理规划问题专题会议”，商谈有关合作开展规划的具体事宜。

1998年5月11—16日，珠江水利委员会、澳门土木工程实验室、葡萄牙国立土木工程实验室、葡萄牙里斯本水文学院联合在广州、澳门举办“第二届珠江河口澳门附近水域国际学术研讨会”。邀请澳门政务司鲍维立一行11人与会。水利部副部长严克强到广州参加开幕式。珠江水利委员会与澳门港务局在澳门还举行技术会谈，就珠江水利委员会提交澳方

征求意见出海航道整治规划、滩涂开发利用规划、水污染控制与治理规划三项专题工作大纲和治导线规划成果进行讨论。6月26—30日，水利部珠江水利委员会主任薛建枫率代表团一行8人应邀赴澳门，与澳门政府代表团就合作开展珠江河口珠海—澳门附近水域综合治理规划问题举行专题会谈。7月15日，珠江水利委员会邀请澳门港务局副局长曾柏棋等一行8人来广州参观珠江水利委员会建造的珠江河口澳门附近水域物理模型，并在技术层面相互交换意见。10月12—14日，澳门港务局局长曾柏祺等5位专家来穗，与珠江水利委员会就《合作开展珠江河口澳门附近水域综合治理规划协议》中有关的技术问题进行商谈，并察看珠江水利委员会为该项目研制的物理模型和数学模型。

1999年3月2日，澳门港务局局长曾柏祺等一行5人以专家身份来广州，就合作开展澳门附近水域综合治理规划的技术问题与珠江水利委员会相关人员举行会谈。

（九）劳动安全

1991年7月6日，珠海市劳动局副局长陈宜兴等3人应邀赴澳门，参加由澳门劳工暨就业司举办的建筑安全研讨会，介绍中国劳动安全制度及珠海市的劳动安全措施。

1992年6月28日至7月5日，广州市、珠海市、佛山市劳动局负责劳动安全监察的负责人应邀前往澳门，参加澳葡劳工暨就业司举办的第五届建筑工程安全活动周和安全专题研讨会。珠海市劳动局代表在会上介绍珠海市建筑工程安全工作的经验。

1994年6月19—25日，省劳动局副局长陈翼云等4人应邀赴澳门参加澳门劳工暨就业司举办的澳门市第五届民用建筑安全周活动。

1995年10月30—31日，省劳动厅副厅长陈翼云等2人应邀赴澳门参加“第十届工业安全同乐日”开幕式，并与澳门同行交流劳工及就业问题。

1996年12月11—12日，省劳动厅劳保学会和东莞市安全生产委员会邀请澳门劳工暨就业司庇乐等6人来粤参加在东莞举办的1996广东省职业安全研讨会。

2000年12月6—10日，澳门特区政府劳工暨就业局邀请省经贸委、省劳动保护科技学会和珠海市、佛山市、中山市劳动局有关人员共6人赴澳参加该局举办的“职业安全健康活动周暨研讨会”。

编 后 记

2002年2月，广东省人民政府办公厅印发《关于开展第二届新方志编修工作的通知》后，广东省人民政府外事办公室（简称省外办）成立编纂委员会，抽调3名从事过修志工作的人员组成编写组，专职从事《广东省志（1979—2000）·外事与港澳事务卷》的编纂工作。编写组克服了起步晚、时间紧、人手少、工作量大等困难。寒来暑往，历经数载，终于出版。

本卷材料主要来源于省外办1979—2000年的档案文件及《广东外事》等有关刊物，此外参考的资料还包括《广东年鉴》、广东省档案馆有关档案资料、省外办和有关单位老同志保留的文字及图片资料、有关报刊登载的文章等。编写组用了三年多时间对上述资料进行收集、筛选、整理和编纂并形成初稿。根据篇幅需要，先后多次对初稿进行大幅删减和归纳，从80多万字减少到60多万字，后又修改为40万字左右。

2009年8月，省外办成立初审小组对本卷初稿进行初审，主要对初稿内容的真实性、完整性及是否符合外事保密规定等进行内部审查。编写组根据初审意见查漏补缺，修改完毕后于同年12月送广东省人民政府地方志办公室（简称省地方志办）复审。省地方志办审查后，认为本卷志稿框架设计合理、资料丰富翔实、结构严谨、文字流畅，基本符合志书体例要求；对各要素的完整性、志书记载的规范性等方面提出修改意见。2010年4月，编写组开始对志稿重新进行修改，并根据复审要求对图片作了较大幅度的调整。总体说来，力求志稿能够体现广东特色、外事特色，能够较为客观、全面地反映改革开放至2000年广东外事工作发展历程、成就及其对广东对外开放和现代化建设的贡献。2011年9月，本卷通过广东省地方志书审查委员会组织的终审。

省外办党组高度重视和关心本卷的编修工作，多次召开会议审定志书篇目。初稿形成后，办党组又召集相关处室召开初审会议，办领导多次审阅志稿，提出重要指导意见。省外办离退休老领导、老干部杨可忠、傅奋等同志提供了不少珍贵史料和宝贵意见。省地方志办自始至终对本卷的编修工作给予大力支持，在此一并致谢！

由于编写水平有限，本卷志稿难免存在错漏之处，敬请各位领导、专家学者及广大读者批评指正。

《广东省志·外事与港澳事务卷》编纂委员会

2011年12月